# अंग्रेजी बोलना सीखें

Also
How to face Interviews &
Group Discussions

S C Gupta
B Sc, MA, LLB, DLL, M Com, CAIIB

Arihant Publications (I) Pvt Ltd, Meerut

**Delhi Office**: 4577/15, Ramchhaya, Agarwal Road, Darya Ganj, New Delhi - 2
Phone : 011-23280316, 47630600 ; Fax : 011-43540876

**Head Office :** Kalindi, TP Nagar, Meerut
**Phone :** 0121-2401479, 2512970, 2402029 ; Fax : 0121-2401648, Email : arihant_meerutbranch@yahoo.co.in

卐 **Zonal & Regional Offices :**

**North Zone** **Agra**: 8/195, New Engineers' Colony, Kaushalpur, Agra, Ph. 0562 – 6451531, Email: arihant_agra02@yahoo.co.in **Dehradun**: G – 371/6 Nehru Colony, Dehradun – 248001 (UK), Ph. 0135 – 3245790, Fax. 0135–2658555, Email: arihant_ddun@yahoo.co.in; **Delhi**:4577/15, Ramchhaya, Agarwal Road, Darya Ganj, New Delhi – 110002, Ph. 011 – 23280316, Fax. 011 – 43540876, Email: arihant_delhi07@yahoo.co.in **Jaipur**: C–8, Link Road, Jalupura MD Road, Near Hotel Apoorva, Jaipur – 302 001 (Raj), Ph. 0141 – 4033077, Email : deepmahur85@gmail.com; **Kota**: 6–A–25, Mahavir Extension, Teen Batti Chauraha, Kota–(Raj.), 324009, 9414226367, Email : arihant_kota@yahoo.co.in; **Lucknow**: C – 22,Vijay Laxmi Transport Building, Transport Nagar, Kanpur Road, Lucknow – 226 012 (UP), Ph. 0522 – 6459009, Fax : 0522-4028575, Email : arihant_lko@yahoo.com; **Haldwani**: Raja Enterprises, Varun Complex, Rampur Road, Haldwani (UK), Ph. 05946 – 235456 ; Email : arihant_kashipur@yahoo.co.in; **Meerut**: Kalindi, TP Nagar, Meerut, Ph: 0121-6534323, Email: arihant_meerutbranch@yahoo.co.in.

**East Zone** **Bhubaneswar**: 14, Shahid Nagar, Bhubaneswar – 751007 (Orissa), Ph. 064 – 2503050, 09938211103, Email : bhubaneshwar@arihantbooks.com; **Kolkata**: 4, Tottee Lane, Kolkata – 700016 (WB), Ph. 033 – 22526713, Fax. 033 – 22523564, Email: arihant_kol@yahoo.co.in; **Guwahati**: Aastha Towers, Ist Floor, Module No. XIII, CK Road, Pan Bazar, Guwahati – 781 001, (Asom ) Ph. 0361 – 2731599, E-mail : arihant_guwahati@yahoo.co.in; **Patna**: Gangotri Complex, U/465, Lohia Nagar, Kankarbagh, Patna – 20 (Bihar), Ph. 0612 – 2360623, Email: cafpatna@rediffmail.com.

**Central Zone** **Nagpur**: 27, Nathuji Pise Complex, Opp. Mokshadham, New Gate, Beside Hanuman Mandir, Great Nag Road, Nagpur – 14, (Maharashtra), Ph. 0712 – 2748211 ; Email : arihant_nagpur1@yahoo.co.in.

**South Zone** **Hyderabad**: Plot No.–115, SBI Colony, Kavadiguda, Near Sri Satya Sai Temple, Hyderabad–500020, Ph. 040 – 65347774, 66107772, Email: hyd.arihant@gmail.com; **Bengaluru**: 362, 10th Main, 2nd Cross, Ist Block, Basaveshwara Nagar, bangalore-560079, Mob : +919242693192



卐 **Price** : Rs 200.00

卐 **Laser Typesetting** : Arihant DTP Unit, Meerut

Printed & Bound in India
by Arihant Print Solution

For further information on
Arihant Group, log in : www.arihantbooks.com

# Contents

## Pronunciation



## Various Expressions

## Common Conversations in Various Situations

## Judge Yourself (Practice Tests)

## Common Vocabulary

## Resume / Bio-Data / Curriculum Vitae



## Group Discussions



## Interviews

## Structural English

**Structural English** का ज्ञान होने से आप अंग्रेजी के वाक्य स्वयं बना सकते हैं तथा अन्य व्यक्ति द्वारा बोले गये वाक्यों का अर्थ समझ सकते हैं। हम आज शुभारम्भ कर रहे हैं एक बहुत ही सरल एवं दैनिक जीवन में सामान्यतया प्रयुक्त **Sentence Structure** से। याद रखें—आपको **Structures** रटने नहीं हैं बल्कि अभ्यास करना है।

## Use of "is/am/are" in Conversations

"Is/am/are" क्रियाएँ 'be' forms (Present Tense) कहलाती हैं। इनका प्रयोग निम्न प्रकार के Sentence Structure में होता है। यह एक बहुत ही सरल एवं उपयोगी Structure है :

**Subject + is/am/are + complement**

इस तरह के वाक्यों में Complement : Noun, Pronoun, Adjective या Adverb या Adjective + Noun किसी भी रूप में हो सकता है। जैसे :

(a) He is my brother. — *Noun*
(b) It is mine. — *Pronoun*
(c) We are happy. — *Adjective*
(d) He is there. — *Adverb*

इस तरह के बहुत सारे वाक्य उनके हिन्दी अनुवाद सहित नीचे दिये जा रहे हैं। आप इन सभी वाक्यों को ध्यानपूर्वक पढ़ें एवं बोलें :

| | |
|---|---|
| (1) मैं एक इंजीनियर हूँ। | I am an engineer. |
| (2) यह मोटर साईकिल है। | This is a motorcycle . |
| (3) यह एक स्कूटर है। | This is a scooter. |
| (4) वह ईदगाह है। | That is the Idgah. |
| (5) यह हमारा घर है। | This is our house. |
| (6) वह भी हमारा घर है। | That is also our house. |
| (7) उसका नाम ललित है। | His name is Lalit. |
| (8) यह मेरी बुआ है। | This is my aunt. |
| (9) वह एक लड़की है। | That is a girl . |
| (10) यह एक कुर्सी है। | This is a chair. |
| (11) यह एक टेबल है। | This is a table. |
| (12) यह टेबल पुरानी है। | This table is old. |

(13) यह एक कम्प्यूटर है। This is a computer.
(14) यह मेरी घड़ी है। This is my watch.
(15) राजेश मेरा मित्र है। Rajesh is my friend.
(16) वह मेरा भाई है। He is my brother.
(17) शीला मेरी मित्र है। Sheela is my friend.
(18) वह सुन्दर लड़की है। She is a beautiful girl.
(19) मैं एक लड़का हूँ। I am a boy.
(20) वह एक छात्र है। He is a student.
(21) वे मेरे साथी हैं। They are my friends.
(22) तुम एक लड़की हो। You are a girl.
(23) यह दरवाजा है। This is a door.
(24) तुम मूर्ख हो। You are a fool.
(25) ये मेरी किताबें हैं। These are my books.
(26) वह टेलीफोन है। That is a telephone
(27) ये किताबें हैं। These are books.
(28) यह एक स्टॉव है। This is a stove.
(29) वह एक चोर है। He is a thief.
(30) वह एक ईमानदार व्यक्ति है। He is an honest man.

## Negative and Interrogative Sentence Structure

### Negative Sentences

इस तरह के **Affirmative** वाक्यों को **Negative** बनाने हेतु is/ am/ are के बाद 'not' लगाया जाता है। जैसे :

**Subject + is/ am/ are + not+ complement**

| *Affirmative* | *Negative* |
|---|---|
| (1) He is my friend. | (1) He is *not* my friend. |
| (2) Ram is my brother. | (2) Ram is *not* my brother. |
| (3) I am a boy. | (3) I am *not* a boy. |
| (4) She is a girl. | (4) She is *not* a girl. |
| (5) They are happy. | (5) They are *not* happy. |
| (6) You are sad. | (6) You are *not* sad. |
| (7) I am asleep. | (7) I am *not* asleep. |
| (8) Ram is guilty. | (8) Ram is *not* guilty. |
| (9) They are sportsmen. | (9) They are *not* sportsmen. |
| (10) We are students. | (10) We are *not* students. |

### Interrogative Sentences

इस **Structure** में **Interrogative Sentence** बनाने हेतु, हमें is/ am/ are को Subject से पूर्व रखा जाता है। जैसे:

**Is/ Am/ Are + Subject + complement ?**

| *Affirmative* | *Interrogative* |
|---|---|
| (1) He is a player. | (1) *Is* he a player ? |
| (2) She is a beautiful woman. | (2) *Is* she a beautiful woman ? |
| (3) Ram is guilty. | (3) *Is* Ram guilty ? |
| (4) I am happy. | (4) *Am* I happy ? |
| (5) You are a good writer. | (5) *Are* you a good writer ? |
| (6) We are doctors. | (6) *Are* we doctors ? |

| | |
|---|---|
| (7) I am a teacher. | (7) *Am* I a teacher ? |
| (8) This is my pen. | (8) *Is* this my pen ? |
| (9) They are my friends. | (9) *Are* they my friends ? |
| (10) He is my brother. | (10) *Is* he my brother ? |

**ध्यान रखें**

*(1) Am का प्रयोग I के साथ किया जाता है, Is का प्रयोग Singular Subjects (जैसे : He, She, Ram, Ramesh, This, It etc.) के साथ होता है तथा Are का प्रयोग Plural Subjects (जैसे : We, You, They, Those, My friends, His sisters etc.) के साथ किया जाता है।*

*(2) इस तरह के वाक्यों में Noun के पूर्व यदि कोई विशेषण (Adjective) भी हो तो Adjective को Noun के पूर्व लगाया जाता है।*

## PRACTICE WORK

इस Structure (Affirmative, Negative, Interrogative) के कम से कम 30 वाक्य आप स्वयं बनायें एवं उन्हें बोलकर अपनी जबान को English बोलने का अभ्यास करें। आप जहाँ भी इस समय बैठे हैं, वहाँ आस-पास उपलब्ध वस्तुओं/व्यक्तियों के सम्बन्ध में ज्यादा से ज्यादा वाक्य बनाने का प्रयास करें।

आपका यह प्रयास ही आपमें सफलता प्राप्त करने हेतु आत्मविश्वास को जागृत करता है।

"I shall try and I shall succeed."

आज आप **Was / Were ( be form—Past Tense)** क्रियाओं **(Auxiliary Verbs)** का दैनिक जीवन में सामान्य रूप से प्रयुक्त **Structure** के बारे में ज्ञान प्राप्त करेंगे। यह भी बहुत ही सरल एवं महत्वपूर्ण **Structure** है।

## Use of "Was/Were" in Conversations

"Was/ Were" क्रियाएँ भी 'be' forms (Past Tense) कहलाती हैं। इनका प्रयोग निम्न प्रकार के Sentence Structure में होता है :

### Subject + was/were + complement

(1) राम एक राजा था। — Ram was a king.
(2) रमेश मेरा मित्र था। — Ramesh was my friend.
(3) वह वहाँ था। — He was there.
(4) वे वहाँ उपस्थित थे। — They were present there.
(5) वह सोया हुआ था। — He was asleep.
(6) वह अमीर आदमी था। — He was a rich man.
(7) मेरे मित्र दोषी थे। — My friends were guilty.
(8) राम मुझसे उम्र में छोटा था। — Ram was younger than me.
(9) वह मेरे साथ पढ़ता था। — He was my class-fellow.
(10) वह बहुत गरीब था। — He was very poor.
(11) वह खुश थी। — She was happy.
(12) सरला एक अच्छी लड़की थी। — Sarla was a good girl.
(13) राजेश एक अच्छा अध्यापक था। — Rajesh was a good teacher.
(14) तुम एक अच्छे तैराक थे। — You were a good swimmer.
(15) शर्मा जी मेरे मित्र थे। — Sharma ji was my friend.
(16) वे सब खुश थे। — They all were happy.
(17) मेरा भाई एक इंजीनियर था। — My brother was an engineer.
(18) वह सुन्दर लड़की थी। — She was a beautiful girl.
(19) मेरे पिताजी डॉक्टर थे। — My father was a doctor.
(20) मेरे दादाजी दुकानदार थे। — My grandfather was a shopkeeper.

## Negative and Interrogative Sentence Structure

### Negative Sentences

इस तरह के वाक्यों को **Negative** बनाने हेतु was/ were के बाद 'not' का प्रयोग किया जाता है। जैसे:

**Subject + was/ were + not+ complement**

| *Affirmative* | *Negative* |
|---|---|
| (1) He was my friend. | (1) He was *not* my friend. |
| (2) Ram was his brother. | (2) Ram was *not* his brother. |
| (3) She was guilty. | (3) She was *not* guilty. |
| (4) She was a good girl. | (4) She was *not* a good girl. |
| (5) They were happy. | (5) They were *not* happy. |
| (6) You were very sad. | (6) You were *not* very sad. |
| (7) I was asleep. | (7) I was *not* asleep. |
| (8) Ram was guilty. | (8) Ram was *not* guilty. |
| (9) They were students. | (9) They were *not* students. |
| (10) We were friends. | (10) We were *not* friends. |

### Interrogative Sentences

इस **Structure** में **Interrogative Sentence** बनाने हेतु, हम is/ am/ are/ was/ were को Subject से पूर्व प्रयोग करते हैं। जैसे:

**Was/ Were + Subject + complement ?**

| *Affirmative* | *Interrogative* |
|---|---|
| (1) He was a Hindu. | (1) Was he a Hindu ? |
| (2) It was dark. | (2) Was it dark ? |
| (3) He was your elder brother. | (3) Was he your elder brother ? |
| (4) He was a poor man. | (4) Was he a poor man ? |
| (5) That was your car. | (5) Was that your car ? |
| (6) Sarla was an artist. | (6) Was Sarla an artist ? |
| (7) Maneesh was an intelligent student. | (7) Was Maneesh an intelligent student ? |
| (8) You were a child. | (8) Were you a child ? |
| 9) They were thieves. | (9) Were they thieves ? |
| (10) She was an intelligent girl. | (10) Was she an intelligent girl ? |

### PRACTICE WORK

इस Structure (Affirmative, Negative, Interrogative) के कम से कम 30 वाक्य आप स्वयं अवश्य बनायें एवं उन्हें बोलकर अपनी जबान को English बोलने का अभ्यास करें। आपने 'To be' form of verb; is/ am/ are/ was/ were/ के बहुत ही महत्वपूर्ण Structures को पूर्ण कर लिया है।

### याद रखें

*English Speaking में fluency हेतु Primary Stage पर दो बातें आवश्यक हैं—(i) Grammatically सही वाक्य बनाना और (ii) Practice of Speaking एवं फिर चाहिए : थोड़ी मेहनत + लगन ...... फिर तो सफलता आपके कदम चूमेगी।*

"Heights by the great men reached and kept,
Were not attained by sudden flight,
But while their companions were slep,
They were toiling upwards in the night."

आज आप जिस **Structure** का ज्ञान प्राप्त करने जा रहे हैं उसका हम दैनिक जीवन में बहुत प्रयोग करते हैं। **Note** करें कि **Conversations** में **Present Tense** के वाक्य **Future action** हेतु भी प्रयुक्त होते हैं।

## Subject + is/are/am + Infinitive (to + verb)

| | |
|---|---|
| (1) मुझे जयपुर जाना है। | (1) I am to go to Jaipur. |
| (2) सीता को आज यहाँ आना है। | (2) Sita is to come here today. |
| (3) उन्हें कल जयपुर पहुँचना है। | (3) They are to reach Jaipur tomorrow. |
| (4) मेरे पिताजी को डॉक्टर के पास जाना है। | (4) My father is to go to the doctor. |
| (5) मुझे मेरी पत्नी को टेलीफोन करना है। | (5) I am to telephone to my wife. |
| (6) माताजी को खाना बनाना है। | (6) My mother is to cook food. |
| (7) मेरे भाई को स्कूल जाना है। | (7) My brother is to go to school. |
| (8) पिताजी को ऑफिस जाना है। | (8) My father is to go to office. |
| (9) मुझे कपड़े धोने हैं। | (9) I am to wash the clothes. |
| (10) सरिता को घर की सफाई करनी है। | (10) Sarita is to clean the house. |
| (11) मनीष को आज जयपुर जाना है। | (11) Maneesh is to go to Jaipur today. |
| (12) निशा को यहाँ आना है। | (12) Nisha is to come here. |
| (13) मेरे मित्रों को भी आज जयपुर पहुँचना है। | (13) My friends are also to reach Jaipur today. |
| (14) उन्हें शादी में शरीक होना है। | (14) They are to attend the marriage. |
| (15) मेरे पिताजी को कुछ कपड़े खरीदने हैं। | (15) My father is to purchase some clothes. |
| (16) मेरी बहिन को खाना बनाना है। | (16) My sister is to cook food. |
| (17) मेरे भाई को अपना काम पूरा करना है। | (17) My brother is to complete his work. |
| (18) हम सभी को शादी में जाना है। | (18) We all are to attend the marriage. |
| (19) तुम्हें एक पत्र लिखना है। | (19) You are to write a letter. |
| (20) उसे मेरे लिए कुछ किताबें लानी हैं। | (20) He is to bring some books for me. |

## Negative and Interrogative Sentence Structure

**Negative Sentences**

इस तरह के वाक्यों को जब **Negative** बनाना हो तो "is/ am/ are" के बाद not का प्रयोग निम्न प्रकार किया जाता है :

## Subject + is/ are/ am + not + Infinitive (to+verb)

*Affirmative*

(1) I am to go there.
(2) She is to come here.
(3) They are to attend the marriage.
(4) You are to complete your work.
(5) She is to sing a song.
(6) Ram is to reach here today.
(7) My father is to purchase a gift.
(8) My mother is to prepare coffee for the guests.
(9) My friends are to decide the matter.
(10) You are to send an e-mail.

*Negative*

(1) I am *not* to go there.
(2) She is *not* to come here.
(3) They are *not* to attend the marriage.
(4) You are *not* to complete your work.
(5) She is *not* to sing a song.
(6) Ram is *not* to reach here today.
(7) My father is *not* to purchase a gift.
(8) My mother is *not* to prepare coffee for the guests.
(9) My friends are *not* to decide the matter.
(10) You are *not* to send an e-mail.

### Interrogative Sentences

इस **Structure** में **Interrogative sentences** बनाने हेतु Auxiliary verbs (is/am/are) को Subject के पहले प्रयोग करते हैं। जैसे :

## Is/ Are/ Am + Subject + Infinitive (to + verb) ?

*Affirmative*

(1) We are to play a match.
(2) You are to go to station.
(3) He is to arrive today.
(4) I am to telephone her.
(5) They are to reach here today.
(6) I am to complete my work.
(7) You are to go to airport.
(8) Ramesh is to discuss with Shyam.
(9) His friends are to attend the marriage.
(10) She is to wash my clothes.

*Interrogative*

(1) *Are* we to play a match ?
(2) *Are* you to go to station ?
(3) *Is* he to arrive today ?
(4) *Am* I to telephone her ?
(5) *Are* they to reach here today ?
(6) *Am* I to complete my work ?
(7) *Are* you to go to airport ?
(8) *Is* Ramesh to discuss with Shyam ?
(9) *Are* his friends to attend the marriage ?
(10) *Is* she to wash my clothes ?

**याद रखें**

*I के साथ am का प्रयोग, He, She, It , Names एवं Singular Subjects के साथ is का प्रयोग तथा You, They एवं Plural Subjects के साथ are का प्रयोग किया जाता है।*

**PRACTICE WORK**

(1) आपने एक महत्वपूर्ण Structure के Affirmative, Negative एवं Interrogative वाक्यों के बारे में जानकारी प्राप्त की है। आप इन सभी वाक्यों का बार-बार अभ्यास करें। आपको इन वाक्यों को थोड़ा जोर से बोलकर अभ्यास करना है।
(2) आपको इसी प्रकार से कम से कम 30 वाक्य स्वयं बनाने हैं। इस तरह के वाक्य, अपने घर, परिवार, मित्रों के सम्बन्ध में बनायें।
(3) ध्यान रखें Daily Routine के सम्बन्ध में, अपने आस-पास होने वाली घटनाओं, अपने पड़ोसी, मित्र, परिवार के सम्बन्ध में अधिक से अधिक वाक्य बनाने चाहिये। आपको शीघ्र ही सफलता अवश्य मिलेगी तथा आप में आत्म-विश्वास जागृत होगा।

**Was / Were** के साथ निम्न **Structure** में **Infinitive** का प्रयोग एक **Unreal Past** को व्यक्त करता है। यह **Structure** भी **Conversations** में काफी प्रयोग में आता है। इस **Structure** के वाक्य उनके हिन्दी अनुवाद सहित नीचे दिये जा रहे हैं। आप इन सभी वाक्यों को पढ़ें एवं बोलें।

## Subject + was/were + Infinitive (to + verb)

| | |
|---|---|
| (1) मुझे ई-मेल भेजनी थी। | (1) I was to send an e-mail. |
| (2) उसे अपना आवेदन फार्म भरना था। | (2) He was to fill up his application form. |
| (3) आपको बाजार से चीनी लानी थी। | (3) You were to bring sugar from the market. |
| (4) मेरे पिताजी को डॉक्टर के पास जाना था। | (4) My father was to go to the doctor. |
| (5) मुझे मेरी पत्नी को टेलीफोन करना था। | (5) I was to telephone to my wife. |
| (6) माताजी को खाना बनाना था। | (6) My mother was to cook food. |
| (7) मुझे अपना प्रोजेक्ट आज पूरा करना था। | (7) I was to complete my project today. |
| (8) पिताजी को आफिस जाना था। | (8) My father was to go to office. |
| (9) मुझे आपको कुछ सूचनाएं देनी थीं। | (9) I was to give you some informations. |
| (10) सरिता को घर की सफाई करनी थी। | (10) Sarita was to clean the house. |
| (11) मनीष को आज जयपुर जाना था। | (11) Maneesh was to go to Jaipur today. |
| (12) निशा को यहाँ आना था। | (12) Nisha was to come here. |
| (13) मेरे मित्रों को भी आज जयपुर पहुँचना था। | (13) My friends were also to reach Jaipur today. |
| (14) उन्हें शादी में शरीक होना था। | (14) They were to attend the marriage. |
| (15) मेरे पिताजी को कुछ कपड़े खरीदने थे। | (15) My father was to purchase some clothes. |
| (16) मेरी बहिन को खाना बनाना था। | (16) My sister was to cook food. |
| (17) मेरे भाई को अपना काम पूरा करना था। | (17) My brother was to complete his work. |
| (18) हम सभी को शादी में जाना था। | (18) We all were to attend the marriage. |
| (19) तुम्हें एक पत्र लिखना था। | (19) You were to write a letter. |
| (20) उसे मेरे लिए कुछ किताबें लानी थी। | (20) He was to bring some books for me. |

## Negative and Interrogative Sentence Structure

### Negative Sentences

इस तरह के **Affirmative** वाक्यों को जब **Negative** बनाना हो तो "was/were" के बाद not का प्रयोग किया जाता है :

**Subject + was/were + not + Infinitive (to + verb)**

| *Affirmative* | *Negative* |
|---|---|
| (1) I was to write a letter. | (1) I was *not* to write a letter. |
| (2) They were to come here. | (2) They were *not* to come here. |
| (3) I was to attend the marriage. | (3) I was *not* to attend the marriage. |
| (4) You were to complete this work. | (4) You were *not* to complete this work. |
| (5) She was to cook food. | (5) She was *not* to cook food. |
| (6) Ram was to reach here today. | (6) Ram was *not* to reach here today. |
| (7) My father was to purchase a gift. | (7) My father was *not* to purchase a gift. |
| (8) My mother was to prepare coffee for the guests. | (8) My mother was *not* to prepare coffee for the guests. |
| (9) My friends were to decide the matter. | (9) My friends were *not* to decide the matter. |
| (10) You were to send an e-mail. | (10) You were *not* to send an e-mail. |

**Interrogative Sentences**

इस **Structure** में **Interrogative sentences** बनाने हेतु Auxiliary verbs ( was/were) को Subject के पहले प्रयोग करते हैं। जैसे :

**Was/Were + Subject + Infinitive (to+verb) ?**

| *Affirmative* | *Interrogative* |
|---|---|
| (1) They were to attend the function. | (1) *Were* they to attend the function? |
| (2) You were to go to station. | (2) *Were* you to go to station? |
| (3) He was to arrive today. | (3) *Was* he to arrive today? |
| (4) I was to telephone her. | (4) *Was* I to telephone her? |
| (5) They were to go there. | (5) *Were* they to go there? |
| (6) I was to complete my work. | (6) *Was* I to complete my work? |
| (7) You were to go to airport. | (7) *Were* you to go to airport? |
| (8) Ramesh was to discuss with Shyam. | (8) *Was* Ramesh to discuss with Shyam? |
| (9) His friends were to attend the marriage. | (9) *Were* his friends to attend the marriage? |
| (10) She was to wash the clothes. | (10) *Was* she to wash the clothes? |

**ध्यान रखें**

*I, He, She, It , Names एवं Singular Subjects के साथ was का प्रयोग तथा you, they एवं Plural Subjects के साथ were का प्रयोग किया जाता है।*

**PRACTICE WORK**

(1) आपने एक महत्वपूर्ण Structure के Affirmative, Negative एवं Interrogative वाक्यों के बारे में जानकारी प्राप्त की है। आप इन सभी वाक्यों का बार-बार अभ्यास करें। आपको इन वाक्यों को थोड़ा जोर से बोलकर अभ्यास करना है।

(2) आपको इसी प्रकार से कम से कम 30 वाक्य स्वयं बनाने हैं। इस तरह के वाक्य, अपने घर, परिवार, मित्रों के सम्बन्ध में बनायें।

(3) ध्यान रखें—Daily Routine के सम्बन्ध में, अपने आस-पास होने वाली घटनाओं, अपने पड़ोसी, मित्र, परिवार के सम्बन्ध में अधिक से अधिक वाक्य बनाने चाहिये। आपको शीघ्र ही सफलता अवश्य मिलेगी तथा आप में आत्म-विश्वास जागृत होगा।

"Never trust in future however pleasant,
Let the past dead burry its dead
Act act in the living present
Heart within and God overhead."

**Has/Have** का प्रयोग मुख्य क्रिया के रूप में **Possession** (रखने का अधिकार), **Ownership** (मालिकाना हक), **Relationship** (सम्बन्ध) व्यक्त करने हेतु निम्न **Sentence structure** में किया जाता है। इस **Structure** का प्रयोग भी दैनिक जीवन में बहुत होता है :

## Use of has/have in Conversation

### Subject + have/ has + Noun

| | |
|---|---|
| (1) राम के एक भाई है। | (1) Ram has a brother. |
| (2) सीता के दो बहनें हैं। | (2) Sita has two sisters. |
| (3) मेरे पास एक कार है। | (3) I have a car. |
| (4) उसके पास एक पेन है। | (4) He has a pen. |
| (5) मेरे पास दस टॉफियाँ हैं। | (5) I have ten toffees. |
| (6) उसके पास एक मकान है। | (6) He has a house. |
| (7) हमारे पास दो दुकानें हैं। | (7) We have two shops. |
| (8) तुम्हारे पास बहुत साड़ियाँ हैं। | (8) You have many sarees. |
| (9) मेरे पिताजी के पास एक फार्म हाउस है। | (9) My father has a farm house. |
| (10) उसे बुखार है। | (10) She/ He has fever. |
| (11) उसके पास कई मकान हैं। | (11) He/ She has many houses. |
| (12) उसे अनुभव है। | (12) He has experience. |
| (13) सुरेश के पास एक रंगीन टी वी है। | (13) Suresh has a colour T.V. |
| (14) मेरे पास एक स्कूटर है। | (14) I have a scooter. |
| (15) मेरे माताजी के पास एक हार है। | (15) My mother has a necklace. |
| (16) मेरी बहन के पास एक बैग है। | (16) My sister has a bag. |
| (17) तुम्हारे पास एक मेज है। | (17) You have a table. |
| (18) सरला के पास एक कुर्सी है। | (18) Sarla has a chair. |
| (19) मनीष के पास बीस पेन हैं। | (19) Maneesh has twenty pens. |
| (20) हर्ष के पास चार कम्प्यूटर हैं। | (20) Harsh has four computers. |

**Note**

*इस तरह के वाक्यों में Noun के पूर्व यदि कोई विशेषण (Adjective) भी हो तो निम्न Sentence Structure में Adjective को Noun के पूर्व लगाया जाता है :*

***Subject + have/ has + Adjective + Noun***

| | |
|---|---|
| *(1) सरला के पास एक सुन्दर मकान है।* | *(1) Sarla has a beautiful house.* |
| *(2) राम के पास एक काला बैग है।* | *(2) Ram has a black bag.* |
| *(3) उसे अच्छा अनुभव है।* | *(3) She/ He has a good experience.* |
| *(4) मेरी माताजी के पास सोने की अंगूठियाँ हैं।* | *(4) My mother has golden rings.* |
| *(5) उसे अंग्रेजी का अच्छा ज्ञान है।* | *(5) He has a good knowledge of English.* |

## Negative and Interrogative Sentences Structure

**Negative Sentence**

**Subject + have/has + not + Noun**

इस प्रकार के **Sentence Structure** के **Negative** निम्न तीन प्रकार से बनाये जाते हैं। जैसे :

| | |
|---|---|
| (A) I have a car. | *Affirmative* |
| (i) I have no car. | *Negative* |
| (ii) I haven't any car. | *Negative* |
| (iii) I do not have a car. | *Negative* |
| (B) He has three brothers. | *Affirmative* |
| (i) He has no brother. | *Negative* |
| (ii) He hasn't any brother. | *Negative* |
| (iii) He does not have any brother. | *Negative* |
| (C) She has a house. | *Affirmative* |
| (i) She has no house. | *Negative* |
| (ii) She hasn't any house. | *Negative* |
| (iii) She doesn't have any house. | *Negative* |
| (D) My friends have five chairs. | *Affirmative* |
| (i) My friends have no chair. | *Negative* |
| (ii) My friends haven't any chair. | *Negative* |
| (iii) My friends do not have any chair. | *Negative* |

**Interrogative Sentence**

**Have/Has + Subject + Noun**

इस **Sentence Structure** में **Interrogative** दो प्रकार से बनाये जा सकते हैं। जैसे :

| | |
|---|---|
| (A) I have a car. | *Affirmative* |
| (i) Have I a car ? | *Interrogative* |
| (ii) Do I have a car ? | *Interrogative* |
| (B) Ram has two brothers. | *Affirmative* |
| (i) Has Ram two brothers ? | *Interrogative* |
| (ii) Does Ram have two brothers ? | *Interrogative* |
| (C) They have three hotels. | *Affirmative* |
| (i) Have they three hotels ? | *Interrogative* |
| (ii) Do they have three hotels ? | *Interrogative* |
| (D) You have a large house. | *Affirmative* |
| (i) Have you a large house ? | *Interrogative* |
| (ii) Do you have a large house ? | *Interrogative* |

(E) He has three chairs. *Affirmative*
(i) Has he three chairs ? *Interrogative*
(ii) Does he have three chairs ? *Interrogative*

## Use of 'Got'

निम्न दोनों प्रकार के वाक्यों में कोई अन्तर नहीं है। 'Got' को लगाने से वाक्य थोड़ा Impressive and more authoritative हो जाता है।

| | |
|---|---|
| (1) I have a car. | (1) I have got a car. |
| (2) She has curly hair. | (2) She has got curly hair. |
| (3) Have you time ? | (3) Have you got time ? |
| (4) She has a nice voice. | (4) She has got a nice voice. |
| (5) Has she a nice voice ? | (5) Has she got a nice voice ? |
| (6) My father has a farm house. | (6) My father has got a farm house. |
| (7) Ram has a sharp nose. | (7) Ram has got a sharp nose. |
| (8) They have three houses. | (8) They have got three houses. |
| (9) We have five kinds of fish. | (9) We have got five kinds of fish. |
| (10) I have a large house. | (10) I have got a large house. |

"In conversation, such use of 'got' makes your 'speaking' more impressive."

### ध्यान रखें

*(1) Have का प्रयोग I, You, We, They, एवं Plural Subjects के साथ तथा Has का प्रयोग He, She, It, Names एवं any Singular Subjects के साथ किया जाता है।*

*(2) Negative एवं Interrogative वाक्य में ध्यान देने का बिन्दु यह है कि जब does का प्रयोग वाक्य में होता है, तो has का प्रयोग नहीं होगा तथा Has के स्थान पर Have का प्रयोग होगा।*

"Have Confidence and you will win."

Past Tense के वाक्यों में Possession (रखने का अधिकार), Ownership (मालिकाना हक), Relationship (सम्बन्ध) व्यक्त करने हेतु Had का प्रयोग निम्न Structure में किया जाता है।

## Use of 'Had' in Conversation

### Subject + had + Noun

| | |
|---|---|
| (1) मेरे पास एक पेन था। | I had a pen. |
| (2) उसके पास एक मकान था। | He had a house. |
| (3) उनके पास एक फार्म हाऊस था। | They had a farm house. |
| (4) मेरे पिताजी के पास एक कार थी। | My father had a car. |
| (5) मेरे भाई के पास एक किताब थी। | My brother had a book. |
| (6) सुरेश के एक बहन थी। | Suresh had a sister. |
| (7) मेरे पास भी एक कम्प्यूटर था। | I also had a computer. |
| (8) तुम्हारे पास एक घड़ी थी। | You had a watch. |
| (9) सीता के पास एक पर्स था। | Sita had a purse. |
| (10) निशा के पास एक कम्प्यूटर था। | Nisha had a computer. |

इस **Structure** में यदि कोई **Adjective** (विशेषण) भी हो तो वह **Noun** के पूर्व निम्न **Structure** में प्रयोग किया जाता है :

### Subject + had + Adjective + Noun

| | |
|---|---|
| (1) सीता के पास एक सुन्दर बैग था। | Sita had a beautiful bag. |
| (2) मेरे माँ के पास सोने की अंगूठी थी। | My mother had a golden ring. |
| (3) उसके बाल घुंघराले थे। | He/She had curly hair. |
| (4) तुम्हारे पास बड़ा मकान था। | You had a large house. |
| (5) उसके पास एक बड़ी कार थी। | He had a big car. |
| (6) राम के पास एक लाल पेन था। | Ram had a red pen. |
| (7) सीता के पास काली गाय थी। | Sita had a black cow. |
| (8) रहीम के बहुत मित्र थे। | Rahim had many friends. |

(9) मेरे पास सफेद कपड़े थे। I had white clothes.

(10) उसके पास दो सौ रेशमी साड़ियाँ थीं। She had two hundred silk sarees.

## Negative and Interrogative Sentence Structure

**Negative Sentences**

**Subject + had + not + Noun**

इस तरह के **Sentence structure** में वाक्यों को निम्न तीन प्रकार से **Negative** बनाया जा सकता है :

(A) I had a car. *Affirmative*
- (i) I had no car. *Negative*
- (ii) I hadn't any car. *Negative*
- (iii) I didn't have any car. *Negative*

(B) She had five cows. *Affirmative*
- (i) She had no cow. *Negative*
- (ii) She hadn't any cow. *Negative*
- (iii) She didn't have any cow. *Negative*

**याद रखें**

*Negative एवं Interrogative वाक्यों में जब did का प्रयोग किया जाता है, तब had के स्थान पर have का प्रयोग किया जाता है।*

**Interrogative Sentences**

**Had + Subject + Noun**

उक्त **Sentence Structure** में **Interrogative** वाक्य निम्न दो प्रकार से बनाये जाते हैं :

(A) I had a car. *Affirmative*
- (i) Had I a car ? *Interrogative*
- (ii) Did I have a car ? *Interrogative*

(B) He had a house. *Affirmative*
- (i) Had he a house ? *Interrogative*
- (ii) Did he have a house ? *Interrogative*

**याद रखें**

*इस प्रकार के Sentence structure में Interrogative वाक्यों में She/he/any Singular के साथ have का प्रयोग किया जाता है, has नहीं।*

**PRACTICE WORK**

(a) आपको मात्र हमारे द्वारा बताये गये वाक्यों तक ही सीमित नहीं रहना है, आपको स्वयं को कम से कम 30 वाक्य इस तरह के, Affirmative, Negative एवं Interrogative Structure के बनाने हैं।

(b) आपको सभी वाक्यों को बार-बार बोलकर पढ़ना है।

**याद रखें**

*जितनी बार आप बोलकर पढ़ेंगे, आपको English Speaking में प्रवीणता उतनी ही शीघ्र प्राप्त होगी।*

"You are determined to make your English fluent."

बाध्यता, अनिवार्यता, आवश्यकता के सन्दर्भ में Have / Has का प्रयोग निम्न Structure में किया जाता है। Have / Has का यह एक महत्वपूर्ण प्रयोग है, जो दैनिक जीवन में काफी प्रयोग में आता है।

आपको इन Sentence Structures को रटना नहीं है, आपको इन्हें बार-बार Revise करना है, बोलना है, जिससे कि जब कभी इस तरह के वाक्य बोलने की आवश्यकता हो, आप इस Sentence Structure का बिना हिचकिचाहट (Hesitation) के प्रयोग कर सकें।

## Subject + has/ have + Infinitive

| | |
|---|---|
| (1) मुझे स्टेशन जाना है। | (1) I have to go to station. |
| (2) मुझे पढ़ना है। | (2) I have to study. |
| (3) उसे अस्पताल जाना है। | (3) Hc has to go to hospital. |
| (4) राम को रहीम से मिलना है। | (4) Ram has to meet Rahim. |
| (5) सीता को यह पाठ याद करना है। | (5) Sita has to learn this lesson. |

**ध्यान रखें**

*उक्त प्रकार के वाक्यों हेतु हमने पूर्व में आपको निम्न Structure बताया है :*

*Subject + is/ am/ are/ + Infinitive*

*इन दोनों Structures में अन्तर यह है कि जब कार्य में अनिवार्यता, बाध्यता, आवश्यकता (Compulsion, Urgency, Necessity) हो तो have/ has का प्रयोग किया जाता है एवं सामान्य स्थिति में is/ am/ are का प्रयोग किया जाता है। इस Structure का प्रयोग निम्न प्रकार के वाक्यों में भी किया जाता है।*

| | |
|---|---|
| (6) मुझे प्रतिदिन 5 बजे उठना पड़ता है। | (6) I have to get up at 5 O'clock daily. |
| (7) आपको रोजाना अस्पताल जाना पड़ता है। | (7) You have to go to hospital daily. |
| (8) सीता को खाना भी बनाना पड़ता है। | (8) Sita has to cook the food also. |
| (9) राम को कपड़े धोने पड़ते हैं। | (9) Ram has to wash clothes. |
| (10) छात्रों को अपना कमरा साफ करना पड़ता है। | (10) Students have to clean their room. |
| (11) मुझे अपना काम स्वयं करना पड़ता है। | (11) I myself have to do my work. |
| (12) उसे सुबह से सायं तक कार्य करना पड़ता है। | (12) He has to work from morning to evening. |
| (13) मेरे भाई को सुबह 6 बजे स्कूल जाना पड़ता है। | (13) My brother has to go to school at 6 A. M. |
| (14) मेरी बहन को सुबह चाय बनानी पड़ती है। | (14) My sister has to prepare tea in the morning. |
| (15) मेरे पिताजी को प्रतिदिन दवा लेनी पड़ती है। | (15) My father has to take medicines daily. |
| (16) हम सबको सुबह प्रार्थना करनी पड़ती है। | (16) We all have to offer prayer in the morning. |

(17) मुझे मेरे मित्र को पढ़ाना पड़ता है। (17) I have to teach my friend.
(18) उसे मेरी आज्ञा माननी पड़ती है। (18) He has to obey me.
(19) माताजी को सभी के लिये नाश्ता बनाना पड़ता है। (19) Mother has to prepare breakfast for everyone.
(20) मुझे ऑफिस पैदल जाना पड़ता है। (20) I have to go to office on foot.

**ध्यान रखें**

*I, you, we एवं Plural Subjects के साथ have का तथा he, she, it, names एवं Singular Subjects के साथ has का प्रयोग किया जाता है।*

## Negative and Interrogative Sentence Structure

### Negative Sentences

इस Structure में Negative वाक्यों में Not का प्रयोग has/ have के बाद निम्न प्रकार से होता है :

**Subject + has/ have +not+ infinitive**

| *Affirmative* | *Negative* |
|---|---|
| (1) I have to wait here. | (1) I have *not* to wait here. |
| (2) She has to cook meal. | (2) She has *not* to cook meal. |
| (3) They have to clean the rooms. | (3) They have *not* to clean the rooms. |
| (4) Ram has to satisfy him. | (4) Ram has *not* to satisfy him. |
| (5) You have to solve the problems. | (5) You have *not* to solve the problems. |

### Interrogative Sentences

उक्त Structure में Interrogative Sentence में Has/ Have का प्रयोग, Subject से पूर्व निम्न प्रकार से किया जाता है :

**Has/Have + Subject + not + Infinitive ?**

| *Affirmative* | *Interrogative* |
|---|---|
| (1) I have to take the notes. | (1) *Have* I to take the notes ? |
| (2) You have to go to hospital. | (2) *Have* you to go to hospital ? |
| (3) He has to come here daily. | (3) *Has* he to come here daily ? |
| (4) She has to wash our clothes. | (4) *Has* she to wash our clothes ? |
| (5) They have to wait there. | (5) *Have* they to wait there ? |

**ध्यान रखें**

*उक्त Sentence Structure का प्रयोग करते समय यह ध्यान रखें कि जब कार्य को करने की बाध्यता, अनिवार्यता या आवश्यकता परिलक्षित हो, तभी have/has का प्रयोग किया जाता है, अन्यथा सामान्य वाक्यों में is/am/are का प्रयोग करते हैं। आपको इस तरह के कम से कम 30 वाक्य स्वयं बनाने हैं। सभी वाक्यों को बार-बार बोलकर Revise करना है।*

आप जितना लिखने एवं बोलने का अभ्यास करेंगे उतना ही Improvement तथा आत्मविश्वास अनुभव करेंगे।

I am able to use these structures well, aren't i ?

Has/ Have के साथ Infinitive का प्रयोग वर्तमान में कार्यों का होना व्यक्त करता है। जबकि Had के साथ Infinitive का प्रयोग भूतकाल (Past) में कार्यों का होना बाध्यता, अनिवार्यता, आवश्यकता के सन्दर्भ में व्यक्त करता है। यह Structure Real Past को व्यक्त करता है।

**Subject + had + Infinitive +...**

| | |
|---|---|
| (1) राम को अपना मकान बेचना पड़ा था। | (1) Ram had to sell his house. |
| (2) सीता को तलाक लेना पड़ा था। | (2) Sita had to take divorce. |
| (3) मुझे अस्पताल जाना पड़ा था। | (3) I had to go to hospital. |
| (4) तुम्हें इन्तजार करना पड़ा था। | (4) You had to wait. |
| (5) हमें स्टेशन जाना पड़ा था। | (5) We had to go the station. |
| (6) उन्हें सफाई करानी पड़ी थी। | (6) They had to do cleaning. |
| (7) माताजी को दवाई लेनी पड़ी थी। | (7) Mother had to take medicines. |
| (8) पिताजी को दिल्ली जाना पड़ा था। | (8) Father had to go to Delhi. |
| (9) आपको तुरंत यहाँ आना पड़ा था। | (9) You had to come here immediately. |
| (10) बच्चों को चुप रहना पड़ा था। | (10) Children had to keep silent. |
| (11) सरला को गीत गाना पड़ा था। | (11) Sarla had to sing a song. |
| (12) रमेश को वह पत्र लिखना पड़ा था। | (12) Ramesh had to write that letter. |
| (13) दुकानदार को पैसा वापस करना पड़ा था। | (13) The shopkeeper had to return the money. |
| (14) कम्पनी को टी वी ठीक करना पड़ा था। | (14) The company had to repair the T.V.. |
| (15) उसे कोर्ट में उपस्थित होना पड़ा था। | (15) He had to attend the court. |
| (16) हमें खाना बनाना पड़ा था। | (16) We had to cook the food. |
| (17) आपको कपड़े धोने पड़े थे। | (17) You had to wash the clothes. |
| (18) हमें स्कूटर ठीक करना पड़ा था। | (18) We had to repair the scooter. |
| (19) मुझे रात भर जागना पड़ा था। | (19) I had to wake up whole the night. |
| (20) आपको मुझे सूचित करना पड़ा था। | (20) You had to inform me. |

**Negative Sentences**

इस तरह के **Structure** में **Negative** वाक्यों में 'Not' का प्रयोग Had के बाद निम्न प्रकार किया जाता है :

**Subject + had + not + Infinitive+...**

| *Affirmative* | *Negative* |
|---|---|
| (1) I had to sell my house. | (1) I had *not* to sell my house. |
| (2) You had to go to the hospital. | (2) You had *not* to go the hospital. |
| (3) She had to cook meal. | (3) She had *not* to cook meal. |
| (4) They had to wait here. | (4) They had *not* to wait here. |
| (5) We had to cooperate her. | (5) We had *not* to cooperate her. |

**Interrogative Sentences**

उक्त **Structure** में **Interrogative Sentences** में had को Subject के पूर्व निम्न प्रकार से लिखा जाता है :

**Had + Subject + Infinitive +...?**

| *Affirmative* | *Interrogative* |
|---|---|
| (1) He had to pay me. | (1) *Had* he to pay me ? |
| (2) I had to clean my room. | (2) *Had* I to clean my room ? |
| (3) They had to go to Jaipur. | (3) *Had* they to go to Jaipur ? |
| (4) You had to sing a song. | (4) *Had* you to sing a song ? |
| (5) She had to wash the kitchen. | (5) *Had* she to wash the kitchen ? |

"If he can speak English fluently, why can't I ?
I am determined to improve my English speaking skill."

अभी तक आपने Have/Has/Had का प्रयोग Present Tense एवं Past Tense के वाक्यों हेतु किया है। Shall/Will के साथ Have का प्रयोग एक बाध्यता/अनिवार्यता को व्यक्त करता है। निम्न प्रकार के वाक्यों हेतु इस Structure का प्रयोग किया जाता है।

## Subject + shall/ will + have + Infinitive

| | |
|---|---|
| (1) उसे स्टेशन जाना पड़ेगा। | (1) He will have to go to the station. |
| (2) मुझे पत्र लिखना पड़ेगा। | (2) I shall have to write a letter. |
| (3) उसे ताला तोड़ना पड़ेगा। | (3) He will have to break the lock. |
| (4) राम को इन्तजार करना पड़ेगा। | (4) Ram will have to wait. |
| (5) उसे माफी मांगनी पड़ेगी। | (5) He will have to beg sorry. |
| (6) तुम्हें जयपुर रहना पड़ेगा। | (6) You will have to live at Jaipur. |
| (7) आपको यह कार्य करना पड़ेगा। | (7) You will have to do this work. |
| (8) माताजी को कपड़े धोने पड़ेंगे। | (8) Mother will have to wash the clothes. |
| (9) मेरी बहन को वहां जाना पड़ेगा। | (9) My sister will have to go there. |
| (10) आपको मेरी आज्ञा माननी पड़ेगी। | (10) You will have to obey me. |
| (11) रमेश को मुझे भुगतान करना होगा। | (11) Ramesh will have to pay me. |
| (12) आपको यहां ही पढ़ना पड़ेगा। | (12) You will have to study here itself. |
| (13) मेरे बेटे को कॉलेज जाना पड़ेगा। | (13) My son will have to go to college. |
| (14) उसे मेहनत करनी पड़ेगी। | (14) He will have to work hard. |
| (15) पिताजी को फीस देनी पड़ेगी। | (15) My father will have to pay fees. |
| (16) दुकानदार को सामान देना पड़ेगा। | (16) The shopkeeper will have to deliver the goods. |
| (17) कम्पनी को सामान वापस लेना पड़ेगा। | (17) The company will have to take back the goods. |
| (18) मुझे बच्चों को ध्यान से रखना पड़ेगा। | (18) I shall have to take care of kids. |
| (19) मेरी पत्नी को अंग्रेजी सीखनी पड़ेगी। | (19) My wife will have to learn English. |
| (20) हमें अंग्रेजी सीखनी पड़ेगी। | (20) We shall have to learn English. |

## Negative and Interrogative Sentence Structure

### Negative Sentences

इस **Structure** में **Negative** वाक्यों में 'Not' को Shall/ Will के बाद प्रयोग किया जाता है। जैसे :

## Subject + shall/ will +not + have + Infinitive

| *Affirmative* | *Negative* |
|---|---|
| (1) He will have to stay here. | (1) He will *not* have to stay here. |
| (2) I shall have to go there. | (2) I shall *not* have to go there. |
| (3) They will have to attend the meeting. | (3) They will *not* have to attend the meeting. |
| (4) She will have to beg sorry. | (4) She will *not* have to beg sorry. |
| (5) We shall have to accept these terms. | (5) We shall *not* have to accept these terms. |

**Interrogative Sentences**

उक्त **Structure** में **Interrogative Sentences** बनाने हेतु will/ shall को Subject से पूर्व निम्न प्रकार से लिखा जाता है। जैसे :

## Shall/ Will + Subject + have + Infinitive ?

| *Affirmative* | *Interrogative* |
|---|---|
| (1) He will have to attend the court. | (1) *Will* he have to attend the court ? |
| (2) Girls will have to put on the scarf. | (2) *Will* girls have to put on the scarf ? |
| (3) Boys will have to wear the uniform. | (3) *Will* boys have to wear the uniform ? |
| (4) We shall have to forgive her. | (4) *Shall* we have to forgive her ? |
| (5) I shall have to complete my work within three days. | (5) *Shall* I have to complete my work within three days? |

**ध्यान रखें**

*(1) सामान्यतया Shall का प्रयोग I/ We/ First person के साथ तथा will का प्रयोग II, III Person के साथ होता है।*

*(2) उक्त Structure में has का प्रयोग नहीं किया जाता है।*

*(3) Negative वाक्यों में 'Not' का प्रयोग Will/Shall के बाद किया जाता है, have के बाद नहीं।*

*(4) Interrogative Structure बनाते समय Shall/ Will को Subject के पूर्व प्रयोग किया जाता है।*

*(5) इस तरह के वाक्य, future में किसी मजबूरी, आवश्यकता, अनिवार्यता को व्यक्त करने हेतु प्रयुक्त होते हैं। सामान्यत स्थिति हेतु Subject + Is/ am/ are + Infinitive, Sentence Structure, Future Time में Actions को व्यक्त करता है।*

**PRACTICE WORK**

आपको उक्त Structure के कम से कम 30 वाक्य स्वयं अपने आस-पास अपने परिवार, मित्र, पड़ोसियों, के सम्बन्ध में बनाने हैं। सभी वाक्यों को बोलकर बार-बार अभ्यास करना है।

Fluency in English Speaking demands
Practice,
Practice
and
Practice
Sentence Structures को रटें नहीं—अभ्यास करें।

आपने Do/ Does/ Did का प्रयोग एक सहायक क्रिया की तरह, Negative एवं Interrogative वाक्य में करना ही जाना है। आज आपको Do/ Does/ Did के विशेष एवं महत्त्वपूर्ण प्रयोग की जानकारी दे रहे हैं। Conversation में Do/ Does/ Did का यह प्रयोग बहुत किया जाता हैं।

निम्न **Structures** को देखें :

**Subject + do/ does/ did + Verb + ...**

| | |
|---|---|
| (1) मैं वहाँ जाता तो हूँ। | 1. I do go there. |
| (2) वह यहाँ आती तो है। | 2. She does come here. |
| (3) वह प्रतिदिन दवाई लेती तो है। | 3. She does take medicines daily. |
| (4) राम सारे दिन पढ़ता तो है। | 4. Ram does read the whole day. |
| (5) रमेश कॉलेज जाता तो है। | 5. Ramesh does go to college. |
| (6) रमेश पढ़ता तो था। | 6. Ramesh did study. |
| (7) हम व्यायाम करते तो थे। | 7. We did take exercises. |
| (8) वे क्रिकेट खेलते तो थे। | 8. They did play cricket. |
| (9) मैं यहाँ रहता तो था। | 9. I did live here. |
| (10) सरला यहाँ आती तो थी। | 10. Sarla did come here. |

**(A)** ***See a very specific use of 'Do' :***

| | |
|---|---|
| (1) Do have a cup of tea. | (1) कृपया एक कप चाय लीजियेगा। |
| (2) Do have your seat. | (2) कृपया अपनी सीट पर बैठियेगा। |
| (3) Do have some fruit. | (3) कृपया कुछ फल लीजियेगा। |
| (4) Do have some drinks. | (4) कृपया कुछ तरल (ड्रिंक्स) लीजियेगा। |
| (5) Do have some snacks. | (5) कृपया कुछ नमकीन लीजियेगा। |

**ध्यान रखें**

*यहाँ Do का प्रयोग Request के रूप में, अधिक विनम्रता एवं अधिक आग्रह को व्यक्त करता है। Do का कोई अर्थ नहीं है, यह मात्र वाक्य को अधिक औपचारिक More polite बनाने हेतु प्रयुक्त हुआ है। इस Structure में Does का प्रयोग नहीं होता है।*

निम्न वाक्यों को देखें :

(A) (i) Have a cup of tea please. (ii) Do have a cup of tea please.
(B) (i) Have a seat please. (ii) Do have a seat please.
(C) (i) Have some snacks please. (ii) Do have some snacks please.

उपरोक्त (i) एवं (ii) दोनों वाक्य Request को व्यक्त करते हैं। Do से शुरू होने वाले वाक्य (ii) अधिक विनम्रता तथा अधिक औपचारिकता को व्यक्त करते हैं।

(B) Do का प्रयोग Adequacy, Suitability बताने हेतु भी निम्न प्रकार किया जाता है :

(a) Hari — Have you a torch ?
Ram — No, I don't have a torch. Will a matchbox do ?
Hari — No, a matchbox won't do. I am trying to find out the gas leak.
(A matchbox will not be suitable.)

(c) Suresh — Have you rupees one thousand ?
Shyam — No, I haven't rupees one thousand. I have five hundred rupees only.
Suresh — O.K., please give me. It will do. I will arrange rest amount from someone else.
(It will do, means it will serve the purpose at the moment.)

It will do = काम चल जायेगा।

It will not do. (It won't do) = काम नहीं चलेगा।

**Do You Know? :** Sentences के Structure जानने का एक महत्वपूर्ण benefit यह है कि हम कम से कम यह तो जान सकते हैं कि सामने वाले व्यक्ति द्वारा बोले वाक्य का क्या अर्थ है?

"Failure should be our teacher ,
not our undertaker,
Failure is delay, not defeat,
It's a temporay detour, not a dead end."

## Various Structures with 'It'

'It' का प्रयोग Personal Pronoun की तरह भी किया जाता है। इसको Verb के Subject एवं Object की तरह तथा Preposition के Object की तरह भी प्रयोग किया जाता है। 'It' का सही प्रयोग English Speaking में एक महत्वपूर्ण स्थान रखता है। आज हम 'It' के साथ बने कुछ Structures की जानकारी आपको दे रहे हैं।

### It + 'be' form + Noun/Pronoun

| | |
|---|---|
| (1) मैं हूँ। | (1) It is me/ It is I. |
| (2) वह था। | (2) It was him/ It was he. |
| (3) राम है। | (3) It is Ram. |
| (4) रमेश था। | (4) It was Ramesh. |
| (5) सरला थी। | (5) It was Sarla. |
| (6) सुबह है। | (6) It is morning. |
| (7) रात है। | (7) It is night. |
| (8) अंधेरा है। | (8) It is dark. |
| (9) बहुत अंधेरा है। | (9) It is very dark. |
| (10) बहुत अंधेरा था। | (10) It was very dark. |
| (11) सात बजे हैं। | (11) It is seven. |
| (12) बाहर बहुत ठण्ड है। | (12) It is very cold outside. |
| (13) सर्दी है। | (13) It is winter. |
| (14) ठण्ड है। | (14) It is cold. |
| (15) आज बहुत गर्मी है। | (15) It is very hot today. |

**Note**

*It is me एवं It is I में से Grammar के अनुसार It is I वाला वाक्य शुद्ध है लेकिन आजकल It is me काफी प्रचलन में है, अतः इसे भी शुद्ध माना जाता है।*

*See some more structures with 'It':*

## It + 'be'form verb + Noun/Pronoun + Clause

इस **Structure** का प्रयोग निम्न प्रकार के वाक्यों में किया जाता है :

| | |
|---|---|
| (1) यह वह था जो वास्तव में दोषी था। | (1) It was he who was really guilty. |
| (2) यह वह है जो जिम्मेदार है। | (2) It is he who is responsible. |
| (3) यह वह है जिसने पर्स चुराया है। | (3) It is she who has stolen the purse. |
| (4) यह राम था जिसने हमारी सहायता की। | (4) It was Ram who helped us. |
| (5) यह सुरेश था जिसने यह किताब लिखी। | (5) It was Suresh who wrote this book. |

इस तरह के वाक्यों में किसी Noun/Pronoun को प्रमुखता/प्रधानता प्रदान करने हेतु It का प्रयोग किया जाता है।

## It + 'be'form verb + Adjective/ Noun + Infinitive

| | |
|---|---|
| (1) तुम्हारे साथ यहाँ बैठना बहुत अच्छा है। | (1) It's so nice to sit here with you. |
| (2) उन्हें बरबाद करना, कितना करुणामय है। | (2) It's a pity to waste them. |
| (3) तुम्हें हंसते हुए सुनना अच्छा है। | (3) It's good to hear you laughing. |
| (4) उसकी सलाह की उपेक्षा करना एक गलती है। | (4) It's a mistake to ignore his advice. |
| (5) उसे सकुशल पाना बहुत सुखद है। | (5) It's a relief to find him Okay. |

उक्त वाक्यों में Infinitive 'to' का प्रयोग किया गया है। It's = It is .

## It + 'be'form verb + Adjective/Noun + Gerund

| | |
|---|---|
| (1) तुम्हारे साथ यहाँ बैठना बहुत अच्छा है। | (1) It's so nice sitting here with you. |
| (2) पड़ोसियों से सहायता की आशा करना बेमानी है। | (2) It's no good hopes for help from the neighbours. |
| (3) दूध फैलने के बाद चिल्लाना व्यर्थ (बेमानी) है। | (3) It's no good crying over spilt milk. |
| (4) पिछले वर्ष वह क्लब चलाना वास्तव में अच्छा रहा। | (4) It was really good running that club last year. |
| (5) गेटकीपर बनना बहुत मजेदार नहीं था। | (5) It wasn't much fun being a gatekeeper. |
| (6) समुद्र के किनारे पर सारे दिन लेटे रहना आनन्ददायक है। | (6) It's wonderful lying on the beach during whole day. |
| (7) सब चीजें समय पर तैयार करना मुश्किल था। | (7) It was difficult getting everything ready in time. |
| (8) उनको शिकायत करने का कोई लाभ नहीं है। | (8) It's no use complaining to them. |
| (9) तुम्हें यहाँ मिलना अच्छा है। | (9) It's nice meeting you here. |

"Be not afraid of going slowly,
Be afraid only of standing still."

## More Structures of 'It'

आज आपका परिचय 'It' के अन्य महत्वपूर्ण Structures से करवा रहे हैं। आप इन Structures के अनुसार अन्य वाक्य भी बनाने का प्रयास करें। 'It' एवं 'This' के प्रयोग के अन्तर का ज्ञान शुद्ध English Speaking हेतु आवश्यक है। दोनों अर्थ में समान से प्रतीत होते हैं। आज आपको 'It' एवं 'This' में अन्तर का ज्ञान भी कराया जा रहा है।

### It + 'be'form verb + for + Noun/Pronoun + Infinitive

(1) It is difficult for anyone to be angry with her.
किसी के लिये भी उससे गुस्सा होना मुश्किल है।

(2) It's easy for a beautiful girl to find a handsome husband.
एक सुन्दर लड़की के लिये स्मार्ट पति ढूंढना सरल है।

(3) It was usual for an educated lady to earn her living.
एक पढ़ी लिखी स्त्री के लिये कमाना सामान्य बात थी।

(4) It was hard for her to live in this small house.
उसके लिये इस छोटे से मकान में रहना बहुत कठिन था।

(5) It was difficult for him to live on this small pension.
उसके लिए इस थोड़ी सी पेंशन में गुजारा करना मुश्किल था।

### It + seems/ seemed, appears/appeared + Subject (that clause)

(1) It seems that the communists will be elected.
ऐसा लगता है कि कम्यूनिस्ट निर्वाचित होंगे।

(2) It appears that the car did not reach there.
ऐसा लगता है कि कार वहाँ नहीं पहुँची।

(3) It seemed that the night would never end.
ऐसा लगा कि रात कभी समाप्त नहीं होगी।

(4) It appeared that the rains would never stop.
ऐसा प्रतीत हुआ कि वर्षा कभी नहीं रुकेगी।

(5) It seems that you are not interested in this job.
ऐसा लगता है कि तुम्हें इस कार्य में रुचि नहीं है।

### It + does not + matter + Subject (clause)

इस **Sentence Structure** का It के साथ प्रयोग आपसी **Conversation** में बहुत किया जाता है।

(1) It does not matter whether we move now or later.
हम अभी चलें या बाद में, उससे कोई फर्क नहीं पड़ता है। (यह महत्वहीन है)

(2) Does it matter when we move ?
हम कब चलें, क्या उसका कोई महत्व है ?

(3) It doesn't matter whether she win or lose.
वह जीते या हारे इससे कोई अन्तर नहीं पड़ता है। (यह महत्वहीन है)

(4) It doesn't matter whether they attend the function or not.
वे फंक्शन में उपस्थित होयें या नहीं कोई फर्क नहीं पड़ता है। (यह महत्वहीन है)

(5) Does it matter, what she say ?
वह क्या कहती है, क्या इसका महत्व है ?

### It + be form verb + sad/ certain/ doubtful + Subject

It का यह प्रयोग महत्वपूर्ण है :

(1) It is certain that you will pass.
यह निश्चित है कि तुम पास हो जाओगे।

(2) It is certain that he is wrong.
यह निश्चित है कि वह गलत है।

(3) It is doubtful whether he will accompany us.
वह हमारे साथ चलेगा यह संदेहास्पद है। (इसमें संदेह है)

(4) It is doubtful whether she will marry you.
वह तुमसे शादी करेगी, इसमें संदेह है।

(5) It is certain that she will help you.
वह तुम्हारी सहायता करेगी, यह निश्चित है।

(6) It is sad that he is not well.
वह ठीक नहीं है, यह दुःखद है।

(7) It is sad that she will die soon.
वह शीघ्र मर जायेगी, यह दुःखद है।

## Use of 'It' and 'This' : Difference

पाठकों के मन में यह विचार आना स्वाभाविक है, कि It का प्रयोग कहाँ एवं This का प्रयोग कहाँ होता है। निम्न बिन्दुओं पर ध्यान दें :

(1) It का प्रयोग कर्ता (as subject ) की तरह; समय, मौसम, ऋतु, दूरी, या अन्य कोई प्राकृतिक घटना को व्यक्त करने हेतु निम्न प्रकार किया जाता है :

(a) It is evening.
(b) It is winter.
(c) It is seven.
(d) It's very cold.
(e) It is noon.
(f) It rains/thunders.

यहाँ This का प्रयोग नहीं किया जा सकता है।

(2) It का प्रयोग Infinitive, Gerund एवं Clause के साथ जैसा पूर्व में बताया गया है, विभिन्न Structures में किया जाता है। इन Structures में This का प्रयोग नहीं किया जा सकता है :

(a) It is easy to find fault with others.
(b) It is no use crying over spilt milk.
(c) It is sad that she is ill.

(3) It का प्रयोग सामान्य रूप से वस्तुओं एवं पशुओं एवं ऐसी स्थिति में किया जाता है जब उसका Sex पता नहीं है। व्यक्तियों के लिये It का प्रयोग कर्ता को महत्व, प्रमुखता, प्रधानता व्यक्त करने हेतु निम्न प्रकार से किया जाता है :

(a) It is I who did it.
(b) It is you who stole the purse.

(4) 'This' का प्रयोग सामान्य रूप से व्यक्ति, वस्तु, नाम के साथ एवं नजदीकियाँ व्यक्त करने हेतु किया जाता है। जैसे :

(a) This is Ram.
(b) This is a chair.
(c) This is 2345714.
(d) This is my wife.
(e) This is All India Radio Jaipur.
(f) This is BBC.

**याद रखें**

*नाम, परिचय को व्यक्त करने हेतु This का प्रयोग करें, It का नही।*

**REMEMBER**

English Speaking में प्रवीणता हेतु Structural English का ज्ञान होना कितना महत्वपूर्ण है यह आपके समझ में आ गया होगा। किसी वाक्य का अर्थ क्या है ? वाक्य स्वयं कैसे बनाये जाते हैं ? यह ज्ञान Structural English से प्राप्त होता है। कुछ वाक्यों को रटकर या किसी विशेष स्थान/परिस्थितियों (बस स्टैण्ड, रेलवे स्टेशन/जन्मदिन पार्टी) में बोले जाने वाले कुछ वाक्य रटकर आप कभी भी Fluently English नहीं बोल सकते हैं। अंग्रेजी रटकर न बोली जा सकती है न लिखी जा सकती है। अत: अभ्यास करें।

"अभ्यास से ही मिलेगी सफलता।"
'Don't mug up. Try to make sentences yourself.'
'A man
Who wins
Is the man
Who thinks
He can.'

## Sentence Structures with 'There'

आज आपको There के साथ बनने वाले कुछ महत्वपूर्ण Sentence Structure की जानकारी दी जा रही है। Conversations में There का प्रयोग दैनिक जीवन में बहुत किया जाता है।

**'There'** से बनने वाले निम्न **Sentence Structure** पर ध्यान दें :

**(A)**

### There + be form verb + Subject

(1) There is no doubt about it. (1) इसमें कोई शक नहीं है।
(2) There is a man waiting for you. (2) वहाँ एक व्यक्ति आपका इन्तजार कर रहा है।
(3) There are only two persons eligible for this post. (3) इस पद हेतु केवल दो व्यक्ति ही योग्य हैं।
(4) There was a large gathering. (4) वहाँ काफी लोग एकत्र थे।
(5) There was every reason for her to be happy. (5) उसके खुश होने हेतु सभी कारण थे।
(6) There was something wrong. (6) वहाँ कुछ गलत था।
(7) There are still many things worth fighting for. (7) अभी कई वस्तुएँ लड़ने हेतु योग्य हैं।
(8) There is still time for us to visit the temple. (8) मन्दिर जाने हेतु हमारे पास अभी भी काफी समय है।
(9) There is a mistake. (9) कुछ गलती है।
(10) There was a large crowd. (10) वहाँ काफी भीड़ थी।

**(B)** अन्य Sentence Structure देखें :

### There + be form verb + Subject + Adverbial Adjunct

इस **Sentence Structure** का उपयोग निम्न प्रकार के वाक्यों में किया जाता है :

(1) There are three students in the classroom. (1) कक्षा में तीन छात्र हैं।
(2) There were four girls in the hostel. (2) छात्रावास में चार लड़कियाँ थीं।
(3) There is a pen in the box. (3) सन्दूक में एक पैन है।
(4) There are some problems here. (4) यहाँ कुछ समस्यायें हैं।
(5) There are several beautiful buildings in the town. (5) इस कस्बे में कई सुन्दर इमारतें हैं।
(6) There was a thunderstorm in the night. (6) रात में तूफान आया था।
(7) Are there any oranges on your tree this year ? (7) क्या आपके पेड़ पर इस वर्ष नारंगी है ?
(8) Three are many chairs in the school. (8) स्कूल में बहुत सी कुर्सियाँ हैं।
(9) There was a cow in the field. (9) मैदान में एक गाय है।
(10) There were many cattle in the field. (10) मैदान में बहुत से पशु हैं।

## More Structures with 'There'

There के साथ अन्य महत्वपूर्ण Sentence Structures की जानकारी आज दी जा रही है। आप देखेंगे कि There का कुछ वाक्यों में कोई अर्थ ही नहीं होता है। आज There के साथ बनने वाले कुछ Important Words की भी जानकारी दी जा रही है जो Conversations में सामान्यतया प्रयुक्त किए जाते हैं।

### (C) There + Auxiliary + be + ...

(1) There may be an envelope for me. — (1) मेरे लिये एक लिफाफा हो सकता है।

(2) There must be no doubt about this. — (2) इस बारे में संदेह की कोई गुंजाइश नहीं है।

(3) There should be a message for me. — (3) मेरे लिये संदेश होना चाहिये।

(4) There must be a mistake somewhere. — (4) कहीं कुछ गलती अवश्य है।

(5) There won't be enough time. — (5) पर्याप्त समय नहीं रहेगा।

### (D) There + seem/ appear + ....

Seem एवं Appear के साथ There से निम्न प्रकार के वाक्य बनाये जाते हैं :

(1) There seems to be something wrong here.
ऐसा लगता है, यहाँ कुछ गलत है।

(2) There appears to be some problem at the airport.
ऐसा लगता (दिखता) है हवाई अड्डे पर कुछ समस्या है।

(3) There seems to be something serious here.
ऐसा लगता है, यहाँ कुछ गम्भीर बात है।

(4) There appears to be something interesting in the college.
ऐसा लगता है, कॉलेज में कुछ मजेदार चीज है।

(5) There appears to be something strange here.
ऐसा लगता है, यहाँ कुछ अजीब है।

*Some Important Words with **There** :*

नीचे There के साथ बनने वाले Words दिये जा रहे हैं। इनका प्रयोग आपसी Conversation में बहुत बार होता है।

***Word*** — ***Meaning***

(a) Thereabouts : आस-पास, (Near that place, near that number or degree)
She told us that the age of her husband was fifty six or *thereabouts*.

(b) Thereafter : उसके बाद, तद्नुसार (After that, accordingly)
It was four years ago, when he resigned and he regretted it *thereafter*.

(c) Thereby : उसके द्वारा, उस कारण से (By that means)
Our bodies can sweat, *thereby* losing heat by evaporation.

(d) Therefore : इस कारण से, (For that reason, consequently)
Muscle cells need lots of fuel and *therefore* burn lot of calories.

(e) Therein : उस स्थान या समय में (In that place or time)
By burning tree branches and pine needles, they not only warm their houses but improve the smell *therein*.

(f) Therefrom : उस स्थान से (From that place)
You go to church, *therefrom* you will get tram for Bara Market.

(g) Thereof : उसका (Of that)
We hereby affirm and readopt the following resolutions or portions *thereof*.

(h) Thereon : उस पर (On that)
There was a card on each door with a member's name inscribed *thereon*.

(i) Thereupon : उसके बाद, तुरंत (In consequence of that, immediately)
Some months ago, students staged a noisy demonstration beneath his window. His neighbours *thereupon* insisted upon more security.

## ALWAYS REMEMBER

अंग्रेजी को आप जितना पढ़ेंगे, जितना लिखेंगे, जितना बोलने का अभ्यास करेंगे आपको उतना ही आत्मविश्वास मिलेगा, आप उतनी ही शीघ्रता से अंग्रेजी में बोल सकेंगे।

The more you read English,
The more you write English,
The more you speak English,
The more quickly you will be able to speak fluently.

## Sentences Beginning with 'Let'

आज आपको 'Let' के कुछ महत्वपूर्ण Structures की जानकारी दी जा रही है। यह देखें कि 'Let' का प्रयोग सुझाव/सलाह (Suggestion/ Advice), सेवा देने (Offer), किसी बात की जानकारी देने हेतु वाक्यों में किस प्रकार किया जाता है।

**(A)** **Let us + Verb + ....** **(For suggestions)**

(1) Let us go. — (1) आओ चलें।/हमें चलना चाहिए।
(2) Let us play. — (2) आओ खेलें।
(3) Let us go for a walk. — (3) आओ सैर करें।
(4) Let us play chess now. — (4) आओ अब शतरंज खेलें।
(5) Let us enjoy. — (5) आओ मजे करें।
(6) Let's move. or Let us move now. — (6) आओ हम चलें या अब हमें चलना चाहिए।
(7) Let's drink tea. — (7) आओ चाय पी लें।
(8) Let us go to market. — (8) आओ बाजार चलें।
(9) Let us sleep now. — (9) आओ अब हम सोयें। या अब हमें सोना चाहिए।
(10) Let us sign this agreement. — (10) हमें इस संविदा पर हस्ताक्षर करने चाहिए।
(11) Let us go there to enquire into the matter. — (11) हमें वहाँ जाकर मामले की जाँच करनी चाहिए।
(12) Let us leave this bag at the station. — (12) हमें यह थैला स्टेशन पर छोड़ देना चाहिए।
(13) Let us stop now and finish it later. — (13) हमें अब रोक देना चाहिए एवं बाद में समाप्त करना चाहिए।

**ध्यान रखें**

*Let's, Let us की Contracted form हैं। Let के बाद Nominative form Pronoun (I, We, She) का प्रयोग नहीं होता है। Let I, Let he, Let we, बोलना तथा लिखना शुद्ध नहीं है।*

**(B)** **Let me + Verb+ ....** **(For polite offer)**

Let me का प्रयोग Polite offer of service हेतु निम्न प्रकार होता है :

(1) Let me take your coat. — (1) मैं आपका कोट लूँ।
(2) Let me bring you something to eat. — (2) मैं आपके खाने के लिए कुछ लाऊँ।
(3) Let me bring you a chair. — (3) मैं आपके लिये एक कुर्सी लाऊँ।

(4) Let me give you a pen. (4) मैं आपको एक पेन दूँ।

(5) Let me prepare tea for you. (5) मैं आपके लिये चाय बनाऊँ।

**C. Let me + verb + .... (clause)** **(To apprise... )**

Let me का प्रयोग अपनी बात को कहने हेतु, निम्न प्रकार के वाक्यों में किया जाता है :

(1) Let me tell you what I saw last night.
मैं बताता हूँ कि मैंने पिछली रात को क्या देखा।

(2) Let me explain why I went to hotel yesterday.
मैं स्पष्ट करता हूँ कि मैं कल होटल क्यों गया।

(3) Let me apprise you, what he said in this matter.
मैं बताता हूं कि उसने इस मामले में क्या कहा।

(4) Let me tell you where he was wandering.
मैं बताता हूं कि वह कहाँ घूम रहा था।

(5) Let me clarify why I didn't recognise her.
मैं स्पष्ट करता हूं कि मैंने उसे क्यों नहीं पहचाना।

(6) Let me describe you, what he wanted.
मैं बताता हूँ कि वह क्या चाहता था।

Let me make an undaunting determination
that I shall practise again and again.
I shall improve my English Speaking skill.

'Let' का वस्तुतः कोई शाब्दिक हिन्दी अर्थ नहीं है। Let का प्रयोग अनुमति देने हेतु भी किया जाता है। 'Let' के साथ बनने वाले कुछ महत्वपूर्ण Phrasal Verbs की जानकारी भी दी जा रही है। इनका प्रयोग सामान्य Conversation में किया जाता है।

**(D) Let + Noun/Pronoun+ Verb + .... (For permission)**

| | |
|---|---|
| (1) Let him play. | (1) उसे खेलने दो। |
| (2) Let the students come in. | (2) छात्रों को आने दो। |
| (3) Let them go outside. | (3) उन्हें बाहर जाने दो। |
| (4) Let the boy come here. | (4) लड़के को यहाँ आने दो। |
| (5) Let the candidates write their names. | (5) प्रार्थियों को अपना नाम लिखने दो। |
| (6) Let Sita play chess. | (6) सीता को शतरंज खेलने दो। |
| (7) Let the students go to their homes. | (7) छात्रों को उनके घर जाने दो। |
| (8) Let the girls go there. | (8) लड़कियों को वहाँ जाने दो। |
| (9) Let him/her telephone to his father. | (9) उसे अपने पिता को टेलीफोन करने दो। |
| (10) Let them write their names on the wall. | (10) उन्हें अपना नाम दीवार पर लिखने दो। |
| (11) Let him/her wear the clothes. | (11) उसे कपड़े पहनने दो। |
| (12) Let him/her take the briefcase. | (12) उसे ब्रीफकेस ले जाने दो। |
| (13) Let him/her complete this job. | (13) उसे यह कार्य पूरा करने दो। |
| (14) Let him/her wash the clothes. | (14) उसे कपड़े धोने दो। |

## Some Important Phrasal Verbs with 'Let'

Let के साथ बनने वाले कुछ महत्वपूर्ण Phrasal Verbs नीचे दिये जा रहे हैं :

(1) To let down : निराश करना (To disappoint)
Don't worry, My friend, I won't **let** you **down**.

(2) Let your hair down : मजे करना, आराम करना (Relax completely, enjoy)
After examinations are over, students **let their hair down** for some days atleast.

(3) Let it on : भेद बताना (To tell secret to someone)
I'm going to let you **it on** a little secret about his kidnapping.

(4) Let into : भेद बताना (To allow others to know a secret)
I'll **let** you **into** a little showbiz secret.

(5) Let off : हल्का दण्ड देना ;give lighter punishment)
Because he was a Christian, the judge **let** him **off** with a warning only.

(6) Let on : भेद बताना (to reveal a secret)
I didn't **let on** the staff what my conversation was with the Chairman.

(7) Let out : मुक्त कर देना (to allow to get free)
It let's sunlight in, but doesn't **let** heat **out**.

(8) Let up : रुक जाना (to stop)
The rain had **let up**.

(9) No let up : नहीं रुकना (not to stop)
There was **no let up** in the battle on money markets yesterday.

(10) To let : किराये पर देने हेतु
This house is **to let**.

**याद रखें**

*Let का प्रयोग Conversations में काफी किया जाता है। Let के साथ बनने वाले Phrasal verbs का ज्ञान बोलने वाले द्वारा कही बात को समझने में भी सहायक होता है। पाठकों को Let का प्रयोग करके कम से कम 30 वाक्य स्वयं बनाने चाहिए एवं इनको बोलने का अभ्यास करना चाहिए।*

"Great ability develops and reveals itself increasingly with every new assignment."

## Causative Verbs

Get, have, make प्रमुख Causative Verbs हैं। जब कर्ता द्वारा कार्य स्वयं नहीं करके अन्य से करवाया जाता है तो Causative Verbs का प्रयोग किया जाता है। Conversations में प्रवीणता हेतु Causative Verbs का ज्ञान होना आवश्यक है।

निम्न **Sentence Structures** को देखें :

**(A) Subject + get (have) + Object + V-I**

| | |
|---|---|
| (1) मैंने उससे अपनी कार ठीक करवाई। | (1) I got my car repaired by him. |
| (2) उसने अपना टी वी ठीक करवाया। | (2) He got his TV repaired. |
| (3) उसने राम को दण्डित कराया। | (3) He got Ram punished. |
| (4) हमने दीपावली पर अपने मकान की सफेदी कराई। | (4) We got our house whitewashed on Diwali. |
| (5) मैं तुमसे ही घड़ी ठीक करवाता हूँ। | (5) I get my watch repaired by you. |
| (6) मैं हर माह अपनी मोटरसाईकिल की जाँच करवाता हूँ। | (6) I get my motorcycle checked every month. |
| (7) हम अगले माह घर की सफाई करायेंगे। | (7) We shall get our house cleaned next month. |
| (8) वह अपना फ्रिज मुझसे ठीक करवाता है। | (8) He gets his freeze repaired by me. |
| (9) मैंने उससे यह किताब टाइप करवाई। | (9) I got this book typed by him/her. |
| (10) उसने अपनी थीसिस राम से लिखवाई। | (10) He got his thesis written by Ram. |
| (11) हमने उससे गाना सुना। | (11) We had a song sung by her. |
| (12) मैंने उस पर प्रिंसिपल से जुर्माना कराया। | (14) I had him fined by the Principal. |
| (13) मैंने अपनी किताब की फोरमेटिंग मैसर्स इन्फोटेक से करवाई। | (15) I had my book formatted by M/S Infotech. |

**(B) Subject + make + Object + V-I**

| | |
|---|---|
| (1) उसने मुझे रुलाया। | (1) He/She made me weep. |
| (2) उसने मुझसे अपने जूतों पर पॉलिश कराई। | (2) He made me polish his shoes. |
| (3) राम ने उसे खुश किया। | (3) Ram made him/her happy. |
| (4) मैंने उसे हँसाया। | (4) I made her/him laugh. |
| (5) उसने मुझसे मेरी कार रुकवाई। | (5) He made me stop my car. |
| (6) उसने मुझे नीचे लिटाया। | (6) She made be lie down. |

| | |
|---|---|
| (7) मैंने उससे अपने कपड़े धुलवाये। | (7) I made him/her wash my clothes. |
| (8) हमने उससे गाना गवाया। | (8) We made her/him sing a song. |
| (9) मैंने उसे संविदा की शर्तों को स्वीकार करने को ment. | (9) I made her/him accept the terms of agree- राजी (मजबूर) किया। |
| (10) उसने मुझसे किराये का भुगतान कराया। | (10) He/She made me pay the rent. |

**Note**

(1) Active Voice के वाक्यों में Causative Verb, make का प्रयोग होता है।
(2) Passive Voice के वाक्यों में Get या Have का प्रयोग होता है।
(3) सामान्य रूप से Get का प्रयोग अनुरोधात्मक होता है तथा Make एवं Have का प्रयोग विवशता के सन्दर्भ में किया जाता है।

"Failures are milestones of Success."

## Conditional Structures

आज आपको Conditional Sentences के बारे में बता रहे हैं। Conditional वाक्यों का हम दैनिक जीवन में काफी प्रयोग करते हैं। जिनका ज्ञान होने से हमें अन्य द्वारा बोले जा रहे वाक्यांशों को समझने में एवं अपने भावों को सही एवं प्रभावशाली रूप से व्यक्त करने में आसानी होती है। ये Structures, Conversation के सन्दर्भ में बहुत महत्वपूर्ण हैं।

**(A) If + Subject + had + V-III + ...... would have + V-III**

(1) If he had come to me I would have helped him.
यदि वह मेरे पास आता तो मैं उसकी सहायता करता।

(2) If she had informed me I would have attended the function.
यदि वह मुझे सूचित करता तो मैं फंक्शन में उपस्थित होता।

(3) If he had invited me, I would have attended the marriage.
यदि वह मुझे निमंत्रण देता तो मैं शादी में उपस्थित होता।

(4) If you had supported her, she would have joined the club.
यदि तुम उसे समर्थन देते तो वह क्लब में आ जाती।

(5) Had he invited me, I would have certainly gone there.
यदि वह मुझे आमंत्रित करता तो मैं वहाँ अवश्य जाता।

उक्त प्रकार के वाक्यों के Structure में निम्न बिन्दुओं पर ध्यान दें :

(1) इसमें वाक्य के एक भाग में Had के साथ Verb की III form का प्रयोग किया गया है एवं दूसरे भाग में Would Have के साथ भी Verb की III form का प्रयोग किया गया है।

(2) यह Structure ऐसे Action हेतु प्रयोग हुआ है जो वास्तव में घटित ही नहीं हुआ है। जैसे वाक्य (1) का अर्थ है 'कि वह मेरे पास आया ही नहीं'। वाक्य (2) के अनुसार 'उसने मुझे सूचित ही नहीं किया'।

**Note**

If he had invited me I would have attended the party. एवं
Had he invited me I would have attended the party.
दोनों समान अर्थ वाले वाक्य हैं। इनमें कोई अन्तर नहीं है।

**(B) If + Subject + Noun + ....... would + V-I**

(1) If I had an umbrella I would lend it to you. (1) यदि मेरे पास छतरी होती तो मैं तुम्हें देता।
(मेरे पास वर्तमान में umbrella नहीं है।)

(2) If I had a briefcase I would give it to her. (2) यदि मेरे पास ब्रीफकेस होता तो मैं उसे देता। (मेरे पास वर्तमान में Briefcase नहीं है।)

(3) If I had wings I would fly to Himalayas. (3) यदि मेरे पास पंख होते तो मैं हिमालय को उड़ जाता। (लेकिन मेरे पास पंख नहीं हैं।)

**Note**

(1) उक्त वाक्य वर्तमान में किसी Condition की पूर्ति न होने को व्यक्त करते हैं।
The structure reflects present situation.

(2) इस तरह के वाक्यों के एक भाग में Had के साथ Noun तथा दूसरे भाग में Would के साथ Verb की first form प्रयुक्त होती है।

## (C) If + Subject + V-II + ...... would + V-I

(1) If he tried again he would pass. (1) यदि उसने पुनः प्रयास किया तो वह पास हो जायेगा।

(2) If he tried again he could pass. (2) यदि उसने पुनः प्रयास किया तो वह पास हो सकता है।

(3) If he tried again he might pass. (3) यदि उसने पुनः प्रयास किया तो उसके पास होने की सम्भावना है।

**Note**

(1) यह Structure Unreal Past को व्यक्त करता है एवं Future Time Action को व्यक्त करता है। यहाँ Verb की II form, कोई past action को व्यक्त नहीं करती है।

(2) Would का प्रयोग Certainty को व्यक्त करता है, जबकि Could का प्रयोग Ability (योग्यता) को तथा Might का प्रयोग probability (सम्भाव्यता) को व्यक्त करता है।

## (D) If + Present Clause + ...... Future clause

(1) If he works hard he will pass. (1) यदि वह मेहनत करेगा तो पास हो जायेगा।

(2) If you want to lose weight you should eat less. (2) यदि आप वजन घटना चाहते हैं तो आपको कम खाना चाहिए।

(3) If it rains she will not come today. (3) यदि वर्षा होगी तो वह आज नहीं आयेगी।

(4) If it stops raining, we can reach safely. (4) यदि वर्षा रुक जाती है तो हम सुरक्षित पहुंच सकते हैं।

(5) If the fog gets thicker, the plane may be late. (5) यदि कोहरा घना हो जाता है तो हवाई जहाज को देर हो सकती है।

**Note**

उक्त प्रकार के वाक्य सामान्य जीवनचर्या में conversations में बहुत काम आते हैं। इसमें मुख्य बिन्दु यह है कि If के साथ वाले clause में Present Tense का प्रयोग होता है एवं दूसरी Clause में Future tense का प्रयोग होता है।

These sentences can be used in the following ways also :

(1) He will not come if it rains.
(2) She may come if you call her.
(3) You will be paid extra bucks if the boss permits.
(4) We can reach safely if it stops raining.
(5) You will pass if you work hard.

"Learn from yesterday, live for today, hope for tomorrow."

## Other Conditional Structures

आज आपको अन्य प्रकार के महत्वपूर्ण Conditional Sentences के बारे में बता रहे हैं। Conditional Sentences का प्रयोग करते समय कई बार गलतियाँ की जाती हैं। ये विशेष प्रकार के वाक्य हैं जिनमें यदि कोई गलती होती है तो वह वाक्य का अनर्थ कर सकती है।

**(E) If + should** का प्रयोग करके निम्न **Conditional Sentence** बनते हैं :

(a) If you should have any difficulty in getting newspaper, ring at this number.
यदि आपको अखबार मिलने में कोई परेशानी होती है तो इस नम्बर पर फोन करें।

(b) If these packets should arrive in a damaged condition please inform the company at once.
यदि ये पैकेट टूटी-फूटी स्थिति में प्राप्त होते हैं तो तुरंत कम्पनी को सूचना दें।

इस तरह के वाक्यों को निम्न प्रकार भी लिखा जा सकता है :

Should these packets arrive in a damaged condition, please inform the company at once.

Should का प्रयोग यहाँ possibility को व्यक्त करता है लेकिन ऐसी possibility जो मुश्किल (unlikely) है।

**(F) If + were** के प्रयोग से भी **Conditional Sentence** बनते हैं :

(a) If I were you, I would forgive him.
(b) If I were you, I would punish him.

If I were you का यहाँ अर्थ—'यदि मैं तुम्हारी जगह होता' से है।

**(G) Use of Until and Unless in Conditional Sentences :**

**Until :** Until का अर्थ होता है—जब तक नहीं। यह समय के सन्दर्भ में प्रयुक्त होता है। Until के साथ सामान्यतया वाक्य में Not का प्रयोग नहीं किया जाता है। जैसे :

(a) Until he comes back you will wait for him.
जब तक वह वापस न आ जाये तुम उसका इन्तजार करोगे।

(b) I will stay here until you complete your work.
जब तक तुम अपना कार्य पूर्ण न कर लोगे मैं यहीं रुकूंगा।

**Unless :** Unless का अर्थ होता है—अगर नहीं। यह नकारात्मक है। सामान्यतया Unless के साथ भी not का प्रयोग नहीं किया जाता है। Unless का प्रयोग किसी अन्य शर्त के पूरी होने के सन्दर्भ में किया जाता है। जैसे :

(a) You cannot pass unless you attend the college.
अगर तुम कॉलेज में उपस्थित नहीं रहोगे तो पास नहीं हो सकते।

(b) I cannot go to America unless I have a visa.
अगर मेरे पास वीसा नहीं होगा तो मैं अमेरिका नहीं जा सकता।

***See the difference :***

| | | |
|---|---|---|
| (a) | You will wait here unless the train arrives. | *Incorrect* |
| | You will wait here until the train arrives. | *Correct* |
| (b) | You cannot achieve your goal until you work hard. | *Incorrect* |
| | You cannot achieve your goal unless you work hard. | *Correct* |

**ध्यान रखें**

*Unless की जगह Until एवं Until की जगह Unless का प्रयोग न करें। Until का प्रयोग समय के सन्दर्भ में तथा Unless का प्रयोग किसी शर्त (condition) के सन्दर्भ में किया जाता है।*

**(H) Use of 'In case' in Conditional Sentences :** 'In case' का प्रयोग Conditional Sentences में भविष्य में किसी घटना के होने की सम्भावना को व्यक्त करता है 'In case' का अर्थ होता है 'यदि ऐसा हो'।

(a) Inform me in case you need more money
यदि तुम्हें और धन की आवश्यकता हो यदि ऐसा हो तो मुझे सूचित करें।

(b) Turn on the light in case you need my help.
यदि मेरी सहायता की आवश्यकता हो (यदि ऐसा हो) तो लाईट जला देना।

(c) Ring my doorbell in case he comes here.
यदि वह यहाँ आता है तो मेरे दरवाजे की घंटी बजा देना।

**(I) Use of 'So long' in Conditional Sentences :** So long का प्रयोग Conditional Sentences में निम्न प्रकार होता है। So long का अर्थ होता है—जब तक।

(a) I shall support him so long he is here.
जब तक वह यहाँ है मैं उसका समर्थन करूंगा।

(b) You can stay here so long the owner is out of station.
जब तक मालिक बाहर है, तुम यहाँ रुक सकते हो।

(c) So long I am here I will assist in your work.
जब तक मैं यहाँ हूँ तुम्हारे कार्य में मदद करूंगा।

**(J) Use of 'Provided' in Conditional Sentences : Provided** का अर्थ होता है 'शर्त है कि'। Provided का प्रयोग Conditional Sentences में निम्न प्रकार होता है :

(a) I shall attend the meeting provided he also attends.
मैं मीटिंग में उपस्थित हूंगा, शर्त है कि वह भी मीटिंग में उपस्थित रहे।

(b) We shall support you provided you also favour us
हम तुम्हें समर्थन देंगे, शर्त यह है कि तुम भी हमारे पक्ष में कार्य करो।

(c) I can pay you rent provided you get the roof repaired .
मैं तुम्हें किराया दे सकता हूँ शर्त है कि तुम छत की मरम्मत कराओ।

**(K) Use of 'suppose' in Conditional Sentences :** Suppose का प्रयोग Conditional Sentences में निम्न प्रकार होता है। Suppose का अर्थ होता है 'मान लीजिए या मान लो'। जैसे :

(a) Suppose a monkey comes here what will you do ?
मान यदि आपको अखबार मिलने में कोई परेशानी होती है तो इस नम्बर पर फोन करें।लो एक बन्दर यहाँ आ जाता है तो आप क्या करेंगे ?

(b) Suppose she doesn't agree what can you do ?
मान लीजिए वह सहमत नहीं होती है तो आप क्या कर सकते हैं ?

(c) Suppose she didn't turn up , what would you do ?
मान लो वह नहीं आयी तो आप क्या करेंगे ?

**(L) Use of 'But for' in Conditional Sentence : 'But for'** का अर्थ है 'यदि ऐसा न हुआ होता'। 'But for' का प्रयोग 'if it hadn't happened' के अर्थ में होता है। जैसे :

(a) But for his help Ramesh would have ruined.
यदि वह सहायता नहीं करता तो रमेश बर्बाद हो गया होता।

(b) But for the flood, I would have arrived here yesterday.
यदि बाढ़ नहीं आई होती तो मैं यहाँ कल ही आ गया होता।

(c) But for your company I would have bored.
यदि तुम्हारा साथ न होता तो मैं बोर हो गया होता।

**ध्यान रखें**

*आपको निम्न Exercises को Solve करना है। आप द्वारा की जा रही गलतियों को आपको स्वयं को सही (correct yourself) करना है।*

## CORRECT YOURSELF *Exercises*

### Conditional Sentences

**01**

***Correct the following sentences :***

(1) If he came to me, I would have given him a pen.
(2) Had he invited me, I would attend the function.
(3) If he had telephoned me, I would have gave him the address.
(4) If a monkey came here, what you will do?
(5) If I had an umbrella, I would have given it to her.

**02**

***Correct the following sentences :***

(1) If he will work hard, he will get promotion.
(2) Unless he will ask me, I shall not help him.
(3) If I had a brief case, I will have lend it to her.
(4) If you will heat ice, it may turn to water.
(5) If you are looking for Sita, you would find her with Ram.

**03**

***Correct the following sentences :***

(1) If I was you, I would dismiss him.
(2) Unless he comes back, wait for him.
(3) Until you work hard, you can't beat him.
(4) Suppose she does not agree, what could you do?
(5) If he tried again, he can pass.

**Solution CYE 01**

(1) If he came to me I would give him a pen. or If he had come to me, I would have given him a pen.
(2) Had he invited me, I would have attended the function.
(3) If he had telephoned me, I would have given him the address.
(4) If a monkey came here what would you do?
(5) If I had an umbrella I would give it to her.

**Solution CYE 02**

(1) If he works hard, he will get promotion.
(2) Unless he asks me I shall not help him.
(3) If I had a briefcase, I would lend it to her.
(4) If you heat ice, it turns to water.
(5) If you are looking for Sita, you will find her with Ram.

**Solution CYE 03**

(1) If I were you, I would dismiss him.
(2) Until he comes back, wait for him.
(3) Unless you work hard, you can't beat him.
(4) Suppose she does not agree, what can you do?
(5) If he tried again he could pass.

**PRACTICE WORK**

Conditional वाक्यों का हम दैनिक जीवन में काफी प्रयोग करते हैं। आपको इस तरह के 30 वाक्य स्वयं भी बनाने हैं, जो दैनिक जीवन में होने वाली घटनाओं पर आधारित हो। ध्यान रखें आप जितने अधिक वाक्य, अपने आस-पास की स्थितियों, स्वयं की परिस्थितियों पर बनायेंगे आपको उतना ही अधिक इन वाक्यों को प्रयोग करने में तथा बोलने में आसानी रहेगी।

"Condition or no condition ,
I am to succeed
Is the determination."

Were का प्रयोग सामान्यतया एक Helping Verb की तरह Past Tense में किया जाता है। आज आपको Were के एक विशेष प्रयोग से अवगत करा रहे हैं। यह एक महत्वपूर्ण Structure है। ये सभी वाक्य Imaginations पर आधारित है। Unreal Imaginations या कल्पनाओं को व्यक्त करने हेतु Were का प्रयोग होता है। आप स्वयं भी इस तरह के वाक्य बनायें एवं उन्हें बोलने का अभ्यास करें।

## If + Subject + were + Complement

यह **Structure** निम्न प्रकार के वाक्यों हेतु प्रयुक्त होता है।

| | |
|---|---|
| (1) If I were a king ! | (1) यदि मैं राजा होता! |
| (2) If I were young again ! | (2) यदि मैं पुन: जवान हो जाता! |
| (3) If she were a bird ! | (3) यदि वह पक्षी होती। |
| (4) If I were the P.M. ! | (4) काश मैं प्रधानमंत्री होता! |
| (5) If she were my wife ! | (5) यदि वह मेरी पत्नी होती! |
| (6) If you were an animal ! | (6) काश तुम एक पशु होते! |
| (7) If they were my parents ! | (7) काश वे मेरे माता-पिता होते! |
| (8) If he were my friend ! | (8) काश वह मेरा मित्र होता! |
| (9) If I were a millionaire ! | (9) काश मैं लखपति होता! |
| (10) If I were a girl ! | (10) काश मैं लड़की होता! |

### Interrogative Sentences

यह **Structure** निम्न प्रकार के वाक्यों हेतू प्रयुक्त होता है :

## Were + Subject + Complement

| | |
|---|---|
| (1) Were I a king ! | (1) काश मैं राजा होता ! |
| (2) Were she a bird ! | (2) काश वह पक्षी होता ! |
| (3) Were I young again ! | (3) काश मैं पुन: जवान हो जाता ! |
| (4) Were I a bird ! | (4) काश मैं पक्षी होता ! |
| (5) Were she my mother ! | (5) काश वह मेरी माता होती ! |

**ध्यान रखें**

*If I were a king ! एवं Were I a king ! दोनों का अर्थ समान है। यदि मैं राजा होता एवं काश मैं राजा होता ! इन दोनों वाक्यों का भी अर्थ समान होता है।*

## Structures with 'Wish'

सामान्य रूप से wish का प्रयोग इच्छा के अर्थ में किया जाता है। Wish का प्रयोग Present/Past में नकारात्मकता को किस प्रकार व्यक्त करता है। यह निम्न Structures से स्पष्ट होता है :

(A) इस **Structure** का प्रयोग वर्तमान स्थिति में Regret को व्यक्त करने हेतु निम्न प्रकार के वाक्यों में होता है :

### I wish + Subject + unreal past

इस वाक्य का प्रयोग निम्न अर्थ में होता है :

| | |
|---|---|
| (1) I wish I knew her name. | काश मैं उसका नाम जानता। |
| = I am sorry I don't know her name. | मुझे खेद है मैं उसका नाम नहीं जानता हूँ। |
| (2) I wish you could buy this house. | काश तुम इस मकान को खरीद पाते। |
| = I am sorry you can't buy this house. | मुझे खेद है तुम यह मकान नहीं खरीद सकते हो। |
| (3) I wish she could accompany us. | काश वह हमारे साथ आ पाती। |
| = I am sorry she does not accompany us. | मुझे खेद है वह हमारे साथ नहीं आती है। |
| (4) I wish I lived near my office. | काश मैं मेरे कार्यालय के पास रहता। |
| = I am sorry I do not live near my office. | मुझे खेद है मैं मेरे कार्यालय के पास नहीं रहता हूँ। |
| (5) I wish that he wrote more frequently. | काश वह मुझे और अधिक बार लिखता। |
| = I am sorry he doesn't write more frequently. | मुझे खेद है वह मुझे और अधिक बार नहीं लिखता है। |

यहाँ काश का प्रयोग (I wish) मैं चाहता हूँ, के अर्थ में है।

उक्त वाक्य Present situation में regret (खेद) प्रकट करने हेतु प्रयुक्त होते हैं। ध्यान रखें इस तरह के वाक्यों में Subject के बाद Past Tense का प्रयोग होता है।

**Negative Sentences**

(B) यह **Structure**, Past situation हेतु regret व्यक्त करने के लिए प्रयुक्त होता है।

### I wish + Subject + Past Perfect

| | |
|---|---|
| (1) I wish I hadn't spent so much money on clothes. | काश मैंने इतने अधिक पैसे कपड़ों पर खर्च नहीं किये होते। |
| I am sorry I spent so much money on clothes. | मुझे खेद है मैंने इतने अधिक पैसे कपड़ों पर खर्च किये थे। |

(2) I wish you had informed him. काश आपने मुझे सूचना दे दी होती।
I am sorry you didn't inform him. मुझे खेद है कि आपने मुझे सूचना नहीं दी थी।

(3) I wish she had not taken divorce. काश उसने तलाक नहीं लिया होता।
I am sorry she did take divorce. मुझे खेद है कि उसने तलाक ले लिया।

ये वाक्य, भूतकाल में किये गये कृत्यों के सन्दर्भ में वर्तमान में Regret को व्यक्त करते हैं।

Past में की गई किसी गलती के लिये Regret व्यक्त करने हेतु इस Structure में Past Perfect का प्रयोग किया जाता है।

(C) इस Structure में wish की जगह wished का प्रयोग भी निम्न प्रकार किया जा सकता है। Past में व्यक्त Regret हेतु यह Structure प्रयुक्त होता है।

**I wished + Subject + Past Perfect**

1. I wished I hadn't wasted so much money. काश मैं इतना अधिक धन व्यर्थ नहीं करता।
   I was sorry I had wasted so much money. मुझे बहुत दुःख था कि मैंने इतना अधिक धन व्यर्थ कर दिया।
2. I wished you had written to me. काश आपने मुझे लिखा होता।
   I was sorry you hadn't written to me. मुझे बहुत दुख था कि आपने मुझे नहीं लिखा।
3. I wished I had taken his advice. काश मैं उसकी सलाह ले लेता।
   I was sorry I hadn't taken his advice. यह खेद का विषय था कि मैंने उसकी सलाह नहीं ली।

इस structure में wished का प्रयोग Past में की गई गलतियों हेतु Past में ही किए गये Regret को व्यक्त करता है।

## Memorable Tips

अंग्रेजी एक विदेशी भाषा है, अंग्रेजी में प्रवीणता हेतु हमें अंग्रेजी भाषा के हर Aspect का ज्ञान होना आवश्यक है। आपने बहुत से महत्वपूर्ण Sentence Structures की जानकारी प्राप्त कर ली है। ये Structures आपको स्वयं अपने वाक्य बनाने में निश्चित रूप से ही सहायक होंगे।

English Conversations में आपको अपने विचारों को अपने शब्दों में व्यक्त करना होता है। यदि आपको English का Basic ज्ञान है तो आपको न तो लिखने में समस्या आयेगी न बोलने में।

हिन्दी भाषी भाइयों को सर्वप्रथम हिन्दी के वाक्यों को अंग्रेजी में शुद्ध रूप से अनुवादित करना आना चाहिए। इससे पाठकों में आत्म-विश्वास जाग्रत होता है। यह आत्मविश्वास English Speaking (Conversations) में प्रवीणता हेतु बहुत आवश्यक है।

इस हेतु Tenses की जानकारी Parts of Speech (जैसे : Nouns, Articles, Adjective, Adverbs, Prepositions, Verbs,Conjunctions etc.) की जानकारी बहुत आवश्यक है।

बिना इनकी सही जानकारी प्राप्त किये, आप अंग्रेजी में प्रवीणता नहीं प्राप्त कर सकते हैं।

**अंग्रेजी कठिन नहीं है**
**लेकिन इसे थोड़ा धैर्य से,**
**थोड़ी मेहनत से, सीखना होगा।**
**अंग्रेजी रटें नहीं,**
**अभ्यास करें,**
**स्वयं वाक्य बनाएं,**
**स्वयं बोलें।**

## Learn Making Sentences Yourself

English Conversation (बातचीत) में Fluency हेतु आवश्यक है कि आपको स्वयं को वाक्य बनाने की कला का ज्ञान हो। आपको Structural English में प्रवीणता प्राप्त करने हेतु, न केवल Sentence के विभिन्न भागों का ज्ञान होना चाहिए, वरन् विभिन्न Tenses से सम्बन्धित Different Sentence Structures की भी जानकारी होनी चाहिए।

आइये प्रारम्भ करते हैं : Translation अर्थात् अनुवाद करना एक कला (Art) है। एक भाषा के वाक्य दूसरी भाषा में रूपान्तरण करना ही Translation (अनुवाद) कहलाता है। अधिकांश हिन्दी भाषी छात्रों को हिन्दी वाक्यों का अंग्रेजी में अनुवाद करना बहुत कठिन कार्य प्रतीत होता है। अंग्रेजी एक विदेशी भाषा है। अधिकांश छात्रों द्वारा अंग्रेजी का अध्ययन मात्र परीक्षा पास करने हेतु किया है। रटकर अंग्रेजी परीक्षा तो पास कर ली लेकिन अंग्रेजी से हमेशा भय बना रहता है।

आइये हम आपको हिन्दी वाक्यों का अंग्रेजी में अनुवाद करने के कुछ सरल तरीकों से अवगत करवा रहे हैं।

(A) अनुवाद हेतु सर्वप्रथम आवश्यक है कि आपको वाक्य में प्रयुक्त विभिन्न भागों (Part of Speech ) जैसे : Subject, Verb, Object, Adverb, Preposition etc. की पहचान करना आना चाहिए।

(B) वाक्य जिस Tense का है, उस Tense में अंग्रेजी वाक्य का विन्यास ( Structure of Sentence) क्या है? इसके लिए, हमें Tenses का ज्ञान आवश्यक है। बिना **Tenses** की पूर्ण जानकारी के, शुद्ध अंग्रेजी बोलना तथा लिखना सम्भव नहीं है।

(C) विभिन्न नियमों का ज्ञान सही अनुवाद हेतु हमें Tenses के ज्ञान के बाद विभिन्न नियमों, जैसे :

(a) Subject Verb agreement का ज्ञान,
(b) Sequence of Tenses का ज्ञान,
(c) Rules regarding, Determiners, Articles, Adverbs, Adjectives, Prepositions, Noun, Pronoun, Conjunctions, Interjections, Modals इत्यादि का ज्ञान।
(d) Reported Speech एवं Voices के नियमों का ज्ञान।

(D) विभिन्न प्रकार के Sentence; Simple, Compound,Complex etc. का ज्ञान।

## Translation made Easy

**(A)** वाक्य के विभिन्न भागों की पहचान सर्वप्रथम आपको यह जानना आवश्यक है कि वाक्य (Sentence) में प्रयुक्त विभिन्न भागों (यथा Subject, Verb, Object, Preposition, etc.) की पहचान कैसे की जाये? इन भागों की अंग्रेजी बनाकर, इन्हें किस प्रकार वाक्य में सुव्यवस्थित रखा जाये?

**(1) Subject** (कर्ता) की पहचान एवं स्थिति : किसी भी वाक्य में Subject कर्म का करने वाला होता है। वाक्य में जो भी कार्य का करने वाला है वह **Subject** (कर्ता) कहलाता है। साधारण हिन्दी में वाक्य में अन्तिम शब्द (यदि वाक्य

के अंत में हैं, हूँ, इत्यादि आता है तो इससे पहले वाला शब्द) जो वास्तव में वाक्य की क्रिया (Verb) है, से, कौन, किसने अथवा किन्होंने जैसे प्रश्न करने पर जो उत्तर आता है वह ही उस वाक्य का **Subject** (कर्ता) है।

निम्न वाक्य को देखें :

**(i)** राम फुटबाल खेलता है।

इस वाक्य का अन्तिम अक्षर 'है' से पूर्व, आने वाले शब्द खेलता (जो वास्तव में Verb है) से कौन प्रश्न करने पर उत्तर मिलता है राम। अत: इस वाक्य का **Subject** राम है। उपरोक्त वाक्य में खेलता, Verb है।

अन्य वाक्य देखें :

**(ii)** राजेश शाम को पांच बजे गोमती नदी में तैरता है।

यहाँ वाक्य के अन्तिम शब्द 'तैरता' से प्रश्न किया गया, कौन तैरता है? तो उत्तर मिला, राजेश तो इस वाक्य का Subject हुआ राजेश।

**(2) Verb** (क्रिया) की पहचान एवं स्थिति : Verb एक वाक्य का विशेष महत्वपूर्ण भाग है। हिन्दी वाक्य के अंतिम शब्द (यदि वाक्य के अंत में हैं, हूँ, इत्यादि है तो उससे पहला शब्द) को Verb (क्रिया) कहते हैं।

उपरोक्त वाक्य (i) में खेलता **Verb** है, वाक्य (ii) में 'तैरता' **Verb** है।

**(3) Object** (कर्म) की पहचान एवं स्थिति : हिन्दी वाक्य में Subject एवं Verb की पहचान करने के बाद आपको Verb से कहाँ, क्या, किसको, किनको जैसे प्रश्न करने पर जो उत्तर आता है, वह वाक्य का कर्म **(Object)** है।

उक्त वाक्यों में, वाक्य (i) की Verb—खेलता से क्या प्रश्न करने पर उत्तर मिलता है फुटबाल। अत: वाक्य का Object फुटबाल है।

वाक्य (ii) में Verb "तैरता" से "कहाँ" प्रश्न करने पर, उत्तर मिलता है "गोमती नदी में" । अत: वाक्य का Object गोमती नदी है।

**(B) Tense** की पहचान एवं **Structure of Sentence :** हिन्दी वाक्य को अंग्रेजी में Translate करने हेतु हमें वाक्य के Tense को पहचान कर, उसके Sentence Structure के अनुसार वाक्य के विभिन्न भागों ( Parts of Sentence ) के अंग्रेजी शब्दों को लिखना चाहिए। जैसे :

राम फुटबाल खेल रहा है।

यह Present Continuous का वाक्य है। इसका Sentence Structure निम्न होता है। (आगे Present Continuous के Structure में स्पष्ट किया गया है)

**Subject + is/am/ are + V-IV + Object**

इस structure के अनुसार Part of Speech लिखने पर

**Ram + is + playing + football.**

Ram is playing football. इस वाक्य का अनुवाद हो गया।

इसी प्रकार रमेश ने एक किताब लिखी।

यह Past Indefinite का वाक्य है।

Past Indefinite के वाक्यों का Sentence Structure निम्न होता है :

**Subject + V-II + Object.**

इस तरह से इस वाक्य का अनुवाद निम्न होगा :

**Ram wrote a book.**

इस तरह से सरल वाक्यों का अंग्रेजी में अनुवाद उक्त प्रकार से किया जा सकता है। अन्य प्रकार के वाक्यों का अनुवाद करने हेतु हमें अंग्रेजी भाषा के सभी Aspects तथा Rules का ज्ञान होना चाहिए।

पुन: लेख है कि अंग्रेजी भाषा में प्रवीणता हेतु अंग्रेजी रटें नहीं बल्कि अभ्यास करें।

## Note

(a) यदि हिन्दी वाक्य में 'हमेशा', 'कभी नहीं, 'अक्सर' जैसे शब्द आये तो इनका अनुवाद, Verb से पहले लिखना होता है। जैसे :

वह हमेशा सच बोलता है। — He always speaks the truth.

राम अक्सर यहाँ आता है। — Ram often comes here.

(b) **Prepositions** (विभक्तिया) एवं स्थिति : वाक्य में आने वाले विभक्तियाँ (जैसे : से, में, को, पर के etc.) Prepositions हैं। सामान्यतया Prepositions को हिन्दी वाक्य में जिस शब्द के बाद इनका प्रयोग हुआ है, अंग्रेजी अनुवाद करते समय, उस शब्द के अनुवाद के पहले लगाया जाता है।

जैसे : राम नदी में तैरता है। इस वाक्य में Preposition **'में'** (in) का प्रयोग नदी के बाद हुआ है English Sentence में यह नदी (River) के पूर्व आयेगा :

Ram swims **in** the river.

इसी तरह अन्य वाक्य देखें :

किताब, टेबल पर रखी है।

इस वाक्य में Preposition **'पर'** है जो टेबल के बाद (हिन्दी वाक्य) में आया है। English Sentence में यह Table से पूर्व आयेगा :

The book is placed **on** the table.

Article (a, an, एवं the) का भी प्रयोग वाक्यों में होता है जिसके लिये Articles का अध्ययन करें।

## ध्यान रखें

*उपरोक्त तरीके, आपको अनुवाद करने में सफलता एवं सुविधा हेतु सुझाये गये हैं। अंग्रेजी अनुवाद हेतु बार-बार Practice की आवश्यकता है। पूर्णतया नियमों में कैद होकर अनुवाद के तरीके बताना संभव नहीं है। आपको छोटे वाक्यों के अनुवाद करने की Practice करनी है। फिर बड़े वाक्यों का अनुवाद करना है। निम्न वाक्यों से Practice करें। ये Present Indefinite Tense के वाक्य हैं। इनका Sentence Structure निम्न होता है :*

*Subject + Verb I form (s or es with Singular Number Third Person ) + Object*

*(1) मैं (Subject) खेलता (Verb) हूँ।* — *I play.*

*(2) मैं फुटबाल (Object) खेलता हूँ।* — *I play football .*

*(3) मैं प्रतिदिन फुटबाल खेलता हूँ।* — *I play football daily.*

*(4) मैं प्रतिदिन शाम को फुटबाल खेलता हूँ।* — *I play football in the evening daily .*

*(5) मैं प्रतिदिन शाम को 5 बजे फुटबाल खेलता हूँ।*

*I play football at 5 O'clock in the evening daily .*

*(6) मैं प्रतिदिन कालेज के मैदान पर शाम को 5 बजे फुटबाल खेलता हूँ।*

*I play football at the college ground at 5 O'clock in the evening daily .*

*इस तरह से छोटे छोटे वाक्यों से अनुवाद करने की practice करके, बड़े वाक्यों का अनुवाद सरलता से किया जा सकता है। इसी तरह अन्य वाक्य देखें :*

*(1) वह लिखता है।* — *He writes.*

*(2) वह एक पत्र लिखता है।* — *He writes a letter.*

*(3) वह प्रतिदिन एक पत्र लिखता है।* — *He writes a letter daily.*

*(4) वह अपने पिता को प्रतिदिन एक पत्र लिखता है।* — *He writes a letter to his father daily.*

*शुद्ध अनुवाद करने हेतु आपको अंग्रेजी भाषा से सम्बन्धित सभी Rules एवं Exception का ज्ञान होना आवश्यक है।*

## Tensewise Sentence Structures

**Importance of Learning Tense :** अंग्रेजी भाषा को शुद्ध लिखने एवं बोलने हेतु अलग-अलग Tense से सम्बन्धित वाक्यों के Sentence Structures की सही जानकारी होना आवश्यक है। आपने Tense को कई बार पढ़ा होगा, लेकिन वाक्य बनाने में इसका उपयोग कैसे किया जाता है, इसे हम सरल रूप से आज बता रहे हैं। Tensewise Sentence Structures की जानकारी अंग्रेजी सीखने हेतु अति आवश्यक है।

## Present Tense—Different Structures

**Subject + V-I (s or es) + ....... (Present Indefinite Tense)**

**ध्यान रखें**

*यदि कर्ता Singular Number, Third Person (जैसे : He, She, It, Name, My brother, Your friend etc.) हो तो Verb की Ist form के साथ s या es लगाते हैं। 'es' तब लगाते हैं, जब Verb का अन्तिम अक्षर o, ss, x, z, sh, ch हो। यद्यपि यह जानना English speaking हेतु आवश्यक नहीं है, तथापि आपको यह Basic जानकारी होनी चाहिए।*

इस **Structure** का प्रयोग निम्न प्रकार के वाक्य बनाने में किया जाता है :

| | |
|---|---|
| (1) मैं विद्यालय जाता हूँ। | I go to school. |
| (2) वह सुबह नहाती (स्नान) है। | She takes a bath in the morning. |
| (3) वह रोता है। | He weeps. |
| (4) वे खेलते हैं। | They play. |
| (5) हम गाना गाते हैं। | We sing a song. |
| (6) मैं नाश्ता करता हूँ। | I take breakfast. |
| (7) मैं सुबह जल्दी उठता हूँ। | I get up early in the morning. |
| (8) मैं बहुत तेज हँसती हूँ। | I laugh very loudly. |
| (9) वह अपना गृहकार्य करता है। | He does his home work. |
| (10) मैं दो घण्टे टी वी देखती हूँ। | I watch T.V. for two hours |
| (11) मैं रोजाना अखबार पढ़ता हूँ। | I read newspaper daily. |
| (12) वे सेब खाते हैं। | They eat apples. |
| (13) हम फिल्म देखते हैं। | We go to see movie. |
| (14) हम हमारा पाठ याद करते हैं। | We learn our lesson. |

(15) हम शाम को क्रिकेट खेलते हैं। We play cricket in the evening.
(16) वर्षा होती है। It rains.
(17) मैं राम के घर रोजाना जाता हूँ। I go to Ram's house daily.
(18) सीता मेरे साथ बाजार जाती है। Sita goes to market with me.
(19) राम, रोहन के साथ खाना खाता है। Ram eats food with Rohan.
(20) मेरे पापा जयपुर जाते हैं। My father goes to Jaipur.

## Negative and Interrogative Sentence Structure

### Negative Sentences

इस तरह के **Affirmative** वाक्यों को जब **Negative** बनाना हो तो निम्न **Structure** का प्रयोग किया जाता है :

**Subject + do/does not + V-I + Object...I**

**Or Subject+ don't /doesn't + V-I + Object...II**

**ध्यान रखें**

*(1) Negative व Interrogative वाक्यों में V-I के साथ 's' या 'es' नहीं लगाना चाहिये।*

*(2) Doesn't का प्रयोग Singular Number Third Person, Subject के साथ होता है।*

*In conversation the use of don't and doesn't (II structure ) are more feasible.*

(1) मोहन आम नहीं खाता है। Mohan doesn't eat the mango.
(2) राम बाजार नहीं जाता है। Ram doesn't go to the market.
(3) मनीष शाम को नहीं खेलता है। Manish doesn't play in the evening.
(4) मैं झूठ नहीं बोलती/बोलता हूँ। I don't tell a lie.
(5) मेरी मम्मी खाना नहीं बनाती है। My mother doesn't cook the food.
(6) मैं निशा को पसंद नहीं करती/करता हूँ। I don't like Nisha.
(7) वह स्कूल नहीं जाता है। He doesn't go to school.
(8) राधा गाना नहीं गाती है। Radha doesn't sing a song.
(9) महेश व नरेश गृहकार्य नहीं करते है। Mahesh and Naresh do not do home work.
(10) मेरे पापा जोधपुर नहीं जाते हैं। My father doesn't go to Jodhpur.
(11) तुम बहुत तेज नहीं दौड़ते हो। You do not run fast.
(12) हम गाना नहीं गाते हैं। We do not sing a song.
(13) वे बगीचे में नहीं खेलते हैं। They do not play in the garden.
(14) हम छुट्टियों में गाँव नहीं जाते हैं। We do not go to village in holidays.
(15) मेरे पापा घर के काम नहीं करते हैं। My father doesn't do household works.
(16) मेरी बहिन अपना पाठ याद नहीं करती है। My sister doesn't learn her lesson.
(17) मैं सुबह जल्दी नहीं उठती हूँ। I do not get up early in the morning.
(18) मनीष झूठ नहीं बोलता है। Manish doesn't tell a lie.
(19) हम शाम को घूमने नहीं जाते हैं। We do not go for a walk in the evening.
(20) मेरे पापा मुझे नहीं डाँटते हैं। My father doesn't rebuke me.

### Interrogative Sentences

इस तरह **Affirmative** वाक्यों को जब **Interrogative** बनाना हो तो निम्न **Structure** का प्रयोग किया जाता है:

**Do/Does + Subject + V-I + Object ?**

**ध्यान रखें**

*(1) Negative व Interrogative वाक्यों में V-I के साथ 's' या 'es' नहीं लगाना चाहिये।*
*(2) Does का प्रयोग Singular Number third person, Subject के साथ होता है।*

| | |
|---|---|
| (1) क्या मैं विद्यालय जाता हूँ ? | Do I go to school ? |
| (2) क्या वह सुबह स्नान करती है ? | Does she take bath in the morning ? |
| (3) क्या वह रोता है ? | Does he weep ? |
| (4) क्या वे खेलते हैं ? | Do they play ? |
| (5) क्या हम गाना गाते हैं ? | Do we sing a song ? |
| (6) क्या मैं नाश्ता करता हूँ ? | Do I take breakfast ? |
| (7) क्या सुबह मैं जल्दी उठता हूँ ? | Do I get up early in the morning ? |
| (8) क्या मैं बहुत तेज हँसती हूँ ? | Do I laugh very loudly ? |
| (9) क्या वह अपना गृहकार्य करता है ? | Does he do his home work ? |
| (10) क्या वह गाती है ? | Does she sing ? |
| (11) क्या वे प्रतिदिन बगीचे में घूमने जाते हैं ? | Do they go for a walk in the garden daily ? |
| (12) क्या वे सेब खाते हैं ? | Do they eat apples ? |
| (13) क्या हम फिल्म देखने जाते हैं ? | Do we go to see movie ? |
| (14) क्या हम हमारा पाठ याद करते हैं ? | Do we learn our lesson ? |
| (15) क्या हम शाम को क्रिकेट खेलते हैं ? | Do we play cricket in the evening ? |
| (16) क्या मनीष रात को देर से सोता है ? | Does Manish sleep late at night ? |
| (17) क्या मैं राम के घर रोजाना जाता हूँ ? | Do I go to Ram's house daily ? |
| (18) क्या सीता मेरे साथ बाजार जाती है ? | Does Sita go to market with me ? |
| (19) क्या राम, मोहन के साथ खाना खाता है ? | Does Ram take lunch with Mohan ? |
| (20) क्या मेरे पापा जयपुर जाते हैं ? | Does my father go to Jaipur ? |

**Interrogative-Negative**

**Do/Doesn't + Subject +not + V-I + Object ?...I**

**Or Don't /Doesn't+ Subject + V-I + Object ? ...II**

***In conversation the use of Don't and Doesn't (II structure ) are more feasible.***

| | |
|---|---|
| (1) क्या मैं विद्यालय नहीं जाता हूँ ? | Don't I go to school ? |
| (2) क्या वह सुबह स्नान नहीं करती है ? | Doesn't she take bath in the morning ? |
| (3) क्या वह नहीं रोता है ? | Doesn't he weep ? |
| (4) क्या वे नहीं खेलते हैं ? | Don't they play ? |
| (5) क्या हम गाना नहीं गाते हैं ? | Don't we sing a song ? |
| (6) क्या मैं नाश्ता नहीं करता हूँ ? | Don't I take breakfast ? |
| (7) क्या सुबह मैं जल्दी नहीं उठता हूँ ? | Don't I get up early in the morning ? |
| (8) क्या मैं बहुत तेज नहीं हँसती हूँ ? | Don't I laugh very loudly ? |
| (9) क्या वह अपना गृहकार्य नहीं करता है ? | Doesn't he do his home work ? |
| (10) क्या वह नहीं गाती है ? | Doesn't she sing ? |
| (11) क्या वे प्रतिदिन बगीचे में घूमने नहीं जाते हैं ? | Don't they go for a walk in the garden daily ? |

(12) क्या वे सेब नहीं खाते हैं ? Don't they eat apples ?

(13) क्या हम फिल्म देखने नहीं जाते हैं ? Don't we go to see movie ?

(14) क्या हम अपना पाठ याद नहीं करते हैं ? Don't we learn our lesson ?

(15) क्या हम शाम को क्रिकेट नहीं खेलते हैं ? Don't we play cricket in the evening ?

(16) क्या मनीष रात को देर से नहीं सोता है ? Doesn't Manish sleep late at night ?

(17) क्या मैं राम के घर के रोजाना नहीं जाता हूँ ? Don't I go to Ram's house daily ?

(18) क्या सीता मेरे साथ बाजार नहीं जाती है ? Doesn't Sita go to market with me ?

(19) क्या राम, मोहन के साथ खाना नहीं खाता है ? Doesn't Ram take lunch with Mohan ?

(20) क्या मेरे पापा जयपुर नहीं जाते हैं ? Doesn't my father go to Jaipur ?

"Obstacles are those frightful things you see when you take your eyes off your goal."

आज आपको Present Tense के बहुत ही सरल Structure (Present Continuous) की जानकारी दी जा रही है।
ध्यान रखें : कुछ Verbs का प्रयोग Continuous Form में नहीं किया जाता है।

## Subject + is/am/are + V-IV + Object (Present Continuous)
## (V-IV = V-I + ing)

इस **Structure** का प्रयोग निम्न प्रकार के वाक्य बनाने में किया जाता है :

| | |
|---|---|
| (1) मैं अंगूर खा रही हूँ। | I am eating grapes. |
| (2) मैं खेल रहा हूँ। | I am playing. |
| (3) वह स्नान कर रहा है। | He is bathing. |
| (4) वह खाना पका रही है। | She is cooking the food. |
| (5) वह अपना गृहकार्य कर रहा है। | He is doing his home work. |
| (6) वे बगीचे में घूम रहे हैं। | They are walking in the garden. |
| (7) वे बाजार जा रहे हैं। | They are going to market. |
| (8) हम गाना गा रहे हैं। | We are singing a song. |
| (9) हम नाश्ता कर रहे हैं। | We are taking breakfast. |
| (10) हम हँस रहे हैं। | We are laughing. |
| (11) कुत्ता भौंक रहा है। | The dog is barking. |
| (12) बिल्ली दूध पी रही है। | The cat is drinking milk. |
| (13) मेरे पापा सो रहे है। | My father is sleeping. |
| (14) मेरी मम्मी कपड़े धो रही हैं। | My mother is washing clothes. |
| (15) मेरा भाई पढ़ रहा हैं। | My brother is studying. |
| (16) मोर नाच रहा है। | A peacock is dancing. |
| (17) पशु मैदान में घास चर रहे हैं। | Cattle are grazing in the field. |
| (18) गधा रैंक रहा हैं। | A donkey is braying. |
| (19) अध्यापिकाएँ बातें कर रही हैं। | Lady teachers are talking. |
| (20) निशा नाश्ता तैयार कर रही है। | Nisha is preparing breakfast. |
| (21) मनीष विद्यार्थियों को पढ़ा रहा है। | Manish is teaching the students. |
| (22) सुषमा अखबार पढ़ रही है। | Sushma is reading the newspaper. |
| (23) पिताजी जयपुर जा रहे हैं। | Father is going to Jaipur. |
| (24) मेरे चाचा लोकगीत गा रहे है। | My uncle is singing a folk-song. |
| (25) हम पूजा कर रहे है। | We are worshipping. |

(26) वे लड़ रहे है। They are quarrelling.
(27) सोनू और मोनू गप्पे लड़ा रहे हैं। Sonu and Monu not gossiping.
(28) नेहा और मेहा गाना गा रही हैं। Neha and Meha not singing a song.
(28) सीता बाजार जा रही है। Sita is going to market.
(30) हम स्कूल जा रहे हैं। We are going to school.

**ध्यान रखें**

*Subject I के साथ am तथा He, She, It, Name एवं Any Singular Subject के साथ is एवं you, they, we, Any other Plural Subject के साथ Are का प्रयोग किया जाता है। You को Plural माना जाता है।*

## Negative and Interrogative Sentence Structure

### Negative Sentences

इस तरह के **Affirmative** वाक्यों को जब **Negative** बनाना हो तो निम्न **Structure** का प्रयोग किया जाता है :

**Subject + is/am/are + not + V-IV + Object**
**(V-IV = V-I + ing)**

(1) मैं अंगूर नहीं खा रही हूँ। I am not eating grapes.
(2) मैं नहीं खेल रहा हूँ। I am not playing.
(3) वह स्नान नहीं कर रहा है। He is not bathing.
(4) वह खाना नहीं पका रही है। She is not cooking the food.
(5) वह अपना गृहकार्य नहीं कर रहा है। He is not doing his home work.
(6) वे बगीचे में नहीं घूम रहे हैं। They are not walking in the garden.
(7) वे बाजार नहीं जा रहे हैं। They are not going to market.
(8) हम गाना नहीं गा रहे हैं। We are not singing a song.
(9) हम नाश्ता नहीं कर रहे हैं। We are not having breakfast.
(10) हम नहीं हँस रहे हैं। We are not laughing.
(11) कुत्ता नहीं भौंक रहा है। The dog is not barking.
(12) बिल्ली दूध नहीं पी रही है। The cat is not drinking milk.
(12) मेरे पापा नहीं सो रहे हैं। My father is not sleeping.
(14) मेरी मम्मी कपड़े नहीं धो रही है। My mother is not washing clothes.
(15) मेरा भाई नहीं पढ़ रहा है। My brother is not reading.
(16) मोर नहीं नाच रहा है। The peacock is not dancing.
(17) पशु मैदान में घास नहीं चर रहे हैं। Cattle are not grazing in the field.
(18) गधा नहीं रैंक रहा है। The donkey is not braying.
(19) निशा नाश्ता तैयार नहीं कर रही है। Nisha is not preparing breakfast.
(20) रमेश विद्यार्थियों को नहीं पढ़ा रहा है। Ramesh is not teaching the students.
(21) वह जयपुर नहीं जा रहा है। She is not going to Jaipur.
(22) सुषमा अखबार नहीं पढ़ रही है। Sushma is not reading newspaper.
(23) मेरे भैया दिल्ली नहीं जा रही है। My brother is not going to Delhi.
(24) मेरे चाचा लोकगीत नहीं गा रहे है। My uncle is not singing a folk-song.
(25) हम पूजा नहीं कर रहे हैं। We are not worshipping.
(26) वे नहीं लड़ रहे हैं। They are not fighting.
(27) सोनू और मोनू गप्पे नहीं लड़ा रहे है। Sonu and Monu are not gossiping.
(28) नेहा एवं मेहा गाना नहीं गा रही है। Neha and Meha are not singing a song.

(29) मीतू बाजार नहीं जा रही है। Meetu is not going to market.
(30) वे स्कूल नहीं जा रहे हैं। They are not going to school.

**Interrogative Sentences**

इस तरह के **Affirmative** वाक्यों को जब **Interrogative** बनाना हो तो निम्न **Structure** का प्रयोग किया जाता है:

**Is/are/am + Subject + V-IV + Object ?**
**(V-IV = V-I + ing)**

| | |
|---|---|
| (1) क्या मैं अंगूर खा रहा हूँ ? | Am I eating grapes ? |
| (2) क्या मैं खेल रहा हूँ ? | Am I playing ? |
| (3) क्या वह स्नान कर रहा है ? | Is he bathing ? |
| (4) क्या वह खाना पका रही है ? | Is she cooking ? |
| (5) क्या वह अपना गृहकार्य कर रहा है ? | Is he doing his home work ? |
| (6) क्या वे बगीचे में घूम रहे हैं ? | Are they walking in the garden ? |
| (7) क्या वे बाजार जा रहे हैं ? | Are they going to market ? |
| (8) क्या हम गाना गा रहे हैं ? | Are we singing a song ? |
| (9) क्या हम नाश्ता कर रहे हैं ? | Are we taking breakfast ? |
| (10) क्या हम हँस रहे हैं ? | Are we laughing ? |
| (11) क्या कुत्ता भौंक रहा हैं ? | Is the dog barking ? |
| (12) क्या बिल्ली दूध पी रही है ? | Is the cat drinking milk ? |
| (13) क्या मेरे पापा सो रहे हैं ? | Is my father sleeping ? |
| (14) क्या मेरी मम्मी कपड़ा धो रही है ? | Is my mother washing clothes ? |
| (15) क्या मेरा भाई पढ़ रहा है ? | Is my brother reading ? |
| (16) क्या मोर नाच रहा है ? | Is a peacock dancing ? |
| (17) क्या पशु मैदान में चर रहे हैं ? | Are cattle grazing in the field ? |
| (18) क्या गधा रेंक रहा है ? | Is the donkey braying ? |
| (19) क्या निशा नाश्ता तैयार कर रही है ? | Is Nisha preparing breakfast ? |
| (20) क्या मनीष विद्यार्थियों को पढ़ा रहा है ? | Is Manish teaching the students ? |

**Interrogative-Negative Sentences**

**Interrogative-Negative Sentences** का **Structure** निम्न होता है :

**Is/are/am + Subject + not + V-IV + Object ? ...I**
**Or Isn't/Aren't + Subject + V-IV + Object ? ...II**

**Note**

*Both these structures are same.*
*In conversation the use of Isn't / Aren't (II structure ) are more feasible.*
*Am I not की जगह Interrogative-Negative में Aren't I लिखा जाता है।*

***Changing Affirmative to Interrogative Negative :***

| ***Affirmative*** | ***Interrogative Negative*** |
|---|---|
| (1) I am going to hospital. | Am I not going to hospital ?<br>**Aren't** I going to hospital ? |
| (2) It is raining. | Is it not raining ?<br>**Isn't** it raining ? |
| (3) They are playing. | Are they not playing ?<br>**Aren't** they playing ? |

(4) We are doing our work. — Are we not doing our work ?
**Aren't** we doing our work ?

(5) She is dancing. — Is she not dancing ?
**Isn't** she dancing ?

***Learn the use of Aren't :***

(1) **Aren't** I doing my work ? (2) **Aren't** I making a doll ?
(3) **Aren't** I cooking for you ? (4) **Aren't** I stitching ?
(5) **Aren't** I washing the clothes ? (6) **Aren't** I polishing the doors ?

## Very Important

कुछ **Verbs** का प्रयोग सामान्य स्थिति में **Present Continuous** में नहीं किया जाता है। इस तरह की **Verbs** को पाँच भागों में वगीकृत किया जाता है :

**(a) Verb of Perception :** See, hear, smell, taste, feel. जब इन Verbs का प्रयोग बिना किसी विशेष प्रयास के, सामान्य स्थिति में होता है तो इन्हें Present Simple में ही प्रयोग किया जाना उचित है। खुली आंख से स्वत: ही देखने (see) का कार्य होता है, उसी तरह नाक, कान, जीभ (smell, hear, taste हेतु) का उपयोग व्यक्ति स्वत: ही करता है। स्पर्श (feel) भी एक स्वत: होने वाला कार्य है। लेकिन अगर इन verbs का प्रयोग किसी विशेष उद्‌देश्य हेतु किया जाता है तो इनको Continuous में प्रयोग किया जा सकता है। इन Verbs में Notice, Recognise भी शामिल कर लिये गये हैं।

**(b) Verb of Appearance :** look, resemble, seem, appear etc.

**(c) Verbs of Emotions :** want, desire, wish, hate, hope, like, refuse, hope, believe, doubt, loathe, mind, care, detest, adore, appreciate, admire, fear, expect etc.

**(d) Verbs of Thinking :** think, suppose, agree, consider, trust, remember, forget, know, understand, perceive, realise, recollect etc.

**(e) Verbs of Possession :** belong, owe, own, possess, contain, have etc.

ये Verbs, Stative Verbs या Non-Conclusive Verbs भी कहलाती हैं। इनका प्रयोग सामान्य अर्थ में Present Continuous में करना सही नहीं है। इनका प्रयोग Simple Present में किया जाता है।

*निम्न वाक्यों को देखें :*

| ***Incorrect*** | ***Correct*** |
|---|---|
| (1) We are seeing with our eyes. | (1) We see with our eyes. |
| (2) Are you hearing a strange noise ? | (2) Do you hear a strange noise ? |
| (3) We are smelling with our nose. | (3) We smell with our nose. |
| (4) I am feeling you are wrong. | (4) I feel you are wrong. |
| (5) The water is feeling cold. | (5) The water feels cold. |
| (6) The coffee is tasting bitter. | (6) The coffee tastes bitter. |
| (7) How much am I owing you ? | (7) How much do I owe you ? |
| (8) I am hating it. | (8) I hate it. |
| (9) I am having a car. | (9) I have a car. |
| (10) I am thinking. | (10) I think. |

लेकिन निम्न स्थितियों में इन **Verbs** का प्रयोग **Continuous** में करना सही है :

(1) The Session Judge is hearing our case.
(2) We are thinking of going to USA next year.
(3) He is minding (looking after) the children, while his wife is away.
(4) I am seeing my lawyer today.
(5) I am having some difficulties with this puzzle.

"Great ability develops and reveals itself increasingly with every new assignment."

Present Perfect Tense वास्तव में Present एवं Past का Mixture है। वास्तव में कार्य पूर्ण हो चुका होता है, लेकिन हम उसका प्रभाव वर्तमान में महसूस करते हैं। अत: हम Present Perfect Structure का प्रयोग करते हैं। Conversation में Present Perfect का बहुत प्रयोग किया जाता है।

## Present Perfect Tense

### Subject + has/ have + V- III + Object

उक्त Sentence Structure का प्रयोग निम्न प्रकार के वाक्यों में किया जाता है :

| | |
|---|---|
| (1) वह जा चुका है। | He has gone. |
| (2) ट्रेन आ चुकी है। | The train has arrived. |
| (3) मैं नहा चुका हूँ। | I have taken bath. |
| (4) वह सो चुकी है। | She has slept. |
| (5) सुरेश अभी आया है। | Suresh has just arrived. |
| (6) अभी 7 बजे हैं। | It has just struck seven. |
| (7) मैंने अपना प्रोजेक्ट पूर्ण कर लिया है। | I have completed my project. |
| (8) महेश ने अपना कार्य पूर्ण कर लिया है। | Mahesh has completed his work. |
| (9) अध्यापक ने खाना खा लिया है। | The teacher has taken food. |
| (10) महेश अभी आया है। | Mahesh has just arrived. |
| (11) मेरे सिपाहियों ने तुम्हें अपराध करते पकड़ लिया है। | My soldiers have caught you red handed. |
| (12) तुमने अपना कार्य पूरा कर लिया है। | You have completed your work. |
| (13) वह अपनी इच्छाएं पूरी कर चुका है। | He has fulfilled his desires. |
| (14) मगन घर की सफाई कर चुका है। | Magan has cleaned the house. |
| (15) उसने तुम्हें एक गिफ्ट भेजा है। | He has sent a gift for you. |
| (16) तुमने कचरे को जलवाया है। | You have got the garbage burnt. |
| (17) घड़ी ने चार बजाये हैं। | The clock has struck four. |
| (18) दीप्ती खाना बना चुकी है। | Dipti has cooked the food. |
| (19) हम क्रिकेट खेल चुके हैं। | We have played cricket. |
| (20) गीता ने सारे कपड़े धो लिये हैं। | Geeta has washed all the clothes. |

**Negative Sentences**

इस प्रकार के Affirmative वाक्यों को जब **Negative** बनाना हो तो निम्न **Structure** का प्रयोग किया जाता है :

### Subject + has/ have + not+ V-III + Object

| | |
|---|---|
| (1) मेरे सिपाहियों ने तुम्हे अपराध करते नहीं पकड़ा है। | My soldiers have not caught you red handed. |
| (2) तुमने अपना कार्य पूरा नहीं किया है। | You have not completed your work. |
| (3) वह अपनी इच्छायें पूरी नहीं कर सका है। | He has not fulfilled his desires. |
| (4) मैं घर के काम नहीं निपटा चुकी हूँ। | I have not finished my household works. |
| (5) राम और मोहन डिनर नहीं खा चुके हैं। | Ram and Mohan have not taken dinner. |
| (6) गीता सारे कपड़े नहीं धो चुकी है। | Geeta has not washed all the clothes. |
| (7) वह अभी-अभी बाहर नहीं गया है। | He has not just gone out. |
| (8) मनीष ने पत्र नहीं लिखा है। | Manish has not written a letter. |
| (9) निशा ने अपना पाठ याद नहीं किया है। | Nisha has not learnt her lesson. |
| (10) रीमा ने मेरी कॉपी नहीं ली है। | Reema has not taken my note book. |
| (11) सुषमा ने अपनी बुरी आदत नहीं छोड़ी है। | Sushma has not given up her bad habits. |
| (12) वह लंच नहीं खा चुका है। | He has not taken lunch. |
| (13) उसने तुम्हें धोखा नहीं दिया है। | He has not deceived you. |
| (14) गीता सारे कपड़े नहीं सील चुकी है। | Geeta has not stitched all the clothes. |
| (15) रोहन अपने कपड़े नहीं पहन चुका है। | Rohan has not put on his clothes. |
| (16) सीमा समाचार पत्र नहीं पढ़ चुकी है। | Seema has not read the newspaper. |
| (17) मैंने तुम्हारी कार की मरम्मत नहीं करवायी है। | I have not got your car repaired. |
| (18) चापलूसी ने मेरा दिमाग नहीं फेरा है। | Flattery has not turned my mind. |
| (19) मैंने अपना काम पूरा नहीं किया है। | I have not completed my work. |
| (20) सर्दी का मौसम नहीं आया है। | Winter season has not set in so far. |

**Interrogative Sentences**

इस प्रकार के Affirmative वाक्यों को जब **Interrogative** बनाना हो तो निम्न **Structure** का प्रयोग किया जाता है :

### Has/ Have + Subject + V-III + Object ?

| | |
|---|---|
| (1) क्या तुम नहा चुके हो ? | Have you taken bath ? |
| (2) क्या वह जा चुकी है ? | Has she gone ? |
| (3) क्या तुम डिनर खा चुके हो ? | Have you taken dinner ? |
| (4) क्या तुमने यह उपन्यास पढ़ लिया है ? | Have you read this novel ? |
| (5) क्या वह गाना गा चुकी है ? | Have she sung a song ? |
| (6) क्या वह सो चुकी है ? | Have she slept ? |
| (7) क्या वह आराम कर चुका है ? | Has he taken rest ? |
| (8) क्या सीता घर का काम कर चुकी है ? | Has Sita completed household works ? |
| (9) क्या मेरे सैनिकों ने तुम्हें अपराध करते पकड़ लिया है ? | Have my soldiers caught you red handed ? |
| (10) क्या तुमने अपना कार्य पूरा कर लिया है ? | Have you completed your work ? |
| (11) क्या रीमा कॉलेज जा चुकी है ? | Has Reema gone to college ? |

| | |
|---|---|
| (12) क्या मेरे पापा बाजार जा चुके हैं ? | Has my father gone to market ? |
| (13) क्या तुमने यह हार पहन लिया है ? | Have you put on this necklace ? |
| (14) क्या सीता ने अपना प्रोजेक्ट पूरा कर लिया है ? | Has Sita completed her project ? |
| (15) क्या वह बाजार जा चुका है ? | Has he gone to market ? |

## Very Important

यद्यपि Present Perfect Tense, Past एवं Present का मिश्रण है, तथापि यह ध्यान रखें कि Present Perfect Tense में Past Time के adverbs जैसे : last night/ last year/month/week, ago, short while ago, yesterday, day before yesterday इत्यादि का प्रयोग नहीं किया जाता है।

| | |
|---|---|
| (a) He has gone to Jaipur last night. | *Incorrect* |
| He went to Jaipur last night. | *Correct* |
| (b) Ram has arrived shortwhile ago. | *Incorrect* |
| Ram arrived shortwhile ago. | *Correct* |

**Past time** के **adverbs** के साथ **Simple Past** का प्रयोग किया जाता है।

"Failure is something
we can avoid only by saying nothing
doing nothing
and being nothing."

Present Continuous Tense एवं Present Perfect Continuous Tense; दोनों Structures में अन्तर को बहुत अच्छी तरह समझ लेना चाहिए। Conversations में जहाँ Present Perfect Continuous का प्रयोग करना है यदि वहाँ आप Present Continuous Structure का प्रयोग करते हैं तो यह आपकी अज्ञानता एवं अल्पज्ञता को व्यक्त करता है।

## Present Perfect Continuous Tense

### Subject + has/ have been + V-IV + ... + since/ for + ...

इस Sentence Structure का प्रयोग निम्न प्रकार के वाक्यों में किया जाता है :

| | |
|---|---|
| (1) वह दो घण्टे से नहा रहा है। | He has been bathing for two hours. |
| (2) वह तीन घण्टे से पढ़ रही है। | She has been reading for three hours. |
| (3) मैं चार घण्टे से खेल रही हूँ। | I have been playing for four hours. |
| (4) हम चार बजे से मैच देख रहे हैं। | We have been watching match since 4 O'clock. |
| (5) हम इस घर में 1996 से रह रहे हैं। | We have been living in this house since 1996. |
| (6) रोहन अलवर में चार साल से पढ़ रहा है। | Rohan has been studying at Alwar for four years. |
| (7) राम दो घण्टे से गप्पे लड़ा रहा है। | Ram has been gossiping for two hours. |
| (8) वह सुबह से काम कर रही है। | She has been working since morning. |
| (9) वह दोपहर से सो रही है। | She has been sleeping since noon. |
| (10) मैं यहाँ दो घण्टे से तुम्हारा इंतजार कर रही हूँ। | I have been waiting here for you for two hours. |
| (11) मेढक संध्या से टर-टर कर रहे हैं। | The frogs have been cracking since evening. |
| (12) पानी प्रात: से बरस रहा है। | It has been raining since morning. |
| (13) वह चार महीने से रमेश के साथ रहता है। | He has been living with Ramesh for four months. |
| (14) वह तीन महीने से पीछे की बैंच पर बैठती है। | She has been sitting on back bench for three months. |
| (15) वह तीन बजे से अंग्रेजी पढ़ रही है। | She has been reading English since 3 O'clock. |
| (16) एक मोर एक घण्टे से नाच रहा है। | The peacock has been dancing for an hour. |
| (17) गीता दो महीने से एक किताब लिख रही है। | Geeta has been writing a book for two months. |
| (18) अध्यापक चार बजे से पढ़ा रहा है। | The teacher has been teaching since 4 O'clock. |
| (19) मोहन दो घण्टे से तैर रहा है। | Mohan has been swimming for two hours. |
| (20) गीता दो घण्टे से घर की सफाई कर रही है। | Geeta has been cleaning the house for two hours. |

## Negative and Interrogative Sentence Structure

**Negative Sentences**

इस तरह के **Affirmative** वाक्यों को जब **Negative** बनाना हो तो निम्न **Structure** का प्रयोग किया जाता है :

**Subject + has/ have +not+ been + V-IV + ... + since/ for +... ...I**

*Or* **Subject + hasn't/haven't + been + V-IV + ... + since/ for +... ...II**

***In conversation the use of haven't / hasn't (II structure ) are more feasible.***

| | |
|---|---|
| (1) वह दो घण्टे से नहीं नहा रहा है। | He hasn't been bathing for two hours. |
| (2) वह तीन घण्टे से नहीं पढ़ रही है। | She hasn't been reading for three hours. |
| (3) मैं चार घण्टे से नहीं खेल रही हूँ। | I haven't been playing for four hours. |
| (4) हम चार बजे से मैच नहीं देख रहे हैं। | We haven't been watching match since 4 O'clock. |
| (5) हम इस घर में 1996 से नहीं रह रहे हैं। | We haven't been living in this house since 1996. |
| (6) रोहन अलवर में चार साल से नहीं पढ़ रहा है। | Rohan hasn't been reading at Alwar for four years. |
| (7) राम दो घण्टे से गप्पे नहीं लड़ा रहा है। | Ram hasn't been gossiping for two hours. |
| (8) वह सुबह से काम नहीं कर रही है। | She hasn't been working since morning. |
| (9) वह दोपहर से नहीं सो रही है। | She hasn't been sleeping since noon. |
| (10) मैं यहाँ सुबह से तुम्हारा इंतजार नहीं कर रही हूं। | I haven't been waiting for you since morning. |
| (11) मेढक संध्या से टर-टर नहीं कर रहे हैं। | The frogs haven't been cracking since evening. |
| (12) पानी प्रातः से नहीं बरस रहा है। | It hasn't been raining since morning. |
| (13) वह चार महीने से रमेश के साथ नहीं रहता है। | He hasn't been living with Ramesh for four months. |
| (14) अध्यापक चार बजे से नहीं पढ़ा रहा है। | The teacher hasn't been teaching since 4 O'clock. |
| (15) वह तीन बजे से अंग्रेजी नहीं पढ़ रही है। | She hasn't been reading English since 3 O'clock. |
| (16) मोहन दो घण्टे से तैर नहीं रहा है। | Mohan hasn't been swimming for two hours. |
| (17) रीमा दो महीने से जयपुर में नहीं रह रही है। | Reema hasn't been living in Jaipur for two months. |
| (18) वह पाँच दिन से घूमने नहीं जा रही है। | She hasn't been going for a walk for five days. |
| (19) मोर एक घण्टे से नहीं नाच रहा है। | The peacock hasn't been dancing for an hour. |
| (20) गीता दो महीने से एक किताब नहीं लिख रही है। | Geeta hasn't been writing a book for two months. |

**Interrogative Sentences**

इस तरह के **Affirmative** वाक्यों को जब **Interrogative** बनाना हो तो निम्न **Structure** का प्रयोग किया जाता है :

**Has/ Have +Subject + been + V-IV + ... + since/ for +.... ?**

(1) क्या वह दो घण्टे से नहा रहा है ? Has he been bathing for two hours ?
(2) क्या वह तीन घण्टे से पढ़ रही है ? Has she been reading for three hours ?
(3) क्या तुम यहाँ चार घण्टे से खेल रहे हो ? Have you been playing here for four hours ?
(4) क्या वे चार बजे से क्रिकेट देख रहे हैं ? Have they been watching cricket since 4 O'clock ?
(5) क्या राम इस घर में 1978 से रह रहा है ? Has Ram been living in this house since 1978 ?
(6) क्या रोहन अलवर में चार साल से पढ़ रहा है ? Has Rohan been studying at Alwar for four years ?
(7) क्या राम दो घण्टे से गप्पे लड़ा रहा है ? Has Ram been gossiping for two hours ?
(8) क्या वह सुबह से काम कर रही है ? Has she been working since morning ?
(9) क्या वह दोपहर से सो रही है ? Has she been sleeping since noon ?
(10) क्या वह मेरा सुबह से इंतजार कर रही है ? Has she been waiting for me since morning ?
(11) क्या मेढक संध्या से टर-टर कर रहे हैं ? Have the frogs been cracking since evening ?
(12) क्या पानी प्रातः से बरस रहा है ? Has it been raining since morning ?
(13) क्या मोहन दो घण्टे से तैर रहा है ? Has Mohan been swimming for two hours ?
(14) क्या मोर एक घण्टे से नाच रहा है ? Has the peacock been dancing for an hour ?
(15) क्या वह तीन घण्टे से अंग्रेजी पढ़ रही है ? Has she been reading English for three hours ?
(16) क्या विभा अपना काम दूसरों से करवाती है ? Has Vibha been getting her work done by others ?
(17) क्या वे दो दिन से इस काम को कर रहे हैं ? Have they been doing this work for two days ?
(18) क्या रजनी चार घण्टे वे कपड़े धो रही है ? Has Rajani been washing clothes for four hours ?
(19) क्या गीता दो महीने से एक किताब लिख रही है ? Has Gita been writing a book for two months ?
(20) क्या बच्चे दो बजे से सो रहे हैं ? Have the children been sleeping since 2 O'clock?

**Interrogative Negative Sentences**

**Has/ Have +Subject +not+ been + V-IV + ... + since/ for +... ? ...I**
**Hasn't / Haven't +Subject + been + V-IV + ... + since/ for +... ? ...II**

***In conversation the use of Hasn't / Haven't (II structure) are more feasible.***

(1) क्या वह दो घण्टे से नहीं नहा रहा है ? Hasn't he been bathing for two hours ?
(2) क्या वह तीन घण्टे से नहीं पढ़ रही है ? Hasn't she been reading for three hours ?
(3) क्या तुम यहाँ चार घण्टे से नहीं खेल रहे हो ? Haven't you been playing here for four hours ?
(4) क्या वे चार बजे से क्रिकेट नहीं देख रहे हैं ? Haven't they been watching cricket since 4 O'clock ?
(5) क्या राम इस घर में 1978 से नहीं रह रहा है ? Hasn't Ram been living in this house since 1978 ?

(6) क्या मोहन अलवर में चार साल से नहीं पढ़ रहा है ? — Hasn't Rohan been studying at Alwar for four years ?

(7) क्या राम दो घण्टे से गप्पे नहीं लड़ा रहा है ? — Hasn't Ram been gossiping for two hours ?

(8) क्या वह सुबह से काम नहीं कर रही है ? — Hasn't she been working since morning ?

(9) क्या वह दोपहर से नहीं सो रही है ? — Hasn't she been sleeping since noon ?

(10) क्या वह मेरा सुबह से इंतजार नहीं कर रही है ? — Hasn't she been waiting for me since morning ?

(11) क्या मेढक संध्या से टर-टर नहीं कर रहे हैं ? — Haven't the frogs been croaking since evening ?

(12) क्या पानी प्रात: से नहीं बरस रहा है ? — Hasn't it been raining since morning ?

(13) क्या मोहन दो घण्टे से नहीं तैर रहा है ? — Hasn't Mohan been swimming for two hours ?

(14) क्या मोर एक घण्टे से नहीं नाच रहा है ? — Hasn't the peacock been dancing for an hour ?

(15) क्या वह तीन घण्टे से अंग्रेजी नहीं पढ़ी रही है ? — Hasn't she been reading English for three hours ?

(16) क्या विभा अपना काम दूसरों से नहीं करवा रही है ? — Hasn't Vibha been getting her work done by others ?

(17) क्या वे दो दिन से इस काम को नहीं कर रहे हैं ? — Haven't they been doing this work for two days ?

(18) क्या रजनी चार घण्टे से कपड़े नहीं धो रही है ? — Hasn't Rajni been washing the clothes for four hours ?

(19) क्या गीता दो महीने से एक किताब नहीं लिख रही है ? — Hasn't Gita been writing a book for two months ?

(20) क्या बच्चे दो बजे से नहीं सो रहे हैं ? — Haven't the children been sleeping since 2 O'clock ?

**Difference between Present Continuous and Present Perfect Continuous**

***Note the difference : Very important for correct speaking***

| ***Present Continuous*** | ***Present Perfect Continuous*** |
|---|---|
| वह खेल रहा है। | वह दो बजे से खेल रहा है। |
| रमेश पढ़ रहा है। | रमेश दो घंटे से पढ़ रहा है |
| वर्षा हो रही है। | वर्षा सुबह से हो रही है। |

**Present Continuous** में कार्य लगातार जारी है लेकिन वाक्य से यह पता नहीं चलता कि कार्य कब से जारी है या कितनी अवधि से जारी है। जबकि **Present Perfect Continuous** में यह स्पष्ट हो जाता है कि कार्य कब से जारी है या कुछ अवधि से जारी है। छात्रों को इस अन्तर को स्पष्ट रूप से समझ लेना चाहिये। **Present Perfect Continuous** के वाक्यों को अंग्रेजी में निम्न प्रकार से बनाते हैं :

| | |
|---|---|
| He is playing for two hours. | *Incorrect* |
| He has been playing for two hours. | *Correct* |

**Note**

*आपने Present Tense के चार प्रकार के Structures के बारे में जानकारी प्राप्त कर ली है। इनके Negative एवं Interrogative Structues की भी जानकारी कर ली है। इन Structures की जानकारी दैनिक जीवन में Conversations में बहुत काम आती है।*

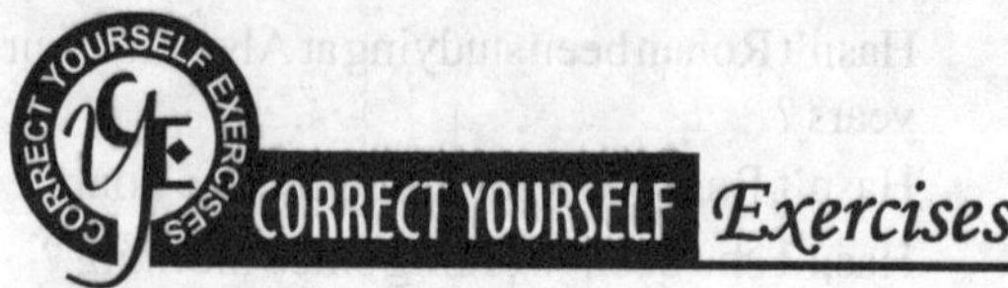


## 01

***Which is Correct (A), (B) or (C) ?***

(1) (A) My mother get up at 5 O'clock in the morning.
(B) My mother gets up at 5 A.M. in the morning.
(C) My mother gets up at 5 O'clock in the morning.

(2) (A) He go to school daily. (B) He goes to school daily.
(C) He do not go to school daily.

(3) (A) Is you going to Jaipur ? (B) Are you going to Jaipur ?
(C) Do you going to Jaipur ?

(4) (A) He do not go to market. (B) He doesn't not go to market.
(C) He doesn't not goes to market.

(5) (A) Doesn't you know his name ? (B) Do you know his name ?
(C) Do you knows his name ?

(6) (A) Do not you play football ? (B) Do you not play football ?
(C) Doesn't you not play football ?

(7) (A) Aren't I writing a book ? (B) Am't I writing a book ?
(C) Isn't I writing a book ?

(8) (A) I am hearing. (B) I hear.
(C) I hears.

(9) (A) He is knowing me for three months. (B) He has been knowing me for three months.
(C) He has known to me for three months.

(10) (A) I am playing football for three hours. (B) I have been playing football for three hours.
(C) I have been playing football since three hours .

## 02

***Translate the following sentences into English and then speak aloud :***

(1) मैं आम खाता हूँ। (2) हम रोज पढ़ते हैं।
(3) वर्षा होती है। (4) वह यहाँ काम करती है।
(5) वह राम से मिलना चाहती है। (6) तुम बाजार जाते हो।
(7) वह चाय नहीं पीता है। (8) मैं बहुत तेज भागता हूँ।
(9) वह गाना गाती है। (10) राम अपना पाठ याद करता है।
(11) वह प्रतिदिन सुबह 10 बजे कॉलेज जाता है। (12) वे सुबह 5 बजे मैदान में खेलने जाते हैं।
(13) सीता हमेशा गरीबों की सहायता करती है। (14) रमेश कभी भी झूठ नहीं बोलता है।
(15) सूरज पूरब में उगता है एवं पश्चिम में छिपता है। (16) क्या आप मेरा नाम जानते हैं ?
(17) पृथ्वी चन्द्रमा के चारों ओर नहीं घूमती है। (18) सीता प्रतिदिन एक पाठ याद करती है।
(19) रमेश पतंग उड़ाता है। (20) वह कपड़े नहीं धोती है।

## 03

***Translate the following sentences into English and then speak aloud :***

(1) मैं आम खा रहा हूँ। (2) वह सच बोल रही है।
(3) रमेश फुटबाल खेल रहा है। (4) राम झूठ बोल रहा है।
(5) वह पढ़ रही है। (6) वह अपना काम कर रही है।
(7) वह जयपुर जा रहा है। (8) पक्षी उड़ रहे हैं।

(9) क्या तुम खेल रहे हो ?
(10) ठण्डी हवा बह रही है।
(11) बूँदा-बाँदी हो रही है।
(12) वह अपने मित्र को पत्र लिख रहा है।
(13) सीता गाय का दूध निकाल रही है।
(14) राम मेरी इंतजार नहीं कर रहा है।
(15) क्या वह बाजार नहीं जा रहा है ?
(16) वह आजकल एक किताब लिख रहा है।
(17) वह तुम्हें गाली दे रहा है।
(18) मैं सुन रहा हूँ।
(19) मैं देख रहा हूँ।
(20) वह कॉलेज में पढ़ा रहा है।

## 04

***Correct the following sentences :***

(1) I writes a letter.
(2) He go to temple daily.
(3) Sita crys.
(4) He flys kites.
(5) He do not play.
(6) Doesn't I write a letter ?
(7) Do she swims ?
(8) Doesn't she goes to school ?
(9) Ram doesn't not tells a lie.
(10) He never verifys the bills.

**याद रखें**

*(1) Subject, Singular number third person है तो Verb के साथ s या es लगता है।*

*(2) जब Verb का अन्तिम अक्षर o, z, ss, x., ch, sh है तो es का प्रयोग किया जाता है।*

*(3) यदि Verb का अन्तिम अक्षर y एवं उससे पूर्व कोई व्यंजन (Consonant) आया है तो Subject, Singular number, Third Person की स्थिति में y -ies में बदल जाता है।*

## 05

***Correct the following sentences :***

(1) You is playing.
(2) I is reading
(3) They are read.
(4) She doesn't not swimming.
(5) Is it rains?
(6) Are she cooking?
(7) Am he playing?
(8) Is you coming?
(9) I is going to play.
(10) She are speaking.
(11) I am seeing.
(12) I am having a car.
(13) I am understanding.
(14) He is knowing me.
(15) He is resembling his brother.

**Hints**

*(1) Present Continuous में Helping Verb का प्रयोग निम्न प्रकार से किया जाता है :*
*I के साथ am, You, we, they, any Plural के साथ are तथा He, she, it, name, any Singular के साथ is का प्रयोग किया जाता है तथा Verb की IV form (1st form + ing) का प्रयोग किया जाता है।*

*(2) कुछ Verb जैसे : see, hear, have own understand; इत्यादि का प्रयोग सामान्य स्थिति में Continuous form में नहीं किया जाता है।*

## 06

***Translate the following sentences into English and then speak aloud :***

(1) मैं आम खा चुका हूँ।
(2) वे जा चुके हैं।
(3) वर्षा हो चुकी है।
(4) रेलगाड़ी अभी आई है।

(5) अभी 7 बजे हैं।
(6) मैं पत्र लिख चुका हूँ।
(7) हम अपना काम समाप्त कर चुके हैं।
(8) बच्चे सो चुके हैं।
(9) वह बहुत खेल चुका है।
(10) उन्होंने यह प्रश्न हल कर लिया है।
(11) वह पिछले रविवार से बीमार है।
(12) वह मुझे पाँच वर्ष से जानता है।
(13) वे यहाँ पाँच साल रह चुके हैं।
(14) क्या वह अभी आया है ?
(15) उसने अपना पाठ याद नहीं किया है।
(16) वह अमेरिका में रह चुका है।
(17) क्या वह दिल्ली जा चुका है ?
(18) क्या सीता कपड़े नहीं धो चुकी है ?
(19) मैंने अपना पाठ याद कर लिया है।
(20) ट्रेन अभी-अभी आई है।

## 07

***Translate the following sentences into English and then speak aloud :***

(1) हम सुबह से खेल रहे हैं।
(2) मैं दो वर्षों से यहाँ रह रहा हूँ।
(3) वह चार बजे से पढ़ रहा है।
(4) वह सुबह से सो रहा है।
(5) मैं चार वर्षों से प्रथम आ रहा हूँ।
(6) मैं कई दिनों से खाना नहीं खा रहा हूँ।
(7) वह कई घंटों से हँस रहा है।
(8) वह सन् 2000 से यहाँ पढ़ रहा है।
(9) वह दो घंटे से वही प्रश्न हल कर रहा है।
(10) वह सुबह से भाग रहा है।
(11) मैं सुबह से तुम्हारी इंतजार करा रहा हूँ।
(12) वर्षा कल शाम से लगातार हो रही है।
(13) वर्षा चार दिन से हो रही है।
(14) क्या आप सीता की कल से इंतजार नहीं कर रहे हैं ?
(15) वह दो दिन से नहीं पढ़ रहा है।
(16) क्या वह चार वर्षों से इस परीक्षा की तैयारी नहीं कर रहा है ?
(17) रमेश दो बजे से फुटबाल खेल रहा है।
(18) माताजी एक घंटे से कपड़े धो रही है।
(19) पापा सुबह 7 बजे से अखबार पढ़ रहे हैं।
(20) मैं सायं से टी वी देख रहा हूँ।

## 08

***Correct the following sentences :***

(1) He have gone to Jaipur.
(2) I has played.
(3) They have arrived yesterday.
(4) Have he played a match ?
(5) Ram has gone two minutes ago.
(6) He not has taken food.
(7) He was ill since Monday.
(8) I have been playing since two hours.
(9) He has been swimming for 2 O'clock.
(10) Has she cooking for two hours ?
(11) Have I been not playing for one hour ?
(12) She have just arrive.
(13) Raju is playing for three hours.
(14) I known him.
(15) They have been not reading since an hour.

### Hints

*(1) Present Perfect में I, You, We, They एवं any Plural Subject के साथ have तथा He, She, It, Name, any Singular Subject के साथ has का प्रयोग किया होता है।*

*(2) Verb की III form का प्रयोग किया जाता है।*

*(3) Present Perfect में Past Time के Adverbs जैसे : Yesterday, Ago इत्यादि का प्रयोग कभी नहीं होता है।*

*(4) Present Perfect Continuous में since का प्रयोग Point of time जैसे : Morning, Evening, 2 O'clock, January, February etc. के साथ होता है। For का प्रयोग अवधि जैसे : 2 hours, 15 days etc. के साथ होता है। Verb की IV form का प्रयोग किया जाता है।*

## SOLUTIONS CORRECT YOURSELF *Exercises*

### Solution CYE 01

(1) (C), (2) (B), (3) (B), (4) (B), (5) (B),
(6) (B) (7) (A), (8) (B), (9) (C), (10) (B).

### Solution CYE 02

(1) I eat a mango.
(2) We read daily.
(3) It rains.
(4) She works here.
(5) She wants to meet Ram.
(6) You go to market.
(7) He doesn't take tea.
(8) I run very fast.
(9) She sings a song.
(10) Ram learns his lesson.
(11) He goes to college at 10 A.M. daily.
(12) They go to play at the field at 5 a.m. daily.
(13) Sita always helps the poor.
(14) Ramesh never tells a lie.
(15) The sun rises in the east and sets in the west.
(16) Do you know my name?
(17) The earth doesn't revolve round the moon.
(18) Sita learns a lesson daily.
(19) Ramesh flies kites.
(20) She doesn't wash clothes.

### Solution CYE 03

(1) I am eating a mango.
(2) She is speaking the truth.
(3) Ramesh is playing football.
(4) Ram is telling a lie.
(5) She is reading.
(6) She is doing her work.
(7) He is going to Jaipur.
(8) The birds are flying.
(9) Are you playing ?
(10) The cool wind is blowing.
(11) It is drizzling.
(12) He is writing a letter to his friend .
(13) Sita is milking the cow.
(14) Ram is not waiting for me.
(15) Is he not going to market ?
(16) He is writing a book now-a-days.
(17) He is abusing you.
(18) I hear.
(19) I see.
(20) He is teaching in the college.

### Solution CYE 04

(1) I write a letter.
(2) He goes to temple daily.
(3) Sita cries.
(4) He flies the kites.
(5) He doesn't play.
(6) Do I write a letter ?
(7) Doesn't she swim ?
(8) Doesn't she go to school ?
(9) Ram doesn't tell a lie.
(10) He never verifies the bills.

### Solution CYE 05

(1) You are playing.
(2) I am reading.
(3) They are reading.
(4) She is not swimming.
(5) Is it raining ?
(6) Is she cooking ?
(7) Is he playing ?
(8) Are you coming ?
(9) I am going to play.
(10) She is speaking.
(11) I see.
(12) I have a car.
(13) I understand.
(14) He knows me.
(15) He resembles his brother.

## Solution CYE 06

(1) I have eaten a mango.
(2) They have gone.
(3) It has rained.
(4) The train has just arrived.
(5) It has just struck seven.
(6) I have written a letter.
(7) We have finished our work.
(8) The children have slept.
(9) He has played a lot.
(10) They have solved this problem.
(11) He has been ill since last Sunday.
(12) He has known me for five years.
(13) They have lived here for five years.
(14) Has he just come ?
(15) He has not learnt his lesson.
(16) He has been to America.
(17) Has he gone to Delhi ?
(18) Has Sita not washed clothes ?
(19) I have learnt my lesson.
(20) The train has just arrived.

## Solution CYE 07

(1) We have been playing since morning.
(2) I have been residing here for two years.
(3) He has been studying since 4 O'clock.
(4) He has been sleeping since morning.
(5) I have been securing first position for four years.
(6) I haven't been taking food for many days.
(7) He has been laughing for many hours.
(8) He has been studying here since 2000.
(9) He has been solving the same question for two hours.
(10) He has been running since morning.
(11) I have been waiting for you since morning.
(12) It has been raining regularly since yesterday evening.
(13) It has been raining for four days.
(14) Haven't you been waiting for Sita since yesterday ?
(15) He hasn't been studying for two days.
(16) Hasn't he been preparing for this examination for four years ?
(17) Ramesh has been playing foot ball since 2 O'clock.
(18) My mother has been washing clothes for an hour.
(19) My father has been reading newspaper since 7 O'clock in the morning.
(20) I have been watching T.V. since evening.

## Solution CYE 08

(1) He has gone to Jaipur.
(2) I have played.
(3) They arrived yesterday.
(4) Has he played a match ?
(5) Ram has just gone.
(6) He has not taken food.
(7) He has been ill since Monday.
(8) I have been playing for two hours.
(9) He has been swimming since 2 O'clock.
(10) Has she been cooking for two hours ?
(11) Have I not been playing for an hour ?
(12) She has just arrived.
(13) Raju has been playing for three hours.
(14) I have known him.
(15) They have not been reading for an hour.

## Past Tense—Different Structures

आज आपको Past Tense के बहुत ही सरल लेकिन महत्वपूर्ण Structure से अवगत करा रहे हैं। इसके सम्बन्ध में यह ध्यान रखना है कि इसके Negative एवं Interrogative Structure में did के साथ Verb की First Form का प्रयोग होता है।

### Past Indefinite Tense

**Subject +V-II + Object**

यह **Sentence Structure** निम्न प्रकार के वाक्यों हेतु प्रयुक्त होता है :

| | |
|---|---|
| (1) वह कल दुर्घटनाग्रस्त हो गया। | He met with an accident yesterday. |
| (2) हमने अपना काम शुरू किया। | We began our work. |
| (3) मैं पिछले महीने मुम्बई गयी थी। | I went to Mumbai last month. |
| (4) हमने फल खाये। | We ate fruits. |
| (5) डाकिया ने कॉलोनी में पत्र बाँटे। | The postman delivered letters in the colony. |
| (6) रानी ने मधुर गीत गाया। | Rani sang a sweet song. |
| (7) वह जयपुर में पढ़ी। | She studied at Jaipur. |
| (8) उसने मुझे गाली दी। | She abused me. |
| (9) मैंने झाड़ियों में एक चूहा देखा। | I saw a mouse in the bushes. |
| (10) तुम उस बगीचे में खेले। | You played in that garden. |
| (11) वे मेरे घर आये। | They came to my home. |
| (12) उसने अपना गृहकार्य किया। | He did his homework. |
| (13) तुमने हमेशा मुझे डाँटा। | You always rebuked me. |
| (14) उसने कुएँ से पानी खींचा। | She drew water from the well. |
| (15) वह मेरा नाम भूल गया। | He forgot my name. |
| (16) राहुल रोया। | Rahul wept. |
| (17) हम अलवर में रहे थे। | We lived in Alwar. |
| (18) उसने मुझे एक गिफ्ट दिया। | He gave me a gift. |
| (19) पत्ता पेड़ से गिरा। | A leaf fell from the tree. |
| (20) मैं रात में बहुत देर से सोया था। | I slept very late last night. |

## Negative and Interrogative Sentence Structure

### Negative Sentences

इस तरह के **Affirmative** वाक्यों को जब **Negative** बनाना हो तो निम्न **Structure** का प्रयोग किया जाता है :

**Subject + did not + V-I + Object ...I**

**Or Subject + didn't + V-I + Object ...II**

***In conversation the use of didn't (II structure ) is more feasible.***

(1) वह दुर्घटनाग्रस्त नहीं हुआ। He didn't meet with an accident .
(2) हमने अपना काम शुरू नहीं किया। We didn't begin our work.
(3) मैं पिछले महीने मुम्बई नहीं गयी। I didn't go to Mumbai last month.
(4) हमने फल नहीं खाये। We didn't eat fruit.
(5) राम ने एक कविता नहीं लिखी। Ram didn't write a poem.
(6) रानी ने मधुर गीत नहीं गाया। Rani didn't sing a sweet song.
(7) वह जयपुर में नहीं पढ़ी। She didn't study at Jaipur.
(8) उसने मुझे गाली नहीं दी। She didn't abuse me.
(9) मैंने उसे पेन नहीं दिया। I didn't give him a pen.
(10) तुम उस बगीचे में नहीं खेले। You didn't play in that garden.
(11) वे मेरे घर नहीं आये थे। They didn't come at my house.
(12) हम क्रिकेट नहीं खेले। We didn't play cricket.
(13) मैं तुम्हें नहीं चाहती। I didn't like you.
(14) उसने कुएँ से पानी नहीं खींचा। He didn't draw water from the well.
(15) वह मेरा नाम नहीं भूली। She didn't forget my name.
(16) हम स्कूल नहीं गये। We didn't go to school.
(17) हम अलवर में नहीं रहे। We didn't live at Alwar.
(18) हम नदी में नहीं नहाये। We didn't bath in the river.
(19) पत्ता पेड़ से नहीं गिरा। The leaf didn't fall from the tree.
(20) मैं रात में देर से नहीं सोयी। I didn't sleep late last night.

### Interrogative Sentences

इस तरह के **Affirmative** वाक्यों को जब **Interrogative** बनाना हो तो निम्न **Structure** का प्रयोग किया जाता है :

**Did+subject +V-I + Object ?**

(1) क्या वह कल दुर्घटनाग्रस्त हो गया ? Did he meet with an accident yesterday ?
(2) क्या तुमने तुम्हारा काम शुरू कर दिया ? Did you begin your work ?
(3) क्या मैं पिछले महीने मुम्बई गयी ? Did I go to Mumbai last month ?
(4) क्या हमने कोई फल खाये ? Did we eat any fruit ?
(5) क्या राहुल रोया ? Did Rahul weep ?
(6) क्या रानी ने मधुर गीत गाया ? Did Rani sing a sweet song ?
(7) क्या वह जयपुर में पढ़ी ? Did she study at Jaipur ?
(8) क्या उसने मुझे गाली दी ? Did she abuse me ?
(9) क्या तुम वहाँ गये ? Did you go there ?

(10) क्या राहुल उस बगीचे में खेला ? — Did Rahul play in that garden ?
(11) क्या वे तुम्हारे घर गय ? — Did they go to your home ?
(12) क्या वे क्रिकेट खेल रहे ? — Did they play cricket ?
(13) क्या तुमने मुझे पसन्द किया ? — Did you like me ?
(14) क्या उसने कुएँ से पानी खींचा ? — Did he draw water from the well ?
(15) क्या तुम मेरा नाम भूल गयी ? — Did you forget my name ?
(16) क्या सीमा स्कूल गयी ? — Did Seema go to school ?
(17) क्या रामू चाचा अलवर में रहे ? — Did Ramu uncle live at Alwar ?
(18) क्या मोहन नदी में नहाया ? — Did Mohan bathe in river ?
(19) क्या पत्ता पेड़ से गिरा ? — Did the leaf fall from the tree ?
(20) क्या तुम रात में देर से सोये ? — Did you sleep late last night ?

**Interrogative Negative Sentences**

इस तरह के **Affirmative** वाक्यों को जब **Interrogative Negative** बनाना हो तो निम्न **Structure** का प्रयोग किया जाता है :

**Did +subject + not +V-I + Object ? ...I**
**Didn't +subject +V-I + Object ? ...II**

***In conversation the use of Didn't (II structure) is more feasible.***

(1) क्या वह कल दुर्घटनाग्रस्त नहीं हो गया ? — Didn't he meet with an accident yesterday ?
(2) क्या तुमने तुम्हारा काम शुरू नहीं कर दिया ? — Didn't you begin your work ?
(3) क्या मैं पिछले महीने मुम्बई नहीं गयी ? — Didn't I go to Mumbai last month ?
(4) क्या हमने कोई फल नहीं खाये ? — Didn't we eat any fruit ?
(5) क्या राहुल नहीं रोया ? — Didn't Rahul weep ?
(6) क्या रानी ने मधुर गीत नहीं गाया ? — Didn't Rani sing a sweet song ?
(7) क्या वह जयपुर में नहीं पढ़ी ? — Didn't she study at Jaipur ?
(8) क्या उसने मुझे गाली नहीं दी ? — Didn't she abuse me ?
(9) क्या तुम वहाँ नहीं गये ? — Didn't you go there ?
(10) क्या राहुल उस बगीचे में नहीं खेला ? — Didn't Rahul play in that garden ?

**ध्यान रखें**

*Past Indefinite के वाक्यों को जब Negative या Interrogative में बदलते हैं तो Verb की First form का प्रयोग होता है।*

"Education is the power to think clearly,
the power to act well in the world's work,
and the power to appreciate life."
—*Brigham Young*

Past का सबसे सरल Structure; Past Continuous Tense है। इसमें मात्र Was/Were का प्रयोग तथा Verb की ing form (V-IV) का प्रयोग Subject के साथ निम्न Structure में किया जाता है। Continuous Structure में When एवं While के प्रयोग में अन्तर को ध्यान से समझें।

## Past Continuous Tense

### Subject + was/ were + V-IV + Object

इस **Structure** का प्रयोग निम्न प्रकार के वाक्यों हेतु किया जाता है :

| | |
|---|---|
| (1) विद्यार्थी कठिन परिश्रम कर रहे थे। | The students were working hard. |
| (2) वह भोजन पका रही थी। | She was cooking the food. |
| (3) माली पेड़ों में पानी दे रहा था। | The gardener was watering the plants. |
| (4) सीता का एक बहुत अच्छा गाना गा रही थी। | Sita was singing a very beautiful song. |
| (5) वह बर्तन साफ कर रही थी। | She was cleaning the utensils. |
| (6) हम शोर मचा रहे थे। | We were making a noise. |
| (7) मेरे पापा पत्र लिख रहे थे। | My father was writing a letter. |
| (8) हम स्टेडियम में दौड़ रहे थे। | We were runing in the stadium. |
| (9) लड़कियाँ निबन्ध लिख रही थीं। | The girls were writing an essay. |
| (10) पक्षी आकाश में उड़ रहे थे। | The birds were flying in the sky. |
| (11) गाय खेत चर रही थी। | The cows were grazing in the field. |
| (12) तुम मेज साफ कर रहे थे। | You were cleaning the table. |
| (13) तुम चोर को पकड़ रहे थे। | You were catching the thief. |
| (14) लड़के चाय पी रहे थे। | The boys were taking tea. |
| (15) डाकिया पत्र ला रहा था। | The postman was bringing the letters. |
| (16) वे दरवाजा बंद कर रहे थे। | They were closing the door. |
| (17) मैं स्कूल जा रहा था। | I was going to the school. |
| (18) मैं तुम्हें गालियाँ दे रहा था। | I was abusing you. |
| (19) वे फूल तोड़ रहे थे। | They were plucking flowers. |
| (20) मैं तुम्हारा इंतजार कर रही थी। | I was waiting for you. |

# Negative and Interrogative Sentence Structure

## Negative Sentences

इस तरह के **Affirmative** वाक्यों को जब **Negative** बनाना हो तो निम्न **Structure** का प्रयोग किया जाता है :

**Subject + was/ were +not + V-IV + Object ...I**

**Or Subject + wasn't / weren't + V-IV + Object ...II**

*In conversation the use of wasn't / weren't (II structure) is more feasible.*

| | |
|---|---|
| (1) विद्यार्थी कठिन परिश्रम नहीं कर रहे थे। | (1) The students weren't working hard. |
| (2) वह भोजन नहीं पका रही थी। | (2) She wasn't cooking food. |
| (3) माली पेड़ों को पानी नहीं दे रहा था। | (3) The gardener wasn't watering the plants. |
| (4) सीता गाना नहीं गा रही थी। | (4) Sita wasn't singing a song. |
| (5) वह बर्तन साफ़ नहीं कर रही थी। | (5) She wasn't cleaning the utensils. |
| (6) हम शोर नहीं मचा रहे थे। | (6) We weren't making a noise. |
| (7) मेरे पापा पत्र नहीं लिख रहे थे। | (7) My father wasn't writing a letter. |
| (8) हम स्टेडियम में नहीं दौड़ रहे थे। | (8) We weren't running in the stadium. |
| (9) लड़कियाँ निबन्ध नहीं लिख रही थी। | (9) The girls weren't writing the essay. |
| (10) पक्षी आकाश में नहीं उड़ रहे थे। | (10) The birds weren't flying in the sky. |
| (11) गाय खेत में नहीं चर रही थी। | (11) The cow wasn't grazing in the field. |
| (12) तुम मेज साफ नहीं कर रहे थे। | (12) You weren't cleaning the table. |
| (13) तुम चोर को नहीं पकड़ रहे थे। | (13) You weren't catching the thief. |
| (14) लड़के चाय नहीं पी रहे थे। | (14) The boys weren't taking tea. |
| (15) वह झूठ नहीं बोल रही थी। | (15) She wasn't telling a lie. |
| (16) मेरे पिताजी समचार-पत्र नहीं पढ़ रहे थे। | (16) My father wasn't reading the newspaper. |
| (17) दुल्हन सुन्दर नहीं लग रही थी। | (17) The bride wasn't looking beautiful. |
| (18) वे आपकी मदद नहीं कर रहे थे। | (18) They weren't helping you. |
| (19) ये लड़के स्कूल में नहीं खेल रहे थे। | (19) These boys weren't playing in the school. |
| (20) गार्ड सीटी नहीं बजा रहा था। | (20) The guard wasn't blowing the whistle. |

## Interrogative Sentences

इस तरह के **Affirmative** वाक्यों को जब **Interrogative** बनाना हो तो निम्न **Structure** का प्रयोग किया जाता है:

**Was/ Were +Subject + V-IV + Object ?**

| | |
|---|---|
| (1) क्या विद्यार्थी कठिन परिश्रम कर रहे थे ? | (1) Were the students doing hard work ? |
| (2) क्या वह भोजन पका रही थी ? | (2) Was she cooking the food ? |
| (3) क्या माली पेड़ों में पानी दे रहा था ? | (3) Was the gardener watering the plants ? |
| (4) क्या सीता गाना गा रही थी ? | (4) Was Sita singing a song ? |
| (5) क्या वह बर्तन साफ कर रही थी ? | (5) Was she cleaning the utensils ? |
| (6) क्या हम शोर मचा रहे थे ? | (6) Were we making a noise ? |
| (7) क्या मेरे पापा पत्र लिख रहे थे ? | (7) Was my father writing a letter ? |
| (8) क्या हम स्टेडियम में दौड़ रहे थे ? | (8) Were we runing in the stadium ? |
| (9) क्या लड़कियाँ निबन्ध लिख रही थी ? | (9) Were the girls writing the essay ? |
| (10) क्या पक्षी आकाश में उड़ रहे थे ? | (10) Were the birds flying in the sky ? |
| (11) क्या गाय खेत चर रही थी ? | (11) Was cow grazing in the field ? |
| (12) क्या तुम मेज साफ कर रहे थे ? | (12) Were you cleaning the table ? |
| (13) क्या तुम चोर को पकड़ रहे थे ? | (13) Were you catching the thief ? |

(14) क्या लड़के चाय पी रहे थे ? (14) Were the boys taking tea ?
(15) क्या वह झूठ बोल रही थी ? (15) Was she telling a lie ?
(16) क्या गार्ड सीटी बजा रहा था ? (16) Was the guard blowing the whistle ?
(17) क्या दुल्हन सुन्दर लग रही थी ? (17) Was the bride looking beautiful ?
(18) क्या वे आपकी मदद कर रहे थे ? (18) Were they helping you ?
(19) क्या तुम उस समय पतंग उड़ा रहे थे ? (19) Were you flying kite at that time ?
(20) क्या मेरे पिताजी समाचार पत्र पढ़ रहे थे ? (20) Was my father reading the newspaper ?

**Interrogative-Negative Sentences**

इस प्रकार के **Affirmative** वाक्यों को जब **Interrogative–negative** बनाना हो तो निम्न **Structure** का प्रयोग किया जाता है :

**Was/ Were +Subject +not+ V-IV + Object ? ...I**
**Or Wasn't / Weren't +Subject + V-IV + Object ? ....II**

***In conversation the use of Wasn't / Weren't (II structure ) is more feasible.***

(1) क्या विद्यार्थी कठिन परिश्रम नहीं कर रहे थे ? (1) Weren't the students doing hard work ?
(2) क्या वह भोजन नहीं पका रही थी ? (2) Wasn't she cooking the food ?
(3) क्या माली पेड़ों में पानी नहीं दे रहा था ? (3) Wasn't the gardener watering the plants ?
(4) क्या सीता गाना नहीं गा रही थी ? (4) Wasn't Sita singing a song ?
(5) क्या वह बर्तन साफ नहीं कर रही थी ? (5) Wasn't she cleaning the untensils ?
(6) क्या हम शोर नहीं मचा रहे थे ? (6) Weren't we making a noise ?
(7) क्या मेरे पापा पत्र नहीं लिख रहे थे ? (7) Wasn't my father writing a letter ?
(8) क्या हम स्टेडियम में नहीं दौड़ रहे थे ? (8) Weren't we runing in the stadium ?
(9) क्या लड़कियाँ निबन्ध नहीं लिख रही थीं ? (9) Weren't the girls writing the essay ?
(10) क्या पक्षी आकाश में नहीं उड़ रहे थे ? (10) Weren't the birds flying in the sky ?

## IMPORTANT

**(A)** ऐसी स्थिति में भी **Past Continuous Tense** का प्रयोग किया जाता है जब कोई घटना घटित हुई है एवं अन्य कोई कार्य भी जारी रहता है। जैसे :

(a) When he arrived, his wife was washing her clothes.
(b) When Ram reached home, his wife was cooking.
(c) I was serving in this company, when the war broke out.
(d) When they reached the hill it was raining.

**(B)** एक साथ दो कार्य होते रहने की स्थिति में भी **Past Continuous Tense** का प्रयोग दोनों कार्यों हेतु किया जाता है। जैसे :

(a) While she was cooking, I was washing the clothes.
(b) While I was singing, Ramesh was reading.
(c) While they were playing. I was watching T.V.
(d) While he was reading, Sita was playing.

## When & While

सामान्य रूप से जब एक कार्य पूर्ण हो गया हो एवं दूसरा कार्य चल रहा होता है तो When का प्रयोग किया जाता है एवं जब दोनों कार्य साथ-साथ चलते रहते हैं तो While का प्रयोग किया जाता है। Conversation में When एवं While का उचित प्रयोग आपकी भाषा को सशक्तता प्रदान करता है।

*"You can't fly a kite unless you go against the wind and have a weight to keep it from turning somersaults. The same with man no man will succeed unless he is ready to face and overcome difficulties and is prepared to assume responsibilities."* ***—William J. H. Boetcker***

Past Tense का Past ही Past Perfect है। जब दो कार्यों के सन्दर्भ में इस Structure का प्रयोग किया जाता है तो बाद में पूर्ण होने वाले कार्य हेतु Past Indefinite का ही प्रयोग होगा, ध्यान रखें।

## Past Perfect Tense

### Subject + had + V-III + Object + .........

(i) इस **Structure** का प्रयोग निम्न प्रकार के वाक्यों में किया जाता है :

(1) वह आठ बजे से पूर्व नहा चुका था। (1) He had taken bath before eight.
(2) उसने मुझे पहले ही चेतावनी दी थी। (2) He had already warned me.
(3) सीता छः बजने से पूर्व सो चुकी थी। (3) Sita had slept before six (it struck six).
(4) उसने मुझे तुम्हारे बारे में पहले ही बता दिया था। (4) She had already told me about you.
(5) वह अजमेर जा चुकी थी। (5) She had gone to Ajmer.
(6) मैं जयपुर दस साल पहले गयी थी। (6) I had visited Jaipur ten years before.
(7) राहुल एक किताब लिख चुका था। (7) Rahul had written a book.
(8) दादा जी कहानी सुना चुके थे। (8) The grandfather had told story.
(9) तुम सब डिनर खा चुके थे। (9) You all had taken dinner.
(10) मैं उसे पहले से ही जानती थी। (10) I had already known him.

(ii) जब दो कार्य भूतकाल में एक के बाद दूसरा पूर्ण हो तो निम्न Sentence Structure का प्रयोग किया जाता है :

### Subject + had +V-III +..... before + (Past Indefinite)

इस **Structure** का प्रयोग निम्न प्रकार के वाक्यों हेतु किया जाता है :

(1) रीमा के आने से पहले राहुल मार्केट जा चुका था। (1) Rahul had gone to market before Reema.
(2) हमारे वहाँ पहुँचने से पहले वह सब्जी खरीद चुकी थी। (2) She had bought vegetable before we reached there.
(3) लड़कों के आने से पूर्व लड़कियाँ खेल चुकी थी। (3) The girls had played before the boys came.
(4) नरेश के आने से पहले हम डिनर खा चुके थे। (4) We had taken dinner before Naresh came.
(5) मालिक के आने से पूर्व नौकर सो चुका था। (5) The servant had slept before the master came.
(6) वर्षा के शुरू होने से पहले हम क्रिकेट खेल चुके थे। (6) We had played cricket before rain started.
(7) उसके शुरू करने से पूर्व मैं अपना काम पूरा कर चुकी थी। (7) I had completed my work before she began.
(8) नेता के भाषण पूरा करने से पहले भीड़ जा चुकी थी। (8) The crowd had gone before the leader finished his speech.

(9) स्कूल के खुलने से पूर्व वह कोर्स पूरा कर चुके थे। (9) He had completed his course before the school opened.

(10) बरसात के शुरू होने से पूर्व हम घर पहुँच गये थे। (10) We had reached home before the rain started.

**ध्यान रखें**

*जो कार्य पहले पूर्ण हुआ है उसे Past perfect में व्यक्त किया जाता है एवं बाद वाले कार्य हेतु Past Indefinite का प्रयोग किया जाता है।*

## Negative and Interrogative Sentence Structure

**Negative Sentences**

इस तरह के **Affirmative** वाक्यों को जब **Negative** बनाना हो तो निम्न **Structure** का प्रयोग किया जाता है :

**Subject + had + not+ V-III + Object + .... I**

**Or Subject + hadn't+ V-III + Object + .... II**

***In conversation the use of hadn't (II structure ) is more feasible.***

(1) उसने मुझे पहले ही चेतावनी नहीं दी थी। (1) He hadn't already warned me.

(2) उसने मुझे तुम्हारे बारे में पहले नहीं बताया था। (2) She hadn't told me about you before.

(3) वह आठ बजे से पूर्व नहीं नहा चुका था। (3) He hadn't taken bath before eight.

(4) सीता ने छः बजे से पूर्व खाना नहीं बनाया था। (4) Sita hadn't cooked the food before six.

(5) सोने से पहले मैंने दीपक नहीं जलाया था। (5) I hadn't lighted the lamp before I slept.

(6) मेरे घर पहुँचने तक पापा नहीं गये थे। (6) My father hadn't gone before I reached home.

(7) बारिश के आने से पहले मकान नहीं बना था। (7) The house hadn't built before the rain began.

(8) राहुल एक किताब नहीं लिख चुका था। (8) Rahul hadn't written a book.

(9) रीमा के आने से पहले राहुल बाजार नहीं जा चुका था। (9) Rahul hadn't gone to market before Reema came.

(10) मैं उसे पहले से नहीं जानती थी। (10) I hadn't already known him.

**Interrogative Sentences**

इस तरह के **Affirmative** वाक्यों को जब **Interrogative** बनाना हो तो निम्न **Structure** का प्रयोग किया जाता है :

**Had +Subject + V-III + Object + .....?**

(1) क्या तुम उसे पहले से ही जानते थे ? (1) Had you already known him ?

(2) क्या वह आठ बजने से पूर्व नहा चुका था ? (2) Had he taken bath before eight ?

(3) क्या उसने राम को पहले ही चेतावनी दे थी ? (3) Had he already warned Ram ?

(4) क्या सीता छः बजने से पूर्व सो चुकी थी ? (4) Had Sita slept before six ?

(5) क्या उसने तुम्हें मेरे बारे में पहले ही बता दिया था ? (5) Had she already told you about me ?

(6) क्या दादा जी कहानी सुना चुके थे ? (6) Had the grandfather told stories ?

(7) क्या राहुल किताब लिख चुका था ? (7) Had Rahul written a book ?

(8) क्या वह अजमेर जा चुकी थी ? (8) Had she gone to Ajmer ?

(9) क्या तुम सब डिनर खा चुके थे ? (9) Had you all taken dinner ?

(10) क्या रीमा के आने से पहले राहुल बाज़ार जा चुका था ? (10) Had Rahul gone to market before Reema came ?

**Interrogative-Negative Sentences**

इस तरह के **Affirmative** वाक्यों को जब **Interrogative Negative** बनाना हो तो निम्न **Structure** का प्रयोग किया जाता है :

**Had +Subject +not+ V-III + Object + .... ...I**
**Hadn't +Subject + V-III + Object + .... ...II**

***In conversation the use of Hadn't (II structure) is more feasible.***

| | |
|---|---|
| (1) क्या तुम उसे पहले से ही नहीं जानते थे ? | (1) Hadn't you already known him ? |
| (2) क्या वह आठ बजने से पूर्व नहीं नहा चुका था ? | (2) Hadn't he taken bath before eight ? |
| (3) क्या उसने राम को पहले ही चेतावनी नहीं दी थी ? | (3) Hadn't he already warned Ram ? |
| (4) क्या सीता छः बजने से पूर्व नहीं सो चुकी थी ? | (4) Hadn't Sita slept before six ? |
| (5) क्या उसने तुम्हें मेरे बारे में पहले ही नहीं बता दिया था ? | (5) Hadn't she already told you about me ? |
| (6) क्या दादा जी कहानी नहीं चुना चुके थे ? | (6) Hadn't the grandfather told stories ? |
| (7) क्या राहुल एक किताब नहीं लिख चुका था ? | (7) Hadn't Rahul written a book ? |
| (8) क्या वह अजमेर नहीं जा चुकी थी ? | (8) Hadn't she gone to Ajmer ? |
| (9) क्या तुम सब डिनर नहीं खा चुके थे ? | (9) Hadn't you all taken dinner ? |
| (10) क्या रीमा के आने से पहले राहुल बाजार नहीं जा चुका था ? | (10) Hadn't Rahul gone to market before Reema came ? |

## Situations Where Past Perfect is Used

**(A) Past Perfect Tense** का प्रयोग **Verbs; hope, expect, think, intend, want, suppose** के साथ ऐसी **Past** आशाओं, इच्छाओं, कल्पनाओं के सन्दर्भ में किया जाता है जो पूर्ण नहीं हुईं। जैसे :

(1) We had hoped that you would cooperate us. (But you didn't cooperate.)
हमें आशा थी कि आप हमें सहयोग करोगे, (लेकिन आपने सहयोग नहीं किया)।

(2) I had intended to go to USA last year. (But I couldn't go.)
मैं पिछले वर्ष अमेरिका जाने की इच्छा रखता था, (लेकिन मैं नहीं जा सका)।

(3) She had thought of paying us a visit. (But due to some reasons she couldn't visit.)
उसने हमारे यहाँ आने का विचार बनाया, (लेकिन वह नहीं आ सकी)।

(4) We had expected that she would attend the party. (But she didn't attend)
हमें उम्मीद थी कि वह पार्टी में उपस्थित होगी, (लेकिन वह उपस्थित नहीं हुई)।

(5) They had wanted to donate some money, but none was present there. (So they couldn't donate any money.)
वे कुछ धन दान करना चाहते थे, लेकिन वहाँ कोई नहीं था। (अत: वे दान नहीं कर सके)।

### PRACTICE WORK

इस तरह के वाक्य Daily Routine Conversations में बहुत प्रयोग आते हैं। आपको इस तरह के अन्य वाक्य बनाकर अभ्यास करना चाहिए।
इस तरह के वाक्य भी बोलचाल में बहुत प्रयुक्त होते हैं। आपको इस structure के अन्य वाक्य बनाकर, इन्हें बोलकर इनका बार-बार अभ्यास करना है।

**(B)** निम्न प्रकार के **Conditional Sentences** में भी **Past Perfect** का प्रयोग किया जाता है :

(a) यदि वह मुझसे मिलता तो मैं उसकी मदद करता।
If he had met me I would have helped him.

(b) यदि वह मुझे सूचित करता तो मैं वहाँ अवश्य जाता।

If he had informed me, I would have gone there positively.

(c) यदि वह मेरे पास आती तो मैं उसे एक उपहार देता।

If she had come to me, I would have given her a gift.

इस तरह के वाक्य यह स्पष्ट करते हैं कि कार्य नहीं हुआ। यह एक महत्वपूर्ण Structure है अत: छात्रों को ध्यानपूर्वक समझना चाहिये :

**If +Subject + had + V-III +....+ would have +V-III +...**

इस तरह के वाक्यों के पहले भाग में **had + V-III** दूसरे भाग में **Would have** के साथ **Verb** की **III form** का प्रयोग किया जाता है।

**ध्यान रखें**

*If he had come to me, I would have helped him.*

*Or* *Had he come to me, I would have helped him.*

*इन दोनों वाक्यों का अर्थ समान है कोई अन्तर नहीं है।*

**PRACTICE WORK**

इस तरह के वाक्य भी बोलचाल में बहुत प्रयुक्त होते हैं। आपको इस तरह के अन्य वाक्य बनाकर, इन्हें बोलकर इनका बार-बार अभ्यास करना है।

Practice alone can give you perfection. Read, write and speak as much as possible to achieve perfection.

कार्य **Past** में किसी समय से लगातार होता रहा था। ऐसे कार्य हेतु ही **Past Perfect Continuous Tense** का **Sentence Structure** प्रयुक्त होता है। यदि समय का सन्दर्भ ना हो तो हम **Simple Past Continuous Tense** का **Sentence Structure** ही प्रयोग में लाते हैं।

## Past Perfect Continuous

### Subject + had been + V-IV + since/ for + ......

इस **Structure** का प्रयोग निम्न प्रकार के वाक्यों हेतु किया जाता है :

| | |
|---|---|
| (1) मोहन सुबह से पढ़ रहा था। | (1) Mohan had been studying since morning. |
| (2) वह सुबह से भोजन बना रही थी। | (2) She had been cooking food since morning. |
| (3) राम काफी लम्बे समय से खेल रहा था। | (3) Ram had been playing for a long time. |
| (4) वह दो महीने से कविता लिख रहा था। | (4) He had been writing a poem for two months. |
| (5) विमला दो घंटे से पढ़ रही थी। | (5) Vimla had been studying for two hours. |
| (6) कमला मई से इस काम को कर रही थी। | (6) Kamla had been doing this work since May. |
| (7) तुम्हारी माँ सुबह से कपड़े धो रही थी। | (7) Your mother had been washing clothes since morning. |
| (8) लड़के दो घंटे से शोर कर रहे थे। | (8) The boys had been making noise for two hours. |
| (9) तुम सन् 2001 से जयपुर में रह रहे थे। | (9) You had been living at Jaipur since the year 2001. |
| (10) वह सुबह से रो रहा था। | (10) He had been weeping since morning. |
| (11) राम दो घंटे से टी वी देख रहा था। | (11) Ram had been watching TV for two hours. |
| (12) राम चार बजे से टी वी देख रहा था। | (12) Ram had been watching TV since 4 O'clock. |
| (13) जैकब 1997 से इस कॉटेज में रह रहा था। | (13) Jackob had been living in this cottage since 1997. |
| (14) वर्षा सुबह से हो रही थी। | (14) It had been raining since morning. |
| (15) निशा प्रात: 11 बजे से मेरी इंतजार कर रही थी। | (15) Nisha had been waiting for me since 11 O'clock in the morning. |

## Negative and Interrogative Sentence Structure

**Past Perfect Continuous Tense के Negative एवं Interrogative Sentences का Structure निम्न होता है :**

**Negative Sentencess**

**Subject + had + not + been + V-IV + Object ...I**

**Or Subject + hadn't + been + V-IV + Object ...II**

**Interrogative Sentences**

**Had +Subject + been + V-IV + Object ?**

**Interrogative Negative Sentences**

**Had +Subject + not+ been + V-IV + Object ? ...I**

**Hadn't +Subject + been + V-IV + Object ? ...II**

***In conversation use of hadn't (structure II) instead of had not is more feasible.***

(1) He had been waiting for her since morning. *Affirmative*
He had not been waiting for her since morning. *Negative*
He hadn't been waiting for her since morning. *Negative*
Had he been waiting for her since morning ? *Interrogative*
Had he not been waiting for her since morning ? *Interrogative Negative*
Hadn't he been waiting for her since morning ? *Interrogative Negative*

(2) She had been writing letters for two hours. *Affirmative*
She had not been writing letters for two hours. *Negative*
She hadn't been writing letters for two hours. *Negative*
Had she been writing letters for two hours ? *Interrogative*
Had she not been writing letters for two hours ? *Interrogative Negative*
Hadn't she been writing letters for two hours ? *Interrogative Negative*

(3) Ram had been playing since 2 O'clock. *Affirmative*
Ram had not been playing since 2 O'clock. *Negative*
Ram hadn't been playing since 2 O'clock. *Negative*
Had Ram been playing since 2 O'clock ? *Interrogative*
Had Ram not been playing since 2 O'clock ? *Interrogative Negative*
Hadn't Ram been playing since 2 O'clock ? *Interrogative Negative*

(4) I had been trying to contact her for two hours. *Affirmative*
I had not been trying to contact her for two hours. *Negative*
I hadn't been trying to contact her for two hours. *Negative*
Had I been trying to contact her for two hours ? *Interrogative*
Had I not been trying to contact her for two hours ? *Interrogative Negative*
Hadn't I been trying to contact her for two hours ? *Interrogative Negative*

### CORRECT YOURSELF *Exercises*

**01**

***Correct the following sentences* :**

(1) He gone to Jaipur.
(2) He just went to Jaipur.
(3) He did not went to Jaipur.
(4) Did he came yesterday ?
(5) He did not opened the door.
(6) He were not going.

(7) I were not doing that.
(8) You was making a noise.
(9) She did not asked me.
(10) Did he not reminded you ?
(11) Was you not playing ?
(12) Were not you writing ?
(13) Was not I watching movie ?
(14) Were she not cooking ?
(15) Were they playing not football ?

## 02

***Translate the following sentences into English and then speak aloud again and again :***

(1) मैंने एक पत्र लिखा।
(2) मैं बाजार गया
(3) अध्यापक ने मुझे कल पढ़ाया था।
(4) राम ने एक कविता लिखी थी।
(5) सीता ने गाना नहीं गाया।
(6) क्या वह कल जयपुर गया ?
(7) क्या अध्यापक ने तुम्हें सजा दी थी ?
(8) वह तुम पर हँसा था।
(9) वह जयपुर में एक सप्ताह ठहरा।
(10) क्या तुम कल वहाँ गये थे।
(11) मैंने कल एक पत्र लिखा।
(12) सीता ने कपड़े धोये।
(13) उसने कल ऑफिस को साफ किया।
(14) वह कल 5 बजे उठा एवं दो घंटे तक पढ़ा।
(15) राम ने कल सुबह 7 बजे से 8 बजे तक टी वी देखा।
(16) हमने कल एक फिल्म देखी।
(17) उसने मुझे टेलीफोन किया।
(18) राम ने श्याम को गाली दी।
(19) क्या उसने टी वी सीरियल देखा ?
(20) क्या राम कल यहाँ नहीं आया था ?

## 03

***Translate the following sentences into English and then speak aloud again and again :***

(1) राम सुबह फुटबल खेल रहा था।
(2) तुम कल बाजार जा रहे थे।
(3) रमा आज सुबह गाना गा रही थी।
(4) माँ हमारा खाना तैयार कर रही थी।
(5) वह किताब पढ़ रहा था।
(6) वह झूठ बोल रहा था।
(7) पक्षी आकाश में उड़ रहे थे।
(8) वर्षा हो रही थी।
(9) राम और मोहन लड़ रहे थे।
(10) माँ दोपहर को सो रही थी।

(11) जब मैं घर पहुँचा तो वह कपड़े धो रही थी।
(12) जब मैं पढ़ रहा था तो मेरा भाई टी वी देख रहा था।
(13) रमेश फुटबाल खेल रहा था जबकि मैं काम कर रहा था।
(14) जब वर्षा हो रही थी तो मैं सो रही थी।
(15) मेरे पिताजी कल 5 बजे ऑफिस में काम कर रहे थे।
(16) सुरेश मेरा इन्तजार कर रहा था।
(17) रमेश झूठ नहीं बोल रहा था।
(18) क्या सीता नदी में नहीं तैर रही थी ?
(19) क्या कल 5 बजे वर्षा नहीं हो रही थी ?
(20) क्या गीता सुबह गाना नहीं गा रही थी ?

## 04

***Translate the following sentences into English and then speak aloud again and again :***

(1) मेरे स्टेशन पहुँचने से पहले गाड़ी रवाना हो चुकी थी।
(2) डाक्टर के आने से पहले मरीज मर चुका था।
(3) मेरे वहाँ पहुँचने से पहले वह जा चुका था।
(4) घंटी बजने से पहले मैं स्कूल पहुँच गया था।
(5) जब मैं उसके घर पहुँचा तो वह भोजन कर चुका था।
(6) मैच पहले ही आरम्भ हो चुका था।
(7) वह इन खिलौनों से पहले ही खेल चुका था।
(8) पुलिस के आने से पहले ही चोर भाग चुके थे।
(9) मैं इस खेल के पहले ही खेल चुका था।
(10) वह तीन दिन से बीमार था।
(11) सीता ने उसे पहले ही चेतावनी दी थी।
(12) मेरे ऑफिस पहुँचने से पूर्व चपरासी घर जा चुका था।
(13) राम के बस स्टैण्ड पहुँचने के पूर्व बस जा चुकी थी।
(14) सात बजने से पूर्व मैं अपनी पढ़ाई पूरी कर चुका था।
(15) राम के घर पहुँचने से पूर्व सीता खाना बना चुकी थी।
(16) उसने मुझे पहले से सूचित नहीं किया था।
(17) क्या उसने तुम्हें पहले चेतावनी नहीं दी थी ?
(18) क्या वह पाँच दिन से बीमार था ?
(19) मेरे घर पहुँचने से पूर्व कुकु खाना बना चुकी थी।
(20) क्या वह तुम्हारे यहाँ पहुँचने से पूर्व मर चुका था ?

## 05

***Tanslate the following sentences into English and then speak aloud again and again :***

(1) मैं दो बजे से अध्ययन कर रहा था।
(2) तुम दो घण्टे से सो रहे थे।
(3) वे एक घण्टे से स्नान कर रहे थे।
(4) वह इस नगर में तीन साल से रह रहा था।

(5) दो बजे से वर्षा हो रही थी।
(6) हम आपकी दो घंटे से प्रतीक्षा कर रहे थे।
(7) माता जी सुबह से भोजन बना रही थी।
(8) मैं दो बजे से नहीं खेला था।
(9) उसको दो दिन से बुखार नहीं आ रहा है।
(10) वह इस नगर में 1995 से नहीं रह रहा था।
(11) यह कुत्ता कल से भौंक नहीं रहा था।
(12) किसान दोपहर से खेतों में काम नहीं कर रहे थे।
(13) यह चपरासी एक सप्ताह से दफ्तर नहीं आ रहा है।
(14) वे चार दिन से क्रिकेट नहीं खेल रहे थे।
(15) क्या मैं दो दिन से पढ़ रहा था ?
(16) क्या तुम दो घण्टे चार बजे से नहीं खेल रहे थे ?
(17) क्या हम चार बजे से तुम्हारी प्रतीक्षा नहीं कर रहे थे ?
(18) क्या छोटा बच्चा सुबह से रो रहा था ?
(19) क्या वे दस मिनट से पत्र नहीं लिख रहे थे ?
(20) क्या डाकिया दो सप्ताह से ऑफिस नहीं जा रहा था ?

## 06

***Correct the following sentences*** **:**

(1) I had knew her for five years.
(2) If he has come to me, I would have helped him.
(3) If I had a pen, I will give you.
(4) She had not play.
(5) Ram told Sita that I have seen your photos.
(6) The train had departed before I reach the station.
(7) Had she warn you before ?
(8) Ram had been waiting for me since two hours.
(9) Had Sita been not cooking since morning ?
(10) Suresh had been writing a book since three months.
(11) It had been raining for last evening.
(12) He told that he has been writing a letter for the last one hour.
(13) Had not he waiting for you for two hours ?
(14) Maya had already inform me.
(15) Gita not had been waiting for you since January.

### Hints

(1) Past Perfec Tense में Had के साथ Verb-III का प्रयोग किया जाता है।
(2) Conditional Sentences में had + V-III के साथ would have + V-III का प्रयोग होता है।
(3) Conditional Sentences में had + Noun के साथ will का प्रयोग नहीं होगा Would का प्रयोग होगा।
(4) Past Perfect Continuous Tense में had been के साथ V-IV का प्रयोग होता है।
(5) Since का प्रयोग Point of time के साथ होता है तथा For का प्रयोग अवधि Period of time के साथ होता है।
(6) Indirect Narration में यदि Reporting Verb, Past में है तो Reporting Speech में Have been की जगह Had been का प्रयोग होगा।

### Solution CYE 01

(1) He went to Jaipur.
(2) He went to Jaipur a short while ago.
(3) He did not go to Jaipur.
(4) Did he come yesterday ?
(5) He did not open the door.
(6) He was not going.
(7) I was not doing that.
(8) You were making a noise.
(9) She did not ask me.
(10) Did he not remind you ?
(11) Were you not playing ?
(12) Weren't you writing ?
(13) Wasn't I watching movie ?
(14) Was she not cooking ?
(15) Were they not playing football ?

### Solution CYE 02

(1) I wrote a letter.
(2) I went to market.
(3) The teacher taught me yesterday..
(4) Ram wrote a poem.
(5) Sita did not sing a song.
(6) Did he go to Jaipur yesterday ?
(7) Did the teacher punish you ?
(8) He laughed at you.
(9) He stayed at Jaipur for a week.
(10) Did you go there yesterday ?
(11) I wrote a letter yesterday.
(12) Sita washed clothes.
(13) He cleaned the office yesterday.
(14) He woke up at 5 A.M.yesterday and studied for two hours.
(15) Ram watched T.V. from 7 to 8 A.M.yesterday.
(16) We saw a movie yesterday.
(17) He telephoned me.
(18) Ram abused Shyam.
(19) Did he see TV serial ?
(20) Did Ram not come here yesterday ? or Didn't Ram come here yesterday ?

### Solution CYE 03

(1) Ram was playing football in the morning.
(2) You were going to the market yesterday.
(3) Rama was singing a song in the morning.

(4) Mummy was preparing our food.
(5) He was reading a book.
(6) He was telling a lie.
(7) The birds were flying in the sky.
(8) It was raining.
(9) Ram and Mohan were fighting.
(10) Mummy was sleeping at noon.
(11) When I reached there she was washing clothes.
(12) While I was reading, my brother was watching T.V.
(13) Ramesh was playing football, while I was working.
(14) While it was raining, I was sleeping.
(15) My father was working in office at 5 O'clock yesterday.
(16) Suresh was waiting for me.
(17) Ramesh was not telling a lie.
(18) Was Sita not swimming in the river ?
(19) Was it not raining at 5 O'clock yesterday ?
(20) Was Geeta not singing in the morning ? or Wasn't Geeta singing in the morning ?

**Solution CYE 04**

(1) The train had departed before I reached the station.
(2) The patient had died before the doctor came.
(3) He had left before I reached there.
(4) I had reached the school before the bell rang.
(5) When I reached his house he had taken his food.
(6) The match had already started.
(7) He had already played with these toys.
(8) The thieves had fled before the police came.
(9) I had already seen this game.
(10) He had been ill for three days.
(11) Sita had already warned him.
(12) The peon had gone to his house before I reached the office.
(13) The bus had departed before Ram reached at the bus stand.
(14) I had completed my studies before it struck seven.
(15) Sita had cooked before Ram reached home.
(16) He had not informed me before.
(17) Hadn't he warned you before ?
(18) Had he been ill for five days ?
(19) Kuku hadn't cooked food before I reached home.
(20) Had he died before you reached there ?

**Solution CYE 05**

(1) I had been studying since two O'clock.
(2) You had been sleeping for two hours.
(3) They had been bathing for an hour.
(4) He had been living in this city for three years.
(5) It had been raining since two O'clock.
(6) We had been waiting for you for two hours.
(7) Mother had been cooking food since morning.
(8) I hadn't been playing since two O'clock.

(9) He hadn't been suffering from fever for two days.
(10) He had not been living in this city since 1995.
(11) This dog had been barking since yesterday.
(12) The farmers had not been working since noon.
(13) This peon had not been coming to the office for a week.
(14) They had not been playing cricket for four days.
(15) Had I been reading for two days ?
(16) Had you not been playing since four o'clock ?
(17) Hadn't we been waiting for you for two hours ?
(18) Had the small child been crying since morning ?
(19) Hadn't they been writing letters for ten minutes ?
(20) Had the postman not been going to the post-office for two weeks ?

**Solution CYE 06**

(1) Had known her for five years.
(2) If he had come to me, I would have helped him.
(3) If I had a pen, I would give you.
(4) She had not played.
(5) Ram told Sita that I had seen your photos.
(6) The train had departed before I reached the station.
(7) Had she warned you before ?
(8) Ram had been waiting for me for two hours.
(9) Had Sita not been cooking since morning ?
(10) Suresh had been writing a book for three months.
(11) It had been raining since last evening.
(12) He told that he had been writing a letter for the last one hour.
(13) Hadn't he waiting for you for two hours ?
(14) Maya had already informed me.
(15) Gita had not been waiting for you since January.

❑❑❑

## Future Tense—Different Structures

**Future Time Actions** हेतु बहुत से **Structures** प्रयुक्त किए जाते हैं। ऐसे **Structures** न केवल **Future Tense** में होते हैं बल्कि **Other forms** में भी व्यक्त होते हैं।

### Future Indefinite Tense

**Subject + will/shall + V-I**

इस **Structure** का प्रयोग निम्न प्रकार के वाक्यों हेतु किया जाता है :

| | |
|---|---|
| (1) मैं कल बाजार जाऊँगा। | (1) I shall go to market tomorrow. |
| (2) विमला भोजन पकायेगी। | (2) Vimla will cook the food. |
| (3) वह यह काम आज नहीं करेगा। | (3) He won't do this work today. |
| (4) हम आज आम खाएँगे। | (4) We shall eat mangoes today. |
| (5) वह जयपुर जाएगा। | (5) He will go to Jaipur. |
| (6) वह पत्र लिखेगा। | (6) He will write a letter. |
| (7) तुल कल स्कूल जाओगे। | (7) You will go to school tomorrow. |
| (8) मैं फुटबाल खेलूंगा। | (8) I shall play football. |
| (9) हम रात को सोयेंगे। | (9) We shall sleep at night. |
| (10) वह आज शाम को घूमने जाएगा। | (10) He will go for a walk today in the evening. |
| (11) मैं आज यह पुस्तक पढ़ूँगा। | (11) I shall read this book today. |
| (12) मैं कल यहाँ आऊँगा। | (12) I shall come here tomorrow. |
| (13) चपरासी घण्टी बजाएगा। | (13) The peon will ring the bell. |
| (14) हम कल तुम्हारी सहायता करेंगे। | (14) We shall help you tomorrow. |
| (15) वह कल पुरी जाएगा। | (15) He will go to Puri tomorrow. |
| (16) तुम अपने मित्रों की सहायता करोगे। | (16) You will help your friends. |
| (17) वह आज अपना पाठ याद करेंगी। | (17) She will learn her lesson today. |
| (18) वे कल तुम्हारी सहायता करेंगे। | (18) They will help you tomorrow. |
| (19) चपरासी कमरे की सफाई करेगा। | (19) The peon will clean the room. |
| (20) आज बारिश होगी। | (20) It will rain today. |

## Negative and Interrogative Sentence Structure

Future Indefinite के Negative एंव Interrogative Sentences का Structure निम्न होता है :

**Negative :** **Subject + will / shall + not + V-I + Object.**

**Interrogative :** **Will / shall + Subject + V-I + Object ?**

| | Affirmative | Negative | Interrogative |
|---|---|---|---|
| (1) | I shall buy a TV. | I shall not buy a TV. | Shan't I buy a TV. ? |
| (2) | He will go to Agra. | He won't go to Agra. | Will he go to Agra ? |
| (3) | They will come tomorrow. | They won't come tomorrow. | Will they come tomorrow ? |
| (4) | Ram will play. | Ram won't play. | Will Ram play ? |
| (5) | We will attend the party. | We won't attend the party. | Will we attend the party ? |

Won't and Shan't are generally used in conversation in place of 'won't and 'shall not' respectively.

### Negative Sentences

इस तरह के वाक्यों को जब **Negative** बनाना हो तो निम्न **Structure** का प्रयोग किया जाता है :

**Subject + will / shall + not + V-I + Object ...I**

**Or Subject + won't / shan't + V-I + Object ...II**

***Won't / Shan't is used in conversation in place of 'won't' and 'shall not'.***

(1) मैं तुम्हारी सहायता नहीं करूँगा। (1) I shan't help you .
(2) तुम यहाँ काम नहीं करोगे। (2) You won't work here.
(3) हम वहाँ नहीं जाएँगे। (3) We shan't go there.
(4) वे यह कार्य नहीं करेंगे। (4) They won't do this work.
(5) वह तुम्हें नहीं बुलाएगा। (5) He won't call you.
(6) वह गीत नहीं गाएगी। (6) She won't sing a song.
(7) आज वर्षा नहीं होगी। (7) It won't rain today
(8) राम तुम्हारी पुस्तक कभी नहीं चुराएगा। (8) Ram will never steal your book.
(9) श्याम आज पत्र नहीं लिखेगा। (9) Shyam won't write a letter today.
(10) वे कल इस कमरें में नहीं सोएँगे। (10) They won't sleep in this room tomorrow.

### Interrogative Sentences

इस तरह के वाक्यों को जब **Interrogative** बनाना हो तो निम्न **Structure** का प्रयोग किया जाता है :

**Will / shall + Subject + V-I + Object ?**

(1) क्या वह तुम्हारी सहायता करेगा ? (1) Will he help you ?
(2) क्या तुम क्रिकेट खेलोगे ? (2) Will you play cricket ?
(3) क्या वह यहाँ कभी आएगा ? (3) Will he ever come here ?
(4) क्या वे यहाँ अब कभी नहीं सोएंगे ? (4) Will they now never sleep here now ?
(5) क्या वह पत्र लिखेगा ? (5) Will he write a letter ?
(6) क्या वह कानपुर जाएगी ? (6) Will she go to Kanpur ?
(7) क्या आज वर्षा होगी ? (7) Will it rain today ?
(8) क्या मुकेश आज दिल्ली जाएगा ? (8) Will Mukesh go to Delhi today ?
(9) क्या आज चपरासी घण्टी बजाएगा ? (9) Will the peon ring the bell today ?
(10) क्या वे तुम्हारे साथ जाएंगे ? (10) Will they go with you ?

### Interrogative Negative Sentences

(1) क्या वह तुम्हारी सहायता नहीं करेगा ? (1) Won't he help you ?
(2) क्या तुम क्रिकेट नहीं खेलोगे ? (2) Won't you play cricket ?

(3) क्या वह यहाँ कभी नहीं आएगा ? — (3) Won't he ever come here ?
(4) क्या वे यहाँ अब नहीं आयेंगे। ? — (4) Won't they come here now ?
(5) क्या वह पत्र नहीं लिखेगा ? — (5) Won't he write a letter ?
(6) क्या वह कानपुर नहीं जाएगी ? — (6) Won't she go to Kanpur ?
(7) क्या आज वर्षा नहीं होगी ? — (7) Won't it rain today ?
(8) क्या सुकेश आज दिल्ली नहीं जाएगा ? — (8) Won't Sukesh go to Delhi today ?
(9) क्या आज चपरासी घण्टी नहीं बजाएगा ? — (9) Won't the peon ring the bell today ?
(10) क्या आज तुम्हारे साथ नहीं जाएँगे ? — (10) Won't they go with you ?

## Various ways of Denoting Future Actions

**(A) Use of Going to form : For Future Actions : Verb** की **'Going to' form** का प्रयोग सामान्यतया ऐसी स्थिति में किया किया जाता है जब वक्ता की **Intention** (इरादा) भविष्य में होने वाले किसी कार्य के शीघ्र सम्पन्न होने के सन्दर्भ में जाहिर करना होता है। जैसे :

| | **Future Indefinite** | **Use of 'Going to' form** |
|---|---|---|
| (a) | I shall buy a TV. | I am going to buy a TV. |
| (b) | He will write a letter. | He is going to write a letter. |
| (c) | She will inform him. | She is going to inform him. |
| (d) | We shall do this work. | We are going to do this work. |

**'Going to'** का प्रयोग, कार्य के शीघ्र सम्पन्न होने को व्यक्त करता है जबकि **Simple future** कार्य के भविष्य में सम्पन्न होने को व्यक्त करता है।

**(B) Future actions** हेतु **'About to'** का प्रयोग निम्न प्रकार से किया जाता है :

(a) The train is about to start. — ट्रेन जाने वाली है।
(b) The shop is about to close. — दुकान बन्द होने वाली है।
(c) The Chief Guest is about to arrive. — मुख्य अतिथि आने वाले हैं।

इस तरह के वाक्यों में Is/am/are + about to का प्रयोग किया जाता है।

**(C) Present Indefinite Tense** के वाक्यों के द्वारा भी **Future Action** को बताया जा सकता है। जैसे :

(a) Mr. Sharma retires on 31st December. — मि. शर्मा 31 दिसम्बर हो रिटायर होंगे।
(b) The President visits Gujrat tomorrow. — राष्ट्रपति कल गुजरात जायेंगे।

**(D) Present Continuous Tense** के वाक्यों द्वारा भी **Future Actions** को बताया जा सकता है। जैसे :

(a) We are meeting today in the evening. — हम आज शाम की मीटिंग में मिल रहे हैं।
(b) The wedding is on Sunday next. — शादी अगले रविवार को है।

**(E) Is/ am/are + to + V-I** द्वारा भी **Future Actions** को व्यक्त किया जाता है। जैसे :

(a) I am to go there. — मुझे वहां जाना है।
(b) He is to complete his work. — उसे अपना कार्य पूर्ण करना है।
(c) They are to come here tomorrow. — उन्हें कल यहाँ आना है।
(d) She is to sing a song. — उसे एक गाना गाना है।

जिन वाक्यों में जाना, करना, इत्यादि आये उनके लिये Is/am/are + to + V-I का प्रयोग किया जाता है। It is very important structure.

'Never trust in future however pleasant,
Let the past dead , burry its dead,
Act , act in the living present,
Heart within and God overhead'.

भविष्य में लगातार होते रहने वाले कार्य हेतु **Future Continuous Tense Structure** का प्रयोग किया जाता है। इस **Structure** का प्रयोग **Presumptions** हेतु भी किया जाता है।

## Future Continuous Tense

### Subject + will/ shall be + V-IV + Object

इस **Structure** का प्रयोग निम्न प्रकार के वाक्यों हेतु किया जाता है :

|  |  |
|---|---|
| (1) मैं शाम को थीसेस लिख रहा हूँगा। | (1) I shall be writing thesis in the evening. |
| (2) वे शाम को क्रिकेट खेल रहे होंगे। | (2) They will be playing cricket in the evening. |
| (3) कुकु कॉलेज में पढ़ रही होगी। | (3) Kuku will be reading in the college. |
| (4) हम रात को टी वी देख रहे होंगे। | (4) We shall be watching T.V. in the night. |
| (5) वह अपने कपड़े धो रही होगी। | (5) She will be washing her clothes. |
| (6) वह आज आ रहा होगा। | (6) He will be coming today. |
| (7) वह सोमवार को सविता से शादी कर रहा होगा। | (7) He will be marrying Savita on Monday. |
| (8) मैं कल जयपुर जा रहा हूंगा। | (8) I shall be going to Jaipur tomorrow. |
| (9) राम कल इस समय खेल रहा होगा। | (9) Ram will be playing at this time tomorrow. |
| (10) अगले माह मोहन यहाँ रुक रहा होगा। | (10) Mohan will be staying here next month. |
| (11) मैं कल इस समय यात्रा कर रहा हूँगा। | (11) I shall be travelling at this time tomorrow. |
| (12) हम शाम को फुटबॉल खेल रहे होंगे। | (12) We shall be playing football in the evening. |
| (13) तुम कल कोलकाता जा रहे होगे। | (13) You will be going to Kolkata tomorrow. |
| (14) वह कल स्कूल जा रहा होगा। | (14) He will be going to school tomorrow. |
| (15) वह अपने घर से आ रही होगी। | (15) She will be coming from her house. |
| (16) वे घर पर तुम्हारी प्रतीक्षा कर रहे होंगे। | (16) They will be waiting for you at home. |
| (17) हमारे मित्र शाम को गाड़ी से आ रहे होंगे। | (17) Our friends will be coming by the evening train. |
| (18) चपरासी घंटी बजा रहा होगा। | (18) The peon will be ringing the bell . |
| (19) वे लड़कियाँ नदी में स्नान कर रही होंगी। | (19) Those girls will be bathing in the river. |
| (20) मोर छत पर नाच रहे होंगे। | (20) The peacocks will be dancing on the roof. |

## Negative and Interrogative Sentence Structure

**Future Continuous Tense** के **Negative** एवं **Interrogative Sentences** का Structure निम्न होता है :

**Negative** **Subject + will / shall + not + be + V-IV + Object.**

**Interrogative** **Will / Shan't + subject + be + V-IV + Object ?**

| *Affirmative* | *Negative* | *Interrogative* |
|---|---|---|
| (1) I shall be going to market. | I shall not be going to market. | Shan't I be going to market ? |
| (2) She will be washing the car. | She won't be washing the car. | Will she be washing the car ? |
| (3) Ram will be playing chess. | Ram won't be playing chess. | Will Ram be playing chess ? |
| (4) We shall be watching TV. | We shall not be watching TV. | Shan't we be watching TV ? |
| (5) They will be playing. | They won't be playing. | Will they be playing ? |

**Note**

*(1) Negative Sentences में not को will / shall के बाद 'Be' से पूर्व लगाते हैं।*

*(2) Interrogative Sentences में will / shan't को Subject से पूर्व लगाया जाता है, शेष Structure वही रहता है। तथा वाक्य के अन्त में (?) लगाया जाता है।*

### Negative Sentences

**Subject + will / shall + not + be + V-IV + Object** ...I

**Or Subject + won't / shan't + not + be + V-IV + Object** ...II

**In conversation use of shan't/ won't is more feasible.**

इस Structure का प्रयोग निम्न प्रकार के वाक्यों हेतु किया जाता है :

| | |
|---|---|
| (1) मैं तुम्हारी सहायता नहीं कर रहा हूँगा। | (1) I shan't be helping you. |
| (2) हम उन्हें नहीं बुला रहे होंगे। | (2) We shan't be calling them. |
| (3) वे तुम्हें नहीं सता रहे होंगे। | (3) They won't be teasing you. |
| (4) वह इस समय नहीं पढ़ रहा होगा। | (4) He won't be studying at this time. |
| (5) वह इस समय खाना बना रही होगी। | (5) She won't be cooking food at this time. |
| (6) तुम अपनी बहन को नहीं पढ़ा रहे होगे। | (6) You won't be teaching your sister. |
| (7) चपरासी घंटी नहीं बजा रहा होगा। | (7) The peon won't be ringing the bell. |
| (8) माली पौधों को पानी नही दे रहा होगा। | (8) The gardener won't be watering the plants. |
| (9) वह इस समय खाना बना रहा होगा। | (9) He won't be cooking at this time. |
| (10) इस समय सूरज काम समाप्त नहीं कर रहा होगा। | (10) Suraj won't be finishing work at this time. |

### Interrogative Sentences

**Will / Shan't + Subject + be + V-IV + Object ?**

इस Structure का प्रयोग निम्न प्रकार के वाक्यों हेतु किया जाता है :

| | |
|---|---|
| (1) क्या वह आपका इन्तजार कर रही होगी ? | (1) Will she be waiting for you ? |
| (2) क्या राम पढ़ रहा होगा ? | (2) Will Ram be studying ? |
| (3) क्या वह कपड़े धो रही होगी ? | (3) Will she be washing clothes ? |
| (4) क्या हम कल पतंग उड़ा रहे होंगे ? | (4) Shall we be flying kites tomorrow ? |
| (5) क्या वह इस समय खाना बना रही होगी ? | (5) Will she be cooking at this time ? |
| (6) क्या मैं कल पढ़ रहा हूँगा ? | (6) Shall I be reading tomorrow ? |
| (7) क्या सुरेश कार साफ कर रहा होगा ? | (7) Will Suresh be cleaning the car ? |

(8) क्या महेश पत्र लिख रहा होगा ? (8) Will Mahesh be writing a letter ?

(9) क्या सीता नाच रही होगी ? (9) Will Sita be dancing ?

(10) क्या रहीम गाना गा रहा होगा ? (10) Will Rahim be singing a song ?

**Interrogative Negative Sentences**

**Will / Shan't + Subject+ not + be + V-IV + Object ? ...I**

**Or Won't / Shan't + subject + be + V-IV + Object ? ...II**

(1) क्या वह आपका इन्तजार नहीं कर रही होगी ? (1) Won't she be waiting for you ?

(2) क्या राम नहीं पढ़ रहा होगा ? (2) Won't Ram be studying ?

(3) क्या वह कपड़े नहीं धो रही होगी ? (3) Won't she be washing clothes ?

(4) क्या हम कल पतंग नहीं उड़ा रहे होंगे ? (4) Shan't we be flying kites tomorrow ?

(5) क्या वह इस समय खाना नहीं बना रही होगी ? (5) Won't she be cooking at this time ?

(6) क्या मैं कल नहीं पढ़ रहा हूँगा ? (6) Shan't I be reading tomorrow ?

(7) क्या सुरेश कार साफ नहीं कर रहा होगा ? (7) Won't Suresh be cleaning the car ?

(8) क्या महेश पत्र लिख नहीं रहा होगा ? (8) Won't Mahesh be writing a letter ?

(9) क्या सीता नाच नहीं रही होगी ? (9) Won't Sita be dancing ?

(10) क्या रहीम गाना नहीं गा रहा होगा ? (10) Won't Rahim be singing a song ?

"You are your greatest asset. Put your time, effort and money into training, grooming and encouraging your greatest asset."

*—Tom Hopkins*

**Future** में किसी कार्य के पूर्ण हो चुकने की अवस्था हेतु **Future Perfect Tense Structure** का प्रयोग किया जाता है। दो कार्यों के आगे-पीछे पूर्ण हो चुकने की अवस्था के सन्दर्भ में ध्यान रखें कि बाद में पूर्ण हो चुकने वाले कार्यों हेतु **Present Indefinite Tense** का प्रयोग होता है। यह इस **Structure** का महत्वपूर्ण बिन्दू है।

## Future Perfect Tense

**Subject + will / shall + have+ V-III + Object**

इस **Structure** का प्रयोग निम्न प्रकार के वाक्यों हेतु किया जाता है :

| | |
|---|---|
| (1) मैं मंगलवार तक यह काम समाप्त कर चुकूंगा। | (1) I shall have finished this work by Tuesday. |
| (2) राम सन् 2008 तक अपनी अपनी पढ़ाई समाप्त कर चुकेगा। | (2) Ram will have finished his studies by 2008. |
| (3) सूरज ढलने से पहले पक्षी सो चुकेंगे। | (3) The birds will have slept before the sun sets. |
| (4) मेरे वहाँ पहुँचने से पहले वह जा चुकेगा। | (4) He will have gone before I reach there. |
| (5) तुम्हारे जाने से पहले माँ खाना बना चुकी होगी। | (5) Mother will have cooked food before you go. |
| (6) पुलिस के आने से पहले चोर भाग चुके होंगे। | (6) The thieves will have fled before the police arrive. |
| (7) तुम आठ बजे तक अपने घर पहुँच चुके होंगे। | (7) You will have reached your home by 8 O'clock. |
| (8) मेरे पहुँचने से पहले गाड़ी जा चुकी होगी। | (8) The train will have departed before I reach. |
| (9) तुम्हारे वहाँ पहुँचने से पहले लड़के अपना मैच समाप्त कर चुके होंगे। | (9) The boys will have finished their match before you reach there. |
| (10) मैं 7 बजे तक स्कूल पहुँच चुका हूँगा। | (10) I shall have reached school by 7 O'clock. |

### ध्यान रखें

*(1) यदि वाक्य में एक अन्य वाक्य जुड़ा है तो जो कार्य पहले पूर्ण होगा, उसमें Future Perfect का प्रयोग होता है एवं जो कार्य बाद में पूर्ण होगा उसमें Present Indefinite का प्रयोग होता है। यह एक महत्वपूर्ण बिन्दू है। जैसे : मेरे स्टेशन पहुचने से पूर्व गाड़ी जा चुकेगी। इस वाक्य में 'गाड़ी जा चुकेगी' पहले पूर्ण होने वाला कार्य है। अत: इसके लिये Future Perfect Tense का प्रयोग किया जाना है, जबकि 'मेरे स्टेशन पहुंचने' यह बाद में पूर्ण होने वाला कार्य है, इसके लिये Present Indefinite Tense का प्रयोग किया जाना है।*
*The train will have departed before I reach the station.*

*(2) Future Perfect में has का प्रयोग नहीं होता है केवल have का ही प्रयोग होता है।*

*(3) Use 'by', instead of 'in' in future perfect tense for time reference.*

## Negative and Interrogative Sentence Structure

Future Perfect के Negative एवं Interrogative Sentences का Structure निम्न होता है :

**Negative** **Subject + shall / will + not + have + V-III + Object.**

**Interrogative** **Shall / Will + Subject + have + V-III + Object ?**

***In conversation use of shan't or won't in place of shall not or will not is more feasible.***

(1) He will have completed his work by tomorrow. *Affirmative*
He won't have completed his work by tomorrow. *Negative*
Will he have completed his work by tomorrow ? *Interrogative*

(2) They will have reached here by 7 P.M. *Affirmative*
They won't reached here by 7 P.M. *Negative*
Will they have reached here by 7 P.M. ? *Interrogative*

(3) She will have washed her clothes by 3 P.M. *Affirmative*
She won't have washed clothes by 3 P.M. *Negative*
Will she have washed her clothes by 3 P.M. ? *Interrogative*

(4) I shall have written a book by next month. *Affirmative*
I shall not have written a book by next month. *Negative*
Shan't I have written a book by next month ? *Interrogative*

(5) Ram will have completed that work by 2005. *Affirmative*
Ram won't have completed that work by 2005. *Negative*
Will Ram have completed that work by 2005 ? *Interrogative*

**Note**

*(1) Negative sentences में not का प्रयोग shall / will के बाद एवं have के पूर्व होता है।*

*(2) Interrogative sentences में Shall / Will को Subject से पूर्व लगाते हैं।*

"The secret of health for both mind and body
is not to mourn for the past, worry about
the future or aniticpate troubles but
to live in the present moment
wisely and earnestly."

—Buddha

किसी **Future Time** में किसी **Point or Period of Time** से कार्य के लगातार होते रहने की अवस्था हेतु **Future Perfect Continuous Tense Structure** का प्रयोग किया जाता है। **Future Structures** में सामान्यतया समय हेतु **In** की जगह **By** का प्रयोग किया जाता है।

## Future Perfect Continuous Tense

**Subject + will / shall + have been + V-IV + since/for + ...+ Object.**

इस **Structure** का प्रयोग निम्न प्रकार के वाक्यों हेतु किया जाता है :

(1) वे सुबह से खेल रहे होंगे। (1) They will have been playing since morning.

(2) लड़के चार बजे से मैदान में खेल रहे होंगे। (2) The boys will have been playing at the ground since 4 O'clock.

(3) माली सुबह से पौधों को सींच रहा होगा। (3) The gardener will have been watering the plants since morning.

(4) राम दो घंटे से अपना पाठ याद कर रहा होगा। (4) Ram will have been learning his lesson for two hours.

(5) मोहन कल शाम से सो रहा होगा। (5) Mohan will have been sleeping since yesterday evening.

(6) लड़के दोपहर से शोर मचाते रहे होंगे। (6) The boys will have been making a noise since noon.

(7) तुम चार दिन से पढ़ते रहे होंगे। (7) You will have been studying for four days.

(8) वे चार बजे से अपना समय नष्ट कर रहे होंगे। (8) They will have been wasting their time since 4 O'clock.

(9) लड़के 10 बजे से क्रिकेट खेल रहे होंगे। (9) The boys will have been playing cricket since 10 O'clock.

(10) लड़कियाँ चार घंटे से भोजन पका रही होंगी। (10) The girls will have been cooking food for four hours.

(11) सीता 3 वर्ष से इस स्कूल में पढ़ रही होगी। (11) Sita will have been reading in this school for three years.

(12) वह दो घंटे से घर की सफाई कर रहा होगा। (12) He will have been cleaning the house for two hours.

(13) सीता कल इस समय मेरा दो घंटे से इन्तजार कर रही होगी। (13) Sita will have been waiting for me for two hours by this time.

(14) सुरेश चार वर्ष से इस कॉलेज में पढ़ रहा होगा। (14) Suresh will have been teaching in this college for four years.

(15) रमेश कम से कम दो घंटे से कार साफ कर रहा होगा। (15) Ramesh will have been cleaning the car at least for two hours.

**ध्यान रखें**

*(1) इस तरह के वाक्यों में will / shall के साथ have been (has been का नहीं) का प्रयोग होता है।*

*(2) Since का प्रयोग Point of time के लिए (जैसे : since January, since 2 O'clock, Since morning, since 2005 इत्यादि) तथा for का प्रयोग Period of Time (जैसे : for two hours, for 15 years, for sometime etc.) के लिए होता है।*

*(3) समय हेतु सामान्यतया by का प्रयोग किया जाता है, लेकिन on का भी प्रयोग वाक्य के सन्दर्भ को ध्यान रखकर किया जा सकता है।*

## Negative and Interrogative Sentence Structure

Future Perfect Continuous के Negative एवं Interrogative Sentences का Structure निम्न होता है :

**Negative** **Subject + shall /will +not + have been + V-IV + ......**

**Interrogative** **Shall / Will + Subject + have been + V-IV...?**

**Interrogative Negative** **Shall / Will + Subject+not + have been + V-IV...?**

**Or** **Shan't / Won't + Subject + have been + V-IV...?**

**In conversation use of shan't / won't is more feasible.**

***Changing Affirmative to Negative and Interrogative*:**

(1) I shall have been playing football. *Affirmative*
I shall not have been playing football. *Negative*
Shall I have been playing football...? *Interrogative*
Shan't I have been playing football...? *Interrogative Negative*

(2) They will have been working ... *Affirmative*
They won't have been working ... *Negative*
Will they have been working... ? *Interrogative*
Won't they have been working... ? *Interrogative Negative*

(3) Ram will have been writing a book... *Affirmative*
Ram won't have been writing a book.... *Negative*
Will Ram have been writing a book...? *Interrogative*
Won't Ram have been writing a book...? *Interrogative Negative*

(4) She will have been washing her clothes... *Affirmative*
She won't have been washing her clothes... *Negative*
Will she have been washing her clothes...? *Interrogative*
Won't she have been washing her clothes...? *Interrogative Negative*

(5) Ganesh will have been watching TV.... *Affirmative*
Ganesh won't have been watching TV... *Negative*
Will Ganesh have been watching TV... ? *Interrogative*
Won't Ganesh have been watching TV... ? *Interrogative Negative*

**Note**

*आपने आज विभिन्न Tenses से सम्बन्धित सभी Sentence Structures का अध्ययन पूर्ण कर लिया है। अंग्रेजी में प्रवीणता हेतु विभिन्न Tense का ज्ञान बहुत आवश्यक है। बिना Tense की Knowledge के न आप शुद्ध अंग्रेजी लिख सकते हैं, न सही अंग्रेजी बोल सकते हैं।*

*हमारी मात्र भाषा हिन्दी है, हम हिन्दी में सोचते हैं। अत: शुरू में अंग्रेजी बोलने हेतु हमें हिन्दी अंग्रेजी में अनुवाद करने की आवश्यकता पड़ती है। जैसे-जैसे हमारी अंग्रेजी की knowledge बढ़ती है, हमें अनुवाद करने की आवश्यकता नहीं रह जाती। अभ्यास करने से हम प्रवीणता हासिल कर सकते हैं।*

## *Exercises*

**01**

***Translate the following sentences into English and then speak loudly :***

(1) मैं कल स्कूल जाऊँगा।
(2) वहीदा कल आयेगी।
(3) राम कल सुबह की गाड़ी से जयपुर जायेगा।
(4) रहीम कल तक अपना कार्य पूर्ण करेगा।
(5) आज वर्षा हो सकती है।
(6) आज वर्षा आवश्यक होगी।
(7) ट्रेन एक घंटे में आयेगी।
(8) सीता खाना बनायेगी।
(9) क्या आप बाजार जायेंगे ?
(10) वह लिखना नहीं सीखेगा।
(11) उसे खेलने दो।
(12) आओ पिकनिक पर चलें।
(13) बच्चों को माता-पिता की सेवा करनी चाहिए।
(14) क्या आप मेरे साथ चलेंगे ?
(15) मैं आपकी सहायता कर सकता हूँ।
(16) क्या मैं आपकी सहायता करूँ ?
(17) कल वह जीतेगा।
(18) मैं शाम को पाँच बजे तक पहुँच जाऊँगा।
(19) आज रविवार है, बाजार बंद रहेगा।
(20) मैं एक टी. वी. खरीदूंगा।

**02**

***Translate the following sentences into English and then speak loudly :***

(1) रमेश इस समय पढ़ रहा होगा।
(2) मेरी बहिन दस बजे स्कूल जा रही होगी।
(3) अध्यापक कल हमें पढ़ा रहे होंगे।

(4) छात्र कल इस समय पढ़ रहे होंगे।
(5) क्या माता जी सोमवार को इस समय खाना बना रही होंगी ?
(6) माताजी कल इस समय आराम नहीं कर रहीं होंगी।
(7) मेरे पिताजी कल इस समय टी. वी. देख रहे होंगे।
(8) मैं कल अलवर आ रहा हूंगा।
(9) छात्र अगले सोमवार को मैच खेल रहे होंगे।
(10) क्या सीता इस समय पढ़ रही होगी ?
(11) रमेश अगले सोमवार से कालेज जा रहा होगा।
(12) गणेश अगले माह की 10 तारीख को अमेरिका जा रहा होगा।
(13) वह ईश्वर से प्रार्थना कर रहा होगा।
(14) हम सब कल बाजार में घूम रहे होंगे।
(15) कल वर्षा हो रही होगी।
(16) सायं को हम बात कर रहे होंगे।
(17) वह पाँच बजे पढ़ रहा होगा।
(18) रमेश रात में तैर रहा होगा
(19) जुगनू रात को शतरंज खेल रहा होगा।
(20) सीता मेज साफ कर रही होगी।

**≡03≡**

***Translate the following sentences into English and then speak loudly :***

(1) वह सूर्यास्त से पहले यहां पहुंच चुकेगा।
(2) मैच चार बजे शुरू हो चुकेगा।
(3) मेरे स्टेशन पहुंचने से पूर्व गाड़ी आ चुकेगी।
(4) वह सोमवार तक अपना कार्य पूर्ण कर चुकेगा।
(5) मिस्त्री आठ बजे तक टी. वी. ठीक कर चुकेगा।
(6) अध्यापक के पहुंचने से पूर्व, छात्र कक्षा छोड़ चुकेंगे।
(7) सीता के पहुंचने से पूर्व रीना बाजार जा चुकेगी।
(8) श्याम के पहुंचने से पूर्व राधा नाच चुकेगी।
(9) मैच चार बजे शुरू नहीं हो चुकेगा।
(10) क्या मेरे आने से पूर्व वह जा चुकेगी ?
(11) वह कल तक मुझे दस हजार रुपये दे चुकेगा।
(12) क्या राम के स्टेशन पहुंचने से पूर्व गाडी चल चुकेगी ?
(13) रहीम के आने से पूर्व गाड़ी नहीं जा चुकेगी।
(14) मनीष के आने से पूर्व हर्ष जा चुकेगा।
(15) क्या अम्मी के आने से पूर्व मनीष कपड़े धो चुकेगा?
(16) उसके पहुंचने से पूर्व रमेश मर चुकेगा।
(17) वह दो बजे से पूर्व अपनी पढ़ाई पूरी कर चुकेगा।
(18) क्या वह सायं तक यह पाठ याद कर चुकेगा ?
(19) वह दोपहर तक खाना खा चुकेगा।
(20) वह कल तक यह नाटक लिख चुकेगा।

04

***Translate the following sentences into English and then speak loudly*** **:**

(1) वह पिछली जुलाई से इस परीक्षा की तैयारी कर रहा होगा।
(2) वह इस मकान में आठ वर्ष से रह रहा होगा।
(3) सीता मेरी 3 घंटे से प्रतीक्षा कर रही होगी।
(4) राम सीता की जनवरी से प्रतीक्षा कर रहा होगा।
(5) गणेश 26 वर्ष से इस कालेज में नौकरी कर रहा होगा।
(6) अगले सोमवार को वह दो दिन से उपवास कर रहा होगा।
(7) कल सुबह वर्षा आठ घंटे से हो रही होगी।
(8) रहीम यहां आने वाले जनवरी में दो साल से काम कर रहा होगा।
(9) क्या सीता मेरी 3 घंटे से प्रतीक्षा कर रही होगी ?
(10) कल हम इस समय दो घंटे से पतंग उड़ा रहे होंगे।

**SOLUTIONS**

**CORRECT YOURSELF** *Exercises*

**Solution CYE 01**

(1) I shall go to school tomorrow.
(2) Vahida will come tomorrow.
(3) Ram will go to Jaipur tomorrow by morning train.
(4) Rahim will complete his work by tomorrow.
(5) It may rain today.
(6) It must rain today.
(7) The train will arrive within an hour.
(8) Sita will cook food.
(9) Will you go to market ?
(10) He won't learn how to write.
(11) Let him play.
(12) Let us go for a picnic.
(13) Children should serve the parents.
(14) Will you go with me ?
(15) I can help you.
(16) May I help you ?
(17) He will win tomorrow.
(18) I shall reach by 5 P.M.
(19) Today is Sunday, market will be closed.
(20) I shall buy a T.V.

**Solution CYE 02**

(1) Ramesh will be reading now.
(2) My sister will be going to school at 10 O'clock.
(3) The teacher will be teaching us tomorrow.
(4) The students will be studying tomorrow at this time.
(5) Will the mother be cooking food on Monday at this time ?

(6) The mother won't be taking rest tomorrow at this time.
(7) My father will be watching TV tomorrow at this time.
(8) I will be coming to Alwar tomorrow.
(9) The students will be playing match on next Monday.
(10) Will Sita be reading now?.
(11) Ramesh will be going to college next Monday.
(12) Ganesh will be going to America on 10th of next month.
(13) He will be praying to God.
(14) We all will be visiting market tomorrow.
(15) It will be raining tomorrow.
(16) We will be talking in the evening.
(17) He will be studying at 5 O'clock.
(18) Ramesh will be swimming in the night.
(19) Jugnu will be playing chess in the night.
(20) Sita will be cleaning the table.

**Solution CYE 03**

(1) He will have reached here before sunset.
(2) The match will have started at 4 O'clock.
(3) The train will have arrived before I reach the station.
(4) He will have completed his work by Monday.
(5) The mechanic will have repaired T.V. by 8 O'clock.
(6) The students will have left the class before the teacher comes.
(7) Rina will have gone to market before Sita reaches.
(8) Radha will have danced before Shyam arrives.
(9) The match won't have started at 4 O'clock.
(10) Will she have gone before I come ?
(11) He will have paid me rupees ten thousand by tomorrow.
(12) Will the train have started before Ram reaches the station ?
(13) The train won't have departed before Rahim comes.
(14) Harsh will have gone before Manish comes.
(15) Will Manish have washed clothes before mother arrives ?
(16) Ramesh will have died before he reaches.
(17) He will have completed his studies before it strikes two.
(18) Will he have learnt this lesson by evening ?
(19) He will have taken food by noon.
(20) He will have written this play by tomorrow.

**Solution CYE 04**

(1) He will have been preparing for this examination since last July.
(2) He will have been living in this house for eight years.
(3) Sita will have been waiting for me for three hours.
(4) Ram will have been waiting for Sita since January.
(5) Ganesh will have been serving in this college for two years.
(6) He will have been keeping fast for two days by next Monday.
(7) It will have been raining for eight hours by tomorrow morning.
(8) Rahim will have been working here for two years by the coming month of January.
(9) Will Sita have been waiting for me for three hours ?
(10) We will have been flying kites for two hours tomorrow by this time.

## Imperative Structures

दैनिक जीवन में सलाह **(Advice)**, आज्ञा **(Order)**, निर्देश **(Direction, Instructions)**, प्रार्थना **(Request)**, हेतु विभिन्न वाक्यों का प्रयोग किया जाता है। इस तरह के वाक्य **Imperative Sentences** कहलाते हैं। आज आपका परिचय इसी तरह के वाक्यों से कराया जा रहा है।

आप स्वयं इस तरह के अन्य वाक्य बनायें एवं उन्हें बार-बार बोलकर अभ्यास करें। इस तरह के वाक्यों का प्रयोग प्रतिदिन जीवन में, घर पर तथा घर से बाहर अपने दोस्तों के साथ सरलता से किया जा सकता है। बिना हिचकिचाहट के पूर्ण विश्वास के साथ इन वाक्यों का प्रयोग करने की आदत डालें।

## Imperative Sentences

ऐसे वाक्य जिनमें प्रार्थना **(Request)**, सलाह **(Advise)**, आदेश **(Order/Command)** या निर्देश **(Instruction)** का भाव होता है, **Imperative** वाक्य कहलाते हैं।

***Request*** **:**

(1) Come here please. — (1) कृपया यहाँ आइये।
(2) Please help me. — (2) कृपया मेरी सहायता करें।
(3) Have a cup of tea please. — (3) कृपया एक कप चाय लीजिये।
(4) Shut the door please. — (4) कृपय दरवाजा बन्द कर दें।
(5) Call a taxi please. — (5) कृपया टैक्सी को बुला दीजिये।
(6) Open the window please. — (6) कृपया खिडकी खोल दीजिये।
(7) Please bring a glass of water for me. — (7) कृपया मेरे लिये एक गिलास पानी लाइये।
(8) Please keep silence. — (8) कृपया शान्त रहें।
(9) Please open the door. — (9) कृपया दरवाजा खोलें।
(10) Please come immediately. — (10) कृपया तुरन्त आयें।

***Command*** **:**

(1) Open the door. — (1) दरवाजा खोलें।
(2) Bring me a glass of water. — (2) मेरे लिये एक गिलास पानी लाइये।
(3) Complete this work today. — (3) इस कार्य के आज ही पूरा कर दीजिये।
(4) Finish the project at the earliest. — (4) प्रोजेक्ट को शीघ्रताशीघ्र पूर्ण करें।
(5) Go to your room and wait there. — (5) अपने कमरे में जाओ एवं इन्तजार करो।
(6) Stand up on the chair. — (6) कुर्सी पर खड़े हो जाइये।

| | |
|---|---|
| (7) Come immediately. | (7) तुरंत आइये। |
| (8) Shut up. | (8) चुप रहें। |
| (9) Keep silence. | (9) शान्त रहें। |
| (10) Get out. | (10) बाहर जायें। |

***Advise* :**

| | |
|---|---|
| (1) Take care of your health. | (1) अपने स्वास्थ्य का ध्यान रखें। |
| (2) Learn your lessons well. | (2) अपने पाठों को अच्छी तरह याद करें। |
| (3) Look after your parents. | (3) अपने माता-पित का ध्यान रखें। |
| (4) Take medicines regularly. | (4) दवाएँ नियमित लें। |
| (5) Drink a glass of milk daily. | (5) रोजाना एक गिलास दूध पियें। |
| (6) Get up early in the morning. | (6) सुबह जल्दी उठें। |
| (7) Go to bed early. | (7) जल्दी सोयें। |
| (8) Clean your teeth well. | (8) अपने दांत अच्छी तरह साफ करें। |
| (9) Do exercises daily. | (9) प्रतिदिन व्यायाम करें। |
| (10) Complete your homework daily. | (10) अपना गृहकार्य प्रतिदिन पूर्ण करें। |

***Use of 'Not' in 'Imperatives'* :**

| | |
|---|---|
| (1) Don't smoke. | (1) धूम्रपान न करें। |
| (2) Don't be silly. | (2) पागल न बनें। |
| (3) Don't be late for office. | (3) ऑफिस के लिये देर न हो। |
| (4) Don't pluck the flowers. | (4) फूल न तोड़ें। |
| (5) Don't put off the light. | (5) बिजली न बुझायें। |
| (6) Don't watch T.V. | (6) टेलीविजन न देखें। |
| (7) Don't copy. | (7) नकल न करें। |
| (8) No smoking. (means-Smoking is not allowed here.) | (8) यहाँ धूम्रपान न करें। |
| (9) No parking. (means- Parking is not allowed here.) | (9) यहाँ गाड़ी खड़ी न करें। |
| (10) Don't make a noise. | (10) शोर न मचायें। |
| (11) Never tell a lie. | (11) झूठ कभी न बोलें। |
| (12) Don't waste money. | (12) धन व्यर्थ न करें। |
| (13) Don't behave in this way. | (13) इस तरह व्यवहार न करें। |
| (14) Don't disturb me. | (14) मुझे परेशान न करें। |
| (15) Don't play here. | (15) यहाँ नहीं खेलें। |
| (16) Don't forget to bring vegetables. | (16) सब्जी लाना न भूलें। |
| (17) Don't trust him. | (17) उस पर विश्वास न करें। |
| (18) Don't play with such girls. | (18) ऐसी लड़कियों के साथ न खेलें। |
| (19) Don't touch these toys. | (19) इन खिलौनों को न छूयें। |
| (20) Don't use red colour. | (20) लाल रंग का इस्तमाल न करे। |

## Practice Work

आप स्वयं इस तरह के अन्य वाक्य बनायें एवं उन्हें बार-बार बोलकर अभ्यास करें। इस तरह के वाक्यों का प्रयोग दैनिक जीवन में, घर पर तथा घर के बाहर अपने दोस्तों के साथ सरलता से किया जा सकता है। बिना हिचकिचाहट के पूर्ण विश्वास के साथ इन वाक्यों का प्रयोग करने की आदत डालें।

## Optative and Exclamatory Structures

**May** का प्रयोग शुभकामनाएँ, आशीर्वाद एवं अभिशाप का भाव व्यक्त करने हेतु भी किया जाता है। इस तरह के वाक्य **Optative sentences** कहलाते हैं तथा जो वाक्य प्रसन्नता, आश्चर्य, अफसोस, घृणा, शाबासी देने हेतु प्रयुक्त होते हैं, वे **Exclamatory sentences** कहलाते हैं। दैनिक जीवन में दोनों प्रकार के वाक्यों का प्रयोग **Conversation** में किया जाता है। आप स्वयं भी इस प्रकार **Optative** एवं **Exclamatory Sentences** बनायें तथा इन्हें दैनिक जीवन में प्रयोग करें।

**Optative Sentence**

ऐसे वाक्य जो इच्छा, शुभकामनाये, आर्शीवाद या अभिशाप का भाव व्यक्त करते हैं उन्हें **Optative** वाक्य कहा जाता है। ऐसे वाक्यों के अन्त में **Mark of exclamation (!)** लगा होता है। सामान्यतया इस तरह के वाक्यों को **May** से प्रारम्भ किया जाता है। जैसे :

(1) May God grant you success! — (1) ईश्वर आपको सफलता प्रदान करे!

(2) May God pardon you! — (2) भगवान आपको क्षमा करे!

(3) May you live long! — (3) आपकी उम्र बढ़े!

(4) May God save the king! — (4) ईश्वर, राजा को बचाये!

(5) May you die! — (5) तुम मर जाओ!

(6) May God bless her with a son! — (6) ईश्वर, उसे एक बेटा दे!

(7) May God grant you good health ! — (7) ईश्वर, आपको अच्छा स्वास्थ्य प्रदान करे!

(8) May God grant him strength to bear this loss! — (8) ईश्वर, उन्हें इस हानी को सहन करने की शक्ति प्रदन करे!

(9) May God fulfil all you desires! — (9) ईश्वर, आपकी सभी इच्छाएँ पूर्ण करे!

(10) May God save the queen! — (10) ईश्वर, रानी को बचाये!

(11) May J.P. live long! — (11) जे. पी. का जीवन लम्बा हो!

(12) May God save them! — (12) ईश्वर, उन्हें बचाये।

(13) Good-bye, my friends! — (13) अलविदा, मेरे मित्रों!

(14) May God grant him long life! — (14) भगवान उसे दीर्घायु दे!

(15) May God bless you! — (15) परमात्मा आपको खुश रखे!

**Exclamatory Sentences**

ऐसे वाक्य जिनसे प्रसन्नता, आश्चर्य, अफसोस, घृणा, शोक या शबासी देने का भाव व्यक्त होता है वे **Exclamatory Sentences** कहलाते हैं। इस तरह के वाक्य निम्न हैं :

| | |
|---|---|
| (1) Hurrah! we have won the match. | (1) हुर्रे, हम मैच जीत गये! |
| (2) If I were the P.M.! | (2) काश, मैं प्रधानमंत्री होता! |
| (3) Alas! I have failed. | (3) हाय, मैं फेल हो गया! |
| (4) Alas! I have been ruined. | (4) हाय, मैं बर्बाद हो गया! |
| (5) Oh! you are here. | (5) अरे, आप यहाँ हैं! |
| (6) What a great fall! | (6) कितना ऊंचा प्रपात है! |
| (7) Wow! what a pleasant weather it is. | (7) वाह, कितन सुहावना मौसम है! |
| (8) Well done! my boys. | (8) शबास, मेरे बच्चों! |
| (9) Rogue! you have spoiled my life. | (9) शैतान, तुमने मेरी जिन्दगी बर्बाद कर दी! |
| (10) Fie! fie! you are a thief. | (10) थू-थू, तुम एक चोर हो! |
| (11) Alas! I have lost my ring. | (11) अफसोस! मेरी अंगूठी खो गई। |
| (12) Fie upon him! he failed for the second time. | (12) उसे लानत है, वह दोबारा फेल हो गया। |
| (13) Pooh! you cheated that child. | (13) धिक्कार है! तुमने उस बच्चे को ठग लिया। |
| (14) Bravo! you fought bravely. | (14) शाबाश! तुम बड़ी बहादुरी से लड़े। |

इस तरह के वाक्यों में Exclamation के कुछ शब्द जुड़ते हैं जैसे : Oh, Well done, Alas, Fie fie तथा शेष वाक्य का Structure सामान्य वाक्यों जैसा ही रहता है।

**हम बार-बार आपको स्वयं वाक्य बनाने एवं उनके अभ्यास करने हेतु कहते रहे हैं। आप इस बात से अवश्य सहमत होंगे कि आप द्वारा किया गया प्रयास आपको प्रवीणता प्राप्त करने में सबसे ज्यादा लाभदायक है।**

## Determiners/Adjectives

**Determiners** एवं **Adjectives** में क्या भेद है? **Determiners** एवं **Adjectives** का वाक्य में सही प्रयोग, न केवल लेखन में बल्कि **Speaking** के **Point of View** से भी बहुत महत्वपूर्ण है। बहुत से **Adjectives** एवं **Determiners** समानार्थक लगते हैं (जैसे : **Some** एवं **Any ; Each** एवं **Every ; All** एवं **Whole ; Little /A little/ The little ; Fewer** एवं **Less etc.** ) लेकिन वास्तव में इनका प्रयोग अलग-अलग परिस्थितियों में अलग अर्थ देता है। अत: **English Speaking** हेतु न केवल हमें **Adjectives, Determiners** के सही अर्थ का ज्ञान होना चाहिए, बल्कि किस समय, किस **Adjective, Determiner** का प्रयोग किया जायेगा यह भी हमें पता होना चाहिए।

**Determiners एवं Adjectives** में क्या भेद है?.......

Traditional Grammar में Determiners को Adjective से अलग नहीं किया गया है। Determiners, Adjectives का सही भाग है, जिनमें निम्न विशेषताएँ पाई जाती हैं :

**(1) Determiners** के रूप में परिवर्तन नहीं होता। जैसे : A, An, The, Some, All, Much, Both, Whole, etc. इनमें कोई Suffix या Prefix जोड़कर, कोई परिवर्तन नहीं किया जा सकता है। जबकि Adjectives के रूप में परिवर्तन सम्भव है। जैसे : Black से Blackish, Blackness; Good से Goodness, Fast को Faster, Fastest बनाया जा सकता है।

**(2) Determiners** का प्रयोग हमेशा **Noun** से पहले होता है जबकि **Adjectives** का प्रयोग **Noun** के पहले भी हो सकता है एवं बाद में भी। **Determiner** का प्रयोग होने पर निश्चित हो जाता है कि इसके बाद **Noun** अवश्य आयेगा।

**(3)** वाक्य में **Determiners** एवं **Adjective** दोनों का प्रयोग हो तो पहले **Determiner** फिर **Adjective** एवं फिर **Noun** आता है। **Adjective** का प्रयोग **Determiner** के पहले नहीं किया जाता है। जैसे :

(a) He is a boy.
(b) He is a good boy.
(c) I have some pencils.
(d) I have some coloured pencils.

उपरोक्त वाक्यों में (a, some) Determiners है तथा good एवं coloured, Adjectives है। वाक्य में (a) एवं (c) Determiners का प्रयोग Noun से पहले हुआ है। (b) एवं (d) वाक्यों में Determiner + Adjective + Noun का प्रयोग हुआ है।

**ADJECTIVE** (विशेषण)

**Adjective** वह शब्द है जो एक वाक्य में प्रयुक्त **Noun T Pronoun** को विशेषता प्रदान करता है।

**An Adjective is a word, when used with a noun or pronoun add something to the meaning of Noun or Pronoun.**

*Look at the following sentences :*

(a) She is a good girl.
(b) Alwar is a small city.
(c) He gave me five pencils.
(d) This is my pen.

उपरोक्त वाक्यों में Underlined words, Adjectives हैं।

## Correct Use of Some Important 'Adjectives'

**(1) Each/Every/Either/Neither :** Each/Every/Either/Neither के साथ हमेशा Singular Noun का प्रयोग होता है एवं Verb भी Singular ही लगती है। जैसे :

(a) Each student gets a prize.
(b) Every seat was occupied.
(c) Either book is useful.
(d) Neither book is useful.

यदि वाक्य में Every के वाक्य में Plural Adjective of Number (two, three, four etc.) का प्रयोग हो तो उसके बाद आने वाला Noun, Plural होगा। जैसे :

(a) She takes medicine every three hours.
(b) He visits here every two months.

**(2) Each/Every :**

(A) Each एवं Every दोनों का अर्थ समान है। Each का प्रयोग दो के लिये एवं दो से अधिक के लिये भी होता है, जबकि Every का प्रयोग दो से अधिक के लिये ही होता है। जैसे :

(a) Each of the two girls gets a prize.
(b) Each of the ten students gets a prize.
(c) Every student gets a prize.
(d) Every candidate was given a certificate.

Each—Two and more than two.
Every—More than two.

(B) Each का प्रयोग निश्चित संख्या हेतु तथा Every का प्रयोग अनिश्चित संख्या हेतु किया जाता है जैसा वाक्य (b), (c) एवं (d) से स्पष्ट है।

(C) Each का प्रयोग उस समय किया जाता है, जब वस्तु या व्यक्ति को Individuality, या Separate action व्यक्त करना हो। Every का प्रयोग Group में Action को व्यक्त करता है। जैसे :

(a) Each student was given a certificate by the Chief Guest one by one.
(b) Each student went to meet the Chairman in line.
(c) Every student has a book.
(d) Every student was happy.

**(3) Either/Both :** Either का अर्थ है : दोनों में से एक या दोनों।

Both का अर्थ है : दोनों।

Either का अर्थ 'दोनों' उस स्थति में होता है जब एक भाग, दूसरे भाग का ही Complement होता है। जैसे :

Either side of the road, Either hand.

Both का प्रयोग तब किया जाता है, जब वस्तु के इस प्रकार दो भाग नहीं होते हैं।

*Look at the following sentences :*

(a) There was water on either side of the highway.
(b) His either son went to America.

वाक्य (b) में **Either** की जगह **Both** का प्रयोग होगा एवं **Son** की जगह **Plural Noun, Sons** का प्रयोग होगा। **(Either** के साथ **Singular Noun** का प्रयोग होता है) **His both sons went to America.**

**(4) Little/A little/The little :** Little का प्रयोग Uncountable के साथ किया जाता है। little का अर्थ नकारात्मक (नगण्य या कुछ नहीं) होता है। A little का अर्थ 'कुछ', 'थोड़ा सा' होता है। जबकि The little का अर्थ 'जो सब कुछ थोड़ा सा' (Not much but all that is) होता है।

**Use of little** : नगण्य या कुछ नहीं।

(a) He takes little interest in parental business. (He has hardly any or no interest.)

(b) We have little hope of his recovery. (उसके ठीक होने की आशा नगण्य, न के बराबर है।)

(c) He has little knowledge of computers. (उसकी जानकारी न के बराबर, नगण्य है।)

**A little : Not much but some :** 'कुछ', 'थोड़ा सा'।

(a) We have a little hope of his recovery. (उसके ठीक होने की कुछ आशा है। )

(b) A little knowledge is always dangerous. (थोड़ी जानकारी खतरनाक होती है।)

(c) He takes a little interest in parental business. (वह थोड़ा ध्यान देता है।)

**The little : Not much but all there is—**'जो सब कुछ थोड़ा सा'।

(a) The little money she had, was also spent on medicines.
(जो कुछ थोड़ा सा धन था, सब अब।)

(b) Use the little time you have in a proper way now. (जो कुछ थोड़ा सा बचा है।)

(c) He has wasted the little money he had in gambling.
(जो कुछ थोड़ा सा धन वह सब, अब कुछ नहीं बचा है।)

**(5) Few/A Few/The Few :** Few का प्रयोग Countables के लिए किया जाता है। Few का अर्थ नकारात्मक (नगण्य, न के बराबर) होता है। A few का अर्थ, 'कुछ' होता है, जबकि The few का अ ' 'जो भी थोड़ा सा सब'।

**(A) Use of 'Few': Means 'Hardly any'** - नगण्य, न के बराबर।

(a) Few people are fully happy. (नगण्य व्यक्ति)

(b) Few men are free from any disease. (न के बराबर या कोई नहीं)

(c) Few women can avoid talking. (न के बराबर)

(d) Few women can keep secrets. (न बराबर, कोई नहीं)

**(B) Use of 'A few' : Means—**'थोड़े से' **(not many)**।

(a) A few person can write correct English. (कुछ व्यक्ति)

(b) He asked me a few questions. (कुछ प्रश्न)

(c) He died only a few months ago. (कुछ माह पूर्व)

(d) A few students secured more than 80% marks in Physics.

**(C) Use of 'The few' : Means 'not many but all there are'**– 'जो भी थोड़ा सा सब'।

(a) The few utensils she had, all taken by the thief. (थोड़े से सारे–अब और बर्तन नहीं बचे)

(b) The few clothes he had, all burnt in fire. (थोड़े से कपड़े, सारे–अब और कपड़े नहीं हैं)

(c) The few members of the committee all took part in the demonstration. (सभी सदस्य थोड़े से)

(d) The few books he had, all taken by the thief. (थोड़ी सी सारी किताबें)

**ध्यान रखें**

*Few का अर्थ Negative (नगण्य) में होता है एवं A few तथा The few का अर्थ Positive में होता है। इनका सही प्रयोग करना महत्वपूर्ण है।*

**(6) Fewer/Less/Lesser :**

(A) Fewer का प्रयोग Countables में 'कम संख्या' हेतु किया जाता है।

(B) Less का प्रयोग Uncountables हेतु 'थोड़ी मात्रा' हेतु किया जाता है। Price एवं Number के साथ less का प्रयोग नहीं करना चाहिये।

(C) Lesser का अर्थ होता है 'कम महत्वपूर्ण' के अर्थ में किया जाता है। जैसे :

(a) Fewer persons were present in the meeting.

(b) No fewer than ten persons killed in the accident.

(c) I have less time for my preparations.
(d) He has less money to buy a T. V.
(e) Many lesser speakers also came to speak.
(f) Many lesser leaders were present in the function.

**(7) Later/Latest/Latter/Last :** Later एवं Latest का प्रयोग सामान्य रूप से समय के सन्दर्भ में किया जाता है। Latter एवं Last का प्रयोग स्थति (क्रम) के सन्दर्भ में किया जाता है। जब दो के लिए स्थिति/क्रम के सन्दर्भ में प्रयोग किया जाना हो तो Latter का प्रयोग एवं दो से अधिक के सन्दर्भ में Last का प्रयोग (बाद वाले को बताने के लिये) किया जाता है।

Latest का अर्थ होता है : Last up to now only, अर्थात अब तक जो अन्तिम है, जबकि Last का अर्थ होता है अन्तिम, उसके बाद कोई नहीं। (finally last).

***Look at the following sentences*** :

(a) I will come later than Shyam. (बाद में)
(b) He came later than I. (मेरे बाद, समय के अनुसार)
(c) Between Ram and Shyam, the latter is more intelligent. (क्रम से बाद में अर्थात् Shyam)
(d) Of iron and silver, the latter is known as white metal. (क्रम में बाद वाला अर्थात् silver)
(e) This is the latest fashion. (अब तक का सबसे अन्तिम, नया)
(f) This is the latest technology. (अब तक की सबसे अन्तिम - नई)
(g) At last the Chairman distributed the prizes. (अन्त में, उसके बाद कुछ नहीं हुआ।)
(h) Lord Mountbatten was the last Governor General of India. (अन्तिम-उसके बाद कोई नहीं)

**(8) Elder/Eldest/Older/Oldest :** Elder एवं Eldest का प्रयोग एक ही परिवार के सदस्यों हेतु किया जाता है। Older/Oldest का प्रयोग व्यक्तियों एवं वस्तुओं दोनों के लिये किया जा सकताा है। Elder के साथ हमेशा 'to' Preposition प्रयुक्त होता है जबकि older के साथ 'than' Preposition प्रयुक्त होता है। जैसे :

(a) Ram is my elder brother.
(b) My mother is the eldest member of our family.
(c) Ram is older than Shyam.
(d) Sunder and Purinder are real brothers. Sunder is elder to Purinder.
(e) This is the oldest college in our city.
(f) The older people should be respected.

**(9) Farther/Further/Farthest :** Farther का अर्थ होता है तुलनात्मक रूप से अधिक दूर। (Far—Farther—Farthest) यह far की Comparative Degree है तथा Farthest, Far की Superlative Degree है, जिसका अर्थ है सबसे अधिक दूर। Further का अर्थ होता है Additional (अतिरिक्त)। Farther एवं Farthest का प्रयोग दूरी के सन्दर्भ में तथा Further का प्रयोग Action या सूचना आदि के सन्दर्भ में सामान्यतया किया जाता है। जैसे :

(a) Mumbai is farther from Alwar than that of Jaipur.
(b) No further action is required.
(c) Please don't make further delay.
(d) It is the farthest place from the railway station.

**(10) Some/Any :** Some का प्रयोग सामान्यतया Affirmative वाक्यों में Countables एवं Uncountables दोनों के साथ किया जा सकता है। Interrogative Sentence में Some का प्रयोग Request या Commands के रूप में किया जाता है। Some के साथ Request का अर्थ सामान्य रूप से मानी ही जाने वाली Request के लिये होता है। जैसे :

(a) I shall buy some books. *(Countables)*
(b) They have purchased some fruit. *(Uncountables)*

(c) Will you give me some milk? *(Request)*
(d) Can you lend me some rupees? *(Request)*

**Any :** Any का प्रयोग सामान्यतया Negative एवं Interrogative वाक्यों में Countables एवं Uncountables दोनों के लिये किया जा सकता है। जैसे :

(a) I don't have any pen.
(b) Have you any novel?
(c) He hasn't purchased any fruits.
(d) Did anyone came here?
(e) They do not have any chair.
(f) I haven't watched any serial today.

**(11) No Any :** 'No Any' कोई Phrase नहीं है। अतः इसका प्रयोग गलत है। जैसे :

(a) I have no any book. *Incorrect*
(b) I have no any pencil. *Incorrect*

चूँकि No एवं Any दोनों Adjective हैं जो दोनों एक noun का गुण नहीं बता सकते। अतः दोनों का एक साथ प्रयोग गलत है।

**(12) Near/Next :** Near का प्रयोग दूरी के सन्दर्भ में किया जाता है। जबकि Next का प्रयोग क्रम (order) के सन्दर्भ में किया जाता है। जैसे :

(a) Ram lives near to my school.
(b) My house is near to the station.
(c) She is sitting next to her father.
(d) I will meet you at the next crossing.

**(13) Much/Many :** Much—परिमाण (quantity) के लिये प्रयुक्त होता है।
Many संख्या (Number) को व्यक्त करता है।
Much एवं Many का प्रयोग सामान्यतया Negative एवं Interrogative वाक्यों में किया जाता है। जैसे :

(a) I haven't much patience.
(b) She hasn't much money.
(c) Have you much money ?
(d) I haven't many chairs.
(e) I He hasn't many cars.
(f) Have you many friends ?

**(14) Whole/All :**

(A) Whole का प्रयोग जब एक Adjective की तरह किया जाता है तो इससे पहले 'the' का प्रयोग करना चाहिए। जैसे :

(a) He wasted the whole day.
(b) I worked the whole day.

(B) Whole का प्रयोग जब Proper noun के पहले किया जाता है तो इससे पहले 'the' तथा बाद में 'of' का प्रयोग किया जाता है। जैसे :

(a) The whole of India mourned the death of Rajeev Gandhi.
(b) The whole of Rajas than was in the grip of drought.

(C) All का प्रयोग जब Plural Noun के साथ किया जाता है तो All के बाद 'the' का प्रयोग करना होता है। Possessive Noun या Pronoun के साथ All हमेशा उससे पहले लगता है। जैसे :

(a) All the students were happy.
(b) All the girls were present.
(c) All my friends went to party.
(d) He spent all his money.

**(15) Both :**

(A) Both का प्रयोग जब वाक्य में एक Adjective की तरह किया जाता है तो इसके बाद 'the' का प्रयोग किया जाता है। ध्यान रखें 'the' कभी भी Both के पहले नहीं लगता है। जैसे :

(a) I know both the women.
(b) She knows both the boys.

(B) Personal Pronouns के साथ Both of का प्रयोग किया जाता है। जैसे :

(a) Both of them can come tomorrow.
(b) She invited both of us.

(C) Both का प्रयोग Pronouns के बाद Object की तरह भी किया जाता है। जैसे :

(a) She invited us both.
(b) She sends you both her love.

(D) Both .....not के प्रयोग की जगह Neither of them का प्रयोग करना चाहिए। जैसे :

(a) Both of them are not here. *Incorrect*
(b) Neither of them is here. *Correct*

**(16) As ....as/So ....as :** As...as का प्रयोग तुलनात्मक वाक्यों में Similarity/Likeliness व्यक्त करने हेतु किया जाता है। So ....as का प्रयोग ऐसे वाक्यों में Unlikeliness, Dissimilarity, (Negative वाक्यों) व्यक्त करने हेतु किया जाता है। जैसे :

(a) He is as intelligent as his sister.
(b) This shirt is as good as mine.
(c) He is not so intelligent as his sister.
(d) This shirt is not so good as mine.

**(17) Another/Other/Any other :** Another का प्रयोग Singular Noun के साथ तथा other का प्रयोग Plural Noun के साथ किया जाता है। Any other का प्रयोग सामान्यतया Negative वाक्यों में Singular एवं Plural दोनों तरह के Nouns के साथ हो सकता है। जैसे :

(a) He has purchased another book.
(b) She has visited other places.
(c) I haven't seen any other place.
(d) They haven't visited any other places.

**(18) First/Foremost :** First का प्रयोग क्रम में 'प्र ाम' के लिये होता है जबकि Foremost का अर्थ 'महत्वपूर्ण' होता है। जैसे :

(a) Ram was the first to arrive here.
(b) Indira Gandhi was the foremost politician of her time.

**(19) Verbal/Oral :** Verbal एवं Oral को समान अर्थ में आजकल प्रयुक्त किया जाने लगा है। Oral का अर्थ होता है 'जबानी'। जबकि Verbal का अर्थ होता है शाब्दिक। A verbal picture, An oral message.

(a) There is verbal similarity in these two essays.
(b) He informed me orally, about his absence.

**(20) Due to/Owing to :**

(a) Due to क अर्थ है 'result of' (कारण से) जबकि Owing to का अर्थ है 'Because of' (इस कारण)। Due to का में 'to' का प्रयोग एक Preposition की तरह हुआ है।

(b) Due to का प्रयोग Subject + Verb के बाद किया जाता है। 'Owing to' का सामान्यतया प्रयोग वाक्य के शुरू में होता है।

***Look at the following sentences*** :

(a) He failed due to his negligency.
(b) Owing to his negligency he failed.
(c) The accident was due to carelessness.
(d) Owing to carelessness, there was an accident.

"Learning the difference in the meanings and use of the above Adjectives will give you perfection in speaking."

**Adjectives** वाक्य में **Noun/Pronoun** को विशेषता प्रदान करते हैं। इसका उचित प्रयोग एवं सही स्थिति दोनों महत्वपूर्ण बिन्दू है। आज आपको **Adjective** के प्रयोग एवं वाक्य में स्थिति से सम्बन्धित विभिन्न नियमों की जानकारी दी जा रही है। साथ ही **Comparative** एवं **Superlative Degree** के **Formation** से सम्बन्धित नियमों की जानकारी भी आपको दी जायेगी। आइये शुरू करते हैं....

## Rules : Adjectives

**(1)** जब दो वस्तुओं का **Comparison** किया जाता है तो **Compare** करते समय पहली वस्तु को **Exclude** करना चाहिए। जैसे :

(a) Iron is harder than any metal.

इस वाक्य का अर्थ है कि Iron किसी भी Metal से अधिक Hard है। किसी भी Metal में Iron भी सम्मिलित है अत: इस वाक्य को निम्न प्रकार लिखा जाना चाहिए :

Iron is harder than any other metal.

| | | |
|---|---|---|
| (b) | This building is larger than any building in the town. | *Incorrect* |
| | This building is larger than any other building in the town. | *Correct* |
| (c) | He is more intelligent than any student of his class. | *Incorrect* |
| | He is more intelligent than any other student of his class. | *Correct* |
| (d) | Ram is stronger than all students. | *Incorrect* |
| | Ram is stronger than any other student. | *Correct* |

**(2)** एक वाक्य में दो **Comparative Adjectives** का एक साथ प्रयोग करना गलत है। जैसे :

| | | |
|---|---|---|
| (a) | He is more wiser than you. | *Incorrect* |
| | He is wiser than you. | *Correct* |
| (b) | I am comparatively better today. | *Incorrect* |
| | I am better today. | *Correct* |
| | I am comparatively well today. | *Correct* |
| (c) | I didn't found more costlier gift. | *Incorrect* |
| | I didn't found more costly gift. | *Correct* |

यदि एक **Adjective Comparative Degree** में है तो उसके साथ **Positive Degree** का प्रयोग किया जाता है। **'Comparatively'** शब्द के साथ भी **Comparative Degree** के **Adjective** का प्रयोग नहीं करना चाहिए।

**Note**

*Comparative से पहले rather का प्रयोग किया जा सकता है।*

*She is rather better today.*

*लेकिन ऐसे वाक्यों में Fairly का प्रयोग नहीं करना चाहिए।*

*She is fairly better today. (यह गलत है।)*

**(3)** कुछ **Adjectives** जैसे : **Senior, Junior, Posterior, Superior, Inferior, Anterior,** इत्यादि के साथ **Preposition 'to'** का प्रयोग किया जाता है। इनके साथ **More** या **Less** का प्रयोग नहीं होता है। ये सभी **Adjectives, Latin** भाषा से ग्रहण किए गये हैं। **Elder, Prefer** एवं **Preferable** के साथ भी **'to'** का ही प्रयोग होता है। जैसे :

(a) He is superior to me.
(b) She is junior to me.
(c) Ram is senior to Shyam.
(d) He came prior to me.

**Note**

*Major, Minor, Exterior, Interior, Outer, Lower, Ulterior, Upper, Former, Inner इत्यादि शब्द दिखने में Comparative Degree Adjectives लगते हैं। ये Comparative Degree नहीं है। इनका प्रयोग Comparison हेतु नहीं किया जा सकता है।*

**(4)** जब एक ही व्यक्ति या वस्तु की दो **Qualities** की तुलना की जाती है तो **'er'** से बने **Comparative Adjective** का प्रयोग नहीं करना चाहिए, बल्कि **More** का प्रयोग करना चाहिए। जैसे :

(a) Ram is more strong than intelligent. (यहाँ stronger का प्रयोग गलत होगा)
(b) She is more clever than intelligent. (यहाँ cleverer का प्रयोग गलत होगा)

**(5) Superlative Adjective** से पूर्व **'the'** का प्रयोग होता है लेकिन यदि **Superlative Adjective** से पूर्व कोई **Possessive Pronoun** का प्रयोग हुआ है तो इससे पहले **पहले 'the'** का प्रयोग नहीं होता है। जैसे :

(a) She is the best student in our college.
(b) She is the most beautiful girl in our college.
(c) She is my best friend.
(d) This is my best dress.

**(6)** जब दो वस्तुओं का **Comparison** किया जाता है तो वाक्य से उन वस्तुओं का ही **Comparison** स्पष्ट होना चाहिए। कई बार **Comparison** करते समय निम्न प्रकार की गलती की जा सकती है :

(a) The climate of Alwar is hotter than Jaipur. *Incorrect*
The climate of Alwar is hotter than that of Jaipur. *Correct*
(b) My shoes are better than you. *Incorrect*
My shoes are better than yours or your shoes. *Correct*

**(7) Comparative Degree** का प्रयोग दो वस्तुओं या दो व्यक्तियों हेतु किया जाता है। दो से अधिक के लिये **Comparative Degree** का प्रयोग नहीं करना चाहिए। जैसे :

(a) Which is better; Tea, Coffee or Milk? *Incorrect*
(b) Which is easier, Physics, Chemistry or Math? *Incorrect*

ये दोनों वाक्य गलत हैं।

**(8)** दो वस्तुओं की तुलना हेतु **Superlative Degree** का प्रयोग नहीं किया जाता है। जैसे :

(a) He is the best of the two students.
(b) Which is the cheapest ; silver or gold?

**(9)** वाक्य में दो **Superlative** का प्रयोग एक साथ किया जाना गलत है। जैसे :

(a) He is the most strongest of all. *Incorrect*
He is the strongest of all. *Correct*
(b) This river is the most longest of all. *Incorrect*
This river is the longest of all. *Correct*

**(10) Superlative** के साथ **Other or Else** का प्रयोग करना भी गलत है। जैसे :

(a) She is the most beautiful of all girls. (not all other girls)
(b) He is the strongest of all students. (not all other students)

**(11) Superlative** के साथ सामान्यतया **'of'** का प्रयोग किया जाता है लेकिन जब स्थान **(Place)** का सन्दर्भ हो तो **'in'** का प्रयोग किया जाता है। जैसे :

(a) Kolkata is the dirtiest city in India.
(b) Udaipur is the most beautiful city in Rajasthan.

**(12)** कई वाक्यों में **'A most'** का प्रयोग **Very** के अर्थ में किया जाता है। जैसे :

(a) This is a most interesting book. (in the library)

(b) She is a most beautiful girl. (in the school)

ऐसे वाक्यों में **Superlative** की तरह **in the library, or in the school** का प्रयोग नहीं होगा।

**(13) Superlative degree, best** एवं **most** के साथ कई बार **like** का प्रयोग निम्न तरह किया जाता है। यह सही प्रयोग है। इसमें **Superlative** से पहले **'the'** का प्रयोग नहीं होता है। जैसे :

(a) Which of the story do you like most ?

(b) Which of the magazine do you like best ?

**(14)** जब एक से अधिक **Adjectives** को **and** से जोड़ा जाता है तो सभी को एक ही **Degree** में होना चाहिए या तो सब **Comparative** में हो या सब **Superlative** में होने चाहिए। जैसे :

(a) Ram is wiser and stronger than Shyam. *Correct*

(b) Ram is wise and stronger than Shyam. *Incorrect*

**(15)** कई **Adjectives** अपने **meaning** के कारण न तो **Comparative** की तरह प्रयोग किये जा सकते हैं न ही **Superlative** की अन्य **Degree** के साथ। इनके साथ **very** या अन्य कोई **Adverb,** इनको **Emphasise** करने के लिये प्रयुक्त नहीं किया जा सकता है। ऐसे **Adjectives** निम्नलिखित हैं :

Absolute, Perfect, Full, Complete, Entire, Whole, Chief, Extreme, Unique, Universal, Circular, Square, Round, Ideal, Flat, Impossible etc.

यद्यपि आजकल कुछ लेखक full, fuller, fullest, एवं perfect, more perfect एवं most perfect, तथा most impossible एवं most universal का प्रयोग करने लगे हैं। शेष Adjective का इस तरह प्रयोग नहीं किया गया है।

**(16) Kind** एवं **Sort, Singular number** होते हैं। इनके साथ **This** या **That** का प्रयोग होता है। इनके साथ **These** या **Those** का प्रयोग करना गलत है। जैसे :

(a) I don't like this kind of dresses.

(b) He doesn't like that kind of shirts.

(c) I don't like these kinds of shirts. *Incorrect*

(d) I don't like those kind of shirts. *Incorrect*

**(17) One of ..........if not ..........Superlative** कुछ वाक्यों का **Structure** इस तरह का होता है। जैसे :

(a) He is one of the greatest writers, if not the greatest writer.

(b) This is one of the largest buildings, if not the largest in the world.

(c) This is one of the longest rivers, if not the longest in the world.

**(18) One of the Superlative .................... among :**

निम्न वाक्यों पर ध्यान दें :

(a) He is one of the best students in our school.

(b) He is one of the best sportsmen of all.

**ध्यान रखें**

*इस तरह के वाक्यों में One of the + If not the superlative के बाद Plural Noun प्रयुक्त होती है तथा If not the Superlative के बाद Singular Noun प्रयुक्त होती है। साधारणतया ऐसे वाक्यों में if not the Superlative के बाद Noun को नहीं लिखा जाता है।*

*यहाँ One of the + Superlative के बाद आने वाला Noun Plural में होगा। यह एक महत्वपूर्ण बिन्दु है।*

*उक्त नियमों को रटें नहीं बल्कि प्रत्येक नियम पर आधारित वाक्यों को बार-बार Revise करें, स्वयं इस तरह के वाक्य बनायें एवं दी गई Exercises को Solve करें।*

मात्र कुछ वाक्य रटने से अंग्रेजी न लिखी जा सकती है, न बोली जा सकती है। अतः आपको अभ्यास करना होगा।

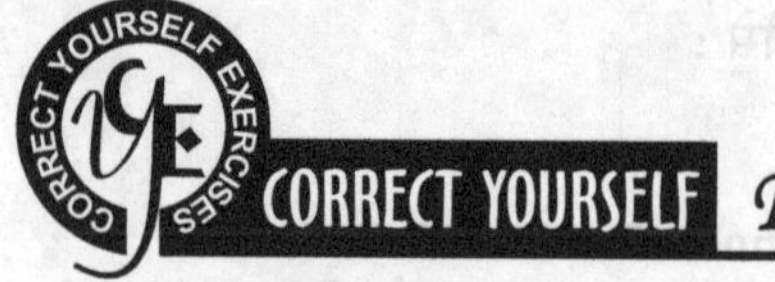


*Exercises*

## Adjective

**01**

***Correct the following sentences :***

(1) Whole girls were present in the function.
(2) All the third books are in our course.
(3) This is mine bed, which is your ?
(4) None of these two books are useful.
(5) A good deal of persons were present at the railway station.
(6) All the sides of the coin are shining.
(7) He alone lives in such a large house.
(8) The both girls have arrived.
(9) She is among the four first merit holders.
(10) Lord Ram was an incarnate God.

**02**

***Correct the following sentences :***

(1) Our all members are very coperative.
(2) His all books have been burnt in fire.
(3) I bought tickets three for Delhi.
(4) The Great Ashoka was a brave king.
(5) This custom has been observed since immemorial time.
(6) Have you new anything to tell me about the incident ?
(7) Ram is as taller as his brother.
(8) Sita is not more beautiful as Rita.
(9) Gold is more precious than any metal.
(10) She is not that all reliable.

**03**

***Correct the following sentences :***

(1) To drive is as difficult as fishing.
(2) It is as difficult to swim as driving.
(3) It is not as easy to write as reading.
(4) They had better died than surrender before the enemy.
(5) I had rather read than wasting my time here.
(6) He is junior than me.
(7) According to Ram, milk is preferable than tea.
(8) She is more wiser than her brother.
(9) My house is better than Ram.
(10) The climate of Udaipur is better than Jaipur.

**04**

***Correct the following sentences :***

(1) There are lesser rooms in this hotel than that.
(2) Take this tablet with a few milk.

(3) Your problem is comparatively easier than that of mine.
(4) The quality of this detergent powder is comparatively better.
(5) He runs as faster, if not fast than you.
(6) Sita is as beautiful as if not beautiful than her sister.
(7) The more you hide something, the most you expose yourself.
(8) This is all the more better.
(9) The valley goes deep and deep after this point.
(10) Ram said, "I am very better now."

## 05

***Correct the following sentences*** **:**

(1) The cloth of this suit is very inferior.
(2. This is longest river in the world.
(3) He is the richest of all man in the city.
(4) He is the strongest of all other students in the college.
(5) Ramesh is one of the best student in the college.
(6) He is my the best friend.
(7) Ramesh is one of the strongest person, if not the strongest in the town.
(8) I shall purchase the bigger of all these houses.
(9) Mr. Sharma is the most ideal teacher.
(10) This is more the best college in the city.

## SOLUTIONS

## CORRECT YOURSELF *Exercises*

### Solution CYE 01

(1) All the girls were present in the function.
(2) All the three books are in our course.
(3) This is my bed, which is yours ?
(4) Neither of these two books are useful.
(5) A number of persons were present at the railway station.
(6) Both the sides of the coin are shining.
(7) He lives alone in such a large house.
(8) Both the girls have arrived.
(9) She is among the first four merit holders.
(10) Lord Ram was God incarnate.

### Solution CYE 02

(1) All our members are very coperative
(2) All his books have been burnt in fire.
(3) I bought three tickets for Delhi.
(4) Ashoka the great was a brave king.
(5) This custom has been observed since time immemorial.
(6) Have you anything new to tell me about the incident ?
(7) Ram is as tall as his brother.

(8) Sita is not as beautiful as Rita. or Sita is not more beautiful than Rita.
(9) Gold is more precious than any other metal.
(10) She is not all that reliable.

## Solution CYE 03

(1) Driving is as difficult as fishing.
(2) It is as difficult to swim as drive.
(3) It is not as easy to write as read.
(4) They had better die than surrender before the enemy.
(5) I had rather read than waste my time here.
(6) He is junior to me.
(7) According to Ram, milk is preferable to tea.
(8) She is wiser than her brother.
(9) My house is better than Ram's.
(10) The climate of Udaipur is better than that of Jaipur.

## Solution CYE 04

(1) There are fewer rooms in this hotel than that.
(2) Take this tablet with a little milk.
(3) Your problem is comparatively easy than that of mine.
(4) The quality of this detergent powder is comparatively good.
(5) He runs as fast, if not faster than you.
(6) Sita is as beautiful as if not more beautiful than her sister.
(7) The more you hide something, the more you expose yourself.
(8) This is all the better.
(9) The valley goes deeper and deeper after this point.
(10) Ram said, "I am much better now."

## Solution CYE 05

(1) The cloth of this suit is much inferior.
(2) This is the longest river in the world.
(3) He is the richest of all men in the city.
(4) He is the strongest of all students in the college.
(5) Ramesh is one of the best students in the college.
(6) He is my best friend.
(7) Ramesh is one of the strongest persons, if not the strongest in the town.
(8) I shall purchase the biggest of all these houses.
(9) Mr. Sharma is an ideal teacher.
(10) This is much the best college in the city.

"Don't allow the habits to control you, conquer you. Keep them your 'servant' and enjoy their company."

## Use of Adverbs in Conversations

**Adverb** वाक्य का एक महत्वपूर्ण भाग है। जब एक वाक्य में एक से अधिक **Adverbs** का प्रयोग होता है तो इन **Adverbs** को किस क्रम में वाक्य में रखा जाना चाहिए, यह बहुत महत्वपूर्ण बिन्दु है। सही **Speaking** एवं शुद्ध **Writing** हेतु विभिन्न प्रकार के **Adverbs** एवं **Position of Adverbs** की जानकारी होना आवश्यक है।

**Definition : Adverb** वाक्य में ऐसा शब्द है जो **Verb** या **Adjective** या अन्य **Adverb** या **Adverbial Phrase** को विशेषता प्रदान करता है/संशोधित करता है/उसके अर्थ में कुछ वृद्धि/परिवर्तन करता है।

**An adverb is that word in a sentence which modifies the meaning of Verb or Adjective or another adverb or Adverbial Phrase.**

*Look at the following sentences :*

सभी underlined शब्द—Adverbs हैं

(a) He ran fast. — Verb, ran को संशोधित करता है।

(b) These are very sweet mangoes. — Adjective, sweet को संशोधित करता है।

(c) He speaks very loudly. — Adverb, loudly को संशोधित करता है।

(d) He was sitting close beside her. — Adverbial phrase, beside her को संशोधित करता है।

जब Adverb का प्रयोग वाक्य के शुरू में होता है तो सारे वाक्य को संशोधित करता है। जैसे :

(a) Certainly she is right.

(b) Fortunately we escaped unhurt.

## Position & Rules of Adverbs

**Adverbs** का प्रयोग वाक्य में किस जगह किया जाये, यह एक महत्वपूर्ण बिन्दु है। **Adverb** को गलत जगह पर लगाने पर वाक्य का अर्थ ही परिवर्तित हो सकता है। नीचे लिखे गये वाक्यों से यह स्पष्ट हो जाता है :

(a) Only she can speak. (केवल वह बोल सकती है।)

(b) She can only speak. वह केवल बोल सकती है। (लिख नहीं सकती)

(c) She can speak only. (वह केवल बोल सकती है, अन्य कोई कार्य, जैसे घर का कोई कार्य, बाजार का कोई कार्य नहीं कर सकती है।)

इस जगह Adverb, only की वाक्य में स्थिति परिवर्तन होने से, वाक्य का अर्थ बदल जाता है। अत: Adverb को वाक्य में कहाँ पर लगाना है ( Position of Adverb) एक महत्वपूर्ण बिन्दु है।

**(1) Adverb of Manner :** जैसे : Slowly, quickly, carefully, easily, calmly, fast etc. वाक्य में Verb के बाद लगाये जाते हैं, लेकिन यदि वाक्य में Verb का Object भी है तो Object के बाद इन्हें लगाना चाहिए। जैसे :

| *Correct use* | *Incorrect use* |
|---|---|
| (a) He talks well. | He well talks. |
| (b) He speaks English fluently. | He speaks fluently English. |
| (c) It is raining regularly. | It is regularly raining. |
| (d) I read my book carefully. | I carefully read my book. |

*सभी Underlined शब्द Adverbs of manner हैं।*

**(2) Adverb of Time :** जैसे; Now, then, soon, today, next day, yet etc, एवं **Adverb of Place :** जैसे : Here, there, on etc. भी Verb के बाद लगते हैं लेकिन Verb का कोई Object भी है तो ये Object के बाद प्रयुक्त होते हैं। जैसे :

| *Correct use* | *Incorrect use* |
|---|---|
| (a) She will come soon. | She soon will come. |
| (b) He will go to Jaipur the next day. | He will next day go to Jaipur. |
| (c) He has not arrived yet. | He has yet not arrived. |
| (d) He lives here. | He here lives. |
| (e) Ram works there. | Ram there works. |
| (f) There are books everywhere. | There are everywhere books. |

**Note**

*सभी Underlined Words Adverbs हैं।*

**(3) Adverb of Frequency :** जैसे : Always, often, daily, generally, never, rarely एवं अन्य कुछ Adverbs जैसे : almost, just, hardly, nearly, already का प्रयोग सामान्यतया, Subject एवं Verb के बीच किया जाता है।

ध्यान रखें : यदि Verb में एक से अधिक शब्द हैं जैसे has advised, have seen तो इन Adverbs का प्रयोग have, has , Auxiliary Verb के बाद किया जाता है। जैसे :

| *Correct use* | *Incorrect use* |
|---|---|
| (a) His mother never cooks food. | His mother cooks food never. |
| (b) He always speaks the truth. | He speaks the truth always. |
| (c) He often comes late. | He comes late often. |
| (d) He has never advised me. | He never has advised me. |
| (e) We have never seen an aeroplane. | We never have seen an aeroplane. |
| (f) I have just arrived. | I just have arrived. |

**Note**

*(A) उक्त Adverbs, यदि वाक्य में Is / am / are/ was / were जैसी Auxiliary Verbs का प्रयोग हुआ हो तो ये Adverbs इनके बाद लगते हैं। जैसे :*

*(a) He is always ready.* *(b) She is often late.*
*(c) They are generally late.* *(d) We are always happy.*

*(B) यदि वाक्य में Verb को Importance देनी हो, जोर देना हो या short answer देना हो तो इन Adverbs को Auxiliary Verb या Verb के पहले प्रयोग किया जाता है। जैसे :*

*(a) She has again forgotten to bring the keys.*
*Yes, she always does forget to bring the keys.*
*Or Yes, she always does.*

*(b) Do you go by car?*
*Yes, I usually do.*

(C) *Auxiliary ; have to / used to के साथ उक्त Adverbs का प्रयोग उनसे पूर्व किया जाता है। जैसे :*

(a) *I often have to go on foot.*
(b) *He always used to take umbrella.*
(c) *She never has to walk alone.*

(D) *Adverb; Not का प्रयोग हमेशा Auxiliary के बाद एवं Principal Verb के पहले किया जाता है। जैसे :*

(a) *I have not done my work.*
(b) *He did not go to Jaipur.*
(c) *She will not write an application.*
(d) *I do not go to school.*

**(4) Adverb :** Enough का प्रयोग उस शब्द के बाद किया जाता है, जिसे वह Qualify करता है। Enough से पहले हमेशा Positive degree का Adjective या Adverb रहेगा। Comparative degree के बाद Enough का प्रयोग नहीं होता है। जैसे :

(a) I have money enough to buy a shirt.
(b) The building is large enough for the guest house.
(c) I have time enough to have lunch.
(d) They have clothes enough to wear for a weak.

**(5) Adverb :** Only एवं Even को हमेशा उस Word से पहले लगाना चाहिए, जिनके लिये इनका प्रयोग किया जाता है। जैसे :

(a) I cannot write even correct Hindi.
(b) He has only one car. (उसके पास एक कार है।)
(c) Only he has a car. (केवल उसके पास कार है।)
(d) He cannot do even this work.

**(6) Order of Adverbs :** यदि एक वाक्य में कई तरह के Adverbs का प्रयोग हुआ हो तो सबसे पहले Adverb of manner, फिर Adverb of place एवं फिर Adverb of time आता है। जैसे :

(a) She spoke loudly (1) at the meeting (2) yesterday (3).
(b) He is crying loudly (1) at the field (2) now (3).
(c) He was going to Jaipur (2) yesterday (3).
(d) She comes regularly (1) at the ground (2) daily (3).

उक्त वाक्यों में : (1) Adverb of Manner—M , (2) Adverb of Place —P, (3) Adverb of Time—T. को व्यक्त करते हैं।

**Note**

*यदि वाक्य में कई Adverbs of time का प्रयोग हो तो सबसे पहले, सबसे छोटा Time, फिर उससे बड़ा, फिर सबसे बड़े Time को रखा जाना चाहिये।*

(a) *He came here at 7O'clock in the morning on Monday.*
(b) *She was born at 6 O'clock in the evening on Sunday in 1987.*

(7) Else के साथ हमेशा 'But' Adverb का प्रयोग किया जाता है, 'than' का प्रयोग करना गलत है। जैसे :

(a) Go anywhere else than Pakistan. — *Incorrect*
Go anywhere else but Pakistan. — *Correct*
(b) Call her any thing else than bitch. — *Incorrect*
Call her any thing else but bitch. — *Correct*

## Some Important Adverbs

बहुत से **Adverbs** दिखने में समानार्थक (जैसे : **Presently** एवं **Just now ; Much** एवं **Very much ; Still/ Yet / Already; Late** एवं **Lately etc.** ) लगते हैं लेकिन वास्तव में इनका प्रयोग, अलग–अलग स्थिति में अलग अर्थ से होता है। इसकी जानकारी न होने पर वाक्य का अर्थ ही बदल सकता है। इस अध्याय का गम्भीरतापूर्वक अध्ययन करें।

**(1) 'Too':** Too का अर्थ होता है, More than enough अर्थात् Excess (अतिशय) । Too का प्रयोग 'Very' के अर्थ में करना गलत है। Very का अर्थ होता है–बहुत, जबकि 'Too' का अर्थ होता है–Excess (अतिशय) । यदि हम किसी मित्र को देखकर यह कहें कि **I am too glad to meet you.** तो इसका अर्थ होगा, कि "मैं आपसे मिलकर इतना खुश हूँ जितना नहीं होना चाहिये।"

**(A) Too + Infinitive :** Too के बाद 'To' Infinitive का प्रयोग एक Negativity व्यक्त करता है। जैसे :

(a) He is too weak to walk.
वह इतना अधिक कमजोर है कि चल नहीं सकता।

(b) She is too poor to pay her fee.
वह इतनी गरीब है कि अपनी फीस जमा नहीं करा सकती।

**(B) 'Too'** का प्रयोग भी के लिए भी किया जा सकता है। जैसे :

(a) He too went to America.
(b) He lost his bag and books too.

**(2) Much/Very Much**

**(A) Much :** Much का प्रयोग Comparative degree के Adverb या Adjective के पहले किया जाता है। जबकि Very का प्रयोग Positive degree के Adverb / Adjective पूर्व होता है। अर्थात् **Positive degree** के **Adverb/ Adjective** से पूर्व **Much** का प्रयोग नहीं होता था। **Comparative degree** के साथ **very** का प्रयोग नहीं होता है। जैसे :

(a) Ram is much stronger than Rahim.
(b) She is much more beautiful than Sarla.
(c) Ram is a very strong man.
(d) Sarla is a very intelligent girl.

**(B)** Very much का प्रयोग Comparative degree से पूर्व किया जा सकता है। जैसे :

(a) He is very much stronger than Sonu.
(b) Suresh is very much cleverer than Shalu.

**(3) Very much/much :** सकारात्मक वाक्यों (Affirmative Sentences) में very much का प्रयोग किया जाता है जबकि Negative sentences में much का ही प्रयोग होगा। जैसे :

(a) I like her very much.
(b) I don't like her much.
(c) She works very much.
(d) She doesn't work much.

**(4) Since/Ever since :** Since का प्रयोग Perfect tence में किया जाता है इसका अर्थ होता है जब से, तब से। जैसे :
I have been playing football since 7 O'clock.

कभी कभी वाक्य में Since का प्रयोग अंत में किया जाता है, एवं इससे पूर्व Ever का प्रयोग किया जाता है। Ever since का अर्थ होता है तब से। जैसे :

(a) I first met her three years ago and have remembered her face ever since.
(b) I saw her five years ago and had been trying to meet her ever since.

**(5) Presently/Just now :** Persently का अर्थ At present (समय के) एवं शीघ्र (soon) ही Future में होने वाले कार्य के लिये किया जाता है। Just now का प्रयोग वर्तमान में पूर्ण होने वाले कार्य (Present perfect) हेतु किया जाता है। जैसे :

(a) I am presently busy.
(b) I shall discuss the matter presently.
(c) He has arrived just now.
(e) I have completed my work just now.

**(6) Late / Lately :** Late का अर्थ है, देरी से, जबकि Lately का अर्थ होता है, 'अभी' (Recently). जैसे :

(a) He came late today.
(b) He has come lately. (Recently)
(c) She has finished her work lately.
(d) You are late.

Lately का प्रयोग Present Perfect में होता है क्योंकि यह वर्तमान में पूर्ण होने वाले कार्य को व्यक्त करता है।

**(7) Hard / Hardly :** Hard का अर्थ होता है कठिन, जबकि Hardly का अर्थ Negative में नहीं, से लिया जाता है। जैसे :

(a) He works hard. — वह कड़ी मेहनत करता है।
(b) He hardly works. — वह लगभग कार्य नहीं करता है।

**(8) Still / Yet / Already :**

(A) Still का प्रयोग वर्तमान में हो रहे कार्य के लिये किया जाता है। भूतकाल (Past) के लिये इसका सामान्यतया प्रयोग नहीं होता है। जैसे :

(a) He is still asleep.
(b) It is still raining.

(B) Not Yet का प्रयोग भविष्य में पूर्ण होने की आशा वाले कार्यों के लिए किया जाता है। जैसे :

(a) Has she come? not yet.
(b) The jeep hasn't arrived yet.

(C) प्रश्न के साथ Yet का प्रयोग ऐसे कार्य हेतु किया जाता है जिनके पूर्ण होने की आशा थी, वे पूर्ण हुए या नहीं? जैसे :

(a) Is lunch ready yet?
(b) Has the jeep arrived yet?

**Note**

*सामान्यतया Yet वाक्य के अन्त में प्रयोग किया जाता है।*
*Yet का प्रयोग अधिकांशतया Negative एंव Interrogative वाक्यों में किया जाता है। Affirmative वाक्यों में Yet का प्रयोग 'Still' के समान ही किया जाता है। जैसे :*
*We have yet to hear from the government.*
*( We are still waiting to hear from the government.)*

**Already : Already** का अर्थ है पहले से, जब कोई कार्य आशा से पहले पूर्ण हुआ होता है तो सामान्यतया **Already** का प्रयोग किया जाता है। जैसे :

(a) When is she coming? She is already here.
(b) You must visit Agra? I have already visited.

**(9) There : There** का प्रयोग जब वाक्य के शुरू में किसी चीज के होने को बताता है तो वाक्य में **Subject** अनिश्चित रहता है। ऐसे वाक्यों का **structure** निम्न प्रकार का होता है :

There + to be form of verb + ....................

(a) There is a glass on the table.
(b) There are two books under the bed.

**Note**

*(a) तीनों words (still, yet, already) का प्रयोग Past Moment बताने के लिये भी हो सकता है।*
*(b) I went to see if she had woken up yet. But she was still asleep. This was irritating as her friends had already arrived.*

**(10) Fairly/Rather :** Fairly का प्रयोग Good sense में तथा Rather का प्रयोग Bad sense में होता है। दोनों का अर्थ 'मात्रा' को व्यक्त करता है। जैसे :

(a) The weather is rather hot. *Correct*
The weather is fairly hot. *Incorrect*

(b) Coffee is fairly hot. *Correct*
(इसका अर्थ कॉफी अच्छी गर्म है।)
Coffee is rather hot. *Incorrect*
(इसका अर्थ कॉफी न पसंद आये क्योंकि गर्म है।)

(c) I like her as she is rather beautiful. *Incorrect*
I like as she is fairly beautiful. *Correct*

**(11) Just :** इसका अर्थ है 'अभी'। Just का प्रयोग सामान्यतया Present Perfect में किया जाता है। जैसे :

(a) He has just arrived. (b) They have just gone out.

Just का अर्थ एकदम सही हेतु भी किया जाता है। तब इसका प्रयोग Simple Past में भी किया जा सकता है।

(a) They just caught the train. (b) She just managed to leave.

Just का प्रयोग समय हेतु निम्न प्रकार किया जाता है।

(a) It has just struck seven. अभी–अभी 7 बजे हैं।

(b) It has just struck three. अभी–अभी 3 बजे हैं।

**(12) Early/Soon :** Early का प्रयोग Adjective एवं Adverb दोनों तरह से किया जाता है। जैसे :

(a) He came in the early morning. (b) Roses blossomed early this Spring.

Early का यहाँ अर्थ है, सुबह शुरू होने के तुरंत बाद या बसंत शुरू होने के तुरंत बाद।

Early का प्रयोग निर्धारित समय से पूर्व के लिए भी होता है। जैसे :

(a) She came early in the meeting. (b) The Chief guest came early.

जबकि Soon का प्रयोग after a point of time, के अर्थ में किया जाता है। जैसे :

(a) She came to meet me soon after Ram arrived.
(b) Get well soon.
(c) The work was hard, but she soon used to it.

'Soon' means a short time after a point of time.

**(13) Seldom or never/ Seldom if ever :** Seldom के साथ या तो or never या if ever आता है। (Seldom or ever गलत है।) जैसे :

(a) She seldom or never tells lies.
(b) She seldom if ever asks the boys the reason of their absence.

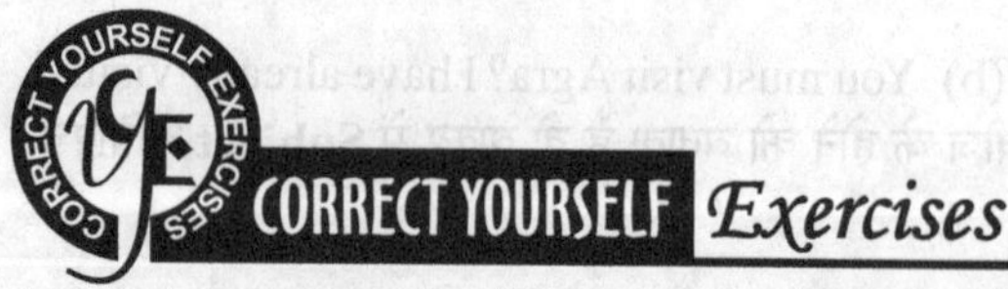


## Adverbs

**01**

***Correct the following sentences :***

(1) She takes generally her breakfast at 8 AM.
(2) Ram only came here last Saturday.

(3) Ramesh was too tired when he came here.
(4) Sita came quicker than I expected.
(5) We wanted a better and efficient Office Assistant.
(6) It was much cold last night.
(7) I visited her frequently while in New York.
(8) He will be quite sorry to know that.
(9) The water of this tank is too cold.
(10) He ran very fastly.

## 02

***Correct the following sentences*** **:**

(1) Hari was fortunately not available in the hostel.
(2) It was nothing else than her arrogance.
(3) He feels comparatively better today.
(4) Come at 7 O'clock to my office.
(5) I seldom or ever refused the leave.
(6) He quickly ran away from the site.
(7) Firstly you think over the words and then speak.
(8) I go often to the Shani Temple.
(9) No one hardly goes to church daily.
(10) I care a straw for it.

## 03

***Correct the following sentences*** **:**

(1) We were very delighted to get the news.
(2) Call me anything else than a fraud.
(3) They could not find her nowhere.
(4) I only solved two sums.
(5) She peacefully died yesterday.
(6) Do you know to drive ?
(7) I went directly to Meerut.
(8) It is very cold to go for a walk today.
(9) Parul runs fastly than Nalini.
(10) If you run fast, you would have won the race.

## 04

***Correct the following sentences*** **:**

(1) Hari speaks clear.
(2) Sita writes neat.
(3) Sarla hit the thief hardly on the head.
(4) He is perfectly quite right.
(5) The speaker spoke enough loud to be heard easily.
(6) Ram is much old.
(7) The story is much interesting.
(8) Ram comes here seldom.
(9) I am very satisfied with her conduct.
(10) The train will arrive just now.
(11) The film was mostly over when you entered.

(12) He fared bad in the seemed innings.
(13) Repeat again what you have said.
(14) Breathe deeply when you walk.

## 05

***Correct the following sentences :***

(1) He cautiously drives.
(2) She heartily loves Ram.
(3) There were every where flowers in the garden.
(4) Ram comes at the field regularly everyday.
(5) She has been absenting herself frequently from the office.
(6) Ram already has finished his work.
(7) I see her frequently in the market.
(8) She has often to go by train.
(9) He is intelligent wonderfully.
(10) Sita regularly visits her friend Sarla.

## SOLUTIONS CORRECT YOURSELF *Exercises*

### Solution CYE 01

(1) Generally she takes her breakfast at 8 A.M..
(2) Ram came here only last Saturday.
(3) Ramesh was much tired when he came here.
(4) Sita came quickly than I expected.
(5) We wanted a better and more efficient Office Assistant.
(6) If was very cold last night.
(7) I frequently visited her while in Newyork.
(8) He will be very sorry to know that.
(9) The water of this tank is very cold.
(10) He ran very fast.

### Solution CYE 02

(1) Fortunately Hari was not available in the hostel.
(2) It was nothing else but her arrogance.
(3) He feels better today.
(4) Come to my office at 7 O'clock.
(5) I seldom or never refused the leave.
(6) He ran away quickly from the sight.
(7) First you think over the words and then speak.
(8) I often go to the Shani Temple.
(9) Hardly any one goes to church daily.
(10) I do not care a straw for it.

### Solution CYE 03

(1) We were much delightful to get the news.
(2) Call me anything else but a fraud.

(3) They could not find her anywhere.
(4) I solved only two sums.
(5) She died peacefully yesterday.
(6) Do you know how to drive ?
(7) I went direct to Meerut.
(8) It is too cold to go for a walk today.
(9) Parul runs faster than Nalini.
(10) Had you run fast you would have won the race ?

**Solution CYE 04**

(1) Hari speaks clearly.
(2) Sita writes neatly.
(3) Sarla hit the thief hard on the head.
(4) He is perfectly right.
(5) The speaker spoke loud enough to be heard easily.
(6) Ram is very old.
(7) The story is very interesting.
(8) Ram seldom comes here.
(9) I am much satisfied with her conduct.
(10) The train will arrive shortly.
(11) The film was almost over when you entered.
(12) He fared badly in the second innings.
(13) Repeat what you have said.
(14) Breathe deep when you walk.

**Solution CYE 05**

(1) He drives cautiously .
(2) She loves Ram heartily.
(3) There were flowers every where in the garden.
(4) Ram comes regularly at the field everyday.
(5) She has been frequently absenting herself from the office.
(6) Ram has already finished his work.
(7) I frequently see her in the market.
(8) She often has to go by train.
(9) He is wonderfully intelligent .
(10) Sita visits her friend Sarla regularly.

'To accomplish great things,
We must not only act,
But also dream;
Not only plan but also believe'.

## Articles and Conversations

वाक्यों में Articles का उचित प्रयोग आपकी भाषा को सशक्त एवं प्रभावशाली बनाता है। Articles दिखने में बहुत सरल एवं छोटे से लगते हैं लेकिन अधिकांश व्यक्ति Articles के प्रयोग में बहुत गलतियाँ करते हैं। An का प्रयोग उच्चारण (Pronunciation) पर आधारित है। अत: Speaking में सही उच्चारण, कम से कम Articles के प्रयोग हेतु बहुत आवश्यक है। Articles का अध्ययन आपको पूरी गंभीरता से करना है।

'A', 'An', 'The', Articles कहलाते हैं। Modern Grammar के अनुसार Articles एक प्रकार के Determiners हैं। A/An को —Indefinite तथा 'The' को Definite Articles कहते हैं।

**क्या आप जानते हैं कि हम हिन्दी के निम्न प्रकार के वाक्यों का अंग्रेजी अनुवाद करते समय A/An का प्रयोग क्यों करते हैं?**

(a) यह कुर्सी है। — This is <u>a</u> Chair.

(b) सीता ने गाना गाया। — Sita sang <u>a</u> song.

(c) यह छतरी है। — This is <u>an</u> umbrella.

इन हिन्दी वाक्यों में 'एक' नहीं होते हुए भी, इनका अंग्रेजी अनुवाद करते समय हमने A/An का प्रयोग किया है।

**'A' / 'An'—Indefinite Article—कहां A, तथा कहां An का प्रयोग होगा?**

**याद रखें**

*वाक्यों में Singular Countable Noun से पूर्व यदि वह अनिश्चित है, तो Article, A/An का प्रयोग अवश्य किया जाता है। इन वाक्यों का यह अनुवाद गलत है :*

*(a) This is chair.* — *Incorrect*

*(b) Sita sang song.* — *Incorrect*

*(c) This is umbrella.* — *Incorrect*

**(1) A/An का प्रयोग अनिश्चित (Indefinite) Singular Noun से पूर्व किया जाता है। (निश्चित होने पर Noun के पूर्व 'The' का प्रयोग किया जाता है) इसी कारण से A/An को Indefinite Articles कहा जाता है। जैसे :**

(a) I have a purse. (b) He sang a song.

(c) This is an inkpot. (d) Ram is a boy.

**(2) जिस शब्द से पूर्व A/An का प्रयोग होता है, यदि उस शब्द के उच्चारण की प्रथम ध्वनि (First sound of Pronunciation) यदि स्वर है तो An का प्रयोग होगा, अन्यथा A का प्रयोग होगा।**

**Note**

आपको इसी प्रकार से कम से कम 10 वाक्य स्वयं को बनाने हैं। इस तरह के वाक्य, अपने घर, परिवार तथा मित्रों के सम्बन्ध में बनायें।

(a) अंग्रेजी भाषा में A, E, I, O, U, को स्वर (Vowels) माना गया है। कई शब्द इन Vowels से तो शुरू हो सकते हैं लेकिन मुख्य बात है, यदि उस शब्द के उच्चारण की यह ध्वनि व्यंजन है, तो A का प्रयोग होगा। यदि यह ध्वनि स्वर है तो An का प्रयोग करना होता है। जिस शब्द के पूर्व हमें A या An लगाना है, यदि उसके उच्चारण कि प्रथम ध्वनि, हिन्दी वर्णमाला के स्वर से उच्चारित है तो An लगाये अन्यथा A का प्रयोग करें।

हिन्दी वर्णमाला में, अ, आ, इ, ई, उ, ऊ, ए, ऐ........ स्वर माने जाते हैं। हिन्दी भाषा में 16 स्वर हैं जबकि अंग्रेजी में मात्र 5 स्वर माने गये हैं।

*Note the pronunciation of following words:*

| | | | |
|---|---|---|---|
| *An umbrella* | अम्ब्रेला | *A university* | यूनिवर्सिटी |
| *A union* | यूनियन | *A ewe* | यू |
| *A one rupee note* | वन | *An honest* | ऑनेस्ट |

शब्द का प्रथम उच्चारण क्या है? यह महत्वपूर्ण नहीं है, महत्वपूर्ण है, उसके उच्चारण की प्रथम ध्वनि।

(b) अंग्रेजी भाषा में एक अक्षर, कई प्रकार की ध्वनि हेतु प्रयुक्त होता है। जिन अक्षरों को स्वर (A, E, I, O, U) माना गया है, उनका प्रयोग बहुत बार व्यंजनों (Consonants) की तरह होता है। बहुत से व्यंजन (Consonants) स्वर का कार्य करते हैं। हो सकता है शब्द का प्रथम अक्षर M, N, F, X, S, L, H हो, लेकिन उच्चारण की प्रथम ध्वनि (First Sound of pronunciation) स्वर हो तो ऐसे शब्दों के पूर्व an प्रयोग होगा। जैसे :

| | |
|---|---|
| *(a) He is an MLA / MP.* | (एम. एल.ए./एम.पी.) |
| *(b) He lodged an FIR.* | (एफ. आई. आर.) |
| *(c) Shashi is an NCC officer.* | (एन. सी. सी.) |
| *(d) He is an SDO.* | (एस.डी.ओ.) |
| *(e) I have an X-ray machine.* | (एक्सरे) |
| *(f) She in an LLB.* | (एलएल.बी.) |
| *(g) I have been waiting for an hour.* | (ऑवर) |
| *(h) He is an heir to the throne.* | (ऐअर) |
| *(i) Ram is an honest person.* | (ऑनेस्ट) |

***Note the following words and correct use of A/An :***

(1) An hour.
(2) An hourly meeting.
(3) An hour's daybreak.
(4) An honour.
(5) An honorary post.
(6) An honourable person.
(7) An honest man.
(8) An heir.
(9) An honorarium.
(10) A house.
(11) A historical fair.
(12) A humble person.
(13) A husband.
(21) A one rupee note.
(22) A one eyed man.
(23) A uniform.
(24) A useful book .
(25) A useful feature.
(26) A unique decision.
(27) A united front.
(28) A unified plan.
(29) A year.
(30) A USA allay.
(31) An FO.
(32) A forest officer.
(33) An MP/MLC

(14) A heinous crime.
(15) A young man.
(16) A ewe.
(17) A university.
(18) A unity.
(19) A union.
(20) A eulogy.
(34) A Member of Parliament.
(35) An IAS / IPS / ILO.
(36) An SP / SDO.
(37) An M.A./M.Sc/M.Com.
(38) An RTS / RTC / RO.
(39) An RC worker.
(40) A UK ship / European.

## Where to Use A or An ?

**(1) Singular countable noun** से पूर्व **A/ An** का प्रयोग किया जाता है। **Countable** का अर्थ है, जिसकी गिनती की जा सकती है। जैसे :

(a) I have a pen.
(b) She has a car.
(c) Ram has an umbrella.
(d) She is a girl.

**Note**

*यदि noun से पूर्व कोई Adjective आता है तो A/An को उस Adjective के पहले लगाते हैं। यदि Adjective से पूर्व कोई Adverb आया हो तो A/An को उस Adverb से पूर्व लगाते हैं। जैसे :*

*(a) Sita in a beautiful girl.* *(Adjective)*
*(b) She in an intelligent lady.* *(Adjective)*
*(c) Sakshi in an extremely beautiful girl.* *(Adverb)*

**(2) Profession** (व्यवसाय) से पूर्व, निम्न प्रकार से **A /An** का प्रयोग किया जाता है :

(a) He is an MP/ MLA/ MLC/ SDO/ FO.
(b) She is a nurse/ teacher/ dentist.
(c) He is a manager/ carpenter / cobbler.
(d) Mr. Sharma in an engineer / architect.

**(3) Exclamatory** वाक्यों में **What** के बाद **Singular, Countable nouns** से पूर्व **A/An** का प्रयोग किया जाता है। जैसे :

(a) What a grand building!
(b) What a pretty girl !

**(4)** 'प्रति माह' या 'प्रति वस्तु कीमत' के सन्दर्भ में प्रयोग करने पर **A/ An** का प्रयोग किया जाता है। जैसे :

(a) She can run twelve kilometers an hour.
(b) Rice sells fifty rupees a kilo.
(c) I earn Rs. twenty thousand a month.
(d) This train runs seventy kms. an hour.

**(5)** कुछ गिनती बताने वाले शब्द, जैसे :

A hundred, A thousand, A million, A dozen, A couple से पूर्व 'a' लगता है। Half से पूर्व A का प्रयोग निम्न प्रकार किया जाता है। जैसे : 3½ kilo—Three and a half kilos. 2¼ meters —Two and a quarter meters.

(a) I have a hundred pens.
(b) He has a thousand rupees.
(c) She has to walk two and a quarter kilometers daily.

**(6)** किसी विशिष्ट व्यक्ति की विशेषताओं के सम्बन्ध में किसी अन्य व्यक्ति को पहचान दी जाये तो **A/An** का प्रयोग किया जाता है। जैसे :

(a) He is a Hitler. [A despot like Hitler]
(b) He is a Gandhi. [As great as Gandhi]

**(7)** किसी जाति विशेष को व्यक्त करने के लिये **Singular Countable Noun** से पूर्व **A / An** का प्रयोग किया जाता है। जैसे :

(a) A dog is an animal.
(b) A peacock is a bird.

**(8)** जब वाक्य में **Verb** (क्रिया) का प्रयोग **Noun** की तरह किया जाता है उससे पहले **A/An** लगाया जाता है। जैसे :

(a) He goes for a walk daily. [Walk (verb) used as noun]

(b) He has gone for a ride . [Ride is a verb used as noun]

(c) Last Sunday, I have a long talk with them . [Talk is a verb used here as noun]

(d) I want to have a rest /a drink / a bath. [Rest/drink/bath are verbs used as noun]

**(9)** कुछ विशेष **Phrases** में **A/An** का प्रयोग होता है। जैसे :

In a fix, in a hurry, in a nutshell, make a noise, make a foot, keep a secret, as a rule, at a discount, at a stone's throw, a short while ago, at a loss, take a fancy to, take an interest in, to have a drink, go for a walk, have a good education, make a foot, tell a lie, take a bath, half a kilo, a matter of chance.

(a) He has a good knowledge of Sanskrit.
(b) It is a pity.
(c) Never tell a lie.
(d) Do not make a noise.
(e) I am going to take a bath.
(f) Twelve inches make a foot.

**Note**

*Please Note : A / An प्रयोग निम्न स्थिति में नहीं करे :*

*(a) किसी भी Plural noun से पूर्व A /An का प्रयोग नहीं किया जाता है।*

*(b) Proper noun से पूर्व A/An का प्रयोग नहीं किया जाता है। किसी देश, राज्य, शहर, दिन, माह, व्यक्ति, वस्तु के नाम को Proper noun कहा जाता है।*

*(c) Uncountable Nouns से पूर्व A/An का प्रयोग नहीं किया जाता है।*

*(d) Uncountable Nouns से पूर्व A/An का प्रयोग सामान्यतया नहीं किया जाता है। जैसे : Advice, Accommodation, Baggage, Luck, Luggage, News, Permission, Progress, Scenery, Weather, Traffic, Knowledge, Music, Milk, Homework, Stone, Brick, Wine, Beauty, etc.*

*(a) She has gone to purchase some bread.*
*(b) Enjoy your vacations! I hope you have good weather.*
*(c) No news is good news.*
*(d) India has made good progress in the field of I.T.*
*(e) He brought his furniture by train.*
*(f) The wall in made of stone and brick.*

*Uncountable Nouns के पूर्व जब A/An का प्रयोग किया जाता है तो इन्हें कुछ शब्दों का प्रयोग करके, Countable बनाया जाता है। या इनके प्रयोग से ही Noun के Countable होने का पता चलता है। जैसे :*

*(a) I have a good news for you.*
*(b) I have a piece of bread.*
*(c) I have a milk bar.*
*(d) He gave me a piece of information.*
*(e) She is a beauty. (a beautiful girl)*
*(f) He threw a stone. (a piece of stone)*

'Have faith in yourself. You will win.

## 'The' – Definite Article

आपने **Indefinite Articles A/An** का प्रयोग कब एवं कहां किया जाता, यह जान लिया है। आज हम आपको वे स्थितियाँ बता रहे हैं जहाँ **Definite Article (The)** का प्रयोग किया जाता है।

**'The' is often used by the people very carelessly. Proper use of 'the' is very important for writing and speaking correct English.**

**'Articles' look small but have great importance in English Grammar.**

## "THE"

**Use of 'The'**—इसका प्रयोग उस **Noun** से पूर्व किया जाता है, जो निश्चित है, विशेष है या जिसकी चर्चा पूर्व में की जा चुकी है। **'The'** को इसीलिए **Definite article** कहा जाता है।

**Some Rules**

**(1)** जब किसी पूर्व निर्धारित वस्तु के बारे में कहा जाता है। जैसे :

(a) I found a bag. The bag contained a coin. The coin was made of gold.

(b) She brought a silk saree. The saree is very costly.

वाक्य सं. (a) में bag से पूर्व सर्वप्रथम 'A' का प्रयोग किया गया है। बाद में 'The' का प्रयोग किया गया है क्योंकि bag पूर्व निर्धारित, निश्चित हो गया है। इसी तरह coin से पहले 'A' का प्रयोग किया है, बाद में 'The' का, क्योंकि अब coin पूर्व निर्धारित हो चुका है। इसी तरह वाक्य (b) में पहले saree से पूर्व 'A' तथा बाद में The का प्रयोग किया गया है।

अन्य उदाहरण देखें :

(a) This is the hotel where she lives. (b) The man in blue dress is my brother.

**(2) Comparative Degree** से पूर्व, जब इसका प्रयोग **Adverb** की तरह किया जाये। जैसे :

(a) The more she gets, the more she demands. (b) The sooner he completes, the better it is.

**(3)** जब **Comparative Degree** से पूर्व कोई **Selection** करना व्यक्त हो या **Comparison** व्यक्त हो, तो **'The'** का प्रयोग होता है। जैसे :

(a) He is the stronger of the two. (b) This is the better of the two novels.

**(4)** शरीर के अंगों **(Parts of the body)** के पूर्व **'The'** का प्रयोग निम्न प्रकार से होता है।

(a) He was wounded in the arm. (b) Ram hit him in the head.

**(5) Superlative Degree** से पूर्व **'The'** का प्रयोग किया जाता है। जैसे :

(a) He is the best student of our class. (b) She is the most beautiful girl in this school.

लेकिन **Superlative Degree 'most'** का प्रयोग **very** के अर्थ में हो तो उससे पहले **'The'** नहीं लगता है। जैसे :

(a) She is a most beautiful girl. (b) This is a most useful reference book.

**(6) Singular Noun** के पूर्व जब **'The'** का प्रयोग किया जाता है तो वह उस जाति विशेष की विशेषता बताता है। जैसे :

(a) The tiger is a fierce animal. (b) The dog is faithful animal.

**(7)** धार्मिक समुदाय के नाम, साम्राज्य के नाम, इतिहास की घटनाओं, वंशजों के नाम, राजनैतिक दलों के नाम, ट्रेन, जहाज, जहाज, अखबार के नाम, महत्वपूर्ण भवनों के नाम नदियों के नाम, नहरों के नाम, समुन्द्र के नाम के पहले **'The'** का प्रयोग किया जाता है। जैसे :

(a) The Ganga / The Godawari / The Sutlej.
(b) The Pacific, The Red Sea, The Indian Ocean.
(c) The Hindus, the Muslims, The Sikhs.
(d) The Intercity, The Rajdhani express.
(e) The BJP, The Congress, The Communist Party.
(f) The Boeing, The Vikrant.
(g) The Bay of Bengal, The Gulf of Mexico.
(h) The Taj Mahal, The Char Minar.
(i) The French Revolution, The Quit India Movement.
(j) The Hindustan Times, The Indian Express.

**(8)** जो वस्तुएँ **Unique** हैं, उससे पूर्व **'The'** का प्रयोग होता है। जैसे : The Sun, The Earth, The World, The Universe, etc. लेकिन Heaven, Hell, God, Parliament के पूर्व 'The' का प्रयोग नहीं होता है। जैसे :

(a) The sun sets in the west. (b) The earth revolves round the sun.
(c) Go to hell. (No 'the') (d) Gods reside in heaven. (No 'the')
(e) He will raise this issue in Parliament. (No 'the')

**(9)** धार्गिक ग्रन्थों के नाम के पूर्व **'The'** का प्रयोग किया जाता है। जैसे : The Ramayan, The Kuran, The Bible etc.

(a) The Ramayan is a sacred book. (b) The Kuran is also a sacred book.

लेकिन Valmiki's Ramayan, Banbhatt's Kadambiri, जैसी स्थिति में, इनके पूर्व 'The' नहीं लगता है।

**(10)** व्यक्ति के पद के पूर्व **'The'** का प्रयोग निम्न प्रकार किया जाता है :

(a) The Chairman will decide the matter.
(b) The meeting was presided over by the Executive Director.
(c) This decision is taken by the Prime Minister.

**(11) Nationality** (राष्ट्रीयता) व्यक्त करने वाले शब्दों से पूर्व **'The'** का प्रयोग किया जाता है। जैसे:

(a) The English defeated the French.
(b) The Indian Cricket team has won the match.

**(12)** जब **Adjective** का प्रयोग **Noun** की तरह किया जाता है, उससे पहले **'The'** लगाने पर वह पूरे समुदाय को दर्शाता है। जैसे :

(a) The young and the old, the poor and the rich, the male and the female all supported Gandhi.
(b) Three percent posts are reserved for the disabled.
(c) The poor are generally trustworthy.
(d) The rich should help the poor.

**(13)** जब कोई वस्तु **Understood** होती है तो उससे पूर्व **'The'** का प्रयोग किया जाता है। जैसे:

(a) Kindly return the book. (That I gave you)
(b) Can you turn off the light ? (The light in the room)
(c) He has gone to the railway station. (The railway station of the town)
(d) I want to meet the manager. (The manager of the bank)
(e) Did you like the story ? (That I told you yesterday)

**(14) Job एवं Profession से पूर्व The का प्रयोग निम्न प्रकार होता है :**

(a) He likes the banking profession. (b) Do you like the teaching job ?

**(15) किसी Proper Noun के बाद, जब कोई Adjective उसी Noun को Qualify करते हुए लगाया जाता है। जैसे :**

Ashoka, the great, Napoleon, the warrior

**(16) Ordinals से पूर्व 'The' का प्रयोग किया जाता है। first, second, third .....Ordinals तथा one, two, three... Cardinals कहलाते हैं। जैसे :**

(a) The second lesson of this book is very difficult.
(b) He is the first to arrive in the meeting.

**(17) Musical Instrument, किसी अविष्कार (Invention) के नाम से पूर्व 'The' का प्रयोग किया जाता है। जैसे :**

(a) She can play the Tabla / Violin / Trumpet.
(b) Who invented the Telephone / Telescope ?

**(18) Go to the cinema, Go to the theatre में Cinema एंव Theatre से पूर्व 'The' लगता है। जैसे :**

(a) He went to the cinema yesterday. (b) She is going to the theatre.

**(19) Committee, club, foundation तथा Trust के नाम के पूर्व 'The' लगता है। जैसे :**

The Lions Club, The Rotary Club, The United Nation, The WHO, The Ford Foundation, The Rajiv Gandhi Trust etc.

**(20) कुछ Phrases में 'The' का प्रयोग स्वत: ही होता है। जैसे :**

(a) What is the matter? (b) Come to the point.
(c) She came to the rescue. (d) Keep to the left.
(e) The market is hot with the rumour. (f) He is in the wrong.

**(21) Plural Nouns से पहले 'The' का प्रयोग किया जाता है, यदि वाक्य के Reference के अनुसार Plural Noun, particular/definite हो गया हो। जैसे :**

(a) The boys of this college are very intelligent.
(b) The girls of this hostel are very beautiful.
(c) The books, we saw in the market, were duplicate.

**(22) जब कोई Noun, किसी गुण या भाव को व्यक्त करें तो उससे पूर्व भी 'the' का प्रयोग होता है। जैसे :**

(a) The judge (moral of judge) in him, prevailed upon the husband (Love of husband) and he sentenced his wife to death.
(b) The moralist (spirit of moralist) in Gandhi revolted against the tyranny of the British.

**(23) Same से पूर्व 'The' का प्रयोग Comparison हेतु निम्न प्रकार से होता है :**

(a) These books are the same as we saw in that shop.
(b) Your pen is the same as mine.

**(24) यदि दो या अधिक Noun एक ही व्यक्ति या वस्तु के लिये प्रयुक्त हुए हों तो, 'The' का प्रयोग पहले Noun के पूर्व किया जाता है। जैसे :**

(a) The secretary and treasurer was present there.
(b) The counsellor and faculty was working in the office.

यहां Secretary and Treasurer तथा Counsellor and faculty एक ही व्यक्ति है।

**(25) 'The' का प्रयोग Country के नाम के पूर्व नहीं होता है लेकिन यदि Country के नाम के साथ Republic, Kingdom, States जुड़े हुए हों तो 'The' का प्रयोग इनसे पूर्व किया जाता है। जैसे : The Republic of Ireland, The Dominican Republic, The United States, The United Kingdom etc.**

(a) He visited India and the United States.
(b) They went to Canada and the United Kingdom.

**(26) 'The'** का प्रयोग **Plural Names of : Countries/ Islands / Mountains/ Person** के साथ होता है। जैसे :

The Netherlands, The Lacchadiv islands, The Philippines, The Andes, The Alps, The Himalayas, The Johnsons, The Raymonds, The Ambanis etc.

**Note**

*Sicily island, Bermuda island, Java island; Everest, Etna, Abu (Name of Mountain) इत्यादी के साथ 'The' का प्रयोग नहीं होगा।*

**(27) East, West, North, South** के साथ **'The'** का प्रयोग होता है लेकिन यदि इनके साथ कोई **Place** का नाम जोड़ा गया हो तो **'The'** का प्रयोग नहीं होगा। इसी तरह **Northern, Southern , Eastern, Western** से पूर्व **'The'** नहीं आता है। जैसे :

(a) The sun rises in the east.
(b) He is going to North America.
(c) Rajasthan is in western India.
(d) Sweden is in northern Europe.

**(28)** बहुत सी महत्वपूर्ण **Buildings** एवं **Institutions** के नाम, दो शब्दों से मिलकर बने होते हैं। जिनमें से एक शब्द किसी व्यक्ति अथवा स्थान का नाम होता है, ऐसे नाम के साथ **'The'** कर प्रयोग नहीं किया जाता है। जैसे : Delhi Airport, Victoria Station, London Zoo, Jaisingh Palace, Indira Gandhi Airport, Edinburgh Castle, Jaipur Place इत्यादि, इनके साथ 'The' का प्रयोग नहीं किया जाता है। लेकिन अन्य नाम जैसे : The Royal Palace, The Char Minar, The White House, The Red Square, The Taj Mahal, इनके साथ **'The'** का प्रयोग होता है। **(Note : This is a generally accepted rule, there are several exceptions )**

**(29) Sky, Moon, World, Sea, Country,Environment** से पूर्व **'The'** का प्रयोग किया जाता है। जैसे :

(a) The sky is dark and the moon in shinning.
(b) The sea seems calm today.
(c) Do you live in a town or in the country?
(d) We must do something to protect the environment.

"Life is not a victory, but battle,
If you want to win,
Fight tirelessly."

## No Article –Zero Article

आपने **Definite** एवं **Indefinite Articles** का प्रयोग कब एवं कहां किया जाता है, यह जान लिया है। आज हम आपको बता रहे हैं वे स्थितियाँ जहाँ **Articles** का प्रयोग नहीं किया जाता है। इसे **'Zero Article'** या **'No Article'** के नाम से जाना जाता है।
भाषा की शुद्धता **Conversation** में प्रवीणता हेतु इसका ज्ञान बहुत महत्वपूर्ण है।

## Zero Article Situations

Articles का प्रयोग, बहुत सावधानी से करना चाहिए। नीचे दी गई स्थितियों में Article का प्रयोग नहीं किया जाता है :

**(1) School, College,University, Bed, Church, Court, Hospital, Prison, Market,** से पूर्व **Article 'The'** का प्रयोग उस स्थिति में नहीं किया जाता, जब वहाँ जाने का उद्देश्य, वही हो, जिस हेतु, इसका निर्माण किया गया है। जैसे :

(a) I go to college at 10 AM. (For the purpose of study)
(b) He went to Church on Sunday (For making prayer)
(c) He went to market to purchase a T.V. (To purchase)
(d) We went to bed at 10 P.M. yesterday. (To sleep)

लेकिन यदि इन स्थानों पर जाने का उद्देश्य अन्यथा हो तो इनसे पहले 'The' लगता है। जैसे :

(a) The school is near to Ram's house.
(b) I will meet you near the court.
(c) I found her near the church.
(d) I will take tram from the church.
(e) I sat on the bed.
(f) We went to the prison to meet the superintendent.
(g) He went to the college to meet the class teacher.

**(2) Appoint, Made, Nominate, Elect, Declare** के बाद यदि कोई **Noun** आता है तो उससे पूर्व **Article** का प्रयोग नहीं होता है। जैसे :

(a) He was elected MLA.
(b) He was appointed supervisor.
(c) He was nominated secretary.
(d) We made him monitor.
(e) He was declared captain of our team.

**(3)** खाने के नाम (**Lunch, Dinner, Supper, Breakfast**) के पूर्व **Article** का प्रयोग, सामान्य स्थिति में नहीं किया जाता है। जैसे :

(a) I couldn't have breakfast this morning. (b) He was invited to dinner.
(c) I had lunch at 1 P.M..

लेकिन याद रखने के नाम के साथ कोई Adjective लगा हो या खाना Particular हो गया हो तो Article का प्रयोग किया जाता है। जैसे :

(a) He arranged a nice dinner. (b) The dinner hosted by the queen was superb.

**(4)** बिमारियां (**Disease**) के नाम से पूर्व सामान्यतय कोई **Article** नहीं लगता है। जैसे :

(a) She is suffering from fever. (b) He died of cholera.

लेकिन यदि Diseases का नाम Plural में हो जैसे Mumps, Measles तो इनके पूर्व The का प्रयोग किया जाता है।

The measles is a contagious disease.

**(5)** भाषा के नाम, रंग के नाम के पहले **Article** का प्रयोग नहीं होता है। जैसे :

(a) I can speak Hindi, but I can't speak English.
(b) He likes blue and white colour.

लेकिन यदि Colour का नाम एक Adjective की तरह किसी Countable noun के साथ प्रयुक्त हुआ है तो Article का प्रयोग किया जाता है। जैसे :

(a) She has a blue saree. (b) I have a red pen.

**(6)** यदि दो अलग-अलग **Adjectives** एक ही **Countable noun** के लिये प्रयुक्त हों तो **Article** का प्रयोग पहले वाले **Adjective** के साथ ही होगा। जैसे :

(a) This is a Hindi and English learning book. (b) This is a English and Hindi dictionary.

**(7)** सामान्यतया **watch television** में **television** से पूर्व **'The'** का प्रयोग नहीं होता है। लेकिन **listen to the radio** में **radio** से पूर्व **'The'** लगता है। जैसे :

(a) I often listen to the radio. (b) I heard the news on the radio.
(c) I watched the news on television. (d) I don't watch television at night.

**(8)** विषयों (**Subjects**) के नाम पूर्व सामान्यतया **Articles** का प्रयोग नहीं करते हैं। जैसे :

(a) I am student of Political Science. (b) He is learning French.
(c) I secured 88% marks in English. (d) He is good at Physics.

**(9)** **'kind of'** के बाद **'The'** का प्रयोग नहीं किया जाता है। जैसे :

(a) What kind of bird it was! (b) What kind of girl she is!

**(10)** कुछ ऐसे **Phrases** जिनमें **Preposition** के बाद **Object** आता है इनमें **Article** का प्रयोग नहीं होता है। जैसे :

At hand, By name, By bus, By train, By plane, in jail, At dinner, Underground, In jest, By water, On horseback, At sunset, In debt, In hand, All day, All night, At noon, At night, By post etc.

**(11)** जब किसी **Abstract noun** द्वारा **feelings** या **emotions** को कथन की तरह व्यक्त किया जाये तो **Article** का प्रयोग नहीं किया जाता है। जैसे :

(a) Honesty is the best policy. (b) Virtue is its own reward.

लेकिन यदि Abstract Noun द्वारा किसी व्यक्ति/जीव या वस्तु की Qualities से सम्बन्ध स्थापित किया जाये तो उसके पूर्व Article, the, लगता है। जैसे :

(a) He possesses the swiftness of a tiger. (b) He has the cunningness of Napolean.

**(12)** जब **Common Noun** का प्रयोग विस्तृत अर्थ में किया जाता है तो उससे पूर्व **Article** नहीं लगता है। जैसे :

(a) Man is an intelligent animal. (b) Birds fly.
(c) Fish live in water. (d) Cows eat grass.

**(13)** सामान्यतया **Proper Noun** से पूर्व **Articles** का प्रयोग नहीं किया जाता है लेकिन यदि **Proper Noun** का प्रयोग एक **Common Noun** की तरह होता है तो उससे पहले **Article** का प्रयोग किया जाता है। जैसे :

(a) Akbar was a great king. (b) Agra is a beautiful city.

यहाँ Akbar तथा Agra, Proper Noun हैं।

(a) Jaipur is the Paris of India. (b) Kashmir is the Switzerland of Asia.

(c) Ramesh is the Sachin of our college. (d) Mumbai is the Manchester of India.

यहाँ Paris, Switzerland एवं Sachin का प्रयोग Common noun की तरह हुआ है।

**Important**

शुद्ध लिखने एवं बोलने के लिये आवश्यक है कि हम बार-बार अभ्यास करें। नीचे कुछ **Exercises** दी गई हैं जो आप द्वारा की जा रही गलतियों से आपको अवगत करायेंगी।

शुद्ध बोलें, शुद्ध लिखें, अंग्रेजी रटें, नहीं-सीखें, वाक्य-स्वयं बनायें।

## ≡01≡

***Correct the following sentences*:**

(1) The Iron is a kind of metal.
(2) The union is strength.
(3) The Bengalies live on fish.
(4) The teachers can depend on their students.
(5) More they get more they demand.
(6) He invited me to the tea.
(7) It was an unique opportunity.
(8) He is a ex. M.P.
(9) English is a easy language.
(10) USSR is a great nation.
(11) I went to market and brought few books.
(12) Everyone should have a equal opportunity to get an education.
(13) They had an accident in new Maruti they brought last week.
(14) What is required is an united action.
(15) Kashmir is Switzerland of Asia.

## ≡02≡

***Correct the following sentences*:**

(1) Ramesh is a Communist not Socialist.
(2) Most of students are Laborious.
(3) Hindus are non violent and generous in nature .
(4) Girls of this college are more sincere than boys.
(5) Do not make noise.
(6) He was in wrong.

(7) It needs two to make quarrel.
(8) Keep to left.
(9) We made him the Captain.
(10) USSR is not as prosperous a state as USA.
(11) She was condemned to the hell.
(12) Gita is a holy book of the Hindus.
(13) He does not know the English.
(14) He is a honorable man.
(15) I do not like the flattery.

## 03

***Correct the following sentences :***

(1) Have you seen Taj Mahal ?
(2) I do not give the ear to his arguments.
(3) She is suffering from the fever.
(4) The honesty is a commendable virtue.
(5) Earth moves round the Sun.
(6) She is M.A.; LL.B.
(7) The father and son were not present.
(8) The cattle were grazing in the field.
(9) She goes to the college at 10 A.M.
(10) Bible is a sacred book of Christians.
(11) I read Indian Express daily.
(12) Apple of Kashmir is better than that of Shimla.
(13) It is pleasure to do business with a reputed firm.
(14) We decided to stay at lodge in the centre of the city.
(15) He is African by birth and not a European.

## 04

***Correct the following sentences :***

(1) I gave her red shirt.
(2) Himalayas lie to the north of India.
(3) I was invited to a dinner.
(4) Windows are made of the glass.
(5) She is most beautiful girl.
(6) I have an ewe and a ram.
(7) The silver is a white metal.
(8) A white and black cow were there in the park.
(9) I am feeling pain in my leg.
(10) His son is suffering from measles.
(11) He is President of United States.
(12) The President Bush has given final warning to Iraq.
(13) This man is second Gandhi.
(14) A contest is going on between God and devil.
(15) Ramesh secured 90 % marks in the Physics.

CORRECT YOURSELF *Exercises*

**Solution CYE 01**

(1) Delete 'the' before Iron.
(2) Delete 'the' before Union.
(3) Delete 'the'before Bengalies.
(4) Delete 'the' before teachers.
(5) Insert 'the' before each 'more'.
(6) Delete 'the' before tea.
(7) Change 'an' to 'a'.
(8) Change 'a' to 'an'.
(9) Change 'a' to 'an'.
(10) Insert 'the' before USSR.
(11) Insert 'a' before few.
(12) Change a to an (before equal) and delete 'an' before education.
(13) Insert 'the' before new.
(14) Change 'an' to 'a'.
(15) Insert 'the' before Switzerland.

**Solution CYE 02**

(1) Insert 'a' before Socialist.
(2) Insert 'the' before students.
(3) Insert 'the' before Hindus.
(4) Insert 'the' before girls and boys.
(5) Insert 'a' before noise.
(6) Insert 'the' before wrong.
(7) Insert 'a' before quarrel.
(8) Insert 'the' before left.
(9) Delete 'the' before captain.
(10) Insert 'the' before USSR and USA
(11) Delete 'the' before hell.
(12) Insert 'the' before Gita.
(13) Delete 'the' before English.
(14) Change 'a' to 'an'.
(15) Delete 'the' before flattery.

**Solution CYE 03**

(1) Insert 'the' before 'TajMahal.'
(2) Delete 'the' before ear.
(3) Delete 'the' before fever.
(4) Delete 'the' before honesty.
(5) Insert 'the' before earth .
(6) Change a to an before M.A.
(7) Insert 'the' before son.
(8) Delete 'the' before cattle.
(9) Delete 'the' before college.
(10) Insert 'the' before Bible and before Christains.
(11) Insert 'the' before Indian.
(12) Insert 'the' before apple.
(13) Insert 'a' before pleasure.
(14) Insert 'a' before lodge.
(15) Insert 'an' before African.

**Solution CYE 04**

(1) Insert 'a' or 'the' before red shirt.
(2) Insert 'the' before Himalayas.
(3) Delete 'the' before dinner.
(4) Delete 'the' before glass.
(5) Insert 'the' before most.
(6) Change an to a.
(7) Delete 'the' before Silver.
(8) Insert 'a' before black.
(9) Insert 'a' before pain.
(10) Insert 'the' before measles.
(11) Insert 'the' before President and before United States.
(12) Delete 'the' before President and Insert 'the' before Iraq.
(13) Insert 'a' before second.
(14) Insert 'the' before devil.
(15) Delete 'the' before Physics.

"Articles look small, but play very important role in writing and speaking correctly."

## Conversations and Conjunctions

**Conversations में कई बार दो वाक्यों को संयुक्त करके बोलना होता है। कई स्थितियों में उचित Conjunction के प्रयोग से दो समान प्रकार की घटनाओं या दो परस्पर विरोधी घटनाओं को उचित प्रकार से व्यक्त किया जा सकता है।**

**What is Conjunction?** : Conjunction एक ऐसा शब्द होता है जो दो शब्दों या दो वाक्यों को आपस में जोड़ता है। Conjunction (संयोजक) को **Sentence Linker** भी कहा जाता है।

***See the following sentences* :**

(1) He must weep or he will be mad.
(2) God made the man and man made the country.
(3) Two and two make four.
(4) Ram and Rahim are students.

**Sentences 1 एवं 2 में Conjunction 'or', 'and' दो वाक्यों को जोड़ते हैं जबकि Sentence 3 एवं 4 में Conjunction 'and' दो शब्दों को जोड़ने का काम करता है।**

***Learn the correct use of Conjunctions* :**

Not only........ but also, Either.... or, Neither....... nor, Both...... and, ये सभी Conjunctions ; Correlative conjunctions कहलाते हैं एवं जोड़े में प्रयुक्त होते हैं।

**(1) Not only..... but also :** ऐसे वाक्य जो Not only.....but also द्वारा जोड़े जा सकते हैं, दो प्रकार के होते है। जैसे :

(A) जब दोनों वाक्यों में Subject एक ही हो। **(Same Subject)**

(B) जब दोनों वाक्यों में Subject अलग-अलग हो। **(Different Subjects)**

**(A) Same Subject :**

***See the following sentences*** :

(i) (a) Ram is writing a letter. (b) Ram is watching T.V.
**Ram is not only writing a letter but also watching T.V.**
राम न केवल पत्र लिख रहा है बल्कि टी. वी. भी देख रहा है।

(ii) (a) Sita will purchase a book. (b) Sita will purchase a pen.
**Sita will not only purchase a book but also a pen.**
सीता ने न केवल किताब बल्कि पेन भी खरीदा।

(iii) (a) Ramesh eats an apple. (b) Ramesh drinks milk.
**Ramesh not only eats an apple but also drinks milk.**
रमेश न केवल सेब खाता है बल्कि दूध भी पीता है।

(iv) (a) Students are playing football. (b) Students are making a noise.
**Students are not only playing football but also making a noise.**
छात्र न केवल फुटबॉल खेल रहे हैं बल्कि शोर भी मचा रहे हैं।

## सामान्य नियम

(1) जब Subject समान हो तो दोनों वाक्यों में Subject तथा कुछ part Common होता है पहले Subject लिखें, जो Common part है उसे लिखें। उसके बाद Not only का प्रयोग करें। उसके बाद पहले वाक्य का शेष भाग लिखें।
(2) इसके बाद But also लिखे तथा दूसरे वाक्य का Common वाला भाग छोड़कर शेष वाक्य लिख दें।

**(B) Different Subjects :**
***See the following sentences*** :

(1) (a) Ram plays hockey. (b) Mohan plays hockey.
**Not only Ram but also Mohan plays hockey.**
न केवल राम बल्कि मोहन भी हॉकी खेलता है।

(2) (a) Sita will go to Jammu. (b) Ram will go to Jammu.
**Not only Sita but also Ram will go to Jammu.**
न केवल सीता बल्कि राम भी जम्मू जायेगा।

(3) (a) Harish is making a noise. (b) Ram is making a noise.
**Not only Harish but also Ram is making a noise.**
न केवल हरीश बल्कि राम भी शोर मचा रहा है।

(4) (a) My father went to Jaipur. (b) My friends went to Jaipur.
**Not only my father but also my friends went Jaipur.**
न केवल मेरे पिता बल्कि मेरे मित्र भी जयपुर गये।

(5) (a) The teacher is playing guitar. (b) The student are playing guitar.
**Not only the teacher but also the students are playing guitar.**
न केवल अध्यापक बल्कि छात्र भी गिटार बजा रहे हैं।

## सामान्य नियम

(1) जब Subject अलग-अलग हैं तो वाक्य Not only से शुरू करें उसके बाद पहले वाले वाक्य का Subject लिखें फिर but also लिखे उसके बाद दोनों वाक्यों में जो Common part है उसको लिखें।
(2) कृपया ध्यान रखें But also के बाद जो Verb लगेगी, वह But also के तुरंत पहले आने वाले Subject के अनुसार होगी। यदि Subject Plural में है, तो Verb उसी अनुसार Plural लगेगी।
(3) इनको प्रयोग करते समय यह ध्यान रखना चाहिए कि Not only के बाद जो Part of speech आता है, वह Part of speech सही But also के बाद आना चाहिए अर्थात् यदि Not only के बाद Noun या Verb आती है तो But also के बाद भी Noun या Verb ही आनी चाहिए। यह नियम Either... or, Neither.... nor, Both.... and, पर भी लागू होता है।

**(2) Both.... and :** वाक्य जो Both... and द्वारा जोड़े जा सकते हैं दो प्रकार के होते हैं:
(A) जिनमें Subject समान होता है (Same Subject).
(B) जिनमें Subject अलग-अलग होता है (Different Subject).

**(A) When Subject is same :**
***See the following sentences :***

(1) (a) I am a writer. (b) I am a teacher.
**I am both a writer and a teacher.**
मैं लेखक एवं अध्यापक दोनों हूँ।

(2) (a) Sarla is a Singer. (b) Sarla is a dancer.

**Sarla is both singer and dancer.**

सरला गायिका एवं नर्तकी दोनों है।

(3) (a) Ram will buy a book. (b) Ram will buy a pen.

**Ram will buy both a book and a pen.**

राम एक किताब एवं पेन दोनों खरीदेगा।

(4) (a) She will sing a modern song. (b) She will sing a classical song.

**She will sing both a modern and a classical song.**

वह आधुनिक एवं क्लासिक दोनों गाने गायेगी।

## सामान्य नियम

Common part of the sentences को सर्वप्रथम लिखें उसके बाद Both लगायें। फिर प्रथम वाक्य का Object लगायें तथ इसके बाद and लगकर दूसरे वाक्य का Object लगायें।

**(B) When Subjects are different :**

***See the following sentences*** :

(1) (a) Ramesh goes to college (b) Mohani goes to college

**Both Ramesh and Mohani go to college.**

**रमेश एवं मोहनी दोनों कॉलेज जाते हैं।**

(2) (a) Simran wrote a letter. (b) Savita wrote a letter.

**Both Simran and Savita wrote letters.**

**सिमरन एवं सविता दोनों ने पत्र लिखे।**

(3) (a) Raj is a lecturer. (b) Surendra is a lecturer.

**Both Raj and Surendra are lecturers.**

**राज एवं सुरेन्द्र दोनों लैक्चरर हैं।**

## सामान्य नियम

(1) सबसे पहले Both लिखें, उसके बाद प्रथम वाक्य का Subject लिखें, फिर and लिखकर दूसरे वाक्य का Subject लिखें, फिर क्रिया (Verb) की form लिखकर Object लिखें।

(2) ध्यान रखें Verb (क्रिया) की form दोनों Subjects को and द्वारा संयुक्त होने पर Plural हो जाती है। जैसे : वाक्य संख्या (1), (3) एवं (4) में Lecturer का Lecturers हो गया है।

**(3) Neither ... nor** : दो Negative वाक्यों को संयुक्त करने हेतु Neither... nor का प्रयोग किया जाता है।

**(A) जब वाक्यों में Subject समान है :**

***See the following sentences* :**

(1) (a) He is not a writer. (b) He is not a teacher.

**He is neither a writer nor a teacher.**

वह न लेखक है न ही अध्यापक।

(2) (a) Ramesh will not go to Jaipur. (b) Ramesh will not go to Ajmer.

**Ramesh will go neither to Jaipur nor to Ajmer.**

रमेश न जयपुर जायेगा न ही अजमेर।

(3) (a) Rahim is not reading. (b) Rahim is not watching T.V.

**Rahim is neither reading nor watching T.V.**

रहीम न तो पढ़ रहा है न टी०वी० देख रहा है।

(4) (a) She does not eat apple. (b) She does not eat bread.
**She neither eats apple nor bread.**
वह न सेब खाती है न रोटी खाती है।

## सामान्य नियम

पहला वाक्य का वह भाग जो Common Subject है उसे लिखें फिर Neither लिखें तथा शेष भाग Not वाले Part को छोड़कर उतार दें। फिर Nor लगायें तथा दूसरे वाक्य के Uncommon Part को उतार दें।

**(B)** जब वाक्यों में **Subject, Different** हैं।

***See the following sentences :***

(1) (a) The teacher is not playing. (b) The student are not playing
**Neither the teacher nor the students are playing.**
न अध्यापक, न ही छात्र खेल रहे हैं।

(2) (a) Surendra is not writing. (b) Ram is not writing.
**Neither Surendra nor Ram is writing.**
न सुरेन्द्र, न ही राम लिख रहा है।

(3) (a) Ram does not sing. (b) Ganeshan does not sing.
**Neither Ram nor Ganeshan sings.**
न राम गाता है न ही गणेश।

## सामान्य नियम

(1) Neither से वाक्य शुरू करें फिर पहले वाक्य का Subject लिखें फिर 'nor' लिखकर दूसरे वाक्य का Subject लिखें फिर दोनों वाक्य का Common part लिख दें।

(2) Verb का प्रयोग दूसरे Subject के अनुसार करना होगा यदि दूसरा Subject जो Verb के सबसे पास है यदि Plural है तो Verb भी Plural होगी।

**(4) Either.... or :** दो Positive वाक्यों को जोड़ने हेतु जिनमें विकल्प देना हो, वहाँ Either....or का प्रयोग किया जाता है।

**(A) When subject is same :**

***See the following sentences*** :

(1) (a) He will go to Alwar. (b) He will go to Delhi.
**He will go either to Alwar or Delhi.**
वह या तो अलवर जायेगा या देहली।

(2) (a) He plays hockey. (b) He plays volleyball.
**He plays either hockey or volleyball** .
वह या तो हॉकी खेलता है या बॉलीबाल।

(3) (a) The teacher writes a letter. (b) The teacher watches T.V.
**The teacher either writes a letter or watches T.V.**
अध्यापक या तो पत्र लिखता है या टी वी देखता है।

(4) (a) She is reading a book. (b) She is writing an essay.
**She is either reading a book or writing an essay.**
वह या तो किताब पढ़ रही है या निबन्ध लिख रही है।

**(B) When subjects are different**

***See the following sentences :***

(1) (a) Sita is playing. (b) Rita is playing

**Either Sita or Rita is playing.**

या तो सीता, या रीता खेल रही हैं।

(2) (a) Kamlesh swims. (b) Vima swims.

**Either Kamlesh or Vima swims.**

या तो कमलेश, या विमा तैर रही हैं।

(3) (a) The teacher is responsible. (b) The Students are responsible.

**Either the teacher or the students are responsible.**

या तो अध्यापक, या छात्र जिम्मेदार हैं।

## सामान्य नियम

(1) Either..... or हेतु वे ही नियम लागू होते हैं जो Neither.....nor हेतु लागू होते हैं। Either.....or का प्रयोग Positive वाक्यों में तथा Neither ... nor का प्रयोग Negative वाक्यों हेतु किया जाता है।

(2) Verb, or के पास वाले Subject के अनुसार Singular या Plural होगी जैसा वाक्य सं (3) एवं (4) से स्पष्ट है।

## Other Important Conjunctions

**(5) So .....That : Conjunction so that** का प्रयोग सामान्यतया **too.....to** के प्रयुक्त वाक्य के **transformation** में किया जाता है।

***Read the following sentences :***

(a) He is too weak to walk.
वह इतना कमजोर है कि चल नहीं सकता।
He is so weak that he cannot walk.

(b) She is too old to climb up the hill.
वह इतनी वृद्ध है कि पहाड़ पर नहीं चढ़ सकती।
She is so old that she cannot climb up the hill.

(c) He was too tired to do any work.
वह इतना थका हुआ है कि कुछ भी काम नहीं कर सकता था।
He was so tired that he couldn't do any work.

(d) Rahul was too puzzled to speak anything properly.
राहुल इतना परेशान था कि कुछ भी ढंग से नहीं बोल सकता था।
Rahul was so puzzled that he cannot speak anything properly.

## सामान्य नियम

(1) 'Too......to' प्रयोग होने वाले वाक्यों में जब So ....that का प्रयोग करना हो तो ध्यान रखें, Too की जगह So का प्रयोग करें, फिर Too के बाद प्रयुक्त शब्द को लिखें।

(2) फिर that लिखकर Subject को लिखें। इसके बाद Cannot लिखकर वाक्य में प्रयुक्त Verb एवं Object को लिख दें।

(3) यदि वाक्य Past Tense में है तो Cannot की जगह Could not का प्रयोग किया जायेगा so ....that का प्रयोग Negative वाक्यों में किया जाता है।

**(6) No Sooner ...... than :**

(1) No sooner did the bell ring than the boys ran out of classroom.
जैसे ही घंटी बजी, वैसे ही छात्र कक्षा से बाहर दौड़े।

(2) No sooner had I reached the station than the train started.
ज्यों ही मैं स्टेशन पहुँचा था कि ट्रेन चल दी।

(3) No sooner does he arrive here than it begins to rain.
ज्यों ही वह यहाँ पहुँचता है वर्षा शुरू हो जाती है।

**सामान्य नियम**

No sooner के बाद Helping Verb (Had, did, do, does) अवश्य आती है एवं Than भी वाक्य में अवश्य आती है। Than की spelling का ध्यान करें Then नहीं है।

**(7) Hardly, scarcely ..... when :**

(1) We had hardly reached the hospital when it began to rain.
हम कठिनाई से अस्पताल पहुँचे ही थे कि वर्षा होने लगी।

(2) He had scarcely reached the school when the bell rang.
वह कठिनाई से (बस/मुश्किल से) स्कूल पहुँचा ही था कि घंटी बज गई।

(3) She had scarcely/hardly recovered from fever when she caught cough.
वह कठिनाई (बस/मुश्किल) से बुखार से ठीक हुई ही थी, कि उसे खाँसी हो गई।

**सामान्य नियम**

(1) Hardly एवं Scarcely का अर्थ Negative में लिया जाता है। इनका अर्थ होता है कठिनता से/मुश्किल से।
(2) Hardly/Scarcely के तुरंत बाद Helping Verb; had के साथ दूसरा वाक्य When से शुरू होता है। यह महत्वपूर्ण है।

**(8) As soon as :**

(i) (a) She reached the station. (b) The train arrived.
As soon as she reached the station, the train arrived.
जैसे ही वह स्टेशन पहुँची रेलगाड़ी आ गई।

(ii) (a) He reached here. (b) She went to market.
As soon as he reached here, she went to market.
जैसे ही वह यहाँ पहुँचा वह बाजार चली गई।

(iii) (a) The thief saw the policeman. (b) He ran away.
As soon as the thief saw the policeman, he ran away.
जैसे ही चोर ने सिपाही को देखा वैसे ही वह भाग गया।

**सामान्य नियम**

As soon as शुरू में लिखकर पहला वाक्य पूरा लिख दें। उसके बाद Comma लगाकर दूसरा वाक्य पूरा लिख दें।

**(9) As ...as v/s So ..... as :**

(1) He is as strong as his brother. — वह उतना ही बलशाली है जितना उसका भाई।
(2) He is not so strong as his brother. — वह उतना बलशाली नहीं है जितना उसका भाई है।
(3) She is as beautiful as her sister. — वह उतनी ही सुन्दर है जितनी उसकी बहन है।
(4) She is not so beautiful as her sister. — वह उतनी सुन्दर नहीं है जितनी उसकी बहन है।
(5) He is not so foolish as you think. — वह इतना मूर्ख नहीं जितना आप सोचते हैं।
(6) This pen is as good as yours. — यह पेन तुम्हारे पेन जितना अच्छा है।

## सामान्य नियम

As .... as का प्रयोग समानता हेतु तथा So ... as का प्रयोग असमानता हेतु होता है।

**(10) Although/though .... yet :**

(1) Though/Although he is poor he is honest.
यद्यपि वह गरीब है फिर भी वह ईमानदार है।

(2) Though he works hard, yet he will not pass.
यद्यपि वह मेहनत करता है फिर भी वह पास नहीं होगा।

## सामान्य नियम

Although/Though के साथ कभी भी But का प्रयोग नहीं किया जाता है या तो Yet का प्रयोग होता है या नहीं किया जाता है। Although एवं Though में कोई महत्वपूर्ण अन्तर नहीं है।

**(11) Lest ...... should :**

(1) Work hard lest you should fail.
कठिन मेहनत करो कहीं ऐसा न हो कि तुम फेल हो जाओ।

(2) Move now lest you should miss the train.
अब चल दो कहीं ऐसा न हो कि तुम्हारी रेल छूट जाये।

## सामान्य नियम

Lest का अर्थ होता है : कहीं ऐसा न हो कि, तथा वाक्य में Lest के साथ हमेशा Should का प्रयोग किया जाता है।

**(12) Since : Use of 'Since' as Conjunction :** Since को जब Conjunction की तरह प्रयोग किया जाता तो ध्यान रखें since के पूर्व Perfect Tense का प्रयोग होता है तथा Since के बाद simple past tense का प्रयोग होगा।

(1) Ten years have passed since his father died.
उसके पिताजी को गुजरे हुए दस वर्ष हो चुके हैं।

(2) Two months have passed since we met.
हमें मिले हुए दो माह हो चुके हैं।

(3) Many changes have taken place since I met you last.
तुमसे अन्तिम बार मिलने के बाद कई परिवर्तन हो चुके हैं।

**(13) Whether ..... or :**

(1) You must attend the party whether you like it or not.
तुम्हें पार्टी में अवश्य जाना है चाहे तुम्हें पसंद हो या नहीं।

(2) I do not care whether you stay or go.
मुझे परवाह नहीं चाहे तुम रुको या जाओ।

(3) He will come whether you invite him or not.
वह आयेगा चाहे आप उसे बुलाओ या नहीं।

**(14) Such .... as :**

(1) He is not such a businessman as will deceive you.
वह ऐसा व्यापारी नहीं है कि तुम्हें धोखा देगा।

(2) There is no such proposal as she mentioned.
ऐसा कोई प्रस्ताव नहीं है जैसा उसने बताया था।

**Conjunction** का प्रयोग दैनिक जीवन में, आपसी बातचीत (**conversation**) में बहुत प्रयोग किया जाता है। **conversation** में **conjunction** के प्रयोग को आसान बनाने हेतु आपको स्वयं ऐसे वाक्य बनाने चाहिए एवं ऐसे वाक्यों के बार-बार बोलकर अभ्यास करना चाहिए।

## *Exercises*

### 01

***Join the following sentences using too ......... to :***

(1) The question is very difficult. I cannot answer it.
(2) The mountain is very high.We cannot climb it.
(3) It is very dark.We cannot see anything.
(4) The dress is very dirty.I cannot wear it.
(5) The room is very small.We cannot hold a meeting in it.

### 02

***Rewrite the following sentences using so ...........that :***

(1) She speaks too fast to be understood.
(2) The tree is too high for me to climb up.
(3) Bacteria are too tiny for us to see with naked eyes.
(4) The patient is too ill to live.
(5) The bus is running too fast to get down.

### 03

***Join the following sentences using either....or :***

(1) Give me a story book. Give me a newspaper.
(2) Vinita will send the invitation. Manoj will send the invitation.
(3) Banshi will come by bus. Banshi will come by train.
(4) Sheetal will buy a car. Sheetal will buy a house.
(5) Sharmila will go to Ahmedabad. Sharmila will go to Jaipur.
(6) Surayya will cook the food. Swati will cook the food.
(7) Hang the curtains. Wash the clothes.
(8) Rajesh works in a bank. Sadiq works in a bank.
(9) Abha will write a letter. Anuj will write a letter.
(10) You go to Withdraw the money from the bank. Naresh goes to withdraw the money from the bank.

### 04

***Join the following sentences using neither....nor :***

(1) Raghav does not like chocolates. Raghav does not like biscuits.
(2) Yasmin is not interested in games. Richa is not interested in games.
(3) Apoorva does not go to school. Gauri does not go to school.
(4) Sujata did not buy a car. Sujata did not buy a motorcycle.
(5) They are not going to England. They are not going to France.
(6) Rafiq is not a doctor. Rafiq is not a teacher.

(7) Shalu will not eat oranges. Shalu will not eat bananas.
(8) David did not come in summer. Chris did not come in summer.
(9) I do not have a ticket. I do not have money to buy a ticket.
(10) Mushtaq does not live in Bapu Bazar. Aftab does not live in Bapu Bazar.

### 05

***Join the following sentences by using Both..........and*** **:**

(1) Coffee is harmful for health.Tea is harmful for health.
(2) India uses rupees. Shri Lanka uses rupees.
(3) Tourists come from England.Tourists come from France.
(4) Rita sang well. Fatima sang well.
(5) English is an important language. Sanskrit is also as important language.

## SOLUTIONS CORRECT YOURSELF *Exercises*

### Solution CYE 01

(1) The question is too difficult for me to answer.
(2) The mountain is too high for us to climb.
(3) It is too dark for us to seen anything.
(4) The dress is too dirty for mc to wcar.
(5) The room is too small for us to hold a meeting.

### Solution CYE 02

(1) She speaks so fast that she cannot be understood.
(2) The tree is so high that I cannot climb it.
(3) Bacterias are so tiny that we cannot see them with naked eyes.
(4) The patient is so ill that he cannot live.
(5) The bus is running so fast that you cannot get down.

### Solution CYE 03

(1) Give me either a story-book or a newspaper.
(2) Either Vinita or Manoj will send the invitation.
(3) Banshi will come either by bus or by train.
(4) Sheetal will buy either a car or a house.
(5) Sharmila will go either to Ahmedabad or to Jaipur.
(6) Either Surayya or Swati will cook the food.
(7) Either hang the curtains or wash the clothes.
(8) Either Rajesh or Sadiq works in a bank.
(9) Either Abha or Anuj will write a letter.
(10) Either you or Naresh goes to draw the money from the bank.

### Solution CYE 04

(1) Raghav likes neither chocolates nor biscuits.
(2) Neither Yasmin nor Richa is interested in games.

(3) Neither Apoorva nor Gauri goes to school.
(4) Sujata bought neither a car nor a motorcycle.
(5) They are going neither to England nor to France.
(6) Rafiq is neither a doctor nor a teacher.
(7) Shalu will eat neither oranges nor bananas.
(8) Neither David nor Chris came in summer.
(9) I have neither a ticket nor money to buy it.
(10) Neither Mushtaq nor Aftab lives in Bapu Bazar.

**Solution CYE 05**

(1) Both coffee and tea are harmful for health.
(2) Both India and Shri Lanka use rupees.
(3) Tourists come both from England and France.
(4) Both Rita and Fatima sang well.
(5) Both English and Sanskrit are important languages.

"Knowledge of correct use of Conjunctions, gives strength to your speaking and writing skills."

## Conversations and Rules of Verbs

**Verbs** के बिना कोई वाक्य बन ही नहीं सकता है। एक वाक्य में **Verbs** का सही प्रयोग न होने से बनने वाला वाक्य अशुद्ध होगा। **Verbs** के प्रयोग के मुख्य नियमों को एवं विभिन्न **Part of Sentences,** जैसे **: Noun, Pronoun, Preposition, Conjunctions etc.** के साथ **Verb** का प्रयोग किस तरह किया जायेगा, इस भाग में बताया जा रहा है। ध्यानपूर्वक अध्ययन करें।

## Rules of Correct Use of Verbs

**Syntax : Subject Verbs Agreement**

Syntax का अर्थ होता है Sentence Structure. अंग्रेजी में वाक्य संरचना के नियमों को जानना, शुद्ध अंग्रेजी लिखने हेतु आवश्यक है। Syntax के दो प्रमुख अंग हैं :

**(1) Concord or Agreement :** By concord is meant formal agreement in person, number, gender or tenses between various parts of a sentence. अर्थात् वाक्य के विभिन्न भागों में सामंजस्य Person, Number एवं Gender तथा Tense के अनुसार किन नियमों के अनुसार होता है इसका अध्ययन Agreement or concord के अन्तर्गत किया जाता है।

**(2) Order (Position)** : वाक्य के विभिन्न भागों को किस क्रम में रखा जाना है? Word Order (Position in a sentence) की हम Preposition, Adverb, Conjunction etc. में अलग-अलग विस्तृत रूप से चर्चा करेंगे।

**Subject-Verb Agreement**

एक वाक्य में Verb एवं Subject के मध्य एक Agreement होता है जब Subject Singular है तो Verb भी Singular लगेगी।

**The verb must agree with its subject in number and person.** —*Nesfield*

(a) I am playing.

(b) They are playing.

(c) He is playing.

(d) We are playing.

वाक्य संख्या (a) एवं (c) में Subject singular है अत: Verb 'am', 'is' Singular है तथा वाक्य संख्या (b) एवं (d) में Subject Plural है अत: Verb 'are' Plural है।

**ध्यान रखें**

*(1) Verbs—Singular या Plural, Present Tense में ही होती है। सभी Verbs को Plural एवं Present Tense में माना जाता है। Verbs के साथ Present Tense में s या es लगाने से वह Singular बनती है।*

*(2) To be form of Verbs; (is, am, are, was, were) ये Verbs, Singular में अलग-अलग Persons के साथ अलग-अलग Verbs प्रयोग की जाती हैं। जैसे : I के साथ am, You के साथ are, He के साथ is, जबकि Plural में इनका रूप एक ही रहता है। Present Tense में are तथा Past Tense में were जैसे : We are, You are, They are एवं We were, You were, They were.*

*(3) Shall, Will, Should एवं Would के साथ हमेश Have का प्रयोग किया जाता है इनके साथ कभी भी Has लगाने की गलती न करें।*

## Rules of Verbs

**(Exceptions to the Rule of 'Subject -Verb Agreement')**

**Rule 1 :** कुछ वाक्य ऐसे होते हैं जिनमें **Singular Subject** होते हुए भी **Plural Verb** का प्रयोग किया जाता है।

**(A)** जब वाक्य में 'कल्पना' का भाव या असम्भव शर्त का भाव प्रदर्शित होता है। जैसे :

(1) I wish I were the Prime Minister.
(2) I wish I were a bird.
(3) Were he a king !
(4) Were she an eagle, she would fly to me.
(5) She ordered as if she were my mother.
(6) If I were you, I would kill him.

इन सब वाक्यों में एक कल्पना का भाव, एक असम्भव प्राय: शर्त का भाव प्रदर्शित हो रहा है। इस प्रकार के वाक्यों में 'were' का प्रयोग Singular Subject के साथ होता है।

**(B)** जब वाक्यों में **Verbs; bless, save, help, live** का प्रयोग इच्छा, अभिलाषा **(desire, wish)** या आशीर्वाद का भाव प्रकट करता है तो **Singular Subject** के साथ भी **bless, save, help, live** की **Plural form** का प्रयोग होता है अर्थात् **blesses, saves, helps** I **lives** की तरह इनका प्रयोग नहीं किया जा सकता है। जैसे :

(1) God save the queen.
(2) God help you .
(3) Long live the king.
(4) God bless you with a son !

**(C)** जबकि वाक्य में **Dare** एवं **Need** का प्रयोग **Modals** की तरह किया जाता है तो **Subject, Singular** होने पर भी **Dare** एवं **Need** ही रहते हैं। **(Dares** या **Needs** नहीं होते हैं)

नीचे लिखे वाक्यों का ध्यानूपर्वक अध्ययन करें :

(1) He need not to go there. (Needs नहीं होगा)
(2) She dare not oppose your proposal. (Dares नहीं होगा)
(3) Need he go there?
(4) One need not write anything to him.
(5) Dare she oppose you?
(6) He dare not speak like this.

**Rule 2 :** यदि को अलग-अलग **Noun,** एक ही व्यक्ति या वस्तु के लिये प्रयुक्त हों तो **Verb- Singular** लगती है। जैसे:

(a) The poet and painter has died.
(b) The Project Director and Additional Collector is on tour.
(c) The clerk and counsellor was present in the meeting.

यहाँ Poet, Painter, Project Director, Additional Collector तथा Clerk, Counsellor एक ही व्यक्ति के लिये प्रयुक्त हुए हैं। यह भी ध्यान रखें कि ऐसे वाक्यों में Article का प्रयोग पहले Noun के साथ ही होता है।

**Rule 3 :** दो **Noun** जो यद्यपि समानार्थक नहीं हैं लेकिन एक **Phrase** की तरह प्रयुक्त होते हैं तो भी **Verb-Singular** लगती है। **Actually** ये दो **Noun,** एक ही **Idea** को व्यक्त करते हैं। जैसे:

(a) Bread and butter is a good breakfast. (b) Slow and steady wins the race.
(c) "Early to bed, early to rise" is a good habit. (d) Pen and ink is needed by me.

**Rule 4 :** जब दो या अधिक **Singular Nouns; or, Either...or, Neither ...nor, Not only ....but also** से जोड़े गये हों तो **Verb-singular** लगती है। जैसे:

(a) No man or women was present there.
(b) Either Sita or Ram was present in the party.
(c) Neither he nor she is responsible for this loss.
(D) Not only the Principal but also the teacher was playing chess.

**Rule 5 :** जब दो या अधिक **Noun** अलग–अलग **Number** के हों (अर्थात् कोई **Plural** हो, कोई **Singular** हो।) तो **Plural number** वाला **Noun** ही **Verb** के साथ लगाना चाहिए एवं **Verb** भी **Plural** ही लगती है। जैसे:

(a) Neither the Principal nor the teachers were present in the function
(b) Either Ramesh or his friends have stolen the watch.
(c) Ramesh or his friends are abusing him.

**Rule 6 :** यदि दो या अधिक **Subjects; Either ...or, Neither...nor, or** से जुड़े हुए हों तथा **different persons** के हों तो **Verb** अपने पास वाले **Persons** के अनुसार लगती है। जैसे:

(a) Either you or I am to go there. (c) Neither he nor you are to attend them.
(b) You or Ramesh is responsible for the loss. (d) He or I am to go there.

**Rule 7 :** जब एक **Subject** के साथ **beside, as well as, and not, in addition to, like, with, together with** जैसे जोड़ने वाले **Conjunctions** से अन्य **Subject** या कोई शब्द जुड़े हुए हों तो **Verb** वाक्य में पहले आने वाले **Subject** के अनुसार लगती है। जैसे:

(a) Ram and not his friends was present there.
(b) The house with all its belongings was sold.
(c) The President as well as the members has come.
(d) The pigeon like other birds has wings.
(e) Four questions in addition to the first question have to be answered.

**Rule 8 :** जब किसी वाक्य में **Other** या **Another** के बाद कोई **Noun** आये तो ध्यान रखें **Other** के बाद **Plural Noun** एवं **Plural Verb** लगती है तथा **Another** के बाद **Singular Noun** एवं **Singular Verb** का प्रयोग किया जाता है। जैसे:

(a) There are so many other hotels better than this.
(b) There is another hotel near the railway station.

**Rule 9 :** सामान्यतया **All** एवं **Some** के साथ यदि **Countable noun** आता है तो वह **Noun** भी **Plural** होगा एवं **Verb** भी **Plural** लगाई जायेगी। लेकिन यदि **All** एवं **Some** के साथ कोई **Uncountable Noun** आता है तो **Verb-Singular** लगाई जाती है। जैसे:

(a) All the tigers are wild animals. (b) All the money was taken away by the thief.
(c) Some animals are faithful. (d) Some milk is needed.

**Rule 10 :** यदि एक वाक्य में **Most of** के बाद **Countable Noun** आता है तो ध्यान रखें वह **Plural** ही आयेगा तथा उसके बाद **Verb** भी **Plural** ही लगेगी लेकिन **Noun** यदि **Uncountable** आता है तो **Verb-Singular** लगती है। जैसे:

(a) Most of the persons are dishonest. (b) Most of people like the government jobs.
(c) Most of the milk was impure. (d) Most of the sugar was wet with water.

**Rule 11 : There** के बाद आने वाली **Verb Plural** या **Singular** होगी, यह इस तथ्य पर निर्भर है कि वाक्य का **Subject, Plural** है या **Singular**। जैसे :

(a) There is a girl in the room.
(b) There are ten students in the class.
(c) There was a queen.
(d) There were several ministers in the party.

**Rule 12 :** यदि वाक्य में **Half of** का प्रयोग किया जाता है तो ध्यान रखें **Half of** के बाद यदि **Countable Noun** आता है तो वह भी **Plural** ही होगा एवं **Verb** भी **Plural** ही होगी। यदि **Noun Uncountable** हो तो **Verb-Singular** लगती है। जैसे:

(a) About half of the students were present there.
(b) He said that half of the hostlers were absent.
(c) Half of the milk was spoiled.
(d) Half of the land was cultivated and half was uncultivable.

**Rule 13 :** किसी वाक्य में **Verb** उसके **Subject** के अनुसार लगती है न कि **Complement** के अनुसार। निम्नलिखित वाक्यों से यह बात स्पष्ट हो जाती है :

(a) Our only guide were the stars. *Incorrect*
Our only guide was the stars. *Correct*
(b) The stars was our only guide. *Incorrect*
The stars were our only guide. *Correct*

The subject of sentence (a) is guide and subject of sentence (b) is stars, so the verb in sentence (a) should be singular and in sentence (b) plural.

**Rule 14 :** यदि किसी वाक्य में **Infinitive, Gerund, Phrase** या कोई **Clause, Subject** का कार्य करता है या **Subject** की तरह प्रयोग में आया है तो **singular verb** का प्रयोग किया जाता है। जैसे:

(1) Swimming is a good exercise. *Gerund*
(2) To swim is good for you. *Infinitive*
(3) How to start it is a big question. *Phrase*
(4) That she is poor is known to me. *Clause*

**Rule 15 :** कई वाक्यों में **More** का प्रयोग निम्न प्रकार होता है :

(1) More books than one have been purchased by her.
(2) More girls than one were present in the party.
(3) More students than one have attended the class.
(4) More workmen than one are not traceable .

इस तरह के वाक्यों में **Plural Verb** का प्रयोग किया जाता है।

**Rule 16 :** जब वाक्य में निम्न **Phrases** का प्रयोग होता है **a number of, lots of, a lot of, plenty of, a quarter of, part of, percent of, proportion of, none of, remainder of, two third of, most of, some of, majority of, much of, many of, a good deal of, a great deal of, heaps of** तो **of** के बाद आने वाले **Noun** के अनुसार **Verb** लगाई जाती है। यदि **of** के बाद आने वाला **Noun Plural** है तो **Verb** भी **Plural** लगेगी। जैसे:

(1) Plenty of sugar is required.
(2) Plenty of chairs have been purchased.
(3) A lot of books were destroyed in fire.
(4) A lot of milk was sent there .

**ध्यान रखें**

*यदि of के बाद कोई Countable Noun है तो वह Plural होगा एवं यदि Uncountable noun है तो वह Singular होगा। जैसे :*

*(a) A number of boys, Plenty of books. (Boys and books are countable.)*
*(b) Plenty of milk, a lot of sugar. (Milk and sugar are uncountable.)*

**Rule 17 :** यदि वाक्य में **A number** या **The number** का प्रयोग हुआ है तो ध्यान रखें **the number** के साथ हमेशा **Singular verb** लगती है तथा **A number** के साथ हमेशा **Plural Verb** लगती है।

**The number** का अर्थ होता है एक निश्चित संख्या। यह **Collective Noun** की तरह प्रयुक्त होता है एवं **Singular Verb** का प्रयोग किया जाता है।

**A number** का अर्थ होता है 'बहुत' **(many)** तो इसके साथ **Plural verb** ही प्रयोग में लाई जायेगी। जैसे:

(1) The number of students opted English in Administrative Services is generally small.
(2) The number of candidates appeared in SSC this year was very large.
(3) A number of English books are available in library.
(4) There were a number of students waiting for their turn.

**Rule 18 : None** के साथ सामान्य रूप से **Singular Verb** का प्रयोग सही माना जाता है। लेकिन **Modern English** में **none** के साथ **Plural Verb** का भी प्रयोग किया जाने लगा है। इस सम्बन्ध में **Grammarians** में काफी मतभेद हैं। देखें :

(1) It is mistake to suppose that the pronoun 'none' is singular only and must at all costs be followed by singular verb. ***—Fowler***
(2) None was originally used only as singular but it has also acquired a plural meaning. ***—Nesfield***
(3) None is an abbreviated form of not one or no one and would therefore seem to be singular, but in its context it usually has a plural sense. ***—Vallins***

इस तरह **None** का प्रयोग **Singular** एवं **Plural** दोनों ही स्थिति में किया जा सकता है।

नीचे लिखे वाक्यों पर गौर करें :

(1) None but the brave deserves the reward. *Singular*
(2) None were injured. *Plural*
(3) None of the minor characters were present on the day of rehearsal. *Plural*
(4) None of his works shows his capabilities and his calibre. *Singular*

**Rule 19 : (A)** यदि किसी वाक्य का **Subject** कोई **Relative Pronoun** जैसे : **who, which, that** है तो **Verb** इस **Relative Pronoun** के **Antecedent** के अनुसार लगती है। **(Antecedent** का अर्थ होता है पहले आने वाला) अत: **Relative Pronoun** के पहले आने वाला **Noun** या **Pronoun** यदि **Singular** है तो **Verb** भी **Singular,** यदि **Plural** है तो **Verb Plural** लगेगी या यह कहें कि **Relative Pronoun** से पूर्व आने वाला **Noun** या **Pronoun** ही **Verb** को अनुशासित करता है। जैसे:

(1) It is I who have telephoned you.
(2) It is he who is responsible for this loss.
(3) The book that is here is mine.
(4) The books that are here are mine .
(5) The woman who is in black saree is my wife.
(6) The women who are standing there are my sister.

**Rule 20 :** यदि दो **Singular Nouns** के पहले **'no'** का प्रयोग हो तो **Verb- Singular** लगती है। जैसे:

(1) No boy and no girl was present in the party.
(2) No man and no woman was swimming at that time.

**Rule 21:** जब दो अंकगणितीय **figures** को **and** से जोड़ा जाता है तो **Verb-Singular** भी हो सकती है और **Plural** भी। जैसे :

(1) Four and four is eight
(2) Four and four are eight.

जब Singular Verb का प्रयोग होता है तो इसका अर्थ है कि and से संयुक्त इन अंकों को एक Unitary Concept माना गया है। जब Plural verb का प्रयोग किया जाता है तो इन्हे अलग अलग माना गया है। इस संबंध में Norman Lewis के निम्न कथन पर ध्यान दें :

Five and Five is ten : Right....But don't jump to the conclusion that 'five and five are ten' is wrong both verbs are equally acceptance.

***—Norman Lewis***

**साधारणतया Singular Verb का प्रयोग उचित रहता है।**

**Rule 22 : Everyone, Everybody, Nobody, Somebody, No one, Each one, Someone के साथ Singular verb लगती है। जैसे:**

(1) Everyone was happy to get this news. (2) Somebody is coming here.
(3) Each one was given a gift. (4) Someone is there in the hall.

**ध्यान रखें**

*नियमों को रटने से अंग्रेजी में प्रवीणता हासिल नहीं की जा सकती है। नियमों को बार-बार पढ़ें, इनके अनुसार स्वयं वाक्य बनायें।*

*"Practice alone can make you perfect.*
*Learning the rules gives you confidence*
*"Practice gives you Fluency."*

## CORRECT YOURSELF *Exercises*

**01**

***Correct the following sentences :***

(1) Rahul as well as his sisters were present in the party.
(2) Suresh and not his relatives were arrested.
(3) The Principal and the Warden was against the proposal.
(4) Either Ram or his friends was guilty.
(5) Neither Ram nor his friend Shyam were present in the party.
(6) The horse and carriage are at the gate.
(7) His kindness and benevolence are well known to everyone.
(8) His friend and benefactor were present there to protect him.
(9) The jury was divided in their opinion in that case.
(10) The wages of sin are death.
(11) Three parts of the house were left for me to live.
(12) Rahul together with his elder brother were present in the meeting.
(13) Neither of these questions are right.
(14) He qualified himself as an engineer.
(15) She has enlisted herself in the nursing college.

**02**

***Correct the following sentences :***

(1) Either he or I is to represent the school.
(2) Neither you nor he are to go now.
(3) The mob move towards the collectorate.

(4) The second innings were spoiled due to fire.
(5) Each hour and each minute are to be utilised by you.
(6) Every young and every old were happy to receive a gift.
(7) Not only the Tajmahal but also other monuments is worthseeing.
(8) The house with all its furniture were auctioned at a very low bid.
(9) The peacock like other birds have wings to fly.
(10) There is another schools better than this.
(11) The poors are never reliable.
(12) All the milk were used in the preparation of sweets.
(13) All the animal were given the proper diet.
(14) She apprised the inspector all that have happened yesterday night.
(15) Most of the person are reliable.

## 03

***Correct the following sentences* :**

(1) About half of the girls was present in the hall.,
(2) Half of the sugar were spoiled due to heavy rains.
(3) The apparatus purchased by the Nagar Parishad were very old.
(4) The advice of his friend are indeed valuable.
(5) Men after men were coming to visit the art gallery.
(6) One month after another have passed.
(7) His shoes is shining.
(8) Approximately ten sheeps were grazing in the college ground.
(9) A pair of shoes are purchased by her for her husband.
(10) There are many fishes in the aquarium.
(11) Each of the sports women were given a certificate.
(12) I wish I will be the minister.
(13) She ordered as if she is my elder sister.
(14) God saves our queen!
(15) He needs not go to market.

## 04

***Correct the following sentences* :**

(1) More than one girl were killed in the accident.
(2) God blesses you with success!
(3) Financial help from all the quarters were received.
(4) The quality of these items are appreciated by everyone.
(5) The fragrance of these beautiful flowers are liked by all.
(6) More workman than one are not traceable.
(7) He said, "Plenty of milk are required for the party."
(8) A lot of books and magazines was destroyed by the fire.
(9) The number of students opted Hindi in RAS are generally large.
(10) A number of English magazines is available in the college library.

## 05

***Correct the following sentences* :**

(1) It is I who is responsible for the loss in the business.
(2) The women who is standing there are my sisters.
(3) He is one of those who does know anything about the incident.

(4) It is one of the problems that was taken care of by the Civil Administration.
(5) Nothing but monkeys are seen.
(6) No man and no woman were allowed to enter without payment.
(7) Much of the time were wasted by the students.
(8) More than one man were killed there.
(9) Economic cooperation between India and China are decreasing day by day.
(10) More students than one has participated in the annual function.

## Solution CYE 01

(1) Rahul as well as his sisters was present in the party.
(2) Suresh and not his relatives was arrested.
(3) The Principal and the Warden were against the proposal.
(4) Either Ram or his friends were guilty.
(5) Neither Ram nor his friend Shyam was present in the party.
(6) The horse and carriage is at the gate.
(7) His kindness and benevolence is well known to everyone.
(8) His friend and benefactor was present there to protect him.
(9) The jury were divided in their opinion in that case.
(10) The wages of sin is death.
(11) Three parts of the house was left for me to live.
(12) Rahul together with his elder brother was present in the meeting.
(13) Neither of these questions is right.
(14) He qualified as an engineer.
(15) She has enlisted in the nursing college.

## Solution CYE 02

(1) Either he or I am to represent the school.
(2) Neither you nor he is to go now.
(3) The mob moves towards the collectorate.
(4) The second innings was spoiled due to fire.
(5) Each hour and each minute is to be utilised by you.
(6) Every young and every old was happy to receive a gift.
(7) Not only the Tajmahal but also other monuments are worthseeing.
(8) The house with all its furniture was auctioned at a very low bid.
(9) The peacock like other birds has wings to fly.
(10) There is another school better than this.
(11) The poor are never reliable.
(12) All the milk was used in the preparation of sweets.
(13) All the animals were given the proper diet.
(14) She apprised the inspector all that has happened yesterday night.
(15) Most of the persons are reliable.

**Solution CYE 3**

(1) About half of the girls were present in the hall.
(2) Half of the sugar was spoiled due to heavy rains.
(3) The apparatus purchased by the Nagar Parishad was very old.
(4) The advice of his friend was indeed valuable.
(5) Man after man was coming to visit the art gallery.
(6) One month after another has passed.
(7) His shoes are shining.
(8) Approximately ten sheep were grazing in the college ground.
(9) A pair of shoes is purchased by her for her husband.
(10) There are many fish in the aquarium.
(11) Each of the sportswomen was given a certificate.
(12) I wish I were the minister.
(13) She ordered as if she were my elder sister.
(14) God save our queen !
(15) He need not go to market.

**Solution CYE 4**

(1) More than one girl was killed in the accident.
(2) God bless you with success!
(3) Financial help from all the quarters was received.
(4) The quality of these items is appreciated by everyone.
(5) The fragrance of these beautiful flowers is liked by all.
(6) More workman than one is not traceable.
(7) He said, "Plenty of milk is required for the party."
(8) A lot of books and magazines were destroyed by the fire.
(9) The number of students opted Hindi in RAS is generally large.
(10) A number of English magazines are available in the college library.

**Solution CYE 5**

(1) It is I who am responsible for the loss in the business.
(2) The women who are standing there are my sisters.
(3) He is one of those who do know anything about the incident.
(4) It is one of the problems that were taken care of by the Civil Administration.
(5) Nothing but monkeys is seen.
(6) No man and no woman was allowed to enter without payment.
(7) Much of the time was wasted by the students.
(8) More than one man was killed there.
(9) Economic cooperation between India and China is decreasing day by day.
(10) More students than one have participated in the annual function.

"Thing turn out best for the people,
Who make the best out of the
way things turn out."

## Role of Nouns in Conversations

English Conversations में Noun के सही प्रयोग से, आपकी भाषा सशक्त एवं प्रभावशाली होती है। भाषा की शुद्धता Conversation में प्रवीणता हेतु बहुत महत्वपूर्ण है। बहुत से Noun दिखने में Singular लगते हैं लेकिन प्रयोग Plural की तरह होते हैं बहुत से Noun दिखने में Plural लगते हैं लेकिन इनका प्रयोग Singular की तरह होता है। बहुत से Noun का रूप Singular एवं Plural form में एक समान रहता है। ध्यान रखें किस Noun के साथ Verb Singular या Plural लगेगी, यह शुद्ध Conversation के दृष्टिकोण से बहुत महत्वपूर्ण है। इस अध्याय को ध्यानपूर्वक पढ़ें।

**Definition :** किसी व्यक्ति, वस्तु, स्थान, गुण, कार्य या अवस्था के नाम को **Noun** (संज्ञा) कहा जाता है।

**A noun is a word used as name of a person, place or thing. 'Thing'** शब्द बहुत विस्तृत है, इसमें सभी चीजों का समावेश हो जाता है।

## Important Rules of Nouns

**Rule 1 :** कुछ **Nouns** का प्रयोग हमेशा **Plural form** में ही होता है। इन **Noun** के अन्त में लगे **s** को हटाकर इन्हें **Singular** नहीं बनाया जा सकता है। ये दिखने में भी **Plural** लगते हैं एवं प्रयोग भी **Plural** की तरह होता है। ऐसे **Nouns** निम्न हैं :

**Alms, amends, annals, archives, ashes, arrears, athletics, auspices, caves, species, scissors, trousers, pants, clippers, bellows, gallows, fangs, measles, eyeglasses, goggles, belongings, breeches, bowels, braces, binoculars, customs, congratulations, dregs, earnings, entrails, embers, fetters, fireworks, lodgings, lees, odds, outskirts, particulars, proceeds, proceedings, regards, riches, remains, savings, shambles, shears, spectacles, surroundings, tidings, troops, tactics, thanks, tongs, vegetables, valuables, wages etc.**

(a) Where are my pants?
(b) Where are the tongs?
(c) The proceeds were deposited in the court.
(d) All his assets were seized.
(e) He sees dissidents as the dregs of society.
(f) Alms were given to the beggars.

**Rule 2 :** कुछ **Noun** दिखने में **Plural** लगते हैं लेकिन अर्थ में **Singular** होते हैं। इनका प्रयोग हमेशा **Singular** में ही होता है। जैसे : **News, Innings, Politics, Summons, Physics, Economics, Ethics, Mechanics, Mathematics, Mumps, Rickets, Billiards, Draughts, etc.**

(a) No news is good news.
(b) Draughts is a good game.
(c) Economics is a good subject.
(d) Ethics demands honesty in working.

**Rule 3 :** कुछ **Nouns** दिखने में **Singular** लगते हैं लेकिन इनका प्रयोग हमेशा **Plural** में होता है। जैसे: **Cattle, Clergy, Cavalry, Infantry, Poultry, Peasantry, Children, Gentry, Police etc.** इनके साथ कभी भी **'s'** नहीं लगाया जाता है। जैसे : **Cattles, Childrens** लिखना गलत है क्योंकि ये **Noun** स्वयं में ही **Plural** हैं। जैसे:

(a) Cattle are grazing in the field.
(b) Our infantry have marched forward.
(c) There are no gentry in the colony.
(d) Police have arrested the thieves.

**Rule 4 :** कुछ **Nouns** का प्रयोग केवल **Singular form** में ही किया जाता है। ये **Uncountable nouns** हैं। इनके साथ **Article A/An** का प्रयोग भी नहीं किया जाता है। जैसे :

**Scenery, Poetry, Furniture, Advice, Information, Hair, Language, Business, Mischief, Bread, Stationery, Crockery, Luggage, Baggage, Postage, Knowledge, Wastage, Money, Jewellery, Breakage.**

(a) The scenery of Darjeeling is very charming.
(b) I have no information about her residence.
(c) He brought his furniture by train.
(d) The mischief committed by him is unpardonable.

**ध्यान रखें**

*(i) उक्त Nouns को कभी भी s लगाकर Pluralise नहीं किया जाता है। जैसे : Sceneries, Informations, Furnitures, hairs इत्यादि लिखना गलत है।*

*(ii) यदि उक्त Noun को Singular या Plural Forms में बताना आवश्यक हो तो इनके साथ कुछ शब्द जोड़कर किया जा सकता है। जैसे :*

*(a) He gave me a piece of information.*
*(b) All pieces of information given by her were reliable.*
*(c) Many kinds of furniture are available in that shop.*
*(d) I want a few articles of jewellery.*

*(iii) यदि Hair का प्रयोग Countable की तरह हो तो hairs हो सकता है। जैसे: One hair, two hairs. I need your two grey hairs.*

**Rule 5 :** कुछ **Nouns, Plural** एवं **Singular** दोनों में एक ही रूप में रहते हैं। जैसे : **Deer, Fish, Crew, Family, Team, Jury, Carp, Pike, Trout, Aircraft, Counsel etc.**

(a) Our team is the best.
(b) Our team are wearing their new uniform.
(c) The jury is considering its judgement.
(d) The jury are considering their verdict.
(e) One fish is there in the pond.
(f) There are many fish in the pond.

**Rule 6 :** कुछ **Nouns** जो अर्थ में तो **Plural** होते हैं लेकिन इनके पूर्व कोई निश्चित संख्यात्मक विशेषण **(Definite numeral adjective)** का प्रयोग किया जाता है तो इन **nouns** को **Pluralise** नहीं किया जाता है। जैसे : **Pair, Score, Gross, Stone, Hundred, Dozen, Thousand, Million, Billion, etc.**

(a) I have two pair of shoes.
(b) I have two hundred rupees only.
(c) She purchased three dozen pencils.
(d) He has already donated five thousand rupees.
(e) It is a three feet wall.
(f) It is five feet in width.

**Rule 7 :** यदि किसी **Noun** के बाद **Preposition** आता है एवं फिर वही **Noun** आता है तो वह **Noun singular** रहता है। जैसे:

(a) Town after town was devastated.
(b) Row upon row of pick marble looks beautiful.
(c) He enquired from door to door.
(d) Ship after ship is arriving.

इस तरह के वाक्यों में Towns after Towns, Rows upon rows, doors to doors या ships after ships बोलना गलत है।

**Rule 8 :** किसी वाक्य में **Numeral Adjective** के बाद **A half** या **A quarter** आता है तो **Noun** को **Numeral Adjective** के बाद रखा जाता है। एवं फिर **A half** या **A quarter** बोला जाता है। जैसे :

(a) He gave me one rupee and a half. (b) She gave me two rupees and a quarter.

इन वाक्यों को निम्न प्रकार बोलना गलत होगा। गौर करें :

He gave me one and a half rupees. *Incorrect*

She gave me two and a quarter rupees. *Incorrect*

**Note**

यदि Numeral Adjective एवं Fraction को and से जोड़ा गया हो एवं वाक्य में Multiply के अर्थ में प्रयुक्त हो तो Noun का प्रयोग Plural Number में a half/a quarter के बाद होगा। जैसे :

(a) Two and a quarter times. (b) One and a half times.

यहाँ वाक्य में multiply किया गया है अत: Noun 'times' Plural में a quarter/a half के बाद प्रयुक्त हुआ है।

**Rule 9 : Common Gender Nouns** जैसे : **Teacher, Student, Child, Clerk, Advocate, Worker, Writer, Author, Leader, Musician etc.** ऐसे **Nouns** हैं जिनका प्रयोग **male** एवं **female** दोनों के लिये किया जाता है। इन्हें **Dual Gender** भी कहा जाता है। जब इस तरह के **Noun** का प्रयोग **Singular** में किया जाता है तो **Third Person Singular Pronoun** का एवं **Masculine Gender (he/his/him)** का प्रयोग सामान्य रूप से किया जाता है। जैसे:

(1) Every candidate should write his name.
(2) Every person should perform his duty.
(3) No one should abuse his neighbour.

"Failure is something we can avoid only
by saying nothing, doing nothing,
and being nothing."

## Gender, Number & Use of Apostrophe

**Noun** के प्रयोग के नियमों को जानने के साथ ही यह जानना भी आवश्यक है कि किसी **Noun** का **Feminine** एवं **Pluralise** रूप क्या है? **Apostrophe** का बातचीत में सही प्रयोग भी बहुत उपयोगी है। अंग्रेजी के विभिन्न **Concepts** का ज्ञान जितना अधिक होगा आपकी **Speaking** में उतनी अधिक **Fluency** आ जायेगी।

Gender को चार भागों में विभाजित किया गया है :

**(1) Masculine Gender** (पुल्लिंग) : ऐसे Noun जो Male sex को व्यक्त करते हैं, Masculine Gender कहलाते हैं। जैसे : Tiger, Power, Violence, Father, Sun, Summer, Time, Thunder etc.

**(2) Feminine Gender** (स्त्रीलिंग) : ऐसे ऐसे Noun जो Female sex को व्यक्त करते हैं Feminine Gender कहलाते हैं। जैसे : Tigress, Woman, Lioness, Mother, Sister, Peace, Nature, Earth, Goddess etc.

**(3) Common Gender** (उभयलिंग) : ऐसे Noun जो स्त्री एवं पुरुष दोनों के लिए प्रयुक्त होते हैं, Common Gender कहलाते हैं। जैसे : Child, Baby, Teacher, Servant, Student, Cousin, Infant, Thief, Neighbour etc.

**(4) Neuter Gender** (नपुसंकलिंग) : ऐसे Noun जो निर्जीव वस्तु को व्यक्त करते हैं जो न Male हैं और न ही Female हैं, Neuter Gender कहलाते हैं। जैसे : Copy, Book, Room, Paper, TV, Box, etc.

### Masculine Noun & Feminine Noun: Some Rules

**Rule 1 :** कुछ **cases** में **Masculine noun** के बाद **'ess'** लगाने से **Feminine noun** बनाया जा सकता है। जैसे :

| **Masculine** | **Feminine** | **Masculine** | **Feminine** |
|---|---|---|---|
| Author | Authoress | Baron | Baroness |
| Count | Countess | Giant | Giantess |
| Host | Hostess | Heir | Heiress |
| Jew | Jewess | Lion | Lioness |
| Mayor | Mayoress | Manager | Manageress |
| Peer | Peeress | Patron | Patroness |
| Poet | Poetess | Priest | Priestess |
| Prophet | Prophetess | Tailor | Tailoress |
| Tutor | Tutoress | Steward | Stewardess |
| Shepherd | Shepherdess | Postmaster | Postmistress |

**Rule 2 :** कुछ **cases** में **Masculine noun** के अन्तिम **Vowel** एवं उसके पहले आने वाले **Consonant** को हटाकर **'ess'** जोड़ने से भी **Feminine noun** बन जाता है। जैसे :

| Masculine | Feminine | Masculine | Feminine |
|---|---|---|---|
| Actor | Actress | Ambassador | Ambassadress |
| Benefactor | Benefactress | Director | Directress |
| Hunter | Huntress | Negro | Negress |
| Prince | Princess | Tiger | Tigress |
| Waiter | Waitress | Viscount | Viscountess |

**Rule 3 :** कुछ **Cases** में **Masculine Noun** के शब्दों में कुछ **Change** किया जाता है एवं अन्त में **'ess'** लगाने पर भी **Feminine Noun** बन जाता है। जैसे :

| Masculine | Feminine | Masculine | Feminine |
|---|---|---|---|
| Abbot | Abbess | Duke | Duchess |
| Emperor | Empress | God | Goddess |
| Governor | Governess | Master | Mistress |
| Marquis | Marchioness | Sorcer | Sorceress |

**Rule 4 :** कुछ **Cases** में **Compound Masculine Noun** के **First or Second** शब्द में कुछ **Change** किया जाता है। जैसे :

| Masculine | Feminine | Masculine | Feminine |
|---|---|---|---|
| Man-servant | Maid-servant | Milkman | Milkmaid |
| Doctor | Lady-doctor | Peacock | Peahen |
| Washerman | Washerwomen | Landlord | Landlady |
| Buck-rabbit | Doe-rabbit | Father-in-law | Mother-in-law |
| Brother-in-law | Sister-in-law | Step-Father | Step-Mother |
| He-bear | She-bear | He-got | She-got |
| Bull-calf | Cow-calf | Cock-sparrow | Hen-sparrow |
| Jack-ass | Jenny-ass | Dog-wolf | Bitch-wolf |
| Tomcat | She-cat | Step-brother | Step-sister |
| Headmaster | Headmistress | Grandson | Granddaughter |

**Rule 5 : Foreign words** एवं अन्य विविध शब्दों के **Masculine** एवं **Feminine Gender** नीचे दिये गये हैं।

***There is no rule for such words :***

| Masculine | Feminine | Masculine | Feminine |
|---|---|---|---|
| Administrator | Administratis | Shepherd | Shepherdess |
| Beau | Belle | Czar | Czarina |
| Executor | Executrix | Hero | Heroine |
| Lad | Lass | Monsieur | Madam |
| Prosecutor | Prosecutrix | Signor | Signora |
| Sultan | Sultana | Testator | Testatrix |
| Viceroy | Vicereine | Bachelor | Maid |
| Boar | Sow | Boy | Girl |
| Brother | Sister | Cock | Hen |
| Colt | Filly | Drake | Duck |
| Dog | Bitch | Drone | Bee |
| Buck | Doe | Bull | Cow |
| Earl | Countess | Father | Mother |
| Friar | Nun | Bridegroom | Bride |
| Gander | Goose | Gentleman | Lady |
| Hart | Roe | He | She |
| Horse | Mare | Husband | Wife |

| | | | |
|---|---|---|---|
| King | Queen | Lord | Lady |
| Lad | Lass | Man | Woman |
| Male | Female | Mr. | Miss |
| Nephew | Niece | Ram | Ewe |
| Sir | Madam | Son | Daughter |
| Sire | Dame | Uncle | Aunt |
| Widower | Widow | Fox | Vixen |
| Wizard | Witch | Ox | Cow |

## Noun-Number

**(Singular-Plural)**

**Singular Noun :** इससे एक व्यक्ति, एक स्थान या एक वस्तु का बोध होता है। जैसे : Boy, Girl, Table.

**Plural Noun :** इससे एक से अधिक व्यक्ति, स्थान या वस्तुओं का बोध होता है। जैसे : Cities, Boys, Girls.

### Changing Singular to Plural — Some Rules

(1) कुछ **Noun** के अन्त में **s** लगाने से वह **Plural** बन जाता है। जैसे : **Boy , Girl , Kite, Telephone etc.**

(2) जिन **Noun** के अन्त में **s, ss, ch, sh, z** या **x** आता है उनका **Plural** बनाने के लिये अन्त में **es** जोड़ दिया जाता है। जैसे :

| **Singular** | **Plural** | **Singular** | **Plural** |
|---|---|---|---|
| Bus | Buses | Class | Classes |
| Fox | Foxes | Church | Churches |
| Watch | Watches | Quiz | Quizzes |
| Switch | Switches | Tax | Taxes |
| Ass | Asses | Dish | Dishes |
| Canvas | Canvases | Box | Boxes |
| Fix | Fixes | Coach | Coaches |

इसके कुछ अपवाद भी हैं। जैसे :

| **Singular** | **Plural** | **Singular** | **Plural** |
|---|---|---|---|
| Stomach | Stomachs | Locus | Loci |
| Radius | Radii | Ox | Oxen |

(3) कुछ **Noun** के अन्त में **'O'** आता है एवं उससे पूर्व कोई व्यंजन **(Consonant)** हो तो उसका **Plural** बनाने के लिये **Noun** के अन्त में **es** लगाते हैं। जैसे:

| **Singular** | **Plural** | **Singular** | **Plural** |
|---|---|---|---|
| Hero | Heroes | Mango | Mangoes |
| Potato | Potatoes | Cargo | cargoes |
| Mosquito | Mosquitoes | Echo | Echoes |

इसके कुछ अपवाद हैं। जैसे :

| **Singular** | **Plural** | **Singular** | **Plural** |
|---|---|---|---|
| Canto | Cantos | Piano | Pianos |
| Dynamo | Dynamos | Solo | Solos |
| Memento | Mememtos | Photo | Photos |
| Ratio | Ratios | Quarto | Quartos |

(4) यदि किसी **Noun** के अन्त में **Double vowel** लगे हुये हों तो उसका **Plural** बनाने के लिये उसके अन्त में **s** लगा दिया जाता है। जैसे :

| **Singular** | **Plural** | **Singular** | **Plural** |
|---|---|---|---|
| Bee | Bees | Radio | Radios |

| | | | |
|---|---|---|---|
| Tree | Trees | Woe | Woes |
| Zoo | Zoos | Portfolio | Portfolios |

**(5)** यदि **Noun** के अन्त में **y** आये एवं **y** से पूर्व कोई व्यंजन आता है तो **y** की जगह **ies** लगाने से उसका **Plural** बनता है। जैसे :

| **Singular** | **Plural** | **Singular** | **Plural** |
|---|---|---|---|
| Cry | Cries | City | Cities |
| Country | Countries | Dictionary | Dictionaries |
| Family | Families | Lorry | Lorries |
| Pony | Ponies | Reply | Replies |

**(6)** यदि **Noun** के अन्त में **y** आये एवं **y** से पूर्व कोई **Vowel** आता हो तो **s** लगाने से उसका **Plural** बनता है। जैसे :

| **Singular** | **Plural** | **Singular** | **Plural** |
|---|---|---|---|
| Key | Keys | Way | Ways |
| Donkey | Donkeys | Valley | Valleys |
| Ray | Rays | Toy | Toys |
| Monkey | Monkeys | Storey | Storeys |

**(7)** यदि **noun** के अन्त में **f** या **fe** आये तो **Plural** बनाने के लिये **f** या **fe** को हटाकर **ves** लगाते हैं। जैसे :

| **Singular** | **Plural** | **Singular** | **Plural** |
|---|---|---|---|
| Calf | Calves | Life | Lives |
| Half | Halves | Leaf | Leaves |
| Wife | Wives | Elf | Elves |
| Thief | Thieves | Knife | Knives |
| Wolf | Wolves | Shelf | Shelves |

इसके कुछ अपवाद निम्न हैं। जैसे :

| **Singular** | **Plural** | **Singular** | **Plural** |
|---|---|---|---|
| Belief | Beliefs | Proof | Proofs |
| Chief | Chiefs | Roof | Roofs |
| Cliff | Cliffs | Safe | Safes |
| Dwarf | Dwarfs | Scarf | Scarfs |
| Grief | Griefs | Strife | Strifes |
| Gulf | Gulfs | Turf | Turfs |

**(8) Compound Noun** में मुख्य शब्द के साथ **'s'** लगाने पर उसका **Plural** बनता है। जैसे :

| **Singular** | **Plural** |
|---|---|
| Brother-in-law | Brothers-in-law, |
| Beds-room | Bed-rooms |
| Commander in-chief | Commanders-in-chief, |
| Step-daughter | Step-daughters |
| Maid-servant | Maid- servants, |
| Peahen | Peahens |
| Peacock | Peacocks |
| Mother-in-law | Mothers-in-law |
| Sister-in-law | Sisters-in-law |
| Member of Parliament | Members of Parliament |
| **Man servant | Men servants |
| **Woman conductor | Women conductors |

| | |
|---|---|
| **Man nurse | Men nurses |
| **Woman engineer | Women engineers |
| *Man hater | Man haters |
| *Woman lover | Woman lovers |
| *Man lover | Man lovers |

**Note**

*Note : The difference among the Plurals of Nouns with single star (*) and with double star (**).*

**(9)** निम्न आठ **Nouns** ऐसी हैं जिनका **Plural** बनाने के लिए **Inside Vowels** में परिवर्तन करते हैं। ये हैं :

| **Singular** | **Plural** | **Singular** | **Plural** |
|---|---|---|---|
| Man | Men | Mouse | Mice |
| Woman | Women | Louse | Lice |
| Foot | Feet | Goose | Geese |
| Tooth | Teeth | Dormouse | Dormice |

**(10)** निम्नलिखित चार **Nouns** ऐसी हैं जिनका **Plural** बनाने के लिए **en** या **ne** जोड़ते हैं। जैसे:

| **Singular** | **Plural** | **Singular** | **Plural** |
|---|---|---|---|
| Child | Children | Cow | Kine (Cows) |
| Ox | Oxen | Brother | Brethren |

**(11)** कुछ **Nouns** के दो तरह के **Plural** बनते हैं जिनका अर्थ भी अलग होता है। जैसे:

(1) Brother — Brothers — Sons of the same parent.
Brethren — Members of a society or community.
(2) Cloth — Cloths — Unstitched cloth.
Clothes — Stitched clothes (Garments)
(3) Die-Dies — Stamps used for printing and coining.
Dice — Small cubes used in games.
(4) Index — Indexes — Tables of contents in a book.
Indices — Signs used in algebra.

## Some Typical Plural Nouns (Number)

**(A) Latin words : Latin** के कुछ शब्द जिनके अन्त में **um** आता है, एकवचन होते हैं। इनको **Plural** बनाने के लिये **um** हटाकर **'a'** लगाया जाता है। जैसे :

| **Singular** | **Plural** | **Singular** | **Plural** |
|---|---|---|---|
| Addendum | Addenda | Agendum | Agenda |
| Datum | Data | Dictum | Dicta |
| Ovum | Ova | Memorandum | Memoranda |
| Erratum | Errata | Stratum | Strata |

**Note**

*आजकल Agenda एवं Data का प्रयोग Singular एवं Plural दोनों में किया जाने लगा है। जैसे:*

*(a) The agenda has been finalised.*
*(b) The agenda of the meeting are drawn to day.*
*(c) The data is incomplete.*
*(d) More data are required.*

*Medium का प्रयोग जब means या agency के रूप में किया जाता है तो इसका Plural-media होता है। लेकिन जब Medium का प्रयोग Spiritual Sense में किया गया हो तो इसका Plural, Mediums होगा।*

## Important

**Important** : Latin के शब्दों पर ध्यान दें : इन शब्दों के पीछे भी 'um' आता है लेकिन इनके Plural बनाने हेतु पीछे 's' लगाया जाता है। जैसे :

| **Singular** | **Plural** | **Singular** | **Plural** |
|---|---|---|---|
| Asylum | Asylums | Forum | Forums |
| Museum | Museums | Pendulum | Pendulums |
| Premium | Premiums | Quorum | Quorums |
| Petroleum | Petroleums | Formula | Formulae/Formulas |

**(B)** कुछ **Latin words** के अन्त में **us** आता है। इनका **Plural 'us'** को **'i'** में बदलकर बनाया जाता है।

| **Singular** | **Plural** | **Singular** | **Plural** |
|---|---|---|---|
| Radius | Radii | Locus | Loci |
| Syllabus | Syllabi | Genius | Genii |

**(C)** कुछ **Greek** शब्दों के अन्त में **'is'** आता है इनका **Plural, 'is'** को **'es'** में बदलकर बनाया जाता है। जैसे :

| **Singular** | **Plural** | **Singular** | **Plural** |
|---|---|---|---|
| Analysis | Analyses | Basis | Bases |
| Crisis | Crises | Thesis | Theses |
| Hypothesis | Hypotheses | Parenthesis | Parentheses. |

**(D)** कुछ **Greek** शब्दों के अन्त में **'on'** आता है। इनका **Plural 'on'** को **'a'** में बदलने से बनता है। जैसे :

| | |
|---|---|
| Phenomenon | Phenomena |
| Criterion | Criteria |

**(E)** अन्य कई प्रकार के **Nouns** के **Plural** निम्न प्रकार बनते हैं :

| **Singular** | **Plural** | **Singular** | **Plural** |
|---|---|---|---|
| If | If's | But | But's |
| I | I's | T | T's |
| 5 | 5's | 10 | 10's |
| P | P's | MP | MPs |
| BA | BAs | MA | MAs |

**(F)** कुछ **Nouns** का **Singular** में अर्थ **Plural form** के अर्थ से पूर्णतया अलग होता है। अत: इनका प्रयोग सावधानीपूर्वक करना चाहिए। जैसे:

| **Singular** | **Plural** | **Singular** | **Plural** |
|---|---|---|---|
| Air (हवा) | Airs (दिखावटी) | Alphabet (वर्णमाला) | Alphabets (भाषायें) |
| Compass (सीमा) | Compasses (एक यंत्र) | Manner (तरीका) | Manners (व्यवहार) |
| Number (संख्या) | Numbers (मात्रायें) | Pain (तकलीफ) | Pains (प्रयत्न) |
| Physic (दवा) | Physics (भौतिकी) | Premise (प्रस्तावना) | Premises (भवन) |
| Quarter (चौथाई भाग) | Quarters (छोटे मकान) | Iron (लोहा) | Irons (जंजीरें) |
| Return (वापसी) | Returns (हिसाब, आया) | Effect (प्रभाव) | Effects (समान) |
| Force (शक्ति) | Forces (सेना) | Good (अच्छा) | Goods (सामान) |
| Sand (बालू) | Sands (रेगिस्तान) | Water (पानी) | Waters (समुद्र) |
| Wood (लकड़ी) | Woods (जंगल) | Ground (जमीन) | Grounds (कारण) |
| Abuse (दुरुपयोग) | Abuses (कुरीतियाँ) | Advice (सलाह) | Advices (सूचनायें) |

## Use of Apostrophe 's

**(A) Apostrophe** का उपयोग **Possessive case** के लिये निम्न स्थिति में करना ही उचित है। जैसे :

(1) Living things → (1) Mohan's book
(2) a cow's horn
(3) a woman's purse

(2) Thing personified as → (1) week's holiday
(2) earth's surface

(3) Space time or weight as → (1) a day's leave
(2) well's water
(3) a pound's weight

(4) Certain dignified objects as → (1) the court's orders
(2) at duty's call
(3) a razor's edge
(4) a needle's point

(5) Familiar phrases as → (1) at his wit's end
(2) at a stone's throw

अन्य Cases में Apostrophe को Avoid करना उचित होगा।

**(B)** यदि **Plural** शब्द का अन्तिम शब्द **'s'** है तो **Apostrophe** का प्रयोग करते समय **'s'** नहीं लगाते हैं केवल **(')** **Apostrophe** का ही प्रयोग करते हैं। जैसे :

(1) Horses' tail (2) Boys' college
(3) Girls' school (4) Working girls' hostel

Words with hissing sound of s में भी 's नहीं लगता है।

For peace' sake, for conscience' sake , for goodness' sake, for Jesus' sake

**(C)** कुछ शब्द **his, hers, yours, mine, ours, its, theirs** के साथ **Apostrophe** नहीं लगाते हैं। जैसे : Yours faithfully, Yours truly, Ours garden, His pen, Hers purse, Theirs room.

**(D)** निम्न **Titles** के साथ **Apostrophe** अन्तिम शब्द के साथ ही लगाते हैं। जैसे :

(1) Governor-general's instructions. (2) Commander-in-chief's orders.
(3) My son-in-law's sister. (4) Ram and Sons's shop.

**(E) Do not use 'Double apostrophe' : We should try to avoid double Apostrophe in a sentence :**

(1) My wife's secretary's mother has expired.
इसकी जगह हमें लिखना चाहिये :
The mother of my wife's secretary has expired.

(2) Mrs. Kuwrani's now chairperson of society's proposal was rejected. *Incorrect*
The proposal of Mrs. Kuwrani, now chairperson of society was rejected. *Correct*

**(F) Anybody / Nobody / Everybody / Somebody / Anyone / Someone / No one / Everyone** के साथ **Apostrophe 's** का प्रयोग किया जाता है। जैसे :

(a) Everyone's concern is no one's concern. (b) Everybody's business is nobody's business.

**Note**

*यदि इनके बाद Else का प्रयोग हो तो Apostrophe को Else के साथ लगाते हैं। जैसे :*
*(a) I can rely on your words, not somebody else's.*
*(b) I obey your orders and nobody else's.*
*(यहाँ Somebody's else या Nobody's else लिखना गलत होगा ध्यान रखें।)*

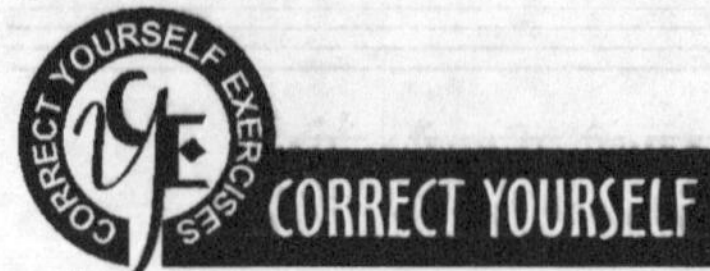


## Exercises

**आपको Noun के सम्बन्ध में विभिन्न नियमों एवं उसके Gender तथा Number की जानकारी हो चुकी है नीचे दी गई Exercises आपके इस ज्ञान की परीक्षा है। English speaking में Fluency हेतु विभिन्न नियमों की जानकारी एवं अभ्यास की अवश्यकता होती है।**

### 01

***Correct the following sentences :***

(1) He is a sixty years old man
(2) A five men committee had a three hours meeting yesterday.
(3) An all parties meeting was called to consider the drought situation in the country.
(4) There is two ways traffic here, so no problem of traffic blockage.
(5) How can our country accept the two nations theory ?
(6) He has gone to market to purchase vegetable.
(7) He said, "Riches has wings".
(8) I asked him where was his spectacles.
(9) She said that she was suffering from measle.
(10) She said, "Please give him an alm".

**Note**

*(A) वाक्य संख्या (1) से (5) तक में compound word में Noun, Adjective की तरह कार्य कर रहा है अत: Noun, Singular ही रहेगा Noun का Pluralise करना गलत है।*

*(B) वाक्य संख्या (6) से (10) में प्रयुक्त Noun हमेशा Plural में ही प्रयुक्त होते हैं एवं इनके साथ Plural verb का ही प्रयोग होता है। इनके साथ लगा 's' हटाना गलत है।*

*Such nouns are : annals, ashes, arrears, athletics, auspices, bellows, breeches, belongings, bowels, braces, binoculars, billiards, brains, customs, scissors, stairs, surroundings, trousers, tongs, tactics, thanks, cards, congratulations, eaves, earnings, mumps, measles, proceeds, proceedings, glasses, greens, lodgings, wages, valuables etc.*

### 02

***Correct the following sentences :***

(1) Shelly's poetries are great.
(2) I saw beautiful sceneries in Kashmir last year.
(3) He has purchased new machineries.
(4) He said, "He has purchased very costly crockeries".
(5) There were very heavy traffics on the road.
(6) She has bought very beautiful furnitures.
(7) He gave me many informations.
(8) I am going to purchase some stationeries.
(9) Ram said, "The hair of Sita are black".
(10) This house is made of bricks and stones.

**Note**

उक्त वाक्यों में प्रयुक्त Noun हमेशा Singular ही रहते हैं। इनको Pluralise नहीं किया जाता है। इस तरह के Nouns हैं :

Poetry, scenery, machinery, drapery, stationery, jewellery, sultery, crockery, luggage, baggage, knowledge, postatge, breakage, haltage, wastage, percentage, polish, foolish, dust, furniture, traffic, coffee, money, music, rubbish, dirt, information etc.

**03**

***Correct the following sentences*** **:**

(1) Cities after cities were destroyed by the army.
(2) Hours after hours were passed,but she didn't turn up.
(3) Ram said, "I beg from doors to doors daily".
(4) Ships after ships were sailing by those days.
(5) Rows upon rows of pink marble are soothing to the eyes.
(6) I gave her three and a half apples.
(7) The meeting was held for three and a quarter hours.
(8) The length of this hall is three times and a half to that hall.
(9) His salary is two times and a half to that of mine.
(10) I have two and a half rupees only.

**Note**

*(A) वाक्य (1) से (5) तक में upon/after के पहले एवं बाद में आने वाले Noun को Pluralise करने की गलती की गई है। ध्यान रखें upon/after के पहले एवं बाद में Repeated noun, सदा Singular में आते हैं।*

*(B) जब Numeral Adjective के साथ Fraction को जोड़कर गुणा (Multiply) करने के सन्दर्भ में प्रयोग होता है तो वह Noun, Plural number में a half या a quarter के बाद लगता है। जैसा वाक्य (8) एवं (9) से स्पष्ट है लेकिन अन्य स्थिति में Noun, Numeral Adjective के साथ लगाया जाता है न कि half एवं a quarter के साथ जैसा अन्य वाक्य 6, 7, 10 से स्पष्ट है।*

**SOLUTIONS**

**CORRECT YOURSELF** ***Exercises***

**Solution CYE 01**

(1) He is a sixty year old man.
(2) A five man committee had a three hour meeting yesterday.
(3) An all party meeting was called to consider the drought situation in the country.
(4) There is two way traffic here so no problem of traffic blockage.
(5) How can our country accept the two nation theory ?
(6) He has gone to market to purchase vegetables.
(7) He said, "Riches have wings".
(8) I asked him where were his spectacles.
(9) She said that she was suffering from measles.
(10) She said, "Please give him alms".

**Solution CYE 02**

(1) Shelly's poetry is great.
(2) I saw beautiful scenery in Kashmir last year.
(3) He has purchased new machinery.
(4) He said, "He has purchased very costly crockery".
(5) There was very heavy traffic on the road.
(6) She has bought very beautiful furniture.
(7) He gave me a lot of information.
(8) I am going to purchase some stationery.
(9) Ram said, "The hair of Sita is black".
(10) This house is made of brick and stone.

**Solution CYE 03**

(1) City after city was destroyed by the army.
(2) Hour after hour was passed but she didn't turn up.
(3) Ram said , "I beg from door to door daily."
(4) Ship after ship was sailing by those days.
(5) Row upon row of pink marble is soothing to the eyes.
(6) I gave her three apples and a half.
(7) The meeting was held for a three hours and a quarter.
(8) The length of this hall is three and a half times to that hall.
(9) His salary is two and a half times to that of mine.
(10) I have two rupees and a half only.

"Have Faith and the Way will Open."

वाक्य में उचित Preposition का उचित स्थान पर प्रयोग शुद्ध English Speaking हेतु आवश्यक शर्त है। आज हम आपको Prepositions से सम्बन्धित विभिन्न नियमों से अवगत करा रहे हैं। कौन-सा Preposition कब एवं कहाँ प्रयुक्त होना चाहिए। इसका अध्ययन आज शुरू कर रहे हैं।

## Preposition

**Preposition वाक्य में ऐसा शब्द है जो सामान्यतया Noun/Pronoun के पूर्व प्रयुक्त होता है एवं Noun/ Pronoun का सम्बन्ध वाक्य में प्रयुक्त अन्य शब्दों से व्यक्त करता है।**

**Preposition is a word placed before a Noun or Pronoun, denotes the relation, the person or thing referred by it, has with something else.**

*Look at the following sentences* :

(a) He is swimming in the river (b) He jumped into the river
(c) He lives at Delhi (d) He belongs to India
(e) The book is on the table (f) He is suffering from fever

उपरोक्त वाक्यों में underlined words Prepositions है, जो Noun या Pronoun का सम्बन्ध अन्य शब्दों से व्यक्त करते हैं।

## Some Important Prepositions

**(1) At/On** :

**(A)** At समय हेतु : At dawn, at six O'clock, at 4.30, at 5 P.M.

(a) He came at 6 P.M. (b) The train will arrive at 4.30 A.M.

**(B)** At : उम्र हेतु **:** At sixteen,at the age of sixteen.

(a) She got married at twenty. (b) At the age of twenty he got the job.

**(C)** At का प्रयोग Night के साथ भी होता है। जैसे **:**

(a) He was watching T.V. at night. (b) He studies at night.

**(D)** At का प्रयोग Christmas, Easter इत्यादि के साथ भी होता है। जैसे **:**
We purchased this car at Christmas.

**(E)** On का प्रयोग Day/Date के लिये किया जाता है। जैसे :

(a) He will come on Monday. (b) He was born on 4th June.

**(2) At/ In/ To/ Into :**

**(A)** At स्थिर अवस्था के लिये तथा In गतिशील स्थिति में प्रयोग होता है। जैसे **:**

(a) She is at home. (b) The train is in motion.

**(B)** At छोटे स्थान हेतु तथा In बड़े स्थान हेतु प्रयुक्त होता है। जैसे :

(a) He lives at Alwar in Rajasthan. (b) A temple is situated at Madurai in Chennai.

**(C)** At Point of time हेतु तथा in का प्रयोग Period of time हेतु किया जाता है। जैसे :

(a) The train will arrive at 6 in the morning. (b) He will meet you in the morning.

**(D) In/Into :** In का प्रयोग पूर्व में ही कोई वस्तु अन्दर आती है। उसके लिये जबकि Into का प्रयोग Movement गति को बताता है। जैसे :

(a) He jumped into the river. (b) There are three students in the class.

**(E) To/Into :** दोनों का प्रयोग गतिशीलता प्रदर्शित करता है। इनके प्रयोग वाक्य के अर्थ के अनुसार किया जाता है। To का अर्थ 'को' तथा Into का अर्थ 'अन्दर' होता है। जैसे :

(a) He went to market. (b) He jumped into the well.

**(3) On/ To/ Onto :**

On– समय हेतु

(a) He will come on Monday. (b) Ram will go on 4th June.

To– स्थान हेतु

(b) He will go to Delhi. (b) Ram will go to market tomorrow.

**On/Onto :**

On का प्रयोग स्थिरता एवं गतिशीलता दोनों हेतु किया जाता है। जैसे :

(a) Snow fell on the hills. (b) He is sitting on his suitcase.

Onto का प्रयोग मुख्य रूप से movement गतिशीलता हेतु तब होता है जब level (तल) का change व्यक्त होता है। जैसे :

(a) People climbed onto their roofs. (b) He lifted her onto the table.

**(4) With/By :** With का प्रयोग Instrument तथा By का प्रयोग Agent (कर्ता) हेतु किया जाता है। जैसे :

(a) The snake was killed by him with a stick.
(b) The letter was written by Suresh with a pencil.

**(5) Since/For/From :** Since का प्रयोग Perfect Tense में होता है। For का प्रयोग Perfect Tense में भी एवं अन्य Tense में भी 'समय की अवधि' के लिये होता है। Since का प्रयोग Point of time हेतु। जैसे :

Since 6 O'clock/Last Night/Last Monday/Since Morning/Evening/Monday/January/2004 etc.

For का प्रयोग अवधि हेतु जैसे : For two hours/two days/two years/a long time/some time etc.

From का प्रयोग 'समय से' कार्य होने के सन्दर्भ में होता है। From का प्रयोग Perfect Tense में नहीं होता, अन्य Tense में होता है। जैसे :

(a) He will go to college from next Monday.
(b) It has been raining for two hours.
(c) It has been raining since two O'clock.
(d) He worked for three hours.

From का प्रयोग स्थान के लिये भी होता है। जैसे :

(a) He is from Mumbai.
(b) Where do you come from ?

**(6) For/ During :** For का प्रयोग सामान्यतया 'अवधि' हेतु तथा During का प्रयोग 'दौरान' के अर्थ में किया जाता है। जैसे :

(a) It rained all Sunday, but stopped during the night.
(b) He has been ill for three days

जैसे : During childhood, During middle ages, During holidays, During summer vacations; For a month, For three days, For 15 years etc.

For का अर्थ 'के लिये' भी होता है अत: अर्थ के अनुसार for का प्रयोग निम्न प्रकार भी किया जा सकता है :

(a) I went there for summer vacations. (b) I rented my car for the summer only.

**(7) Below/ Under :** दोनों का अर्थ 'नीचे' होता है। सामान्यतया Under में वस्तु में Physical contact व्यक्त होता है एवं Below से Contact व्यक्त नहीं होता है। जैसे :

(a) He put the books under the pillow. (b) He placed the lamp below the Almirah.

Under का अर्थ Junior भी होता है। जैसे :

(a) He is working under me. or He is under me.

Below का प्रयोग Dignity के Reference में भी किया जाता है। जैसे :

It is below his dignity to beg for mercy.

**(8) In/ Within :** In का अर्थ होता है 'में'। यह दिये गये समय के अन्तिम बिन्दु को व्यक्त करने हेतु प्रयुक्त होता है। इसका अर्थ कार्य में लगने वाले समय को व्यक्त करता है।

Within का अर्थ है 'अन्दर-अन्दर'। यह दी गई 'समय सीमा' को व्यक्त करता है। Within का प्रयोग तब किया जाता है जब कार्य के उससे पहले ही पूर्ण होने की सम्भावना होती है। जैसे :

(a) I will complete the work in a month. (b) I can repair the car within two hours.
(c) He will write a book in three months. (d) He can solve this question within an hour.

**(9) Ago/ Before :** Ago का प्रयोग Past की घटनाओं हेतु तथा Before का प्रयोग दो घटनाओं/कार्यों के सन्दर्भ में किया जाता है। जैसे :

(a) He came three days ago.
(b) The train had left before he reached the station .

**(10) Beside :** Beside का अर्थ 'साथ में/बगल में' होता है जबकि Besides का अर्थ 'अतिरिक्त' (in addition to) होता है। जैसे :

(a) He was sitting beside Sarla. (b) He has a car besides a motor cycle.

**(11) Between/ Among :** Between का प्रयोग सामान्यतया दो के मध्य के लिए किया जाता है। Among का प्रयोग दो से अधिक के मध्य के सन्दर्भ में किया जाता है। जैसे :

(a) He distributed his property between his two sons.
(b) He distributed his property among the poor.

Between का प्रयोग दो से अधिक के लिए तब किया जा सकता है जब वे आपस में Closely associated हों। जैसे :

(a) A treaty was signed between three parties.
(b) He inserted a needle between the close petals of a flower.

**(12) Among/Amongst :** दोनों का प्रयोग दो से अधिक के सन्दर्भ में होता है। यदि इनके बाद वाक्य में 'The' आता है तो किसी (Among/Amongst) का भी प्रयोग किया जा सकता है लेकिन यदि इनके बाद यदि स्वर से प्रारम्भ होने वाला शब्द है तो Amongst का प्रयोग किया जाता है। Amongst का प्रयोग कम प्रचलन में है। जैसे :

(a) He distributed the toffees among/amongst the poor.
(b) He distributed the toffees amongst us.

**(13) Of/ Off :** 'Of' सम्बन्ध स्थापित करने वाला Preposition है जबकि Off से दूर हटने का भाव व्यक्त होता है। जैसे :

(a) He is a member of our family. (b) She is a member of our society.
(c) He is off duty now. (d) He jumped off the tower.

**(14) Above/Over :** दोनों का अर्थ 'Higher than' ऊँचा होता है। कई स्थितियों में दोनों में से किसी का भी प्रयोग किया जा सकता है। जैसे :

(a) The helicopter is hovering above /over us. (b) Flags were waved above/over our heads.

Over का कई अर्थों जैसे : Covering (ढकना), on the other side of (दूसरी तरफ), across (आर-पार) में प्रयोग किया जाता है। जैसे :

(a) We put a cloth over her.
(b) He lives over this mountain.
(c) There is a bridge over the railway line.
(c) He put a blanket over the dead body.

Over का प्रयोग Meal/Tea/Lunch/Drink वगैरहा के सन्दर्भ में निम्न प्रकार किया जा सकता है :

(a) We had a chat over a cup of tea.
(b) The matter was decided over the lunch.

**But, above का प्रयोग उक्त अर्थों में नहीं किया जा सकता है :**

Above का अर्थ 'Earlier' or 'Previously' (पूर्व) भी होता है। जैसे :

(a) He lives at the above address. *Previously Mentioned*
(b) For details please see (P-1) above. *Previously Mentioned*

**(15) Make of/Make from :** दोनों से Material (सामग्री) का बोध होता है। Make of का प्रयोग तब होता है जब वस्तु (सामग्री) की अवस्था में कोई परिवर्तन नहीं होता है। जैसे :

(a) A note book is made of papers.
(b) A house is made of bricks.

Make from का प्रयोग तब होता है जब सामग्री की अवस्था बदल जाती है। जैसे :

(a) Butter is made from milk.
(b) Paper is made from grass.

**(16) In/With :**

(a) He writes with a pen.
(b) He is writing in ink.

जब Countable noun होता है तो Instrument हेतु with का प्रयोग होता है। जब Uncountable Noun होता है तो in का प्रयोग होता है।

With का प्रयोग कई अर्थों में होता है। जैसे :

(1) साथ-साथ —He is playing with his sister .
(2) कारण—He is trembling with fear.
(3) सम्बन्ध —I have no relation with her.
(4) तरीका (Manner)—He fought with determination.
(5) सहमति —I agree with you.

**(17) Opposite/In front of :** Opposite का प्रयोग विपरीत एवं सामने दोनों अर्थ में होता है। In front of का अर्थ सामने ही होता है।

Ram and Shyam are having a meal. Ram is sitting at one side of the table and Shyam at the other side. तो हम कहेंगे :

Ram is sitting opposite Shyam.

हम नहीं कहेंगे कि Ram is sitting in front of Shyam.

Road के दोनों तरह के मकानों के लिए भी opposite ही प्रयोग होगा।

His house is opposite to ours

In front of का प्रयोग निम्न प्रकार किया जाता है :

(a) He parked the car in front of the hotel.
(b) He put the plates on the table in front of us.

**Preposition + Gerund :** कुछ Verbs एवं Adjective इस प्रकार के होते हैं जिनके साथ Infinitive का प्रयोग नहीं किया जाता है। इस तरह की Verbs एवं Adjective के साथ Infinitive की जगह Preposition के बाद हमेशा Gerund का प्रयोग होगा। इस तरह की Verbs निम्न हैं :

| | | |
|---|---|---|
| Abstain from | Desirous of | Pride in |
| Debar from | Proud of | Succeed in |
| Desist from | Repent of | Successful in |
| Disqualified from | Think of | Bent on |
| Dissude (one) from | Hopeful of | Insist on |
| Prevent from | Fortunate in | Meditate on |

Refrain from
Hinder (one) from
Prohibit (one) from
Dispair of
Confident of
Assist in
Excel in
Negligent in
Percent in
Persist in
Aim at
Passion for
Excuse for

इस list के अनुसार जो Preposition प्रयुक्त हुआ है उसे याद करें। यह महत्वपूर्ण है।

(a) He prevented me from drinking cold water.
(b) He insist on trying again.
(c) He was debarred from taking examination.
(d) He succeeded in achieving his goal.

## Important

**Transitive Verb and Preposition :** Transitive Verbs के साथ Preposition का प्रयोग नहीं किया जाता है। इस तरह की Verbs हैं : Reach, Resist, Resemble, Afford, Accompany, Attack, Assist, Pick, Pervade, Precede, Obey, Order, Combat, Benefit, Inform, Violate etc.

(a) He ordered for a cup of tea. *Incorrect*
He ordered a cup of tea. *Correct*
(b) India attacked on Pakistan. *Incorrect*
India attacked Pakistan. *Correct*
(c) He informed to me yesterday. *Incorrect*
He informed me yesterday. *Correct*

**Ellipsis in Preposition**

कई बार वाक्यों में दो या अधिक शब्दों हेतु एक ही Preposition का प्रयोग कर दिया जाता है। ध्यान रखें यदि एक ही Preposition दोनों शब्दों हेतु उपयुक्त है तो यह एक शुद्ध/सही प्रयोग होगा अन्यथा दोनों शब्दों के साथ अलग-अलग Preposition लगाना होगा। (Ellipsis का अर्थ है Omission अर्थात् एक को हटाना)

(a) We should prevent damage and theft of public property. *Incorrect*

यहाँ Damage एवं Theft के लिये एक ही Preposition 'of' का प्रयोग किया गया है, जो उचित नहीं है, क्योंकि Damage के साथ to एवं theft के साथ of का प्रयोग किया जाना चाहिए। अत: इस वाक्य को निम्न प्रकार से लिखा जाना चाहिए :

We should prevent damage to and theft of public property. *Correct*
(b) He is neither ashamed nor sorry for his misdeeds. *Incorrect*
He is neither ashamed of nor sorry for his misdeeds. *Correct*
(c) The design of this house is different and inferior to that of other house. *Incorrect*
The design of this house in different from and inferior to that of other house. *Correct*

"Quotes are nothing,
but inspiration for the uninspired."

आज हम आपको **Prepositions** के विशेष प्रयोग के सम्बन्ध में जानकारी दे रहे हैं। एक ही शब्द के साथ विभिन्न **Prepositions** प्रयुक्त होकर शब्द का अर्थ ही बदल देते हैं। कुछ शब्दों के साथ विशेष **Prepositions** ही प्रयुक्त होते हैं। उचित **Prepositions** का प्रयोग आप रटकर याद नहीं रख सकते हैं। आपको बार-बार अभ्यास करना होगा। अभ्यास से ही अंग्रेजी में प्रवीणता हासिल हो सकती है।

## Some Important Prepositions

**Prepositions** के नीचे दिये गये प्रयोग से ज्ञात होगा कि वाक्य के सन्दर्भ के अनुसार एक ही शब्द के साथ अलग-अलग **Prepositions** का प्रयोग किया जाता है। **Prepositions** का सही प्रयोग रटकर नहीं किया जा सकता है। छात्रों को इस हेतु **Practice** करनी चाहिये। वाक्य के अर्थ के अनुसार **Prepositions** का प्रयोग करना चाहिए।

### A

(1) **Abide at (place)**—He will abide at the railway station till the train arrives.
**Abide in (house)**—She has been abiding in my house for two months.
**Abide by (decision)**—She will abide by your decision positively.
**Abide with (person)**—He will abide with his friend Ramesh in all circumstances.

(2) **Angry at (thing)**—He is angry at your way of questioning.
**Angry with (person)**—Sita is angry with Ram.
**Angry for (action)**—He is angry for your laughing at her wife.

(3) **Arrive at (place)**—The train is going to arrive at the station within ten minutes.
**Arrive in (country)**—He is scheduled to arrive in India on next Monday.

(4) **Alight on (ground, thing)**—A large number of birds alight on the roof of my house.
**Alight at (a place)**—The groom alighted from the elephant at her gate.

(5) **Appeal to (person)**—I earnestly appealed to the Principal to consider the matter again.
**Appeal against (decision)**—He appealed against the decision of the lower court.

(6) **Amuse at (thing)**—He is greatly amused at the indifferent attitude of his father.
**Amused with (action)**—The boys amused themselves with throwing flowers at the girls.

(7) **Ask for (a thing)**—He asked me for some help.
**Ask from (person)**—He asked some help from me.

(8) **Affiliated to (University, Board)**—Our college is affiliated to the University of Punjab.
**Affiliated with (a party)**—Bajrang Dal is affiliated with BJP indirectly.

(9) **Annoyed at (thing)**—He became annoyed at my laughing.
**Annoyed with (person)**—He is annoyed with you.
(10) **Antipathy to (thing)**—He has a great antipathy to wine.
**Antipathy against (person)**—You should not have any antipathy against your friend Jack.
(11) **Answer to (person)**—You have to answer to me for your conduct.
**Answer for (action)**—He was asked to answer for the misbehaviour.
(12) **Arm against (danger)**—We must arm ourselves against the danger of chemical weapons.
**Arm with (weapon)**—He armed himself with a revolver and a knife.
(13) **Atone to (person)**—I tried to atone to him by offering market price of the land.
**Atone for (action)**—He tried to atone for the mischief he had committed.
(14) **Award for (action)**—He was awarded a gold medal for winning 1000 ft. race.
**Awarded to (person)**—A silver medal will be awarded to the best sports girl.
(15) **Antidote to (medicine)**—Diamond is regarded as an antidote to the poison of the snake.
**Antidote against (inflection)**—Quinine is an antidote against malaria.
(16) **Argue against or about (a matter)**—He went to argue against the topic of debate.
He argued well about the newly introduced bill.
**Argue with (person)**—Don't argue with me unnecessarily.
(17) **Agree in (opinion)**—Ganesh agrees with Ram in opinion expressed by him (Ram).
**Agree to (proposal)**—I cannot agree to his proposal of dividing the property.
**Agree with (person)**—I fully agree with you on this issue .
**Agree on (subject)**—After a lot of discussion all agreed on the terms of agreement.
(18) **Accomplice with (person)**—His wife was an accomplice with the murderer.
**Accomplice in (act)**—His wife was an accomplice in the murder.
(19) **Authority for (Action)**—You have no authority for instructing me as such.
**Authority on (subject)**—She is indeed an unquestionable authority on Physics.
**Authority over (person)**—He has no authority over me officially.
(20) **Accused of (a crime)**—He is an accused of murder.
(21) **Accused by (a person)**—He was accused by his wife.

## B

(1) **Blush for (fault)**—She blushed for the misbehaviour of her husband.
**Blush at (praise)**—She blushed at the comments of her husband.
(2) **Blind to (deeds, action)**—He should not be blind to the misdeeds of his son Rakesh.
**Blind in (one eye)**—His husband is blind in the right eye.
(3) **Born of (parents)**—He was born of an orthodox mother.
**Born at, in (place)**—He was born at General Hospital at Alwar in Rajasthan.
(4) **Buy from (shop)**—You can buy this item from any grocery shop.
**Buy for (person)**—I bought this ball pen for my son.
(5) **Beg of, from (person)**—I begged of him to give me some time to pay. I begged some rice from him.
**Beg for (person)**—I begged him for some rice.

## C

(1) **Close to (adjective)**—His house is very close to the railway station.
**Close with (shut)**—She closed the door with a bang.
**Close down (to terminate the operation)**—He closed down his shop within six months.
**Close out (to reduce the price)**—He closed out the price of sugar to increase sales.

(2) **Confer about (consult of a matter)**—Ram and Rahim confer together about nominating the secretary.
**Confer with (consult with a person)**—I will confer with my father in this matter.
(3) **Contend for (thing)**—Mr. S. S. Shekhawat will contend for a seat in Vidhan Sabha.
**Contend with (person)**—You should not contend with a person like Lalu Singh.
(4) **Consist in (ramain)**—The beauty of this building consists in its style and grandeur.
**Consist of (composed of)**—Our body consists of flesh, bone and blood.
(5) **Condemn to (punishment)**—He was condemned to death by the judge.
**Condemn for (crime)**—He was condemned for murder by the court.
(6) **Compare to (comparing two different kind of things)**—Don't compare water to milk.
**Compare with (comparing two things of same class)**—Kalidas was compared with Shakespeare by several renowned scholars.
(7) **Care for (like)**—I do not care for drinks.
**Care about (thing)**—She takes full care about her sarees and makeup.
(8) **Consult on (matter)**—We were not consulted on the new issue of debentures.
**Consult with (person)**—You should consult with some expert before taking a final decision.
(9) **Controversy on (matter)**—A lot of controversy was raised on this issue.
**Controversy with (person)**—I do not have any controversy with any of the members on this matter.
(10) **Confide to (to tell)**—You should not confide your secrets to any body.
**Confide in (to pose confidence)**—I confided in him, but he deceived me.
(11) **Complain of (a thing)**—I complained of his misconduct to the boss.
**Complain to (person)**—I complained of his misbehaviour to his father.
(12) **Compete with(person)**—Can you compete with him ?
**Compete for (job)**—I will try my best to compete for this job.
(13) **Cause of (problem)**—He is the main cause of all this trouble.
**Cause for (anxiety)**—I do not have any cause for anxiety.
(14) **Clothed in (dressing)**—She was clothed in a silken dress.
**Clothed with (some quality)**—She was clothed with shame.
(15) **Connect to (join)**—Connect the end of this rod to the other.
**Connect with (relation)**—I have no connection with her for the last three years.

## D

(1) **Displeased at (thing)**—She is not displeased at such humourous jokes.
**Displeased with (person)**—Ram is greatly displeased with Sita.
(2) **Disqualified for (post)**—She was declared disqualified for the election .
**Disqualified from (competing)**—He was disqualified from taking part in the competition.
(3) **Dwell upon ( to speak)**—The Chairman dwelt upon the importance of truth and honesty.
**Dwell in (country)**—The French dwell in France.
**Dwell at (place)**—These days Ram is dwelling at his friend's hotel.
**Dwell among (people)**—He is dwelling among the tribal .
(4) **Disgusted at (thing)**—She became disgusted at your silly joke.
**Disgusted with (person or life)**—I am very much disgusted with him .
(5) **Deal with (to do with the matter)**—This book deals with the population problem in India .
**Deal in (trade)**—He deals in iron scrap.
**Deal out (distribute)**—The Principal should deal out equal treatment to all the teachers.
(6) **Differ on (point)**—I totally differ on this point.
**Differ with (person)**—I differ with you on this point.
**Differ from (thing)**—Your views entirely differ from that of mine.

(7) **Die of (a disease)**—He died of hunger.
**Die from (some cause)**—He died from hard labour.
(8) **Destined for (created for)**—God had destined him for the post of President of India.
**Destined to (subject)**—He is destined to such a pitiable condition.
(9) **Dine with (person)**—I am scheduled to dine with him to night.
**Dine on (thing)**—I can't dine on same kind of menu daily.
(10) **Dispense with (do without)**—Jack can't easily dispense with her.
**Dispense to (distribute)**—A judge must dispense equal justice to all.
(11) **Dispose of (to sell)**—She wants to dispose of all the goods at the earliest .
**Dispose to (state of things)**—The news of his father's death disposed him to a deep sorrow.
(12) **Dispute with (person)**—Why are you disputing with your friends on such a trifle matter ?
**Dispute about (thing)**—There was a great dispute about the nomination of chairman.

## E

(1) **Embark on (a vessel)**—She embarked on the ship for Srilanka.
**Embark in (new business)**—He has embarked in the new business with full fervour.
(2) **Enter into (thing)**—They have entered into an agreement with Ramesh.
**Enter upon (new course)**—After marriage I entered upon a new way of life.
(3) **Exchange for (thing)**—She exchanged a book for a piece of art.
**Exchange with (person)**—I want to exchange my views with you.
(4) **Exult at (success)**—She was exulted at her brilliant success.
**Exult over (an enemy)**—Our army exulted over the enemy's force.
**Exult in (misery)**—One should not be exulted in the misery of others.
(5) **Eager for (fame)**—She is very much eager for making a name in society.
**Eager in (to find)**—He has involved himself eagerly in pursuit of finding the cause of miseries in life.
(6) **Equivalent for (word)**—Write a word equivalent for 'fear'.
**Equivalent to (money, thing)**—One million is equivalent to ten lacs.
(7) **Exact from (person)**—Heavy fines were exacted from the unruly students.
**Exact in (adjective)**—He is not exact in repayment.
(8) **Expert in (doing)**—He is expert in repairing automobiles.
**Expert at (thing)**—He is expert at English Grammar.
(9) **Enquire of (person)**—I enquired of him the secret of his happiness.
**Enquire into (a matter)**—The police enquired into the case of bank robbery.
(10) **Entrust with (a thing)**—I entrusted him with my camera.
**Entrust to (person)**—I entrusted my camera to him.

## F

(1) **Fit out (equip)**—The ship was fitted out for Srilanka.
**Fit up (furnishing)**—He fitted up his house with all necessary furniture.
(2) **Fascinated with (person)**—I was fascinated with Rekha.
**Fascinated by (thing)**—I was fascinated by her manners and looks.
(3) **False to (person)**—One should not be false to one's friends.
**False of (thing, heart)**—He is not false of heart.
(4) **Fight for (defending)**—Our army is ready to fight for the country.
**Fight with (together)**—We must not fight with our friends.
**Fight against (thing)**—We must fight against the evil of illiteracy.

(5) **Familiar to (thing)**—Your looks are quite familiar to that of Sachin.
**Familiar with (person)**—I am familiar with him.

## G

(1) **Gaze at (look attentively)**—Don't gaze at these girls, they are the cops .
**Gaze on (look strangely)**—He stood gazing on the pathetic scene of accident.
(2) **Grieve for (person)**—She was extremely grieved for him.
**Grieve at (event)**—Everyone was grieved at the death of Rajeev Gandhi.
**Grieve over (thing)**—She grieved over my unfortunate loss.
(3) **Good for (Nothing)**—He is a good for nothing fellow.
**Good at (Something)**—She is good at swimming.

## H

(4) **Held by (person)**—A condolence meeting was held by the staff yesterday.
**Held in (esteem or contempt)**—In the heart of every Indian, Gandhiji is held in great respect.
**Held at (place)**—A meeting was held at Hope Circus yesterday.
(5) **Hear of (something)**—I heard of this robbery from Sarla.
**Hear from (person)**—I heard from Sarla about this robbery.
**Hear by (post)**—I hear by this letter about your promotion.
(6) **Happen to (person)**—Please tell me what happened to you in New York.
**Happen at (place)**—This event happened at Red Square.
**Happen on (come across)**—While returning from market I happened on a gang of thieves.
(7) **Hidden from (view)**—The Neem tree has hidden your house from direct view.
**Hidden by (person, thing)**—My shoes were hidden by his sister.

## I

(1) **Introduce to (person)**—Let me first introduce my friend to you.
**Introduce into (make modifications)**—The UPSC has introduced many changes into the syllabus of IAS examination.
(2) **Invest with (authority)**—The President invested him with the honour of Bharat Ratna.
**Invest in (business)**—I am ready to invest Rs. fifty lacs in this business.
(3) **Inquire for (a thing)**—I went there to inquire for my lost briefcase.
**Inquire into (Matter)**—The police will inquire into the cause of death.
**Inquire about (concern)**—She came here to inquire about the health of her son.
**Inquire of (asking)**—First inquire of the way then move.
(4) **Involve in (thing)**—She seems to be involved in some serious trouble.
**Involve with (person)**—Don't involve yourself with such unruly persons.
(5) **Irritated at (thing)**—I was greatly irritated at his unruly behaviour.
**Irritated against (person)**—She was extremely irritated against her husband.
(6) **Impatient at (unexpected thing)**—He became impatient at the unexpected delay.
**Impatient for (expected thing)**—She is very much impatient for the arrival of her husband.
(7) **Indebted for (thing)**—I was indebted for your timely help.
**Indebted to (person)**—He is greatly indebted to Rani for her timely help.

## J

(1) **Jest at (person)**—I don't like to jest at a lunatic person.
**Jest with (thing)**—We should not jest with the communal things.

(2) **Judge of (giving opinion)**—Without going in details, how can you judge of this matter ?
**Judge by (observing)**—Judging by her qualifications, I think she is not fit for this job.

## K

(1) **Know by (recognize)**—A man is known by his actions.
**Know for (quality)**—He is known for his foolish decisions.

## L

(1) **Live at (a small town)**—He lives at Alwar in Rajasthan.
**Live in (in country, big place)**—He is living at Alwar in Rajasthan.
**Live on (food)**—He lives entirely on breads.
**Live for (devote)**—We must live and die for the cause of truth.
**Live with ( a person)**—I live here with my parents.
(2) **Liable for (crime)**—You are liable for the death of your wife.
**Liable to (punishment)**—He was held liable to imprisonment for three years.
(3) **Listen for (sound)**—I am listening for the voice of Asha Bhonsle .
**Listen to (hear attentively)**—We should listen to the advice of our elders.
(4) **Laugh at (make fun)**—We must not laugh at our friends.
**Laugh with (indulge with)**—Better to laugh with disabled than to laugh at disabled.

## M

(5) **Married to (a woman)**—Ramesh was married to Sarla.
**Married with (a man)**—Sarla was married with Ramesh.
(6) **Moved with (sorrow)**—He was actually moved with a feeling of sorrow.
**Moved to (tears)**—On hearing the news of sudden death of his wife, all moved to tears.
**Moved from (one's determination)**—You can't move me from my decision with your logics.
**Moved at (a scene)**—He was greatly moved at the sight of her mother's dead body.

## O

(1) **Obliged to (person)**—I am very much obliged to you.
**Obliged at (thing)**—I am obliged for your timely help.
(2) **Occupied in (doing a job)**—He is fully occupied in writing a book.
**Occupied by (thing)**—That house is occupied by a marriage party.
(3) **Originate with (person)**—All the plannings were originated with him.
**Originate in (place, cause)**—A fierce fire was originated in Connaught Place yesterday.

## P

(1) **Part from (person)**—I parted from my wife in Kumbh.
**Part with (thing)**—He is not ready to part with his furniture at any cost.
(2) **Prepare for (be ready)**—I am preparing for the IAS examination this year.
**Prepare against (danger)**—We must prepare ourselves against the danger of water pollution.
(3) **Pray for (thing)**—My wife prayed for my success .
**Pray to (make prayer)**—I prayed to God to help me in facing the unwarranted problems.
(4) **Perish by (famine)**—Our district was perished by the drought last year.
**Perish with (hunger)**—During drought the cattle perish with starvation.

(5) **Plead with (person)**—He pleaded with the Principal for mercy.
**Plead for (thing)**—He pleaded with the king for mercy.
(6) **Play at (cards)**—They were playing at cards.
**Play upon (musical instrument)**—Harish played upon the violin in the party.

## Q

(1) **Quick in (doing)**—He is quick in solving questions.
**Quick of (understanding)**—Ramesh is quick of understanding the questions.
(2) **Quarrel over (thing)**—You must not quarrel over the parental property.
**Quarrel with (person)**—We must not quarrel with our friends.

## R

(1) **Responsible to (person)**—An MLA is responsible to the Legislative Assembly.
**Responsible for (action)**—She is responsible for the loss caused due to her negligence.
(2) **Reason with (person)**—I reasoned with him on each and every point in this matter.
**Reason about (thing)**—You can't reason about the importance of self respect .
(3) **Ready for (action)**—I am ready for the match.
**Ready with (something)**—I was totally ready with my arguments on that day.
**Ready in (replying)**—I always found her ready in her reply.
(4) **Revenge on (person)**—He revenged himself on his enemy.
**Revenge for (action)**—I will positively revenge for the insult inflicted on me by her.
(5) **Reduce to (to decrease)**—His salary was reduced to Rs. four thousands only.
**Reduce by (decrease by an amount)**—His salary was reduced by three hundred rupees per month.

## S

(1) **Share of (thing)**—I must be paid my share of profit.
**Share with (person)**—I do not share my lunch with anybody.
(2) **Skilful at (thing)**—He is skilful at numbers.
**Skilful in (doing a thing)**—He is skilful in mathematical calculations.
(3) **Succeed to (property)**—He succeeded to his uncle's empire.
**Succeed in (doing)**—This time she succeeded in the IAS examination.
(4) **Start at (time)**—I started at 10 O'clock in the morning.
**Start from (place)**—I started from Delhi 10 O'clock in the morning.
**Started for (place)**—I started for Delhi at 7 O'clock in the morning.
(5) **Struggle for ( thing )**—We have to struggle hard for keeping peace in the country.
**Struggle with (person)**—We should not struggle with our neighbours.
(6) **Serve out (distribute)**—Sweets were served out to the audience.
**Serve up (to give food)**—A nice lunch was served up there in the function.
(7) **Speak for (person)**—You go there, I have already spoken for you to the Secretary.
**Speak about (thing)**—He is speaking about 'Unemployment Problem'.
(8) **Starved to (death)**—She was starved to death by her husband.
**Starved with (hunger)**—He starved with hunger.
(9) **Suited for (action)**—She is not suited for the role of vamp.
**Suited to (occasion)**—Sad song does not suit to such an occasion.
(10) **Supply to (person)**—PHED is supplying water to all the colonies in the city.
**Supply with (thing)**—Govt. must supply poor with food and clothing.

## T

(11) **Thankful for (thing)**—I am really thankful for your timely help.
**Thankful to (person)**—I am very much thankful to you for your kind favour.
(12) **Think over (to consider)**—The society agreed to think over the case in the next meeting.
**Think on (meditate)**—I have been thinking on this matter for the last many days.
(13) **Trust in (person)**—Trust in God and work hard.
**Trust to (thing)**—I trusted to his words, and he was right.
(14) **Tired of (disgusted)**—I am tired of your daily excuses.
**Tired with ( exhausted)**—You seems to be tired with the long run.
(15) **Talk with ( person)**—I will talk with my father in this matter.
**Talk about ( thing)**—I will talk about this matter with my parents.
**Talk over ( discuss)**—All the members of the society talked over the issue for many hours.

## U

(1) **Useful for (thing)**—The bag is very much useful for carrying goods.
**Useful to (person)**—I found that these directives are useful to me for achieving success in exam.

## V

(1) **Vote for (person)**—Vote for me, please.
**Vote on (a resolution)**—After having cast votes on the resolution , all took lunch.
(2) **Vexed with (person)**—Why are you vexed with your wife ?
**Vexed at (thing)**—He is vexed at my jokes.

## W

(1) **Wait at ( place)**—I will wait at church near the hospital.
**Wait for (person)**—I will wait for you upto tomorrow.
(2) **Wake up (to get up)**—She wakes up at 6 AM daily.
**Wake from (to be awaken)**—She waked from slumber and decided to take action.
(3) **Warn against ( an action)**—I have already warned you, against your for such negligence.
**Warn of (danger)**—I have already warned him of the risk involved in this sport.

## Z

(1) **Zealous for (a thing)**—A dedicated worker is always zealous for achieving the target.
**Zealous in (a cause)**—We must be zealous in the cause of humanity.

## Appropriate Prepositions

कुछ शब्दों के साथ सामान्यतया एक निश्चित **Preposition** का प्रयोग होता है। यद्यपि यहाँ भी वाक्य के अर्थ को समझना आवश्यक है तथापि नीचे दिये गए शब्द एवं उनके साथ प्रयुक्त **Prepositions** को बार-बार **Revise** करने से **Prepositions** का सही प्रयोग समझ में आ जाता है। परीक्षाओं में **Prepositions** पर आने वाले **Questions** अधिकतर निम्न में से पूछे जाते हैं :

(1) Abundance of (wealth)
(2) Assent to (a proposal)
(3) Accustomed to (work)
(4) Avail ourselves of (an opportunity)
(5) Attain to (a position)
(6) Addicted to (drinking , something)
(7) Accede to (a request)
(8) Abstain from (food, indulgence etc.)

(9) Absolved from (a promise, a sin)
(10) Acquiesce (an opinion, in proposal)
(11) Adhere to (principles)
(12) Afraid of (a ghost)
(13) Abhorrent to (good nature)
(14) Accession to (throne)
(15) Assure of (a thing)
(16) Absorbed in (study)
(17) Acquit (someone) of a charge
(18) Acquaintance with (a person)
(19) Beware of (cheating)
(20) Comply with (one's wishes)
(21) Condemn to (death)
(22) Cured of (a disease)
(23) Comply with (wishes)
(24) Coducive to (health)
(25) Dispair of (success)
(26) Desirous (doing something)
(27) Deprive of (something)
(28) Devoid of (quality)
(29) Duty of (the country)
(30) Eligible for (a post)
(31) Exception to (a rule)
(32) Excuse for (a fault)
(33) Envious of (a person or a thing)
(34) Exchange a thing (with a person)
(35) Elder to (some family member)
(36) Fatal to (one's cause)
(37) Fearful of (death)
(38) Furnish with (clothes)
(39) Greedy of (money)
(40) Heir to (ancestral property)
(41) Healed of (a disease)
(42) Hopeful of (success)
(43) Hostile to (a person)
(44) Hunger after (fame)
(45) Innocent of (a crime)
(46) Intimate with (a person)
(47) Invite to (dinner)
(48) Insist on a (thing)
(49) Intimate with (person)
(50) Impertinent to (elders)
(51) Invite to (dinner)
(52) Insight into(a matter or thing)
(53) Jealous of (a person)
(54) Keep to (the left, the point)
(55) Knock at (the door)
(56) Match for (a person)
(57) Key to (success)
(58) Mourn for (the dead)
(59) Match for (a person)
(60) Mad with (anger)
(61) Motive for (an action)
(62) Need for (help)
(63) Need of (a thing)
(64) Notorious for (drinking, doing)
(65) Occur to (mind)
(66) Overwhelmed with (sorrow, grief)
(67) Pay for (one's mistakes)
(68) Passion for (study)
(69) Peculiar to (a person or a thing)
(70) Persist in (doing)
(71) Pity for (poor, downtrodden)
(72) Pleased with (a person)
(73) Preface to (a book)
(74) Proud of (a thing)
(75) Pride (on a thing)
(76) Prefer to (a thing)
(77) Refrain from (doing some wrong)
(78) Repent of (a mistake)
(79) Respectful to (a person)
(80) Rob (a person) of (a thing)
(81) Sentence to (punishment)
(82) Short of (money)
(83) Side with (a person)
(84) Shocked at (a loss)
(85) Superior to (a thing)
(86) Sure of (some fact)
(87 Search for (a thing)
(88) Sacred to (a cause)
(89) Triumph over (difficulties)
(90) Troubles to (person)
(91) Vain of (beauty)
(92) Want of (money)
(93) Wanting in (wisdom)
(94) Worthy of (a reward)
(95) Yield to (an enemy)
(96) Search for (a thing)
(97) Sacred to (a cause)
(98) Work at (subject)
(99) Surrender to (enemy)
(100) Stick to (point)
(101) Suspect of (something)
(102) Translate into (English)
(103) Touch upon (subject)
(104) Slur on (character)

## Exercises

### Preposition

**01**

***Correct the following sentences :***

(1) You cannot prevent me to go to the market.
(2) She refrains to do this work.
(3) I insisted him to attend the class.
(4) He has a passion to learn English grammar.
(5) She is negligent to attend the meetings.
(6) She persisted to write again.
(7) He is bent to fight again.
(8) I am confident to win the match.
(9) He succeeded to pass the examination this time.
(10) I am proud to have a friend like Ram.
(11) I cannot hinder her to enter the temple.
(12) She is desirous to leave the place.
(13) Ram was disqualified to compete in this tournament.
(14) I cannot think to oppose him.
(15) He was prohibited to enter the temple.
(16) You should abstain to drink now.
(17) He intends to go to Jaipur.
(18) It is very difficult to dissuade him to go there.
(19) He is fortunate to get a ticket.
(20) I am hopeful to achieve success.

**02**

***Correct the following sentences :***

(1) She was neither ashamed nor sorry for her misbehaviour.
(2) She neither objected nor approved of it.
(3) Ram has no interest and passion for cricket.
(4) We must prevent damage and theft of public property.
(5) Please listen and reflect on this topic afterwards.
(6) He asked from her a silly question.
(7) The police investigated into the case.
(8) Ram resembles to his father.
(9) She resigned from his post.
(10) Ram signed to the agreement.
(11) The poet described about the nature.
(12) She must love to her children.
(13) We have discussed on the merits of the issue.
(14) In this article the author has described about poverty.
(15) She criticised upon my action without logic.

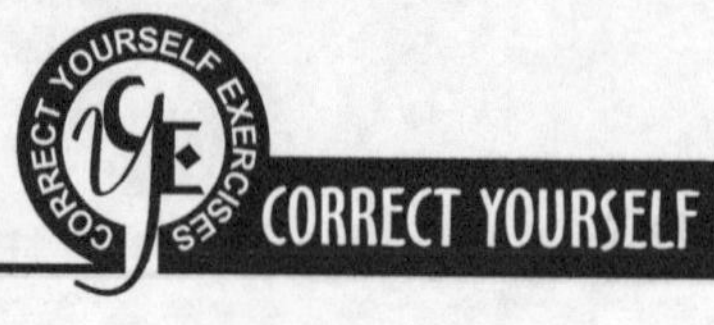


## SOLUTIONS CORRECT YOURSELF *Exercises*

### Solution CYE 01

(1) You cannot prevent me from going to the market.
(2) She refrains from doing this work.
(3) I insisted him on attending the class.
(4) He has a passion for learning English grammar.
(5) She is negligent in attending the meeting.
(6) She persisted in writing again.
(7) He is bent on fighting again.
(8) I am confident of winning the match.
(9) He succeeded in passing the examination this time.
(10) I am proud of having a friend like Ram.
(11) I cannot hinder her from entering the temple.
(12) She is desirous of leaving the place.
(13) Ram was disqualified from competing in this tournament.
(14) I cannot think of opposing him.
(15) He was prohibited from entering the temple.
(16) You should abstain from drinking now.
(17) He intends on going to Jaipur.
(18) It is very difficult to dissuade him from going there.
(19) He is fortunate in getting a ticket.
(20) I am hopeful of achieving success.

**Note**

उक्त *Exercise* में ऐसे *Verbs* एवं *Adjectives* का प्रयोग किया जाता है जिनके बाद *Infinitive* का प्रयोग नहीं किया जाता है। इन *Verbs* के बाद हमेशा *Gerund (Verb + ing)* का प्रयोग होता है।

### Solution CYE 02

(1) She was neither ashamed of nor sorry for her misbehaviour.
(2) She neither objected to nor approved of it.
(3) Ram has no interest in and passion for cricket.
(4) We must prevent damage to and theft of public property.
(5) Please listen to and reflect on this topic afterwards.
(6) He asked her a silly question.
(7) The police investigated the case.
(8) Ram resembles his father.
(9) She resigned his post.
(10) Ram signed the agreement.
(11) The poet described the nature.
(12) She must love her children.
(13) We have discussed the merits of the issue.

(14) In this article the author has described poverty.
(15) She criticised my action without logic.

वाक्य (1) से (2) तक **Ellipsis in preposition** के अन्तर्गत दो शब्दों के साथ एक ही preposition लगाकर गलती की गई है। वाक्य 6 से 15 तक में transitive verb के साथ preposition लगाने की गलती की गई है।

"A successful person is one
Who can lay a firm foundation
With the bricks that others throw at him."

## UNENGLISH & SUPERFLUOUS EXPRESSIONS

आज आपको कुछ ऐसी गलतियों से अवगत करा रहे हैं, जो आप जाने अनजाने में करते रहे हैं। अंग्रेजी बोलते समय की जा रहीं इस तरह की गलतियाँ, आपके अधकचरे ज्ञान को प्रकट करती हैं। इस अध्याय को ध्यानपूर्वक पढ़ें एवं इन गलतियों को न दोहरावे।

***"A little knowlege is a dangerous thing."***

इस chapter में ऐसे मे English expressions/ phrases को बताया जा रहा है जिनका प्रयोग काफी प्रचलित है, जो अंग्रेजी भाषा का हिन्दीकरण किया गया मालूम होता है। ऐसे phrases- expression का प्रयोग किया जाना गलत है।

**(1) Females : Females** का प्रयोग **women** के लिए किया जाना गलत है। **Females** से **sex** का ज्ञान होता है।

Male sex or Female sex .

The Females of my house do not agree to this proposal. *Incorrect*

The women of my house do not agree to this proposal. *Correct*

(2) **Family man : Family man** का प्रयोग छात्रों द्वारा **A man with a Family** के संदर्भ में किया जाता है। यह गलत है तथा पूर्णतया **Unenglish** है।

**(3) Family Members/ Parliament Members :** इनकी जगह हमें **Members of Family or Members of Parliament** का प्रयोग करना चाहिए।

**(4) To give key to the watch :** घड़ी में चाबी भरने हेतु उक्त **Phrase** का प्रयोग करना अंग्रेजी का हिन्दीकरण है। इसकी जगह **'To wind the watch'** का प्रयोग करना चाहिए।

**(5) To eat Food :** यह पूर्णतया **Unenglish** है। **I have eaten my food.** इस तरह का प्रयोग पूर्णतया एक **Unenglish** प्रयोग है। **English** में अधिकांश खाने का नाम प्रयुक्त होता है। जैसे :

Have you had your lunch ?

Have you had your dinner ?

Breakfast हेतु take की जगह have का प्रयोग करना चाहिए।

I have taken my breakfast की जगह हमें लिखना चाहिए I have had my breakfast.

**(6) Sick/ Ill : Sick** का अर्थ शारीरिक बीमारियों हेतु नहीं करना चाहिए। **Sick** का अर्थ मानसिक थकान, परेशानियों से होता है।

I am sick or He fell sick की जगह I am ill or He fell ill लिखना चाहिए।

Sick का प्रयोग निम्न अर्थ में सही है :

I am sick of this life means I am tired of this life.

**(7) Pulling on well :** का अर्थ ठीक खींच रहे हैं के अर्थ में करना गलत है। **Pulling well एक सही English Idiom** हैं जिसका अर्थ होता है **Working in Harmony.**

अतः यह लिखना कि We are pulling on well गलत होगा। इसकी जगह We are pulling well together कहना सही है।

**(8) Etc : etc. etcetera** की **abbreviated form** है। इसका अर्थ है **and others** इसका प्रयोग **such as** या **and** के साथ नहीं करना चाहिए। जैसे :

There were many kinds of fruits in his shop, such as apples, mangoes, plums, pears etc.

There were many kinds of fruits in his shop such as apples, mangoes, plums and pears etc.

इन दोनों ही वाक्यों में etc. का गलत प्रयोग किया गया है। इनकी जगह हमें लिखना चाहिए था :

There were many kinds of fruits in his shop, such as apples, mangoes, plums so on. ***Or***

There were many kinds of fruits in his shop like apples, mangoes, plums, pears etc.

**(9) Rather Very : Rather** का अर्थ होता है **not very, a little**। अतः **Rather** के साथ **very** का प्रयोग अनुचित है तथा गलत है। जैसे :

| | | |
|---|---|---|
| She was rather very happy. | *Incorrect* | |
| She was rather happy | *Correct* | ***Or*** |
| She was very happy | *Correct* | |

**(10) Comparative better : Comparative** के साथ **better** (या **adjective comparative degree**) का प्रयोग नहीं करना चाहिए। जैसे :

| | |
|---|---|
| She is comparatively better. | *Incorrect* |
| She is comparatively good. | *Correct* |
| She is better. | *Correct* |

**(11) Keeping good health :** इसका प्रयोग अच्छी अंग्रेजी में मान्य नही है। जैसे :

I think now she is keeping good health. इसकी अपेक्षा यह कहना चाहिए।।

I think now she is well.

**(12) No mention/ No matter : Thanks** के प्रत्युत्तर में इन शब्दों का प्रयोग काफी प्रचलित है। इनकी अपेक्षा **All right or It's all right** कहना अधिक उपयुक्त है।

**(13) Generally/ Always :** एक ही वाक्य में **Generally** एवं **Always** दोनों का प्रयोग करना गलत है। **Generally** का अर्थ **Always** को **Contradict** करता है।

Generally he is always late. इसकी जगह हमें मात्र यही करना चाहिए कि Generally he is late.

**(14) Tomorrow morning/ Next morning :** यदि **Present tense** का वाक्य है तो हमें **Tomorrow morning** का प्रयोग करना चाहिए एवं यदि **past tense** का कोई वाक्य है तो **next morning** का प्रयोग करना होता है। जैसे :

I will go to Jaipur tomorrow morning.

I went to Jaipur the next morning.

**(15) As best as he can :** इस **Phrase** की जगह **as well as he can** का प्रयोग करना चाहिए। **as well** का प्रयोग एक **comparison** को व्यक्त करता है। **best** का प्रयोग करने पर **superlative degree of adjective** होने के कारण इसका **comparative use** गलत है।

**(16) Because/in order that/so that :** कारण (cause) को **express** करने हेतु **because** का प्रयोग किया जाता है। जबकि **Purpose** को **express** करने हेतु **in order that** या **so that** का प्रयोग किया जाता है निम्न वाक्यों को देखें:

| | |
|---|---|
| We eat because we may live. | *Incorrect* |
| We eat so that we may live. | *Correct* |
| I took medicine because I might get well. | *Incorrect* |
| I took medicine in order that I might get well. | *Correct* |

**(17) In respect of /With respect to :** ये दोनों **Phrase** अलग-अलग अर्थ में प्रयुक्त होते हैं। **In respect of** से पूर्व **adjective** का प्रयोग होता है। इसका अर्थ है **In point of some quality.** जैसे :

He is senior to her in respect of service.

With respect to का प्रयोग किसी subject (noun) के संदर्भ में किया जाता है। जैसे :

We must have a discussion with respect to the proposal given by him.

**(18) Both .....and, as well as, Not only.....but also :** उक्त **conjuction** का प्रयोग करते समय यह ध्यान में रखें कि जो **fact** ज्यादा महत्वपूर्ण है, उसे बाद में लिखें। जैसे :

He was both expelled from the school and degraded from his class.

इसकी अपेक्षा में हमें लिखना चाहिए :

He was both degraded from his class and expelled from the school .

इसी तरह Others as well as I declare this to be justified.

इसे हमें लिखना चाहिए : I as well as others declare this to be justified.

इसी तरह :

Rahim was not only convicted of the crime, but also accused of it.

इसे निम्न प्रकार से लिखना चाहिए :

Rahim was not only accused of the crime but also convicted of it.

**(19) Another/ other/ Any other : Another** का प्रयोग **singular nouns** के साथ **other** का प्रयोग **plurals** के साथ किया जाता है। दोनों का प्रयोग **affirmative sentences** में किया जाता है। जबकि **Any other** का प्रयोग **negative statements** में करते हैं।

**(20) Fair sex : Fair sex** का प्रयोग **women** हेतु किया जाता है। **Strictly speaking,** यह गलत है। **In good English, Fair sex** का प्रयोग **women** हेतु करने को **avoid** करना चाहिए।

**(21) Lately/ Latterly : Lately** एवं **Latterly** दोनों का अर्थ **recently** से लिया जाता है लेकिन **Latterly** का प्रयोग **comparison** हेतु **Change of condition** हेतु किया जाता है। **Lately means recent past. Latterly means most recent.**

His wife has left him latterly. *Incorrect*
His wife has left him lately. *Correct.*
She has shown a different behaviour lately. *Incorrect*
She has shown a different behaviour latterly. *Correct*

यहाँ change of condition बताई गई है। जैसे :

The old man was in a coma latterly towards the end, at the end, finally.
Dad's health has not been good lately.

**(22) Pass off :** समय (Time) के संदर्भ में **pass off** का प्रयोग प्रचलित है। जैसे : **The time passes off happily or The days pass off happily.** इन दोनों वाक्यों में **off** का प्रयोग गलत है। **pass off** का प्रयोग तब किया जाता है जब कोई चीज के गुजरने के बाद, कोई अन्य चीज, घटना शेष नहीं रहती है। जैसे :

The event passes off peacefully and we resume our routine.

Time के संदर्भ में केवल pass का ही प्रयोग करना चाहिए।

The time passes happily . The days pass happily .

**(23) With a view ( to) : With a view** के बाद हमेशा **gerund** का प्रयोग होता है। **Infinitive (to)** का प्रयोग करना गलत है। जैसे :

I journeyed through the different countries of the world with a view to find out the source of true happiness. के स्थान पर लिखना चाहिए।

I journeyed through the different countries of the world with a view to finding out the source of true happiness .

**(24) What to speak of :** इसका प्रयोग सामान्यतया **not to speak of / not to mention** के संदर्भ में किया जाता है। जैसे : What to speak of lunch or dinner,there was no arrangement of breakfast even.

इसकी अपेक्षा यह कहना चाहिए :

There was no arrangement of breakfast even, not to mention lunch or dinner.

इसी तरह He can hardly rise from the bed, what to speak of walking.

इसकी अपेक्षा यह कहना चाहिए : He can hardly rise from the bed, not to speak of walking.

**(25) What to do ? :** यह एक **UnEnglish expression** है। इसकी अपेक्षा यह कहना चाहिए : **What am I to do ?**

**(26) To do the needful :** इस **phrase** का उपयोग अच्छी अंग्रेजी में मान्य नहीं है। इसकी अपेक्षा हमें निम्न **phrase** प्रयोग में जाने चाहिए :

Give the necessary instructions
*Or* Make the necessary arrangements.
*Or* Give the necessary orders.

**(27) Yes/ No : Yes** एवं **No** में **Answer** देते समय निम्न गलतियाँ की जाती हैं :

Did you find your purse ?
Yes, I did not find it yet.
इसकी जगह हमें लिखना चाहिए : No, I did not find it yet.

**याद रखें**

यदि प्रश्न का उत्तर Affirmative में हो तो Yes का प्रयोग करें, यदि उत्तर Negative में है तो No से शुरू करें।

**(28) Good or bad success : Success** के साथ **good** या **bad** का प्रयोग करना गलत है। **Sucess may be great or small, important or trivial, but never good or bad .**

"Mistakes are our teachers,
Give them respect,
But don't allow them to overcome you."

## Superfluous Expressions & Unnecessary Wordiness

आपसी **Conversations** में अनावश्यक शब्दों का प्रयोग बहुत से व्यक्ति द्वारा जाने–अनजाने किया जाता है। इस तरह के **Wordiness Expressions** को सही **English speaking** हेतु **Avoid** करना आवश्यक है।

**"Take care of such unnecessary wordiness".**

**Unnecessary Wordiness :** कई बार वाक्यों में अनावश्यक शब्दों का प्रयोग किया जाता है। इसे unnecessary wordiness कहा जाता है। जैसे :

**(1) For a long period of time :** यहाँ of time लिखना आवश्यक है क्योंकि period के अर्थ में of time का अर्थ समाहित है।

**(2) Return back :** यहाँ back लिखना आवश्यक है क्योंकि Return के अर्थ में back का अर्थ सामाहित है।

**(3) Cousin brother/Cousin sister** में brother/sister लिखना अनावश्यक है क्योंकि Cousin के अर्थ में brother/ sister का अर्थ समाहित है।

**(4) Retreat back/Recall back/Reimburse back/Recast back / Recede back** के साथ back लिखना अनावश्यक है क्योंकि Retreat /Recall /Reimburse / Recede/Recast में back का अर्थ समाहित है।

**(5) Restate/Repeat/Reborn/Rewrite/Reiterate/Rearrange/Rebuild** के साथ again का प्रयोग गलत है क्योंकि इन शब्दों के अर्थ में again का अर्थ समाहित है।

**(6) Supposing /Suppose** के साथ if का प्रयोग गलत है।

**(7) Kindly requested** के साथ kindly का प्रयोग गलत है क्योंकि Request हमेशा Kindly ही की जाती है।

**(8) Await** के साथ for का प्रयोग गलत है क्योंकि await का अर्थ wait for होता है।

**(9) Comprise/despite** के साथ of का प्रयोग गलत है क्योंकि :

Comprise means Consist of; Despite means In spite of.

**(10) Until/Unless/Forbid/Prohibit/Prevent/Dissuade/Deny/Refuse/Lest** के साथ not का प्रयोग अनुचित है क्योंकि इनमें Not का meaning समाहित है।

**(11) Flee के सा away** का प्रयोग गलत है क्योंकि flee का अर्थ ही run away होता है।

**(12) Coward** के साथ **man** का प्रयोग गलत है क्योंकि coward का अर्थ ही कायर आदमी होता है इसमें man का अर्थ समाहित होता है।

**(13) Mutual Agreement में mutual** का प्रयोग अनावश्यक है क्योंकि Agreement तभी होगा जब दोनों पार्टियाँ (mutually) स्वीकार करेंगी। इसी तरह Mutual dislike of each other में each other का प्रयोग अनावश्यक है।

**(14) Two twins** में two का प्रयोग गलत है।

**(15) Bifurcated or divided into four quarters** में four का प्रयोग अनावश्यक है।

**(16) Reason because** का एक साथ प्रयोग अनुचित है या तो Reason का प्रयोग करें या because का।

**(17) Because** के साथ therefore, as, का प्रयोग गलत है।

**(18) Equally, as good as,** दोनों का साथ-साथ प्रयोग गलत है या तो वाक्य में equally का प्रयोग करें या as good as का।

**(19) Consensus opinion** में Opinion लिखना अनावश्यक है। Consensus में Opinion का अर्थ समाहित है।

**(20) Final conclusion** में final लिखना अनावश्यक है क्योंकि conclusion का अर्थ ही final होता है।

**(21) Spouse wife/husband में wife/husband** का प्रयोग अनावश्यक है क्योंकि Spouse के अर्थ में wife/husband का अर्थ समाहित है।

**( 22 )** इसी प्रकार **Consort husband/wife** में husband/wife का प्रयोग अनावश्यक है, क्योंकि Consort का अर्थ होता है husband or wife of a ruler.

**(23) Funeral service** में Service का प्रयोग अनावश्यक है क्योंकि Funeral एक Service है।

**(24) Override/overtake/overturn/over shoot** आदि के साथ पुनः over का प्रयोग करना गलत है।

**(25) With bag and baggage** में with का प्रयोग करना आवश्यक है क्योंकि bag and baggage का अर्थ with all belongings होता है। जैसे :

He returned bag and baggage.

**(26) Mutual friend** एक Unenglish expression है इसका प्रयोग करना गलत है। इसकी जगह Common friend का प्रयोग किया जाता है।

**(27) Freeship** ा **Lecturership** की जगह free studentship या lectureship का प्रयोग सही है।

**(28) An English teacher** का अर्थ होता है A teacher who is an English (Citizen of England). अतः An English teacher की जगह A teacher of English लिखना सही है ।

**(29) Passing marks** की जगह pass marks लिखना सही है।

**(30) Linking road / Linking language** की जगह link road/link language लिखना शुद्ध है। जैसे :

The time passes happily. The days pass happily .

## 01

*Correct the following sentences* :

(1) He has been sick since Monday.
(2) I eat my food at 8 P.M.
(3) There were many kinds of bag in the shop, such as paper, leather, cloth, and canvass etc.
(4) Ramesh said to me, "Sita was rather very happy on that day".
(5) All his family members are planning to visit Jammu & Kashmir.
(6) I give key to my wrist watch at 8 P.M. daily.
(7) I eat my breakfast at 7 A.M. daily.
(8) He said, "Today I am feeling comparatively better".

(9) Sunita always wears blue saree on such functions generally.
(10) She went to Delhi the tomorrow morning.

## 02

*Correct the following sentences :*

(1) We eat because we may live.
(2) She didn't attend the meeting so that she was ill.
(3) I took medicine, because I might get well soon.
(4) Both he is a philosopher and a teacher.
(5) Either he is a stupid or a rogue.
(6) Others as well as Ram declares this an unethical act.
(7) The females are not allowed to participate in the competition.
(8) The days pass off happily.
(9) With a view to study the urgent publications he joined the library.
(10) Did you find your pen ? Yes, I didn't find it so far.

## 03

*Correct the following sentences :*

(1) He achieved good success in B.A. examination.
(2) Ram and his other friend Shyam went to Jaipur yesterday.
(3) Have you found your lost purse?
No, I have found .
(4) It is not the men but the fair sex, responsible for the present trend in fashion.
(5) Ram discussed the matter with so many another fellows.

### Solution CYE 01

(1) He has been ill since Monday.
(2) I take my dinner at 8 P.M..
(3) There were many kinds of bag in the shop, such as paper, leather, cloth, and canvass.
(4) Ramesh said to me, "Sita was rather happy on that day".
(5) All the members of his family are planning to visit Jammu & Kashmir.
(6) I wind my wrist watch at 8 P.M. daily.
(7) I have my breakfast at 7 A.M daily.
(8) He said, "Today I am feeling better".
(9) Sunita always wears blue saree on such functions.
(10) She went to Delhi the next morning.

### Solution CYE 02

(1) We eat so that we may live.
(2) She didn't attend the meeting because she was ill.
(3) I took medicine in order that I might get well soon.
(4) He is both a philosopher and a teacher.
(5) Either he is a stupid or a rogue.

(6) Ram as well as others declares this an unethical act.
(7) The women are not allowed to participate in the competition.
(8) The days pass happily.
(9) With a view to studying the current publications he joined the library.
(10) Did you find your pen ? No, I didn't find it so far.

**Solutions CYE 03**

(1) He achieved great success in B.A. examination.
(2) Ram and his another friend Shyam went to Jaipur yesterday.
(3) Have you found your lost purse?
Yes, I have found it.
(4) It is not the men but the women, responsible for the present trend in fashion.
(5) Ram discussed the matter with so many other fellows.

"Don't avoid doing exercises, Exercises show you mirror and tell you what actually you have learnt."

## Pronoun & Conversations

**Pronoun** का प्रयोग **Conversations** में बहुत किया जाता है। विभिन्न प्रकार के **Pronouns** एवं उनके प्रयोग से सम्बन्धित नियमों की जानकारी अंग्रेजी में प्रवीणता हेतु बहुत आवश्यक है। अधिकांश छात्रों को **Pronouns** के नियमों की जानकारी नहीं होती। इस अध्याय में आपको न केवल विभिन्न प्रकार के **Pronouns** की जानकारी दी जा रही है बल्कि उनके प्रयोग से सम्बन्धित नियमों को भी उदाहरण सहित स्पष्ट किया गया है। ध्यानपूर्वक अध्ययन करें।

**Pronoun :** जो शब्द **Noun** की जगह प्रयुक्त होता है उसे **Pronoun** कहते हैं।

**Pronoun is a word, used in place of a noun. Pro means 'for'. It means the word, used for noun is called Pronoun.**

Ramesh found a purse. He picked it up and gave it to Sarla. She threw it in a river.

इस वाक्य में He, Ramesh (Noun) के लिये It, Purse ( Noun ) के लिये तथा She, Sarla (Noun) के लिये प्रयुक्त हुए हैं। अत: He, It एवं She, Pronouns हैं।

## Kinds of Pronoun

Pronoun को निम्न प्रकार से वर्गीकृत किया गया है :

(1) Personal Pronoun (पुरुषवाचक)
(2) Reflexive Pronoun (निजवाचक)
(3) Emphatic Pronoun (दृढ़तावाचक)
(4) Reciprocal Pronoun (परस्परतावाचक)
(5) Demonstrative Pronoun (संकेतवाचक)
(6) Indefinite Pronoun (अनिश्चितवाचक)
(7) Interrogative Pronoun (प्रश्नवाचक)
(8) Distributive Pronoun (विभाजकवाचक)
(9) Relative Pronoun (सम्बन्धवाचक)
(10) Exclamatory Pronoun (विस्मयवाचक)

निम्न वाक्यों पर ध्यान दें :

(a) I am a boy. We are boys.
(b) You are a girl. You are girls.
(c) He is a man. They are men.
(d) It is a child. They are children.

इन वाक्यों में I, we, जो first person को you, second person को he, she, it, they, third person को व्यक्त करते हैं। ये सभी Personal Pronouns हैं।

## Personal Pronoun

वे Pronoun जो वाक्य में व्यक्ति का बोध कराते हैं, Personal Pronoun कहलाते हैं। उक्त वाक्यों में **I, we**—First person, **You**—Second person pronoun तथा **He, she, it, they**—Third Person Pronoun हैं।

## Personal Pronoun : Use and Rules

**(1)** यदि एक वाक्य में भिन्न-भिन्न **Persons** के **Pronoun** एक ही **verb** के साथ प्रयुक्त होते हैं तो उनको लिखने का क्रम **(order)** निम्न प्रकार होगा :

**(A) Singular :** सबसे पहले **You (Second person),** उसके बाद **He (Third person)** एवं उसके बाद **I (First person), Good manners** की दृष्टि से लिखा जाता है। इसका याद रखने का तरीका है **2 + 3 + 1 (Second + third + first Person Pronoun)** जैसे :

(a) You, he and I are partners.
(b) He and I are good friends.
(c) You and he are working in the same office.
(d) You and I can do this work.

**(B)** यदि वाक्य में कोई गलती का सन्दर्भ आये या कोई मूल भूल या अपराध का जिक्र हो या वाक्य का भाव सकारात्मक नहीं हो तो **Pronouns का क्रम 1 + 2 + 3** की तरह होना चाहिये। जैसे :

(a) I and you are responsible for the loss.
(b) You and he spoiled the party.
(c) I and he will beg sorry for the misconduct.

**(2) Collective Noun** के साथ **Pronoun** का प्रयोग उस स्थिति में **Singular (and Neuter Gender)** में होता है जब **Collective Noun** का प्रयोग एक **Unit** के रूप में हो, यदि **Collective Noun** का प्रयोग **Unit** की तरह न होकर बिखरा **(divided or separate)** हुआ हो तो **plural pronoun** प्रयोग किया जाता है। जैसे :

(a) The crew revolted and murdered <u>its</u> captain.
(b) After three days, the jury gave <u>its</u> verdict.
(c) The fleet will reach <u>its</u> destination in a month.

**Note**

*Collective Noun, एक unit की तरह प्रयुक्त है एवं Pronoun, its, Singular एवं Neuter Gender में प्रयुक्त है। जैसे :*

*(a) The jury were divided in their opinions.*
*(b) The society took the decision without leaving their seats.*
*(c) The Government decided to revise their plans outlays.*

*यहाँ Collective noun; Jury, Society, Government के साथ Pronoun का प्रयोग एक Unit नहीं व्यक्त करके Separateness, Division, Individuality व्यक्त करता है।*

**(3)** जब दो या अधिक **Nouns, and** से संयुक्त होते हैं तो **Pronoun, Plural** होगा। जैसे :

(1) Ram and Mohan went to their school.
(2) Suresh and his family members have completed their work.

**(4)** जब दो **Singular Nouns, and** से संयुक्त हों एवं दोनों के पूर्व **each** या **every** का प्रयोग हुआ हो तो **Pronoun** भी **Singular** होगा। जैसे :

(a) Every soldier and every sailor was in <u>his</u> place.
(b) Each officer and each clerk has joined <u>his</u> duty.

**(5) Each, Either** एवं **Neither** के साथ हमेशा **Singular Pronoun** एवं **Singular Verb** का प्रयोग किया जाता है। जैसे :

(a) Each of the students is ready to do <u>his</u> duty.
(b) Either of the two students gets <u>his</u> gift.
(c) Neither of them gets <u>his</u> turn.

**(6)** जब दो या अधिक **Singular Nouns 'or', 'Either.....or', 'Neither.....nor'** से संयुक्त किये जाते हैं तो **Pronoun, Singular** लगता है। जैसे :

(a) Ram or Shyam should deposit <u>his</u> dues.
(b) Either Ramesh or Ganesh lost <u>his</u> purse.
(c) Neither Ram nor Shyam has completed <u>his</u> work.

**(7)** जब एक **Plural** एवं एक **Singular Noun, 'or'** या **'nor'** से संयुक्त किये जाते हैं तो **Pronoun-Plural** लगता है। जैसे :

(a) Either the Principal or the teachers failed in <u>**their**</u> duty.
(b) Neither the teacher nor the students have done <u>**their**</u> work.

**(8)** तुलनात्मक **(Comparative)** वाक्यों में **than** या **as** के बाद **Pronoun** की **Nominative form** का प्रयोग होगा या **Objective form** का। यह इस पर निर्भर है कि वाक्य का अर्थ क्या है। जैसे :

(a) I love you more than he. ( loves you ).
(b) I love you more than ( I love ) him.
(c) I shall give you as many pens as ( I shall give ) him.
(d) I am as intelligent as he ( is ).

इस तरह के वाक्यों में वाक्य को अर्थ के अनुसार पूरा करके देख लेने पर यह समझ में आता है कि वाक्य में **Pronoun** की **Nominative form** का प्रयोग होगा या **Objective form** का।

## Reflexive Pronoun

**My, your, him, her, it** में **self** जोड़ने पर **our, your, them** में **selves** जोड़ने पर **Reflexive Pronoun** बनाये जाते हैं। ये वाक्य में **Object** की तरह प्रयुक्त होते हैं एवं वाक्य के **Subject** को ही व्यक्त करते हैं।

**"These are called Reflexive because the action done by the subject turns back (reflects ) upon the subject."**

***—Wren & Martin***

***Look at the following sentences*** **:**

(a) He hurt himself.
(b) We ruined ourselves.
(c) You ruined yourself.
(d) I hurt myself.
(e) She ruined herself.
(f) They ruined themselves.

## Rules

**Rule 1 :** कुछ **Verbs** के साथ **Reflexive Pronoun** का प्रयोग किया जाता है। ऐसी **Verbs** हैं **: avail, absent, enjoy, resign, apply, revenge, exert etc.**

(a) I absented myself from the office.
(b) I revenged myself upon her.
(c) He availed himself the opportunity.
(d) They enjoyed themselves the pleasure of weather.

**Rule 2 :** कुछ **Verbs** के साथ **Reflexive pronoun** का प्रयोग नहीं किया जाता है। ऐसी **Verbs** हैं **: keep, break, set, bathe, make, stop, steal, qualify, move, open, draw, rest, roll, burst, hide, feed, gather etc.** जैसे :

(a) He kept away from the function. *Correct*
He kept himself away from the function. *Incorrect*
(b) Let us rest at the bed. *Correct*
Let us ourselves rest at the bed. *Incorrect*
(c) She hid in the room. *Correct*
She hid herself in the room. *Incorrect*

**Rule 3 : Reflexive Pronoun** का निम्न प्रकार से प्रयोग किया जाता है :

(a) Myself is R.C. Gupta.
(b) Himself will do it.
(c) Myself will go there.
(d) Herself can solve it.

## Emphatic Pronoun

Reflexive Pronoun एवं Emphatic Pronoun बनावट व देखने में एक समान होते हैं। Emphatic Pronoun का प्रयोग किसी noun/pronoun का Emphasis (महत्व बढ़ाने) करने हेतु किया जाता है। जैसे :

(a) I myself solved this question.
(b) She herself found the solution.
(c) He himself came to see the patient.
(d) You yourself admitted your fault.

इनका प्रयोग Subject के तुरन्त बाद किया जाता है।

## Reciprocal Pronouns

ये (Each other, One another) ऐसे Pronouns हैं जो दो Pronouns से मिलकर बनते हैं एवं परस्पर सम्बन्ध को व्यक्त करते हैं। जैसे :

(a) The two friends quarrelled with each other.
(b) They all gave gifts to one another.
(c) These two students love each other.
(d) They saved themselves by helping one another.

सामान्यतया Each other का प्रयोग दो के लिये एवं One another का प्रयोग दो से अधिक के लिये किया जाता है।

## Demonstrative Pronoun

**Demonstrative Pronoun is used to point out the object to which it refers.**

This, That, These, Demonstrative Pronouns हैं। इनके तुरन्त बाद Verb का प्रयोग किया जाता है। जैसे :

(a) This is the gift from my mother.
(b) That is the Tajmahal.
(c) These are the books, I found in the bag.
(d) That is my house.

## Indefinite Pronoun

ये Pronouns किसी निश्चित वस्तु या व्यक्ति को प्रकट नहीं करते हैं। ऐसे Pronouns हैं : Some, One, Someone, All, A few, Others, No one, Nobody, Anyone etc.

(a) Some have joined the party.
(b) All went to Jaipur.
(c) A few persons came here.
(d) Do good to others.
(e) Someone has stolen my watch.
(f) One should mind one's own business.

**Note**

*One के साथ His का प्रयोग करना या अन्य किसी Pronoun का प्रयोग करना गलत है। जैसे :*

| | |
|---|---|
| *One should do his duty.* | *Incorrect* |
| *One should do one's duty.* | *Correct* |

## Interrogative Pronoun

**Who, Whom, Whose, Which, What; Interrogative Pronouns** हैं। इनका प्रयोग प्रश्न पूछने हेतु किया जाता है। **The Interrogative Pronouns are used for making querries or asking questions.**

***Look at the following sentences*** :

(a) What is that ?
(b) Who is he ?
(c) Which is your pen ?
(d) Whose bag is this ?
(e) Whom do you want to talk ?
(f) What is your name ?

**Note**

*(1) उपरोक्त वाक्यों में आये सभी Underlined words, Interrogative Pronouns हैं।*

*(2) What का प्रयोग सामान्यतया वस्तुओं या कार्यों के लिये होता है।*

*(3) Who, Whose, whom का प्रयोग व्यक्तियों के लिये किया जाता है। Who का प्रयोग Nominative case में, Whose का प्रयोग Possessive case में एवं Whom का प्रयोग Objective case में किया जाता है। जैसे :*

*(a) Who is he ?* *(b) Whom did you see today ?*
*(c) Whose bag is this ?*

*(4) Which का प्रयोग व्यक्तियों एवं वस्तुओं के लिये selection/choice के लिये सामान्यतया किया जाता है। जैसे :*

*(a) Which is your umbrella ?* *(b) Which book is yours ?*

## Distributive Pronoun

Each, Everyone, Either एवं Neither; Distributive Pronouns हैं। ये Pronouns एक व्यक्ति/वस्तु (one at a time) को व्यक्त करते हैं। अत: ये Singular होते हैं एवं इनके साथ हमेशा Singular Verb का प्रयोग होता है।

***Look at the following sentences*** :

(a) Each of the students gets a prize.
(b) Each got his turn.
(c) Either of the two will win the race.
(d) Neither of those two students can secure first position.
(e) Everyone of the students was happy.
(f) Each of the two students received a medal.

### Note

*(1) Everyone का प्रयोग हमेशा दो से अधिक के सन्दर्भ में होता है। जबकि Each का प्रयोग दो या दो से अधिक के लिये हो सकता है। दो के लिये Everyone का प्रयोग कभी नहीं किया जाता है।*

*(2) Either एवं Neither का प्रयोग सामान्यतया दो के सन्दर्भ में किया जाता है। दो से अधिक के लिये Any, No one, None का प्रयोग करना चाहिये।*

*(3) Distributive Pronouns के साथ Third Person, Singular Pronoun, Masculine Gender (he, his, him) का प्रयोग किया जाता है। जैसे :*

*(a) Everyone should obey his parents.*
*(b) Neither of these two students has received his prize.*

"Nothing, but self-confidence,
Nothing, but dedication,
Nothing, but integrity,
Nothing, but trust in God,
will guide you to be successful one day,
inspite of all the misfortunes."

आज हम आपको **Relative Pronoun** से सम्बन्धित विभिन्न नियम एवं इनके प्रयोग की जानकारी देंगे। **Relative Pronoun** के सही प्रयोग का **English Conversations** में एक महत्वपूर्ण स्थान है। इसका अध्ययन ध्यानपूर्वक से करें।

## Relative Pronoun

**Relative Pronoun refers to some noun going before, which is called its antecedent.**

Relative Pronouns (who/which/that/what/whose/whom) ऐसे Pronouns हैं जो इससे पूर्व आये Noun को इंगित करते हैं एवं इस Noun को उस Relative Pronoun का Antecedent (which comes before) कहा जाता है। जैसे :

(a) I know Sarla who has just gone out.
(b) I have found the bag which I lost yesterday.
(c) This is the magazine that she gave me.

उक्त वाक्यों में who, which, that, relative Pronouns एवं Sarla, bag, magazine इनके Antecedents हैं।

## Rules

**Rule 1 : Relative Pronouns, Who** एवं **Whom** का प्रयोग निर्जीव वस्तु के लिये नहीं किया जाता है। जैसे :

(a) I like the boy who helps the poor.
(b) This is the girl whom all admires.

**Rule 2 : Whose** का **Possessive case** में प्रयोग सामान्यतया व्यक्ति एवं जानवर के लिये किया जाता है। कई स्थितियों में **Whose** का प्रयोग **Non-living , Nouns** हेतु भी किया जाता है। जैसे :

(a) This is the boy whose parents have died.
(b) A girl whose hair is curly looks beautiful.
(c) The sun whose rays give us light is adored like a God.
(d) The dog whose colour is white has become mad.

**Rule 3 : Which** का प्रयोग **Non-living nouns** एवं **Animals** हेतु किया जाता है। जैसे :

(a) The book which I purchased yesterday is useless.
(b) The dog which was caught by the municipality has died.

**Rule 4 : Use of 'That'**

**(A) That** का प्रयोग **living** एवं **Non-living, Nouns** के लिये, **Singular** एवं **Plural** दोनों **Nouns** के साथ होता है। जैसे :

(a) I have lost the book that you gave me.
(b) I haven't read the magazine that the teacher suggested to me.
(c) He that is content is happy.
(d) Uneasy lies the head that wears a crown.

**(B) That** से पूर्व कोई **Preposition** नहीं लगाया जाता है। यदि **Preposition** लगाने की आवश्यकता हो तो वह वाक्य के अन्त में लगता है। जैसे :

(a) We know the hotel that she lives in.
(b) This is the lady that I told you about.
(c) I understand the point that you are hinting at.
(d) This is the house that I told you about.

**Superlative Degree** के बाद **that** का प्रयोग **who** या **which** की अपेक्षा अधिक उचित माना जाता है। जैसे :

(a) He is the most eloquent speaker that I have ever heard.
(b) Patel was the greatest man that India produced.

**(C)** निम्न शब्दों के साथ **'that'** का प्रयोग किया जाता है। जैसे :

All, any, anybody, anything, much, nothing, little, somebody, no one, none,
**The same + Noun , The Only + Noun etc.**

(a) All that glitters is not gold.
(b) There was none that didn't support the cause.
(c) It is for nothing that I have been trying to find.
(d) There is much that he needs.
(e) There was not any that could be followed.
(f) There was somebody that raised the matter.
(g) This is the same girl that we met yesterday.
(h) This is the only girl that secured more than 90% marks.

**(D) Interrogative pronoun - 'Who'** एवं **'What'** के बाद **'That'** का ही प्रयोग किया जाता है। जैसे :

(a) What is it that you can't solve.
(b) What is there that I can't see.
(c) Who am I that you should care for.
(d) Who was there that you were talking with.

**(E) Same** एवं **such** के बाद **as** या **that** का ही प्रयोग होता है। **Who** या **Which** का प्रयोग नहीं करना चाहिये। जैसे :

(a) This is the same fellow that came yesterday also.
(b) My books are same as yours.
(c) His reply was such as we never expected from him.

## Exclamatory Pronoun

A pronoun used as an exclamation is called an exclamatory pronoun.

(a) What ! You don't know Sonia Gandhi ?
(b) What ! You lost the chain ?

उक्त वाक्यों में What Exclamatory Pronoun है।

**ध्यान रखें**

पुनः-पुनः एक ही बात बताई जा रही है। नियमों की जानकारी से आपको एक विश्वास मिलता है। ***Real expertise*** प्राप्त करने हेतु अभ्यास करें।

***Do Practice ...., Practice ....., & Practice.***

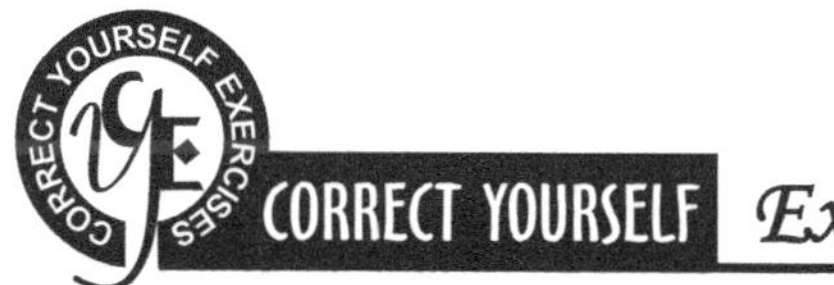


## Exercises

### 01

*Correct the following sentences* :

(1) Let you and I go to play.
(2) There is close relation between he and I.
(3) You, he and I have done their job.
(4) You and he could not complete his work.
(5) He and I have fastened his belts.
(6) I, you and he were present in the function.
(7) I and you are strangers.
(8) You and I are responsible for this loss.
(9) He and I were the main accused.
(10) You, he and I must beg sorry for the misconduct.

### 02

*Correct the following sentences* :

(1) Neither of these four vehicles will do.
(2) Anyone of the two girls can solve this puzzle.
(3) Either of the three students is responsible for the loss.
(4) None of the two girls could complete the job.
(5) One should obey his elders.
(6) One should respect not only his own parents but also others'.
(7) One should take care not to make himself obnoxious to others.
(8) Each girl and every madam tried their best to finish the work before 7 P.M.
(9) Every man and every woman have their own fascinations.
(10) Every leader and every citizen have a duty towards their country.

### 03

*Correct the following sentences* :

(1) Each of the employees have to arrange their own vehicle.
(2) Everyone of them were given their table and chair.
(3) Either Ramesh or Sita have left their tiffin box.
(4) Either the teacher or the students have left his classroom unlocked .
(5) Please take the buffaloe to her shed.
(6) The cow has hurt her legs.
(7) This is easy to get her agreed.
(8) This was he who arrived first in the meeting.
(9) It is to certity that Mr. A is our employee.
(10) This is 8 O'clock by my watch.

## 04

***Correct the following sentences :***

(1) All which she said was incorrect.
(2) Who was the girl which came to meet you ?
(3) What is his opinion about the work which you have completed ?
(4) I always purchase the item which is best in the market.
(5) This is the same shirt which I saw in the shop.
(6) Who is she who can abuse me like this ?
(7) Only those employees should be promoted whom are sincere.
(8) The leaders which do not love their country are not respected.
(9) Those whose live in glass houses should not throw stones at others.
(10) What was the reply which she submitted ?

## 05

***Correct the following sentences :***

(1) It was me who telephoned you yesterday.
(2) The girl whom you spoke to in the office, is my friend.
(3) My brother and myself are glad to get your greetings.
(4) I am not one of those who cannot keep his promise.
(5) It is not us who are responsible for the delay.
(6) They admired his wife and he.
(7) What place are you going?
(8) Which house do you live?
(9) She has absented from duty today again.
(10) I could not avail of the opportunity I got last year.
(11) The treatment received by me was such, which I never expected.
(12) His expectation is the same which is hers.
(13) One cannot bear his insult like this.
(14) My house is bigger than their.
(15) This is a secret between you and I.

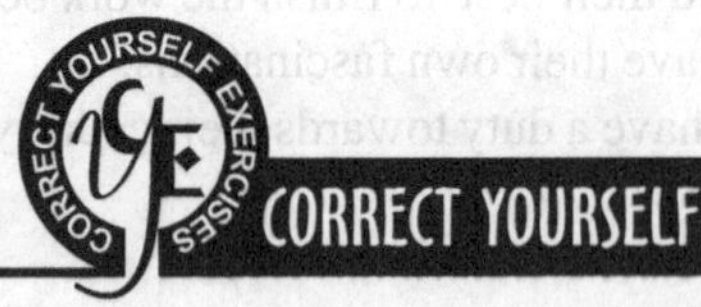


## SOLUTIONS CORRECT YOURSELF *Exercises*

### Solution CYE 01

(1) Let you and me go to play.
(2) There is close relation between him and me.
(3) You, he and I have done our job.
(4) You and he could not complete your work.
(5) He and I have fastened our belts.
(6) You, he and I were present in the function.
(7) You and I are strangers.
(8) I and you are responsible for this loss.
(9) I and he are the main accused.
(10) I, you and he must beg sorry for the misconduct.

**Solution CYE 02**

(1) None of these four vehicles will do.
(2) Either of the two girls can solve this puzzle.
(3) Anyone of the three students is responsible for the loss.
(4) Neither of the two girls could complete the job.
(5) One should obey one's elders.
(6) One should respect not only one's own parents but also others'.
(7) One should take care not to make oneself obnoxious to others.
(8) Each girl and every madam tried her best to finish the work before 7 P.M.
(9) Every man and every woman has his own fascinations.
(10) Every leader and every citizen has a duty towards his country.

**Note**

*(a)* वाक्य संख्या *(1)* से *(4)* : *Neither/Either/Both* का प्रयोग दो के लिये एवं *None/No one/Any One/all* का प्रयोग दो से अधिक के लिए किया जाता है।

*(b)* वाक्य संख्या *(5)* से *(7)* : *One's* या *Oneself* का प्रयोग होता है। *His* या *Himself* का प्रयोग करना गलत है।

*(c)* वाक्य संख्या *(8)* से *(10)* : यदि दो *Nouns* आपस में *and* से जोड़े गये हैं एवं उनसे पूर्व *each/every* लगा है तो *Singular verb* एवं *Singular pronoun (his/her)* का प्रयोग किया जाता है।

**Solution CYE 03**

(1) Each of the employees has to agrrange his own vehicle.
(2) Everyone of them was given his table and chair.
(3) Either Ramesh or Sita has left his tiffin box.
(4 Either the teacher or the students have left their class room unlocked.
(5) Please take the buffaloe to its shed.
(6) The cow has hurt its legs.
(7) It is easy to get her agreed.
(8) It was he who arrived first in the meeting.
(9) This is to certify that Mr. A is our employee.
(10) It is 8 O'clock by my watch.

**Solution CYE 04**

(1) All that she said was incorrect.
(2) Who was the girl that came to meet you ?
(3) What is his opinion about the work that you have completed ?
(4) I always purchase the item that is the best in the market.
(5) This is the same shirt that I saw in the shop.
(6) Who is she that can abuse me like this ?
(7) Only those employee should be promoted who are sincere.
(8) The leaders who do not love their country are not respected.
(9) Those who live in glass houses should not throw stones at others.
(10) What was the reply that she submitted ?

**Solution CYE 05**

(1) It was I who telephoned you yesterday.
(2) The girl, who you spoke to in the office, is my friend.
(3) My brother and I are glad to get your greetings.

(4) I am not one of those who cannot keep their promise.
(5) It is not we who are responsible for the delay.
(6) They admired his wife and him.
(7) What place are you going to ?
(8) Which house do you live in ?
(9) She has absented herself from duty today again.
(10) I could not avail myself of the opportunity I got last year.
(11) The treatment received by me was such as I never expected.
(12) His expectation is the same as is hers.
(13) One cannot bear one's insult like this.
(14) My house is bigger than theirs.
(15) This is a secret between you and me.

"Failure is not fatal,
It can be a stepping stone to success,
If you can make the failure to work for you."

## Use of Passive structures in Conversations

**Active** एवं **Passive voice** में क्या अन्तर है? **Passive structures** का प्रयोग **Conversations** में कब किया जाता है। इसकी जानकारी आपको आज दी जा रही है।

**English Speaking** हेतु **Active voice** से **Passive voice** में बदलने के नियम सीखने की आवश्यकता नहीं है, लेकिन **Passive structures** की जानकारी आवश्यक है।

## Active Voice-Passive Voice

अभी तक आपने जो वाक्य पढ़े हैं, उनमें कर्त्ता द्वारा कार्य किया जाता है। कर्त्ता Active होता है जैसे :

(a) वह कार ठीक कर रहा है। He is repairing the car.

(b) वे घर की सफाई कर रहे हैं। They are cleaning the house.

ये वाक्य Active voice के हैं, इनमें कर्त्ता ( Subject ) 'वह', 'वे', है जो कार्य करते हैं, Active हैं। लेकिन ध्यान दें :

यदि हमें निम्न प्रकार के वाक्य बनाने हैं :

(a) कार ठीक की जा रही है। या कार उसके द्वारा ठीक की जा रही है।

(b) घर की सफाई की जा रही है। या घर की सफाई मजदूरों द्वारा की जा रही है।

ऐसे वाक्य जिनमें कर्त्ता दिखाई नहीं देता है, या कर्त्ता **(Subject)** की जगह कर्म **(Object )** प्रमुखता पाता है, ऐसे वाक्यों को समझने एवं ऐसे वाक्यों को अंग्रेजी में अनुवाद करने हेतु हमें **Passive Voice** के नियमों का अध्ययन होगा।

**Active Voice V/s Passive Voice**

**Active Voice** : Active Voice वाक्यों में कर्त्ता (Subject) की प्रमुखता होती है। कर्त्ता Active होता है। Verb, Active Voice में होती है।

**Passive Voice** : Passive Voice वाक्यों में कर्त्ता (Subject) की प्रमुखता नहीं होती बल्कि Object की प्रमुखता होती है, वाक्य Object से आरम्भ होता है, एवं Verb, Passive में होती है।

निम्न वाक्य को देखें :

(1) He sings a song. *Active Voice*

यहाँ He (subject), sings (verb) a song (object) को व्यक्त करता है।

यह वाक्य (1) Active voice में है। वाक्य का Subject He, Active है, कार्य करता है। Verb, sings Active voice में है।

(2) A song is sung by him.

यहाँ A song (subject) is sung by him (object) को व्यक्त करता है।

**[Object of sentence (1) ] + is + V-III + by + [ Subject of sentence (1) ]**

यह वाक्य (2) उपरोक्त वाक्य (1) का Passive है। इस वाक्य में Object [वाक्य (1)] प्रमुख है। तथा Verb Passive में है एवं Subject [वाक्य (1)] को प्रमुखता नहीं दी गई है एवं यह Object की तरह वाक्य में प्रयुक्त हुआ है।

## Why and When to use Passive Structure ?

**(1)** जब **Subject** का पता नहीं हो या यह बताने की आवश्यकता नहीं हो कि कार्य किसने किया है। जैसे :

(a) This mosque was built years ago.
(b) The mirror was broken yesterday.
(c) The shop was looted and three persons were arrested.
(d) A bomb was exploded.

**(2)** जब **Object** का महत्व दिया जाना आवश्यक हो। जैसे:

(a) The letter was written by Mr. Ganesh.
(b) The white tiger was killed by the hunter.

**(3) Scientific and technical writings** में **Passive Voice** का प्रयोग किया जाता है क्योंकि वहां कर्त्ता का महत्व नहीं होता है, या महत्व **Invention** को दिया जाना हो। जैसे :

(a) Hydro Caloric Acid is produced when Hydrozen and Chlorine are mixed.
(b) Telephone was invented by Grahambell.

## Tensewise Passive Structures

### Present Tense (Passive Structures)

**1. Present Indefinite Tense (Passive)**

**Subject + is / am / are/ + V-III + by + Object (Agent)**

यह Structure ऐसे वाक्यों हेतु प्रयुक्त होता है जिनमें अन्त में, जाता है, जाती है, पाये जाते हैं, जैसे वाक्यांश आते हैं। जैसे :

| | |
|---|---|
| (1) एक पत्र मेरे द्वारा लिखा जाता है। | A letter is written by me. |
| (2) यहाँ प्रतिदिन नाटक खेले जाते हैं। | Dramas are played here everyday. |
| (3) यहाँ मजदूरों से मकान बनवाये जाते हैं। | Houses are built here by the labourers. |
| (4) मेरे द्वारा कपड़े धोये जाते हैं। | The clothes are washed by me. |
| (5) मेरे द्वारा रात को बल्ब जलाया जाता है। | The bulb is switched on by me at night. |

**ध्यान रखें**

*(1) ये सभी वाक्य Passive में हैं, इनमें जैसा Sentence structure में बताया गया है, Is/ am/ are के बाद Verb की III form का प्रयोग किया जाता है। याद रखें Passive structure में Verb की III form ही प्रयुक्त होती है।*

*(2) Conversation हेतु हमें इन नियमों को रटना नहीं है, बल्कि बार-बार अभ्यास करने से हम शीघ्र ही ऐसे वाक्य बोलना, व बनाना सीख सकते हैं।*

**2. Present Continuous Tense (Passive)**

**Subject + is/ am/ are + being + V- III + by + object (Agent)**

(1) यह Structure ऐसे वाक्यों हेतु प्रयुक्त होता है जिनमें अन्त में, 'किये जा रहे हैं', 'बनवाये जा रहे हैं', जैसे वाक्यांश आते हैं। जैसे :

| | |
|---|---|
| (1) उसके द्वारा एक किताब लिखी जा रही है। | A book is being written by him. |

(2) चोरों को दण्ड दिया जा रहा है। The thieves are being punished.
(3) रोज नई खोजें की जा रही हैं। New discoveries are being made daily.
(4) मजदूरों से मकान बनवाये जा रहे हैं। Houses are being built by the labourers.
(5) मिस्त्री द्वारा कार ठीक की जा रही है। The car is being repaired by the mechanic.

**याद रखें**

इस तरह के वाक्यों में is/ am/ are के बाद being के साथ Verb की III form का प्रयोग किया गया है।

**3. Present Perfect Tense (Passive)**

**Subject + have/ has + been + V-III + by + Object (Agent)**

इस Structure का प्रयोग ऐसे वाक्यों हेतु होता है जिनके अन्त में 'जा चुका है', 'बनाया जा चुका है' जैसे वाक्यांश आते हैं।

(1) राम के द्वारा कार्य पूर्ण किया जा चुका है। The work has been completed by Ram.
(2) मेरे मित्र का पर्स चुराया जा चुका है। The purse of my friend has been stolen.
(3) अमेरिका द्वारा कुछ छोटे देशों को गुलाम बनाया जा चुका है। Some small nations have been enslaved by America.
(4) मजदूरों द्वारा सड़कें बनाई जा चुकी हैं। The roads have been built by the labourers.

जब कार्य का करवाना Subject के अतिरिक्त किसी अन्य के द्वारा हो तो got का प्रयोग निम्न प्रकार किया जाता है। यह महत्वपूर्ण बिन्दु है। जैसे :

(1) सड़कें बनवाई जा चुकी हैं। The roads have been got built .
(2) अनेक बिजलीघर बनवाये जा चुके हैं। Many power houses have been got built.
(3) यह कार्य राम द्वारा पूरा करवाया जा चुका है। This work has been got completed by Ram.

## Past Tense Structures (Passive)

**1. Past Indefinite Tense (Passive)**

**Subject + was/ were + V-III + by + Object (Agent).**

इस Structure का प्रयोग ऐसे वाक्यों हेतु किया जाता है जिनके अंत में 'जाता था', 'गई थी', 'बनाया/मनाया गया' जैसे वाक्यांश आते हैं। जैसे :

(1) यह किताब राजेश द्वारा लिखी गई थी। This book was written by Rajesh.
(2) इस वर्ष गणतंत्र दिवस बहुत धूमधाम से मनाया गया। The Republic day was celebrated with great pomp and show this year.
(3) मेरे द्वारा एक पैन खरीदा गया। A pen was purchased by me.
(4) वह मैच हमारी टीम द्वारा जीता गया। That match was won by our team.
(5) रमेश द्वारा ये पांच किताबें लिखी गईं। These five books were written by Ramesh.

**ध्यान रखें**

*(1) इस तरह के वाक्यों में was/were के बाद Verb की III form लगती है।*
*(2) Passive में Subject; Singular है तो was, यदि plural है तो were का प्रयोग किया जाता है।*

**2. Past Continuous Tense (Passive)**

**Subject + was/ were + being + V-III + by + Object (Agent)**

इस structure का प्रयोग ऐसे वाक्यों हेतु किया जाता है जिनके अन्त में 'जा रहा था', 'जा रही थी', 'जा रहे थे', जैसे वाक्यांश आते हैं। जैसे :

(1) एक किताब उसके द्वारा लिखी जा रही थी। A book was being written by him.
(2) मिस्त्री द्वारा कार ठीक की जा रही थी। The car was being repaired by the mechanic.
(3) सारा शहर सजाया जा रहा था। All the city was being decorated.
(4) मकानों की पुताई करवाई जा रही थी। The houses were being whitewashed.
(5) उसके द्वारा खरीदारी की जा रही थी। Shopping was being done by him.

**2. Past Perfect Tense (Passive)**

**Subject + had been + V-III + by + Object (Agent).**

इस Structure का प्रयोग ऐसे वाक्यों हेतु किया जाता है जिनके अंत में 'जा चुका था', 'जा चुकी थी', 'गया था' जैसे वाक्यांश आते हैं। जैसे :

(1) एक कुत्ता उसके द्वारा मारा जा चुका था।
A dog had been killed by him.
(2) ये मकान इन मजदूरों द्वारा पहले ही बनाये जा चुके थे।
These houses had already been built by these laboures.
(3) यह कार मिस्त्री द्वारा ठीक की जा चुकी थी।
This car had been repaired by the mechanic.
(4) लाउडस्पीकर, कारों में लगवाये जा चुके थे।
Loudspeakers had been got fitted in the cars.
(5) वह प्रोजेक्ट उनके द्वारा पहले ही पूरा किया जा चुका था।
That project had already been completed by them.

## Future Tense Structures

**1. Future Indifinite Tense (Passive)**

**Subject + will/ shall be + V-III + by + Object (Agent)**

इस Structure का प्रयोग ऐसे वाक्यों हेतु किया जाता है जिनके अंत में 'किया जायेगा', करवाया जायेगा', जैसे वाक्यांश आते हैं। जैसे :

(1) यह किताब उसके द्वारा लिखी जायेगी। A book will be written by him (her).
(2) कॉलेज में अनुशासन लागू किया जायेगा। Discipline will be enforced in the college.
(3) उसे प्रिंसिपल द्वारा क्षमा नहीं किया जायेगा। He will not be pardoned by the Principal.
(4) चोर को सजा अवश्य दी जायेगी। The thief will be positively punished.
(5) रात को बिजली बुझा दी जायेगी। The lights will be put out at night.

**ध्यान रखें**

*(1) Shall का प्रयोग First Person Pronoun (I, we) के साथ will का प्रयोग II एवं III Person Pronoun (you, they, he, she,it etc) के साथ किया जाता है।*

*(2) इस Structure में shall/ will be के बाद Verb की III Form का प्रयोग किया जाता है।*

**2. Future Perfect Tense (Passive)**

**Subject + shall/ will have + been + V-III + by + Object (Agent)**

इस Structure का प्रयोग ऐसे वाक्यों हेतु किया जाता है जिनके अंत में 'किया जा चुकेगा', 'किया जा चुका होगा', जा चुकी होगी' जैसे वाक्यांश आते हैं। जैसे :

(1) अगले पाँच वर्षों में हर व्यक्ति शिक्षित किया जा चुकेगा।
Within next five years every person will have been educated.

(2) दस मिनट में यह मकान जल कर खाक हो चुका होगा।
The house will have been reduced to ashes within ten minutes.

(3) वह मामला शीघ्र ही समाप्त हो चुका होगा।
That matter will have been finished soon.

(4) अगले माह तक यह मकान पूर्ण हो चुका होगा।
This house will have been completed by next month.

(5) दावा करने से पहले उन दोनों का झगड़ा समाप्त हो चुका होगा।
The dispute between them will have been settled before filing a suit.

"Active is important, Passive is not lesser, Learn the practical value of Passive for perfection in writing and speaking."

## Other Important Passive Structures

इस **Tutorial** में आपको अन्य कई महत्वपूर्ण **Passive Structures** की जानकारी दी जा रही है। इनका अध्ययन **English speaking/ writing** के सन्दर्भ में बहुत महत्वपूर्ण है। इन **Structures** की जानकारी आपको **English** में सामान्य रूप से प्रवीणता प्राप्त करने में बहुत सहायक होगी। इस **Tutorial** का अध्ययन बहुत ध्यानपूर्वक करें एवं इस तरह के **Passive Structure** के अन्य वाक्य स्वयं भी बनायें।

### Subject + Modal Verb + be + V-III + by + Object (Agent)

(1) मानव द्वारा मृत्यु भी वश में की जा सकती है।
Death can be controlled by the man.

(2) सीता द्वारा राम को धोखा नहीं दिया जा सकता है।
Ram can't be deceived by Sita.

(3) निराशावाद सोच को त्याग देना चाहिये।
Passimistic thoughts should be relinquished.

(4) उसे राजा द्वारा सजा दी जा सकती है।
She can be punished by the king.

(5) उसे प्रशासन द्वारा अवश्य ही पारितोषिक दिया जाना चाहिये।
He must be rewarded by the administration.

(6) उसके द्वारा तुम्हारे माता-पिता की आज्ञा का पालन किया जाना चाहिये।
Your parents ought to be obeyed by her.

(7) गरीबों की सहायता की जानी चाहिये।
The poor should be helped.

(8) यह पार्सल आज ही स्वयं भेजा जाना चाहिये।
This parcel must be sent today itself.

(9) बच्चों को प्यार किया जाना चाहिये।
The children should be loved.

(10) उसकी डाक्टर द्वारा तुरंत जांच की जानी चाहिये।
He should be checked immediately by the doctor.

**Other Passive Structures**

(1) It is believed....., (2) It is felt....., (3) It is hoped....., (4) It is said....., (5) It is thought....

(1) यह माना जाता था कि पृथ्वी गोल है। — It was believed that the earth was round.

(2) यह माना जाता है, कि अधिकांश अधिकारी भ्रष्ट होते हैं। — It is believed that most of the officers are corrupt.

(3) यह समझा जाता है कि वह चोर है। — It is believed that he is a thief. *Or* He is believed to be a thief.

(4) लोग कहते हैं कि वह जासूस है। — It is said that he is a spy. *Or* He is said to be a spy.

(5) लोग कहते थे कि वह संत था। — It was said that he was a saint. *Or* He was said to be a saint.

(6) यह सोच जाता है कि वह बहुत अमीर है। — It is considered that he is very rich. *Or* He is considered to be very rich.

(7) यह लोग कहते हैं कि वह चरित्रहीन लड़की है। — She is said to be a characterless girl. *Or* It is said that she is a characterless girl.

(8) आशा करते हैं कि वह प्रथम आयेगा। — It is hoped that he will stand first.

(9) ऐसा महसूस किया जाता है कि वह बीमार है। — It is felt that she (he) is ill.

(10) ऐसा महसूस किया जाता था कि वह कैंसर से पीड़ित था। — It was felt that he had been suffering from cancer.

**ध्यान रखें**

*(1) उक्त सभी वाक्य Passive structure के हैं एवं Conversation में उनका काफी प्रयोग होता है। यह एक महत्वपूर्ण Structure है।*

*(2) इस तरह के वाक्यों में Dummy, it को Subject की तरह प्रयुक्त करके, निम्न प्रकार का Structure बनाया जाता है :*
*(1) It is believed....., (2) It is felt....., (3) It is hoped....., (4) It is said....., (5) It is thought....*
*इस तरह के अन्य वाक्य बनाकर आपको ऐसे वाक्यों को बार-बार दोहरा कर अभ्यास करना चाहिये।*

## Passive Without Agent

Passive बनाते समय वाक्य के अन्त में किन्हीं परिस्थितियों में **By + Agent** का प्रयोग नहीं किया जाता है। जैसे : तब कर्त्ता नहीं है या कर्त्ता के बिना भी कार्य चल सकता हैं या कर्त्ता Understood है। जैसे : यदि Active वाक्य में someone, somebody, nobody, people, वगैरहा कर्त्ता हैं।

| ***Active*** | ***Passive*** |
|---|---|
| (1) People speak English all over the world. | English is spoken all over the world. |
| (2) Police arrested the thieves. | The thieves were arrested. (कर्त्ता understood है।) |
| (3) Someone has stolen my watch. | My watch has been stolen. |
| (4) We execute all instructions without delay. | All instructions are executed without delay. |
| (5) Robbers looted the shop. | The shop was looted. |

**Note**

*"In all passive voice exercises the use of 'by' with an agent must be rigorously suppressed, except in those examples where our interest in the predicate has led us to use the passive voice, we should omit the agent where the agent is vague or unknown."* **—W.S. Allen (Living English structure)**

## Imperative Sentences

Imperative Sentences ऐसे वाक्य होते हैं जिनमें आदेश (Order), प्रार्थना (Request) या सलाह (Advice, Suggestion) आदि का भाव व्यक्त होता है। ऐसे वाक्य, मुख्य क्रिया (Principal Verb) से सामान्यतया आरम्भ होते हैं।

**(A) Sentences with order/Command :**

| *Active* | *Passive* |
|---|---|
| (1) Shut the window. | Let the window be shut. |
| (2) Bring a glass of water | Let a glass of water be brought. |
| (3) Finish this work. | Let this work be finished. |
| (4) Switch off the light. | Let the light be switched off. |
| (5) Inform the police. | Let the police be informed. |
| (6) Search the briefcase. | Let the briefcase be searched. |
| (7) Turn him out. | Let him be turned out. |

Order / Command वाले Imperative वाक्यों में, साधारणतया Passive Sentences का Structure निम्न प्रकार का होता है :

**Let + Subject + be + V-III**

**Note**

*कुछ वाक्यों में 'You are ordered' से भी वाक्यों को शुरू किया जाता है जैसे :*

| | |
|---|---|
| *(1) Get out of this office.* | *Active* |
| *You are ordered to get out of this office.* | *Passive* |
| *(2) Bring some glasses of water for them* | *Active* |
| *You are ordered to bring some glasses of water for them.* | *Passive* |

*इस प्रकार से Passive का Structure निम्न होता है : You are ordered to + V-I + Object*

**(B) Sentences containing Request :**

| *Active* | *Passive* |
|---|---|
| (1) Please open the door. | You are requested to open the door. |
| (2) Please help that old lady. | You are requested to help that old lady. |
| (3) Take this seat please. | You are requested to take this seat. |
| (4) Please give me a book. | You are requested to give me a book. |
| (5) Do it for me please. | You are requested to do it for me. |
| (6) Please don't disturb me. | You are requested not to disturb me. |

इस प्रकार के वाक्यों में Passive का Structure निम्न प्रकार का होता है :

**You are requested to + V-I + Object**

**(C) Sentences with Suggestions :** Suggestions वाले Imperative sentences को Passive में बदलते समय Should be का प्रयोग निम्न प्रकार होता है :

| *Active* | *Passive* |
|---|---|
| (1) Help the disabled. | The disabled should be helped. |
| (2) Listen to me. | I should be listened to. |
| (3) Help the needy and poor. | The needy and poor should be helped. |
| (4) Always speak the truth. | The truth should always be spoken. |
| (5) Love the kids. | The kids should be loved. |
| (6) Hear him now. | He should be heard now. |
| (7) Help your dear and near. | Your dear and near should be helped. |
| (8) Love your country. | Your country should be loved. |

इस तरह के वाक्यों का Passive में Structure निम्न होता है :

**Subject + should be + V-III**

**(D) Sentences with Advice :** जिन वाक्यों में सलाह का भाव होता है उनको Passive में बदलते समय You are advised का प्रयोग निम्न प्रकार किया जाता है :

| | *Active* | *Passive* |
|---|---|---|
| (1) | Work hard. | You are advised to work hard. |
| (2) | Get up early. | You are advised to get up early. |
| (3) | Do not smoke. | You are advised not to smoke. |
| (4) | Be careful. | You are advised to be careful. |
| (5) | Think before you speak. | You are advised to think before you speak. |

## Passive of Infinitive

Active Voice में Infinitive वाले वाक्यों का सामान्यता Structure निम्न प्रकार होता है :

**Subject + is / am / are / was / were/ have / has / had + to + V -I + Object**

ऐसे वाक्यों का Passive structure निम्न प्रकार होगा।

**Subject + is / am / are / was / were / have / has / had + to be + V-III + by + agent**

***Look at the following solved examples*** **:**

| | *Active* | *Passive* |
|---|---|---|
| (1) | I am to finish this work. | This work is to be finished by me. |
| (2) | You are to write an essay. | An essay is to be written by you. |
| (3) | They are to buy a T.V. | A T.V. is to be bought by them. |
| (4) | He was to sell this freeze. | This freeze was to be sold by him. |
| (5) | We were to buy a car. | A car was to be bought by us. |
| (6) | I am to assist him. | He is to be assisted by me. |
| (7) | She has to help him. | He has to be helped by her. |
| (8) | You were to bring him here. | He was to be brought here by you.. |
| (9) | The students have to write notes. | Notes have to be written by the students. |
| (10) | Harish had to complete this work. | This work had to be completed by Harish. |
| (11) | Ramesh has to repair this car. | This car has to be repaired by Ramesh. |
| (12) | I have to purchase a pen. | A pen has to be purchased by me. |
| (13) | You have to choose a house. | A house has to be chosen by you. |

**Verbs with two Objects**

जब वाक्य में दो **Object** होते हैं तो हम जिस **Object** को प्रमुखता देना चाहते हैं उसे **Subject** बनाया जाता है। सामान्यतया व्यक्तियों **(Indirect object)** को प्रमुखता दी जाती है।

***Look at the following examples*** **:**

| | *Active* | *Passive* |
|---|---|---|
| (1) | He gave me a purse. | I was given a purse by him.<br>A purse was given to me by him. |
| (2) | Rahim teaches us English. | English is taught us by Rahim.<br>We are taught English by Rahim. |
| (3) | The Principal asked him a question. | A question was asked him by the Principal.<br>He was asked a question by the Principal. |
| (4) | Rani gave him a letter. | A letter was given to him by Rani.<br>He was given a letter by Rani. |

"Knowlege of Passive Structures
gives you confidence in
writing and speaking."

## Conversations and Narrations

आपसी बातचीत (**Conversations**) में **Narration** का बहुत महत्व है। दैनिक जीवन में किसी के कथन को हमें बहुत बार दूसरों के समक्ष व्यक्त करना होता है। यह कथन हम **Indirect Narration** में ही व्यक्त करते हैं। **Indirect Narration** में व्यक्त करते समय कथन को इस तरह प्रस्तुत किया जाता है कि वह सामने वाले की पूर्णतया समझ में आ जाये एवं कथन का आशय भी समान रहे।

वक्ता के कथन को Narration या Speech कहा जाता है। किसी भी कथन को दो प्रकार से प्रस्तुत किया जा सकता है :

(i) Direct Narration
(ii) Indirect Narration

Direct Narration में वक्ता के कथन को 'हू-ब-हू' या 'ज्यों का त्यों' व्यक्त किया जाता है। जबकि Indirect Narration में वत्ता के कथन को अपने शब्दों में व्यक्त किया जाता है। Indirect Narration में वक्ता के कथन का आशय/अर्थ परिवर्तन नहीं होता है।

## Importance of Indirect Narrations in Conversation

Speaking या Conversation में Indirect Narration का ही महत्व है। वक्ता के कथन (Direct Narration) को अपने शब्दों में व्यक्त करना ही Indirect Narration है। वक्ता के कथन (Direct Narration) को अपने शब्दों में व्यक्त करते हुए कुछ Rules निर्धारित हैं जिनको समझने से एवं अभ्यास करने से हम Conversation में वक्ता के कथन (अर्थात् Direct Narration) को अपने शब्दों में (अर्थात् Indirect Narration) में आसानी से व्यक्त कर सकते हैं। कथन को इस तरह प्रस्तुत किया जाता है कि कथन का आशय समान रहे।

Speaking/Conversation के दृष्टिकोण से हम इन नियमों को दो भागों में वर्गीकृत कर सकते हैं :

(A) सामान्य नियम (General Rules), (B) विशेष नियम (Specific Rules)

**(A)** सामान्य नियम : ये नियम सभी प्रकार के वाक्यों पर लागू होते हैं।

**(B)** विशेष नियम : ये नियम अलग प्रकार के वाक्यों हेतु अलग-अलग होते हैं।

## Importance of Learning Rules

इन नियमों की जानकारी एवं इनका प्रयोग करने से आपको स्वयं पर यह विश्वास हो जाता है कि आप जो वाक्य बोल रहे हैं वे सही हैं। यह आत्मविश्वास **English speaking** में प्रवीणता हेतु बहुत आवश्यक है।

## सामान्य नियम

सर्वप्रथम यह देखें कि वक्ता के जिस कथन को अपने शब्दों में व्यक्त करना चाहते हैं उसकी Reporting verb किस Tense में है। वक्ता ने वर्तमान काल (Present Tense) में कथन किया है, भविष्यकाल (Future Tense) में किया है, या भूतकाल (Past Tense) में ? अर्थात् उसकी Reporting verb किस Tense में है?

निम्न वाक्यों को देखें :

(1) He says to me, "I play football daily."
इस वाक्य में He, वक्ता है, says—Reporting verb है।
"I play football daily"—Reported speech है।

**(I)** जब **Reporting verb; Present** या **Future Tense** में है : मुख्य बात है, यदि Reporting verb (इस वाक्य में says) Present या Future Tense में है तो ऐसे वाक्यों को अपने शब्दों (Indirect Narration) में व्यक्त करते समय उनके (Reported Speech के) Tense में कोई परिवर्तन नहीं होता, केवल Pronoun में एवं Verb में परिवर्तन किया जाता है। जैसे उक्त वाक्य में :

He says to me, "I play football daily." *Direct Narration*
वह मुझसे कहता है, "मैं रोजाना फुटबाल खेलता हूँ।"

इस वाक्य को जब हम अपने शब्दों में (Indirect Narration) में व्यक्त करेंगे तो यह वाक्य हो जायेगा :

वह मुझसे कहता है कि वह रोजाना फुटबाल खेलता है।
He tells me that he plays football daily. *Indirect Narration*

*ध्यान दीजिए :*

Indirect Narration में बदलने पर :

(1) Says to का tells हो गया।
(2) Pronoun ; I का He हो गया।
(3) Verb; play का plays हो गया।
(4) Inverted commas की जगह that का प्रयोग हो गया।

इस प्रकार से जब Reporting Verb—Present या Future Tense में हो तो Direct Narration को Indirect Narration में व्यक्त करते समय निम्न नियमों को पालन किया जाना चाहिए :

**Rule 1** : यदि Reporting verb; say, says, will say या said रहे तो Indirect speech में भी say, says, will say या said ही रहेगी लेकिन यदि Reporting verb के साथ 'to' लगा हो तो परिवर्तन निम्न प्रकार होता है :

| | | | | | |
|---|---|---|---|---|---|
| say to | – | tell | says to | – | tells |
| will say to | – | will tell | said to | – | told |

### ध्यान रखें

tell या told के बाद object आना आवश्यक है :

He tells, "Ram is playing". *Incorrect*
He told, "I am going". *Incorrect*
He told that he was going. *Incorrect*

ये वाक्य गलत हैं, क्योंकि जहाँ Tells / told के साथ कोई object नहीं है।
यहाँ tells की जगह says एवं told की जगह said का ही प्रयोग किया जाना चाहिये था।

**Rule 2 :** Indirect Speech में बदलने पर Reporting verb के बाद सामान्य वाक्यों में 'That' का प्रयोग किया जाता है।

**Rule 3 : Indirect Speech** में परिवर्तन होने पर **Reported Speech** के **Persons** का परिवर्तन निम्न प्रकार होता है :

(a) **First Person :** Reporting verb के Subject के अनुसार बदलता है।

(b) **Second Person :** Reporting verb के Object के अनुसार बदलता है।

(c) **Third Person :** इसमें कोई परिवर्तन सामान्यतया नहीं होता है।

(d) **Person** का परिवर्तन करते समय यह ध्यान रखें कि यदि **Person** बहुवचन है, तो परिवर्तन बहुवचन के अनुसार होगा। यदि **Person, Possessive case** में है, तो परिवर्तन उसी के अनुसार होगा। **Person** का परिवर्तन **Direct** से **Indirect** में परिवर्तन का एक महत्वपूर्ण भाग है। ध्यान रखें : **person का number** एवं **case** नहीं बदला जाता है। निम्न Table को ध्यान से पढ़ें एवं समझें :

**Forms of Personal Pronouns**

Pronoun का परिवर्तन निम्न Table के अनुसार होता है :

| Person | Nominative Case | Objective Case | Possessive Case | |
|---|---|---|---|---|
| | | | Possessive Adjective | Possessive Pronoun |
| I Person | I<br>We | me<br>us | my<br>our | mine<br>ours |
| II Person | You | you | your | yours |
| III Person | He<br>She<br>It<br>They | him<br>her<br>it<br>them | his<br>her<br>its<br>their | his<br>hers<br>×<br>theirs |

उक्त नियमों को ध्यान में रखते हुए निम्न वाक्यों का **Direct** से **Indirect** में परिवर्तन पर ध्यान दें :

(a) He says, "I am going to Jaipur". *Direct*
He says that he is going to Jaipur. *Indirect*

(b) She says to me, " You are writing a letter to him." *Direct*
She tells me that I am writing a letter to him. *Indirect*

(c) They say to Ram, " We will go to Jaipur." *Direct*
They tell Ram that they will go to Jaipur. *Indirect*

वाक्य **(a) : (i)** सबसे पहले देखें कि **Reporting verb** का **Tense** क्या है? यह Present tense है, अत: Reporting Speech के Tense में कोई परिवर्तन नहीं होगा।

(ii) Reporting verb, says है, अत: Indirect में भी says ही रहेगी।

(iii) Reported Speech में I, First Person Pronoun है जो कि Subject (he) के अनुसार बदलकर I का He हो जायेगा और am (Verb) बदलकर is हो जायेगी

वाक्य **(b) : (i)** सबसे पहले देखें कि **Reporting Verb** का **Tense** क्या है ? वाक्य की Reporting Verb का Tense, Present है। अत: Reported Speech के Tense में कोई परिवर्तन नहीं होगा।

(ii) Reporting verb, says to बदलकर tells हो जायेगी।

(iii) Reported Speech में you एवं him , II एवं III Person Pronouns हैं। II Person Pronoun (you)—Object के अनुसार बदलता है। अत: Object 'me' के अनुसार I हो जायेगा। III Person Pronoun—him में कोई परिवर्तन नहीं होगा।

इन नियमों के अनुसार निम्न वाक्यों को English में अपने शब्दों (Indirect narration) में व्यक्त करें।

**(II )** जब **Reporting Verb—Past** में है : जब वक्ता के Past Time में कहे हुए कथन (Direct speech) को हम इस समय में अपने शब्दों (Indirect speech) में व्यक्त करते हैं तो निम्न नियमों का ध्यान रखना चाहिए :

**Rule 1 :** यदि Reporting Verb, Past Tense में है तो Reported Speech में जो भी Tense होता है। इसका Past हो जाता है। Reported Speech में Tense में परिवर्तन निम्न प्रकार होगा :

**Tense of Reported Speech**

| Direct Narration | Indirect Narration |
|---|---|
| (1) Present Indefinite | Past Indefinite |
| (2) Present Continuous | Past Continuous |
| (3) Present Perfect | Past Perfect |
| (4) Persent Perfect Continuous | Past Perfect Continuous |
| (5) Past Indefinite | Past Perfect |
| (6) Past Continuous | Past Perfect Continuous |
| (7) Past Perfect | No change of tense |
| (8) Past Perfect Continuous | No change of tense |

**Change in Future Sentences ( Reported Speech )**

| | |
|---|---|
| (1) Will/shall | Would / should |
| (2) Can | Could |
| (3) May | Might |
| (4) Could / should / would / might | No change |

**Rule 2 :** जब Reporting Verb, Past Tense में है, तो Reported Speech में आये कुछ शब्दों में परिवर्तन निम्न प्रकार होता है :

| Direct Narration | Indirect Narration |
|---|---|
| (1) This | That |
| (2) These | Those |
| (3) Here | There |
| (4) Hence | Thence |
| (5) Hither | Thither |
| (6) Now | Then |
| (7) Ago | Before |
| (8) Thus | So |
| (9) Today | That day |
| (10) Tomorrow | The next day /The following day |
| (11) Yesterday | The previous day |
| (12) Last week / month / year | The previous week /month /year |
| (13) The last fort night | The previous fortnight |
| (14) The day before yesterday | The day before the previous day |

## See the Change of Narrations Tensewise

**Present Indefinite Tense**

(1) He said to me, "I eat sweets." *Direct*
उसने मुझसे कहा, "मैं मिठाई खाता हूँ।"
He told me that he ate sweets. *Indirect*

(2) He said to Hina, "I love you." *Direct*
उसने हिना से कहा, "मैं तुम्हें प्यार करता हूँ।"
He told Hina that he loved her. *Indirect*

**Present Continuous Tense**

(1) Ram said to Shyam, "I am watching T.V." *Direct*
राम ने श्याम से कहा, "मैं टी.वी. देख रहा हूँ।"
Ram told Shyam that he (Ram) was watching T.V. *Indirect*

(2) They said to Rahim, "We are playing football." *Direct*
उन्होंने रहीम से कहा, "हम फुटबाल खेल रहे हैं।"
They told Rahim that they were playing football. *Indirect*

**Present Perfect Tense**

(1) Sita said, "I have already cooked." *Direct*
सीता ने कहा, "मैं पहले ही खाना बना चुकी हूँ।"
Sita said that she had already cooked. *Indirect*

(2) Ram said to Shyam, " I have seen her today." *Direct*
राम ने मुझसे कहा, "मैंने उसे आज देख लिया है।"
Ram told Shyam that he had seen her that day. *Indirect*

**Present Perfect Continuous Tense**

(1) Sonu said to me, "I have been reading for an hour." *Direct*
सोनू ने मुझे कहा, "मैं एक घंटे से पढ़ रहा हूँ।"
Sonu told me that he had been reading for an hour. *Indirect*

(2) Shyam said to Ram, "Sita has been playing since morning." *Direct*
श्याम ने राम से कहा, "सीता सुबह से खेल रही है।"
Shyam told Ram that Sita had been playing since morning. *Indirect*

**Past Indefinite Tense**

(1) She said to Ram, "I went to Jaipur last week" *Direct*
उसने राम से कहा, "मैं पिछले सप्ताह जयपुर गया था।"
She told Ram that she had gone to Jaipur the previous week. *Indirect*

(2) Ramesh said to me, "I telephoned you yesterday" *Direct*
रमेश ने मुझे कहा, "मैंने तुम्हें कल टेलीफोन किया था।"
Ramesh told me that he had telephoned me the previous day. *Indirect*

**Past Continuous Tense**

(1) She said to me, "I was waiting for you." *Direct*
उसने मुझसे कहा, "मैं तुम्हारा इन्तजार कर रही थी।"
She told me that she had been waiting for me. *Indirect*

(2) Shyam said to Sita , "You were playing tennis." *Direct*
श्याम ने सीता से कहा, "तुम टेनिस खेल रही थी।"
Shyam told Sita that she had been playing tennis. *Indirect*

**Past Perfect Tense**

(1) He said to me, "I had completed my project." *Direct*
उसने मुझसे कहा, "मैं मेरा प्रोजेक्ट पूर्ण कर चुका था।"
He told me that he had completed his project. *Indirect*

(2) She said to Meena, "Ram had already visited Agra." *Direct*
उसने मीना से कहा, "राम पहले आगरा घूम चुका था।"
She told Meena that Ram had already visited Agra. *Indirect*

**Past Perfect Continuous Tense**

(1) He said , "I had been playing chess for two hours." *Direct*
उसने कहा, "मैं दो घंटे से शतरंज खेल रहा था।"
He said that he had been playing chess for two hours. *Indirect*

(2) I said to you, "Ram had been waiting for you since 2 O'clock." *Direct*
मैंने तुम्हें कहा, "राम तुम्हारा 2 बजे से इन्तजार कर रहा था।"
I told you that Ram had been waiting for you since 2 O'clock. *Indirect*

**Future Indefinite Tense**

(1) Ram said to Meena, "I shall write a letter." *Direct*
राम ने मीना से कहा, "मैं एक पत्र लिखूंगा।"
Ram told Meena that he would write a letter. *Indirect*

(2) Sita said to Kuku , "You will attend the party tomorrow." *Direct*
सीता ने कुकु से कहा, "तुम कल पार्टी में जाओगी।"
Sita told Kuku that she would attend the party the next day. *Indirect*

**Future Continuous Tense**

(1) Rahim said to Ram, "Sita will be waiting for you." *Direct*
रहीम ने राम से कहा, "सीता तुम्हारा इन्तजार कर रही होगी।"
Rahim told Ram that Sita would be waiting for him (Ram ). *Indirect*

(2) I said to her, "I shall be writing a letter." *Direct*
मैंने उससे कहा, "मैं एक पत्र लिख रहा हूँगा।"
I told her that I should be writing a letter. *Indirect*

**Future Perfect Tense**

(1) Sita said to Ram, "I will have completed my work." *Direct*
सीता ने राम से कहा, "मैं अपना कार्य पूर्ण कर चुकूंगी।"
Sita told Ram that she would have completed her work. *Indirect*

(2) She said to me, "Ram will have vacated the room." *Direct*
उसने मुझसे कहा, "राम कमरा खाली कर चुकेगा।"
She told me that Ram would have vacated the room. *Indirect*

**Future Perfect Continuous Tense**

(1) Nisha said to me, "I shall have been reading the book for two hours." *Direct*
निशा ने मुझसे कहा, "मैं किताब दो घंटे से पढ़ रही हूँगी।"
Nisha told me that she would have been reading the book for two hours. *Indirect*

(2) Chanchal said to Ekta, "We shall have been visiting the fair tomorrow." *Direct*
चंचल ने ऐकता से कहा, "हम कल मेले में घूम रहे होंगे।"
Chanchal told Ekta that we would have been visiting the fair the next day. *Indirect*

उपरोक्त वाक्यों में हमने सभी 12 Tenses के उदाहरण दिये हैं। आपने देखा कि Past Perfect , Past Perfect Continuous के वाक्यों के Tense में कोई परिवर्तन नहीं हुआ है। तथा Future tense के वाक्य में Shall का Should या would में परिवर्तन हुआ है।

**Important**

जब किसी Past में कहे Direct Narration को हम Indirect Narration में अपने शब्दों में व्यक्त करते हैं तो Reported Speech का Tense बदलता है। मैं पढ़ रहा हूँ—का—वह पढ़ रहा था, मैं पढ़ता हूँ—का—वह पढ़ता था, हो जाता है क्योंकि Past में कहे वाक्य को हम आज अपने शब्दों में कहना चाहते हैं तो English में बोलते समय यह परिवर्तन करना आवश्यक है। इस नियम के निम्न अपवाद हैं। यह **Important** बिन्दु है।

**Rule 1 :** यदि **Reported Speech** में कोई **Universal Truth** (सर्वकालिक, सत्य), **Proverb** (कहावत), **Mathematical fact** (गणितिय तथ्य), **Historical fact** (ऐतिहासिक तथ्य), **Habitual Act** (आदतन क्रिया) या कोई **Morality** (नैतिकता) का सन्दर्भ हो तो ऐसे वाक्यों को जब **Indirect** में परिवर्तित करते हैं तो **Reporting Verb** के **Past tense** में होने पर भी इनका **Tense** नहीं बदलता है।

***Look at the following sentences :***

(1) He said, "The sun sets in the west". *Direct* **(Universal Truth)**
He said that the sun sets in the west. *Indirect*

(2) He said, "Man is Mortal." *Direct* **(Universal Truth)**
He said that the man is mortal. *Indirect*
(3) The teacher said, "India became Republic on 26th Jan. 1950". *Direct* **(Historical fact)**
The teacher said that India became Republic on 26th Jan. 1950. *Indirect*
(4) She said to me, "Honesty is the best policy." *Direct* **(Morality)**
She told me that honesty is the best policy. *Indirect*
(5) She said, "Two and two is four." *Direct* **(Mathematical fact)**
She said that two and two is four. *Indirect*
(6) He said, "London is the capital of U.K." *Direct*
He said that London is the capital of U.K. *Indirect*
(7) He said, "Mr. Manmohan Singh is the P.M. of India." *Direct*
He said that Mr. Manmohan Singh is the P.M. of India. *Indirect*
(8) He said, "Kashmir is in the north of India." *Direct*
He said that Kashmir is in the north of India. *Indirect*
(9) He said to me, " I go for a walk daily." *Direct* **(Habit)**
He told me that he goes for a walk daily. *Indirect*
(10) Ram said to me, "I get up early in the morning daily." *Direct* **(Habit)**
Ram told me that he gets up early in the morning daily. *Indirect*
(11) Radha said to her, "I go to office at 10 O'clock." *Direct*
Radha told her that she goes to office at 10 O'clock. *Indirect*
(12) The saint said , "Man proposes and God disposes." *Direct*
The saint said that man proposes and God disposes. *Indirect*
(13) The teacher said, "Something is better than nothing." *Direct*
The teacher said that something is better than nothing. *Indirect*
(14) The teacher said , "A stitch in time saves nine." *Direct*
The teacher said that a stitch in time saves nine. *Indirect*

**वाक्य संख्या 6 एवं 7 में बताये गये तथ्य में यदि कोई परिवर्तन नहीं हुआ तो हम Reported Speech के Sentence में कोई परिवर्तन नहीं करते हैं। यदि परिवर्तन हो गया है तो हमें Tense परिवर्तन करना होगा।**

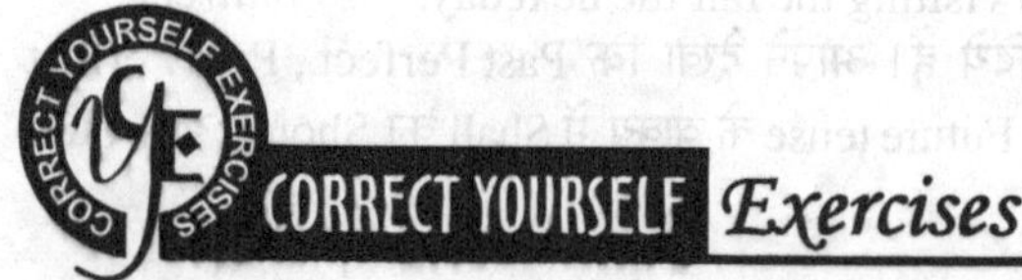


**01**

***Change the following sentences into indirect form of narration :***

(1) Ram says to me, "I am your fast friend."
(राम मुझसे कहता है, "मैं तुम्हारा पक्का दोस्त हूँ।")
(2) I say to her, "I shall not talk to you."
(मैं उससे कहता हूँ, "मैं तुमसे बात नहीं करूँगा।")
(3) Hari says to Shalu, "I am your brother."
(हरी शालू से कहता है, "मैं तुम्हारा भाई हूँ।")
(4) He will say to Shalu, "I love you"
(वह शालू से कहेगा, "मैं तुमसे प्यार करता हूँ।")
(5) I say to Shyam, "I shall help you."
(मैं श्याम से कहता हूँ, "मैं तुम्हारी सहायता करूँगा।")

# SOLUTION CORRECT YOURSELF *Exercises*

**Solution CYE 01**

(1) Ramesh tells me that he is my fast friend.
(रमेश मुझसे कहता है कि वह मेरा पक्का मित्र है।)

(2) I tell her that I shall not talk to her.
(मैं उससे कहता हूँ कि मैं उससे बात नहीं करूँगा।)

(3) Hari tells Shalu that he is her brother.
(हरी शालू से कहता है कि वह उसका भाई है।)

(4) He will tell Shalu that he loves her.
(वह शालू को कहेगा कि वह उससे प्यार करता है।)

(5) I tell Shyam that I shall help him.
(मैं श्याम से कहता हूँ कि मैं उसकी सहायता करूँगा।)

इस तरह के वाक्य स्वयं भी बनायें एवं बार-बार, बोलकर तथा लिखकर अभ्यास करें।

"Direct your energies to the right direction and you will sure win one day."

आज आपको कुछ विशेष प्रकार के वाक्यों जैसे Interrogative, Imperative, Optative एवं Exclamatory को Conversations में अपने शब्दों में किस तरह व्यक्त किया जाता है। इससे सम्बन्धित Rules की जानकारी दे रहे हैं।

"Learn sincerely. Make your own sentences. Do practice."

## Specific Rules

**Interrogative Sentences**

Interrogative Sentences को सामान्य रूप से दो भागों में विभाजित किया जा सकता है। जैसे :

**(1)** ऐसे प्रश्न जिनका Answer—Yes या No में दिया जा सकता है। जैसे :

| | |
|---|---|
| (a) Are you happy ? | Yes or No |
| (b) Do you know me ? | Yes or No |
| (c) Will you accompany me ? | Yes or No |

**(2)** ऐसे प्रश्न जिनका Answer—Yes या No में नहीं दिया जा सकता है। These are also called 'Wh questions'. Wh-questions ऐसे प्रश्न होते हैं जिनका Answer, Yes या No में नहीं दिया जा सकता है। ऐसे प्रश्नों की कुछ जानकारी चाही गई होती है। जैसे :

(a) Where do you live ? (b) What is your name ?
(c) How are you ?

इस तरह के प्रश्न, Wh-words, जैसे What, Where, Which, Who, How, etc. से शुरू होते हैं।

**Rule 1 :** प्रथम प्रकार के Interrogative Sentence जो Auxiliary Verb से शुरू होते हैं, जिनका Answer, Yes/No में दिया जा सकता है, उनको Indirect में परिवर्तन करते समय 'That' की जगह If या Whether का प्रयोग किया जाता है।

**Rule 2 :** Indirect Speech में Interrogative Sentences को Assertive Sentence में बदला जाता है अर्थात् Indirect Speech में परिवर्तन होने के बाद, वाक्य, एक प्रश्न के रूप में नहीं रहता है। वाक्य का Tense एवं Pronoun पूर्व में बताए गए नियमानुसार बदले जाते हैं।

**Rule 3 :** Reporting Verb; say, says, said की जगह ask, asks, asked प्रयोग किया जाता है।

कई बार Ask की जगह Inquire या Enquire of का प्रयोग किया जाता है। Enquire of का प्रयोग तब किया जाता है जबकि इसके बाद Object (जैसे : He enquired of me) लगता है।

***Look at the following solved examples*** **:**

(1) She said to me , "Are you going to college ?" *Direct*
उसने मुझसे कहा, "क्या आप कॉलेज जा रहे हैं ?"
She asked me whether I was going to college. *Indirect*

(2) She said to Shyam, "Have you an extra copy ?" *Direct*
उसने श्याम से कहा, "क्या आपके पास एक अतिरिक्त कॉपी है ?"
She asked Shyam if he had an extra copy. *Indirect*

(3) He said , "Am I looking smart ?" *Direct*
उसने कहा, "क्या में स्मार्ट दीख रहा हूँ ?"
He asked if he was looking smart. *Indirect*

(4) He said to me , " Can you write a letter ?" *Direct*
उसने मुझसे कहा, "क्या तुम एक पत्र लिख सकते हो ?"
He asked me if I could write a letter. *Indirect*

(5) She said to me, "Will you help me ?" *Direct*
उसने मुझसे कहा, "क्या आप मेरी सहायता करेंगे ?"
She asked me if I would help her. *Indirect*

## Important

Interrogative वाक्य को Direct से Indirect में बदलते समय इसे Assertive वाक्य बनाना आवश्यक है। छात्रों को यह कठिन कार्य लगता है।

## ध्यान रखें

*एक Interrogative वाक्य में Verb हमेशा Subject के पहले आती है। जैसा उक्त वाक्यों में हो रहा है :*

*(a) Are you going ?* *(b) Have you an extra copy ?*
*(c) Am I looking smart ?*

*इन वाक्यों को Assertive बनाने के लिये Verb को Subject (नये pronoun) के बाद रखना होता है एवं वाक्य का Tense, Reporting Verb यदि Past Tense में है, तो पीछे बताये नियमानुसार बदलना होता है। अत: Are you going को I was going में बदलना होगा।*

*इसी प्रकार से Have you an extra copy को He had an extra copy तथा Am I looking smart को He was looking smart में बदलना होगा।*

*Pronoun का परिवर्तन पूर्व में बताए गये नियमानुसार होगा तथा Tense में भी परिवर्तन पूर्व में बताए नियमानुसार होगा।*

**Rule 4 :** ऐसे Interrogative Sentences जो Wh-Words से शुरू होते है। (जिनका Answer Yes / No में नहीं दिया जा सकता) ऐसे वाक्यों को जब Indirect में परिवर्तित करते हैं, तो Conjunction ; **that / if / whether** नहीं लगता है। बल्कि Wh-Word ही Conjunction का कार्य करते हैं। जैसा हमने पूर्व में बताया है, Indirect Speech में वाक्य Interrogative में नही रहता है, उसे Assertive बनाना आवश्यक है। वाक्य में आये Pronoun एवं Tense में परिवर्तन पूर्व में बताये गये नियमानुसार ही होता है।

***Look at the following solved examples :***

(1) He said to her , "What do you want ?" *Direct*
उसने उससे कहा, "आप क्या चाहती हैं ?"
He asked her what she wanted. *Indirect*

(2) He said to me, "Why are you happy ?" *Direct*
उसने मुझसे कहा, "आप क्यों खुश हैं ?"
He asked me why I was happy. *Indirect*

(3) Ram said to Hari, "Where do you live ?" *Direct*
राम ने हरी से कहा, "आप कहाँ रहते हैं ?"
Ram asked Hari where he lived. *Indirect*

(4) She said to Hari, "When will you come ?" *Direct*
उसने हरी से पूछा, "आप कब आयेंगे ?"
She asked Hari when he would come. *Indirect*

(5) Ram said to Sita , " Who are you ?" *Direct*
राम ने सीता से पूछा, "आप कौन हैं ?"
Ram asked Sita who she was. *Indirect*

(6) Sita said to Mohan, "How many cars have you ?" *Direct*
सीता ने मोहन से कहा (पूछा), "आपके पास कितनी कारें हैं ?"
Sita asked Mohan how many cars he had. *Indirect*

(7) I said to Shyam, "Which class do you read in ?" *Direct*
मैंने श्याम से पूछा (कहा), "आप कौन सी कक्षा में पढ़ते हैं ?"
I asked Shyam which class he read in. *Indirect*

(8) I said to the teacher, "How many students are there in the school ?" *Direct*
मैंने अध्यापक से पूछा (पूछा), "स्कूल में कितने छात्र हैं ?"
I asked the teacher how many students there were in the school. *Indirect*

(9) He said to me , "Which team won the match ?" *Direct*
उसने मुझसे कहा (पूछा), "कौन सी टीम ने मैच जीता ?"
He asked me which team had won the match. *Indirect*

(10) He said to me , "What is your father ?" *Direct*
उसने मुझसे पूछा (कहा), "आपके पिताजी क्या करते हैं ?"
He asked me what my father was. *Indirect*

**ध्यान रखें**

*Interrogative Sentences में प्रश्न करके कुछ पूछा जाता है अतः said to को Indirect speech में asked (पूछा) या enquired (जानकारी की) में बदला जाता है।*

*Conversation में Indirect Narration का बहुत प्रयोग होता है अतः छात्रों को इस तरह के वाक्यों को स्वयं भी बनाकर, बार-बार बोलकर, लिखकर, अभ्यास करना आवश्यक है। नियमों की जानकारी होने से आपके आत्मविश्वास में वृद्धि होती है, आपमें एक उत्साह जागृत होता है, लेकिन आप नियमों को रटें नहीं बल्कि नियमों के अनुसार, अभ्यास करें।*
*For 'Fluency' in speaking : Practice is the only way.*

## Imperative Sentences

**Imperative Sentence** ऐसे वाक्य हैं, जिनमें आदेश **(Order)**, निर्देश **(Direction, Command)**, प्रार्थना **(Request)**, सुझाव **(Suggestion)**, सलाह **(Advise) का भाव निहित रहता है।** ऐसे वाक्यों को Indirect Narration में परिवर्तित करते समय निम्न नियमों का ध्यान रखें :

**Rule 1 :** Reporting Verb को वाक्य के भाव के अनुसार Order, Command, Advise, Suggest, Request, Warn etc. में परिवर्तित करें।

**Rule 2 :** Conjunction 'that' की जगह 'to' का प्रयोग करें। यदि वाक्य Negative है, तो 'not to' का प्रयोग करें।

**Rule 3 :** वाक्य में यदि Please, Kindly जैसे शब्द हैं तो इनको Indirect Speech में नहीं रखें। वाक्य के भावार्थ के अनुसार Request का प्रयोग किया जाने से ये स्वतः ही वाक्य के भाव में आ जाते हैं।

***Look at the following solved examples :***

(1) She said to Ramu, "Please bring my book." *Direct*
उसने राम से कहा, "कृपया मेरी किताब लाइये।"
She requested Ram to bring her book. *Indirect*

(2) She said to me , "Have a glass of milk". *Direct*
उसने मुझसे कहा, "एक गिलास दूध पीजिये।"
She asked me to have a glass of milk. *Indirect*

(3) Ram said to Sita , "Take milk regularly." *Direct*
राम ने सीता से कहा, "नियमित दूध पीयें।"
Ram advised Sita to take milk regularly. *Indirect*

(4) I said to Hari, "Don't pluck the flowers". *Direct*
मैंने हरी से कहा, "फूल नहीं तोड़ें।"
I instructed Hari not to pluck the flowers. *Indirect*

(5) The SP said to the SHO, "Shoot the robber". *Direct*
एस. पी. ने एस. एच. ओ. से कहा, "डाकू को गोली मार दो।"
The SP ordered the SHO to shoot the robber. *Indirect*

(6) The Principal said to the students, "Get out from my office." *Direct*
प्रधानाचार्य ने छात्रों से कहा, "मेरे कार्यालय से बाहर जायें।"
The Principal ordered the students to get out from his office. *Indirect*

(7) He said , "Follow my instructions". *Direct*
उसने कहा, "मेरे निर्देशों का पालन करें।"
He ordered me to follow his instructions. *Indirect*

(8) He said to Sarla , "Lend me your book". *Direct*
उसने सरला से कहा, "अपनी किताब मुझे दें।"
He requested Sarla to lend him her book. *Indirect*

**Note**

*Negative Imperative वाक्यों में जो Do not या Don't जैसे श्ब्दों से शुरू होते हैं, उनमें जैसा हमने पहले बताया है, 'not to' का प्रयोग करते हैं। 'not to' की जगह Forbade का प्रयोग भी किया जाता है। लेकिन Forbade के साथ वाक्य में Not का प्रयोग नहीं करना है क्योंकि Forbade स्वयं ही Negative है, इसका अर्थ है मना करना। जैसे :*

*(1) The teacher said to Hari , "Don't write on the table".* *Direct*
*अध्यापक ने हरी से कहा, "मेज पर न लिखें।"*
*The teacher forbade Hari to write on the table.* *Indirect*
*Or The teacher instructed Hari not to write on the table.* *Indirect*

*(2) The Principal said , "Don't make a noise students".* *Direct*
*प्रधानाचार्य ने कहा, "छात्रों, शोर न करो।"*
*The Principal forbade the students to make a noise.* *Indirect*
*Or The Principal instructed the students not to make a noise.* *Indirect*

*(3) She said to me , "Don't park your car here".* *Direct*
*उसने मुझसे कहा, "अपनी कार यहाँ खड़ी न करें।"*
*She forbade me to park my car there.* *Indirect*
*Or She asked me not to park my car there.* *Indirect*

**Emphatic Imperative ( Use of 'Do')**

कई बार Imperative वाक्यों को आग्रहपूर्ण (Emphatic) बनाने के लिये 'Do' का प्रयोग किया जाता है। यह 'Do' का प्रयोग, मात्र अधिक आग्रह या विनम्रता को प्रदर्शित करने हेतु प्रयुक्त होता है। ऐसे वाक्यों को Indirect में बदलते समय 'Do' को हटा दिया जाता है एवं ऊपर बताये गये नियमानुसार वाक्य को Indirect में बदला जाता है। जैसे :

(1) He said to me, "Do have a cup of tea, please." *Direct*
उसने मुझसे कहा, "कृपया एक कप चाय अवश्य लीजियेगा।"
He requested me to have a cup of tea. *Indirect*

(2) She said to me , "Do come again." *Direct*
उसने मुझसे कहा, "कृपया पुनः अवश्य आइयेगा।"
She requested me to come again. *Indirect*

(3) Rahim said to her, "Do have a seat please." *Direct*
रहीम ने उससे कहा, "कृपया सीट पर बैठियेगा।"
Rahim requested her to have a seat. *Indirect*

**Optative Sentences**

**(A)** ऐसे वाक्य जिनमें Good wishes, अभिवादन या इच्छा व्यक्त की जाती है, Optative Sentences कहलाते हैं।

**(i)** यदि वाक्य में कोई Good wish की गई हो तो Reporting verb को Wished या Prayed में बदला जाता है तथा that, Conjunction का प्रयोग किया जाता है तथा वाक्य को Assertive Sentence में बदलते हैं। जैसे :

(1) My mother said to my friend, "May you live long !"
मेरी मां ने मेरे मित्र से कहा, "तुम दीर्घायु हो!"
My mother wished my friend that he might live long.

(2) She said to Sita, "May God bless you with a son !"
उसने सीता से कहा, "ईश्वर तुम्हें पुत्र प्रदान करें!"
She prayed that God might bless Sita with a son.

(3) She said, "God grant you success !"
उसने कहा, "ईश्वर तुम्हें सफलता प्रदान करें!"
She prayed that God might grant me success.

**(ii)** वाक्य संख्या (3) में May का प्रयोग नहीं हुआ है तब भी Indirect में Might का प्रयोग किया गया है। May की Existence ऐसे वाक्यों में मानी जाती है।

**याद रखें**

*यहाँ Might के साथ Verb की I Form ही लगती है।*

**(B)** यदि वाक्य में Good morning, Good evening, Good day इत्यादि का प्रयोग अभिवादनस्वरूप किया गया है तो Reporting Verb की जगह Wished का प्रयोग किया जाता है। यदि 'Sir' को या जिससे अभिवादन किया गया है, वह भी Inverted Commas में है तो उसे बाहर निकाल लिया जाता है। जैसे :

(1) He said to the teacher, "Good morning !"
उसने अध्यापक से कहा, "शुभ प्रभात!"
He wished the teacher good morning.

(2) She said, "Good morning, sir !"
उसने कहा, "शुभ प्रभात, श्रीमान!"
She wished sir good morning.

(3) I said, "Good morning, father !"
मैंने कहा, "शुभ प्रभात पिताजी!"
I wished my father good morning.

**(C)** यदि वाक्य में विदाई (farewell) सूचक शब्द जैसे : Good bye, Farewell इत्यादि का प्रयोग किया गया हो तो Reporting Verb—bade का प्रयोग किया जाता है। जैसे :

(1) She said to me, " Good bye."
उसने मुझे कहा, "विदा!"
She bade me good bye.

(2) The leader said, "Farewell my friends."
नेता ने कहा, "अलविदा, मेरे दोस्तों!"

The leader bade his friends farewell.

**Exclamatory Sentences**

ऐसे वाक्य जो अफसोस, घृणा, दुःख आश्चर्य, प्रसन्नता, शाबाशी देने का भाव व्यक्त करें, Exclamatory Sentences कहलाते हैं।

(a) इस तरह के वाक्यों को Indirect में बदलते समय वाक्य के भावार्थ के अनुसार exclaimed with joy, exclaimed with sorrow, exclaimed with surprise, exclaimed with applause, exclaimed with anger, exclaimed with contempt, जैसी Reporting verb का प्रयोग किया जाता है। जैसे :

| | |
|---|---|
| (1) Exclaim with joy | (1) हर्ष/खुशी/उल्लास के लिए |
| (2) Exclaim with sorrow | (2) दुःख/शोक के लिए |
| (3) Exclaim with surprise | (3) आश्चर्य/विस्मय के लिए |
| (4) Exclaim with anger | (4) क्रोध के लिए |
| (5) Exclaim with contempt | (5) तिरस्कार/घृणा के लिए |
| (6) Exclaim with applause | (6) प्रशंसा के लिए |
| (7) Exclaim with regret | (7) पश्चाताप/अफसोस के लिए |

(b) Conjunction 'that' का प्रयोग किया जाता है।

(c) Alas, Bravo, Oh, Wow, Wah, Hurrah जैसे शब्दों को Indirect बनाते समय हटा दिया जाता है।

(d) Exclamatory वाक्यों को Assertive वाक्यों में बदल दिया जाता है।

(e) यदि वाक्य में कोई इच्छा (जैसे If I were the bird, If I were the P.M.) व्यक्त की गई हो तो Reporting verb, wished का प्रयोग किया जाता है।

***Look at the following solved examples* :**

(1) She said, "If I were a bird !"
उसने कहा, "यदि मैं पक्षी होती।"
She wished that she would be a bird.

(2) He said, "If I were young again !"
उसने कहा, "यदि मैं पुनः जवान हो जाता।"
He wished that he would be young again !"

(3) Ram said, "Alas ! I have been ruined."
राम ने कहा, "हाय! मैं बर्बाद हो गया।"
Ram exclaimed with sorrow that he had been ruined.

(4) The lady said, "Oh ! my dog is dead"
महिला ने कहा, "अरे! मेरा कुत्ता मर गया।"
The lady exclaimed with sorrow that her dog was dead.

(5) He said, "What a beautiful girl Sita is !"
उसने कहा, "सीता कितनी सुन्दर लड़की है।"
He exclaimed with praise that Sita was a beautiful girl.

(6) We said, "What a nice place it is !"
हमने कहा, "यह कितना सुन्दर स्थान है।"
We exclaimed with surprise that it was a nice place.

(7) They said, "What a great fall!"
उन्होंने कहा, "कितना सुन्दर प्रपात है।"
They exclaimed with applause that it was a great fall.

(8) The captain said, "Well done! my friends."
कप्तान ने कहा, "बहुत अच्छा, मेरे दोस्तों।"

The captain exclaimed with applause that his friends had done well.

(9) The player said, "Hurrah ! we have won."
खिलाड़ी ने कहा, "हुर्रे! हम जीत गये।"
The player exclaimed with joy that they had won.

(10) He said, "Wow ! what a pleasant weather it is !"
उसने कहा, "वाह! कितना सुहावना मौसम है।"
He exclaimed with joy that it was a very pleasant weather.

कुछ अन्य Exclamatory वाक्य देखें जो अधूरे से लगते हैं। जैसे :

**ध्यान रखें**

*(a) जिन वाक्यों में I were, He were जैसे वाक्य, एक इच्छा व्यक्त करते हैं, उन्हें Indirect Speech में बदलते समय Would be का प्रयोग किया जाता है।*

*(b) Exclamatory वाक्यों को Assertive वाक्यों में बदलते हैं। निम्न वाक्यों पर गौर करने से यह समझ में आयेगा :*

| ***Exclamatory*** | ***Assertive*** |
|---|---|
| *(1) What a beautiful girl she is !* | *She is a beautiful girl.* |
| *(2) What a nice place it is !* | *It is a very nice place.* |
| *(3) What a great fall !* | *It is a great fall.* |
| *(4) What an idea !* | *It is a great idea.* |
| *(5) What a fool you are !* | *You are a great fool.* |
| *(6) How dark the night is !* | *It is a very dark night.* |

| ***Direct Narration*** | ***Indirect Narration*** |
|---|---|
| (1) He said to me, "Congratulations !" | He congratulated me. |
| (2) The teacher said to the student, "stupid ! | The teacher called the student stupid. |
| (3) She said, "Thank you !" | She thanked me. |
| (4) They said to us, "Welcome !" | They welcomed us. |
| (5) I said to her, "Happy Christmas !" | I wished her Happy Christmas. |

**"Welcome new words, and your vocabulary will be strong."**

# Use of Modals in Conversations

Modals का प्रयोग Conversation में बहुत किया जाता है। इनके प्रयोग को सही रूप में समझना आवश्यक है। जैसे Request हेतु Shall / Will / May / Can / Might / Could / Would का प्रयोग किया जा सकता है। अर्थ में Shall, Will समान लगते हैं। इसी प्रकार Would / Could / Might में समानता नजर आती है। May एवं Can का अर्थ भी एक ही है लेकिन इनके प्रयोग में काफी अन्तर रहता है। कब कौन से Modal का प्रयोग उचित रहेगा, यह समझना महत्वपूर्ण है।

*निम्न वाक्यों को देखें :*

| (A) | (B) |
|---|---|
| (1) I shall pay you. | (1) I will pay you. |
| (2) He shall cooperate you. | (2) He will cooperate you. |
| (3) It may rain. | (3) It might rain. |
| (4) He may come. | (4) He can come. |
| (5) He should come. | (5) He must come. |
| (6) He may not come. | (6) He cannot come. |
| (7) He used to smoke. | (7) He is used to smoke. |

Column (A) एवं Column (B) के नीचे लिखे वाक्य देखने में समान अर्थ के प्रतीत होते हैं। लेकिन दोनों का भाव एवं अर्थ अलग-अलग हैं एवं Conversation में इनका सही प्रयोग बहुत महत्वपूर्ण है।

Modals भी Auxiliary verbs होते हैं। ये Verbs के Mood (अवस्था/भाव) को व्यक्त करते हैं। Mood या Modes एक ही बात है। चूंकि ये Verbs के भाव, क्रियाविधि को व्यक्त करते हैं अत: इन्हें Modals कहा जाता है।

## Some Important Points about Modals

**(1)** इनका प्रयोग एक Auxiliary (helping) Verb की तरह मुख्य क्रिया के साथ होता है।

**(2)** Modals पर कर्त्ता के Number; Singular या Plural होने, या कर्त्ता के Person (I, II, III, Person) का कोई प्रभाव नहीं पड़ता है। जैसे :

(a) I can do it. (b) They can do it
(c) He can do it. (d) You can do it.

कर्त्ता चाहे Singular है या Plural, first person है या Second or Third person, Modal 'can' का रूप अपरिवर्तित रहता है जबकि अन्य Helping verb (is, am, are etc.) कर्त्ता के Number एवं Person के अनुसार अलग-अलग लगानी पड़ती है।

**(3)** Modals के साथ हमेशा Verb की First form लगती है।

**(4)** Ought एवं Used के बाद 'to' का प्रयोग आवश्यक है।

**(5)** कुछ Modals जैसे need, dare, used का प्रयोग Main Verbs की तरह भी हो सकता है। अत: इन्हें Marginal Modals या Semi Modals कहा जाता है।

## Learn : Correct use of Modals in Conversation

Modals एक विशेष प्रकार के Auxiliary Verbs हैं जो विशेष अवस्था तथा भाव को व्यक्त करते हैं। Conversations (बातचीत) में एक विशेष Modal Auxiliary Verb का प्रयोग, वाक्य के भाव तथा अर्थ को नया आयाम प्रदान करता है।

कब कौन से Modal का प्रयोग उचित रहेगा, यह समझना महत्वपूर्ण है?

## MAY

इसका प्रयोग निम्न अवस्था हेतु किया जा सकता है :

**(1)** अनुमति (Permission) मांगने एवं अनुमति देने के लिये किया जाता है। जैसे :

(a) May I go now? (Permission मांगना)
Yes, you may. (Permission देना)

(b) May I borrow two books from the library? (Permission मांगना)
You may borrow one book at a time. (Permission देना)

(c) May I come in? (Permission मांगना)
Yes, you may. (Permission देना)

**(2)** May का प्रयोग Informal Request हेतु किया जाता है। जैसे :

May I have the salt please? May I borrow your pen?

**(3)** May का प्रयोग किसी घटना के घटिन होने की अनिश्चितता, सम्भावना के साथ व्यक्त करता है। जैसे :

(a) The sky is cloudy, it may rain today. (b) She may attend the meeting.
(c) He may pass this year.

इस तरह May का प्रयोग संभावना (possibility) व्यक्त करता है।

**(4)** May का प्रयोग Good wishes, Desires हेतु किया जाता है। जैसे :

May God bless you ! May you live long !

**(5)** Purpose व्यक्त करने के लिये भी May/Might का प्रयोग किया जा सकता है। जैसे :

(a) We eat so that we may live.
(b) He works hard so that he may earn good livelihood.
(c) I play so that I may have good health.
(d) They died so that we might live.

**(6)** आश्चर्य व्यक्त करने एवं जानकारी हेतु भी May का प्रयोग निम्न प्रकार होता है। जैसे :

(a) Who may be my friend here ? (आश्चर्य)
(b) How old she may be ? (जानकारी)
(c) When may we expect you ? (जानकारी हेतु किया जाता है।)

## MIGHT

**(1)** Might का Request हेतु प्रयोग : यह May के अधिक Polite Request व्यक्त करता है। यह वक्त की Hesitation, आत्मविश्वास की कमी एवं Request के स्वीकार न होने की स्थिति को व्यक्त करता है। जैसे :

(a) Might I borrow your golden necklace ? (b) Might I talk to the P.M. ?
(c) Might I borrow your car ?

**(2)** Might, may का Past Tense भी है। Might का प्रयोग Present Tense में भी हो सकता है। Direct से Indirect Narration में परिवर्तन करते समय May को Might में बदला जाता है। जैसे :

(a) He asked if he might come in. (b) He said that it might rain that day.
(c) Might I borrow your sofa set ?

**Note the difference May / Might :**

**(A)** May एवं Might का Perfect tense में प्रयोग :

(1) He may have been wounded. (इसका प्रयोग ऐसी परिस्थिति में किया जाता है जब हमें वास्तविकता की निश्चित जानकारी नहीं होती, लेकिन वर्तमान स्थिति में एक सम्भावना व्यक्त की जाती है।
उक्त वाक्य का अर्थ है कि यद्यपि हमें निश्चित पता नहीं लेकिन सम्भावना है वह घायल हो सकता है।
(We do not know so far, but he is perhaps injured, possibility exists).

(2) He might have been wounded. : (but he was not wounded)
Might का प्रयोग Past से सम्बन्धित स्थिति या घटना के घटित होने की सम्भावना को व्यक्त करता है जो वास्तव में घटित नहीं हुई।
उक्त वाक्य का अर्थ है कि वह घायल हो सकता था (परिस्थितियाँ इसी तरह की थीं) लेकिन वह घायल नहीं हुआ। इसी तरह के अन्य वाक्यों पर ध्यान दें।

(3) He has not arrived so far. He may taken a wrong turn.(We don't know the actual position, but as he has not arrived so far, so the possibility is that he may have taken a wrong way.)
वह अभी तक नहीं पहुंचा है अतः सम्भावना है कि वह कहीं गलत रास्ते पर चला गया है।

(4) She might have come, if we asked her.(but we didn't ask her.)
यदि हमनें उससे कहा होता तो वह आ सकती थी। (वह नहीं आई) हमने उससे नहीं कहा।

**(B)** Perfect Tense में May का प्रयोग, वर्तमान में एक सम्भावना को व्यक्त करता है जबकि Might का प्रयोग, Past गें किसी घटना के घटित होने की संभावना (जो वास्तव में घटित नहीं हुई) को बताता है। जैसे :

(1) The sky is cloudy, it may rain today.
(आकाश में बादल हैं, वर्षा होने की सम्भावना है।)

(2) The sky is not cloudy but a change in weather is always possible it might rain today.
(यद्यपि आकाश में बादल नहीं लेकिन मौसम कभी भी बदल सकता है अतः वर्षा हो सकती है।) (दूरस्थ सम्भावना है।)

(3) He has purchased hundreds tickets of lottery, he may win a prize. (Possibility)
He might win the first prize. (Remote possibility)
उसके प्रथम पारितोषिक प्राप्त करने की दूरस्थ सम्भावना है। (इसका अर्थ हुआ कि प्रथम पारितोषिक प्राप्त करना असम्भव नहीं है लेकिन सम्भावना काफी कम है।)

इस तरह May का प्रयोग संभावना तथा might का प्रयोग दूरस्था संभावना (Remote possibility) व्यक्त करता है।

## CAN

**(1)** Can का प्रश्न में प्रयोग, वक्ता के आश्चर्य (Astonishment), अधीरता (Impatience), क्रोध (Anger) दर्शाता है। जैसे :

(a) What can he do ? *Anger*
(b) What can she say, I wonder? *Astonishment*
(c) Where can he go? *Impatience*
(d) How can she resign? *Anger*

**(2)** Can का प्रयोग परिस्थितिजन्य सम्भावना (Circumstantial Possibility) को व्यक्त करता है। जैसे :

(a) You can ski on the hills now-a-days. (As there is enough snow.)
(b) You can go there by road now. (As the road is OK now.)

**(3)** Can का प्रयोग शारीरिक क्षमता (Physical Capacity), योग्यता (Capability) मानसिक एवं ज्ञान के कारण योग्यता (Mental Ability) को व्यक्त करता है। जैसे :

(a) I can solve this puzzle.
(b) Can you lift this suitcase ?
(c) He can read without glasses.
(d) Can you speak French ?

**(4)** Can का प्रयोग परिस्थितिजन्य योग्यता या दूसरे व्यक्ति की योग्यता (Capacity , capability) के सन्दर्भ हेतु भी किया जाता है। जैसे :

(1) Can you lend me ten lacs rupees?
क्या आप मुझे दस लाख रुपये दे सकते हैं ? (क्या आपके पास इतना रुपया है ?)
(Are you in a position to do so ? Are you having this much amount surplus ? )

(2) Can you attend the meeting tomorrow?
क्या आप कल मीटिंग में उपस्थित हो सकते हैं ? (क्या आपके पास समय है ?)
(Are you free tomorrow?)

**'Difference between 'May' and 'Can'**

(a) You may park your car here. आप अपनी Car यहाँ खड़ी कर सकते हैं, आपको अनुमति देता हूँ। (इसका अर्थ है कि वैसे यह आपका अधिकार नहीं है।) (I allow you to park your car here it does not mean that you have right to park here.)

(b) You can park your car here. इसका अर्थ है कि यहाँ कार खड़ी करना आपका अधिकार है। (आपको किसी की अनुमति की आवश्यकता नहीं है।) (You have a right to park here).

(c) I may leave the office as soon as I finish my work . जैसे ही मेरा कार्य समाप्त कर लूँ, मैं कार्यालय से जा सकता हूँ। (इस हेतु मैंने अनुमति ले रखी है।) (I have permission to do so).

(d) I can take a day off whenever I want. मैं जब चाहूँ एक दिन का अवकाश ले सकता हूँ। (यह मेरे अधिकार में है। यह तय हो चुका है।) (It was so agreed)

**Difference between 'May not' and 'Cannot'**

May not का प्रयोग Improbability (संभावना नहीं लेकिन है भी) को व्यक्त करता है जबकि Cannot का प्रयोग असम्भाव्यता (Impossibility) को व्यक्त करता है। जैसे :

(a) The news may not be true. यह समाचार सही भी हो सकता है एवं गलत भी हो सकता है। (may or may not be true)

(b) The news cannot be true. यह समाचार सही नहीं हो सकता है, (अन्य सम्बन्धित परिस्थितियाँ यह इंगित करती हैं।) (There is no possibility of its come out to be true)

(c) You may go from A to B, by changing train at C or you may go by way of D, but you cannot go direct. आप A से B, C से रेल बदलकर या D के रास्ते में जा सकते हो, लेकिन सीधे ही (A से B) नहीं जा सकते हो। (क्योंकि A से B तक कोई सीधा रास्ता ही नहीं है।) (As there is no direct route from A to B)

(d) You cannot go there by water. तुम पानी के रास्ते नहीं जा सकते क्योंकि वहाँ तक पानी का रास्ता ही नहीं है। (As there is no water route)

Cannot का प्रयोग यह व्यक्त करता है कि कार्य नहीं हो सकता है।

## CAN/COULD

**(1)** Can एवं Could दोनों का प्रयोग Request हेतु किया जा सकता है। Could से More politeness जाहिर होती है। जैसे :

(a) Can you give me your umbrella ?
(b) Could you lend me your Sofaset ?
(c) Could you please send me an application form ?

*"Could you is a very good way of introducing a request. It is an alternative to would you ? And a little more polite."* —**A Practical English Grammar : Thomson and Martin**

**(2) Could** का प्रयोग **Past ability** (अर्थात् भूतकाल में योग्यता को व्यक्त करता है।)

(a) When I was young, I could climb any tree. जब मैं जवान था तो मैं किसी भी पेड़ पर चढ़ सकता था। (अब नहीं चढ़ सकता हूँ।)

(b) When Ram was young, he could swim across this river. जब राम जवान था तो वह यह नदी पार कर सकता था। (अब पार नहीं कर सकता है।)

**(3)** Could का प्रयोग वर्तमान में आवश्यकता (Necessity), क्षमता (Ability) के सन्दर्भ में निम्न प्रकार किया जाता है :

(a) Could you run the business by yourself ? क्या आप यह व्यापार स्वयं कर सकते हैं। (अगर आवश्यकता पड़े तो) (If it becomes necessary)

(b) Could you get another job? क्या अपको दूसरी नौकरी मिल सकती है।
(यदि तुम्हें इस नौकरी से निकाल दिया जाये।) (If you are terminated from here.)

**(4)** Could का प्रयोग Present Perfect Tenes में एक ऐसी Past Possibility को व्यक्त करता है जो पूर्ण नहीं हुई। जैसे :

(a) He could have caught the train, if he had hurried. ( But he didn't catch the train.)
यदि वह शीघ्रता करता तो ट्रेन पकड़ सकता था।

(b) He could have done it without much problem. (But he didn't do it.)
वह यह कार्य बिना अधिक समस्या के कर सकता था।

(c) He could have sent a message. (But he didn't send)
वह मुझे सन्देश भेज सकता था।
(उक्त वाक्यों का आशय है कि वह कार्य नहीं किया गया।)

**(5)** Can के Past tense के रूप में Could का प्रयोग होता है। जैसे :

(a) Ramesh told me that he could lend me his umbrella.
(b) I did all that I could.

**(6)** काल्पनिक (Unreal ) Conditions में Could का प्रयोग निम्न प्रकार होता है :

(a) If I had more money, I could build a temple.
यदि मेरे पास और धन होता तो मैं एक मंदिर बनवा सकता था। (लेकिन मेरे पास इतना धन नहीं है।)

(b) If I had wings, I could fly to Himalayas.
यदि मेरे पंख होते तो मैं हिमालय तक उड़ सकता था। (लेकिन मेरे पंख नहीं हैं।)

"In the first person 'shall' only foretells
In 'will' a threat or else a promise dwells
'Shall' in the second and third does threat,
'Will' simply then foretells the future fate."

Shall/Will अर्थ में समान प्रतीत होते हैं। Will / Would दोनों का प्रयोग Present में किया जा सकता है। Shall का Past Tense, Should है, एवं Will का Past Tense, Would है। Conversation में इनके सही प्रयोग हेतु इनमें अन्तर को स्पष्ट रूप से समझना आवश्यक है।

## Shall /Will

(1) Traditional Grammar के अनुसार I/we (I Person) के साथ Shall तथा II, III person के साथ Will का प्रयोग मान्य है।

(2) I Person (I/we) के साथ जब will का प्रयोग तथा II and III Person के साथ जब shall का प्रयोग किया जाता है तो यह Determination, Threat, Warning, Promise को व्यक्त करता है।

आजकल will / shall के प्रयोग में उक्त अन्तर लगभग समाप्त हो गया है लेकिन हमें Modals के रूप में Traditional grammar के अनुसार ही चलना है।

## SHALL

**(1)** Shall का प्रयोग I Person के साथ एक सामान्य Future Action को व्यक्त करता है। II एवं III Person के साथ shall का प्रयोग, Promise, Determination, Threat, Warning को व्यक्त करता है। जैसे :

| | |
|---|---|
| (a) I shall go to market tomorrow. | *Future action* |
| (b) He shall pay you on Monday. | *Promise* |
| (c) He shall work hard to achieve success. | *Determination* |
| (d) Anyone find involved shall be punished. | *Warning, threat* |
| (e) You shall be transferred if you don't work properly. | *Warning ,threat* |
| (f) We shall play hockey. | *Future action* |

**(2)** II एवं III Person के साथ shall का प्रयोग Determination, Compulsion, Bindings, एक Force व्यक्त करता है। जैसे :

| | |
|---|---|
| (a) You shall go to meet him tomorrow. | (You are instructed to go and meet him.) |
| (b) She shall complete her work by tomorrow. | (She has to complete her work by tomorrow.) |

**(3)** 'Shall not' का प्रयोग II एवं III Person के साथ Prohibition निषेध को व्यक्त करता है। जैसे :

(a) You shall not meet him. (b) Nobody shall write on the table.

(c) She shall not attend the night party.

**(4)** Shall का I Person के साथ एक प्रश्न के रूप में प्रयोग, दूसरे की इच्छा जानने हेतु या अपनी सेवाएँ देने हेतु किया जाता है। जैसे :

(a) Shall I open the door ? क्या मैं आपके लिये दरवजा खोलूँ ?

(b) Shall I thread the needle for you ? क्या मैं आपके लिये सूंई में धागा डालूं ?

(c) Shall I assist you ? क्या मैं तुम्हें सहयोग करूं ?

**(5)** Shall का III Person के साथ प्रयोग एक Noun के साथ प्रयोग दूसरे की इच्छानुसार कार्य करने को व्यक्त करता है। जैसे :

(a) Shall Rahim wait for you ?
क्या आप चाहते हैं कि रहीम आपका इन्तजार करे।
(Do you want Rahim to wait for you ?)

(b) Shall the messenger wait outside ?
क्या आप चाहते हैं मैसेंजर आपका बाहर इन्तजार करे ?
(Do you want the messenger to wait outside ?)

## WILL

**(1)** Will प्रयोग II and III Person के साथ सामान्य Future Action को बताता है, जबकि I Person के साथ Will का प्रयोग Threat, Warning, Promise, Determination को व्यक्त करता है। जैसे :

(a) He will go tomorrow. (b) You will work here.
(c) I will see you. (threat, warning) (d) I will pay you on Monday. (promise)
(e) I will achieve my goal. (determination) (f) I will never speak to him.(determination)

**(2)** Will का प्रयोग प्रश्न के रूप में Formal request को व्यक्त करता है। जैसे :

(a) Will you close the door, please ? (आशय) कृपया दरवाजा बन्द कर दीजियेगा।

(b) Will you bring me a glass of water, please ? (आशय) कृपया एक गिलास पानी लाइयेगा।

(यह Interrogative वाक्यों द्वारा Request का तरीका है।)

**(3)** 'Will' का प्रयोग सभी Person के साथ सम्भावना (Probability) व्यक्त करता है। Will not (won't) का प्रयोग Refusal (इन्कार) को व्यक्त करता है। जैसे :

(a) I won't go there. (b) He will not sanction your leave.
(c) He will be in the park. (d) Today is 15th Aug, schools will be closed.

**(4)** Won't (will not) का प्रयोग जब प्रश्न के रूप में किया जाता है तो यह Invitation को व्यक्त करता है। जैसे :

(a) Won't you have a cup at tea ? (a) आप चाय नहीं पीयेंगे क्या ?

(b) Won't you meet her ? (b) आप उससे नहीं मिलेगें क्या ?

(c) Won't you stay for a day ? (c) एक दिन नहीं रुकेंगे क्या ?

यह Interrogative वाक्यों द्वारा Informal way में दिया गया निमंत्रण है। यहाँ वक्ता का आशय प्रश्न करना नहीं बल्कि आग्रहपूर्वक निमंत्रण देना है। वाक्य (a) का आशय चाय पीने हेतु निमंत्रण देना है, न कि प्रश्न पूछना। यह **Modals** का महत्वपूर्ण प्रयोग प्रयोग है।

**(5)** Will का प्रयोग Instructions तथा Command को भी व्यक्त करता है। जैसे :

(a) All the cadets will attend the parade. *Instructions, Command*
(b) The girls will not wear the shorts. *Instructions, Command*
(c) You will deliver the welcome speech. *Instructions, Command*

**(6)** 'Will' का प्रयोग III Person के साथ सामान्य आदत को व्यक्त करता है। जैसे :

(a) The women will not keep mum. (habit) (a) औरतें चुप नहीं रहेंगी। (आदत)

(b) The girls will talk. (habit) (b) लड़कियाँ बात करेंगी। (आदत)

(c) He will smoke. (habit) (c) वह धूम्रपान करेगा। (आदत)

(d) The minister will come late. (habit) (d) मंत्री देरी से आयेंगे। (आदत)

**Note the difference : Will / Shall**

(1) I shall go to Jaipur.
मैं जयपुर जाऊंगा।
I will go to Jaipur.
मैं अवश्य जयपुर जाऊंगा।

(2) He will cooperate you.
वह तुम्हें सहयोग करेगा।
He shall cooperate you.
वह तुम्हें निश्चित ही सहयोग करेगा।

(3) I will see you.
मैं तुम्हें देख लूंगा (धमकी)
I shall see you tomorrow.
मैं तुम्हें कल मिलूंगा।

## Should/ Would

### SHOULD

**(1)** Should का प्रयोग Duty (कर्त्तव्य), Responsibility (जिम्मेदारी), Advice (सलाह), Probability (संभावना), Expectation (आशा), Presumption (पूर्व–अनुमान), Moral obligation (नैतिक दायित्व) तथा Mild Command (नम्र आदेश) को व्यक्त करता है। जैसे :

(a) One should obey one's elders. *Duty*
(b) You should obey your parents. *Moral obligation*
(c) The rich should help the poor. *Expectation*
(d) You should work hard. *Advice*
(e) You should find her in the playground. *Probability*
(f) You should take care of your health. *Advice*
(g) You should take care of four briefcase. *Responsibilily*
(h) You should complete your work everyday. *Mild command*
(i) He should be reading now. *Probability*
(j) He should be worried about me. *Presumption*
(k) They should be anxious about us. *Presumption*

**(2)** Conditional Sentences में lest के साथ हमेशा Should का प्रयोग किया जाता है। यह एक Important use है। जैसे :

(a) Move fast lest you should miss the bus.
जल्दी चलो कहीं तुम्हारी बस न छूट जाये।

(b) Work hard lest you should fail.
मेहनत करो, कहीं ऐसा न हो कि, तुम फेल हो जाओ। Lest का अर्थ — कहीं ऐसा न हो, होता है।

**(3)** Should का Perfect Tense में प्रयोग इस तथ्य को स्पष्ट करता है कि जो कार्य जिस रूप में किया जाना चाहिये था, वह नहीं किया गया। जैसे :

(a) He should have gone by morning bus. उसे सुबह की बस से चले जाना चाहिये था। (लेकिन वह नहीं गया।) ( but he didn't go)

(b) She should have informed me about the incident. उसे मुझे घटना के बारे में सूचित कर देना चाहिए था। (लेकिन उसने सूचना नहीं दी।) (but she didn't inform me)

(c) Ramesh should have submitted the bills. रमेश को बिल जमा करा देना चाहिए था। (लेकिन उसने जमा नहीं करायें।) (but he didn't submit.)

### WOULD & WILL

**(1)** Would का प्रयोग Will की अपेक्षा अधिक Polite request को बताता है। Request हेतु Will की अपेक्षा Would का प्रयोग अधिक मान्य है। Would का प्रयोग दूसरे की इच्छा (Willingness) जानने हेतु भी किया जाता है। जैसे :

(a) Would you accompany me to the railway station? *Polite request*
(b) Would you send me an application form? *Polite request*
(c) Would you sing at the concert tomorrow? *Willingness query*

**(2)** Would का प्रयोग Likelihood (समरूपता), Presumption (पूर्वानुमान) एवं Probability (सम्भावना) को भी व्यक्त करता है। जैसे :

(a) He would be in the field. *Likelihood*
(b) She would be in the club at this time. *Probability*
(c) She would be cooking now. *Likelihood*
(d) She would be about 80 now. *Presumption*

**(3)** Rather के साथ Would का प्रयोग, Preference (प्राथमिकता) को व्यक्त करता है। जैसे :

(a) I would rather rest now. मुझे अब आराम करना चाहिए। या मैं अब आराम करूंगा।
(b) I would rather study than to see a movie. मैं अब फिल्म देखने की अपेक्षा पढ़ना चाहूंगा या पढूंगा।
(c) I would rather play than to take rest. अब मैं आराम करने की अपेक्षा खेलना चाहूंगा या खेलूंगा।

**(4)** 'Wish' के साथ 'Will' का प्रयोग नहीं किया जाता है। Wish के साथ Would का प्रयोग Strong Desire/Willingness को स्पष्ट करता है। जैसे :

(a) I wish you would fight this election. मेरी इच्छा है कि तुम यह चुनाव लड़ो।
(b) I wish you would support her fully. मैं चाहता हूँ कि तुम उसे पूर्ण समर्थन दो।
(c) I wish they would agree to this proposal. मैं चाहता हूँ कि वे इस प्रस्ताव पर राजी होयें।

**(5)** Unreal (काल्पनिक) परिस्थितियों को व्यक्त करने हेतु भी Would का प्रयोग Conditional Sentences में किया जाता है। जैसे :

(a) If I had one crore rupees, I would donate fifty lacs to the trust.
यदि मेरे पास एक करोड़ रुपये हुए (होते) तो मैं पाँच लाख ट्रस्ट में दान देता। (लेकिन मेरे पास नहीं हैं।)
(b) If I had wings I would fly to Europe.
यदि मेरे पंख हुए (होते) तो मैं यूरोप उड़ जाता। (मेरे पंख नहीं हैं।)
(c) If I were the king, I would make you my chief adviser.
यदि मैं राजा होता तो तुम्हे मेरा मुख्य सलाहाकार बनाता। (मैं राजा नहीं हूँ, न बनने की सम्भावना है।)
(d) If a tiger came into the room, what would you do?
यदि शेर कमरे में आ जाये तो आप क्या करेंगे। (कोई सम्भावना नहीं है — काल्पनिक परिस्थितियाँ)

**(6)** Conditional Sentences में Past Perfect के Sentences में Would का प्रयोग किसी कार्य के Past में न होने को व्यक्त करता है। जैसे :

(a) If he had come to me, I would have given him a job. (He didn't come.)
यदि वह मेरे पास आता तो मैं उसे नौकरी दे देता।
(b) If she had asked me, I would have helped her. (But she didn't ask me.)
यदि वह मुझे कहता तो मैं उसकी सहायता करता।

Must की कोई Past form नहीं है। अत: इसे Defective verb कहा जाता है। Need, Dare, used to, को Semi Modals कहा जाता है क्यों? Ought to एवं Should में क्या अन्तर है? इन तथ्यों की जानकारी आपको Conversation में इनके सही प्रयोग में सहायक होगी। Learn with sincerity.

## MUST

Must का प्रयोग Present time एवं Future time दोनों प्रकार के actions हेतु किया जा सकता है। ।Must का कोई Past tense नहीं होता है। Reported speech में direct से indirect में परिवर्तन करते समय, कई स्थितियों में इसे 'had to' में भी परिवर्तित किया जाता है।

**(1)** Must का प्रयोग Command, Compulsion, Order (निर्देश, दबाव, आदेश) का भाव दर्शाता है। जैसे :

(a) Soldiers must obey orders without any question.
सिपाहियों को बिना प्रश्न किये आदेशों का पालन करना आवश्यक है।

(b) All the girls must attend the function.
सभी लड़कियों को आवश्यक रूप से फंक्शन में उपस्थित होना है।

(c) You must do as you are told.
जैसा तुमको कहा जाये वैसा करो। (यह आवश्यक है।)

**(2)** Must से Moral duty / Obligation भी व्यक्त होता है। जैसे :

(a) We must respect our elders.
हमें अपने से बड़ों को आदर अवश्य देना ही चाहिए।

(b) You must help your friends in need.
हमें जरूरत पड़ने पर अपने मित्रों की सहायता करना आवश्यक है।

**(3)** Must से Necessity, Urgency, Circumstantial Compulsion (जरूरत, आवश्यकता, परिस्थिति, दबाव) भी व्यक्त होता है। जैसे :

(a) I must leave now, otherwise I may miss the train.
मुझे अब अवश्य चल देना चाहिऐ, अन्यथा मेरी गाड़ी निकल सकती है।

(b) The electricity will be cut off at 8 P.M. so I must complete my work before 8.
बिजली रात को आठ बजे चली जायेगी, अत: मुझे अपना कार्य आठ बजे से पूर्व अवश्य पूर्ण कर लेना चाहिए।

**(4)** 'Must not' का प्रयोग Prohibition, Emphatic Advice (निषेध एवं दबाव मुक्त सलाह) हेतु भी प्रयोग किया जाता है। जैसे :

(a) Students must not resort to copying. *Prohibition*
(b) You must not miss the classes. *Emphatic advice*

(c) You must not talk to that fellow. *Prohibition*
(d) Visitors must not feed the animals. *Prohibition*

**(5)** Must से Strong probability / likelihood भी व्यक्त किया जाता है। जैसे :
(a) She must be eighty now.
(b) They have not arrived so far.
They must have taken a wrong turning.

**(6)** Must का Perfect tense में प्रयोग भूतकाल में किसी कार्य के होने की प्रबल सम्भावना को व्यक्त करता है। जैसे :
(a) He must have passed the test in first attempt.
उसने पहले अवसर में ही टेस्ट अवश्यक पास कर लिया होगा।
(b) They must have reached there in time.
वे अवश्य ही समय पर पहुंच गये होंगे।

## NEED

Need का प्रयोग Ordinary Verb एवं Modal Auxiliary Verb दोनों की तरह किया जा सकता है। इसीलिए इसे **Semi Modal** या **Marginal Modal** कहा जाता है।

**(1)** Modal के रूप में Need का प्रयोग सामान्यतया Interrogative एवं Negative वाक्यों में किया जाता है। जैसे :
(a) He need not talk to her. उसे उससे बात करने की जरूरत नहीं है।
(b) Need he talk to her? क्या उसे उससे बात करने की जरूरत है।
(c) You needn't wear a tie. आपको टाई पहनने की जरूरत नहीं है।

**(2)** Present tense में Needn't का प्रयोग ऐसे कार्य को व्यक्त करता है। जो वास्तव में नहीं किया जाना ही उचित था। Needn't का अर्थ होता है—आवश्यक नहीं होना या जरूरत नहीं होना। जैसे :
(a) He needn't have written such a detailed essay. उसे इतना विस्तृत निबन्ध लिखने की जरूरत नहीं थी।
(The essay was to be written is 300 words only)
(b) You needn't have bought such a costly gift. तुम्हें इतनी मंहगी गिफ्ट लाने की जरूरत नहीं थी।
( wastage of money)
(c) They needn't have left home at 8.00, the train doesn't arrive till 10.00.
उन्हें आठ बजे घर से जाने की जरूरत नहीं थी ट्रेन दस बजे तक नहीं आती है।
(So they will have to wait for two hours.)

**(3)** Principal Verb की तरह Need का प्रयोग निम्न प्रकार से होता है :
(a) He needs my assistance.
(b) I need your help.
(c) He needed my help.
(d) He does not need my help.
(e) I do not need your advice in the matter.
(f) He did not need my assistance.
(g) Does he need my help ?
(h) Do you need my help ?

जब Need का प्रयोग Principal Verb की तरह होता है तो सामान्यता इसका प्रयोग Affirmative Sentences में जरूरत या आवश्यकता (Meaning) के सन्दर्भ में होता है। Need का Principal Verb की तरह प्रयोग जब Negative में या Interrogative में किया जाता है तो Do, Does, Did का प्रयोग Ordinary Verb की तरह करते हैं।

## USED TO

इसका उच्चारण 'यूज्ड टू' होता है। यह भी एक Marginal or Semi Modal है। Used to का Negative form used not to होता है। Used to के Negative हेतु didn't use to का भी प्रयोग किया जाता है। इसी तरह used to को Interrogative में प्रयोग करते समय used को Did+subject + use to + Verb की तरह भी प्रयोग किया जा सकता है।

**(1)** Used to का प्रयोग यह व्यक्त करता है कि भूतकाल में कोई कार्य आदतन किया जाता था, लेकिन अब नहीं किया जाता है। जैसे :

(a) He used to drink daily.
उसे रोजाना पीने की आदत थी। (आदत अब नहीं पीता है।)
( Now he does not drink )

(b) I used to smoke one packet of cigarettes daily.
मैं रोजाना एक पैकेट सिगरेट पीता था। (आदत अब नहीं पीता हूँ।)
(Now I do not smoke.)

(c) He used to go for a walk.
उसे घूमने जाने की आदत थी। (आदत अब नहीं जाता है।)
(Now he does not go for a walk)

**(2)** Used to का वर्तमान में अभ्यस्त (accustomed) के सन्दर्भ में प्रयोग निम्न प्रकार किया जाता है :

(a) I am used to take tea in the morning .
मैं सुबह चाय पीने का अभ्यस्त हूँ।

(b) He is used to read the newspaper with morning tea.
वह सुबह चाय के साथ, अखबार पढ़ने का आदी है।

**(3)** Used to का Negative एवं Interrogative में प्रयोग निम्न प्रकार किया जा सकता है :

(a) I used not to smoke daily. *Negative*
or I did not use to smoke earlier ? *Negative*

(b) He used to play chess at college. *Affirmative*
He didn't use to play chess at college. *Negative*
Used he to play chess at college ? *Interrogative*
Did he use to play chess at college ? *Interrogative*

For making negative of such sentences we can use either 'used not to' or 'did not use to'. In interrogative sentences we can use either 'Used + subject + to' or 'Did + subject + use + to' structure as shown above.

## DARE

Dare का प्रयोग Principal verb एवं Modal verb दोनों प्रकार से होता है इसीलिए Dare को भी **Marginal modal or Semi modal** कहा जाता है।

**Use of Dare as Modal**

**(1)** Dare का modal की तरह प्रयोग सामान्यतया Negative एवं Interrogative sentences में होता है। जब इसका Modal की तरह प्रयोग होता है तो इसके साथ 'to' का प्रयोग नहीं होता है। Dare का अर्थ होता है, दुस्साहस करना, साहस करना, चुनौती देना। जैसे :

(a) He dare not say like this.
वह ऐसा कहने का साहस नहीं कर सकता।

(b) I dare not talk to the chairman.
मैं चैयरमैन से बात करने का दुस्साहस नहीं कर सकता हूँ।

(c) Dare he not say like this ?
क्या वह ऐसा कहने का साहस नहीं कर सकता है ?

(d) Dare she complain against you ?
क्या वह तुम्हारे विरुद्ध शिकायत करने का साहस नहीं कर सकती है ?

**(2)** How के साथ Dare का प्रयोग, वक्ता का आश्चर्य, गुस्सा एवं सदमा (Surprise, Anger or Shock) व्यक्त करता है। जैसे :

(a) How dare he speak like this ? वह ऐसा बोलने का साहस कैसे कर सकता है ?

(b) How dare you act in this manner ? तुम ऐसा करने का साहस कैसे कर सकते हो ?

**(3)** Nobody, any body एवं somebody etc. के साथ Dare का प्रयोग Modal की तरह किया जाता हो तो इसके साथ 'to' का प्रयोग किया जा सकता है एवं नहीं भी किया जा सकता है। जैसे :

(a) Nobody dare to comment like that.
किसी में भी ऐसी टिप्पणी करने की हिम्मत (साहस) नहीं है।

(b) Nobody dare comment like that.
किसी ने इस मामले में शिकायत करने का साहस किया है।

**(4)** Dare का प्रयोग जब Principal verb की तरह किया जाता है। तो इसके साथ 'to' का प्रयोग किया जाता है। Singular number third person : Subject के साथ 's' लगाया जाता है एवं Do, Does का प्रयोग Negative एवं Interrogative वाक्यों में किया जाता है। जैसे :

(a) He dares to oppose you.
(b) He does not dare to oppose you.
(c) Does he dare to oppose you ?
(d) Do you dare to speak against him ?
(e) You do not dare to speak against him.
(f) We do not dare to talk to the President.

## OUGHT TO

Ought के साथ हमेशा 'to' लगता है। Ought to एवं Should का प्रयोग एवं अर्थ लगभग समान है।

**(1)** Ought to का प्रयोग, Advice (सलाह), Moral obligation (नैतिक दायित्व), Duty (कर्त्तव्य) को व्यक्त करता है। जैसे :

(a) You ought to consult a physician. *Advice*
आपको फिजीशियन से सलाह (सम्पर्क) करना चाहिए।

(b) We ought to respect our parents. *Moral duty*
हमें अपने माता-पिता का आदर करना चाहिए।

(c) We ought to help our friends. *Moral obligation*
हमें अपने मित्रों की सहायता करनी चाहिए।

**(2)** Ought के साथ not का प्रयोग किसी दायित्व को पूर्ण न करने के सन्दर्भ में किया जाता है या Advice के रूप में किया जाता है। जैसे :

(a) You ought not to treat your friends like this.
तुम्हें अपने मित्रों के साथ ऐसा व्यवहार नहीं करना चाहिए।

(b) Children ought not to watch T.V. so long.
बच्चों को इतनी देर तक टी. वी. नहीं देखना चाहिए।

(c) You ought not to talk to the elders in this manner.
तुम्हें बड़ों से इस तरीके से बात नहीं करनी चाहिए।

(d) You ought not to smoke so much.
तुम्हें इतना अधिक धूम्रपान नहीं करना चाहिए।

यह प्रयोग दूसरों द्वारा की गई अपेक्षा के अनुसार दायित्व निर्वाह न करने के सन्दर्भ में है।

**(3)** Ought to का Perfect tense में प्रयोग यह व्यक्त करता है कि जो कार्य सम्पन्न होना चाहिये था वह कार्य नहीं किया गया। जैसे :

(a) She ought to have invited him in the function. उसको उसे फंक्शन में बुलाना चाहिए था। (But she didn't invite him.)

(b) They ought to have come in time. उन्हें समय पर आना चाहिए था। (But they didn't come in time.)

(c) You ought to have stopped at the traffic light. तुम्हें ट्रैफिक लाइन पर रुकना चाहिए था। (But you didn't stop.)

**(4)** सामान्यतया Ought to एवं Should को समान अर्थ एवं समान प्रयोग के सन्दर्भ में एक जैसा माना जाता है लेकिन Formal Notices, या अन्य कोई सूचना के लिये 'Should' प्रयोग किया जाता है। 'Ought to' का नहीं। जैसे :

(a) Students should be prepared to donate the blood.
(b) Travellers should be in possession of the following documents.
(c) On hearing the alarm bell, the students should leave their rooms immediately .

उपरोक्त वाक्यों में 'Ought to' का प्रयोग नहीं होगा।

## Important

इस तरह से आपने देखा कि Modal Auxiliaries जो अर्थ में समान दिखते हैं, उनके प्रयोग करने में वाक्य का भाव/अर्थ/आशय बदल जाता है। Conversations में Modals का सही प्रयोग बहुत महत्वपूर्ण है। इसका अध्ययन बहुत ध्यान से करना चाहिए। आपको इस तरह के वाक्य स्वयं भी बनाकर उनका अभ्यास करना है।

**"In the midst of great joy do not promise a man anything; In the midst of anger do not answer a man's letter."**

## Conversations and Question Framing

आपसी बातचीत में (Conversations) में प्रश्न पूछना, कोई जानकारी चाहना, किसी की इच्छा जानने हेतु प्रश्न करना एक सामान्य बात है। अधिकांश व्यक्ति प्रश्न बनाने (Question framing) में गलती करते हैं ? प्रश्न का Structure सही नहीं होता या Verb का गलत प्रयोग किया जाता है? ऐसा करने से बोलते समय आप में आवश्यक आत्मविश्वास नहीं आ पाता है। इस अध्याय में Question framing को बहुत सरल तरीके से समझाया गया है। अतः आप इस अध्याय को ध्यानपूर्वक पढ़ें।

## Questions

Questions को समान्यतया तीन भागों में वर्गीकृत किया जा सकता है :

(A) Yes/No Questions,
(B) Wh-Questions,
(C) Tag Questions.

**(A) Yes/No Questions:** ऐसे प्रश्न जिनका उत्तर **Yes** या **No** में दिया जा सकता है, **Yes/No Questions** कहलाते हैं। इस तरह के प्रश्न **Helping verbs** से आरम्भ होते हैं। जैसे :

(a) Do you know me ?
(b) Does she live here ?
(c) Is he going ?
(d) Are you not well ?
(e) Did he come here ?
(f) Was he playing ?
(g) Has he come ?
(h) Have you a pen ?
(i) Had he completed his work ?
(j) Will you go to market ?
(k) Shall you apply for this job ?
(l) Can you do this work ?
(m) May I came in ?
(n) Would you go there ?

उपरोक्त सभी प्रश्न Helping verbs (Auxiliaries) से आरम्भ हुए हैं एवं इनका उत्तर Yes/No में दिया जा सकता है।

**(B) Wh-Questions : ऐसे प्रश्न जो Wh-words; Why, Who, Where, When, Whose, Whom, How, What etc. से आरम्भ होते हैं ऐसे प्रश्नों में कुछ जानकारी चाही गई होती है। इनका उत्तर Yes/No में देना सम्भ्व नहीं है। ऐसे प्रश्नों को Wh-Questions के नाम से जाना जाता है। जैसे :**

(a) What is your name ?
(b) Where do you live ?
(c) Who is he ?
(d) When did you come ?
(e) How are you ?
(f) Whose pen is this ?
(g) Whom do you like to meet ?
(h) Why did he come ?

**(C) Tag Questions : इन्हें Question Tag या Tag Questions के नाम से जाना जाता है। इस तरह के Question वाक्य के अन्त में एक पुछल्ले की तरह Attach होते हैं इनका उद्देश्य अपने कथन को प्रभावशाली बनाना**

या कथन की ओर श्रोता का ध्यान आकर्षित करना होता है, या अपने कथन की पुष्टि चाहना होता है। इस तरह के **Questions** निम्न प्रकार के होते हैं :

(a) He is going to market, isn't he ?
(b) She will help you, won't she ?
(c) You are a gentleman, aren't you ?
(d) Sugar is sweet, doesn't it ?

**कुछ अन्य प्रकार के प्रश्न भी होते हैं जैसे :**

**(4) Alternate Questions :**

(a) Are you playing or not ?
(b) Will you go or not ?
(c) Has she arrived or not ?
(d) Did he agree or hot ?

**इस तरह के प्रश्नों में Or not लगाकर, एक Choice/Alternate व्यक्त किया जाता है।**

**(5) Short Questions :**

(a) I am going to buy a car. — When/Why/Where/Which car ?
(b) He is going to America. — When/Why/By which flight ?
(c) He has resigned from the service ? — When/Why/What for ?

इस तरह के एक साथ किए गए कई प्रश्न, प्रश्न पूछने वाले की अति उत्सुकता को व्यक्त करते हैं। ऐसे प्रश्नों को Short Questions कहा जाता है।

**(6) Rhetorical Questions :**

(a) Who is not without faults ? (Everybody has some faults.)
(b) Who can speak against the chairman ? (Nobody can speak.)
(c) Who will live forever ? (None can leave forever, man is mortal.)
(d) Who can bell the cat ? (None can.)

इस तरह के प्रश्न जिनका Answer सभी को पता होता है, केवल अपनी बात को प्रश्न के रूप में कहकर, Impress upon करने हेतु प्रयुक्त होते हैं। इस तरह के प्रश्न Rhetorical Questions कहलाते हैं।

## Framing of Questions

**Yes/No Questions :** Yes/No Questions के बारे में आपने Tense के अध्याय में विस्तृत रूप से पढ़ लिया है। अत: इसे यहाँ नहीं बता रहे हैं। ध्यान रखें इस तरह के Questions का Structure निम्न होता है :

### Helping verb + Subject + Verb + Object ?

**Verb की कौन सी Form प्रयुक्त होगी, यह वाक्य के Tense पर निर्भर होता है। कई वाक्यों में Helping Verb मुख्य Verb का कार्य करती है। वहाँ Verb नहीं लगती है। जैसे :**

| **Affirmative** | **Interrogative** |
|---|---|
| (a) He is a student. | Is he a student ? |
| (b) She is a girl. | Is she a girl ? |
| (c) He has a pen. | Has he a pen ? |
| (d) They have a car. | Have they a car ? |

## Wh-Questions

English Conversation में Questioning का स्थान बहुत महत्वपूर्ण है यदि आप प्रश्न करने में कुशलता हासिल कर लेते हैं तो Conversation को आगे बढ़ाने में बहुत अहम भूमिका निभा सकते हैं। आज आपको 'Wh' words से विभिन्न Tense Structures में Question framing की जानकारी दी जा रही है। बहुत ध्यानपूर्वक अध्ययन करें। It's very important.

पूर्व में **Wh-Questions** के विषय में बताया गया है, Wh-words जैसे What, Why, Which, When, Where, Who, Whose, Whom, How से आरम्भ होते हैं।

### सामान्य नियम

(1) यदि वाक्य में कोई भी Helping verb नहीं है तो Do/does/did को Wh-word के लगाकर, प्रश्न आरम्भ करें। ध्यान रखें यदि Does का प्रयोग हो गया है तो Verb के साथ s या es नहीं लगाया जायेगा। यदि 'Did' का प्रयोग किया गया है तो Verb की I form लगानी होगी। जैसे :

(a) What does /did he like ?
(b) Where does he go ?
(c) Why did he go ?
(d) Where did he go ?
(e) When does he come ?
(f) When did he come ?

Does वाले Questions के Affirmative Sentences में Verb के साथ s या es लगता है इसी प्रकार Did वाले Questions के Affirmative Sentences में Verb की II form लगती है।

(2) यदि वाक्य में Helping verb (is/am/are/was/were/will /shall have/has/had etc.) है तो इन्हें Wh-word के बाद लगाकर प्रश्न बनाया जाता है।

(3) Pronouns (I, you, we, my, our, your, his, her hers, etc.) का प्रयोग Answer को समझते हुए या प्रश्न किससे पूछना है, यह देखकर करना होता है।

अब हम Wh-word से हर TENSE में Question बनाने हेतु क्या करना चाहिए, यह देखेंगे।

## Tensewise Structures of Questions with 'Wh' words

**Present Indefinite Tense**

Present Indefinite Tense में Affirmative एवं Interrogative वाक्यों का Structure निम्न होता है :

**Subject + V-I (s or es) + Object.** *Affirmative*
**Do/Does + Subject + V-I + Object ?** *Interrogative*

तथा 'Wh' Words से शुरू होने वाले Interrogative Sentences का प्रयोग निम्न Structure होता है :

**'Wh' word + do/does + Subject + V-I + Object ?**

(a) What does he do ?
(b) Where do you play ?
(c) Why do you cry ?
(d) How do you do ?
(e) When does he come ?
(f) Where does he live ?

ध्यान से देखने पर ज्ञात होगा कि 'Wh' word को Interrogative (Auxiliary do/does से प्रारम्भ होने वाले) Sentence से पूर्व लगाने से ही इसके प्रश्न बन जाते हैं। जैसे :

| | |
|---|---|
| He plays. | *Affirmative* |
| Does he play ? | *Interrogative* (Auxiliary) |
| What does he play ? | *Interrogative* (Wh-word) |
| Where/ when /does he play ? | *Interrogative* (Wh-word) |

*See more examples* :

| | |
|---|---|
| (1) I write. | *Affirmative* |
| Do I write ? | *Interrogative* (Auxiliary) |
| What do I write ? | *Interrogative* ('Wh' word) |
| (2) He writes a letter. | *Affirmative* |
| Does he write a letter ? | *Interrrogative* (Auxiliary) |
| What does he write ? | *Interrogative* (Wh-Word) |
| (3) She washes clothes at 10 A.M. | *Affirmative* |
| Does she wash clothes at 10 A.M. ? | *Interrogative* (Auxiliary) |
| When does she wash clothes ? | *Interrogative* (Wh-words) |
| What does she do at 10 A.M. ? | *Interrogative* (Wh-words) |

**Note**

*'Who' के case में निम्न प्रकार के Struture में Do या Does का प्रयोग नहीं होगा :*

*(I) Who teaches you English ?*
*(II) Who comes here ?*
*(III) Who knows you ?*

*Wh-words से आरम्भ हुए Interrogative Negative Sentences का Structure निम्न होता है :*

***'Wh' + do/does + Subject + not + V- I + Object ?***

*(a) What does he not do ?*
*(b) When do you not read ?*
*(c) What do you not like ?*
*(d) Why do you not protest ?*
*(e) Where does he not stay ?*

**Present Continuous Tense**

Present Continuous में Affirmative एवं Interrogative वाक्यों का Structure निम्न होता है :

**Subject + is/am/are + V-IV + Object.** ***Affirmative***

**Is/Am/Are + Subject + V-IV + Object ?** ***Interrogative***

'Wh' words से शुरू होने वाले Interrogative Sentences का Structure निम्न होता है :

**'Wh' word + is/am/are + Subject + V-IV + Object ?**

(a) What am I doing ?
(b) Where are you going ?
(c) When is he coming ?
(d) Why is she crying ?

**याद रखें**

*Auxiliary Verb के पूर्व 'Wh' word लगाने पर इस तरह के Question बनाये जा सकते हैं। अन्य Examples देखें :*

| | |
|---|---|
| *(I) He is going to market.* | *Affirmative* |
| *Is he going to market ?* | *Interrogative (Auxiliary)* |
| *Where is he going ?* | *Interrogative (Wh-word)* |
| *(II) Nisha is reading a book.* | *Affirmative* |
| *Is Nisha reading a book ?* | *Interrogative (Auxiliary)* |
| *What is Nisha reading ?* | *Interrogative (Wh-word)* |
| *What is Nisha doing ?* | *Interrogative (Wh-word)* |

*'Wh' words से आरम्भ होने वाले Interrogative negative Sentence का Structure निम्न होता है।*

*'Wh' word + is/am/are+Subject +not+ V-IV + Object ?*

*(a) Why are you not writing ?* *(b) Why is she not speaking ?*
*(c) What is she not eating ?*

**Present Perfect Tense**

Present Perfect में Affirmative एवं Interrogative वाक्यों का Structure निम्न होता है :

**Subject + have/has + V-III + Object** ***Affirmative***
**Have/Has + Subject + V-III + Object ?** ***Interrogative***

Wh-words से आरम्भ होने वाले Interrogative Sentences का Structure निम्न होता है :

**'Wh' word + have/has + Subject + V-III + Object?**

(a) What has he written to his father ? (b) Why has she written to her father ?
(c) Where have they gonc ? (d) Where have you been ?
(e) How has he passed his time ?

इस तरह के प्रश्न बनाते समय 'Wh-word' के बाद Auxiliary, have/has लगाई जाती है।

Interrogative negative वाक्यों में not, Subject के बाद निम्न Structure में लगता है :

**'Wh' word + have / has + Subject +not+ V-III + Object ?**

(a) Why has he not played ? (b) What have they not done ?
(c) Where has he not gone ?

**Present Perfect Continuous Tense**

Present Perfect Continuous में Affirmative एवं Interrogative वाक्यों का Structure निम्न होता है :

**Subject + have/has been + V-IV + Since/for + ......** ***Affirmative***
**Have/Has + Subject + been + V-IV + Since/for + ........?** ***Interrogative***

'Wh-words' से प्रारम्भ होने वाले Interrogative Sentences का Structure निम्न होता है :

**'Wh' word + have/has+Subject + been + V-IV + .......... ?**

(a) What has he been doing since morning ? (b) Why have they been making a noise ?
(c) Where have you been playing ? (d) What have you been doing for two hours ?
(e) How long have you been waiting for me ?

'Wh' words से आरम्भ होने वाले Interrogative Negative Sentences का Structure निम्न होता है :

**'Wh' word + have / has + Subject + not + been + V-IV +.........**

(a) Why have you not been writing ? (b) Why have they not been keeping silence ?
(c) Why has she not been going with you ?

**Past Indefinite Tense**

Past Indefinite में Affirmative एवं Interrogative Sentences के Structure निम्न होते हैं :

**Subject + V-II + Object** ***Affirmative***
**Did + Subject + V- I + Object ?** ***Interrogative***

'Wh-words' से प्रारम्भ होने वाले Interrogative Sentences का Structure निम्न होता है :

**'Wh' word + did + Subject + V-I +...?**

(a) What did he do ?
(b) Where did she go ?
(c) Why did you cry ?
(d) When did Ram come ?
(e) How did he reply ?

**याद रखें**

*'Wh' word को Auxiliary Verb से पूर्व लगाया जाता है तथा Verb की Ist form का प्रयोग होता है।*

*'Wh' word से शुरू होने वाले Interrogative Negative Sentences में not को Subject के बाद निम्न Structure में लगाते हैं :*

*'Wh-word' + did + Sub + not + V-I+... ?*

*(a) Why did she not speak to me ?*
*(b) Why did he not do his work ?*
*(c) Why did he not go to Jaipur ?*

**Past Continuous Tense**

Past Continuous में Affirmative एवं Interrogative Sentences का Structure निम्न होता है :

**Subject + was/were + V-IV + Object.** ***Affirmative***
**Was/Were + Subject + V- IV + Object ?** ***Interrogative***

'Wh' words से प्रारम्भ होने वाले Interrogative Sentences का Structure निम्न होता है :

**'Wh' word + was/were + Subject + V-IV + ........?**

(a) Why were you speaking so loudly ?
(b) What was he doing ?
(c) Where were they going ?
(d) When were you leaving the hotel ?
(e) What were you writing ?

जब इस तरह के Interrogative Sentences को Interrogative negative में परिवर्तित किया जाता है तो Subject के बाद 'not' लगाया जाता है। Interrogative negative Sentences का निम्न Structure होता है :

**'Wh' word + was/were+ Subject + not + V- IV + ....... ?**

(a) Why were you not writing ?
(b) What was he not doing ?
(c) Why was he not speaking ?

**Past Perfect Tense**

Past Perfect Tense में Affirmative एवं Interrogative Sentences का Structure निम्न होता है :

**Subject + had + V-III + Object** ***Affirmative***
**Had + Subject + V-III + Object ?** ***Interrogative***

'Wh-words' से प्रारम्भ होने वाले Interrogative Sentences का Structure निम्न होता है :

**'Wh' word + had + Subject + V-III + ......... ?**

(a) When had Ram reached Delhi ?
(b) Why had he gone to hospital ?
(c) What had he done before Ram came ?
(d) Where had he gone before Shyam arrived ?
(e) Why had she phoned to me ?

इस तरह के वाक्यों को Negative में परिवर्तित करने पर वाक्यों का Structure निम्न होता है :

**'Wh' word + had + Subject + not + V-III + ........... ?**

(1) Why had Ram not liked Shyam ?
(2) Why had he not gone to hospital ?
(3) Why had he not done the alloted work ?

**Past Perfect Continuous Tense**

Past Perfect Continuous Tense में Affirmative एवं Interrogative Sentences का Structure निम्न होता है :

**Subject + had been + V-IV + since/for + ...........** ***Affirmative***
**Had + Subject + been + V-IV+ since/for + ........?** ***Interrogative***

'Wh' words से प्रारम्भ होने वाले Interrogative वाक्यों का Structure निम्न होता है :

**Wh-word + had + Subject + been + V-IV + .............?**

(a) Why had he been playing since morning ? (b) Where had she been working ?
(c) What had they been doing for two hours ? (d) Why had Nisha been crying for two hours ?
(e) How had you been passing your time since then ?

इस तरह के वाक्यों को Negative में परिवर्तित करने पर वाक्यों का Structure निम्न होता है।

**'Wh' words + had + Subject + not + been + V-IV + ..........?**

(a) Why had she not been working since last night ?
(b) What had they not been doing ?
(c) Why had Nisha not been saying anything for two hours ?

**Future Indefinite Tense**

Future Indefinite Tense में Affirmative एवं Interrogative वाक्यों का Structure निम्न होता है :

**Subject + shall / will + V-I + Object** ***Affirmative***
**Shall/will + Subject + V-I +Object ?** ***Interrogative***

'Wh' words से प्रारम्भ होने वाले Interrogative Sentence का Structure निम्न होता है।

**'Wh' words + shall/will+ Subject + V- I + Object ?**

(a) Why will he go to Jaipur ? (b) What shall I say to her ?
(c) Where will they meet us ? (d) When will you go to Meerut ?
(e) How will you treat him ?

इस तरह के वाक्यों को Negative में परिवर्तित करने पर Interrogative negative वाक्यों का Structure निम्न होता है :

**'Wh' words + will/shall + Subject + not + V-I + .......... ?**

(a) Where will he not go ? (b) Why will she not work here ?
(c) What will he not do for me ? (d) Why will Ram not cooperate you ?
(e) When will you not telephone me ?

**Future Continuous Tense**

Future Continuous में Affirmative एवं Interrogative Sentence का Structure निम्न होता है :

**Subject + will/ shall be + V-IV + Object** ***Affirmative***
**Will/shall + Subject +be + V-IV + Object ?** ***Interrogative***

'Wh' words से प्रारम्भ होने वाले Interrogative Sentences का Structure निम्न होता है :

**'Wh' words + will/shall + subject + be + V-IV + object?**

**याद रखें**

*इस Structure में 'Wh' words को साधारण Interrogative Sentence के पहले लगाया जाता है :*

*(a) Where will he be going now ?* *(b) What will you be doing next month ?*
*(c) Why will he be waiting for you ?* *(d) How will he be enjoying his time ?*
*(e) What will she be reading now ?*

इस तरह के Interrogative Sentences को जब Negative में परिवर्तित किया जाता है तो Interrogative negative Sentenc का Structure निम्न होता है :

**'Wh' words + will/shall + Subject + not + be + V-IV + ........?**

(a) Why will you not be doing anything ? (b) Why will she not be flying the kites ?
(c) Where will he not be staying now ?

**Future Perfect Tense**

Future Perfect Tense में Affirmative एवं Interrogative Sentences का Structure निम्न होता है :

**Subject + will/shall have + V-III + Object +...** ***Affirmative***
**Will/shall + Subject + have + V-III + Object +... ?** ***Interrogative***

'Wh' words से आरम्भ होने वाले Interrogative Sentences का Structure निम्न होता है :

**'Wh' words + will/shall + Subject + have + V-III + Object +... ?**

(a) Where will he have gone before she reaches here ?
(b) Why will he have left before the train arrives ?
(c) What will he have done before his wife comes ?

इस तरह के Interrogative Sentences को जब Negative में परिवर्तित किया जाता है तो Interrogative negative Sentence का Structure निम्न होता है :

'Wh' words + **will/shall + Subject + not + have + V-III + Object?**

(a) Where will he not have gone before I reach there ?
(b) Why will he not have left before the teacher comes ?

**Future Perfect Continuous Tense**

Future Perfect Continuous Tense में Affirmative एवं Interrogative Sentences का Structure निम्न होता है :

**Subject + will/shall have been + V-IV + since / for + ......** ***Affirmative***
**Will/Shall + Subject + have been + V-IV + since/for + ...?** ***Interrogative***

'Wh' words से आरम्भ होने वाले Interrogative Sentences का Structure निम्न होता है :

**'Wh' words + will/shall + Subject + have been + V-IV +....?**

(a) What will he have been doing since yesterday ?
(b) Why will they have been making a noise for so long ?
(c) Where will you have been playing for two hours ?

इस तरह के वाक्यों को Negative में परिवर्तित करते समय 'not' को Subject के बाद लगाया जाता है एवं Interrogative negative sentence का Structure निम्न होता है :

**'Wh' words + will/shall+ Subject + not + have been + V-IV + ........ ?**

Why will they not have been playing for two hours ?
What will you not have been doing since morning ?

## Important

जब Who, Whose, Which, What का प्रयोग As a subject होता है तो इनके तुरंत बाद सामान्यतया main or auxiliary verb का प्रयोग निम्न प्रकार किया जाता है ।

(a) Who pay the fees ?
(b) Who took my pen ?
(c) Whose horse won ?
(d) Whose brother came first ?
(e) Which horse won ?
(f) Which animal arrived first ?
(g) What happened ?
(h) What caused this noise ?

## Question framing with Wh-Words

**आपने 'Wh' Words से प्रत्येक Tense Structure में प्रश्न किस तरह बनाया जाता यह जान लिया है। अब हम आपको हर 'Wh' Words से बनने वाले प्रश्नों के बारे में जानकारी दे रहे हैं।**

**याद रखें**

*मात्र नियम रटकर, न तो अंग्रेजी बोली जा सकती है न अंग्रेजी लिखी जा सकती है। आपको अभ्यास करना होगा। 'Practice Makes a Man Perfect'.*

**(A) What : What का प्रयोग Question हेतु कई अर्थ में होता है। जैसे :**

(a) What bird is that ? — यह कौनसा पक्षी है ?

(b) What makes that noise ? — यह शोर कौन मचा रहा है ?

(c) What country do you come from ? — आप किस देश से आये हैं ?

(d) What do you say ? — आप क्या कहते हैं ?

(e) What do you do that for ?/ Why do you do that ? आप वह क्यों/किस के लिए करते हैं ?

(f) What was the examination like?
परीक्षा कैसी थी ?
(**Ans :** It was very difficult.)

(g) What was the weather like ?
मौसम कैसा था ?
(**Ans :** It was very hot ?)

(h) What does she look like ?
वह कैसी दिखाई देती है ?
(**Ans :** She is tall and glamorous. She looks like a film heroine.)

(i) What is he ? — वह क्या है ? अर्थात् उसका व्यवसाय क्या है ?
(**Ans :** He is a docotor)

(j) What is his father's profession ? — उसके पिताजी का व्यवसाय क्या है ?

(k) What age are you ? — तुम्हारी उम्र क्या है ?

(m) What is your age ? — तुम्हारी उम्र क्या है ?

(n) What height is she ? — उसकी चाई कितनी है ?

(o) What is her height ? — उसकी ऊँचाई (लम्बाई) कितनी है ?

## सामान्य नियम

What को वाक्य के आरम्भ में लिखें। उसके बाद यदि कोई Helping verb आवश्यक है तो लिखें। यदि नहीं, तो Tense के अनुसार Do/does/did इत्यादि लिखकर उसके बाद Subject लिखें, फिर Verb + Object लिखें। Verb के साथ s या es नहीं लगता है। (यदि प्रश्न Simple present का है तो)। इसी प्रकार Past tense के प्रश्न में Verb की First form लगती है।

(B) 'Who' से शुरू होने वाले प्रश्न :

**Questions:**

| | |
|---|---|
| (a) Who came here ? | (a) यहाँ कौन आया ? |
| (b) Who killed the lion ? | (b) शेर को किसने मारा ? |
| (c) Who teaches you English ? | (c) आपकों अंग्रेजी कौन पढ़ाता है ? |
| (d) Who won the match ? | (d) मैच किसने जीता ? |
| (e) Who are you ? | (e) आप कौन हैं ? |
| (f) Who has joined the college ? | (f) कॉलेज में कौन लगा है ? |
| (g) Who is going to Jaipur ? | (g) जयपुर कौन जा रहा है ? |
| (h) Who is bathing in the river ? | (h) नदी में कौन नहा रहा है ? |

## सामान्य नियम

वाक्यों में Subject की जगह 'Who' लिखें। उसके बाद यदि कोई Helping verb है तो Helping verb लिखें, नहीं है तो Verb लिखें।

(C) 'Whose' से शुरू होने वाले प्रश्न : Whose का अर्थ होता है 'किसका'।

**Questions:**

| | |
|---|---|
| (a) Whose pen is this ? | (a) यह किसका पैन है ? |
| (b) Whose car did she sell ? | (b) उसने किसकी कार बेची थी ? |
| (c) Whose house did Ramesh purchase ? | (c) रमेश ने किसका मकान खरीदा ? |
| (d) Whose company did you visit ? | (d) आपने किसकी कम्पनी का दौरा किया ? |
| (e) Whose bungalow did you see ? | (e) आपनें किसका बंगला देखा ? |
| (f) Whose parents do you respect ? | (f) आप किसके माता-पिता का सम्मान करते हैं ? |
| (g) Whose purse had you found ? | (g) आपको किसका पर्स मिला था ? |
| (h) Whose car will you purchase ? | (h) आप किसकी कार खरीदेंगे ? |

## सामान्य नियम

(1) सबसे पहले Whose लगायें, उसके बाद Noun लिखें। फिर Helping verb लिखकर, Subject + Verb + Object लिखें।

(2) Present Indefinite के वाक्यों में Does का प्रयोग (as helping verb) होता है तो Verb के साथ s या es नहीं लगता है।

(3) Past Indefinite के वाक्यों में Whose के साथ did का प्रयोग होता है, उस स्थिति में Verb की First form लगाई जाती है।

(D) 'Whom' से शुरू होने वाले प्रश्न : Whom का अर्थ होता है 'किससे'।

**Question**

(a) Whom do you know ? — (a) आप किसको जानते हैं ?
(b) Whom do you like ? — (b) आप किसको पसंद करते हैं ?
(c) Whom will the collector reward ? — (c) जिलाधीश किसको पारितोषिक देंगे ?
(d) Whom was my sister wandering with ? — (d) मेरी बहिन किसके साथ घूम रही थी ?
(e) Whom did you see in the club. — (e) आपने क्लब में किसको देखा ?
(f) Whom did you meet in the garden ? — (f) आप बगीचे में किसको मिले ?

## सामान्य नियम

(1) सबसे पहले 'Whom' लिखें, फिर आवश्यकतानुसार Helping verb लिखें।
(2) उसके बाद Subject लिख दें।
(3) ध्यान रखें Did (helping verb) का प्रयोग होने पर प्रश्न में Verb की First form लगेगी एवं Does का प्रयोग होने पर, Verb के साथ s या es नहीं लगता है।

(E) 'When' से शुरू होने वाले प्रश्न : When से समय का पता चलता है। When का प्रयोग तब ही हो सकता है जब Answer में 'समय' का सन्दर्भ हो।

**Questions:**

(a) When did he come ? — (a) वह कब आया ?
(b) When does he go ? — (b) वह कब जाता है ?
(c) When did you meet her ? — (c) आप उससे कब मिलें ?
(d) When will you go to Jaipur ? — (d) आप जयपुर कब जायेंगे ?
(e) When will your examination start ? — (e) आपकी परीक्षा कब शुरू होगी ?
(f) When did the train arrive ? — (f) रेल कब आई ?

## सामान्य नियम

सबसे पहले When लिखें। उसके बाद यदि कोई Helping verb है तो Helping verb लिखें। यदि Helping verb नहीं है तो Tense के अनुसार do/does/did इत्यादि लिखकर उसके बाद Subject लिखकर, शेष वाक्य को लिखें।

**याद रखें**

*Helping verb, Does आने पर Verb में 's' or 'es' नहीं लगता है। एवं Past tense में Did का प्रयोग होने पर Verb की First Form लगती है।*

(F) 'Where' से शुरू होने वाले प्रश्न : Where से स्थान का बोध होता है।

**Question**

(a) Where are you going ? — (a) आप कहाँ जा रहे हैं ?
(b) Where does he live ? — (b) वह कहाँ रहता है ?
(c) Where does she work ? — (c) वह कहाँ काम करती है ?
(d) Where can I find her ? — (d) मैं उसे कहाँ ढूँढ सकता हूं ?
(e) Where did he stay ? — (e) वह कहाँ रूका था ?
(f) Where will she go ? — (f) वह कहाँ जायेगी ?

## सामान्य नियम

(1) वाक्य में आरम्भ में सबसे पहले Where लिखें, उसके बाद यदि कोई Helping verb है तो Helping verb लिखें। यदि नहीं है तो Tense के अनुसार Do/does/did इत्यादि लिखकर उसके बाद Subject लिखकर, शेष वाक्य को लिखें।
(2) ध्यान रखें Helping verb, does या did का प्रयोग हो तो पूर्व में बताए अनुसार Verb लिखें।

(G) 'Why' से शुरू होने वाले प्रश्न : 'Why' का अर्थ होता है 'क्यों'।

**Questions :**

(a) Why do you go to school ? (a) आप स्कूल क्यों जाते हैं ?
(b) Why did he come here ? (b) वह यहाँ क्यों आया ?
(c) Why does he go to Jaipur ? (c) वह जयपुर क्यों जाता है ?
(d) Why are you sad ? (d) आप क्यों दुखी हैं ?
(e) Why did the teacher punish Sita ? (e) अध्यापक ने सीता को क्यों दण्डित किया ?
(f) Why do we eat ? (f) हम क्यों खाते हैं ?

## सामान्य नियम

(1) सबसे पहले Why लिखें, उसके बाद Helping verb लिखें। उसके बाद Subject + Verb +..... लिखना है।
(2) Helping verb, does/did जब लगायें तो पूर्व में बताए अनुसार Verb लिखें।

(H) 'Which' से शुरू होने वाले प्रश्न : Which का अर्थ कौन सा। जब Question, Which से बनाना हो तो कोई Selection, Choice या Preference का समावेश होता है। जैसे :

**Questions :**

(a) Which shirt do you like ? (a) आपको कौनसी कमीज पसंद है ?
(b) Which is the best book on Mathematics ? (b) गणित की कौन-सी किताब सबसे अच्छी है ?
(c) Which is Sarla's bag ? (c) सरला का बैग कौनसा है ?
(d) Which dress do you not like ? (d) आपको कौन-सी ड्रेस पसंद नहीं है ?
(e) Which tie does he prefer ? (e) उसे कौनसी टाई पसंद है ?

## सामान्य नियम

Question के प्रारम्भ में Which लगाते हैं यदि Answer में Helping verb है तो Which के बाद Helping verb लगाते हैं। यदि नहीं है तो Noun लगाकर फिर Do, Does, Did आदि लगते हैं।

(I) 'How' से शुरू होने वाले प्रश्न : How का अर्थ होता है 'कैसे'।

**Question :**

(a) How are you ? (a) आप कैसे हैं ?
(b) How does he look ? (b) वह कैसा दिखता है ?
(c) How is she now ? (c) वह अब कैसी है ?
(d) How are they playing there ? (d) वे वहाँ कैसे खेल रहे हैं ?
(e) How did he perform ? (e) उसने कैसा किया ?

## सामान्य नियम

(1) सर्वप्रथम How लिखकर, प्रश्न शुरू करें। उसके बाद Helping verb लगायें, फिर Subject लगायें एवं Verb एवं Object को लिखें।
(2) जैसा does/did Helping verb के सम्बन्ध में पूर्व में बताया गया है, पूर्व में बताए अनुसार Verb लिखें।

(J) How many से शुरू होने वाले प्रश्न : How many का अर्थ होता है 'कितने'। Many से संख्या का ज्ञान होता है यह Countables के लिए प्रयुक्त होता है। Many से प्रश्न तब ही बनता है, जब किसी Noun की संख्या की जानकारी की जाती है।

**Questions**

(a) How many vehicles have you ?
(b) How many copies did your father give you ?
(c) How many books did he buy ?
(d) How many cycles do they sell ?
(e) How many cars has he ?

(a) आपके पास कितने वाहन हैं ?
(b) आपके पिता जी ने आपकों कितनी कापियाँ दी ?
(c) आपने कितनी किताबें खरीदी ?
(d) वे कितनी साईकिलें बेचते हैं ?
(e) उसके पास कितनी कारें हैं ?

## सामान्य नियम

(1) सबसे पहले How many से वाक्य शुरू करें, फिर Noun + Helping verb का प्रयोग करें एवं फिर Subject लिखकर Main verb/Object लिखें।
(2) यदि Present Indefinite का वाक्य है एवं Helping verb 'Does' का प्रयोग किया जाता है, इसी प्रकार Past tense के वाक्यों में Helping verb 'Did' का प्रयोग होने की स्थिति में Verb की I Form सही लगती है।

(K) How long से शुरू होने वाले प्रश्न : How long का अर्थ होता है 'कितनी देर– या 'कितना लम्बा'।

**Questions :**

(a) How long is this hall ?
(b) How long have you been waiting for me ?
(c) How long was he there ?
(d) How long did he deliver the speech ?

(a) यह हॉल (कमरा) कितना लम्बा है ?
(b) आप मेरा कितनी देर से इन्तजार कर रहे हैं ?
(c) वह कितनी देर से वहाँ था ?
(d) उसने कितनी देर तक भाषण दिया ?

## सामान्य नियम

(1) How long से प्रश्न करें, उसके बाद Helping verb + Subject लिखें। उसके बाद Verb /Adverb/Object वाक्य की संरचना के अनुसार लिखें।
(2) Does/did के प्रयोग होने की स्थिति में पूर्व में बताया गया है, पूर्व में बताए अनुसार Verb लिखें।

(L) How much से शुरू होने वाले प्रश्न : How much का अर्थ होता है 'कितना'। इसका प्रयोग Quantity (मात्रा) के सन्दर्भ में किया जाता है।

**Question**

(a) How much milk does he drink daily ?
(b) How much money did you spend today ?
(c) How much sugar have you?
(d) How much tea did he purchase ?

(a) वह रोजाना कितना दूध पीता है ?
(b) आपने आज कितना पैसा खर्च किया ?
(c) आपके पास कितनी चीनी है ?
(d) उसने कितनी चाय खरीदी थी ?

## सामान्य नियम

How much से प्रश्न प्रारम्भ करें। उसके बाद Noun + Helping verb लिखकर Subject + Verb (main) लिख दें। यदि Object भी है तो वाक्य के अन्त में लिख दें।

## Important

दैनिक जीवनचर्या में 'Wh-words' का प्रयोग प्रश्न पूछने, जानकारी प्राप्त करने हेतु बहुतायात में होता है। 'Wh-words' से प्रश्न बनाना बहुत आसान है। इस अध्याय में हर Wh-words से प्रश्न बनाना बहुत सरल तरीके से समझाया गया है। लेकिन जैसा हमने बार-बार बताया है, मात्र इस पुस्तक में दिये गये वाक्यों से ही काम नहीं चलेगा, आपको स्वयं इस तरह के वाक्य बनाने एवं उनको बोलने का अभ्यास करना है।

**"Question Framing is an important Aspect of Conversations."**

## CONVERSATIONS & QUESTION TAG

आपसी वार्तालाप में ही सामान्यतया Question Tag का प्रयोग किया जाता है। 'Question Tag' एक अपूर्ण प्रश्न होते हुए भी English Speaking /Conversations में एक विशिष्ट स्थान रखते हैं। आज Question Tag के सम्बन्ध में निधारित नियमों की जानकारी आपको दी जा रही है।

**Question Tag :** Question Tag एक पूर्ण प्रश्न नहीं है, बल्कि यह एक कथन के पीछे लगने वाला पुछल्ला प्रश्न है। Question Tag का प्रयोग आपसी वार्तालाप में किया जाता है। इसका उद्देश्य, श्रोता का ध्यान वक्ता के कथन की ओर आकर्षित करना या अपने कथन की पुष्टि चाहना होता है।

## Rules : Question Tag

(1) Question Tag बनाने के लिये Helping Verbs जिन्हें Anomalous Finites भी कहते हैं। (Total 24) का प्रयोग, Subject के साथ किया जाता है। यदि Question Tag, Negative है तो Anomalous Verb का प्रयोग संक्षिप्त रूप (Abbreviated Form) में किया जाता है। जैसे Isn't he ?, Aren't I ?, Won't they? etc. इन Anomalous Finites की 'Not' के साथ Abbreviated Form निम्न होती है :

| | | | | | |
|---|---|---|---|---|---|
| do + no | = | don't | will + not | = | won't |
| does + not | = | doesn't | can + not | = | can't |
| did + not | = | didn't | should + not | = | shouldn't |
| am I not | = | aren't I | would + not | = | wouldn't |
| is + not | = | isn't | could + not | = | couldn't |
| are + not | = | aren't | may + not | = | mayn't |
| has + not | = | hasn't | might + not | = | mightn't |
| have + not | = | haven't | ought + not | = | oughtn't |
| had + not | = | hadn't | must + not | = | mustn't |
| was + not | = | wasn'n | used + not | = | usedn't |
| were + not | = | weren't | need + not | = | needn't |
| shall + not | = | shan't | dare + not | = | daren't |

(2) Question Tag का Structure निम्न होता है :

Helping Verb + Subject ?                Helping Verb + n't + Subject?

यदि वक्त का कथन Positive हो तो Question Tag, Negative होता है। यदि कथन Negative हो तो Question Tag, Positive होता है।

वक्ता के कथन (Statement) के बाद Comma लगाकर, Question Tag लिखा जाता है।

**ध्यान रखें**

*Question Tag, Capital letter से प्रारम्भ नहीं किया जाता है।*

(3) Question Tag के साथ Noun नहीं लगता है, Pronoun का प्रयोग होता है। जैसे :

(a) Ram is going to Jaipur, is he ? (b) Sita is not cooking, is she ?

(4) यदि कथन में कोई Helping Verb नहीं हो तो Question Tag में do/does/did को काम में लेते हैं।

(a) He goes to office, doesn't he ? (b) They play football, don't they ?

(5) यदि वक्ता के कथन का Subject, Personal Pronoun है तो Question Tag में वही Personal Pronoun प्रयुक्त होता है। लेकिन यदि कथन में Subject कोई Noun (किसी का नाम) है तो Question Tag में जो Pronoun प्रयुक्त होगा, वह कथन के Subject के Gender (Male or Female), तथा Number (Singular or Plural) के अनुसार होगा अर्थात् यदि वक्ता के कथन में Subject, Male एवं Singular है तो Question Tag में Pronoun 'he' का प्रयोग होगा। जैसे :

(a) It is not correct, is it ? (b) It is true, isn't it ?
(c) They play, don't they ? (d) He is watching TV, Isn't he ?
(e) You know it, don't you ? (f) Ram and Sita are swimming, aren't they ?
(g) She is very beautiful, isn't she ? (h) We played a match, didn't we ?

(6) यदि वक्ता के कथन में Subject, there, this, that, those, these हो तो Question Tag में Subject निम्न प्रकार लगता है। जैसे :

| कथन का Subject | Question Tag में Subject |
|---|---|
| There | There |
| One | One |
| This | It |
| That | It |
| These | They |
| Those | They |

***Look at the following examples :***

(a) There is a cow, isn't there ? (b) One can hold it, can't one ?
(c) This is his pen, isn't it ? (d) That is his house, isn't it ?
(e) These are animals, aren't they ? (f) Those are birds, are't they ?

(7) यदि one, this , that, these, those का प्रयोग कथन में एक Adjective की तरह हुआ है अर्थात् यदि इनके साथ कोई Noun आया है तो Question Tag का Subject, Noun के Gender एवं Person के अनुसार लगता है। जैसे :

(a) One man can pull it, can't he ? (b) This girl was present there, wasn't she ?
(c) This book is very useful, isn't it ? (d) That boy has no manners, has he ?
(e) This boy won the race,didn't he ? (f) Those books are mine, aren't they ?

(8) यदि वक्ता के कथन का Subject, no one, none, anyone, someone, everyone, everybody, somebody या nobody है तो Question Tag का Subject, they होगा। जैसे :

(a) None can say so, can they ? (b) No one voted against the bill, did they ?
(c) Someone invited me, didn't they ? (d) Somebody will be there, won't they ?
(e) Anyone can attend the function, can't they ? (g) Nobody has praised the move, have they ?

(9) यदि वक्ता के कथन का Subject, nothing, anything, something या everything हो तो ध्यान रखें, Question Tag का Subject, it होगा। जैसे :

(a) Everything is arranged, isn't it ? (b) Something is missing, isn't it ?
(c) Anything can be arranged, can't it ? (d) Nothing can be seen, can it ?

(10) यदि वक्ता के कथन का Subject निम्न में से कोई होता है तो Question Tag का Subject, we होता है :

All of us, Some of us, Any of us, None of us, Most of us, Everyone of us, Either of us, Neither of us etc.

लेकिन यदि us की जगह you या they का प्रयोग किया हो तो Question Tag का Subject you या they/them होता है। जैसे :

(a) All of us are invited, aren't we ?
(b) All of you are invited, aren't you ?
(c) All of them are invited, aren't they ?
(d) Either of you can join, can't you ?
(e) Neither of you can do it, can you ?
(f) None of us was present there, were we ?

(11) जब कथन में I am का प्रयोग होता है एवं Question Tag Negative में बनाना है तो Amn't I कभी भी न लिखें। इस हेतु Aren't I लिखा जायेगा। लेकिन Affirmative में Question Tag बनाना हो तो Am I लिखना सही है। जैसे :

(a) I am going to meet her, aren't I ?
(b) I am not going there, am I ?
(c) I am your friend, aren't I ?
(d) I am not your friend, am I ?

(12) Dare/Need को Semi Modal Auxiliary माना जाता है इनका प्रयोग main verb के रूप में भी किया जाता है। जब dare/need का प्रयोग Modal Auxiliary की तरह किया गया हो तो Question Tag में dare/need का प्रयोग किया जाता है। जैसे :

(a) He dare not speak so, dare he ?
(b) She need not come here, need she ?

(यहाँ dare not एवं need not का प्रयोग Auxiliary की तरह हुआ है।)

लेकिन यदि dare/need का प्रयोग मुख्य Verb की तरह हुआ हो तो Question Tag में किसी Auxiliary Verb का प्रयोग पूर्व में बताए गये नियमानुसार किया जाता है। जैसे :

(a) He dares to speak like this, doesn't he ?
(b) They dare to meet the chairman, don't they ?
(c) He needs your help, doesn't he ?
(d) They need my assistance, don't they ?

(यहाँ dare, need का प्रयोग मुख्य Verb की तरह हुआ है।)

(13) यदि वक्ता के कथन में 'used to' का प्रयोग हुआ हो तो Question Tag में usedn't या didn't का प्रयोग किया जाता है। यदि Question Tag Affirmative में बनाना हो तो used या did का प्रयोग किया जाता है। जैसे :

(a) She used to go to temple, usedn't she ? or didn't she ?
(b) He used to smoke, usedn't he ? or didn't he ?
(c) He usedn't smoke, used he ? or did he ?
(d) They usedn't go to temple, used they ? or did they ?

"The roots of true achievement lie in the will to become the best you can become."
—*Harold Taylor*

आपको Question Tag का पिछला Tutorial काफी सरल प्रतीत हुआ होगा। आज आपको Question Tag के कुछ ऐसे महत्वपूर्ण बिन्दुओं से अवगत कराया जा रहा है। जहाँ छात्रों द्वारा अधिकांशतया गलतियाँ की जाती हैं। इस तरह की गलतियों को Avoid करने का प्रयास करें।

## Some Important Points

(1) कई बार वक्ता के कथन में 'not' का तो प्रयोग नहीं होता लेकिन ऐसे शब्दों का प्रयोग होता है जिनसे वाक्य का अर्थ Negative हो जाता है। जैसे : Few, Little, Neither, None, No one, Nothing, Hardly, Rarely, Seldom, Scarcely, Never etc.

ऐसे कथन के साथ Question tag, Positive में बनता है। जैसे :

(a) None was present there, were they ?
(b) No one can solve this question, can they ?
(c) Nobody believe it, do they ?
(d) They said nothing about it, did they ?
(e) I know little about U.S.A, do I ?
(f) She rarely comes here, does she ?
(g) Neither of them was available there, were they ?
(h) Few people can live in such circumstances can they ?

(2) यदि कथन एक Positive Imperative Sentence (Imperative Sentence में प्रार्थना, आदेश का भाव होता है) हो तो Question Tag, will या won't किसी से भी बन सकता है। लेकिन Negative Imperative Sentence का Question Tag हमेशा Positive बनता है। जैसे :

(a) Open the gate, will you ?
(b) Open the gate, won't you ?
(c) Don't open the gate, will you ?
(d) Go there, will you? or won't you ?
(e) Consult a doctor, won't you ?
(f) Don't pluck the flowers, will you ?
(g) Please come here, will you ?
(h) Please come here, won't you ?

इस तरह के Imperative Sentence में बात को अधिक प्रभावशाली बनाने के लिए Negative Question Tag का प्रयोग किया जाता है।

(3) यदि Imperative Sentence से कोई नाराजगी जाहिर की जाती है या व्यक्त करते हुए कोई कथन किया जाता है तो can't you?, Question Tag लगाना उचित रहता है। जैसे :

(a) Use your own vehicle, can't you ?
(b) Keep shut, can't you ?
(c) Use your own stationery, can't you ?
(d) Mind your own business, can't you ?

(4) Let's (Let us) से प्रारम्भ हुए वक्ता के कथन के साथ Question Tag, 'shall we?' लगता है एवं Let him/let you/let them से प्रारम्भ के कथन के साथ Question Tag 'will you' लगेगा। जैसे :

(a) Let's play, shall we ?
(b) Let us sing, shall we ?
(c) Let's go , shall we ?
(d) Let them play, will you ?
(e) Let him work, will you ?
(f) Let her cook, will you ?

## Question Tag

### 01

***Complete the following sentences by using the correct Question tags :***

(1) Everybody was watching the cricket match on T.V., .............................. ?
(2) He is a very wise man, .............................. ?
(3) Mrs. Meena is a good teacher, .............................. ?
(4) We saw a rainbow in the sky yesterday , .............................. ?
(5) Sita is a beautiful girl, .............................. ?
(6) You should not smoke, .............................. ?
(7) Miss Neha does not play tennis, .............................. ?
(8) I am older than you, .............................. ?
(9) You always have your lunch at 1 O'clock, .............................. ?
(10) I can do it for you, .............................. ?
(11) She doesn't want to go to college today, .............................. ?
(12) Let's pray to Almighty, .............................. ?
(13) He had met you before, .............................. ?
(14) We couldn't enjoy the picnic, .............................. ?

### 02

***Complete the following sentences by using the correct Questions tags :***

(1) Delhi is not very far from Meerut, .............................. ?
(2) Shalini is very young .............................. ?
(3) You are always punctual, .............................. ?
(4) Students are learning swimming, .............................. ?
(5) They don't like to bathe in winter, .............................. ?
(6) You should not drink wine , .............................. ?
(7) Miss Minu does not play chess, .............................. ?
(8) I am elder to you, .............................. ?
(9) You always have your lunch at 12 O'clock, .............................. ?
(10) I can do it for you, .............................. ?
(11) He doesn't want to go to college today, .............................. ?
(12) Let's pray to God, .............................. ?
(13) You had met me before, .............................. ?
(14) We couldn't enjoy the picnic, .............................. ?
(15) He is a rude man, .............................. ?
(16) Everybody was watching the TV, .............................. ?
(17) Mrs. Saxena is a good lady .............................. ?

# SOLUTIONS CORRECT YOURSELF *Exercises*

**Solution CYE 1**

| | | |
|---|---|---|
| (1) weren't they | (2) isn't he | (3) isn't she |
| (4) didn't we | (5) isn't she | (6) should you |
| (7) does she | (8) aren't | (9) don't you |
| (10) can't | (11) does she | (12) shall we |
| (13) hadn't he | (14) could we. | |

**Solution CYE 2**

| | | |
|---|---|---|
| (1) is it | (2) isn't she | (3) aren't you |
| (4) aren't they | (5) do they | (6) should you |
| (7) does she | (8) aren't I | (9) haven't you |
| (10) can't I | (11) does he | (12) shall we |
| (13) hadn't you | (14) could we | (15) isn't he |
| (16) weren't they | (17) isn't she. | |

**"Determination,
Diligence,
and
Dedication,
Direct Your Energy in Right Direction."**

## Practical Sentences of Time, Watch, Weather

इस Tutorial में हम आपको दैनिक जीवन में काम आने वाले Time, Watch एवं Weather से सम्बन्धित वाक्यों की जानकारी दे रहे हैं। इन वाक्यों का हिन्दी का अर्थ भी आपकी सुविधानुसार दिया जा रहा है। आप इन वाक्यों को बार-बार पढ़ें एवं इनका प्रयोग दैनिक जीवन में आपसी वार्तालाप में करने का अभ्यास करें।

| | |
|---|---|
| (1) क्या बजा है? | What is the time ? |
| (2) आपकी घड़ी में क्या बजा है? | What is the time by your watch ? |
| (3) इस समय 10 बजे है ? | It is 10 O'clock or It is ten. |
| (4) मेरी घड़ी में 6 बजे हैं ? | It is six O'clock by my watch. |
| (5) दस बजकर पांच मिनट हुये हैं। | It is five past ten. |
| (6) पांच बजने में दस मिनट हैं। | It is ten to five. |
| (7) पौने दो बजे हैं। | It is quarter to two. |
| (8) साढ़े तीन बजे हैं। | It is half past three. |
| (9) सवा तीन बजे हैं। | It is quarter past three. |
| (10) मेरी घड़ी तेज चल रही है। | My watch is running fast. |
| (11) मेरी घड़ी तेज चलती है। | My watch runs fast. |
| (12) मेरी घड़ी सही समय बताती है। | My watch shows correct time. |
| (13) मेरी घड़ी एक घंटे मे पांच मिनट आगे हो जाती है। | My watch gains five minutes an hour. |
| (14) मेरी घड़ी दिन में छः मिनट पीछे हो जाती है। | My watch loses six minutes a day. |
| (15) अपनी घड़ी मिला लें। | Set your watch right. |
| (16) मेरी घड़ी खराब हो चुकी है। | My watch has gone wrong. |
| (17) मुझे मेरी घड़ी की मरम्मत करनी है। | I am to get my watch repaired. |
| (18) अपनी घड़ी ठीक करवाओ। | Get your watch okayed. |
| (19) अपनी घड़ी की मरम्मत करवाओ। | Get your watch repaired. |
| (20) मेरी घड़ी सही समय नहीं देती है। | My watch does not keep right time. |
| (21) घड़ी मरम्मत मांगती है। | The watch requires repairing. |
| (22) उसकी घड़ी गलत समय बता रही है। | His watch is showing an incorrect time. |
| (23) कृपया अपनी घड़ी में चाबी दे लीजिये। | Please wind up your watch. |

| | |
|---|---|
| (24) वह 7 बजे वाली ट्रेन से आ रहा है। | He is coming by 7 O'clock train. |
| (25) आज बहुत ठंड है। | It is very cold today. |
| (26) बूंदा बांदी हो रही है। | It is drizzling. |
| (27) ओले भी पड़ रहे हैं। | It is hailing also. |
| (28) बादल गरज रहे हैं। | It is thundering. |
| (29) बिजली भी चमक रही है। | It is lightning also. |
| (30) सारी रात बूंदा-बांदी होती रही। | It kept drizzling throughout the night. |
| (31) आज तो बेहद गर्मी है। | It's very hot today. |
| (32) आज तो भयानक ठंड है। | It's terribly cold today. |
| (33) गर्मी से चक्कर आ रहे हैं। | The heat has made me giddy. |
| (34) वह कांप रहा है। | He is shivering. |
| (35) आपको बहुत पसीना आ रहा है। | You are perspiring a lot |
| (36) दिन प्रतिदिन गर्मी बढ़ रही है। | It's getting hotter day by day. |
| (37) आज बहुत उमस है। | It's very humid today. |
| (38) हवा बिल्कुल बन्द है। | The wind is totally still. |
| (39) हवा ठंडी है। | The wind is cool. |
| (40) ठंडी हवा बह रही है। | Cool wind is blowing. |
| (41) मौसम खराब हो रहा है। | The weather is turning bad. |
| (42) क्या तुम्हारी घड़ी आगे है? | Is your watch fast? |
| (43) क्या तुम्हारी घड़ी पीछे है? | Is your watch slow? |
| (44) हाँ मेरी घड़ी 15 मिनट आगे है। | Yes, my watch is 15 minutes fast. |
| (45) हां, यह 15 मिनट पीछे है। | Yes, it is ten minutes slow. |
| (46) आपकी घड़ी की मिनट की सुई ढीली हुई लगती है। | It seems the minute hand of your watch has become loose. |
| (47) मेरी घड़ी बन्द हो गई है। | My watch has run down. |
| (48) कृपया अपनी घड़ी 15 मिनट आगे कर लो। | Please set your watch fifteen minutes advance. |
| (49) मैं मेरी घड़ी 15 मिनट पीछे रखता हूँ। | I keep my watch fifteen minutes back. |
| (50) वह अपना समय व्यर्थ करता है। | He wastes his time. |
| (51) बहुत देर हो गई है। | It's very late. |
| (52) उठने का समय हो गया है। | It is time to wake up. |
| (53) ऑफिस सुबह 10 बजे से 6 बजे तक खुलता है। | The office remains open from 10 A.M. to 6 P.M. |
| (54) मैं प्रतिदिन एक घंटा पढ़ता हूँ। | I study for an hour everyday. |
| (55) वह समय का पूरा पाबंद है। | He is quite punctual. |
| (56) वह समय पर आया है। | He is well in time. |
| (57) उसे देर नहीं हुई है। | He is not late. |
| (58) हम बहुत शीघ्र आ गये हैं। | We are too early. |
| (59) आप बिल्कुल समय पर आये हैं। | You are just in time. |
| (60) वह कल 6 बजे तक यहाँ थी। | She was here till 6 O'clock yesterday. |

| | |
|---|---|
| (61) उसे समय की कीमत का पता है। | He knows the value of time. |
| (62) समय का पूरा सदुपयोग करो। | Make the best use of your time. |
| (63) वह यहाँ कब आता है ? | When does he come here? |
| (64) वह आठ बजे उठता है। | He wakes up at 8 O'clock. |
| (65) मुझे पौने सात बजे उठना है। | I am to get up at quarter to seven. |
| (66) वह पांच बजे ऑफिस से चले जाता है। | He leaves his office at 5 O'clock. |
| (67) अच्छा समय आयेगा। | Better time will come. |
| (68) अच्छे दिन आगे हैं। | Good days are ahead. |

"Keep away from people who try to belittle your ambitions. Small people always do that, but the really great make you feel that you too can become great."

—*Mark Twain*

## Sentences Relating to Days/ Dates/ Months, Years & Journey

Day/ Date/ Month एवं Year से सम्बन्धित वाक्य, सामान्य वार्तालाप में बहुत काम आते हैं। यात्रा (Journey) से सम्बन्धित वाक्यों का प्रयोग भी आपसी वार्तालाप में बहुत होता है। इन वाक्यों का बार-बार अध्ययन/अभ्यास, आपको English Conversation में प्रवीणता प्राप्त करने में बहुत सहायक होगा।

| | |
|---|---|
| (1) आज रविवार है। | Today is Sunday. |
| (2) आज की छुट्टी है। | Today is holiday. |
| (3) क्या रविवार सप्ताह का पहला दिन है ? | Is Sunday the first day of the week ? |
| (4) नहीं, रविवार सप्ताह का अन्तिम दिन है ? | No, Sunday is the last day of the week. |
| (5) नहीं, शनिवार सप्ताह का अन्तिम दिन है। | No, Saturday is the last day of the week. |
| (6) सप्ताह में कितने दिन होते हैं ? | How many days are there in a week ? |
| (7) एक माह में कितने सप्ताह होते हैं ? | How many weeks are there in a month ? |
| (8) एक माह में चार या पांच सप्ताह होते हैं। | There are four or five weeks in a month. |
| (9) एक माह में कितने दिन होते हैं ? | How many days are there in a month ? |
| (10) एक माह में सामान्यतया 30 या 31 दिन होते हैं। | There are usually 30 or 31 days in a month |
| (11) फरवरी माह में 28 या 29 दिन होते हैं। | The month of February has 28 or 29 days. |
| (12) फरवरी में 29 दिन कब होते हैं ? | When are there 29 days in February? |
| (13) फरवरी में 29 दिन लीप वर्ष में होते हैं। | February has 29 days in a leap year. |
| (14) लीप वर्ष कब आता है ? | When does the leap year come ? |
| (15) लीप वर्ष हर चौथे वर्ष में आता है। | Leap year comes every fourth year. |
| (16) एक वर्ष में कितने माह होते हैं ? | How many months are there in a year ? |
| (17) एक वर्ष में 12 माह होते हैं। | There are twelve months in a year. |
| (18) सबसे पहला महिना कौन सा है ? | Which is the first month ? |
| (19) सबसे पहला महीना जनवरी है। | January is the first month. |
| (20) सबसे अन्तिम महीना कौन-सा है ? | Which is the last month ? |
| (21) सबसे अन्तिम महीना दिसम्बर है। | December is the last month. |
| (22) आज कितनी तारीख है ? | What is the date today ? |
| (23) आज 15 तारीख है। | It's fifteenth today. |
| (24) आज माह की प्रथम तारीख है। | It's the first of the month. |

(25) आज माह का अन्तिम दिन है। Today is the last day of the month.
(26) आज वर्ष के अन्तिम माह का अन्तिम दिन है। Today is the last day of the last month of the year.
(27) इसका मतलब आज 31 दिसम्बर है। It means today is 31 st December.
(28) हाँ, आज 31 दिसम्बर है। Yes, today is 31st December.
(29) कल अगले वर्ष के प्रथम माह का प्रथम दिन है। Tomorrow is the first day of the first month of the next year.
(30) कल प्रथम जनवरी है। Tomorrow is first January.
(31) आज 15 मार्च, 2005 है। Today is 15th March Two thousand and five.
(32) हम 10 अप्रैल को कोलकाता हेतु रवाना होंगे। We will left for Kolkata on 10th April.
(33) आप कब पैदा हुए ? When did you born ?
(34) मैं तीस अप्रैल उन्नीस सौ पचपन को पैदा हुआ। I was born on 30th April, Nineteen fifty five.
(35) भारत गणतंत्र कब बना ? When did India become Republic ?
(36) भारत 26 जनवरी, 1950 को गणतंत्र बना। India became Republic on 26th January Nineteen fifty.
(37) एक शताब्दी में कितने वर्ष होते हैं ? How many years are there in a century ?
(38) एक शताब्दी में 100 वर्ष होते हैं। There are one hundred years in a century.

## Sentences Relating to Journey

(1) मुझे कनॉट सर्कस जाना है। I am to go to Connaught Circus.
(2) यह बहुत लम्बी यात्रा है। It's a very long journey.
(3) आप कहाँ जा रहे हैं ? Where are you going ?
(4) मैं स्टेशन पर मेरे मित्र को लेने जा रहा हूँ। I am going to the railway station to receive my friend.
(5) क्या राजधानी एक्सप्रेस सही समय पर आ रही है ? Is the Rajdhani Express arriving on time ?
(6) क्या आपने अभी टिकट नहीं लिया है ? Haven't you bought the ticket so far ?
(7) जल्दी करो नहीं तो गाड़ी छूट सकती है। Hurry up! otherwise you may miss the train.
(8) यहाँ से स्टेशन कितनी दूर है ? How far is railway station from here ?
(9) यह गाड़ी कहाँ जाती है ? Where does this train go ?
(10) वह मेरे पिताजी को स्टेशन पर छोड़ने जा रहा है। He is going to railway station to see off my father.
(11) यह आम रास्ता नहीं है। This is not thoroughfare.
(12) सड़क पर मरम्मत चल रही है। The road is under repairing.
(13) यहाँ से स्टेशन का दस मिनट का पैदल रास्ता है। It's only ten minutes walk to railway station.
(14) मैं साइकिल से ऑफिस जाता हूँ। I go to office on cycle.
(15) मैं साइकिल चलाने का शौकीन हूँ। I am fond of cycling.
(16) जल्दी करो, गाड़ी यहाँ दो मिनट ही ठहरती है। Hurry up, the train stops here for two minutes only.
(17) यह कोच सैनिकों के लिये आरक्षित है। This coach is reserved for military personnels.
(18) अभी गाड़ी आने में आधा घंटा बाकी है। It is still half an hour for the train to arrive.
(19) अगला स्टेशन दिल्ली है। The next station is Delhi.
(20) मुझे अगले स्टेशन पर उतरना है। I am to get down at the next station.
(21) टिकट घर हमेशा खुला रहता है। The booking window always remains open.
(22) टिकट घर 24 घंटे खुला रहता है। The booking window remains open 24 hours.

## Sentences Relating to Law & Sentences Showing Command

आज आपको Law से सम्बन्धित वाक्य तथा Order/Command हेतु प्रयुक्त बहुत से वाक्यों को बताया जा रहा है। आप इन वाक्यों का बार-बार अध्ययन करें तथा एवं इनका आपसी वार्तालाप में प्रयोग करने का प्रयास करें। English Speaking में प्रवीणता हेतु यह सबसे अधिक महत्वपूर्ण है : Practice।

| | |
|---|---|
| (1) यह गैरकानूनी कार्य है। | This is an illegal act. |
| (2) यह कानून सम्मत नहीं है। | It's unlawful. |
| (3) यह कानून के विरुद्ध है। | It is against the law. |
| (4) कानून की जानकारी न होना कोई बहाना नहीं है। | Ignorance of law is not an excuse. |
| (5) इन्साफ में देर का अर्थ नाइन्साफी है। | Delayed justice is no justice. (Justice delayed is justice denied) |
| (6) उस पर चोरी का इल्जाम है। | He is accused of theft. |
| (7) उस पर हत्या का इल्जाम लगाया है। | He is accused of murder. |
| (8) उसने इस मामले की सूचना पुलिस को दे दी। | He informed the police about this matter. |
| (9) उसने पुलिस को सूचित कर दिया। | She/He reported to police. |
| (10) वह फरार है। | He is absconding. |
| (11) अपराधी को बरी कर दिया। | The accused was acquitted. |
| (12) ये सब फर्जी दस्तावेज है। | These are all forged documents. |
| (13) आप स्वयं न्याय करें। | You yourself deliver the justice. |
| (14) वह निर्दोष (बेगुनाह) है। | She is innocent. |
| (15) आप मेरे गवाह हैं। | You are my witness. |
| (16) वह गवाह पक्षद्रोही हो गया। | That witness turned hostile. |
| (17) मैंने उसके विरुद्ध दावा दायर किया है। | I have filed a suit against him. |
| (18) मेरे वकील ने गवाह से प्रश्न पूछे। | My lawyer crossexamined the witness. |
| (19) सरकारी वकील ने भी मेरे गवाह से जिरह की। | The public prosecuter also crossexamined my witness. |
| (20) पुलिस इस केस की छानबीन कर रही है। | The police is investigating the case. |
| (21) न्यायाधीश ने मुल्जिम पर अपराध लगाया। | The judge convicted the accused. |

| | |
|---|---|
| (22) जज ने उसे मृत्यु दण्ड दिया। | The judge sentenced him to death. |
| (23) मैं इस मामले का चश्मदीद गवाह हूँ। | I am an eye witness in this case. |
| (24) बचाव वकील ने बहुत तर्क दिये। | The defence counsel argued the case well. |

## Sentences Showing Order or Command

| Hindi Sentences | English Sentences |
|---|---|
| (1) जाओ या दफा हो जाओ। | Get out. |
| (2) बकवास बन्द करो। | Shut up. |
| (3) आपको नौकरी से हटाया जाता है। | Your are dismissed. |
| (4) आप पर जुर्माना किया जाता है। | You are fined. |
| (5) फर्श साफ करो। | Clean the floor. |
| (6) खड़े हो जाओ। | Stand up. |
| (7) बैठ जाओ। | Sit down. |
| (8) लेट जाओ। | Lie down. |
| (9) हाथ ऊपर करो। | Hands up. |
| (10) शान्ति से बैठो। | Sit calmly. |
| (11) तुरन्त चले जाओ। | Get lost at once. |
| (12) सावधान रहो। | Be cautious. |
| (13) भविष्य में सावधान रहो। | Be careful in future. |
| (14) अपनी गाड़ी रोको। | Stop your vehicle. |
| (15) अब बोलो। | Speak now. |
| (16) ध्यानपूर्वक सुनो। | Listen carefully. |
| (17) वहां खड़े हो जाओ। | Stand there. |
| (18) तुरन्त उधर चले जाओ। | Go there immediately. |
| (19) इसे पकड़ो। | Hold it. |
| (20) उधर देखो। | Look there. |
| (21) मेरी बात सुनो। | Listen to me. |
| (22) बाहर खड़े रहो। | Stand outside. |
| (23) उठ जाओ। | Get up. |
| (24) दौड़ो या भागो। | Run. |
| (25) शुरू करो। | Start. |
| (26) अपना काम करो। | Do your own work. |
| (27) अपने काम से मतलब रखो। | Mind your own business. |
| (28) स्याही से लिखो। | Write in ink. |
| (29) साफ हस्ताक्षर करो। | Sign legibly. |
| (30) उसे अन्दर लाओ। | Show him in. |
| (31) अपने दांत साफ करो। | Clean your teeth. |
| (32) बिजली जला दो। | Switch on the light. |
| (33) बिजली बुझा दो। | Switch off the light. |

| | |
|---|---|
| (34) जल्दी से वापिस जाओ। | Come back soon. |
| (35) समय का पाबन्द अवश्य होना चाहिए। | One must be punctual. |
| (36) भविष्य में नियमित रहो। | Be regular in future. |
| (37) कपड़े पहनो। | Dress up. |
| (38) तुरन्त तैयार हो जाओ। | Be ready at once. |
| (39) तेजी से आगे चलो। | March fast. |
| (40) कमीज के बटन बंद करो। | Button up your shirt. |
| (41) अपने से बड़ों का कहना मानो। | Obey your elders. |
| (42) धूम्रपान मना है। | Smoking is prohibited. |
| (43) बुरी आदतें छोड़ दो। | Give up bad habits. |
| (44) निर्देशों का पालन करो। | Follow the instructions. |
| (45) नल खोल दो। | Turn the tap on. |
| (46) नल बंद कर दो। | Turn the tap off. |
| (47) लैम्प बुझा दो। | Put out the lamp. |
| (48) ऊँचा बोलो। | Speak loudly. |
| (49) अपने बालों में कंघी करो। | Comb your hair. |
| (50) ठीक तरह से बैठो। | Sit properly. |
| (51) उसे पहले बोलने दो। | Let him speak first. |
| (52) पंक्ति में खड़े हो जाओ। | Stand in the queue. |
| (53) बाहर प्रतीक्षा करो। | Wait outside. |
| (54) चुप रहो। | Keep silence. |
| (55) अपने देश के प्रति वफादार बनो। | Be loyal to your country. |
| (56) फिर कोशिश करो। | Try again. |
| (57) एक तरफ हट जाओ। | Get aside. |
| (58) उसका नाम पूछो। | Ask her/his name. |
| (59) जाग जाओ। | Wake up. |
| (60) अपना काम करो। | Do your own work. |
| (61) अपनी कमीज उतार दो। | Take off your shirt. |
| (62) अपने वरिष्ठ अधिकारी का कहना मानो। | Obey your superiors. |
| (63) लड़कियों को कभी मत छेड़ो। | Never tease the girls. |
| (64) सामान खोल दो। | Unpack the luggage. |
| (65) गाय का दूध निकालो। | Milk the cow. |
| (66) सब खिड़कियाँ बंद कर दो। | Shut all the windows. |
| (67) वहीं खड़े रहो। | Keep standing there. |
| (68) शोर मत करो। | Don't make a noise. |
| (69) मत लड़ो। | Don't fight. |
| (70) मत चिल्लाओ। | Don't shout. |
| (71) गाली का प्रयोग मत करो। | Don't use abusive language. |
| (72) बेकार मत बैठो। | Don't sit idle. |

(73) इस गिलास को मत तोड़ो। Don't break this glass.
(74) मूर्ख मत बनो। Don't be a mad.
(75) फूल मत तोड़ो। Don't pluck the floweres.
(76) उसे मत रोको। Don't stop him.
(77) बच्चों को तंग मत करो। Don't tease the children.
(78) कानून को मत तोड़ो। Don't break the laws.
(79) उसे मत मारो। Don't beat him.
(80) मत थूको। Don't spit.
(81) मुझे परेशान मत करो। Don't disturb me.
(82) गंदे लडकों के साथ मत खेलो। Don't play with bad boys.
(83) बात मत करो। Don't talk.
(84) किसी को गाली मत दो। Don't abuse anybody.

"Don't waste you time.
Don't get frustrated.
Don't blame others for your failures.
Analyse your shortcomings and
try again to win surely."

## Sentences of Etiquette and Good Manner

व्यक्ति के जीवन में सफलता हेतु Etiquette एवं Good Manner बहुत बड़ा Role अदा करते हैं। आज आपको Etiquette एवं Good Manner हेतु प्रयुक्त विभिन्न वाक्यों की जानकारी दी जा रही है। इनकी मात्र जानकारी पर्याप्त नहीं है, इनका पूरी तरह से अभ्यास एवं इनका आपसी वार्तालाप में प्रयोग आपकी Conversations की क्षमता में बहुत सहायक होगा।

| | |
|---|---|
| (1) कृपया। | Please. |
| (2) खेद है। | Sorry. |
| (3) मुझे खेद है। | I am sorry. |
| (4) मुझे बहुत खेद है। | I am very sorry. |
| (5) धन्यवाद। | Thanks. |
| (6) आपको धन्यवाद। | Thank you. |
| (7) क्षमा करें। | Excuse me. |
| (8) कृपया क्षमा करें। | Please excuse me. |
| (9) मैं आपसे क्षमा चाहता हूँ। | I beg your pardon. |
| (10) कहने की आवश्यकता नहीं है। | No mention. |
| (11) स्वागत है। | Welcome. |
| (12) आपका स्वागत है। | You're welcome. |
| (13) आपका पूर्ण स्वागत है। | You're most welcome. |
| (14) बहुत खुशी से। | With great pleasure. |
| (15) इसमें मेरी खुशी है। | It's my pleasure. |
| (16) आपसे मिलकर खुशी हुई। | Pleased to meet you. |
| (17) खुशी तो मुझे हुई है। | Pleasure is mine. |
| (18) नहीं, धन्यवाद कृपया। | No thanks, please. |
| (19) जैसा आप चाहें। | As you please. |
| (20) मैं आपका कृतज्ञ हूँ। | I am grateful to you. |

| | |
|---|---|
| (21) आपके बाद। | After you. |
| (22) महिलाएँ पहले। | Ladies first. |
| (23) आपसे मिलकर खुशी हुई। | Glad to meet you. |
| (24) आपको यहाँ देखकर खुशी हुई। | Glad to see you here. |
| (25) आपकी मेहरबानी है। | So kind of you. |
| (26) आप वास्तव में एक विनम्र व्यक्ति हैं। | You are indeed a generous fellow. |
| (27) यह मेरा विनम्र विशेषाधिकार है। | It's my humble privilege. |
| (28) मैं आभारी हूँ। | I am obliged to you. |
| (29) मैं बहुत आभारी हूँ। | I am highly obliged. |
| (30) कोई बात नहीं/चिंता मत करो। | Don't mind. |
| (31) कृपया कभी ऐसा न सोचें। | Never mind, please. |
| (32) आपने यह अच्छा किया। | It's so nice of you. |
| (33) यह आपकी बहुत मेहरबानी है। | It's very kind of you. |
| (34) मैं अपनी कृतज्ञता व्यक्त करता हूँ। | I express my gratitude. |
| (35) आप महान हैं। | You are great. |
| (36) यह आपकी सद्भावना के कारण हुआ। | It's because of your good wishes. |
| (37) आपने मुझे पूरी तरह सहयोग किया। | You have really favoured me like anything. |
| (38) श्रीमान मुझे खेद है। | Sorry sir. |
| (39) पिताजी मुझे खेद है। | I am sorry, father. |
| (40) श्रीमान, मुझे वास्तव में खेद है। | I am really sorry, sir. |
| (41) प्रिय, मुझे बहुत खेद है। | I am extremely sorry, dear. |
| (42) अच्छा, धन्यवाद। | Fine, thank you. |
| (43) सब ठीक है/ यह ठीक है। | It's all right / OK. |

***Learn the proper use of the following*** :

**(A) Thanks, Thank you, Thank you a lot, Thank you very much** : ये सभी शब्द बहुत महत्वपूर्ण हैं। कोई आपकी सहायता करता है, किसी ने आपका छोटा सा भी कार्य किया है, किसी से आपने कोई वस्तु ली है, आप उपरोक्त शब्द अवश्य काम में लीजिये। उक्त शब्दों द्वारा न केवल आप दूसरे का आभार व्यक्त करते हैं बल्कि यह आपके व्यक्तित्व को प्रभावशाली बनाते हैं। दूसरा व्यक्ति जिससे आपने अभी उक्त शब्द कहे हैं, वह आपका काम पूर्ण मन से करने को तत्पर हो जाता है। अत: उक्त शब्द बहुत महत्वपूर्ण हैं।

**(B) That's right, That's all right, No mention please, Mention not, It's my pleasure, You are welcome, It's my duty, sir :** जब कोई व्यक्ति, आपको बिन्दु (A) पर लिखे हुए शब्द कहता है, वह आपका आभार प्रकट करता है तो परिस्थितियों के अनुसार आपको उक्त शब्द बोलने चाहियें। ये शब्द भी आपके व्यक्तित्व को प्रभावशाली बनाते हैं। किसी का कार्य करना, कोई अहसान नहीं है। यदि कोई आपके द्वारा किये गये कार्य हेतु आभार प्रकट करता है तो प्रत्युत्तर में उक्त शब्द अवश्य कहने चाहियें।

**(C) 'Please' - 'Sorry' :** हमारे जीवन में उक्त दोनों शब्द सबसे ज्यादा काम आते हैं। इन दोनों शब्दों का भरपूर प्रयोग करने की आदत डालें। Please शब्द से आप अपना कार्य होने की सम्भावना में वृद्धि करते हैं। Many times please has no meaning but is used for the sake of good manners. Please ऐसा शब्द है जो दूसरे को अपना कार्य करने को प्रोत्साहित करता है। किसी कार्य को मना करते समय Please का प्रयोग Good manners को बताता है। Sorry शब्द आपकी गलती को सही कर देता है। कहा जाता है गलती मान लेना सबसे बड़ा पश्चाताप है। अत: Sorry कहकर आप, दूसरे के क्रोध को न केवल शान्त करते हैं बल्कि दूसरा व्यक्ति आपको कुछ भी कहने की स्थिति में नहीं रहता है। **Sorry** शब्द का दुरूपयोग भी नहीं करना चाहिये।

**(D) I beg your pardon / Pardon sir :** इनका शाब्दिक अर्थ, मैं आपसे क्षमा चाहता हूँ, होता है लेकिन Conversations में इसका प्रयोग सामान्यतया तब किया जाता है जब किसी व्यक्ति, अध्यापक, द्वारा कही कोई बात हमें ढंग से सुनाई नही दी या समझ में नहीं आई हो या किसी ने हमसे कुछ पूछा लेकिन हम यह नहीं समझ पा रहे हैं कि वह क्या पूछना चाहता है तो ऐसी स्थिति में

Pardon please / Pardon Sir / I beg your pardon का प्रयोग सामान्यतया किया जाता है।

**(E) Excuse me please** : इसका शाब्दिक अर्थ कृपया मुझे क्षमा करें होता है। लेकिन Conversation में इसका प्रयोग सामान्यतया तब किया जाता है जब कोई रास्ते में खड़ा है तो please excuse me कहा जाता है। जिसका मतलब हुआ कि क्षमा करें मुझे रास्ते से जाना है। तो वह व्यक्ति आपको रास्ता दे देता है। Excuse me द्वारा actually दूसरे का ध्यान अपनी तरफ आकर्षित करने के लिए किया जाता है। वैसे छोटी-छोटी त्रुटियों हेतु Excuse me द्वारा क्षमा याचना भी की जाती है। जैसे :

(1) Please excuse my coming late. (2) Please excuse my leaving early.

**"Never be bullied into silence.
Never allow yourself to be made a victim.
Accept no one's definition of your life;
define yourself."**

## Sentences with Idioms

Conversation में Idioms का प्रयोग आपके वाक्यों को सशक्तता प्रदान करते हैं। आपके द्वारा प्रयुक्त वाक्य आपके भाषा ज्ञान को परिलक्षित करते हैं एवं आपके व्यक्तित्व को प्रभावशाली बनाते हैं। इन वाक्यों को बहुत अच्छी तरह अध्ययन करें एवं इनका प्रयोग आपसी वार्तालाप में करने का प्रयास करें।

| | |
|---|---|
| (1) मैंने गलती से रस्सी को सांप समझा। | I took the rope for a snake. |
| (2) स्वास्थ्य ही धन है। | Health is wealth. |
| (3) मैं सदैव आपकी सेवा में उपस्थित हूँ। | I am always at your disposal. |
| (4) यहां पर लेन-देन नगदी में होता है। | Terms strictly cash here. |
| (5) हम सबको तुम्हारी बहुत याद आती है। | We all miss you very much. |
| (6) यह पुस्तक हाथो-हाथ बिक गई। | This book was sold like hot cakes. |
| (7) बहुत सी नदियों में बाढ़ आई हुई है। | Many a river is in spate. |
| (8) मेरी सलाह का उसे कोई असर नहीं हुआ। | My advice fell flat on him. |
| (9) यह तो केवल फजूल का बहाना दिखाई देता है। | This seems to be only a lame excuse. |
| (10) वह अपनी उम्र के हिसाब से लम्बा है। | He is tall for his age. |
| (11) वह स्वयं को डाक्टर कहता है। | He poses for a doctor. |
| (12) यह खोटा सिक्का है। | It is a base coin. |
| (13) आपका यहां कैसे आना हुआ ? | What brings you here ? |
| (14) जीवन फूलों की सेज नहीं है। | Life is not a bed of roses. |
| (15) अपना उल्लू सीधा करने की कोशिश मत करो। | Don't try to grind your own axe. |
| (16) मैं दुविधा में हूँ कि क्या करूँ ? | I am in a fix what to do ? |
| (17) उसने मुझे साफ मना कर दिया। | He gave me a flat refusal. |
| (18) एकता में बल है। | Union is strength. |
| (19) मैं उसकी चालाकी ताड़ गया। | I saw through his trick. |
| (20) वह सूखकर कांटा हो गई। | She is reduced to a skeleton. |
| (21) क्या तुम यह उसके मुंह पर कह सकते हो ? | Can you say it to his face ? |
| (22) वहाँ क्या हो रहा है ? | What is up there ? |
| (23) इसके अलावा कोई चारा नहीं था। | There was no other option. |

| | |
|---|---|
| (24) उन्होंने भरपेट खाना खाया। | They ate to their fill. |
| (25) हमने दिल खोल कर बातें की। | We had a heart to heart talk. |
| (26) यह विचार तो मुझे सूझा ही नहीं। | This idea did not strike me. |
| (27) उसने मुझे लड़ने के लिए ललकारा। | He dared me to fight with him. |
| (28) बच्चे छोटी-छोटी बातों पर बिगड़ पड़ते हैं। | Children fallout over trifles. |
| (29) आजकल स्वार्थ का जमाना है। | Selfishness is the order of the day. |
| (30) उसकी हिम्मत नहीं कि मेरे सामने बोले। | He dare not speak before me. |
| (31) वह बेशर्म है। | He is shameproof. |
| (32) उसने मेरे नाक में दम कर रखा है। | He has got on my nerves. |
| (33) मैं उससे झगड़ने की हिम्मत नहीं करता। | I dare not quarrel with her. |
| (34) लिखने में गलती हो गई। | This is only a slip of the pen. |
| (35) मै इस बकवास को सहन नहीं कर सकता। | I can't stand this nonsense. |
| (36) अपने मुंह मिंया मिठ्ठू। | Self praise is no recommendation. |
| (37) उसकी सारी आशायें मिट्टी में मिल गईं। | All his hopes are doomed. |
| (38) आपने मेरे मन की बात कह दी है। | You have spoken out my mind. |
| (39) वहां जाने से कोई लाभ नहीं है। | It is not worth while going there. |
| (40) जहां चाह वहां राह। | Where there is a will, there is a way. |
| (41) वह नौकरी के लिये मारा-मारा फिरता रहा। | He knocked about for a job. |
| (42) वह हर बात में मनमानी करता है। | He has his own way in everything. |
| (43) जैसा देश वैसा वेश। | While in Rome do as the Romans do. |
| (44) मैं उसे शक्ल से जानता हूँ नाम से नहीं। | I know him by face and not by name. |
| (45) वह हमेशा मेरे रास्ते में टाँग अड़ाता है। | He always stands in my way |
| (46) सरसों हाथ पर नहीं उगती। | Rome was not built in a day. |
| (47) मैंने अपने जीवन का बीमा करा लिया है। | I have got my life insured. |
| (48) तुम्हारी बातों से वह चिढ़ गया। | Your remarks cut him to the quick. |
| (49) वह किताबी कीड़ा है। | He is a book-worm. |
| (50) मैं जियूं या मरूं तुम्हारी बला से। | You care little whether I live or die. |
| (51) यह तुम्हारे भले की बात है। | It is in your interest. |
| (52) उसने अपने जीवन में बहुत उतार-चढ़ाव देखे हैं। | He has seen many ups and downs in his life. |
| (53) उसने कुल की नाक कटवा दी। | He has brought a disgrace to the family. |
| (54) जहाँ निराशा, वहाँ आशा। | Every cloud has a silver lining. |
| (55) मुझे घर पर जरूरी काम है। | I have an urgent piece of work at home. |
| (56) मैंने शाम का समय किसी को दे रखा है। | My evening is booked. |
| (57) उचित समय पर प्रयास करो। | Strike the iron when it is hot. |
| (58) एक म्यान में दो तलवारें नहीं समा सकती। | Two of a trade seldom agree. |
| (59) हाल में पूर्ण शान्ति थी। | There was a pindrop silence in the hall. |
| (60) तुमने सारा खेल बिगाड़ दिया। | You spoiled the whole game. |
| (61) उसका चिल्लाते-चिल्लाते गला बैठ गया। | He cried himself hoarse. |

| | |
|---|---|
| (62) सुबह का भूला शाम वापिस आ जाये तो भूला हुआ नहीं कहते। | It is never too late to mend. |
| (63) उसके दिमाग में कुछ खराबी है। | There is some screw loose in his mind. |
| (64) आप तो व्यर्थ ही मुझसे नाराज हो रहे हैं। | You are getting cross with me for nothing. |
| (65) चिराग तले अन्धेरा। | Nearer the church, farther from heaven. |
| (66) शक्कर खोरे को भगवान शक्कर दे ही देता है। | Spend and God will send. |
| (67) मुझे इस बारे में कुछ पता नहीं। | I am in the dark about this matter. |
| (68) उसने हर अवस्था में मेरा साथ दिया। | He stood by me through thick and thin. |
| (69) वह हर बात में मनमानी करता है। | He has his own way in everything. |
| (70) यह तो केवल दिखावा है। | It is only an eye-wash. |
| (71) धैर्य रखो, इतने निराश मत हो। | Buck up, don't feel so down cast. |
| (72) बच्चों को टिकट आधा लगता है। | Children travel half-fare. |
| (73) नमस्ते, अब मैं जाता हूँ। | Good bye, I am now off. |
| (74) भगवान पर भरोसा रखो और ठीक कार्य करो। | Trust in god and do the right. |
| (75) हाल खचाखच भरा था। | The hall was packed to capacity. |
| (76) नीम हकीमों से बचो। | Beware of quacks. |
| (77) यह तुम्हारा कार्य नहीं है। | It is none of your business. |
| (78) उसकी जान में जान आई। | He heaved a sigh of relief. |
| (79) लेन-देन नकद। | Terms in cash. |
| (80) जरा देखो, कितना समय है। | Just see, what time it is. |
| (81) आजकल मेरी जेब खाली है। | I am empty pocket these days. |
| (82) सारी कक्षा उसकी मजाक बनाती है। | He is the butt of the class. |
| (83) उसकी आंखों में आंसू भर आये। | Tears welled up in his eyes. |
| (84) बातें बनाना, करके दिखाने से आसान है। | Talking is easier than doing. |
| (85) वे गाली-गलौच से हाथापाई पर आ गये। | From hot words, they came to blows. |
| (86) वह प्रायः मूर्खता कर बैठता है। | He often plays the fool. |
| (87) तुम कामचोर हो। | You are a shirker. |
| (88) दूध फट गया है। | The milk has turned sour. |
| (89) बच्चा दांत निकाल रहा है। | The child is cutting teeth. |
| (90) प्रतिदिन हालात खराब हो रहे हैं। | Things are going wrong day by day. |
| (91) यह मेरे बस की बात नहीं। | It is beyond my capacity. |
| (92) वह तो हां में हा मिलाना जानता है। | He is only a yes man. |
| (93) यह मकान किराये के लिये खाली है। | This house is to let. |
| (94) तुमने मुझे एक रुपया कम दिया है। | You have given me one rupee short. |
| (95) यह बच्चा बड़ा प्यारा लगता है। | This child looks very lovely. |
| (96) मेरा सिर चक्कर खा रहा है। | I am feeling giddy. |

## Sentences Relating to Health

Health से सम्बन्धित विभिन्न प्रकार के वाक्य आपसी बातचीत में बहुत प्रयुक्त होते हैं। इनका प्रयोग दैनिक जीवन में करना पड़ता है। इन वाक्यों को आप बार-बार पढ़ें, इनका प्रयोग आपसी वार्तालाप में करने का अभ्यास करें।

| | |
|---|---|
| (1) कल रात मुझे बुखार हो गया था। | I had fever last night. |
| (2) मैं अपने भाई को अस्पताल में भर्ती कराना चाहता हूँ। | I want to admit my brother in the hospital. |
| (3) नर्स, डाक्टर साहब को जरा बुलवा दीजिए। | Nurse, please send for the doctor urgently. |
| (4) मुझे अपनी सेहत की चिंता है। | I am worried about my health. |
| (5) रोगियों से मिलने का समय क्या है ? | When can one visit the patient ? |
| (6) मुझे दांत के डाक्टर से मिलना है। | I want to see the dentist. |
| (7) क्या यहाँ पास में दवा की कोई दुकान है ? | Is there a chemist nearby ? |
| (8) उसके सब दांत ठीक हैं। | All his teeth are intact. |
| (9) क्या मुझे काफी देर इंतजार करना पड़ेगा ? | Will I have to wait a long ? |
| (10) एमरजेंसी वार्ड किधर है ? | Where is the emergency ward ? |
| (11) वह काना है। | He is blind in one eye. |
| (12) यहाँ विशेषज्ञ किस-किस दिन आते हैं ? | On what days do the specialists visit here ? |
| (13) एम्बुलेंस के लिए फोन कर दीजिए। | Please phone for the ambulance. |
| (14) वह लंगड़ा है। | He is lame. |
| (15) एक्सरे के लिए किधर जाना होगा ? | Where does one go for an X-ray ? |
| (16) ऑपरेशन थिएटर किस ओर है ? | Which way is the operation theatre ? |
| (17) उसकी आंखें दुखती हैं और पानी बहता है। | His eyes are sore and watering. |
| (18) उसके सारे शरीर पर फोड़े हैं। | His body is covered with boils. |
| (19) मेरा पेट खराब है। | My stomach is upset. |
| (20) डाक्टर साहब, मेरा गला खराब है। | Doctor, I have a bad throat. |
| (21) आजकल शहर में हैजा फैल गया है। | Now-a-days cholera has spread in the city. |
| (22) मुझे खाँसी और सर्दी है। | I have a bad cough and cold. |
| (23) मेरा जी मचला रहा है। | I feel nauseous. |
| (24) मुझे चक्कर आ रहा है। | I feel dizzy. |

(25) व्यायाम सभी रोगों की अचूक दवा है। Exercise is a panacea for all diseases.
(26) खाने में क्या-क्या ले सकता हूँ ? What should I eat ?
(27) क्या आप घर पर मरीज को देख सकते हैं ? Can you visit the patient at home ?
(28) उसे दिल की बीमारी है। He has heart trouble.
(29) यह दवा दिन में कितनी बार लेनी है ? How many times a day need I take this medicine ?
(30) क्या दवा डिस्पेंसरी से मिल जाएगी ? Should I get the medicine from the dispensary ?
(31) क्या तुम्हें थर्मामीटर पढ़ना आता है ? Can you read the thermometer ?
(32) आपके भाई को कब से बुखार है ? How long has your brother been down with fever ?
(33) मेरे बच्चे को चोट लग गई है। My child has got hurt.
(34) क्या पट्टी बंधवाने के लिए कल आना है ? Should I come for a dressing tomorrow ?
(35) शहर में चेचक तथा बुखार बहुत जोर पर है। Small pox and fever are raging in the city.
(36) उसे कंधों में दर्द की शिकायत है। He has been complaining of a pain in the shoulder.
(37) मुझे गहरे रंग का फ्रेम चाहिए। I would like a darker frame.
(38) कुनैन मलेरिया की असरदार दवा है। Quinine is an effective remedy for malaria.
(39) उसे पुराना बुखार है। He has chronic fever.
(40) क्या आप कॉन्टैक्ट लैन्स भी लगाते हैं ? Do you also fit contact lenses ?
(41) अब रोगी खतरे से बाहर है। Now the patient is out of danger.
(42) उसको बहुत चोट लगी है। He is badly hurt.
(43) मैं कुछ और तरह के नमूने देखना चाहता हूँ। I would like to see some other styles, please.
(44) उसे बदहजमी है। He has indigestion.
(45) मच्छरों ने नाक में दम कर रखा है। Mosquitoes are a menace.
(46) धूप के चश्मे का दाम क्या हैं ? How much do these sun glasses cost ?
(47) वह एक तंदरूस्त बच्चा है। He is a healthy child.
(48) इलाज से परहेज अच्छा है। Prevention is better than cure.
(49) क्या आप आँखों की जाँच भी करते हैं ? Do you test eyesight ?
(50) इस ऐनक से मुझे साफ दिखाई नहीं देता। I can't see quite clearly with these spectacles.
(51) वह मासिक धर्म से है। She is in her periods.
(52) वह कल से आज अच्छा है। Today he is better than yesterday.
(53) वह अपना वजन कम करने की कोशिश कर रही है। She is trying to reduce her weight.
(54) जुलाब ले लो। Take a purgative.
(55) उसके सिर में दर्द है। He has a headache.
(56) सेहत के लिए हंसना सबसे अच्छी खुराक/चीज है। Laughter is the best tonic/ thing for health.
(57) यह दवा आपके बुखार को उतार देगी। This medicine will bring your fever down.
(58) दवा की खुराक हरेक चार घंटे पीते रहो। Take a dose of the medicine every four hours.
(59) डॉक्टर उसकी बीमारी मालूम न कर सका। The doctor was unable to diagnose his disease.
(60) मैं थक कर चूर हो गया हूँ। I am extremely tired.
(61) मेरी बांह की हड्डी टूट गई है। My arm-bone has got fractured.
(62) चलते-चलते मेरे पैर में सूजन आ गयी। My feet are swollen because of walking.

## Common Sentences Used in Daily Routine

दैनिक जीवन में प्रयुक्त विविध प्रकार के वाक्यों की जानकारी, आपको English Speaking में प्रवीणता, Fluency प्राप्त करने में बहुत सहायक होगी। इनको बार-बार पढ़ें एवं Daily Routine में प्रयुक्त होने वाले अन्य वाक्य स्वयं बनायें एवं उनका प्रयोग भी करने का अभ्यास करें।

| | |
|---|---|
| (1) सात बज गये हैं, कृपया उठ जायें। | Please get up, it's 7 O'clock. |
| (2) कृपया मुझे तंग न करें। | Don't disturb me, please. |
| (3) क्या आपको ऑफिस नहीं जाना है ? | Aren't you to go to office ? |
| (4) क्या आपको स्कूल नहीं जाना है ? | Aren't you to go to school ? |
| (5) आज छुट्‌टी का दिन है। | Today is holiday. |
| (6) आज क्या है ? | What's today ? |
| (7) आज 15 अगस्त है, राष्ट्रीय अवकाश है। | Today is 15th August, a national holiday. |
| (8) अपना कमरा साफ करो। | Clean your room. |
| (9) कमरा साफ रखो। | Keep the room clean. |
| (10) नौकरानी आज अवकाश पर है। | The maid servant is on leave today. |
| (11) मैं अभी तैयार होता हूँ। | I am just getting ready. |
| (12) इस पैंट पर पुन: इस्त्री कराओ। | Get this trousers ironed again. |
| (13) तुम्हें देर हो रही है। | You are getting late. |
| (14) उस महिला का स्वभाव अच्छा है। | She is a good natured lady. |
| (15) आप बहुत देर लगा रहे हैं। | You are taking too long. |
| (16) आपको अपना वायदा पूरा करना चाहिए। | You should keep your words. |
| (17) वह बहुत रुखे स्वभाव का है। | He is very rude. |
| (18) आज खाने में नया क्या पकाया है ? | What are the new dishes today ? |
| (19) गीले कपड़ों को धूप में डाल दें। | Put wet clothes in the sunlight. |
| (20) क्या धोबी कपड़े नहीं लाया है ? | Did the washerman not bring back the clothes ? |
| (21) दूध फट गया है। | The milk has turned sour. |
| (22) वह कपड़े सिलाई कर रही है। | She is stitching clothes. |
| (23) कृपया बिस्तर बरामदे में लगा दें। | Please make the bed in the verandah. |

| | |
|---|---|
| (24) मैं आपकी इन्तजार कर रहा हूँ। | I am waiting for you. |
| (25) मैं और अधिक इन्तजार नहीं कर सकता। | I can't wait any more. |
| (26) तुमने बहुत देरी कर दी है। | You have delayed a lot. |
| (27) तुमने काफी देर लगाई। | You took a long time. |
| (28) मैं आराम करना चाहता हूँ। | I want to rest. |
| (29) दरवाजा कौन खटखटा रहा है ? | Who is knocking the door ? |
| (30) दरवाजे पर कौन है ? | Who is at the gate ? |
| (31) कोई आपको बुला रहा है। | Somebody is calling you. |
| (32) अमित अन्दर है क्या ? | Is Amit in ? |
| (33) मैं अमित हूँ। | I am Amit. |
| (34) मैं बहुत थका हूँ। | I am very tired. |
| (35) दरवाजा बन्द कर दें। | Close the door. |
| (36) दरवाजे पर चटकनी लगा दीजिये। | Bolt the door. |
| (37) आप थके हुए दिख रहे हैं। | You are looking tired. |
| (38) आप ऊंघ रहे हैं। | You are dozing. |
| (39) मेरे पिताजी जल्दी उठते हैं। | My father gets up early. |
| (40) मेरी माताजी हमारा खाना बनाती हैं। | My mother cooks our meal. |
| (41) मैं रात को 9 बजे सोता हूँ। | I go to bed at 9 P.M. |
| (42) आपकी नाक बह रही है। | Your nose is running. |
| (43) यह व्यक्ति आपसे मिलना चाहते हैं। | This fellow wants to meet you. |
| (44) कृपया एक गिलास पानी लायें। | Please bring a glass of water. |
| (45) कृपया एक कप चाय बना दीजिए। | Please prepare a cup of tea. |
| (46) कृपया एक कप कॉफी लीजिये। | Please have a cup of coffee. |
| (47) कृपया कुछ बिस्कुट भी लें। | Please have some biscuits also. |
| (48) मेरे दो भाई एवं एक बहन है। | I have two brothers and one sister. |
| (49) मेरे पिताजी दुकानदार हैं। | My father is a shopkeeper. |
| (50) मैं आज देर से जागा। | I woke up late today. |
| (51) मुझे आज आपको जगाना उचित नहीं लगा। | I didn't think proper to wake you up today. |
| (52) मैं कुछ देर आराम करना चाहता हूँ। | I want to rest for a while. |
| (53) मेरी माताजी धार्मिक महिला हैं। | My mother is a religious lady. |

"You will learn more by writing more,
You will learn more by reading more,
You will learn more by interacting more,
You will be able to speak more by
doing all these more."

## Use of some words like : Well, Oh well, Look, Right, All right, O.K, Okay, Right then, Okay then, Oh, Ah, You know, You see etc.

Conversation में उक्त Words/ Phrases का प्रयोग सामान्य रूप से किया जाता है। इन Words को Empty Words कहा जाता है क्योंकि Conversation में इनका कोई शाब्दिक अर्थ नहीं होता है। वस्तुतः इन शब्दों का प्रयोग, Conversation में Fluency को Maintain रखने एवं Speaker को सोचने का वक्त निकालने में सहयोग करता है। Speakers द्वारा इनका प्रयोग Unknowingly अपनी आदत के अनुसार या Deliberately भी किया जाता है।

### (A) Well:

P : Shyam says he knows Krishna.
R : Well, that's all right then.
P : She has good knowledge of this subject.
R : Well, she really ?
P : He said it was his greatness to attend the function.
Q : Well, I don't dispute that.

उपरोक्त Conversation में Well का कोई शाब्दिक अर्थ नहीं लगाया जाना चाहिए। अन्य वाक्य देखें :

(1) Well, that's what I wanted to tell you.
(2) Well, aren't you feeling O.K now ?
(3) Well, thank you for the pain you have taken.
(4) Well, let's go for a walk.
(5) Well , you shouldn't have abused her.
(6) Well, the cloth was five metres actually, not four metres.
(7) Well, I want to leave now.
(8) Well, can I help you now ?

### (B) 'Oh well':

Oh well का प्रयोग सामान्यतया ऐसी Unpleasant स्थिति के सन्दर्भ में होता है जिसे हमें स्वीकार करना पड़ रहा है।

जैसे :

(1) Oh well, we can't blame anyone for this tragedy.
(2) Oh well, it's not so bad.
(3) Oh well, you can't refuse to obey him.
(4) Oh well, what can't be cured must be endured.

## (C) 'Look':

(1) Look Ashok, you must not object his absence.
(2) Look, Rani was asking about your absence.
(3) This is a gift for her, look, you must deliver it to her personally.
(4) I was upset at that time. Look you shouldn't take my refusal seriously.
(5) Look Maneesh, you are to raise objection about his absence.

## (D) Right :

(1) Right, let us clean the room now.
(2) Right, let me check your belongings first.
(3) Right, what should we do now ?
(4) Right, tell me what you feel about it ?
(5) Right, let me call the police.

## (E) All right/ Okay :

(1) All right, you agree on this proposal finally.
(2) Okay, you are going now.
(3) All right, we should move now.
(4) All right, what do you mean by this?
(5) Okay, show me your I card.

## (F) Well then/ Right then/ All right then/ Okay then/ Well now etc. :

(1) There were three girls in the cafe. Well then, one of them must be Sarita.
(2) I'm pleased to meet her. Right then what did she say to you ?
(3) You didn't go to Jaipur. All right then, what are you doing tomorrow ?
(4) It require ten thousand rupees. Okay then, how much each one to contribute ?
(5) You pay the water bill, well now, what will you say to the tenant ?

## (G) 'Oh':

P : Look what she is saying ?
Q : Oh, she is great.
P : Mr. Bachchan is coming to attend the party.
Q : Oh, I can't believe it.
P : Look, what she has brought for your son ?
Q : Oh, you shouldn't have bothered.
P : I visited Jaipur last week.
Q : Oh, what a beautiful city.
P : I went to her house yesterday.
Q : Oh, what a huge building.

*अन्य वाक्य देखें :*

(1) Oh, I can't believe it.
(2) Oh, you are indeed great.
(3) Oh, was it so ?
(4) Oh, are you sure ?
(5) Oh, hello Sangita.
(6) Oh, you are here !
(7) Oh, I'm much confused.

## (H) 'Ah :

(1) Ah, superb!/ lovely!/ wonderful !
(2) Ah, that's the spirit !
(3) Ah, what a beautiful girl !
(4) Ah, Hari there you are !
(5) Ah, when did you back ?

***Look at the following conversations also*** :

P : I'm very sorry indeed.

Q : Ah, forget it.

P : That's Sanjay enjoying there.

Q : Ah, yes.

P : It's beautiful.

Q : Ah, but not as beautiful as he told.

## (I) 'Your know' :

(1) We call her Babe, you know her actual name is Priyanka.
(2) I gave her my car, you know she doesn't know any driving.
(3) He asked me to recommend his name, you know he didn't apply for the post.
(4) I want to purchase a TV, you know I like a flat screen T.V.
(5) He gave me a pen, you know, it was made of gold.

## (J) 'You see' :

(1) He asked me a favour, you see, I had no reason to suspect him.
(2) She sent me a gift, you see, I was much impressed by her generosity.
(3) They come to greet me personally on Diwali, you see, I was bound to accept their decision.
(4) She is a beautiful girl, you see, she is intelligent also.
(5) He is a miser fellow, but you see, he donated a large amount for the temple.

**"Restlessness is discontent and discontent is the first necessity of progress."**

## Questions for Practice

**Asking and replying are two ways of Speaking or Conversation, Do practice of asking (Questioning), get 50% perfection, won't you? How easy ? Ha .. Ha.. Ha.. !**

Questioning आपसी बातचीत का एक महत्वपूर्ण भाग है। बहुत से व्यक्ति Speaking में Fluency इसलिए प्राप्त नहीं कर सकते क्योंकि उन्हें तुरंत Question Frame करने में परेशानी आती है। वे Questioning करने में हिचकिचाते हैं क्योंकि उन्हें भय रहता है कि वह जो कुछ बोल रहे हैं वह सही है या नहीं। आपको Practice हेतु बहुत से Yes / No—Questions दिये जा रहे हैं। आप इन्हें बार-बार बोलकर Practice करें।

Do you want a glass of water ?
Do you want it back ?
Do you want me to leave ?
Do you want to go outside ?
Do you wish to pay me now ?
Do you know who you are talking to ?
Do you mind if I smoke ?
Did you turn off the TV ?
Did you complain ?
Did you have fun ?
Didn't he treat you nicely ?
Didn't you finish it ?
Does this bus go to Gandhi Bhawan ?
Does your leg still hurt ?
Are you all right ?
Are you busy on the 25th ?
Are you feeling better today ?
Are you waiting for someone ?
Aren't you proud of yourself ?
Is that your friend ?
Is this clock right ?
Is it direct ?
Is it my turn ?
Is it raining ?

Do you want a time-out ?
Do you want me to go away ?
Do you want paper or plastic bags ?
Do you want to step outside ?
Do you think I should ring him ?
Do you like your job ?
Do you mind waiting a bit longer ?
Did you catch your train ?
Did you finish your homework ?
Didn't Raj tell you about it ?
Didn't they play very well ?
Does this bus go downtown ?
Does this include a gratuity ?
Don't you like the radio ?
Are you allergic to Penicillin ?
Are you coming for a swim ?
Are you enjoying your meal ?
Are you with me on this point ?
Is that right ?
Is the food as bad as they say ?
Is this space taken ?
Is it easy ?
Is it nonstop ?
Is it that late already ?

Is that all you've done ?
Is your mother living ?
Have you seen Puja lately ?
Have you seen my purse anywhere ?
Have you ever been to London ?
Have you gone insane ?
Have you got any off-white paint ?
Can you give me her phone number ?
Can you assist me with the dishes ?
Can you lend me 5000 rupees ?
Can you repair this car ?
Can you send me a brochure ?
Can you stay and have dinner with us ?
Can you tell me where to get off ?
Can I pay in instalments ?
Can I have a box of matches ?
Can I have three bottles of beer ?
Can't you be sensible ?
Could you pour me some more milk ?
Could you start the rolls going around ?
Could you write it down, please ?
Couldn't you take the day off ?
May I smoke ?
May I take this newspaper ?
Might I have a chat with you ?
Shall we tell his brother ?
Will you let me take it for a test drive ?
Will you say you're sorry ?
Would you like to see the dessert menu ?
Would you like to try ?
Would you mind helping her ?
Would you mind passing the salt ?
Would you prefer a non smoking room ?
Would you like a glass of water ?

Is this where you drop him ?
Isn't it a bit cold in here ?
Have you started saving yet ?
Have you completely lost touch with reality ?
Have you gone crazy ?
Have you gone mad ?
Haven't you got that paper ?
Can you have dinner with me ?
Can you keep a secret ?
Can you open the window ?
Can you give me another copy ?
Can you spell that, please ?
Can you tell me what's wrong ?
Can you weigh this ?
Can I have a cup of coffee, please ?
Can I have it for a week ?
Can I help you ?
Can't you get a spacious flat ?
Could you spell that ?
Could you turn off the fan ?
Could I please have coffee ?
Couldn't you try again ?
May I take this chair ?
May I use your phone ?
Shall we invite Lily or Jasmine ?
Shall we tell hers about it ?
Will you please hold my mail ?
Will you talk to her ?
Would you like to see the menu again ?
Would you mind cleaning the room ?
Would you mind moving your table ?
Would you mind shutting the window ?
Would you like a cup of tea ?
Wouldn't you like to fetch it for her ?

**"How many times have you read these sentences ? Read again and again. Use them in your conversations. These are very helpful in conversations."**

## Wh-Questions

स्कूल एवं कॉलेज में सामान्यतया छात्रों को उत्तर देना तो सिखाया जाता है, लेकिन प्रश्न करना नहीं सिखाया जाता है। अतः ऐसी स्थिति में हमें प्रश्न करने की Practice नहीं होती है, हमारी जबान को प्रश्न पूछने की आदत नहीं होती है। जैसा कि आपको पता है मुख्यतया Questions को Yes/ No एवं 'Wh' Questions में विभाजित किया जाता है। आपको Practice हेतु बहुत से 'Wh' Questions दिये जा रहे हैं। आप इन्हें बार-बार बोलकर Practice करें।

What can I do for you ?
What are you doing tomorrow ?
What are the hours for the bank vault ?
What are you trying to tell me ?
What was that you said ?
What time do the kids go to bed ?
What time is checkout ?
What time will you get back ?
What was the nature of your trip ?
What would you like ?
What would you suggest ?
What's all the fuss about ?
What's happened to him ?
What's on TV ?
What's that odour ?
What's the assignment for tomorrow ?
What's the shortest way to Nai Sadak ?
What's to eat ?
What's your view on their findings ?
What could you have been thinking ?
What d'you do in your spare time ?
Whatever shall I do ?
When did you last see her/him ?
When do we get there ?
When do you open ?
When would you like to go ?

What can I get you ?
What d'you think of this house ?
What are you saying ?
What are you doing out of the office ?
What books do you want ?
What time does the beach close ?
What time should I be there ?
What was her reaction ?
What was your holiday like ?
What would you like to eat ?
What'll it be ?
What's for dinner ?
What's on tonight ?
What's that aroma ?
What's that scent ?
What's the charge ?
What's the salary ?
What's worrying you ?
What's your opinion about that novel ?
What country are you from ?
What d'you need today ?
Whatever were you thinking of ?
When do we eat ?
When do you close today ?
When does the curtain go up ?
When's he arriving ?

When does the fun start ?
When does the show close ?
Where is the smoking room ?
Where is the washroom ?
Where is your shop ?
Where shall we meet tomorrow ?
Where were you ?
Where did he go then ?
Where can I park ?
Where's that book of mine ?
Which firm painted this house ?
Who ruined your plans ?
Whose pen is this ?
Whose kite is that ?
Why not buy a good house ?
Why take a blanket ?
Why don't they work in the mornings ?
Why do we invite those people ?
How did he come to break it ?
How did you get on with him ?
How many shirts have you got ?
How much are the tickets ?
How much do they need ?
How much is it ?
How much is the rent ?
How old are you ?
How was the game ?
How're things going ?
How're you keeping now-a-days ?
How's that ?
How do I get to Kolkata from here ?
How are you getting along ?
How can I ever make it up to you ?
How can I make it up to you ?
How can you eat such stuff ?
How could she let you know ?
How could you do such a silly thing ?
When does the next bus leave ?
When does the train get in ?
Where is the TV guide ?
Where is your office ?
Where on earth does she live ?
Where should I stay ?
Where could we sleep ?
Where will we find a human skeleton ?
Where's Sunil got to ?
Which way do you want me to go ?
Who is he named after ?
Who's that ?
Whose is this painting ?
Why not ask your father ?
Why not write and warn him ?
Why's she giving up ?
Why didn't you buy the shirt ?
How could you say such a thing ?
How did this get broken ?
How many shall I give him ?
How may I help you ?
How much did you lose ?
How much does she weigh ?
How much is the fee ?
How much postage does this need ?
How shall we go ?
How would you like that done ?
How would you pay for your tickets ?
How're you getting on Ramesh ?
How's everything going ?
How did you manage it ?
How are you feeling today ?
How big did you say it was ?
How can I help you ?
How can I get rid of this habit ?
How can you ever forgive me ?

**You must read these sentences again and again. Speak again and again. 'Practice gives you perfection'.**

## English used in Telephonic Conversation

वर्तमान युग में टेलीफोन का प्रयोग दैनिक जीवन में बहुतायात में होने लगा है। Telephone पर वार्तालाप से से सम्बन्धित English Expressions की जानकारी English Speaking हेतु महत्वपूर्ण एवं आवश्यक है। आज आपको Telephonic Conversation से सम्बन्धित विभिन्न Expressions के बारे में बताया जा रहा है। दैनिक जीवन में Telephonic Conversation के बढ़ते महत्व को ध्यान में रखते हुए, हमने इसे इस Tutorial में विस्तृत रूप से प्रस्तुत किया है। ध्यानपूर्वक अध्ययन करें एवं इन Expressions का प्रयोग करने का अभ्यास करें।

### While Making a Call

जब कभी आप टेलीफोन करते हैं तो निम्न महत्वपूर्ण बिन्दुओं का ध्यान रखें :

(a) सर्वप्रथम जब व्यक्ति Telephone उठाता है तो आपको उससे अपने द्वारा Dial किया गया Number Confirm करना चाहिए। जैसे :

Is it 2345714 ?
Are you 2345714 ?

(b) यदि वह व्यक्ति इसका उत्तर हाँ में देता है तो आपको उससे उस स्थान की भी जानकारी करनी चाहिए जहाँ आपने टेलिफोन किया है। जैसे :

Is it PQR Company ?
It that Police Control Room ?

(c) इसके बाद आपको अपने बारे में बताना चाहिए।

(d) यदि आपको सामने वाले व्यक्ति के अतिरिक्त अन्य किसी व्यक्ति से बात करनी है और सामने वाला व्यक्ति आपको सूचित करता है कि वह व्यक्ति (जिससे आप बात करना चाहते हैं) उपलब्ध नहीं है तो आपका उससे यह पूछना भी उचित है। जैसे :

Who he is ? or May I know, who this is speaking, please?

(e) मान लीजिए फोन उठाने वाला व्यक्ति आपको उस व्यक्ति से (जिससे आपको बात करनी है) Connect कर देता है तो आपको सर्वप्रथम उसकी Identity अवश्य Confirm करनी चाहिए। जैसे :

Is that Mr. Khanna ?
Is Mr. Khanna speaking ?

(f) जब आपका Connection उस व्यक्ति से हो जाता है जिससे आप बात करना चाहते हैं तो सीधे ही अपना Purpose बताते हुए अपनी बात शुरु कर सकते हैं। (उससे पहले अपनी Indentity अवश्य बतायें।) जैसे :

I'm calling you about tomorrow's function.
It's about tomorrow's function.

(g) टेलीफोन पर Conversation बन्द करने से पूर्व निम्न Phrases का प्रयोग करके यह स्पष्ट कर देना चाहिए कि आप Ring off कर रहे हैं। जैसे :

Bye, then.
Well, that's final then.
See you tomorrow, Good bye.
I'll get back to you soon.

## Responding a Call

(a) जैसे ही घंटी आने पर आप टेलीफोन उठाते हैं। आप Hello कहकर सर्वप्रथम Respond करें। आप अपन नम्बर भी बता सकते हैं। यदि आप कोई Office या Compony का Telephone Attend कर रहे हैं, तो आपको Office या Company का नाम बोलकर Call को Respond करना चाहिए। जैसे:

Hello, this is 2345714.
Hello, Anil speaking.
Hello, it's PQR Company.
Hello, Ashoka Hotel Sir.

(b) यदि Telephone करने वाला, आपके लिए अनजान है और वह बिना अपनी Identity बताए हुए, आपसे Conversations शुरू कर देता है तो सर्वप्रथम हमें उसकी Identity पूछनी चाहिए। जैसे :

(1) Who is speaking, please ?
(2) Who is calling ?
(3) Who am I speaking to ?
(4) Could I ask your good name, please ?
(5) Is Mr. Sharma calling ?

## Telephonic Conversations

वर्तमान युग में टेलीफोन का प्रयोग बहुत आम हो गया है टेलीफोन पर अंग्रेजी में वार्ता को सुविधाजनक बनाने हेतु निम्न बिन्दु पर ध्यान दें :

**(1) Introducing yourself :** टेलीफोन करने पर स्वयं को निम्न वाक्यों में सामान्यतया Introduce किया जाता है। जैसे :

(a) This is Ramesh.
(b) I am Ramesh speaking.
(c) Ramesh speaking.
(d) This is Ramesh from Alwar.
(e) I am Ramesh calling from Alwar.

**(2) Asking Who is on the Telephone :** टेलीफोन पर, बोलने वाले व्यक्ति की Indentity जानने हेतु सामान्यतया निम्न वाक्यों का प्रयोग किया जाता है :

(a) Excuse me, who is this ?
(b) Can I ask who is calling, please ?
(c) Could you tell me your good name, please ?
(d) Who is speaking, please ?

**(3) Asking for Some One :** टेलीफोन उठाने वाले व्यक्ति के अतिरिक्त अन्य किसी से बात करने हेतु सामान्यतया निम्न वाक्यों का प्रयोग किया जाता है :

(a) May I speak to Miss Leena ?
(b) Can I speak to John ?
(c) Could I speak to Mrs. Gupta ?
(d) Is Rajesh in ?
(e) Can I have extention 231, please ?

**Note**

*May का प्रयोग औचारिकता (Formality) की स्थिति में किया जाता है। जबकि Can एवं Could का प्रयोग अधिक Informal है। Could का प्रयोग अधिक प्रचलित एवं मान्य है।*

*Is Rajesh in ? का अर्थ है Is Rajesh in the Office ? है जो बहुत अनौपचारिकता एवं अधिकार की स्थिति को व्यक्त करता है।*

**(4) Connecting Someone :** जब टेलीफोन Operator द्वारा या अन्य किसी व्यक्ति द्वारा उठाया जाता है तो निम्न वाक्यों का प्रयोग उचित रहता है :

(a) I'll put you through to...
(put through एक phrasal verb है जिसका अर्थ है Connect करना)

(b) Please hold the phone, I am just calling him up.

(c) Could you hold for a moment ?

(d) Can you hold the line ?

(e) Please hold on a minute ?

**(5) Taking a Message :** जिस व्यक्ति के लिए टेलीफोन आया है, उसके उपलब्ध न होने पर Message लेने हेतु निम्न वाक्यों का प्रयोग उचित रहता है :

(a) Can/May/Could I take your message ?

(b) Can/May/Could I know who is calling ?

(c) Can/May/Could I tell him, who is calling ?

(d) Would you like to leave any message ?

**(6) Replying, when someone is not available :**

(a) Mr. Rajesh is not in .....
(b) Mr. Rajesh is out at the moment.
(c) I'm afraid .... he is not available at the moment.
(d) The line is busy .... ( When extention is requested)

## See the Following Conversations

Operator : Hello, it's Holiday International. How can I help you ?
Rajesh : This is Rajesh. Can I have extention 2316 ?
Operator : Sure, hold for a minute, I'll put you through.......
Manav : Yes, Manav speaking.
Rajesh : This is Rajesh calling. Is Meena in ?
Manav : I'm afraid, she's out at the moment. Would you like to leave any message ?
Rajesh : Please ask her to call me at 0144-2345714. I need to talk to her about something urgent.
Manav : Could you repeat the number, please ?
Rajesh : Yes, it is 0144-2345714 and I am Rajesh.
Manav : Thank you Mr. Rajesh. I'll make sure Meena gets the message as soon as possible.
Rajesh : So nice of you. Thank you.

## Leaving Message

कई बार जिसे टेलीफोन किया गया है, वह उपलब्ध नहीं होता है ऐसी स्थिति में Message छोड़ने हेतु निम्न वाक्यों का प्रयोग किया जाता है। Message देते समय यह ध्यान रखें कि जिसके लिए Message दिया जा रहा है वह पूरी तरह से Message को समझ सके एवं Message देने वाले को भी पहचान ले। आधा-अधूरा या Confused / Ambiguous message नहीं दिया जाना चाहिए। टेलीफोन पर Recording हेतु Message दिया जाना होता है।

**(1) Introduction :** सर्वप्रथम अपना Introduction निम्न प्रकार दिया जाना चाहिए :
Hello, this is Rajesh from Alwar.
Or My name is Rajesh. I am calling from Alwar.

**(2) Time and Reason of Calling** : It's six in the evening or It's five in the morning.
***Informing the Reasons*** :
I have called to find out if .......
I am calling to know that .......
I have called to tell you that .....
I am calling to inform you that .....
I have called just to see if .......

**(3) Request for calling back :** जब यह Request करनी हो कि अपने पर वापस टेलीफोन करे तो निम्न वाक्यों का प्रयोग करना उचित रहेगा :

(a) Could you ring me back ?
(b) Would you mind ringing me back ?
(c) Please call me back ?
(d) Don't miss to call me back at the earliest possible ?

**(4) Leaving telephone numbers :** अपने टेलीफोन नम्बर रिकार्ड करने हेतु निम्न वाक्य का प्रयोग किया जाता है :

(a) My phone number is .......
(b) You can reach me at ........
(c) You may call me at ..........
(d) Please call me at ......

**(5) Finishing :** Message के अन्त में निम्न वाक्यों का प्रयोग किया जाना उचित रहता है :

(a) Thank you, bye
(b) Thanks a lot, bye.
(c) I'll talk to you later, bye.

**Example :**

Ring ... Ring .... Ring : [टेप की आवाज (Taped voice)]

Hello, this is P.K. I'm afraid I'm not in at the moment. Please leave your message after a beep.... (beep)

Rajesh : *Hellow P.K., this is Rajesh. It's evening and I am calling to see if you would like to accompany us to the picnic on Sunday. Could you call me back? You can reach me at 9829247714 until 8 P.M. I'll talk to you later, bye.*

## Customer and Shopkeeper (Telephonic Conversation)

| Hindi Sentences | English Sentences |
|---|---|
| ग्राहक (फोन पर) : क्या यह राजधानी एन्टरप्राइजेज है ? | **Customer** : Is it Rajdhani Enterprises ? |
| कर्मचारी—जी हाँ, यह राजधानी एन्टरप्राइजेज है। | **Employee** : Yes, it is Rajdhani Enterprises. |
| ग्राहक—मैं प्रकाश शर्मा, मंगल विहार से बोल रहा हूँ। मैंने आपके यहाँ से एल. जी. कम्पनी का फ्रिज पिछले महीने खरीदा था। वह ठीक काम नहीं कर रहा है। | **Customer** : I am Prakash Sharma, calling from Mangal Vihar. I purchased a Freeze of LG company from your shop last month. It's not working properly. |
| कर्मचारी—श्रीमान, क्या समस्या आ रही है ? | **Employee** : What's the problem, sir ? |
| ग्राहक—फ्रिज में अजीब तरह की आवाज आती है तथा बर्फ भी काफी देर बाद जमती है। | **Customer** : The Freeze is making a strange noise and it takes a lot of time in freezing the ice. |
| कर्मचारी—श्रीमान, कृपया अपना पता बतायें। आपके फ्रिज की जांच करवा देते हैं। | **Employee** : Please tell me your address, sir. We get your freeze checked up. |
| ग्राहक—पता है, 171, मंगल विहार मेरा नाम प्रकाश शर्मा है। आप कब तक फ्रीज की जांच करवा देंगे ? | **Customer** : Address is 171, Mangal Vihar and my name is Prakash. Upto when you will get the freeze checked ? |
| कर्मचारी—आज ही मिस्त्री सायं तक वहाँ निश्चित रूप से पहुँच जायेगा। | **Employee** : The mechanic will reach there upto evening today itself positively. |
| ग्राहक—धन्यवाद। | **Customer** : Thank you. |

## Telephonic Complaints(Electricity Department)

| Hindi Sentences | English Sentences |
|---|---|
| रमेश (फोन पर)—क्या यह सेन्ट्रल बिजली शिकायत कार्यालय है ? | **Ramesh :** Is it Central Electric complaint office ? |
| विभाग कर्मचारी—जी हाँ। | **Department Employee** : Yes it is. |
| रमेश—मैं साउथ वेस्ट कालोनी से बोल रहा हूँ। हमारी कालोनी में पिछले 2 घंटे से बिजली नहीं आ रही है। | **Ramesh** : I am speaking from South West Colony. There has been no electricity in our colony for the last two hours. |
| विभाग कर्मचारी—हमें खेद है। अभी काम चल रहा है। अभी आधा घंटा ओर लगेगा। | **Department Employee** : We are sorry. Work is going on at the moment. It will take half an hour more. |
| रमेश—क्या आधे घंटे में बिजली निश्चित आ जायेगी ? | **Ramesh** : Will the Electric supply be restored within half an hour? |
| विभाग कर्मचारी—ऐसी आशा है। | **Department Employee** : We hope so. |
| रमेश—धन्यवाद। | **Ramesh** : Thank you |
| **Another Complaint** | **Another Complaint** |
| राजेश—क्या यह नार्थ बिजली शिकायत कार्यालय है ? | **Rajesh** : Is it North Electric Complaint Office ? |
| विभाग कर्मचारी—जी हाँ। | **Department Employee** : Yes it is. |
| राजेश—मैं नार्थ कैम्पस प्लॉट नं. 3/137 से बोल रहा हूँ। हमारे घर में पिछले एक घंटे से बिजली नहीं है, जबकि पड़ोसियों के यहाँ बिजली आ रही है। | **Rajesh** : I am calling from North Campus, Plot No. 3/137. There has been no light in our house for the last one hour while our neighbours are getting proper electric supply. |
| विभाग कर्मचारी—श्रीमान आपका कन्ज्यूमर नं. एवं पता क्या है ? | **Department Employee** : Sir, Please tell me your Consumer Number and address. |
| राजेश—मेरा कन्ज्यूमर नं. R-36189 एवं पता 3/137 नार्थ कैम्पस है। | **Rajesh** : My consumer number is R-36189 and address is 3/137 North Campus. |
| विभाग कर्मचारी—आपकी शिकायत दर्ज कर ली गई है। जल्द ही मिस्त्री आपके यहाँ पहुँच जायेगा। | **Department Employee** : Your complaint has been lodged. Very soon the mechanic will reach at yours? |
| राजेश—कब तक पहुँच जायेगा ? | **Rajesh** : Upto when he will reach ? |
| विभाग कर्मचारी—करीब एक घंटे में। | **Department Employee** : About in an hour. |
| राजेश—बहुत धन्यवाद। | **Rajesh** : Thank's a lot. |
| विभाग कर्मचारी—आपका स्वागत है। | **Department Employee** : You are welcome. |

## English used in Business Activities

Business English का अर्थ ऐसे English Phrases एवं Sentences से है, जिनका प्रयोग सामान्यतया Business dealings में Various Business Situation में किया जाता है। Business English में Fluency हेतु Business Vocabulary एवं Business Related Terms एवं Terminology का भी ज्ञान होना आवश्यक है। ऐसा बहुत बार देखने में आया है कि जो व्यक्ति English Fluently बोल सकते हैं। उन्हें Business English में काफी परेशानी आती है। वर्तमान समय में Business English का क्षेत्र बहुत विस्तृत एवं महत्वपूर्ण हो गया है। आज हर व्यक्ति को Business English बोलने में पूर्ण पारंगत होने की आवश्यकता है चाहे वह Businessman है या नहीं। Business English से Related महत्वपूर्ण Phrases/ Sentences को बताया जा रहा है। आपको इन्हें बार-बार बोलकर Practice करनी है।

(1) Are you sure this invoice is correct ?
(2) Business is bad. I have made no sale all day.
(3) Please give me a quotation.
(4) Can you give me an idea about your product requirements ?
(5) Can you give us 30 day's extra credit ?
(6) Do I have to pay in cash, or will you accept a cheque ?
(7) He has a business of his own.
(8) He's a businessman—he buys things cheap, and sell them dear.
(9) He's been doing a roaring trade and has been making a lot of money.
(10) He's been doing a roaring trade and he's in good money.
(11) He's decided to start a small retail business.
(12) I am temporarily short of cash.
(13) How are you going to raise money for the project ?
(14) How long has this product been on the market ?
(15) How much money do they owe us?
(16) How much stock did we have at the start of the year ?
(17) How much time can you give us to complete this work ?
(18) I can give you only an approximate idea of the cost.
(19) I'll have to confirm that with my boss.
(20) I'll discuss with my partner about it.
(21) I'm busy with an important customer.
(22) If we want to compete with others, we'll have to improve the quality of our goods.
(23) If your terms are fairly justified, we'll be able to place another order soon.

(24) Is this price list still valid ?
(25) It's a real bargain at that price.
(26) It's not easy to build up a good business empire.
(27) Our firm has won a contract to build an overbridge.
(28) Our income doesn't even cover our variable expenses.
(29) Read the credit terms carefully before signing.
(30) Shares are sliding down.
(31) She always haggles with shopkeepers.
(32) Spending on advertising has increased tremendously.
(33) That's not much more than the price you paid last year.
(34) That's well-known brand of tea.
(35) The cost of electricity and labour has gone up.
(36) That firm is in severe financial difficulty.
(37) The loss in the first half of the year was balanced by the profit in the second half.
(38) The transport strike has put us further behind with our delivery schedule.
(39) There's no demand for that brand.
(40) There's too little profit in this item for the handling effort and expenses involved.
(41) These are damaged goods. They'll have to reduce the bills.
(42) These are high-demand, high turnover brands, why don't you carry them in your store ?
(43) They charge high prices.
(44) They haven't paid the last invoice yet.
(45) They are demanding a higher discount.
(46) They're going to open a new department store there.
(47) They've sent us faulty and damaged goods.
(48) This quarters's production figures are looking good.
(49) This new product will be on the market next month.
(50) We can also buy cheaper elsewhere.
(51) We can offer you a special discount if you order before March 31st.
(52) We can't afford to lose this contract. The future of our firm depends on it.
(53) We deliver free of charge.
(54) We give an extra discount on a repeat order.
(55) We usually get a better discount on a repeat order.
(56) We should analyze the situation before deciding what to do.
(57) We'll have to do something and clear the matter up as soon as possible.
(58) We'll have to stock again when our stock levels are lower.
(59) We'll repair it for you free of charge.
(60) We're overstocked.
(61) We've been dealt with them for nearly five years.
(62) The cold hard fact is that your service is unsatisfactory.
(63) Who looks after the accounts of the firm ?
(64) Who's in charge of the office when Mr. Gupta is away ?
(65) Why are they withholding payment of this time ?
(66) Write out a cheque for that amount.
(67) You get a 3 % discount for cash payment.
(68) Your prices are too high.

## English used in Banking Transactions

आज हर व्यक्ति को बैंक से किसी न किसी रूप में काम रहता है। Banking से सम्बन्धित विभिन्न वाक्यों की जानकारी इस Tutorial में दी गई है। इनका अध्ययन आपको English Speaking/ Conversation में बहुत सहायक होगा।

(1) I am in need of a locker.
(2) What are the annual charges for a small locker ?
(3) You can avail housing loan from our bank.
(4) We believe in prompt service.
(5) Can you make a draft on your Mumbai branch ?
(6) Can you tell me the balance of my Current Account ?
(7) Cash me this cheque, please.
(8) Has the bank credited the cheques to my account ?
(9) Has the cheque not cleared yet ?
(10) He borrowed the money on the security of his house property.
(11) He drew a cheque on his Current Account and paid it into the credit of his Savings Account.
(12) He filled up a pay-in slip and deposited the money with the bank.
(13) He gets only 9% interest on his money at the Bank.
(14) He had no money in his account, and so the bank dishonoured the cheque.
(15) His monthly salary is paid into the bank by his company.
(16) How many days will the bank take in to collecting the cheque ?
(17) How much has the bank deducted from the account for service charges ?
(18) How much money have I got left in my account now ?
(19) This cheque is not in order. The amount in words doesn't correspond with the figures.
(20) I need a new cheque-book.
(21) I need to borrow 10,000 rupees.
(22) I'd like to make a deposit, please.
(23) I'd like to open a Savings Account.
(24) I'd like to withdraw Rs. 10,000 from my Saving Account, please.
(25) I'm thinking of closing my account with your bank.
(26) I'm thinking of taking a bank loan.
(27) I have reconciled the bank statement with our records.
(28) I've deposited the cheque into my account for collection.

(29) Interest is not allowed on Current Accounts.
(30) My wife and I have a joint account with this bank.
(31) Deposit this cheque into your account.
(32) That's a draft drawn on the Kolkata Branch of your bank.
(33) The bank dishonoured his cheque. He didn't have enough money in his account.
(34) The bank manager has agreed to make an overdraft for a week only.
(35) The bank refused to honour his cheque.
(36) The bank sends us statement of account every month.
(37) This overdraft is secured by a guarantee.
(38) This is a bearer cheque. Anybody can cash it at the bank.
(39) This is a crossed cheque and it must be put into a bank account.
(40) We bank with the Punjab National Bank.
(41) What's the rate of exchange for dollars ?
(42) You have a credit balance of Rs. 25,300.
(43) You must sign on the back of the cheque.
(44) You write a cheque and cross it, so payment can only be made through an account.
(45) You're overdrawn by Rs.15,000.
(46) You've forgotten to sign the cheque.
(47) Your account shows a debit balance.
(48) You can't get this cheque encashed on counter as it is not a bearer cheque.
(49) I have a cash credit account with this bank.
(50) I have a hypothecated limit for Rs. five lacs only.

"You can very well bank upon this book to improve your English Speaking skill, but your are to practise."

## English used While Travelling

Travelling से सम्बन्धित English Sentences का अध्ययन भी English Speaking में प्रवीणता हेतु बहुत आवश्यक है। इस Tutorial का गम्भीरता से अध्ययन करें एवं दिये गये वाक्यों Expressions का प्रयोग दैनिक जीवन में करने का प्रयास करें।

(1) Can I get a room for the night, please ?
(2) Can you book a ticket for me ?
(3) Can you give me lift upto town ?
(4) Car hire is very expensive here.
(5) Cost is an important factor when we're planning of holidays.
(6) Do you have a single room available for tonight ?
(7) Do you want to fly first or economy class ?
(8) Don't hurry; we're not much late.
(9) Buses don't run frequently in that area.
(10) He always travels sleeper class.
(11) He blew all his savings on a trip to Chennai.
(12) He's due to arrive by the morning flight on Monday.
(13) He's going to Mumbai tomorrow on business trip.
(14) I did a one-month tour in America.
(15) I don't like bus journeys .
(16) I had to run fast to catch the train.
(17) I helped him carry his luggage to the platform.
(18) I think I'll have to make a trip to Mumbai this weekend.
(19) I'd rather travel in a taxi.
(20) I'm planning to fly to London next month.
(21) Is there a dining car on the train ?
(22) Is there a direct flight from Kolkata to Jaipur ?
(23) It is a good hotel.
(24) It's a long way to drive. Why don't we take a train ?
(25) My baggage is missing.
(26) Our car broke down on the way.
(27) Please book me on the evening flight.
(28) That's an expensive hotel.

(29) The beach was packed with tourists.
(30) The flight is fully booked.
(31) The flight leaves at 7, so check in is at about 6.15 or so.
(32) The journey should take about six hours.
(33) The plane was an hour late.
(34) The price of the holiday includes flights, accommodation and local touring.
(35) There are no vacancies in the hotel.
(36) There was a rail strike, so we had no choice but to stay on in Chennai.
(37) There was a charismatic view from the top of the hill.
(38) There's a frequent bus service from the city to the airport.
(39) They put up at the Krishna Hotel.
(40) Visitors are not allowed to take photographs there.
(41) We got off the bus at the last stop.
(42) We joined the passengers waiting to get on the bus.
(43) We made an overnight stop at Delhi.
(44) We spent a lot of our holiday sight-seeing in Jaipur.
(45) We spent three days in Delhi, and after that, we went to Jaisalmer.
(46) We're going to Karnataka for our holidays.
(47) What kind of transportation is available from airport to town ?
(48) What would you do if the flight was cancelled ?
(49) What's the departure time of the flight ?
(50) What's the price of a flight to New York at the moment ?
(51) When does the Air India flight take off ?
(52) Where are you going for your holidays ?
(53) You need a guide to show you the city.

"Live everday as if it were your last, because one of these days, it will be."

## English Relating to Eating and Drinking

Food and Drink से सम्बन्धित विभिन्न प्रकार के वाक्य एवं Expressions इस Tutorial में प्रस्तुत हैं। ये वाक्य Daily Routine में बहुत प्रयुक्त होते हैं। आप इन वाक्यों का बार-बार अध्ययन करें एवं इनका प्रयोग आपसी वार्तालाप में करने का प्रयास करें।

***Read and revise these sentences again and again. Use them in conversation*** :

(1) Add some more salt and pepper.
(2) Ask him to lay the table for lunch.
(3) Ask her to shell the peas.
(4) Boil an egg for me.
(5) Can I have some mango chutney ?
(6) Can you fry an egg for me ?
(7) Will you make a salad ?
(8) Would you shell this egg, please ?
(9) Come and eat your lunch or it'll spoil.
(10) Come on, stop talking so much .
(11) Don't have the ice cream now, it may spoil your appetite for dinner.
(12) Drink up—hurry!
(13) Give me my eggs raw.
(14) Have some more spinach.
(15) Haven't you chopped the onions yet ?
(16) Haven't you peeled the onions yet ?
(17) He added a little chilli powder to the dish to give a hot taste to it.
(18) He gave a dinner to his friends last week.
(19) He peeled the banana and ate it.
(20) She was tired and hungry.
(21) He's a glutton—he won't leave any of the food for the rest of us.
(22) How can I eat dry bread without butter ?
(23) How much chilli did you put in the curry ?
(24) I can't eat this sweet- it's bitter.
(25) I didn't like the soup.
(26) I don't think he was hungry.
(27) I had a big breakfast today in the morning.
(28) I have toast and tea for breakfast.

(29) I think you must teach the children how to behave at table.
(30) Is there egg in this ice cream ?
(31) Let's chop up the onions.
(32) Put some pepper in it—that'll give it more taste.
(33) She can make all kinds of Snacks—Samosas, Kachories, Cutlets, Idlis, Dosas etc.
(34) I haven't much of an appetite.
(35) She spread butter on a slice of bread.
(36) He suffers badly from indigestion.
(37) Shell these peanuts quickly, will you ?
(38) Slice the apple and chop it delicately.
(39) That restaurant specializes in Italian dishes.
(40) I shouldn't have eaten so much.
(41) That was a marvellous meal.
(42) The biscuits and cake tasted stale.
(43) The butter has gone (or turned) rancid.
(44) The coffee is too strong I can hardly drink it.
(45) The dessert was very good.
(46) The dinner has already been cooked. It just needs heating up.
(47) The eggs won't take long to fry.
(48) The soup was strongly flavoured with pepper.
(49) He has started kneading the dough.
(50) There'll be a stop for refreshments on the way.
(51) They ate at the first serving .
(52) They're having lunch.
(53) This milk tastes sour.
(54) What are we having for dinner ?
(55) When you go to the market, get some crisp tomatoes and apples, will you ?
(56) Would you like a glass of lemon ?
(57) Would you like some salted peanuts ?

"Eat, drink and be merry."

## English Relating to Politics

Politics आज व्यक्ति के आम जीवन का अंग बन चुकी है। Politics एक ऐसा विषय है, जिस पर हर व्यक्ति अपने विचार प्रकट करना चाहता है। Politics के सम्बन्ध में इस Tutorial में बहुत से वाक्य दिये गये हैं। आप इन वाक्यों का न केवल अध्ययन ही करें बल्कि इनका प्रयोग आपसी वार्तालाप में भी करने का प्रयास करें।

(1) This is the coalition government.
(2) In coalition, the coalition parties try to blackmail the ruling party.
(3) "Politics is the last resort for the scoundrals", said by a thinker.
(4) Our leaders are not only corrupt but most of them are criminals also.
(5) Casteism is a necessary evil of present day politics.
(6) Are you planning to stand for Parliament/State Assembly ?
(7) Don't ask me who I voted for.
(8) Don't fail to vote.
(9) Don't you think, party politics is actually a necessary evil ?
(10) He doesn't want to involve himself in local politics.
(11) He's a liberal politician.
(12) He's a well-known politician.
(13) He's been a communist since childhood.
(14) He's been struggling all his life for workers' rights.
(15) He's the leader of the opposition.
(16) He was very active in student politics.
(17) His popularity seems to have declined a lot.
(18) How many votes did these candidates poll ?
(19) I voted against him.
(20) I wonder how long this government could survive.
(21) Ours is a largest democracy in the world.
(22) Right to vote is the backbone of democracy.
(23) Nationalism is the major cause of most of the wars.
(24) We are not going to cast our votes this time.
(25) Most people are cynical about politics.
(26) This government is going to be defeated in the next election.
(27) The government is going to be voted out this election.
(28) The main opposition parties are against this move.
(29) The people have started rising against the new government.

(30) The people will soon start revolting against the government.
(31) The Prime Minister can't ignore the protests from the opposition.
(32) These are some of the principles our party favours.
(33) They're conservatives.
(34) They're planning to reform the electoral system.
(35) They've won a convincing victory in the elections.
(36) This is a national movement and it's gaining strength day by day.
(37) Our country is passing through a political anarchy.
(38) Political instability hampers the growth of nation.
(39) You have the power to vote. Use it rationally and wisely.

"The word 'Politics' is derived from the word 'Poly' means 'many' and the word 'ticks' meaning blood sucking parasites."
—*Hardiman*

## English used to Describe Specific Qualities of People

प्रत्येक व्यक्ति की अपनी विशेषता होती है। व्यक्ति का चरित्र कैसा है? क्या वह Intelligent है? क्या वह दयालु है? क्या वह ईमानदार है? इस तरह की Specific Qualities के सम्बन्ध में इस Tutorial में बहुत से वाक्य दिये गये हैं। आप इन वाक्यों का न केवल अध्ययन ही करें बल्कि इनका प्रयोग आपसी वार्तालाप में भी करने का प्रयास करें। आप जितना प्रयास करेंगे, उतना अधिक Confidence आप में पैदा होगा।

(1) He believes in solving the problems / disputes amicably.
(2) He can understand the situations well.
(3) He has a good brain and he can understand things quickly and clearly.
(4) He has a fertile mind, and is sure to find out a way to get out of this situation.
(5) He has a keen/ sharp mind.
(6) He has a lot of creative abilities / talents.
(7) He has a sharp business brain.
(8) He has brains and ambition, but he never tries his best.
(9) He knows a lot about this subject.
(10) He is the master of his subject.
(11) He knows how to take advantage of the situation.
(12) He always calculates whether his actions have any negative consequences.
(13) He notices and understands things quickly.
(14) He shows a clear understanding of a lot of facts about International Politics.
(15) He spends a lot of time studying and thinking about complicated things and imaginations.
(16) She's a creative person.
(17) He's a man of outstanding skill/ ability.
(18) He's a shrewd person. You can't trick him easily.
(19) He's a very bright and intelligent fellow.
(20) He has a wonderful memory .
(21) He's an educated person.
(22) He's an expert on his subject.
(23) He's an intellectual, and has an imaginative brain.
(24) He's good experienced about life and is not easily shocked / impressed.
(25) He's got brain, but he doesn't use it in positive directions.
(26) He's intellectual and rational, rather than emotional.
(27) He's quick to notice and but slow in taking decisions.
(28) He's rather serious and intellectual.

(29) He's slow to understand the things.
(30) He's very clever and is aware of happenings around him.
(31) He's very sensible and thinks very clearly.
(32) His judgement is never mistaken and is always correct.
(33) His mental capacity is amazing.
(34) He has a computer mind.
(35) Nothing that she does shows good judgement.
(36) She has a sharp mind/ intellect.
(37) She's a very clever woman .
(38) She can understand things easily.
(39) She's full of original and strange ideas.
(40) Whatever she says is always very clear/ effective/ forceful .
(41) She has very logical approach to the problems.
(42) He is a man of words.
(43) Generally, he honours his commitments.
(44) He is a pessimist.
(45) He always says that future looks dark to him.
(46) He can express himself well in writing.
(47) He can tackle any problem calmly.
(48) He deals with things very cleverly.
(49) He doesn't enjoy conversation.
(50) He enjoys a good argument and keeps his cool.
(51) He is very social .
(52) He gets through a tremendous amount of work everyday.
(53) He has a strong/ attractive character.
(54) He lacks determination and is unable to do anything properly.
(55) He likes to live alone and deliberately avoids other people.
(56) He likes work that involves thought and application of mind.
(57) He often blames other people when something goes wrong.
(58) He often finds it difficult to express his true feelings.
(59) He prefers to spend an evening reading a romantic novel.
(60) He takes life as it comes.
(61) He was dignified and impressive.
(62) He's a good natured person.
(63) He's a nervous person.
(64) He's a peaceful person.
(65) He avoids quarrelling/ fighting with other people.
(66) He's a practical sort of person.
(67) He's always forthright in argument.
(68) He's capable of a high level of study work.
(69) He's easily influenced and controlled by other people.
(70) He's full of new and exciting ideas.
(71) He's fully aware of his own shortcomings.
(72) He's highly productive.
(73) He's very irresponsible and careless.
(74) He's lazy and for him every work is hard work.
(75) He's pretty optimistic about things.
(76) He's very satisfied about his achievements.

(77) He's very clever and skilful at achieving what he wants.
(78) He's very harsh and rude.
(79) He's very impatient.
(80) He is a man of character.
(81) You can't doubt his integrity.
(82) He's very touchy on various subjects.
(83) I like him very much. He's quite a personality.
(84) It upsets her when other people lose their temper.
(85) She always keeps her room clean.
(86) She always looks very sad.
(87) She behaves selfishly and believes herself to be more important than other people.
(88) She feels ill at ease with strangers.
(89) She often blushes.
(90) She often feels disgruntled.
(91) She shows self-control and patience when other people would be upset and angry.
(92) She's shy and is easily embarrassed.
(93) When he gets angry, he makes a scene.
(94) She is lively and amiable.

**"The woods are lovely, dark and deep,**
**But I have promises to keep,**
**And miles to go before I sleep**
**And miles to go before I sleep."**
***—Robert Frost***

## English used to Describe Weather Conditions

Weather से सम्बन्धित विभिन्न प्रकार के वाक्य इस Tutorial में प्रस्तुत हैं। इन वाक्यों की जानकारी, आपकी English Speaking की क्षमता/योग्यता में वृद्धि में बहुत सहायक होगी। आप इनको बार-बार पढ़ें, अभ्यास करें तथा दैनिक जीवन में इनका प्रयोग करें।

(1) A dark sky means that it's going to rain.
(2) By the evening, the rain began to ease off.
(3) Do you like warm weather ?
(4) Does it ever snow in your area ?
(5) Don't go out without woollen clothes, the cold weather will chill you to the bone.
(6) How long does the dry season last ?
(7) I feel a bit chilly, let's go inside.
(8) I'm freezing in cold, get me a coat .
(9) If the weather clears up,we'll go for a picnic.
(10) In Rajasthan it's very hot in summer and very cold in winter.
(11) It has started to drizzle.
(12) It rained several times today.
(13) It rains a lot in July in our area.
(14) It started raining, and we took shelter under a tree.
(15) It is a bright, sunny day.
(16) It is a calm and cloudless day.
(17) It was a clear night yesterday and we could see lots of stars.
(18) It was a cloudy day.
(19) It was a hot summer day.
(20) It was quite sunny and not at all raining when we left.
(21) It was the foggiest night of the year.
(22) It was too hot, but she still went for a walk.
(23) It's a wet day and the rain isn't going to let up even now.
(24) It's drizzling.
(25) It's pouring.
(26) It has started to shower.
(27) It's sweltering today.
(28) It's hailing.
(29) It's raining cats and dogs.

(30) It is raining very heavily.
(31) Last night we had a cloudless sky.
(32) Look at that band of thick cloud spreading from the south.
(33) She put warm clothes on and went out.
(34) She was shivering in cold.
(35) This place is famous for its mild climate.
(36) The annual rainfall here is about 4 inches.
(37) The climate here is very hot and damp.
(38) The drizzle has now stopped.
(39) The fields were covered in mist.
(40) The monsoon is late this year.
(41) There was very cold past week .
(42) The rain stopped and the sun came out.
(43) The roads will be icy tomorrow morning.
(44) The skies remained sunny today.
(45) The sky hasn't cleared yet after the thunderstorm.
(46) The sky is completely covered with clouds.
(47) The sky turned black when the storm came near.
(48) The sky is overcast and there is not much light.
(49) The snow melted in the sun.
(50) The storm has destroyed our crops.
(51) The sun will evaporate the water.
(52) The weather is good today.
(53) The weather was windy and unpleasant.
(54) The wind is blowing hard.
(55) The wind soon died down.
(56) The windows are covered with frost.
(57) This city has a warm and dry climate.
(58) There was a flash of lightning, and then a loud peal of thunder.
(59) There was a hard frost last night.
(60) There was a heavy fall of rain last night.
(61) There was a heavy fall of snow there last night.
(62) There was frequent thunder and lightning.
(63) There were high winds last week.
(64) Things were difficult to see because of the mist.
(65) This kind of weather is good for the crops.
(66) Today, the temperature has dropped to freezing point.
(67) We'll go for a picnic if it's fine today.
(68) What a fine day today !
(69) What a showery weather!

"Water, water everywhere,
And all he boards did shrink,
Water, water everywhere.
Not any drop to drink."

## English Used in Entertainment Field

प्रत्येक व्यक्ति के जीवन में Entertainment का एक विशिष्ट स्थान है। Entertainment से सम्बन्धित विभिन्न वाक्यों की जानकारी आपको इस Tutorial में दी जा रही है। इन वाक्यों का अध्ययन करें तथा इनका प्रयोग दैनिक जीवन में करने का प्रयास भी करें।

(1) Are you interested in singing /dancing ?
(2) Did you see the exhibition of sculptures at the fort ?
(3) Did you watch the 8 O'clock show on T.V.? It was a magic show ?
(4) Do you know how to play the piano ?
(5) Do you like watching sports serial ?
(6) Do you like watching television shows ?
(7) Don't you like classical music ?
(8) Drawing is her chief enthusiasm.
(9) Everyday, he spends some time entertaining his children.
(10) Everyone wants to live in comfort.
(11) Gardening is one of his favourite hobbies.
(12) Reading is my favourite hobby.
(13) I enjoy watching cricket matches—it gives me a lot of pleasure.
(14) He loves travelling—it gives him a lot of pleasure and enjoyment.
(15) He only likes films that have a lot of action.
(16) She told me a funny story today.
(17) I am planning to throw a birthday party.
(18) How do you pass your leisure time ?
(19) I love watching magic tricks.
(20) I spent the afternoon reading under the trees.
(21) I wish I had more leisure time.
(22) On last Sunday I treated her to ice cream/ lunch/ dinner.
(23) It's a funny film/play and the cast are very good.
(24) Reading is one of his favourite relaxations.
(25) She enjoyed herself at the party.
(26) She gets great fascination from music.
(27) It was a funny film so we couldn't stop laughing.
(28) The children were playing doctors and nurses.

(29) This is a very special occasion and we should give a party to celebrate it.
(30) We went to an exhibition of paintings at the Art Gallery today.
(31) What do you do in your free time ?
(32) What do you do in your leisure hours ?

"Avarice, Envy, Pride
Three fatal sparks,
Have set the hearts of all on fire."

## English used in 'Sports And Games'

Sports And Games से सम्बन्धित विभिन्न वाक्य इस Tutorial में प्रस्तुत हैं। आपको जब कभी Sports या Games के सम्बन्ध में कुछ Discussion करने की आवश्यकता पड़ेगी, ये वाक्य आपके बहुत काम आयेंगे। आप इनका बार-बार अध्ययन करें एवं इनका प्रयोग आपसी वार्तालाप में करने का प्रयास भी करें।

(1) Our players played well today.
(2) At last, he managed to beat his opponent and won the game.
(3) Don't you like watching sports ?
(4) Don't try to win the match by fouling their players.
(5) Everyday, he exercises in the gym for an hour.
(6) He ran against some of the best runners in the race.
(7) He scored two goals in the first half of the match.
(8) He takes exercise regularly.
(9) He won the first game, but lost the second .
(10) He's a professional sportsman.
(11) He's a very good swimmer.
(12) He has beaten / broken the world record.
(13) How many contestants/competitors are there ?
(14) I have never played basketball.
(15) I bet he'll win the match.
(16) Is he good at boxing/wrestling ?
(17) It was an easy catch, but he dropped it.
(18) They've lost the match.
(19) Several companies came forward to sponsor our team this time.
(20) Our team failed to qualify for the Olympic games.
(21) Our team has a fairly good chance of winning this time.
(22) That team has won the qualifying match.
(23) Our team will win the world championship this time.
(24) When she lost the match she left the court in tears.
(25) Spectators at a football match are usually noisy.
(26) The game was a draw.
(27) The other boxer was knocked out in the fourth round.
(28) The result is a tie.

(29) There's a lot of rivalry between the two teams.
(30) They play very well, but they lack good sportsmanship.
(31) This is the third time that he has won first place.
(32) Two of their players were sent out of the ground for fouling.
(33) Where are the Olympic Games going to be held this time ?
(34) Who won the champion trophy ?
(35) He is the best sportsman of our college.

"Time is nature's way of keeping everything from happening at once."

—W. Allen

## English Relating to Computer Field

आज Computer का प्रवेश जीवन के प्रत्येक क्षेत्र में हो चुका है। Computers से सम्बन्धित कुछ ऐसे वाक्यों को इस Tutorial में दिया जा रहा है जिनकी आवश्यकता Computer का प्रयोग करने वाले व्यक्ति को सामान्य रूप से पड़ती है। इन वाक्यों का प्रयोग बातचीत में करने का प्रयास करें।

(1) Do you know how to use a computer ?
(2) Don't you know how to turn on a computer ?
(3) Do you know how to turn off the computer ?
(4) Don't you know what a computer is ?
(5) Are you new to computer ?
(6) At the end of each day, we make a backup of all the data we've fed into the computer.
(7) Computers are becoming more and more common everywhere.
(8) Computers have become more compact and more powerful.
(9) He keeps his computer turned on all the time.
(10) He spends hours together at his computer daily.
(11) How do I print out a file ?
(12) How do I format discs ?
(13) Do you know about virus ?
(14) I forgot the password.
(15) I think a virus has infected this computer.
(16) I want to get to know a little more about what a computer can do for me.
(17) I'm just a normal computer user.
(18) I'm seriously thinking about getting a computer.
(19) If your computer doesn't work, look first for the loose cables.
(20) If you want to exit, press the 'Escape' key.
(21) It may take months to gain skill and confidence with your new computer.
(22) Keep the keyboard below your elbow level .
(23) My computer is having start-up problems recently.
(24) My floppy drive isn't working properly.
(25) My mouse is stuck .
(26) My PC is making a strange noise.
(27) My PC won't boot, and I hear beeps.
(28) My PC is running very slow.

(29) Print that file on paper and give it to me.
(30) Software is the set of instructions that make a computer work.
(31) That's a cheap computer assembled by his father.
(32) The common cause of this problem is an insufficient amount of memory.
(33) The keyboard plugs in at the back of the processors.
(34) Computer is a magical device.
(35) Computers can do in an hour what a man can't do in years.
(36) The monitor goes blank often, but the press of a key restores it.
(37) The monitor is wavy.
(38) The software tells the hardware what to do.
(39) There are lots of reasons to learn about computers.
(40) They have a computer network with more than 100 terminals.
(41) Turn the monitor off.
(42) Viruses are nasty computer programs.
(43) What word processing software do you use ?
(44) Which key should I press to exit the system ?
(45) You'd better store the backup disks in some other room.
(46) What do you understand about the UPS ?
(47) What do you know about the CPU ?

**"For Perfection in English Speaking.
Do Practice. Try Yourself.
Don't let the hisitation
overcome you."**

## English Relating to Crime Field

Crime से Related बहुत से वाक्य इस Tutorial में दिए जा रहे हैं। इनका प्रयोग आपसी वार्तालाप में करने का प्रयास करें।

(1) He is innocent.
(2) He is a rapist.
(3) He is thief.
(4) He is involved in bank robbery.
(5) He is a murderer.
(6) All the criminals have been arrested.
(7) A police officer cautioned him for driving too fast last night.
(8) Both the robbers have been sent to prison.
(9) Bribery is a crime.
(10) Gambling is illegal in our country.
(11) Hanging has been abolished in several countries.
(12) He cheated her out of her money.
(13) She stole a book from the public library.
(14) He was arrested for beating up his neighbour.
(15) He was arrested for breaking and entering the factory premises.
(16) He is convicted of rape.
(17) He was found guilty and was sentenced to three months in prison.
(18) He's a detective working in the police force.
(19) He's a man of shady character.
(20) He's determined to expose corruption in the government offices.
(21) He's hardened criminal.
(22) He is a hardcore criminal.
(23) This hotel is a meeting place for all kinds of criminals.
(24) I don't think he's the culprit.
(25) He is an abductor /a kidnapper.
(26) I saw a police officer in uniform standing there.
(27) If you break the law, you will be punished.
(28) If you drive too fast, you may get booked.
(29) Is he involved in the scandal ?
(30) It's illegal to drink and drive.

(31) Somebody robbed them of all their money.
(32) Someone has lifted my wallet.
(33) Strictly speaking, you're guilty of law-breaking.
(34) The accused was remanded in custody.
(35) The police are expected to protect us and our property.
(36) The police have not made any arrests so far.
(37) The police have picked him up for questioning.
(38) The police have uncovered a plot to assassinate the Home Minister.
(39) The police searched the house.
(40) The trial ended in acquittal/conviction.
(41) They have no clue about the murderer's identity.
(42) He hijacked the plane at gunpoint.
(43) They smashed windows and looted the store.
(44) They took him to the police station.
(45) They were injured in the riot.
(46) They'll arrest him soon.
(47) He will be arrested soon.
(48) This is nothing but blackmail.
(49) Two police officers took the prisoners away.
(50) You're lucky to get off with a caution.
(51) He was acquitted by the magistrate.
(52) He was given benefits of doubt. .

**"Thinking low is a crime,**
**Refuse to learn is a crime,**
**wasting time is a crime**
**and the penalty of these crimes**
**is nobody cares you, as you are nobody."**

## English Relating to Nature

Nature से सम्बन्धित वाक्य इस Tutorial में बताए गये हैं। Nature व्यक्ति के जीवन का अभिन्न अंग है। Nature से सम्बन्धित ये वाक्य आपको English Speaking/ Conversation में सहायक सिद्ध होंगे इनका अध्ययन करें एवं इनका प्रयोग बातचीत में करने का प्रयास करें।

(1) It was a clear starry night.
(2) It was a very peaceful evening.
(3) The sea was very calm.
(4) The sea was violent .
(5) The sky was intensely blue.
(6) The sky was pale blue/ red yellow.
(7) The sun was setting and clouds were golden.
(8) The sun was setting.
(9) A bird came swooping in a curve and caught an insect.
(10) There were wide-spreading trees.
(11) Children were shouting with laughter along the beach.
(12) Frogs were making a loud noise.
(13) I heard the frogs croaking.
(14) I felt a strange peace .
(15) I sat there, listening to the hum of the bees.
(16) It had rained most of the morning.
(17) It was a beautiful bird—its beak was red, and its tail was yellow.
(18) It was a rough, pebbly road.
(19) Look at those vultures—they're moving without fluttering their wings.
(20) Several trees overhung the road.
(21) I sat there watching the waves come in and go out.
(22) The bird was perched on a branch of a tree.
(23) The birds have settled down for the night.
(24) The clouds hide the sun.
(25) The earth was soft under the feet.
(26) The hills in the distance looked black.
(27) The hills, trees and everything , they looked alive.
(28) The lawns are green.

(29) The leaves sparkled—in the clear air.
(30) The morning sun was upon the white clouds.
(31) The rain soaked earth—it has a sort of smell—a pleasant smell .
(32) The rain was pattering on the roof, and I sat there listening to it.
(33) The rain washed the leaves clean of the dust on them.
(34) The road was full of puddles.
(35) The sea was dark—and restless.
(36) The surface of the water was still, and there were fishing boats on it.
(37) The tall palms were very still.
(38) The water in the lake was still and clear.
(39) There was a gentle breeze and it was stirring among the corn.
(40) There was a glow in the sky—the western sky.
(41) There was a grove of bamboos to my left and a grove of mangoes to my right.
(42) There was a pleasant smell in the air—the pleasant smell of the rose.
(43) There was a stream of cool and fresh water among the bushes.
(44) There was a sweet scent/ fragrance in the air.
(45) There was water running in the sandy beds, and it made a pleasant noise.
(46) There were a number of goats scattered about on the hillside.
(47) There were rows of palm trees.
(48) There's a slight mist today.
(49) I could see a few cows grazing in the meadow.
(50) We could see colourful birds bathing on the edges of the streams.
(51) We had a long hot summer this year.
(52) I sat there, facing the sea.
(53) It is very pleasant weather today.
(54) Waves are rippling.
(55) There is milky moonlight every where.
(56) The nightingale is warbling.
(57) A cool breeze began to blow.
(58) The cool rain drops gave a thrilling sensation to all of us.

"Beauty is but a flower,
Which wrinkles will devour;
Brightness falls from the air,
Queens have died young and fair."

## Pronunciation

अच्छी English Pronunciation का अर्थ है कि आप जो भी बोल रहे हैं वह अन्य व्यक्ति आराम से समझ सके एवं वह Pronunciation, Standard के काफी नजदीक हो। उच्चारण में Unpleasantness या Rudeness न हो। English एक ऐसी भाषा है जिसमें आप Word को देखकर उसके उच्चारण का पता नहीं लगा सकते ? देखने में But (बट) एवं Put (पुट) एक जैसे उच्चारित होने वाले शब्द लगते हैं। इसी तरह No (नो) एवं Do (डू) भी एक जैसे उच्चारित होने वाले शब्द दिखाई देते हैं, लेकिन इनका उच्चारण अलग-अलग है। इसका अर्थ हुआ कि आपको हर शब्द के उच्चारण को सीखना होगा।

## Importance of Correct Pronunciation ?

*We can assign following reasons for the necessity and importance of correct pronunciation* :

**(A) First Impression :** जब आप किसी व्यक्ति से मिलते हैं तो जैसे ही आप कुछ बातचीत शुरू करते हैं वैसे ही, वह व्यक्ति न तो आपकी Grammar पर ध्यान देगा, न आपकी Vocabulary पर ध्यान देता है। Pronunciation ही आपके First Impression का निर्धारक है।

**(B) Communication :** यदि आपकी English Grammar बहुत अच्छी नहीं है तो आप Simple Grammatical Structures का उपयोग करके काम चला सकते हैं। यदि आपकी Vocabulary बहुत अच्छी नहीं है तो आप Simple Words का उपयोग कर सकते हैं लेकिन आपका Pronunciation सही नहीं है, Faulty है तो आपको Communication में बहुत Problem आ सकती है। कुछ दिन पूर्व मेरा एक मित्र अमेरिका गया। उसने बताया कि जब भी वहाँ किसी से वहाँ कोई बात करता है तो वह व्यक्ति बार-बार What ? What ? या Pardon .. Pardon... करता रहता। मुझे पुनः मेरे बोले वाक्य को Repeat करना पड़ता फिर वह, उसी वाक्य को खुद बोलकर मुझसे पूछता है कि आप यह करना चाहते थे? इस तरह मेरा वह दोस्त अपने Faulty Pronunciation के कारण काफी परेशान रहा।

## Is Your Pronunciation O.K?

आप शायद यह समझते होंगे कि मैं कक्षा में बोल सकता हूँ या आपस में मित्रों से, अध्यापकों से बात कर सकता हूँ, अतः मेरा उच्चारण ठीक है। हमारे लिए English एक विदेशी भाषा है। हमारा उच्चारण यहाँ के हिसाब से ठीक हो सकता है। लेकिन वास्तविक रूप से आपका उच्चारण ठीक नहीं है।

***What's Good English Pronunciation (Standard English Pronunciation)?***

अच्छे English Pronunciation का अर्थ है कि आप जो भी बोल रहे हैं वह अन्य व्यक्ति आराम से समझ सकें एवं वह Pronunciation, Standard के काफी नजदीक हो। उच्चारण में Unpleasantness या Rudeness न हो।

यह आवश्यक नहीं कि आपका उच्चारण अमेरिका के प्रेसीडेन्ट या ब्रिटेन के प्रधानमंत्री जैसा हो। ब्रिटेन में भी कई प्रकार की क्षेत्रीय अंग्रेजी भाषा बोली जाती है। उनका उच्चारण अपने Region के अनुसार आपस में काफी भिन्न है लेकिन फिर भी वह उच्चारण Standard English Pronunciation से काफी मिलता है। Standard English Pronunciation को समझने हेतु आप CNN, BBC जैसे Channels TV पर देखें तथा सुनें तो आपको समझ में आ जायेगा कि Standard English Pronunciation क्या है।

## Learning the Pronunciation

English एक ऐसी भाषा है जिसमें आप Word को देखकर उसके उच्चारण का पता नहीं लगा सकते? देखने में But (बट) एवं Put (पुट) एक जैसे उच्चारित होने वाले शब्द लगते हैं। इसी तरह No (नो) एवं Do (डू) भी एक जैसे उच्चारित होने वाले शब्द दिखाई देते हैं, लेकिन इनका उच्चारण अलग-अलग है। इसका अर्थ हुआ कि आपको हर शब्द के उच्चारण को सीखना होगा। सभी शब्दों के उच्चारण को सीखने हेतु Phonetic Transcription का प्रयोग किया जाता है। Dictionaries में शब्दों को Phonetic Alphabet में लिखा जाता है। जिससे आप उस शब्द का सही उच्चारण सीख सकते हैं।

**What's Word Stress? :** जब एक शब्द में कई Syllables होते हैं तो किसी Syllable पर अधिक, किसी पर कम Stress देकर उसका उच्चारण किया जाता है।

**What are Syllables? :** English का प्रत्येक Word, Syllables से बना होता है। एक word में एक दो, तीन या अधिक Syllable हो सकते हैं। निम्न Table को देखें :

| Word | Syllable | Number of syllables |
|---|---|---|
| pen | pen | 1 |
| house | house | 1 |
| table | ta-ble | 2 |
| photo | pho-to | 2 |
| expensive | ex-pen-sive | 3 |
| interesting | in-ter-est-ing | 4 |
| exceptional | ex-cep-tion-al | 4 |

ध्यान से देखने पर ज्ञात होगा कि प्रत्येक Syllable में कम से कम एक स्वर (Vowel) a, e, i, o, u है या Vowel Sound है।

English Speaking में सही उच्चारण हेतु Word Stress की जानकारी होना बहुत महत्वपूर्ण है। हर भाषा में Word Stress का प्रयोग नहीं किया जाता है। जैसे Japanese, French में सभी Syllable समान रूप से उच्चारित किए जाते हैं जबकि English में Words के सही उच्चारण हेतु Word Stress का ध्यान रखना बहुत आवश्यक है।

English में हमें किसी Syllable को धीरे किसी पर जोर देकर बोलना होता है। उदाहरण के लिए निम्न तीन शब्दों के उच्चारण को देखें :

(1) PHOTOGRAPH — इसमें तीन Syllables हैं एवं इसके उच्चारण में हमें प्रथम Syllable PHO पर Stress डालना होगा।

(2) PHOTOGRAPHER — इसमें चार Syllables हैं तथा इसको उच्चारित करते समय Syllable TO पर Stress डालना होगा।

(3) PHOTOGRAPHIC — इसमें भी चार Syllable हैं तथा इसका उच्चारण करते समय Syllable GRAPH पर Stress डालना होगा।

जब किसी Word में एक से अधिक Syllables होते हैं तो यह स्थिति आती है। नीचे लिखे अन्य शब्द देखें :

(1) TEACHer (2) jaPAN
(3) ABOVE (4) converSATION
(5) IMPORTANT (6) deMAND

उक्त Word में CAPITAL Letters में लिखें Syllable को Stress के साथ उच्चारित करने से ही शब्दों का सही उच्चारण होता है। यदि यह Stress गलत Syllable पर डाला गया तो आपका उच्चारण गलत हो जायेगा। England एवं America में लोग, Stressed Syllable का बहुत ध्यान रखते हैं। यदि आप भी English बोलते समय Word Stress का ध्यान रखें तो आपका उच्चारण बहुत अच्छा हो जायेगा।

## Rules of Word Stress in English

(a) सर्वप्रथम यह ध्यान रखें कि एक Word में एक ही Stress हो सकता है। यदि आप दो Stress सुन रहे हैं तो इसका अर्थ है कि आप दो Word सुन रहे हैं।

(b) केवल Vowels को ही Stress किया जा सकता है। Consonants को नहीं।

निम्न बिन्दुओं का ध्यान रखें :

(1) सामान्य रूप से दो Syllable वाले Nouns या Adjectives में Stress पहले Syllable पर होता है। जैसे :

| | |
|---|---|
| AMErica, IMport, TAble | *Nouns* |
| HAPpy, SLENder, CLEver | *Adjective* |

(2) दो syllable वाली Verbs मे Stress अन्तिम Syllable पर रहता है। जैसे :

| | |
|---|---|
| To deCIDE, To imPORT, to rePEAT | *Verbs* |

(3) सामान्यता जिन Words के अन्त में ic या sion या tion आता है, ऐसे Words में Stress (penultimate syllable = second from end) अन्तिम syllable से पहले वाले syllable पर रहता है। जैसे :
photo GRAPH ic, geoLOG ic, geoGRAPHic, teleVIsion, reveLAtion.

(4) जिन शब्दों के अन्त में cy, ty, phy, gy या al आता है। उनमें Ante Penultimate Syllable अर्थात् third from end (अन्तिम syllable से तीसरा वाला) पर Stress रहता है। जैसे :
deMO cra cy, phoTO gra phy, CRI ti cal, geoLOgi cal.

(5) Compound Words में यदि वह Compound Noun है तो Stress पहले Part में रहता है, यदि वह Compound Adjective या Compound Verb है तो Stress दूसरे Part पर रहता है। जैसे :

| | |
|---|---|
| (a) BLACKbird, WHITE house | *Compound Noun* |
| (b) bad-TEM pered, old-FASH ioned | *Compound Adjective* |
| (c) to under STAND, to over DRAW | *Compound Verb* |

**ध्यान रखें**

*उक्त नियमों के बहुत अपवाद हैं। Pronunciation को नियमों द्वारा नहीं सीखा जा सकता है। आप जितनी अधिक अंग्रेजी की Practice करेंगे आप उतना ही शीघ्र English का सही Pronunciation सीख सकेंगे।*

## How to Pronounce the Words Correctly?

अंग्रेजी एक Phonetic Language नहीं है। इसका अर्थ है कि हम शब्द की Spelling देखकर ही उसका उच्चारण नहीं कर सकते। कुछ शब्द तो ऐसे हैं जिनकी Spellings समान हैं लेकिन अलग स्थिति में उच्चारण में भिन्नता है। जैसे :

I like to read (रीड) this book.
I have read (रेड) that novel.

कुछ शब्द ऐसे हैं जिनकी Spellings अलग हैं लेकिन उच्चारण समान है। जैसे :

I have read (रेड) that novel. His favourite colour is red (रेड)

अधिकांश व्यक्ति अंग्रेजी के उच्चारण में बहुत गलतियाँ करते हैं। अंग्रेजी भाषा में 26 अक्षर हैं। इनमें 5 स्वर (Vowels A,E,I,O,U) तथा शेष 21 अक्षर व्यंजन (Consonants) हैं। कुछ Vowels व्यंजन की ध्वनि देते हैं तो कुछ व्यंजन स्वर की ध्वनि देने हेतु प्रयुक्त होते हैं। English भाषा में उच्चारण में शुद्धता हेतु निम्न नियमों का गम्भीरता से अध्ययन करें।

## Pronunciation of Vowels

**Vowels (स्वर) : A, E, I, O, U**

(1) A के उच्चारण के नियम : A के प्रमुख उच्चारण ये होते हैं : आ, ऐ, एअ, ऐ, ए।

(a) A = आ, ऑ

| | | | | | |
|---|---|---|---|---|---|
| All | ऑल | सब | Wall | वॉल | दीवार |
| Call | कॉल | बुलाना | Small | स्मॉल | छोटा |
| Stall | स्टॉल | मेले की दुकान | Car | कार | गाड़ी |
| Far | फार | दूर | Are | आर | हैं, हो |

**(b) A = ऐ**

| | | | | | |
|---|---|---|---|---|---|
| An | ऐन | एक | Can | कैन | बाल्टी |
| Fan | फैन | पंखा | Cat | कैट | बिल्ली |
| Dad | डैड | पिता | Band | बैंड | बाजा |

(c) A = एअ

| | | | | | |
|---|---|---|---|---|---|
| Care | केअर | परवाह | Mare | मेअर | घोड़ी |
| Fare | फेअर | किराया | Dare | डेअर | साहस करना |
| Ware | वेअर | बर्तन | Share | शेअर | हिस्सा बांटना |

**(d) A = ए ........... (लम्बा उच्चारण) :** यदि A के आगे Y या I का प्रयोग हो, तो A का उच्चारण ए के समान हो जाता है, परन्तु यह ए कुछ लम्बा उच्चारण देता है। जैसे :

| | | | | | |
|---|---|---|---|---|---|
| Bay | बे | खाड़ी | Day | डे | दिन |
| Say | से | कहना | Stay | स्टे | ठहरना |
| Main | मेन | मुख्य | Brain | ब्रेन | दिमाग |
| Fay | फे | पारी | Gay | गे | प्रसन्न |
| Lay | ले | रखना | Maid | मेड | कन्या |
| Ray | रे | किरण | Pain | पेन | दर्द |
| Nail | नेल | नाखून | Plain | प्लेन | सादा |

यदि A के आगे कोई Consonant और फिर e रखा हो तो A का उच्चारण ए के समान होता है। जैसे :

| | | | | | |
|---|---|---|---|---|---|
| Cage | केज | पिंजरा | Race | रेस | दौड |
| Base | बेस | आधार | Tape | टेप | फीता |
| Sale | सेल | बिक्री | Tale | टेल | कहानी |
| Tame | ट्रेम | पालतू | Face | फेस | चेहरा |
| Make | मेक | बनाना | Sage | सेज | साधू |
| Bake | बेक | पकाना | Trade | ट्रेड | व्यापार |

**(2)** E के उच्चारण के नियम : E के प्रमुख उच्चारण ये होते हैं ए ( ` ), इ, ई। जैसे :

**(a)** E = एक ( ` ) छोटा उच्चारण

| | | | | | |
|---|---|---|---|---|---|
| Net | नेट् | जाली | Beg | बेग | भीख मांगनाा |
| Cent | सेन्ट् | सौ, एक सिक्का | Fend | फेन्ड् | रोकना |
| Keck | केक | जी मिचलाना | Less | लेस | कम |
| Bell | बेल | घण्टी | Hell | हेल | नर्क |
| Pet | पेट | पालतू | Sell | सेल | बेचना |
| Met | मेट | मिला | Fell | फेल | गिरा |

**(b) E = ई**

| | | | | | |
|---|---|---|---|---|---|
| Be | बी | होना | We | वी | हम |
| He | ही | वह | She | शी | वह |
| Ear | ईअर | कान | Seal | सील | मुहर |
| Me | मी | मुझे | Meal | मील | भोजन |
| Real | रीअल | वास्तविक | Feel | फील | अनुभव |

**(c) Ee = ई** ........... (लम्बा उच्चारण)

| | | | | | |
|---|---|---|---|---|---|
| See | सी..... | देखना | Bee | बी..... | मधुमक्खी |
| Weep | वी...प | रोना | Sleep | स्ली...प | सोना |
| Deep | डी...प | गहरा | Sweep | स्वी...प | झाडू लगाना |

**(d)** Ea = इ (छोटा उच्चारण)

| | | | | | |
|---|---|---|---|---|---|
| Sea | सी | समुद्र | Pea | पी | मटर |
| Beat | बीट | पीटना | Meat | मीट | मांस |
| Mean | मीन | अर्थ होना | Cheat | चीट | धोखा देना |
| Before | बिफोर | पहले | Heroic | हिरोइक | साहसी |
| Eleven | इलेविन | ग्यारह | Near | निअर | पास |
| Eclipse | इक्लिपस | ग्रहण | Pear | पिअर | नाशपाती |
| Effect | इफैक्ट | प्रभाव | Rear | रिअर | पिछला भाग |

**(e)** E = अपनी कोई ध्वनि नहीं है।

यदि किसी शब्द के अन्त में e आता है तो उसका अपना कोई उच्चारण नहीं होता, परन्तु उससे पहले आये एक या एक से अधिक व्यंजनों (consonants) को छोड़कर जो अन्य स्वर (Vowel) होता है, उसका उच्चारण लम्बा हो जाता है।

**(i)** यदि पूर्ववर्ती स्वर A हो तो A का उच्चारण ए...... होता है और e का अपना कोई उच्चारण नहीं होता है। जैसे :

| | | | | | |
|---|---|---|---|---|---|
| Shame | शे म | लज्जा | Name | ने म | नाम |
| Lame | ले म | लंगडा | Same | से म | वही |
| Bale | बे ल | गट्ठा | Late | ले ट | देरी। |
| Came | के म | आया | Tame | टे म | पालतू |
| Rate | रे ट | दर | Fame | फे म | प्रसिद्ध |

***See more examples :***

| | | | | | |
|---|---|---|---|---|---|
| Rat | रैट | चूहा | Rate | रे ट | दर |
| Man | मैन | मनुष्य | Mane | मे न | गर्दन के लम्बे बाल |
| Mat | मैट | चटाई | Mate | मे ट | मित्र/संगी |
| Pan | पैन | कड़ाई | Pane | पे न | शीशे का टुकड़ा |

**(ii)** यदि पूर्ववर्ती स्वर I हो तो I का उच्चारण आई होता है और अन्तिम e का अपना कोई उच्चारण नहीं होता। जैसे :

| | | | | | |
|---|---|---|---|---|---|
| Line | लाइन | रेखा | Nine | नाइन | नौ |
| File | फाइल | रेती | Lime | लाइम | नींबू (खट्टा) |
| Five | फाइव | पाँच | Hive | हाइव | मधुमक्खी का छत्ता |
| Ripe | राइप | पका हुआ | Fine | फाइन | दण्ड |
| Bide | बाइड | ठहरना | Bike | बाइक | बाइसिकल |

*निम्नलिखित उदाहरण भी पढ़िए :*

| | | | | | |
|---|---|---|---|---|---|
| Bit | बिट | टुकड़ा | Bite | बाइट | काटना |
| Sit | सिट | बैठना | Site | साइट | स्थान |
| Kit | किट | सांरगी, थैला | Kite | काइट | पतंग |
| Pip | पिप | फलों के छोटे बीज | Pipe | पाइप | बांसुरी |

**(iii)** यदि पूर्ववर्ती स्वर O हो तो O का उच्चारण ओ होता है और अन्तिम e का अपना कोई उच्चारण नहीं होता है। जैसे :

| | | | | | |
|---|---|---|---|---|---|
| Hope | होप | आशा | Joke | जोक | मजाक |
| Nose | नोज | नाक | Rose | रोज | गुलाब का फूल |
| Lone | लोन | अकेला | Bone | बोन | हड्डी |
| Code | कोड | संहिता | Coke | कोक | पत्थर का कोयला |
| Dome | डोम | गुम्बद | Home | होम | घर |

*See more examples :*

| | | | | | |
|---|---|---|---|---|---|
| Rob | रॉब | लूटना | Robe | रोब | घाघरा |
| Hop | हॉप | फुदकना | Hope | होप | आशाा करना |
| Not | नॉट | नहीं | Note | नोट | संकेत |
| Dot | डॉट | बिन्दु | Dote | डोट | मूर्ख होना |

**(iv)** यदि पूर्ववर्ती स्वर U हो तो U का उच्चारण (1) ऊ (2) यू होता है और अन्तिम e का अपना कोई उच्चारण नहीं होता है। जैसे :

| | | | | | | |
|---|---|---|---|---|---|---|
| (1) | Rule | रूल | नियम | June | जून | जून मास |
| | Jute | जूट | पटुआ, पट्सन | Rude | रूड | असभ्य |
| (2) | Tube | ट्यूब | नली | Cube | क्यूब | घन |
| | Mute | म्यूट | मूक | Nude | न्यूड | नंगा |

| | | | | | |
|---|---|---|---|---|---|
| Cute | क्यूट | सुन्दर | Yule | यूल | क्रिसमस |
| Tune | ट्यून | सुर | | | |

**(v)** Ew = इयू : यदि e के आगे w हो तो ew का उच्चारण इयू से होता है : परन्तु e से पूर्व का Consonant ह्रस्व उच्चारित होता है। जैसे :

| | | | | | |
|---|---|---|---|---|---|
| Dew | ड्यू | ओस | Sew | स्यू | सीना |
| New | न्यू | नया | Few | फ्यू | कुछ |
| Blew | ब्ल्यू | बजाया | Drew | ड्रियू | खींचा |
| Mew | म्यू | म्याऊँ | Crew | क्रयू | जत्था |

**(3)** I के उच्चारण के नियम : I के प्रमुख ये उच्चारण होते हैं इ, आइ। परन्तु कभी-कभी अ जैसा भी उच्चारण होता है। जैसे :

(a) I = इ (ह्रस्व उच्चारण)

| | | | | | |
|---|---|---|---|---|---|
| Pin | पिन | सुई | Big | बिग | बड़ा |
| Ship | शिप | जहाज | Trick | ट्रिक | चाल |
| Kill | किल | मारना | Shrink | श्रिंक | सिकुड़ना |
| City | सिटी | शहर | Mill | मिल | चक्की |
| Hill | हिल | पहाड़ी | Bit | बिट | टुकड़ा |
| Dim | डीम | धुँधला | Fill | फिल | भरना |

(b) I = आई

| | | | | | |
|---|---|---|---|---|---|
| Kind | काइंड | दयालु | Hind | हाइन्ड | पिछला |
| Bind | बाइंड | बांधना | Blind | ब्लाइंड | अन्धा |
| Mild | माइल्ड | कोमल | Child | चाइल्ड | बच्चा |
| Kite | काइट | पतंग | Lime | लाइम | नींबू |
| Pile | पाइल | ढेर | Wild | वाइल्ड | जंगली |

(c) I = अ

| | | | | | |
|---|---|---|---|---|---|
| Birth | बर्थ | जन्म | Firm | फर्म | संस्था |
| First | फर्स्ट | पहला | Dirt | डर्ट | मिट्टी |
| Bird | बर्ड | पक्षी | Girl | गर्ल | लकड़ी |
| Gird | गर्ड | बाँधना | | | |

(d) I = आय

| | | | | | |
|---|---|---|---|---|---|
| Fire | फायर | आग | Admire | एडमायर | प्रशंसा करना |
| Sir | सर | महाशय | Hire | हायर | किराये पर लेना |
| Direct | डायरेक्ट | सीधा | Dire | डायर | भयानक |
| Wire | वायर | तार | Tire | टायर | थकना |

(e) Ei, ie = ई

| | | | | | |
|---|---|---|---|---|---|
| Receive | रिसीव | लेना | Deceive | डिसीव | धोखा करना |
| Sieve | सीव | छलनी | Siege | सीज | घेरा |
| Tie | टाइ | बांधना | Shield | शील्ड | ढाल |
| Diet | डाइट | खुराक | Field | फील्ड | खेत |
| Grieve | ग्रीव | शोक करना | Friend | फ्रेंड | मित्र |
| Lie | लाइ | झूठ | | | |

**(4)** O के उच्चारण के नियम : O के प्रमुख ये उच्चारण होते हैं : अ, आ, ओ, उ, ऊ। जैसे :

(a) O = अ (ह्रस्व उच्चारण)

| | | | | | |
|---|---|---|---|---|---|
| Son | सन | पुत्र | Come | कम | आना |
| Done | डन | किया हुआ | Some | सम | कुछ |
| None | नन | कोई नहीं | | | |

(b) O = ऑ

| | | | | | |
|---|---|---|---|---|---|
| Ox | ऑक्स | बैल | Box | बॉक्स | सन्दूक |
| Hot | हॉट | गर्म | Dot | डॉट | बिन्दु |
| God | गॉड | ईश्वर | Dog | डॉग | कुत्ता |
| Conduct | कॉन्डक्ट | आचरण | Doctor | डॉक्टर | डाक्टर |
| Form | फॉर्म | आकार | Hog | हॉग | सूअर |
| Log | लॉग | लकड़ी का लट्ठा | | | |

(c) O = ओ

| | | | | | |
|---|---|---|---|---|---|
| Old | ओल्ड | पुराना | Gold | गोल्ड | सोना |
| Post | पोस्ट | डाक | Ghost | घोस्ट | प्रेत |
| Bold | बोल्ड | साहसी | Cold | कोल्ड | ठंडा |
| Fold | फोल्ड | तह | Rotate | रोटेट | घुमाना |
| Port | पोर्ट | बन्दरगाह | | | |

(d) Ow = ओ, आउ

| | | | | | |
|---|---|---|---|---|---|
| (i) Row | रो | पंक्ति | Bow | बो | झुकना |
| Show | शो | दिखाना | Grow | ग्रो | उगना |
| (ii) How | हाउ | कैसे | Cow | काउ | गाय |
| Now | नाउ | अब | | | |

(e) O = उ, ऊ

| | | | | | |
|---|---|---|---|---|---|
| (i) Look | लुक | देखना | Cook | कुक | पकना |
| Good | गुड | अच्छा | Book | बुक | पुस्तक |
| (ii) Moon | मून | चाँद | Boot | बूट | जूता |
| Room | रूम | कमरा | Broom | ब्रूम | झाड़ू |

(f) Oy = वॉय

| | | | | | |
|---|---|---|---|---|---|
| Boy | बॉय | लड़का | Toy | टॉय | खिलौना |
| Joy | जॉय | प्रसन्नता | Foyer | फॉयर | सिनेमा या होटल में विशाल छतदार स्थान |
| Hoyden | हॉयडन | जोशीली लड़की | Coy | कॉय | शर्मीला |

(g) Ou = ऑव

| | | | | | |
|---|---|---|---|---|---|
| Hour | ऑवर | घंटा | Sour | सॉवर | खट्टा |

**(5)** U के उच्चारण के नियम : U के प्रमुख उच्चारण होते हैं : अ, उ, यू, यो। जैसे :

(a) U = अ

| | | | | | |
|---|---|---|---|---|---|
| Cup | कप | प्याला | Tub | टब | नांद |
| Hut | हट | झोपड़ी | Sun | सन | सूर्य |
| Mud | मड | कीचड़ | Curd | कर्ड | दही |
| Bus | बस | बस | Mug | मग | जलपात्र |
| But | बट | लेकिन | Bulk | बल्क | भार |

| | | | | | |
|---|---|---|---|---|---|
| Fun | फन | मजाक | Fur | फर | पशुओं के घने बाल |
| Up | अप | ऊपर | Nut | नट | पेंच, अखरोट |

(b) U = उ

| | | | | | |
|---|---|---|---|---|---|
| Put | पुट | रखना | Push | पुश | दबाना, धकेलना |
| Pull | पुल | खींचना | Hurrah | हुर्रा | हर्षनाद |
| Bull | बुल | बैल | Bush | बुश | झाड़ी |
| Full | फुल | भरा हुआ | Jubilee | जुबिली | महोत्सव |

(c) U = यू, यो

| | | | | | |
|---|---|---|---|---|---|
| Duty | ड्यूटी | कर्त्तव्य | Durable | डयूरेबल | टिकाऊ |
| Cure | क्योर | आराम होना | Pure | प्योर | शुद्ध |

**(6)** Y के उच्चारण के नियम (Y is used both a consonant and a semi-vowel) : Y एक व्यंजन है परन्तु कहीं कहीं यह स्वर का काम करता है। जैसे :

(a) Y = ई

| | | | | | |
|---|---|---|---|---|---|
| Policy | पॉलिसी | नीति | Icy | आइसी | बर्फीला |
| Greedy | ग्रीडी | लालची | Hearty | हार्टी | हार्दिक |

(b) Y = आय

| | | | | | |
|---|---|---|---|---|---|
| Tyre | टायर | टायर | Pyre | पायर | चिता |
| Tyrant | टायरैन्ट | क्रूर | Typhoid | टायफाइड | मियादी बुखार |

(c) Y = आई

| | | | | | |
|---|---|---|---|---|---|
| Dyke | डाइक | खाड़ी | Type | टाइप | प्रकार |
| Dynasty | डानेस्टी | वंश | Tycoon | टाइकून | बड़ा व्यापारी |

**Learn the pronunciation of Consonants** (व्यंजन) :

| | | | | |
|---|---|---|---|---|
| B ब | C स | D ड | F ए | G ज |
| H ह | J ज | K क | L ल | M म |
| N न | P प | Q क | R र | S स |
| T ट | V व | X क्स | Y य | Z ज |

**'C'** के उच्चारण :

(i) यदि C के आगे E, I, Y आदि कोई वर्ण दे रखा हो, तो C का उच्चारण स होता है। जैसे :

| | | | | | | |
|---|---|---|---|---|---|---|
| (a) | Rice | राइस | चावल | Pice | पाइस | पैसा |
| | Niece | नीस | भतीजा | Cease | सीज | रुकना |
| (b) | Citizen | सिटिजन | नागरिक | Cigar | सिगार | बीड़ी, सिगरेट |
| | Circle | सर्कल | घेरा | Cinema | सिनेमा | चलचित्र |
| | City | सिटी | शहर | Civil | सिविल | नगर का |
| | Cistern | सिस्टर्न | हौज | Cinder | सिंडर | अंगारा |
| (c) | Cyclone | साइक्लोन | तूफान | Icy | आइसी | बर्फीला |
| | Cycle | साइकिल | साइकिल | Cypher | सिफर | शून्य |

(ii) यदि C के आगे A, O, U, K. R, L आदि कोई वर्ण दे रखा हो तो C का उच्चारण क होता है। जैसे :

| | | | | | | |
|---|---|---|---|---|---|---|
| (a) | Cat | कैट | बिल्ली | Cattle | कैटल | पशु |
| | Cavity | कैविटि | छेद | Catalogue | कैटेलॉग | सूची-पत्र |
| | Cave | कैव | गुफा | Cage | केज | पिंजरा |
| | Car | कार | कार | Cane | केन | छड़ी, बैंत |

| | | | | | |
|---|---|---|---|---|---|
| (b) Cot | कॉट | चारपाई | Colour | कलर | रंग |
| Collar | कॉलर | कालर | Cottage | कॉटेज | झोपड़ी |
| Cog | कॉग | दाँता | Coke | कोक | पत्थर का कोयला |
| Coin | कॉइन | सिक्का | Cobra | कोबरा | फनियर नाग |
| (c) Curse | कर्स | कोसना | Custom | कस्टम | रिवाज |
| Cut | कट | काटना | Curtain | कर्टेन | पर्दा |
| (d) Lock | लॉक | ताला | Duck | डक | बत्तख |
| Dock | डॉक | बन्दरगाह | Rock | रॉक | चट्टान |
| (e) Crow | क्रो | कौआ | Cruel | क्रुअल | क्रूर |
| Cradle | क्रेडल | पासना | Crass | क्रास | अनाड़ी |
| (f) Clock | क्लाक | दीवार घड़ी | Clatter | क्लैटर | बकबक करना |
| Clerk | क्लर्क | लिपिक | Clean | क्लीन | स्वच्छ |

(iii) यदि C के आगे IA दे रखा है तो C का उच्चारण श होता है। जैसे :

| | | | | | |
|---|---|---|---|---|---|
| Social | सोशल | सामाजिक | Musician | म्यूजिशयन | संगीतकार |
| Racial | रेश्यल | वंश सम्बन्धी | Facial | फेश्यल | मुख सम्बन्धी |

(iv) यदि C के आगे H दे रखा हो तो C प्राय: उच्चारण च, क और श भी होता है। जैसे :

| | | | | | |
|---|---|---|---|---|---|
| (a) Cheat | चीट | धोखा देना | Chess | चेस | शतरंज |
| Cheer | चीयर | ताला चाबी | Chair | चेयर | कुर्सी |
| Bench | बैंच | बैंच | Reach | रीच | पहुंचना |
| (b) Chemist | कैमिस्ट | दवा बेचने वाला | Character | करैक्टर | चरित्र |
| Cholera | कॉलेरा | हैजा | Chorus | कोरस | गायक समूह |
| (c) Chemise | शिमीज | शमीज | Chiffon | शीफॉन | बरीक कपड़ा |
| Machine | मशीन | मशीन | Chicane | शिकेन | छलना |

**G** के उच्चारण : G के उच्चारण है ग और ज। G का प्रमुख उच्चारण तो ग है, परन्तु यदि G के आगे E आ जाए तो ज से उच्चारित किया जाता है। जैसे :

| | | | | | |
|---|---|---|---|---|---|
| (i) Gun | गन | बन्दूक | Bag | बैग | थैला |
| Gate | गेट | बड़ा दरवाजा | Pig | पिग | सूअर |
| Fog | फौग | कुहरा | Gag | गैग | मुंह बन्द करना |
| (ii) Page | पेज | पृष्ठ | General | जनरल | साधारण |
| Pigeon | पिजन | कबूतर | Germ | जर्म | कीटाणु |
| Gist | जिस्ट | सारांश | Magistrate | मैजिसट्रेट | जज |
| Ginger | जिन्जर | अदरक | Giant | जाइन्ट | दानव |

S के उच्चारण : S के प्रमुख उच्चरण हैं : ज, स श

(i) यदि किसी शब्द के अन्त में be, g, gg, ge, oe, ie, ee, y आदि वर्ण आएं तो इनके आगे लगे s का उच्चारण ज होता है। जैसे :

| | | | | | |
|---|---|---|---|---|---|
| Tribes | ट्राइब्ज | कबीले | Bags | बैग्ज | थैले |
| Eggs | ऐग्ज | अण्डे | Ages | एजिज | युग |
| Heroes | हीरोज | नायक | Armies | आर्मीज | सेनायें |
| Rupees | रुपीज | रुपये | Boys | ब्वायज | लड़के |
| Bribes | ब्राइब्ज | रिश्वतें | Scribes | स्क्राइब्ज | पेशेवर पत्र लेखक |
| Trees | ट्रीज | पेड़ | Fees | फीज | शुल्क |

| | | | | | |
|---|---|---|---|---|---|
| Flags | फ्लैग्ज | झंडे | Rugs | रग्ज | कम्बल |
| Cages | कैजिल | पिंजरे | Wages | वेजिज | मजदूरी |
| Mugs | मग्ज | प्याले | Pages | पेजिज | पृष्ठ |
| Nigroes | नीग्रोज | हब्शी | Mangoes | मैंगोज | आम |
| Cities | सिटीज | शहर | Potatoes | पोटेटोज | आलू |

(ii) यदि किसी शब्द में s या ss के आगे ia, ion आदि वर्ण हों तो s का उच्चारण स होता है। जैसे :

| | | | | | |
|---|---|---|---|---|---|
| Russia | रशिया | रूस | Passion | पैशन | भावना |
| Asia | एशिया | एशिया | Admission | एडमिशन | प्रवेश |

(iii) यदि किसी शब्द के अन्त में f, p, pe, te, आदि वर्ण दे रखे हों, तो s की ध्वनि श होती है। जैसे :

| | | | | | |
|---|---|---|---|---|---|
| Roofs | रूफस | छत | Caps | कैप्स | टोपियाँ |
| Ropes | रोप्स | रस्से | Kites | काइट्स | पतंगें |

**T के उच्चारण :** T का प्रमुख उच्चारण ट है, परन्तु स्थितिवश इसके उच्चारण हैं : श, च, थ, द। जैसे :

| | | | | | |
|---|---|---|---|---|---|
| Tea | टी | चाय | Teat | टीट | थन |
| Cat | कैट | बिल्ली | Dirty | डर्टी | गन्दा |
| Team | टीम | खिलाड़ियों का दल | Try | ट्राइ | कोशिश करना |
| Treat | ट्रीट | बर्ताव करना | Tear | टीयर | फाड़ना |
| Task | टास्क | कार्य | Bat | बैट | बल्ला |

(b) यदि किसी शब्द में T के बाद ia, ie, io, आदि वर्ण दे रखे हों, तो T की ध्वनि श हो जाती है। जैसे :

| | | | | | |
|---|---|---|---|---|---|
| Initials | इनिशयल्ज | हस्ताक्षर | Partial | पार्शल | पक्षपाती |
| Patient | पेशैन्ट | रोगी | Ratio | रेशो | अनुपात |
| Portion | पोर्शन | भाग | Promotion | प्रमोशन | पदोन्नति |
| Attention | एटेन्शन | ध्यान | Station | स्टेशन | स्टेशन |

(c) यदि किसी शब्द में S के आगे tion आए या T के आगे ure आए तो T का उच्चारण च होता है। जैसे :

| | | | | | |
|---|---|---|---|---|---|
| Question | क्वैश्चन | प्रश्न | Culture | कल्चर | सभ्यता |
| Nature | नेचर | प्रकृति | Picture | पिक्चर | तस्वीर |

(d) यदि शब्द में T के बाद H आए तो इसकी ध्वनि द, थ होती है। जैसे :

| | | | | | |
|---|---|---|---|---|---|
| This | दिस | यह | Thick | थिक | घना, मोटा |
| That | दैट | वह | Thin | थिन | पतला |
| There | देअर | वहाँ | Thread | थ्रैड | धागा |
| Then | देन | तब | Three | थ्री | तीन |
| These | दीज | ये | Theme | थीम | प्रसंग |

परन्तु कभी-कभी Th ट की ध्वनि देता है। जैसे :

| | | | | | |
|---|---|---|---|---|---|
| Thames | टेम्स | टेम्स नदी | Thomas | टामस | व्यक्ति का नाम |

## Silent Letters In Words (अनुच्चारित अक्षर)

अंग्रेजी भाषा में कुछ वर्ण मूक (silent) होते हैं, परन्तु अंग्रेजी एक विदेशी भाषा होने के कारण ये एक समस्या बन जाते हैं। यहाँ उनमें से कुछ से कुछ शब्दों को प्रस्तुत किया गया है। आप अध्ययन और अभ्यास के द्वारा ऐसे शब्दों पर Mastery प्राप्त कर सकते हैं।

**When 'B' is silent :**

M के बाद तथा t से पूर्व का b प्राय: silent रहता है। जैसे :

| | | | | | |
|---|---|---|---|---|---|
| Bomb | बॉम | बम | Tomb | टॉम | समाधि |
| Comb | कॉम | कंघा | Lamb | लैम | मेमना |

| | | | | | |
|---|---|---|---|---|---|
| Dumb | डम | गूंगा | Debt | डैट | ऋण |
| Thumb | थम | अंगूठा | Doubt | डाउट | सन्देह |

**When P and S are silent**

N तथा S से पूर्व आया P silent रहता है। M के पश्चात N silent रहता है। जैसे :

| | | | | | |
|---|---|---|---|---|---|
| Pneumonia | न्यूमोनिया | निमोनिया | Autumn | ऑटम | पतझड़ |
| Pneumatics | न्यूमैटिक्स | वायुशास्त्र | Column | कालम | स्तम्भ |
| Psalm | साम | भजन | Condemn | कन्डेम | निन्दा करना |
| Psychology | साइकोलोजी | मनोविज्ञान | Hymn | हिम | स्तोत्र |

**When L is silent**

M, F, K, एवं D से पूर्व L silent रहता है। जैसे :

| | | | | | |
|---|---|---|---|---|---|
| Palm | पाम | हथेली | Calm | काम | शान्त |
| Psalm | साम | भजन | Balm | बाम | महलम/महरम |
| Half | हॉफ | आधा | Calf | काफ | बछड़ा |
| Talk | टॉक | बातें करना | Folk | फॉक | जनसमूह |
| Would | वुड | will का past tense | Could | कुड | can का past tense |

**When K and G are silent**

N से पूर्व आया K silent रहता है। n से पूर्व आया g silent रहता है। जैसे :

| | | | | | |
|---|---|---|---|---|---|
| Know | नो | जानना | Gnat | नैट | मच्छर |
| Knife | नाइफ | चाकू | Sign | साइन | चिन्ह |
| Knot | नॉट | गांठ | Resign | रिजाइन | त्याग-पत्र देना |
| Knock | नॉक | खटखटाना | Reign | रेन | शासन |
| Design | डिजाइन | रचना | | | |

**When C and H are silent**

| | | | | | |
|---|---|---|---|---|---|
| Scent | सैन्ट | इत्र | Hour | आवर | घण्टा |
| Science | साइंस | विज्ञान | Honour | ऑनर | इज्जत |
| Scene | सीन | दृश्य | Heir | एअर | उत्तराधिकारी |

**When U and W are silent**

| | | | | | |
|---|---|---|---|---|---|
| Guard | गार्ड | चौकीदार | Wrap | रैप | लपेटना |
| Guess | गैस | अनुमान लगाना | Wrong | रॉंग | गलत |
| Guest | गेस्ट | अतिथि | Answer | आन्सर | उत्तर |
| Churn | चर्न | मथना | Sword | सोर्ड | तलवार |

**When Gh is silent**

यदि किसी शब्द के अन्त में gh, ght हो तो gh प्राय: silent रहता है। जैसे :

| | | | | | |
|---|---|---|---|---|---|
| High | हाई | ऊँचा | Fought | फॉट | लड़ा |
| Sigh | साई | आहें भरना | Taught | टाट | पढ़ाया |
| Thigh | थाई | जांघ | Fight | फाइट | युद्ध |
| Though | दो | यद्यपि | Bright | ब्राइट | चमकीला |
| Through | थ्रू | से | Delight | डिलाइट | आनन्द |
| Bought | बॉट | खरीदा | Slight | स्लाइट | तनिक सा |
| Caught | कॉट | पकड़ा | Might | माइट | शक्ति |
| Brought | ब्रॉट | लाया | Knight | नाइट | योद्धा |
| Laugh | लॉफ | हंसना | Thought | थॉट | विचार |

**When D is silent**

यदि g से पूर्व d दे रखा हो तो d प्राय: silent हो जाता है। जैसे :

| | | | | | |
|---|---|---|---|---|---|
| Edge | ऐज | किनारा | Grudge | ग्रज | ईर्ष्या |
| Hedge | हैज | झाड़ी | Budget | बजट | लेखा-जोखा |
| Ledger | लैजर | बहीखाता | Bridge | ब्रिज | पुल |

**When T is silent**

यदि किसी शब्द के अन्त में ten दे रखा हो तो T प्राय: silent रहता है। जैसे :

| | | | | | |
|---|---|---|---|---|---|
| Hasten | हेसन | जल्दी करना | Listen | लिसन | ध्यान से सुनना |
| Often | आफन | अक्सर, प्राय: | Soften | साफन | कोमल होना |

**नोट :** Q कभी अकेला नहीं आता, Q + u सदैव क्व की ध्वनि देता है। जैसे :

| | | | | | |
|---|---|---|---|---|---|
| Quick | क्विक | शीघ्र | Quill | क्विल | कांटा |
| Queen | क्वीन | रानी | Quilt | क्विल्ट | रजाई |

**How To Write A Name ? :** दैनिक जीवन में हमें किसी न किसी व्यक्ति का नाम लिखना पड़ता है। यदि आप भी नाम लिखने की यह कला सीखना चाहते हैं तो निम्नलिखित Equivalents को याद रखें :

**Equivalents of Hindi Vowels :**

| | | | | | | | |
|---|---|---|---|---|---|---|---|
| A | अ | A/Aa | आ | E/I | इ | Ee/Ea/e | ई |
| U | उ | U/oo | ऊ | Ri/Ree | ऋ | E | ए |
| Ai | ए | O | ओ | Au | औ | An | अं |
| Ah | अ: | | | | | | |

**Equivalents of Hindi Consonants :**

| | | | | | | | |
|---|---|---|---|---|---|---|---|
| K | क | Kh | ख | G | ग | Gh | घ |
| N | ड़ | Ch | च | Chh | छ | J | ज |
| Jh | झ | N | ञ | T | ट | Th | ठ |
| D | ड | Dh | ढ | N | ण | T | त |
| Th | थ | D | द | Dh | ध | N | न |
| P | प | Ph | फ | B | ब | Bh | भ |
| M | म | Y/Ai | य | R | र | L | ल |
| V/O | व | Sh | श | Shh | ष | S | स |
| H | ह | Ksh | क्ष | Tr | त्र | Jn | ज्ञ |
| Z | ज | Shr | श्र | Pr/Pra | प्रश्न | Ska | स्क |
| Sm/Sma | स्म | | | | | | |

**Examples** :

उदय – उ + द + य – Udai    ऊदल – ऊ + द + ल – Oodal

एकराम – ऐ + क + रा + म – Ekram    एशबाग – ए + श + बा + ग – Aishbag

ओमपाल – ओ + म + पा + ल – Ompal    कमला – क + म + ला – Kamala

गनेश – ग + ने + श – Ganesh    कामेश्वर – का + मे + श् + व + र – Kameshwar

सुनीता – सु + नी + ता – Sunita/ Suneeta

विमला – वि + म + ला – Vimla

"The highest reward for a person's toil
is not, what he gets for it, but
what he becomes by it."

# Various Expressions

इस भाग में आपको सामान्य रूप से दैनिक जीवन में प्रयोग आने वाले विभिन्न Expressions की जानकारी दी जा रही है। आपको इन Expressions को बार-बार Revise करना है। ये Expressions Conversations में बहुत महत्वपूर्ण भूमिका अदा करते हैं। किस स्थिति में क्या बोला जाना उचित रहेगा इसकी जानकारी आपको इन Expressions का अध्ययन करने में मिल जाती है। ऐसा नहीं है कि इस भाग में दिये गये Expressions के अतिरिक्त अन्य कुछ नहीं बोल सकते हैं। ये Expressions आपको Support तथा Assistance प्रदान करते हैं। Conversations में किन शब्दों/वाक्यों का प्रयोग किया जाना चाहिये यह उस समय की स्थिति, व्यक्तिगत विचार/सोच पर निर्भर करता है। आप स्थिति के अनुसार अन्य वाक्यों का प्रयोग भी कर सकते हैं। इन Expressions को आप बार-बार Read /Revise करें तथा इनका आपसी वार्तालाप में प्रयोग करने का प्रयास करें। ये आपकी Speaking skill में प्रवीणता हासिल करने में काफी सहायक साबित होंगे।

## Expressions Used For Making Request

Conversations में Request करना एक सामान्य आवश्यकता है। Request करने हेतु निम्न प्रकार के वाक्य प्रयुक्त किये जा सकते हैं। Request सामान्य भी हो सकता है, Polite भी हो सकती है एवं Very polite भी। परिस्थितियों एवं जिस व्यक्ति से Request की जा रही है उससे हमारे सम्बन्ध एवं ओहदे के अनुसार Request की जाती है। Request हेतु प्रयुक्त किये जा सकने वाले निम्न वाक्यों को देखें :

(1) Give me your pen, sir .
(2) Will you lend me your pen, please ?
(3) Can you lend me your pen, please ?
(4) May I take your pen ?
(5) Could you lend me your car ?
(6) Might I borrow your car ?
(7) Would you lend me you car ?
(8) Please give me your eraser.

वाक्य सं० 1 में Request है लेकिन उसमें politeness व्यक्त नहीं हो रही है। वाक्य सं० 2, 3, 4 में Will, Can, May का प्रयोग Polite Request को व्यक्त करता है 'जबकि वाक्य 5, 6, 7 में Could, Might, Would का प्रयोग More politeness को व्यक्त रहता है।

सामान्य रूप से Request हेतु Could, Would का प्रयोग Conversations में अधिक किया जाता है।

***See the use of 'Would' and 'Could' for expressing request*** :

(1) Would you deposit my application at the bank ?
(2) Would you accompany me to the hospital ?
(3) Would you be kind enough to inform me about his health ?
(4) Would you count these notes ?
(5) Could you show me the way to hospital ?
(6) Could you lend me Rs. 1000/- ?
(7) Could you inform me about my marks ?
(8) Could you lend me your sofaset on Sunday ?

*"'Could you' is a very good way of introducing a request. It is an alternative to 'would you' and a little more polite."*

**—A Practical English Grammar— Thomson and Martin**

## Expressions Used For Showing Preferences

आपसी बातचीत में किसी चीज के लिए Preference व्यक्त करना आम बात है। Preference व्यक्त करने हेतु विभिन्न प्रकार के वाक्यों का प्रयोग किया जाता है।

***Look at the following conversations*** :

(1) Ram : Would you like to see a movie tonight ?
Shyam : I'd rather go to club.

(2) Reena : Why don't we have some Chinese dishes ?
Seema : Well, I'd prefer eating Italian.

(3) Jack : What do you think we should do now ?
Jennie : If it were upto me, I'd go out for dinner.

(4) Ganesh : What are we going to do today ? The weather is awful !
Ramesh : I think we should go to library.
Paresh : Why don't we go to library ?
Prakash : Let's go to library.
Sheela : How about going to library ?

इस तरह से Preference व्यक्त करने हेतु उक्त प्रकार के वाक्यों का प्रयोग किया जा सकता है।

***See more conversations/dialogues*** :

Ram : Would you like to buy cotton shirts ?
Shyam : No, I'd like woollen one.
Ram : Do you like hot coffee ?
Shyam : No, I don't like hot coffee.
Ram : What do you prefer cold coffee or coke ?
Shyam : I prefer coke. or I'd rather have coke.
Ram : Would you like some snacks ?
Shyam : No, thank you, I'd prefer biscuits.
Ram : Do you like some fruit juice ?
Shyam : No, I don't like juice, I'd rather have a cup of tea.

**ध्यान रखें**

***I'd** का अर्थ **I would** है।*

उक्त Conversation से आपको Preference को व्यक्त करने हेतु विभिन्न प्रकार के वाक्यों का प्रयोग समझ में आ गया होगा। इस तरह के अन्य वाक्य स्वयं बनाकर उनका दैनिक जीवन में प्रयोग करने का अभ्यास करें।

## Expressions Used For Making Complaints

दैनिक जीवन में कितनी ही बार शिकायत करने (complaining) की आवश्यकता पड़ती है। शिकायत करने का उद्देश्य अपनी शिकायत को दूर कराना होता है। यदि शिकायत हेतु उचित शब्दों का प्रयोग किया जाये तो शिकायत बहुत महत्त्व रखती है लेकिन अनुचित शब्दों के प्रयोग से जिसे शिकायत की जा रही है वह अपमानित (offended) महसूस कर सकता है। निम्न वाक्यों का प्रयोग आपकी शिकायत को सशक्त बनाता है :

(1) I am sorry to say this but........
(2) I am sorry to have to say this but .........
(3) I am sorry to bother you but ........
(4) I am sorry to bring this up but ........
(5) Excuse me if I'm not out of line but ......
(6) I think you might have forgotten to ........
(7) I regret to bring to you kind notice ............

(8) There may have been a misunderstanding about .......

उक्त वाक्यों का प्रयोग सामान्यतया Complaints व्यक्त करने हेतु किया जाता है।

***Look at the following examples*** :

(1) I am sorry to say this but your son was throwing stone at my dog yesterday.
(2) I am sorry to have to say this but I think we need to try another approach to this problem.
(3) I am sorry to bother you but I think you need to revise this layout.
(4) I am sorry to bring this up but your dog has bitten my son.
(5) Excuse me if I am not out of line but your performances has not been upto mark lately.
(6) I think you might have forgotten to submit the report on time.
(7) I request to bring to you kind notice that you haven't paid the rent for this month so far.
(8) Don't get me wrong but I think we should concentrate on finalising the balance sheet for the moment.
(9) There may have been a misunderstanding about what we expected from your firm.

## Expressions Used For Persuasion

जब किसी को किसी कार्य हेतु Persuasion (उकसाया/आग्रह) किया जाता है तो conversation में निम्न वाक्यों का प्रयोग उचित रहता है :

(1) Do have a cup of tea.
(2) You should have a cup ot tea.
(3) How about buying a car ?
(4) Why don't you buy a car ? All your friends have cars, you know ?
(5) I really think, you must buy a car.
(6) I am sure you would buy a car soon.
(7) Perhaps you'd be interested in buying a car.
(8) Do you think, you, be interested in buying a car ?
(9) Why don't you change your dress ?
(10) Do have some breakfast before leaving.

निम्न Conversation को पढ़ें एवं इस तरह के वाक्यों का प्रयोग आपस में Conversations में करने का अभ्यास करें :

Ram : Do sit down. Do have a cup of hot coffee.
Shyam : O. K. Thank you.
Ram : Why don't you see this movie today ?
Shyam : Thank you very much, I'd love to see this movie today.
Ram : How about going to see this movie ?
Shyam : What a pity ! I'd have loved to see this movie, but I have to catch the evening train.
Ram : Perhaps you'd be interested in seeing this movie today.
Shyam : That's right, but I'm busy tonight.

***Read another conversations*** :

Sales girl : I am wondering whether you would be interested in buying a 'Mixie'.
Housewife : Thank you but ......
Sales girl : Perhaps you'd be interested in seeing our product.
Housewife : Thanks a lot but .....
Sales girl : I'm sure you would like this brand of 'Mixie'. I will show you its functioning right now.
Housewife : Thank you for all that but I have already had one. In fact, I had bought the same brand from another sales girl last week.

## Expressions Used To Ask Information

किसी तरह की सूचना या जानकारी प्राप्त करना दैनिक जीवन की आवश्यकता है। English में किसी प्रकार की सूचना एवं जानकारी हेतु निम्न वाक्यों का प्रयोग उचित रहता है :

(1) Could you tell me ......?
(2) Could you find out .....?
(3) Do you know .......?
(4) Do you happen to know .....?
(5) I'd like to know ..........
(6) I'm looking for ......
(7) I'm interested in ........
(8) I'm calling to find out/ know ....... (टेलीफोन से सूचना प्राप्त करने हेतु)
(9) I'm calling to know/ enquire of ...... (टेलीफोन से सूचना प्राप्त करने हेतु)

**Examples :**

सूचना या जानकारी प्राप्त करने हेतु उक्त वाक्यों के बाद सामान्य रूप से Question Word निम्न Structure में प्रयोग किया जाता है :

**Sentence + Question word + other**

(1) Could you tell me when the next bus leaves ?
(2) Could you find out why she is not coming today ?
(3) Do you know how much this room costs ?
(4) Do you happen to know where she lives ?
(5) I'd like to know what you think about the new model girl.

***Look at other expressions*** :

(6) I'm interested in buying this house.
(7) I am looking for information about tourist places in Kolkata.

***Information through telephone*** :

(8) I am calling to find out if the Shatabadi Express has arrived?
(9) I am calling to enquire about the offer published in today's newspaper.

***Look at the following sentences also*** :

(1) What are the fees ?
(2) When does the library open ?
(3) Do you think you could tell me how to get to this address ?
(4) I want to catch the Jaipur bus. Could you tell me where the bus- stop is, please ?
(5) How much is the fare to Meerut ?
(6) What's the date today ?
(7) Could you tell me how to get to the bus station ?
(8) Excuse me. Where's the number 178 bus stop ?
(9) What's the telephone number there ?
(10) How often are there trains from here to Mumbai ?
(11) Could you tell me the times of trains to Chennai. please ?
(12) What different colours does the car come in ?
(13) Does this bus stop at Connaught Circus ?
(14) Is this the right road for Gurudwara ?

## Expressions Used To Show Anger

सामान्य बातचीत में गुस्सा होना भी एक सामान्य बात है। गुस्से में निम्न प्रकार के वाक्यों का सामान्यतया प्रयोग किया जाता है :

(1) Shame on you. (1) तुम पर लानत है। तुम्हें शर्म आनी चाहिए।
(2) You are too clever. (2) तुम आवश्यकता से अधिक चतुर हो।
(3) You are a cunning guy / fellow. (3) तुम एक धूर्त व्यक्ति हो।
(4) Don't try to be over smart. (4) अत्यधिक स्मार्ट बनने का प्रयत्न न करो।
(5) You should be ashamed of yourself. (5) तुम्हें शर्मसार होना चाहिए।
(6) I haven't seen a mean fellow like you. (6) मैंने तुम्हारा जैसा नीच व्यक्ति नहीं देखा।
(7) Don't teach me, I was not born yesterday. (7) मुझे मत पढ़ाओ मैं कल पैदा नहीं हुआ था।
(इसका अर्थ हुआ कि मैं आज की स्थिति को खूब समझता हूँ।)

***Look at the following sentences also*** :

(1) How dare you speak to me like that ?
(2) What's all this nonsense about ?
(3) What the hell do you mean ?
(4) Oh, stop complaining you make me sick.
(5) What a nuisance !
(6) What on earth is happening here ?
(7) What's all the fuss about ?
(8) I hate the whole rotten system.
(9) I don't give a damn what you think of me.
(10) What the hell do you want ?
(11) What a rotten nasty trick !
(12) Are you trying to make a fool of me ?
(13) I don't care what it is.
(14) It's none of your business.
(15) Go to hell.
(16) Are you accusing me ?
(17) Never heard of such a nonsense !

## Expressions Used For Encouraging

किसी को प्रोत्साहित करना, साहस बँधाना आपस के conversation का एक हिस्सा है। निम्न वाक्यों का प्रयोग इस हेतु सामान्यतया किया जाता है :

(1) Don't worry, I am with you. (चिन्ता न करें हम आपके साथ हैं।)
(2) Rest assured, everything will be okay. (आश्वस्त रहें, सब ठीक होगा)
(3) Don't hesitate, tell me. (हिचकिचाएँ नहीं, मुझे बतायें)
(4) You can do it. (तुम यह कर सकते हो।)
(5) You have done it. (तुमने कर दिया।)
(6) Bravo! / Very Good! / Great ! (शाबाश/बहुत अच्छा)
(7) Have confidence. (विश्वास रखें)
(8) God help those who help themselves. (ईश्वर उनकी सहायता करता है, जो स्वयं की सहायता करते हैं।)

## Expressions Used To Make Suggestions Or Giving Advice

दैनिक जीवन में आपस में सुझाव, सलाह देना एक सामान्य बात है। English Conversation में Suggestions/ advice हेतु निम्न Sentences का प्रयोग किया जाता है :

**(A) Suggestions :** Suggestions हेतु Let का प्रयोग निम्न प्रकार किया जाता है :

**(1) Use of Let :**

(i) Let's (let us) play chess.
(ii) Let's go to market.
(iii) Let's wash the room.

**(2) Use of "why not" or "why don't " for suggestions :**

(i) Why don't we discuss this point again ?
(ii) Why not inform everything to the parents ?

(iii) Why not discuss the matter with your wife ?
(iv) Why don't we meet tomorrow and finalise the things ?

**(3) Use of 'What about' for suggestions :**

(i) What about having a drink ?
(ii) What about donating something for this cause ?
(iii) What about fighting the election ?

**(B)** निम्न Sentences सलाह एवं सुझाव हेतु प्रयुक्त होते हैं। Advice एवं Suggestion में पूर्णतया अन्तर करना सम्भव नहीं है। Advice एक suggestion भी हो सकती है एवं Suggestion एक Advice की तरह भी हो सकता है।

***Look at the following sentences*** :

**(1) Use of 'Should' :**

(i) You should improve your English. (ii) We should go to temple.
(iii) They should meet the Principal.

**(2) Use of 'Ought to' :** सामान्य रूप से 'Ought to' एवं Should के अर्थ में कोई महत्वपूर्ण अन्तर नहीं है। दोनों का प्रयोग समान प्रकार की स्थिति में निम्न प्रकार किया जा सकता है :

(i) You ought to look after your parents. (ii) You ought to consult a good physician.
(iii) They ought to meet the Principal.

**(3) Use of 'Had better' :**

(i) You had better change your dress.
(It would be better to change your dress.)

**Note**

*यहाँ had का प्रयोग एक काल्पनिक/अवास्तविक (Past) काल को प्रयुक्त करता है। वस्तुत: यह वर्तमान स्थिति को ही व्यक्त करता है।*

(ii) He had better stop gambling.
(It is better he stopped gambling.)
(iii) She had better stop taking drugs.
( It is better she stopped taking drugs.)
(iv) You had better not miss the last bus.
(It would be unwise to miss it or I advise you not to miss it.)
(v) You had better fly.
(It would be best for you to fly. or I advise you to fly.)
(vi) I had better ring him at once.
(This would be a good thing to do/ the best thing to do.)

**(4) Use of 'If I were you' :**

(i) If I were you I would buy this house. इसका आशय यह हुआ कि He advised me to buy this house.
(ii) If I were you I would lodge an FIR against Ram. इसका आशय यह हुआ कि He advised me to lodge FIR against Ram.

**(5) Use of 'Why don't you' :**

(i) Why don't you put on woollen clothes? इसका आशय यह हुआ कि He advised me to put on woollen clothes.
(ii) Why don't you consult a good surgeon? इसका आशय यह हुआ कि He advised me to consult a good surgeon.

इस तरह के कुछ Conversational Sentence आप स्वयं बनायें एवं इन्हें बार-बार Revise करके इनका अभ्यास करें।

## Expressing Approximation

जब किसी चीजों एवं जगह के सम्बन्ध में निश्चित जानकारी का अभाव होता है एवं उसके बारे में conversation में about, approximately etc. का प्रयोग वाक्यों में निम्न प्रकार किया जाता है :

(1) There are about 300 people working in this company.
(2) There are approximately 300 people working in this company.
(3) There are a large number of students interested in joining this course.
(4) It's difficult to say but I'd guess that it is used for polishing the steel.
(5) I'm not really sure but I think they enjoyed playing in the rains.
(6) Management predicts upto 40 % growth in sales during the coming year.
(7) It's the type of place you can go to relax for a month or so.
(8) It's kind of pencil sharpener which can also be used as eraser.

## Expressions Used For Asking Explanations

दैनिक जीवन में कितनी ही बार ऐसी स्थिति उत्पन्न होती है कि हमें स्पष्टीकरण माँगने की आवश्यकता होती है। Explanation or Clarification एक तरह से सूचना माँगता ही है। Explanation चाहने हेतु निम्न प्रकार के वाक्यों का प्रयोग किया जाना चाहिए :

(i) Can you tell me why + .........
(ii) Can you explain why + .........
(iii) Why is it that + .........
(iv) Does this mean + ........
(v) Do you really expect me to believe + ........
(vi) How come + ..........
(vii) I don't understand why + .........

इस तरह के वाक्य स्पष्टीकरण या किसी के Action के औचित्य का आधार जानने हेतु प्रयुक्त किये जा सकते हैं।

**Examples :**

(1) Can you tell me why it has taken you so long to open the door ?
(2) Can you explain why it has taken you so long to open the door ?
(3) Why is it that it has taken you so long to open the door.
(4) How come it has taken you so long to open the door ?
(5) Does this mean (that) it has taken you so long to open the door ?
(6) Do you really expect me to believe that you weren't able to complete this work in time ?

**उपरोक्त वाक्यों के structure पर गौर करें :**

(1) Can you tell me why + a positive statement ?
(2) Can you explain why + a positive statement ?
(3) Why is it that + a positive statement ?
(4) How come + a positive statement ?
(5) Does this mean that + a positive statement ?
(6) Do you really expect me to believe that + a positive statement ?

**Note**

*जबकि इस statement में भी why के बाद positive statement का प्रयोग हुआ है लेकिन यहाँ Question mark (?) नहीं लगाया गया है।*

इन सभी वाक्यों में एक Explanatory Clause के बाद एक Positive Statement प्रयोग हुआ है। यह Sentence structure, Explanation माँगने हेतु प्रयुक्त होता है। इन सभी वाक्य के अन्त में Question mark (?) का प्रयोग हुआ है।

(7) I don't understand why it has taken you too long to open the door.

## Expressions Used To Say 'No' Nicely

ऐसा कितनी ही बार होता है कि हमें किसी को ना कहने की आवश्यकता है। ना कहना एक अप्रिय कथन है लेकिन यदि ना अनुचित तरीके से कहा जाये तो यह बहुत ही अपमानित करने वाला प्रतीत हो सकता है ना कैसे कहा जाये देखें :

Ram : Why don't you stay the night ?
Shyam : That's very kind of you but I really have to attend an urgent meeting tomorrow morning.
Ram : Why don't we have some Italian food ?
Shyam : Sorry, but I don't particularly like Italian food.
Reena : Would you like to see a movie tonight ?
Raja : I'm afraid I can't go out tonight. I've got an urgent meeting tomorrow.
Sheela : How about taking a nice walk ?
Suraj : Sorry, I'd really rather not take a walk this afternoon.
Shalim : Let us go for a drive.
Jack : Sorry, I'm not fond of driving for the sake of fun.
Prerna : Would you like to have a cup of tea ?
Prakash : No thanks , I really don't take tea.

इस तरह से किसी को No कहने से अप्रियता कम हो जाती है।

## Expressions Used To Apologize And Responding To An Apology

किसी भी तरह की गलती होने पर खेद कैसे व्यक्त किया जाये, किन शब्दों का प्रयोग किया जाये एवं किसी के खेद व्यक्त करने पर क्या कहा जाये, यह Conversation का महत्वपूर्ण भाग है। देखें :

***We can use following expressions to apologize*** :

(1) Sorry, sir. / Sorry, madam.
(2) I'm sorry.
(3) I'm very sorry / I'm really sorry.
(4) I am unable to explain how sorry I am.
(5) I just don't know what to say but I am very very sorry indeed.

मात्र Sorry या I'm sorry कहना एक औपचारिकता सी प्रतीत होती है यह routine में छोटी-छोटी बातों पर कहा जाता है। लेकिन वाक्य 3, 4, 5 व्यक्ति द्वारा एक बड़ी गलती हेतु खेद व्यक्त करने का उचित तरीका है। यह व्यक्ति द्वारा वास्तविक रूप से खेद व्यक्त किया जाना प्रकट करता है।

**Responding to an Apology** : दूसरे के खेद व्यक्त करने पर क्या कहा जाना चाहिए? यदि कोई व्यक्ति हमसे अपनी किसी गलती के लिये खेद व्यक्त करता है तो निम्न वाक्यों से उसे respond करना उचित रहता है:

(1) Don't worry.
(2) Don't worry about it.
(3) Not to worry, it's O.K.
(4) That's all right.
(5) Forget it!
(6) Nothing to worry.
(7) It's O.K.
(8) It doesn't matter, but don't let it happen again.
(9) Don't worry about it, anyone can make a mistake.
(10) Forget it , I don't want you to feel bad about it.

इस तरह के वाक्यों द्वारा यह व्यक्त होता है कि आपने उसे क्षमा कर दिया है या आपने उसके क्षमा माँगने को स्वीकार कर लिया है। आजकल Sorry शब्द का प्रयोग बहुतायात में होने लगा है अत: उक्त वाक्यों का प्रयोग करने का अभ्यास करें।

## Expressions Used To Reject An Apology

(1) It's all very well to say, you're sorry, but what are you to do about it ?
(2) What's the use of saying sorry ? Look at the damage done to my car.
(3) It's easy to say 'sorry', but how are you going to compensate me for my loss ?
(4) I'm afraid, saying 'sorry' just isn't enough. You'll have to do something about it.
(5) It's no use apologizing now. You should have done it earlier.

## Expressions Used To Show Surprise

बहुत सी स्थिति में व्यक्ति आश्चर्य व्यक्त करता है। आश्चर्य व्यक्त करने हेतु निम्न वाक्यों का प्रयोग भी किया जा सकता है :

(1) Surprising !
(2) Amazing !
(3) Wonderful !
(4) Marvellous !
(5) Unbelievable !
(6) Miraculous !

एक शब्द से ही आश्चर्य व्यक्त करते समय उक्त शब्दों का प्रयोग किया जाता है। अन्य प्रकार से निम्न प्रकार Surprise व्यक्त किया जा सकता है:

(1) Oh, what a beatiful gift !
(2) Good Lord! I can't believe it !
(3) Oh God! What a beauty !
(4) Wonderful! I don't believe it.
(5) This is / That's wonderful !
(6) What a pleasant surprise !
(7) How surprising !
(8) My goodness!how on earth could this have happened.
(9) Who'd have thought of such a result !
(10) You must be joking !

***Look at the following conversation*** :

Sarita : You remember, Rima ?
Sheela : Yes, that long haired, dull witted girl in our class.
Sarita : You know, she has topped the IAS this year.
Sheela : Unbelievable ! What a pleasant surprise.
Ram : Your recipe has appeared in the Sunday magazine section.
Sita : What a pleasant surprise. I didn't hope so.
Wife : You know, your sister has secured first position in her college.
Husband : Wonderful ! What's a pleasant surprise.
A lady : Oh God ! You are here, I have been searching you for the last three days.

आश्चर्य व्यक्त करने हेतु उक्त शब्दों/वाक्यों को बार-बार बोलकर अभ्यास करें एवं conversation में प्रयोग करें।

## Expressions Used To Put Forth Opinion/Knowing Others Opinion

हमारे दैनिक कार्यकलाप में कितनी ही बार हमें अपनी राय (opinion) किसी न किसी बिन्दु पर/स्थिति में व्यक्त करनी पड़ती है। अपनी राय व्यक्त करने हेतु निम्न Sentences को प्रयुक्त किया जाना उचित रहता है:

(1) I think ..../ I feel..... / I believe/
(2) I'd say .....
(3) In my opinion .......
(4) In my views ......./ As per my wiews .......
(5) I am convinced that + ........
(6) To my mind .......
(7) As far as I am concerned ..........
(8) As far as I can see ......
(9) As far as I can guess ........
(10) I don't think ....... *Negative Opinion*
(11) I don't consider ...... *Negative Opinion*
(12) Surely it can't be that bad.

(13) She played very well, didn't she?

हमें न केवल अपनी राय (opinion) व्यक्त करने का तरीका आना चाहिए बल्कि दूसरे की opinion कैसे जानी जाये यह भी पता होना चाहिए।

***Asking others opinion*** :

(1) What do you say about .........?
(2) What are your views on / about .......?
(3) What's your opinion about.......?
(4) Don't you favour .........?
(5) What would you say about .........?
(6) Aren't you in favour of .......?
(7) Are you convinced of ..........?
(8) Do you feel that I should have accepted it ?
(9) How do you like this, then ?
(10) Do you have any views on the suggestion they've made ?
(11) Don't you think that this colour suits me ?
(12) How about this, then ?
(13) What did you think of this book ?
(14) What's your opinion of your new boss ?
(15) Wouldn't you say that he had a strange look on his face ?
(16) Do you think this is all right ?
(17) How do you think I'd look in that dress ?

इस तरह के वाक्यों का प्रयोग करके हम दूसरे व्यक्ति से अपनी राय (opinion) बताने का आग्रह कर सकते हैं।

***Look at the following conversations*** :

**(A) At a press conference :**

Reporter A : What are your views about the inflationary trend now-a-days ?
Economic Advisor : In my opinion, a low pace of inflation is imperative in a developing economy like ours.
Reporter B : What's your opinion about the unemployment problem facing the youth ?
Economic Advisor : I'd say that the problem of unemployment facing youth now-a-days must be tackled at the war footing level.The government is trying to solve this problem on priority basis.
Reporter C : Are you in favour of 'Reservation based on caste'.
Politician : As far as I am concerned, I do not favour any kind of reservation.

**(B) Between Mother and Son :**

Son : I want to buy a mobile. What would you say, Mom ?
Mother : In my opinion, you should not insist for buying a mobile till you complete your graduation.
Son : Aren't you in favour of even going for a bike, Mom ?
Mother : I think, you should talk to your father in this matter. So far I am concerned, I am in favour of buying a bike for you.

**(C) Between friends :**

Ramesh : What do you think of the film ?
Suresh : I think it is like 'old wine in new bottle'. The same romantic love story.
Ganesh : I don't think, it is that bad.
Paresh : So far I am concerned, I like the comedy part of this film.

## Expressions Used To Show Agreement or Disagreement

जीवन में बहुत से अवसरों पर हम किसी बात से सहमत या असहमत हो सकते हैं, हम अपनी सहमति या असहमति किस तरह व्यक्त करें ? यह निम्न वाक्यों से जानिये :

***Expressions used to show agreement*:**

(1) Yes, I agree.
(2) Yes, it is so.
(3) Exactly / Of course, you are right.
(4) Agreed / I agree / I fully agree with it / I fully agree with you.
(5) I support your contentions.
(6) That's what I want to say.
(7) I think so too.
(8) Yes, you are absolutely right.
(9) Yes, you have a point here.
(10) I can't help thinking the same.

## Expressions Used To Show Disagreement

(1) I don't agree.
(2) I disagree.
(3) It's not a right way ....
(4) I'm afraid, I don't agree with it.
(5) Surely not !
(6) Certainly not !
(7) I differ with you.
(8) I don't think so.
(9) Rubbish !
(10) Oh no ! I can't agree with you.

इस तरह से अपनी सहमति या असहमति को व्यक्त करने हेतु वाक्यों का प्रयोग किया जाता है।

***Look at the following conversations*:**

(A) Ramesh : All politicians are corrupt.
Rima : I'm afraid. I don't agree entirely with you.
(B) Ram : Rapists should be hanged .They are real menace to the society.
Satish : You have a point here, but hanging them is not a solution.
(C) Shalini : There must be reasonable check on the freedom of press.
Nisha : You know, that's exactly, what I think.
(D) Priya : Dowry of any kind should be made a criminal offence.
Praveen : I'm afraid, I don't agree with you. or You have a point there, but I don't fully agree with you.
(E) Rajesh : We must attack Pakistan
Prakash : I really don't think so. That's not a right way of dealing with the situation.

बातचीत में किसी बिन्दु पर सहमत होना या न होना एक सामान्य बात है। हमें ऐसी स्थिति में अपनी बात को व्यक्त करने के उक्त तरीकों का अभ्यास करना चाहिए।

## Expressions Used To Show Gratitude And Responding To Thanks

दैनिक जीवन में कोई आपकी सहायता करता है, कोई आपका कार्य करता हे, कोई आपका भला करता है, तो आपको उसे इस हेतु शुक्रिया, धन्यवाद ज्ञापित करना है। सामान्य रूप से निम्न प्रकार से धन्यवाद अदा किया जाता है :

(1) Thanks / Thanks a lot / Many many thanks.
(2) Thank you / Thank you very much.
(3) Very kind of you.
(4) So nice of you.
(5) I am grateful to you / I am really very grateful to you.

**ध्यान रखें**

*धन्यवाद देने में कभी कंजूसी न करें एवं मन से धन्यवाद दें।*

(6) I am obliged to you.
(7) You are really great. / Thank you again and again.
(8) You have been a great help.
(9) It was nice of you to arrange the party at such a short notice.

उक्त वाक्यों का प्रयोग करके धन्यवाद/शुक्रिया अदा किया जा सकता है। किसी व्यक्ति द्वारा किये गये कार्य/उपकार हेतु धन्यवाद अर्पित करना शिष्टाचार हेतु आवश्यक है। हमें उक्त वाक्यों को कहने का बार-बार अभ्यास करना चाहिए।

*How to respond, 'Thanks'?*

दूसरे के द्वारा दिये गये धन्यवाद, शुक्रिया को किस तरह Respond किया जाये यह conversation में एक महत्वपूर्ण बिन्दु है। आपसी conversations में धन्यवाद देना सामान्य बात है। धन्यवाद को Respond निम्न प्रकार से किया जाना चाहिए :

(1) It's O.K.
(2) That's all right.
(3) It's my pleasure.
(4) You are welcome. / You're welcome.
(5) No mention please.
(6) Don't be formal, its O.K.
(7) It's my duty, sir.

उक्त वाक्यों का प्रयोग स्थिति के अनुसार सामने वाले व्यक्ति द्वारा धन्यवाद ज्ञापित करने के Response में करने से आपका व्यक्तित्व प्रभावशाली बनता है।

## Expressions Used To Convey Greetings And Leave Taking

English Conversation में Greetings एवं Leave taking अर्थात् अभिवादन एवं विदा हेतु प्रयुक्त शब्द/वाक्यों के सही प्रयोग की जानकारी होना बहुत महत्वपूर्ण है। हम दिन-रात में कभी भी किसी से मिलते हैं तो अभिवादन हेतु हिन्दी में नमस्ते, प्रणाम, नमस्कार इत्यादि का प्रयोग करते हैं। लेकिन अंग्रेजी में समय के अनुसार अभिवादक का वाक्य बदल जाता है।

***Learn the following*** :

| Timings | Greetings |
|---|---|
| (1) सुबह के 12 बजे तक | (1) Good morning. |
| (2) 12 बजे | (2) Good noon. |
| (3) 12 बजे से सायं 5 बजे तक | (3) Good afternoon. |
| (4) सायं 5 बजे से रात 12 बजे तक | (4) Good evening. |

**Good Night** : Good Night का प्रयोग तब किया जाता है जब आप सायं से लेकर रात 12 तक किसी से विदा लेते हैं तो Good Night कहते हैं। Good Night का अर्थ होता है अब इसके बाद आज नहीं मिलेंगे। यदि उसी दिन पुनः मिलना हो तो Good Night नहीं कहना चाहिए। Good Bye या Bye-Bye कहना उचित रहता है।

**Bye-Bye or Good bye** : जब किसी से दिन में विदा ले रहे हैं तो Bye-Bye या Good Bye कहा जाता है।

**Farewell** : जब दिन में विदा ले रहे हैं एवं अब कुछ दिनों बाद ही मिलना होगा ऐसी स्थिति हो तो Farewell कहा जाता है, वैसे Good Bye एवं Bye-Bye भी उपयुक्त रहता है।

**See you again/Good day :** जब किसी से सुबह-सुबह ही मुलाकात करके हम बिछुड़ते हैं एवं दोबारा मुलाकात की सम्भावना है तो Good day या See you again कहना उचित रहता है। Good day का अर्थ आपका दिन शुभ रहे, होता है। See you again का अर्थ पुनः मिलते हैं, होता है।

**Sweet dreams/Happy dreams :** जब आपस में काफी नजदीक का सम्बन्ध हो, प्रेमी-प्रेमिका, पति-पत्नी आपस

में रात को एक-दूसरे से विदा लेते समय Sweet dreams/Happy dreams कहते सुने जाते हैं।

**Hi/Hello/Hallo :** आपस में मित्रों एवं बराबर के नजदीक रिश्तेदारों के मिलने पर Hi/Hello/Hallo जैसे Greetings का प्रयोग सामान्यतया किया जाता है। आजकल युवा वर्ग Hi/Hello का बहुत अधिक informal way में प्रयोग करता देखा जा सकता है। Hello का प्रयोग Telephone पर वार्तालाप शुरू करने से पूर्व भी किया जाता है।

**Ta-Ta! :** युवा वर्ग, नजदीक के रिश्ते वाले informal way में बिछुड़ते समय Ta-Ta का प्रयोग भी करते हैं।

***Look at the following conversations*** :

**(A) Teacher and Student :**

Ram (Student) : Good morning, sir. (at 10 A.M.)
Teacher : Good morning, Ram.
Ram : Good afternoon, Madam. (at 1 P.M.)
Madam : Good afternoon, Ram.
Ram : Good evening, sir. (at 6 P.M.)
Teacher : Good evening, Ram.

**(B) At home :**

Brother : Good morning, sister
Sister : Good morning, Bhaiyya.(Raju)
Grand son : Good afternoon, Grandpa.
Grandpa : Good afternoon, grandson.(Raju)
Husband : Good evening, dear/darling/sweet heart.
Wife : Good evening, my dear/darling/sweet heart.

**At College Campus :**

Rima : Hi Sonu.
Sonu : Hi Rima.
Rima : Hello ! Tina.
Tina : Hi Rima.
Sonu : Hi Tina, how are you ?
Tina : Hi Sonu, I am fine, thank you.
Tina : Good day, Sonu.
Sonu : Okay Bye / Bye-Bye / Good day to you also.
Tona : Good morning, Gopal.
Gopal : Good morning, Tina, how are you ?
Tina : I am quite well, what about you ?
Gopal : I am also well. Glad to see you . I am actually in a hurry. See you again.
Tina : O.K. See you.

## Expressions Used To Show Certainty/Probability/Improbability

किसी घटना के होने की निश्चितता/सम्भावना को व्यक्त करने हेतु निम्न वाक्यों का प्रयोग सामान्यता बातचीत में करना उचित रहता है :

**Expressing certainty :**

(1) It will be definitely true ........ / It must ......
(2) It is sure ...... / It is certain .........
(3) I know/I am sure..........
(4) I have no doubt about ...
(5) I am certain...
(6) There is no two opinion about ............
(7) There's no doubt about ..........

**Expressing probability :**

(1) It may ......
(2) It can ........
(3) I think it ..........
(4) I hope / expect that .........

(5) It should .......... (6) It might ...........
(7) I suppose ......... (8) There's a chance ........

**Expressing improbability :**

(1) It can't ...... (2) It mustn't ........
(3) There is unlikely ......... (4) It shall not ........
(5) It may not...... (6) It should not....
(7) I doubt about...

उक्त वाक्यों का प्रयोग किसी घटना के होने की निश्चितता/अनिश्तिता/सम्भावना या असम्भावना को व्यक्त करने हेतु किया जाता है :

**Certainty :**

(1) It will definitely rain today.
(2) It must rain today. (परिस्थितियाँ बताती हैं कि आज वर्षा अवश्य होगी।)
(3) It is sure to rain today.
(4) I know that she will attend the function. (Certainty of confidence)
(5) I am sure that she will attend the function.
(6) I am certain that he will pass.
(7) There is no opinion about his getting selected.
(8) There is no doubt about his getting selected.

**Probability :**

(1) It may rain. (Possibility is there)
(2) It can rain. (परिस्थितियों के अनुसार प्रबल सम्भावना है)
(3) I think it will rain.
(4) I hope that he will pass.
(5) It should rain today. (कुछ कारणों के अनुसार सम्भावना)
(6) It might rain. (might का प्रयोग Remote possibility को व्यक्त करता है)
(7) I suppose he will pass.
(8) There is a chance of his getting pass.

**Improbability :**

(1) It can't rain. (It is sunny day)
(2) He can't come. (परिस्थितियों के अनुसार उसका आना सम्भव नहीं है)
(3) He must not come. (परिस्थितियों के कारण उसका आना नहीं होगा)
(4) There is unlikely of his getting pass.
(5) It shall not rain today. (Negative confidence)

## Expressions Used To Offer Help

दैनिक जीवन में किसी की सहायता करना एक सामान्य शिष्टाचार की बात है। सहायता देने हेतु निम्न वाक्यों का प्रयोग किया जाता है :

(1) May I help you ? (2) Can I help you ?
(3) Do you need something ? (4) What can I do for you ?
(5) Do you like some help ? (6) Would you like some assistance ?
(7) Shall I carry this box into the room ? (8) Can I be of any help ?
(9) Let me carry your brief case. (10) Allow me to do it for me ?
(11) Perhaps I could help you. (12) Do you need any kind of help ?

इस तरह के वाक्यों को बोलकर बार-बार अभ्यास करें। आपकी भाषा में बोलते समय सहयोग प्रदान करने जैसी नम्रता होनी चाहिए।

## Expressions Used While Accepting Help

(1) Thanks. That'd be a great help.
(2) Thanks very much.
(3) I'd be glad if you would.Thanks. That'd be a great help.
(4) Oh, that's very kind/thoughtful of you.
(5) Could you ?
(6) Oh, could you do that ? That'd be very helpful.
(7) You're most kind.
(8) That'd be lovely/great.
(9) I'd be delighted if you could.
(10) Yes, please. I'd appreciate it.
(11) Would you ? That's extremely good of you.
(12) I'd appreciate it if you could.
(13) If you're sure it's no trouble for you....
(14) I'd be glad if you could.

## Expressions Used To Decline Help

(1) No, thank you.
(2) Don't bother, please
(3) No, please don't bother' I can manage.
(4) Don't worry, I'd do it myself.
(5) That's very kind of you.
(6) Thank you, but I can manage.
(7) I'd rather do it myself, thank you.
(8) No thanks. I'm all right, thank you.
(9) Please don't mind, I really don't need it.

## Expressions Used To Convey Presumptions/Guessing

हम किसी घटना या व्यक्ति के सन्दर्भ में क्या पूर्वानुमान लगाते हैं? क्या सोचते हैं? हमारे पूर्वानुमान को निम्न वाक्यों से व्यक्त किया जा सकता है :

(1) He should be in the library.
(2) He could be in the garden.
(3) She may be with Ramesh / or She may be in the park.
(4) It might need some oil.
(5) It looks like a mini car.
(6) Perhaps you need some rest.
(7) May he wants to come and stay here for sometime.
(8) I don't know exactly, but I'd guess that it's used for cleaning the carpet.
(9) I am not really sure but I think they enjoy playing in ice.
(10) It appears like a flat moon.

उक्त वाक्या हमारे अनुमान, पूर्वानुमान, हमारे guess को व्यक्त करने हेतु प्रयुक्त किये जा सकते हैं।

## Expressions Used To Give Warning

मित्रों को, सहयोगियों को, बच्चों को एवं कार्यालय में कई बार किसी कार्य को करने, ढंग से करने या न करने हेतु चेतावनी देना एक सामान्य बात है। इस तरह की Warning को निम्न वाक्यों में व्यक्त किया जा सकता है :

(1) Be careful !
(2) Watch out !
(3) Work hard !
(4) Complete the assigned work !
(5) Don't waste your time.
(6) Don't touch it !
(7) Never say 'no' to any work.
(8) Use this button to alarm others.

(9) Be punctual !
(10) Beware of fake currency !
(11) Late comers shall be punished !
(12) Beware of pick pockets !
(13) Never trust the strangers !
(14) Don't pull the chain unnecessarily !
(15) Smoking is prohibited! No smoking !
(16) Silence please !
(17) No horn please !

इस तरह के वाक्य साधारण बातचीत में बहुत उपयोग में आते हैं। हमने बहुत बार इन्हें देखा है, सुना है, पढ़ा है। हमें इन्हें बोलने का अभ्यास भी करना चाहिए।

## Expressions Used To Attract Attention

आपस में बात करते समय या अचानक किसी का ध्यान अपनी बात पर अकर्षित करने हेतु हम निम्न वाक्यों का सामान्यतया प्रयोग करते हैं :

(1) Excuse me, please.
(2) Excuse me, but there is a subway.
(3) May I interrupt you......
(4) Sorry to interrupt you.
(5) Please listen to me.
(6) May I draw your attention towards .....
(7) Can't you see a pit on the road ?
(8) Don't you understand the meaning of this traffic sign ?

उक्त वाक्यों से सामान्यतया दूसरे का ध्यान आकर्षित किया जाता है। वाक्य 1 से 6 विनम्रता व्यक्त करते हैं जबकि वाक्य 7 एवं 8 झुँझलाहट (Irritation) व्यक्त करते हैं।

## Expressions Used To Convey Consolations/Condolence
## (सांत्वना/संवेदना)

(1) It's very sad. — बहुत दु:ख की बात है।
(2) It's God will. — ईश्वर की यही इच्छा है।
(3) It was the wish of Almighty. — ईश्वर ऐसा ही चाहता था।
(4) What can't be cured must be endured. — जो ठीक न हो सके, उसे सहना अवश्यक है।
(5) Have faith in God. — ईश्वर पर भरोसा रखो।
(6) Bad days will be over soon. — बुरे दिन शीघ्र ही समाप्त होंगे।
(7) We offer our deep condolence. — हम अपनी गहरी संवेदना व्यक्त करते हैं।
(8) We are deeply grieved at his death. — हम उसके देहान्त पर बहुत दु:खी हैं।
(9) May God give you strength to bear this loss.
ईश्वर आपको इस क्षति को सहन करने की शक्ति प्रदान करे।
(10) May God give you strength to bear this terrible blow.
ईश्वर आपको इस गहरे धक्के को सहन करने की शक्ति प्रदान करे।

## Expressions Used While Introducing In Conversations

***How to introduce and how to respond to introduction?***

जब भी हम किसी व्यक्ति से मिलते हैं, मुलाकात करते हैं तो कुछ Introductory Phrase/Sentences प्रयुक्त होते हैं एवं दूसरे व्यक्ति द्वारा इन Introductory Phrases/Sentences के Response में कुछ इसी तरह के Phrases/Sentences का प्रयोग किया जाता है। उपयुक्त Introductory Phrases/Sentences का प्रयोग Conversation में बहुत महत्व रखता है।

***Learn the use of appropriate Introductory Phrases/Sentences*** :

(1) Rajesh : Hello, How do you do ? My name is Rajesh Gupta.
Prakash : Please to meet you Mr. Gupta. I'm Prakash Jain.

(2) Ashok (To Anita) : Hello, I'm Ashok, Ashok Sharma.
Anita (To Ashok) : Hello, I'm Anita, Anita Singh.

(3) Ashok : My name is Ashok, what's yours ?
Anita : I'm Anita, Anita Singh.
Ashok : Nice to meet you, Anita.
Anita : Me too.

(4) Ram : Shyam, have you met Ashok ? Ashok is my bosom friend. We have been class fellow.
Shyam (To Ashok) : Hello Ashok, please to meet you.
Ashok (To Shyam) : Pleasure is mine.

(5) Ram : Ashok, Mrs. Srivastava, Sangeeta's mother.
Ashok (To Mrs. Srivastava): Good morning aunty. How are you ?
Mrs. Srivastava : I'm fine, thank you. What about you.
Ashok : I'm also well.

(6) Prakash : Ram, I'd like you to meet Mr. Sharma, our Marketing Executive.
Ram (To Mr. Sharma) : How do you do ?
Mr. Sharma (To Ram) : How do you do ?

(7) Prakash : Ram, this is Shyam, about whom I told you yesterday. Shyam, Ram is my business partner.
Ram (to Shyam) : Hi !
Shyam (To Ram) : Hi !

**Note**

*Introduction में यह ध्यान रखना चाहिए कि How do you do ? का प्रयोग एक प्रश्न की तरह नहीं किया जाता है बल्कि यह एक Stranger से मिलते समय एक Introductory Phrase की तरह प्रयुक्त किया जाता है। How do you do? का प्रयोग Stranger के साथ ही किया जाता है। सामान्यतया इसे Respond भी How do you do ? से ही किया जाता है। इसे Respond करने हेतु Please to meet you या Glad to meet you. or Nice to meet you. का भी प्रयोग किया जाता है।*

*How do you do ? का Respond करते समय Fine, thanks या I'm well, thank you का प्रयोग नहीं करना चाहिए। How are you ? का भी प्रयोग Stranger के साथ या परिचित के साथ किया जा सकता है। लेकिन How do you do ? का प्रयोग सामान्यतया Stranger के साथ ही करना चाहिए।*

(8) Prakash : Ashok, I don't think you've met Shyam. Shyam, this is Ashok, my nephew.
Ashok (To Shyam) : Hello !
Shyam (To Ashok) : Hello, nice to meet you.

## Expressions Used To Express Admiration

(1) It's absolutely splendid !
(2) Really fantastic !
(3) I've never seen anything like it !
(4) You're the prettiest girl I've never seen !
(5) I just adore this colour.
(6) That's the most magnificent performance, I've ever seen !

(7) Look at the building. Isn't it so beautiful ?
(8) Oh, that's marvellous !
(9) Isn't it fantastic !
(10) Oh, that's lovely !
(11) This dress looks really stunning on you.
(12) Terrific !
(13) What a beautiful rose !
(14) Oh, smashing !
(15) Oh, lovely !
(16) My God ! unbelievable.

## Expressions Used For Fixing /Arranging Appointments

(1) Can I come earlier in the evening ?
(2) How soon could I have an appointment ?
(3) I'd like to make an appointment to see Dr. Jaslok, please.
(4) I'd like to make an appointment with Mr. Bachchan, please.
(5) I'm sorry, I can't come then.
(6) Is there any other time I could come on Sunday ?
(7) What about Sunday at 11.30 ?
(8) Which day of this week will be more convenient for you ?
(9) Will Monday or Friday suit you best ?
(10) Would Saturday evening be all right ?

## Expressions Used To Convey Approval

(1) Excellent !
(2) Fine !
(3) Great !
(4) Done !
(5) Approved !
(6) It's O.K.
(7) I think he is quite right in saying that.
(8) I think it is a good thing that he has decided to do it.
(9) I think they were all right to reject it.
(10) I'm glad of the chance.
(11) I'm happy with his work.
(12) I'm in favour of that.
(13) I'm very happy about that.
(14) It's very pretty.
(15) Oh, it's delicious. You cook very well.
(16) Right !
(17) That was magnificent.
(18) That's a lovely dress you have on.
(19) This shirt looks well on you.
(20) Very good !
(21) What you did was right.
(22) What you said was right.

## Expressions Used To Convey Disapproval

(1) Oh God! it looks a mess !
(2) I can't bear it.
(3) I can't stand the sight of that fellow.
(4) I didn't enjoy it at all.
(5) I didn't think much of it.
(6) I didn't think much of that movie.
(7) I didn't think the play was much good.
(8) I didn't find it enjoying.
(9) I think you behaved very badly towards them.
(10) I'm afraid I didn't like that.
(11) It doesn't really suit you, you know.
(12) It isn't up to mark.
(13) It was disgusting.
(14) It's all very well for you to criticize, but it doesn't improve the situation.
(15) It's entirely your fault.
(16) No one seems to give a damn about anything.
(17) Damned politicians. They're all the same.
(18) Horrible film, wasn't it ?
(19) What a dreadful weather !
(20) Why on earth did you do that ?

## Expressions Used To Convey 'Complements'

(1) How could you do it so quickly ?
(2) Hi you are shining today.
(3) Hello, looking gorgeous !
(4) How nice you look !
(5) I like your this dress. The colours are terrific.
(6) That dress really suits your personality.
(7) That's a splendid idea, dear.
(8) You always dress very nicely.
(9) You can't have been married 22 years. You look so young.
(10) You finished it in record time. That's great !
(11) You look lovely with short hair.
(12) You look lovely.
(13) You're always so beautifully dressed, Nisha.
(14) You've got a brilliant mind.
(15) You have argued superbly.

## Expressions Used To Convey 'Congratulations'

(1) Congaratulatins, Joshi !
(2) Hi, you've got that job ? Congratulations.
(3) I congratulate you. You've done a good job, Dinesh !
(4) I couldn't have been more pleased !
(5) I was delighted to hear about it.
(6) I'm so glad !

(7) Many, many congratulations !
(8) Splendid! You must be very pleased.
(9) That was excellent. Congratulations !
(10) Well done !
(11) You deserve all the luck in the world !
(12) You fared well, congratulations !

## Expressions Used For Denial

(1) I wasn't present there.
(2) Actually, I don't think he is....
(3) Excuse me, but that isn't so.
(4) He didn't do it, actually.
(5) I don't think they have.
(6) I hardly know him.
(7) I think you're mistaken.
(8) I'm quite sure I'd never have told you to do it.
(9) No, I didn't.
(10) No, she hasn't.
(11) No, you haven't told me.
(12) Surely you don't believe that I said such a thing.
(13) It's wrong.
(14) That's a lie.
(15) That's absolutely ridiculous.

## Expressions Used To Make Friendly Enquiries

(1) Do you deal in shares ?
(2) Are you in the leather business ?
(3) Did you enjoy the film ?
(4) Did you have a good time in Kolkata ?
(5) Did you have a nice journey ?
(6) Do you cook your meals yourself ?
(7) Do you have any idea what happened to John ?
(8) Do you like your new place ?
(9) Do you play any sports ?
(10) Have you now settled down at the new place ?
(11) Hasn't your headache gone yet ?
(12) Have you gained some weight, Sheffali ?
(13) How many children have you ?
(14) How are you enjoying your new jon ?
(15) How are you enjoying your stay here ?
(16) How are you finding life as a teacher ?
(17) How are you getting along these days ?
(18) How are you getting on at work ?
(19) How are you settling down at your new job ?
(20) How are you settling down in the new place ?
(21) How are your parents ?
(22) How is she getting on at school ?

(23) How long have you been living there ?
(24) How was Puri ?
(25) How's the family ?
(26) How's your business going, Anjali ?
(27) I haven't seen you for quite a while.
(28) I haven't seen your father for a long time. How is he ?
(29) I hear Shakshi has had a baby.
(30) I hear you've got a new car.
(31) I heard Varun's father is laid up in bed.
(32) I heard your father had been ill quite recently. How's he now ?
(33) I thought you were in Mumbai.
(34) I understand Prakash has gone abroad again ?
(35) I'm an 'Aqurious'. What sign are you ?
(36) Is Johny all right ?
(37) Tell me about your work.
(38) Tell me what you've done so far.
(39) What are you doing these days ?
(40) What are you studying there ?
(41) What do you do, Mrs.Gupta ?
(42) What's your job profile ?
(43) What exactly does your new job involve ?
(44) What have you been doing since we last met ?
(45) What's in that bag ?
(46) What's your elder sister doing now-a-days ?
(47) Where did you buy this beautiful sari ?
(48) Where has Hina been this past week ?
(49) Where have you been lately ?
(50) You live in the city or on the outskirts ?

## Expressions Used To Know the Identity

(1) Who are you ?
(2) Who's that man over there ?
(3) What's the name of that girl ?
(4) What's your good name ?
(5) What's your native place ?
(6) Do you recognize that man in blue trousers ?
(7) Excuse me. Are you the teacher of tenth class ?
(8) Isn't that your pen ?
(9) Isn't that your father ?
(10) May I know who you are ?
(11) That's your uncle, isn't it ?
(12) May I know your good name, please ?
(13) Aren't you his uncle / friend / brother / relative ?
(14) I haven't seen you earlier here, what's your introduction, please ?
(15) Are you new to this place ?
(16) I am Maneesh, you are ...

## Expressions Used to Give Instructions

(1) Always wear a helmet inside the mine.
(2) Better don't wait for her.
(3) Buy the best you can afford.
(4) Come about 7 O'clock.
(5) First, you must turn this key twice to the left.
(6) Give him this tablet every four hours.
(7) Keep her warm.
(8) Make out a receipt, please.
(9) Save me a place in the queue.
(10) Then you cut the sheet down the middle.
(11) When you've washed it, wipe it dry with a cloth.
(12) Wrap it up in a piece of white cloth.

## Introducing A Conversational Topic

(1) Didn't you hear about his affair ?
(2) Have you read the news of robbery today ?
(3) Did you watch television last night ?
(4) Do you want to know something ?
(5) Have you heard the news ?
(6) Have you heard? (Sakshi has an affair).
(7) Let me tell you what happened to me last night.
(8) Look, have you seen the news?
(9) Well, do you know, they say the country is in a severe recession.
(10) You know, a strange thing happened to me yesterday.
(11) Well, the things are not as smooth as you are telling.

## Expressions Used For Making An Invitation

(1) You are cordially invited...
(2) You are to attend the party positively.
(3) No excuse will do, you are to come ...
(4) Won't you come in ?
(5) Are you busy? How about a cup of tea ?
(6) Come and have some more coffee.
(7) Come in and make yourself at home.
(8) Do you fancy having a bite to eat before we leave ?
(9) How would you like to join us for lunch ?
(10) Look, Rashi, there's a romantic film on at the Roxi, I thought we could go together.
(11) Look, I was thinking of going to a movie. Would you like to go to the movie this evening ?

## Expressions Used To Refuse A Invitation

(1) I'm afraid I won't be able to come tomorrow.
(2) You see, I've already arranged to do something on Sunday. How about Monday ?
(3) I'm afraid I've already promised to attend another meeting on that day.
(4) I'm extremely sorry I don't think I'll be able to come.
(5) I'll certainly try , but I can't say surely.

(6) Oh, Asha, I have too much work to do, and I won't be able to leave the office before nine.
(7) Sorry Sakshi, I have something else fixed up for that day. Perhaps we could get together some other day ?
(8) That's very nice, but I'm afraid I can't. You see, I won't be free this evening.
(9) What a pity ! You see, I'm leaving for Mumbai this evening.
(10) You see, my wife is ill, and I must stay home to look after her. Thanks all the same.
(11) Please don't mind , I shall be out of station on that day.Thanks for the remembrance.

## Expressions Used To Give Permission

(1) You are allowed.
(2) You can go.
(3) You can proceed.
(4) It's O.K.
(5) Go right ahead.
(6) I can see no objection.
(7) OK.
(8) Well, go ahead, if you must.
(9) Yes if you want.
(10) Yes, all right.
(11) Yes, if you must.
(12) Yes, of course.
(13) Yes, that's fine.
(14) You can have as many as you want.
(15) You have my permission.
(16) You may, if you like.

## Expressions Used To Refuse Permission

(1) Please don't take otherwise, you're not allowed the admission.
(2) You are not allowed please.
(3) As per the instructions of the higher ups I can't let you in.
(4) I'm sorry I can't let you do it.
(5) I'm sorry you can't do it.
(6) I'm sorry.
(7) It's OK with me, but you must ask Sarita also.
(8) No 'don't go there today.
(9) No, I won't let you do it.
(10) No, you mustn't do it.
(11) No, you mustn't open it now.
(12) Sorry, you can't.
(13) You'd better ask her.
(14) You're not allowed to do it.
(15) Please forgive me, you are not allowed to attend the party.

## Expressions Used To Show Pleasure

(1) I am enjoying myself.
(2) I am thrilled to know it.

(3) I enjoy my job.
(4) I just can't wait to tell her the good news.
(5) I like football very much.
(6) I like listening to music.
(7) I'm fond of cooking.
(8) I'm glad to hear it.
(9) I'm glad you're doing so well, dear.
(10) I'm very happy for you.
(11) I'm very pleased to know it.
(12) It's the best enjoyable film I've ever seen.
(13) I'm very glad to hear it.
(14) Oh, it is most interesting !
(15) Oh, that's a very good news !
(16) What a wonderful news it is !
(17) Wonderful !
(18) Nice to hear it !
(19) I couldn't have been more pleased !

## Expressions Used To Show Displeasure

(1) I can't bear sentimental films like this.
(2) I can't stand this loud noise it gives me a headache.
(3) I didn't enjoy it.
(4) I don't drink alcohol.
(5) I don't like him at all.
(6) I don't like silk.
(7) I don't like the style.
(8) I hate it.
(9) I hate to mix business with pleasure.
(10) I love shopping for clothes.
(11) I detest the idea of eating with them.
(12) It was absolutely dreadful, actually.
(13) It was absolutely lousy.
(14) It was absolutely terrible.
(15) It was disgraceful.
(16) It was shocking, really.

## Expressions Used To Mark Prohibition

(1) No smoking !
(2) Don't pluck the flowers !
(3) Children aren't allowed swimming without an adult.
(4) Dogs are not permitted.
(5) Don't park in front of the entrance.
(6) Don't spit here.
(7) No parking !
(8) Sorry, you can't smoke here.
(9) You aren't allowed to walk on the grass.
(10) You can't bring food and drink here.

(11) You can't play here.
(12) Photography prohibited !
(13) You mustn't take photographs here.
(14) You mustn't tell anyone.

## Expressions Used For Rebuking

(1) Oh, Ramesh ! Stop being stupid.
(2) Stop making such nonsense arguments.
(3) Have you gone off your head ?
(4) I won't have you speak to your father like that.
(5) I won't listen to such nonsense appeal.
(6) Stop making such a terrible noise.
(7) Stop telling me what to do, and mind your own business.
(8) Why on earth didn't you say so ?
(9) You always forget something.
(10) You always creates problems !
(11) You're such a bore !
(12) It's such a fuss !
(13) You always make a fuss for nothing.

## Expressions Of Recollecting/Remembering

(1) I can't remember.
(2) I am unable to recollect.
(3) Ah! now I remember.
(4) Er... yes, I've got it now.
(5) I don't remember seeing you in the party.
(6) I remember I had put it here.
(7) I remember locking the door well.
(8) I'll always remember what you said publicly.
(9) I'm sorry I don't remember exactly.
(10) I'm sorry, the meeting completely slipped my mind.
(11) I've forgotten to bring the keys.
(12) It'd completely slipped my mind.
(13) Oh dear! I completely forgot about it.
(14) Yes, I do remember her very well.
(15) Yes, the whole incident is coming back to me now.

## Expressions Used To Check the Memory

(1) Have you forgotten me, your best friend ?
(2) Did you remember to meet her ?
(3) Do you remember my name ?
(4) Do you remember telling him about the incident ?
(5) Do you remember ? Today's his birthday.
(6) I hope you will forget to bring the keys again.
(7) Surely, you remember today's the last day of the year ?
(8) Surely, you haven't forgotten me ?

(9) You do remember Rehana , don't you ?
(10) You gave her the envelop, didn't you ?
(11) You haven't forgotten to post it, have you ?
(12) You remember Pragya , don't you ?
(13) You have a good memory, don't you ?

## Expressions Used For Reminders

(1) Be sure to switch off the lights.
(2) Don't forget to bring the form, will you ?
(3) Don't forget to lock the main gate.
(4) Don't forget what he told us yesterday.
(5) Have you remembered to send a copy to him ?
(6) Have you set the alarm clock ? I want to get up at 4 A.M.
(7) I think you've forgotten your keys.
(8) Is this your pen ?
(9) Let me remind you of something.
(10) May I remind you of something ?
(11) Make sure you remove the goods from there.
(12) Remember to count the cash before leaving the window.
(13) You haven't forgotten to invite Sakshi, have you ?
(14) Don't forget to post the letter.
(15) You are to remind her today, aren't you ?

## Expressions Used To Show Satisfaction

(1) Oh /Ah, yes !
(2) Aha, this is just what I had in mind !
(3) I am happy about the way you did it.
(4) I think it's indeed fine.
(5) I'm very happy with his achievements.
(6) It couldn't be better.
(7) It was okay, I guess.
(8) It's OK now.
(9) Well, isn't that lovely !
(10) No problems, it's going well.
(11) That seems perfect.
(12) That's quite right.
(13) Things seem to be going beautifully.
(14) This is exactly what I was in search of !
(15) This is just what I wanted.
(16) This is just what I need.
(17) This is just what I desired.
(18) This is the best .
(19) This is very nice.
(20) This seems to be all right.
(21) Every thing looks Okay.

## Expressions Showing Dissatisfaction

(1) Couldn't we take some other course ?
(2) For heaven's sake! please keep silence.
(3) Your work isn't up to the mark.
(4) I can't say I didn't like it.
(5) I don't feel happy about it.
(6) I don't like it .
(7) I wanted something slightly bigger, actually.
(8) I'm not happy about the salary you've offered.
(9) I'm not satisfied with it.
(10) I'm not satisfied with what I have done for her.
(11) I'm not sure it's really suitable.
(12) Isn't it a little too tight for me ?
(13) It seems a bit large for me.
(14) It's a lousy novel.
(15) It's a dirty book.
(16) None of these shoes are quite right in size.
(17) That won't do. That's no good.
(18) It's a bit faded, isn't it ?
(19) That's horrible !
(20) That's not right yet.
(21) That's not what I wanted.
(22) The sleeves are just a little shorter.
(23) There's something not quite right about it.
(24) This dress is a little tight in the waist.
(25) This dress is not quite right in design.
(26) This isn't as big as I thought.
(27) What other colours/designs/styles/qualities do you have ?

## Expressions Used To Convey Threat/Warning...

(1) Do it now, or else.
(2) Do that, and face the music.
(3) Don't talk to me like that, or else.
(4) Don't you dare tell her father about the incident.
(5) Don't you dare tell lies to me.
(6) I won't let you take any of your things away from here, unless you pay back my money.
(7) I'll be writing a stiff letter of complaint to your chairman.
(8) I'll with me.
(9) If we don't get your cheque by the 25th, we'll initiate legal proceedings.
(10) If you come near me, I'll cry.
(11) If you dare say that again, I'll cut you.
(12) If you do that, you'll be extremely sorry.
(13) If you don't pay the rent in a week's time, I'll be forced to get my house vacated.
(14) If you don't refund my money, I'll have to lodge complaint in police.
(15) If you don't stop teasing me, I shall leave.
(16) If you say that again, I'll break your neck.
(17) Remember your manners.

(18) Stop shouting or I'll go away.
(19) You dare touch me !
(20) You'd better be ready for the action.
(21) You'd better behave yourself-otherwise ...
(22) You'd better not make another mistake.
(23) You'd better watch what I say.

## Expressing Worry Or Fear

(1) Are you scared of something ?
(2) Are you scared of the dark ?
(3) Doctor, will it be all right ?
(4) I feel very embarrassed.
(5) I'm frightened.
(6) I'm very concerned about your health.
(7) I was much worried.
(8) I've got a nasty feeling that they've had an accident.
(9) It frightens me a lot.
(10) It makes me feel restless.
(11) It makes me feel uneasy.
(12) I was scared.
(13) It scares me.
(14) It's terribly awful.
(15) It's terrible.

## Asking What's Wrong With

(1) Is there anything wrong with you ?
(2) Are you all right ?
(3) Is everything O.K ?
(4) What is it ?
(5) What's on you mind ?
(6) What's wrong with you ?
(7) You look rather pale, Shalini.
(8) You look upset. What's wrong ?
(9) You're very quiet today, seems something pinching you.
(10) Why are you so fade up ?
(11) What's wrong with you ?
(12) Aren't you all right ?
(13) Aren't you O.K. ?

## Conveying What's Wrong Or What's the Matter

(1) She is feeling sick.
(2) I feel sick.
(3) I think it was that dish I ate.
(4) He lost his purse.
(5) Someone has picked his pocket.
(6) I feel exhausted.

(7) I've got a bad cold.
(8) She's also not well.
(9) I've got a pain in the chest.
(10) He says he has got a terrible pain in the back.
(11) My wife has got flu.
(12) My wallet has gone.

## Expressions Used for Taking Leave

(1) Bye ! / Bye-bye ! /Good-bye !
(2) Bye, everybody !/ Bye bye all.
(3) Good day !/ Have a nice day !
(4) Nice meeting you !
(5) Good night !
(6) Good-bye for now !/Good-bye, everyone !
(7) I am sorry, but I have to go now !
(8) I must move ! I have an urgent work.
(9) I must hurry, otherwise I'm going to be late.
(10) I must hurry or I may lose a nice opportunity .
(11) I think I must go now.
(12) See you soon.
(13) I'm afraid I must think about going now.
(14) I'm glad to have seen you, Shalini !
(15) I'm glad we were able to have atleast a little chat together.
(16) I'm sorry, but I've really got to go !
(17) See you again sometime. Bye now !
(18) See you again soon !
(19) See you in the evening !
(20) See you then, Raja !
(21) See you !
(22) Take care !
(23) Take care of yourself !
(24) Take care. Bye !
(25) Well I must be off, then !
(26) Well, bye then, Akash !
(27) Well, I had better be going !
(28) Well, it was really nice talking to you !

## Expressions Used For Responding The Leave Taking

(1) Thanks for coming.
(2) Thank you very much for coming to see us.
(3) But there's still plenty of time.
(4) But you've only just come !
(5) Bye! Have a pleasant journey !
(6) Bye! Have a good time.
(7) Bye! Have a nice trip !
(8) Come back soon.
(9) Don't forget to look us up, next time you're here.

(10) Don't forget to write.
(11) Please do write soon.
(12) Please call me on reaching there.
(13) Good bye, dear! I hope you have a good week end !
(14) We really enjoyed your stay.
(15) I'll be looking forward to seeing you again.
(16) I've got to leave in a few minutes too.
(17) It was nice to have seen you!
(18) It was pleasant to talk to each other again.
(19) It's only 7 P.M. Why don't you stay for some more time ?
(20) See you later.

## CORRECT YOURSELF *Exercises*

### 01

***Use, 'Could and would' for making request*** :
(1) Ask your neighbour to lend you his umbrella.
(2) Ask your servant to shut the door.
(3) Ask your mother to buy a shirt for you.
(4) Ask your friend to send you an application form.
(5) Ask your father to send you Rs. 1500/- immediately.

### 02

***Use 'Could' and 'would' for making request:***
(1) Do you like 'pop' music ?
(2) Do you like your new assignment ?
(3) Would you like to join our club ?
(4) What about going for a walk ? or Would you rather like to play chess ?
(5) Which do you prefer, apple juice or mango shake ?

### 03

***Make complaints in the following situations :***
(1) Your son is preparing for a competitive examination. Your neighbour's children play music very loudly till late in the night. Make a complaint to your neighbour.
(2) You bought a TV. It's sound system is not functioning properly. Make a complaint to the dealer.
(3) A passenger in a bus is smoking. Make a complaint to the bus conductor.
(4) Your colony is not getting proper supply of tap water. Make a complaint to the A. En.
(5) The dog of your neighbour barked the whole night. Make a complaint to him.

### 04

***Use the most appropriate sentence for pursuading in the following situations*** :
(1) You want a friend to read a magazine.
(2) You want your girl friend to go with you to see a movie.
(3) You want your friend to stay on, a few days more.

(4) You are a member of a library you want the incharge of the library to subscribe to a new magazine.
(5) You are a salesman. You want a customer to buy a particular brand of T.V.

**05**

***Fill in the blanks as directed in the brackets :***

(1) To a friend. : Consult a physician. (Why don't..... )
(2) To an old fellow : Sell this car. (If I were ........)
(3) To a colleage : Stop surfing. (Let's ....... )
(4) To a friend : Not to miss the flight. (You had better .....)
(5) To a student : Improve your vocabulary. (You should .... )

**06**

***Convey your gratitude in the following situation and how it is responded*** :

(1) An uncle gives you lift on his bike.
(2) A stranger lends you his pen at the railway reservation counter.
(3) An officer helps you legally in a government office.
(4) You are unwell and your girl friend brings some flowers for you.
(5) A friend of yours returns the book he borrowed from you.

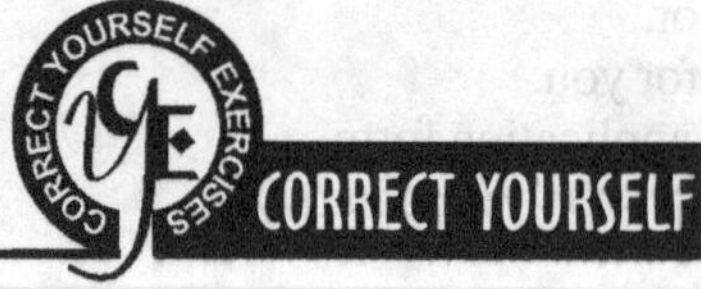


## SOLUTIONS CORRECT YOURSELF *Exercises*

**Solution CYE 01**

(1) No, I don't like 'pop music' I like classical music.
(2) No, I don't . If it were upto me, I'd prefer to quit it.
(3) Yes, I would.
(4) I think we should play chess. or I'd rather play chess.
(5) I'd prefer apple juice.

**Solution CYE 02**

(1) Could you lend me your umbrella, please ?
(2) Please shut the door. or Shut the door.
Or Will you shut the door ?
(3) Mom, would you buy a shirt for me ?
Or Mom, could you buy a shirt for me ?
(4) Could you send me an application form ?
(5) Will you be kind enough to send me Rs. 1500/- immediately ?
Or Could you send me Rs.1500/- immediately ?
Or Please send me Rs 1500/- immediately.

**Solution CYE 03**

(1) I am really sorry to trouble you but your children played music very loudly till late night, causing a lot of disturbance to all the localites particularly my son who is preparing for the

competitive examination.

(2) I regret to bring to your notice that the sound system of the TV, bought by me last month is not functioning properly.

(3) I am sorry to have to say this but that passenger is smoking in the bus, which causes me feeling sick.

(4) Mr. A. En. I am sorry to trouble you, but our colony has not been getting the proper water supply for the last several days.

(5) I am sorry to say this but your dog was barking the whole night yesterday.

**Solution CYE 04**

(1) You really must read this magazine.

(2) Perhaps you'd be interested in seeing this movie with me. or I am sure you'd like to see this movie with me.

(3) How about staying a few days more ? or Do stay here a few days more.

(4) I was wondering if you'd be interested in subscribing this magazine for the library. or I'm sure you'd like to subscribe this magazine for the library.

(5) I'm sure you'd love to buy this brand of TV. I'll tell all about its merits and functioning right now.

**Solution CYE 05**

(1) Why don't you consult a physician ?

(2) If I were you, I would sell this car ?

(3) Let's stop surfing now.

(4) You had better not to miss the flight.

(5) You should improve your vocabulary.

**Solution CYE 06**

(1) Thank you very much uncle.
Uncle : It's O.K. You are welcome.

(2) Thanks for the pen.
Stranger : It's all right.

(3) Thank you very much sir.
Officer : It's all right. It's my duty.

(4) So nice of you.
Girl friend : It's my pleasure. Don't be formal.

(5) Thank you for returning the book timely .
Friend : That's what I promised. I am indeed thankful for the book.

❑❑❑

# Common Conversations In Various Situations

## Conversation Between A New Student And The Teacher

| Hindi Sentences | | English Sentences | |
|---|---|---|---|
| विद्यार्थी | : क्या मैं अन्दर आ सकता हूँ, श्रीमान ? | **Student** | : May I come in, sir ? |
| अध्यापक | : हाँ, कृपया अन्दर आ जाइये। | **Teacher** | : Yes, please come in. |
| विद्यार्थी | : श्रीमान्, मैंने 'अंग्रेजी बोलना सीखने वाले कोर्स' में प्रवेश लिया है। | **Student** | : Sir, I have taken admission in 'English Speaking Learning Course'. |
| अध्यापक | : बहुत अच्छा, आपका स्वागत है। | **Teacher** | : That's very good. You are welcome. |
| विद्यार्थी | : धन्यवाद श्रीमान। | **Student** | : Thank you, sir. |
| अध्यापक | : आपका शुभ नाम क्या है ? | **Teacher** | : What's your good name ? |
| विद्यार्थी | : श्रीमान, मेरा नाम राकेश शर्मा है। | **Student** | : Sir, my name is Rakesh Sharma. |
| अध्यापक | : तुम्हारी शैक्षिक योग्यता क्या है ? | **Teacher** | : What is your educational qualification ? |
| विद्यार्थी | : श्रीमान, मैंने इसी वर्ष अर्थशास्त्र में एम०ए० किया है। | **Student** | : Sir, I have passed M.A. with Economics this year . |
| अध्यापक | : आप कहाँ के रहने वाले हैं ? | **Teacher** | : Where do you belong to ? |
| विद्यार्थी | : श्रीमान, मैं अलवर (राजस्थान) का निवासी हूँ। | **Student** | : Sir, I belong to Alwar (Rajasthan). |
| अध्यापक | : तुम यहाँ दिल्ली में कहाँ रह रहे हो ? | **Teacher** | : Where are you residing in Delhi ? |
| विद्यार्थी | : मैं यहाँ एक किराये के मकान में रहता हूँ। | **Student** | : Sir, I am residing in a rented room at North Campus. |
| अध्यापक | : तुम दिल्ली में और क्या कर रहे हो ? | **Teacher** | : What more are you doing in Delhi ? |
| विद्यार्थी | : श्रीमान, मैं एम बी०ए० हेतु तैयारी कर रहा हूँ। | **Student** | : Sir, I am preparing for M.B.A. |
| अध्यापक | : आपके पिताजी क्या करते हैं ? | **Teacher** | : What is your father ? |
| विद्यार्थी | : श्रीमान, मेरे पिताजी एक राष्ट्रीयकृत बैंक में वरिष्ठ प्रबन्धक हैं। | **Student** | : Sir, my father is a Senior Manager in a Nationalised Bank. |
| अध्यापक | : आपके शौक क्या हैं ? | **Teacher** | : What are your hobbies ? |
| विद्यार्थी | : श्रीमान, मेरे शौक चित्र बनाना एवं उपन्यास पढ़ना है। | **Student** | : Sir, my hobbies are drawing painting and reading novels. |
| अध्यापक | : आपका जीवन में क्या ध्येय है ? | **Teacher** | : What is your ambition in life ? |
| विद्यार्थी | : मैं एक प्रसिद्ध कम्पनी का मुख्य अधिकारी बनना चाहता हूँ। | **Student** | : I want to become a Chief Executive of a reputed company. |

| | | | |
|---|---|---|---|
| अध्यापक : तुम अंग्रेजी बोलना क्यों सीखना चाहते हो ? | **Teacher** | : | Why do you want to learn English Speaking ? |
| विद्यार्थी : श्रीमान, यद्यपि मैं अंग्रेजी बोल सकता हूँ लेकिन मैं बिना रुके अंग्रेजी बोलना चाहता हूँ। | **Student** | : | Sir, though I can speak English, but I want to speak English very fluently. |
| अध्यापक : अच्छा है। मुझे यकीन है कि यदि मेहनत करोगे तो तीन महीनों में ही तुम्हारी अंग्रेजी सुधर जायेगी और तुम सरलता से बिना रुके बोल सकोगे। | **Teacher** | : | Fine. I am sure if you work hard, you will be able to improve your English within three months only and will be able to speak quite fluently. |
| विद्यार्थी : आपका धन्यवाद, श्रीमान। | **Student** | : | Thank you, sir . |
| अध्यापक : आपका स्वागत है। | **Teacher** | : | You're welcome. |

## Conversation Between An Uncle And A Boy

| Hindi Sentences | | | English Sentences |
|---|---|---|---|
| डिम्पल : हैलो अंकल, सायंकाल की नमस्कार। | **Dimple** | : | Hello uncle, good evening. |
| अंकल : हैलो, आपका क्या नाम है ? | **Uncle** | : | Hello, what's your name ? |
| डिम्पल : मैं डिम्पल हूँ। | **Dimple** | : | I am Dimple. |
| अंकल : डिम्पल, आप किस कक्षा में पढ़ते हो ? | **Uncle** | : | In which class do you read ? |
| डिम्पल : मैं नवीं कक्षा में पढ़ता हूँ। | **Dimple** | : | I read in IXth class. |
| अंकल : आप किस स्कूल में पढ़ते हैं ? | **Uncle** | : | In which school do you read ? |
| डिम्पल : मैं सेंट एन्सलम स्कूल में पढ़ता हूँ। | **Dimple** | : | I read in Saint Anslem School. |
| अंकल : आप अपने स्कूल कैसे जाते हो ? | **Uncle** | : | How do you go to your school ? |
| डिम्पल : मैं अपने स्कूल की बस से जाता हूँ। | **Dimple** | : | I go by school bus. |
| अंकल : आपका स्कूल कैसा है ? | **Uncle** | : | How is your school ? |
| डिम्पल : मेरा स्कूल जयपुर के बहुत अच्छे स्कूलों में से एक है। | **Dimple** | : | My school is one of the best schools of Jaipur. |
| अंकल : आपका कक्षाध्यापक कौन है ? | **Uncle** | : | Who is your class teacher ? |
| डिम्पल : मिस रेनू हमारी क्लास टीचर हैं। | **Dimple** | : | Miss Renu is our class teacher. |
| अंकल : आपकी कक्षा में कितने छात्र हैं ? | **Uncle** | : | How many students are there in your class ? |
| डिम्पल : मेरी कक्षा में कुल 35 छात्र हैं। | **Dimple** | : | There are total thirty five students in my class. |
| अंकल : आपका सबसे अच्छा मित्र कौन है ? | **Uncle** | : | Who is your best friend ? |
| डिम्पल : मेरा सबसे अच्छा मित्र रहीम है। | **Dimple** | : | My best friend is Rahim. |
| अंकल : आपका शौक क्या है ? | **Uncle** | : | What is your hobby ? |
| डिम्पल : क्रिकेट खेलना मेरा शौक है। | **Dimple** | : | Playing cricket is my hobby. |
| अंकल : तुम जीवन में क्या बनना चाहते हो ? | **Uncle** | : | What do you want to become in your life ? |

| | | | |
|---|---|---|---|
| डिम्पल | : मैं एक डॉक्टर बनना चाहती हूँ। | **Dimple** | : I want to become a doctor. |
| अंकल | : डिम्पल, यदि मेहनत करोगे तो आप जो चाहो वह बन सकते हो। | **Uncle** | : Dimple, if you work hard, you can become whatever you want. |
| डिम्पल | : हां अंकल, मैं निश्चित ही मेहनत करूँगा। | **Dimple** | : Yes uncle, I shall positively do hard work. |
| अंकल | : ईश्वर तुम्हें सफलता प्रदान करे। | **Uncle** | : May God grant you success ! |
| डिम्पल | : धन्यवाद अंकल। | **Dimple** | : Thank you uncle. |

## Conversation Between Two Brothers

| Hindi Sentences | | English Sentences | |
|---|---|---|---|
| राजू | : बड़े भैया, सुभप्रभात। | **Raju** | : Bade Bhaiya (Elder brother), good morning. |
| रमेश | : शुभ प्रभात, राजू। | **Ramesh** | : Good morning, Raju. |
| राजू | : भैया क्या आप जादूगर के प्रदर्शन के टिकट ले आये हैं ? जैसा आपने वादा किया था। | **Raju** | : Brother, have you brought the tickets for the Magician's Show, as you promised ? |
| रमेश | : हां, प्रिय, मेरे पास दोपहर की शो के पांच टिकट हैं। | **Ramesh** | : Yes, dear, I have five tickets of noon show. |
| राजू | : भैया, आप महान हैं। हमें कब चलना है ? | **Raju** | : Oh! brother, you are great. At what time are we to go ? |
| रमेश | : हम यहाँ से 1 बजे चलेंगे। | **Ramesh** | : We shall move at 1 P.M. |
| राजू | : भाभी के अलावा, और हमारे साथ कौन चलेगा ? | **Raju** | : Who else except Bhabhiji, will accompany us ? |
| रमेश | : मेरा मित्र मुकेश एवं उसकी पत्नी भी हमारे साथ चलेंगे। | **Ramesh** | : My friend Mukesh and his wife will also accompany us. |
| राजू | : वाह, बहुत अच्छा रहेगा। | **Raju** | : Woh ! that will be excellent. |
| रमेश | : अब तुम तैयार हो जाओ। बाजार से सब्जी लेकर आओ, जिससे लंच समय पर बन सके। | **Ramesh** | : Now you get ready. Bring vegetables from the market so that lunch could be cooked timely. |
| राजू | : ओ के भैया। चिन्ता न करो। मैं अभी तैयार हो रहा हूँ। | **Raju** | : O.K. brother. Don't worry. I am just getting ready. |
| राजू | : भैया, क्या मैं आपका स्कूटर ले जा सकता हूँ? | **Raju** | : Brother, may I take your scooter ? |
| रमेश | : हाँ, ले जा सकते हो, लेकिन इसे सही जगह पर खड़ा करना। | **Ramesh** | : Yes, you can, but park it at a proper place. |
| राजू | : धन्यवाद, ठीक है। | **Raju** | : Thank you, that's right. |

## Conversation Between The Father And The Son

| Hindi Sentences | | English Sentences | |
|---|---|---|---|
| पिता | : सोनू, उठो। सात बजकर दस मिनट हो रहे हैं। तुम्हें स्कूल के लिये देरी हो सकती है। | **Father** | : Sonu, get up. It is ten past seven. You may be late for school. |

| | | | |
|---|---|---|---|
| सोनू | : डैडी, शुभ प्रभात। मैं अभी दस मिनट में उठ रहा हूँ। | **Sonu** | : Good morning, Daddy. I am just getting up within ten minutes. |
| पिता | : बस उठ जाओ एवं जल्दी से फ्रेश हो जाओ। | **Father** | : Just get up and get fresh quickly. |
| सोनू | : ओ के डैडी। मम्मी कहाँ है ? | **Sonu** | : O.K. Daddy. Where is Mummy ? |
| पिता | : तुम्हारी मम्मी, मन्दिर गई है। | **Father** | : Your Mummy has gone to temple. |
| सोनू | : डैडी, मैं तैयार हूँ। मेरा नाश्ता एवं लंच बॉक्स कहाँ है ? | **Sonu** | : Daddy, I am ready. Where is my breakfast and my lunch box ? |
| पिता | : तुम्हारा नाश्ता टेबल पर है एवं लंच बॉक्स रसोई में है। | **Father** | : Your breakfast is on the table and lunch box is in the kitchen. |
| पिता | : तुमने आज अपने जूते पॉलिश नहीं किये हैं। | **Father** | : You haven't polished your shoes today. |
| सोनू | : नहीं, मैंने अभी केवल ब्रुश ही किये हैं। | **Sonu** | : No I just brushed them only. |
| पिता | : अच्छा, नाश्ता करो, एवं अपना लंच बाक्स स्कूल बैग में रख लो। | **Father** | : Good, take your breakfast and put your lunch box in your school bag. |
| सोनू | : डैडी मैंने नाश्ता कर लिया है। मैं अब तैयार हूँ। | **Sonu** | : Daddy I have had my breakfast. I am ready now. |
| पिता | : बहुत अच्छा, मैं तुम्हें अभी बस स्टॉप तक छोड़ देता हूँ। | **Father** | : Very good. I just drop you at the bus stop. |
| सोनू | : धन्यवाद, डैडी। | **Sonu** | : Thank you, Daddy. |
| पिता | : विदा, सोनू। | **Father** | : Bye, Sonu. |

## Conversation At A Garment Shop

| Hindi Sentences | | English Sentences | |
|---|---|---|---|
| विक्रेता | : नमस्ते! श्रीमान, मैं आपके लिये क्या कर सकता हूँ ? | **Salesman** | : Good afternoon. What can I do for you, sir ? |
| ग्राहक | : नमस्ते। मुझे कुछ पैन्ट दिखाइयेगा। | **Customer** | : Good afternoon. Please show me some trousers. |
| विक्रेता | : जीन्स या टेरीकॉट, आप कौनसी पसंद करते हैं ? | **Salesman** | : Jeans or Terricot, which do you like ? |
| ग्राहक | : जीन्स एवं सूती दोनों ही दिखाइये। | **Customer** | : Show me Jeans and cotton both. |
| विक्रेता | : बहुत अच्छा, हमारे पास कल ही जीन्स का नया माल आया है। | **Salesman** | : Well, we got new stock of Jeans yesterday itself. |
| ग्राहक | : काले या गहरे नीले रंग में कोई अच्छी सी जीन्स दिखाइयेगा। | **Customer** | : Show me Jeans of black or dark blue colour. |
| विक्रेता | : ये लीजियेगा। यह नवीनतम डिजाइन की है। | **Salesman** | : Here are these jeans. This one is of latest design. |
| ग्राहक | : इसकी कीमत क्या है ? | **Customer** | : What's its price ? |
| विक्रेता | : चिन्ता न करें, यहाँ एक दाम हैं। | **Salesman** | : Don't worry. Here the prices are fixed. |

| | | | |
|---|---|---|---|
| ग्राहक | : फिर भी, इसकी कीमत क्या है ? ज्यादा महंगी है तो मैं नहीं खरीद सकूंगा। | **Customer** | : Even then, what's its price ? If it is more costly, I will not be able to buy. |
| विक्रेता | : यह पैन्ट मात्र रु० 600/- की है। | **Salesman** | : It's just for Rs. 600/- only. |
| ग्राहक | : क्या कोई डिस्काऊन्ट नहीं है ? | **Customer** | : Is there no discount ? |
| विक्रेता | : श्रीमान, यहाँ एक दाम हैं एवं हम अच्छा सामान रखते हैं। | **Salesmen** | : Sir, prices are fixed here and we keep good quality garments. |
| ग्राहक | : ठीक है, इसे पैक कर दीजियेगा। | **Customer** | : O.K, pack it please. |
| विक्रेता | : कृपया भुगतान, कैश काऊन्टर पर कर दें। | **Salesman** | : Please pay at the cash counter. |
| ग्राहक | : कैश काऊन्टर कहाँ पर है ? | **Customer** | : Where is the cash counter ? |
| विक्रेता | : उस कोने में है। | **Salesman** | : That's there in that corner. |
| ग्राहक | : धन्यवाद। | **Customer** | : Thank you. |
| विक्रेता | : आपका स्वागत है। | **Salesman** | : You're welcome. |

## Conversation Between Two College Girls

| Hindi Sentences | | English Sentences | |
|---|---|---|---|
| रानी | : हाय, अनु कैसी हो ? | **Rani** | : Hi, Anu, how are you ? |
| अनु | : मैं ठीक हूँ, तुम्हारे क्या हाल हैं ? | **Anu** | : I am fine, what about you ? |
| रानी | : मैं बिल्कुल अच्छी हूँ। धन्यवाद। | **Rani** | : I am quite well. Thanks. |
| अनु | : आजकल क्या नया कर रही हो ? | **Anu** | : What new are you doing now-a-days? |
| रानी | : मैं आजकल 'ओ' लेवल कम्प्यूटर कोर्स कर रही हूँ। | **Rani** | : I am doing 'O' level computer course now-a-days. |
| अनु | : यह कोर्स कितने समय का है ? इसमें कितने पेपर होते हैं ? | **Anu** | : What's the duration of this course? How many papers are there in this course ? |
| रानी | : यह मात्र एक वर्ष का कोर्स है। इसमें कुल चार सैद्धान्तिक एवं एक प्रैक्टीकल पेपर है। | **Rani** | : This is only one year course. There are four theoretical and one practical papers only. |
| अनु | : अच्छा है। तुम्हारे बड़े भैया आजकल कहाँ हैं ? | **Anu** | : That's good. Where's your elder brother now-a-days ? |
| रानी | : वह देहली में एक कम्पनी में वित्त सलाहकार हैं, एवं कुछ प्रोफसेनल कोर्स भी कर रहे हैं। | **Rani** | : He is a financial adviser in a company at Delhi and has also joined some professional course there. |
| अनु | : कौनसा प्रोफेसनल कोर्स कर रहे हैं ? | **Anu** | : What professional course is he doing ? |
| रानी | : मुझे सही तरह से पता नहीं है लेकिन कोई वित्त या कॉमर्स से सम्बन्धित कोई कोर्स है। | **Rani** | : I don't know exactly, but that is some course relating to finance or commerce. |
| अनु | : वह यहाँ कब आते हैं ? मुझे उनसे सलाह लेनी है। | **Anu** | : When does he come here ? I am to seek his advice. |

| | | | |
|---|---|---|---|
| अनु | : वह यहाँ रविवार को आते हैं ? अब हम कैंटीन चलें एवं कॉफी पियें। | **Anu** | : He comes here on Sunday. Now let's go to canteen and have coffee. |
| रानी | : हाँ, चलते हैं। | **Rani** | : Yes, let us go. |

## Conversation Between Two Strangers (Asking Way)

| **Hindi Sentences** | | **English Sentences** | |
|---|---|---|---|
| यात्री | : श्रीमान, सुनिये जरा। मैं लॉयड राइट चर्च का रास्ता ढूँढने का प्रयास कर रहा हूँ। कृपया मुझे बतायें कि मैं वहाँ कैसे पहँच सकता हूँ ? | **Traveller** | : Excuse me, Sir. I am trying to find my way to Lyod Wright Church. Please tell me as to how can I reach there ? |
| नागरिक ए | : आप यहाँ इस शहर में अवश्य ही नये आये हैं। आपके पास अपना वाहन है या सार्वजनिक बस से जायेंगे ? | **Native A** | : You must be new to this city. Are you having your own vehicle or taking public bus ? |
| यात्री | : आप सही कह रहे हैं। मैं इस शहर में कल ही आया हूँ। मैं वहाँ बस से ही जाना चाहूँगा। | **Traveller** | : You're right. I came here yesterday only. I will like to go there by bus. |
| नागरिक ए | : अच्छा है। इसमें थोड़ा समय लगेगा लेकिन बस से आप अधिक शहर देख सकेंगे। आप सर्वप्रथम यहाँ से बस नं० 54 पकड़ें एवं दूसरे चौराहे पर उतर लें। वहाँ से 361नम्बर की बस लें एवं कन्डेक्टर को चर्च पर उतारने को कहें। बस लॉयड चर्च तक मात्र 20 मिनट लेगी। | **Native A** | : That's good. It's slower, but you'll get more of the city riding the bus. First you take Bus No. 54 from here and get down at the next crossing. Therefrom you take Bus No. 361 and ask the conductor to get you down at the church. The bus will take only 20 minutes up to Lyod Church. |
| यात्री | : धन्यवाद। मैं आप द्वारा की गई सहायता की प्रशंसा करता हूँ। | **Traveller** | : Thank you. I appreciate your help. |
| नागरिक ए | : ठीक है। | **Native A** | : It's O.K. |
| नागरिक बी | : हेलो अजनबी। मैंने अभी आपको उस नागरिक के साथ हुई वार्ता सुनी है जिसने आपको चर्च का रास्ता बताया है मुझे लगता है उसे कुछ गलतफहमी है क्योंकि उन्होंने जो रास्ता बताया है, वह सही नहीं है। | **Native B** | : Hello stranger. I have overheard your conversation with that gentleman, who just told you the way for the church. I think he must be confused, because the way he told you is not correct. |
| यात्री | : तो मुझे क्या करना चाहिए ? | **Traveller** | : What should I do then ? |
| नागरिक बी | : आप मेरे साथ आइये। मैं उसी दिशा में जा रहा हूँ, जहाँ से आपको बस पकड़नी है। वैसे आप कहाँ से आये हैं ? | **Native B** | : Walk with me. I am going in the same direction where you will be catching the bus. By the way where are you from ? |
| यात्री | : मैं राजस्थान से हूँ। मैं देहली पहली बार आया हूँ। | **Traveller** | : I am from Rajasthan. This is my first visit to Delhi. |

| | | | |
|---|---|---|---|
| नागरिक बी | : मेरा नाम श्याम है। मैं मध्य प्रदेश भोपाल से हूँ। | **Native B** | : I am Shyam. I am from Bhopal, Madhya Pradesh. |
| यात्री | : आपसे मिलकर बहुत खुशी हुई! | **Traveller** | : Very glad to meet you. |
| नागरिक बी | : देखिये हम यहाँ हैं। यहाँ से आप 363 नम्बर की बस लें। वह आपको चर्च के बिल्कुल सामने ही उतारेगी। यहाँ से चर्च का रास्ता मात्र 20 मिनट का है। | **Native** | : Well! here we are. Here is you bus stop. Take Bus No. 363 from here and it will drop you in front of the church itself. The bus will take only 20 minutes up to church. |
| यात्री | : बहुत बहुत धन्यवाद। आपने मुझे सही रास्ता बताया। | **Traveller** | : Thank you very much. You have given me the right way. |
| नागरिक बी | : यदि आपके पास ठीक नक्शा है, तो आपको अपना रास्ता मालूम करना कठिन नहीं है। मैं तुम्हें एक नक्शा खरीदने की सलाह दूँगा। | **Native B** | : If you have a good map then it is not difficult to find your way around. I advise you to buy one. |
| यात्री | : आह! बस नं० 363 आ रही है। आपकी सहायता के लिये बहुत धन्यवाद। विदा। | **Traveller** | : Oh ! Bus No. 363 is coming. Thanks a lot for you help. Good bye! |

## Conversation Between A Doctor And A Patient

| **Hindi Sentences** | | **English Sentences** | |
|---|---|---|---|
| डॉक्टर | : आपने मुझे फोन पर बताया कि आप निर्जीव जैसा महसूस कर रहे हैं। क्या गड़बड़ है ? | **Doctor** | : You told me on telephone that you were feeling lifeless. What's wrong ? |
| मरजी | : मैं ठीक महसूस नहीं करता हूँ। मुझे लगता है जैसे मुझमें कोई ताकत ही नहीं है। | **Patient** | : I do not feel good. I feel that I have no energy. |
| डॉक्टर | : और कुछ विशेष बात ? | **Doctor** | : Any other specific thing ? |
| मरीज | : नहीं कोई विशेष बात तो नहीं है लेकिन मैं अधिकतर कमजोरी एवं थकान महसूस करता हूँ। नींद भी नहीं आती है। | **Patient** | : No, nothing specific, but I feel mostly rundown and tired. I don't have proper sleep. |
| डॉक्टर | : क्या खाना ढंग से खाते हो ? तुम्हारी भूख कैसी है ? | **Doctor** | : Do you eat well? What about your appetite ? |
| मरीज | : मैं सामान्यतया ठीक ढंग से खाना नहीं खाता हूँ। मैं काफी तला हुआ एवं सूखा खाना खाता हूँ। मैं सब्जियाँ भी पूरी नहीं खाता हूँ। | **Patient** | : I generally don't eat well. I eat a lot of fried and junk food. I don't even eat vegetables. |
| डॉक्टर | : तुम्हें पिछले बार देखा जबसे कुछ वजन भी बढ़ गया है। क्या तुम व्यायाम करते हो ? | **Doctor** | : You have also gained some weight since I last checked you. Do you take exercises ? |
| मरीज | : मैं शारीरिक रूप से उतना गतिशील नहीं हूँ मेरा स्वयं का व्यवसाय है जिसमें मैं बहुत मेहनत करता हूँ। | **Patient** | : I am not so active physically. I have my own business and I work very hard at it. |

| | | | |
|---|---|---|---|
| डॉक्टर | : कोई बात नहीं। कृपया अपना कोट उतारें एवं अपनी शर्ट की बाँह ऊपर करें। मुझे तुम्हारा ब्लड प्रेशर जांचना है। तुम्हारी उम्र कितनी है। शायद पचास के लगभग ? | **Doctor** | : Doesn't matter. Please take off your coat and roll up your shirt's sleeve. I am to check your blood pressure. What's your age, probably fifty ? |
| मरीज | : मैं 53 वर्ष का हूँ। | **Patient** | : I am 53. |
| डॉक्टर | : तुम्हारा ब्लड प्रेशर अधिक है। लेकिन अभी कोई खास चिन्ता की बात नहीं है लेकिन नमक खाना कम करो एवं अधिक व्यायाम करो। क्या तुम्हें सांस की भी समस्या है ? | **Doctor** | : Your blood pressure is high, but nothing to be of much worries so far. But you have to restrict your salt intake and take more exercises. Are you short of breath sometimes ? |
| मरीज | : हां कभी-कभी चक्कर आते हैं। मैं ज्यादा लम्बी दूर नहीं चल सकता और भारी सामान भी नहीं उठा सकता हूँ। मैं तुरंत हाँफने लगता हूँ। | **Patient** | : Yes, I sometimes get dizzy. I can't walk long and can't lift heavy items. I get panting immediately. |
| डॉक्टर | : तुम अभी भी धूम्रपान करते हो। | **Doctor** | : You're still smoking. |
| मरीज | : मैंने प्रयास तो किया था, लेकिन सफल नहीं हो सका। मैं दो पैकट तक पी लेता हूँ। | **Patient** | : I tried to give up smoking, but did not get success. I smoke up to two packets . |
| डॉक्टर | : तुम दिन में दो पैकट सिगरेट पीते हो। तुम व्यायाम नहीं करते हो। खाना भी ठीक नहीं है फिर भी तुम सोचते हो कि तुम स्वस्थ क्यों नहीं हो ? मुझे आश्चर्य है कि तुम अब तक मरे क्यों नहीं हो ? | **Doctor** | : You smoke two packets in a day. You don't take exercise. Your diet is also not proper, even you think why you are not fit and healthy ? I wonder why you are not dead so far ! |
| मरीज | : तो मैं क्या करूँ डॉक्टर ? | **Patient** | : What I do then, doctor ? |
| डॉक्टर | : आपको अपने स्वास्थ्य का अधिक गम्भीरता से ध्यान रखना होगा। तुम्हें अपने खाने का भी ख्याल रखना होगा। | **Doctor** | : You are to take care of your health more seriously. You are to take care of your diet also. |
| मरीज | : खाने का ध्यान रखना, मेरी व्यस्तता में बहुत मुश्किल है। | **Patient** | : Taking care of diet is very difficult because of my very busy schedule. |
| डॉक्टर | : तुम्हारा स्वास्थ्य, तुम्हारे व्यवसाय से अधिक महत्वपूर्ण है। व्यायाम करना भी आवश्यक है। व्यायाम नहीं तो कम से कम प्रात: घूमना तो शुरू करें। तैराकी भी शुरू करें। तैराकी एक अच्छा व्यायाम है। | **Doctor** | : Your health is more important than your business. Taking exercise is also very necessary. If you can't exercise, start walking in the morning. Start swimming also. Swimming is a good exercise. |
| मरीज | : मैंने एक स्वास्थ्य क्लब में भी प्रवेश लिया था लेकिन वहाँ जाने का समय ही नहीं मिला। | **Patient** | : I joined a health club lately, but I never had time to go there. |
| डॉक्टर | : समय निकालिए। यह बहुत आवश्यक है। एवं | **Doctor** | : Spare time. It is very necessary and |

| | Hindi | | English |
|---|---|---|---|
| | भगवान के लिये धूम्रपान करना छोड़ दें। | | for God's sake, stop smoking! |
| मरीज | : ठीक है, मैं पुन: प्रयास करूंगा। यह आदत छोड़ना बहुत मुश्किल कार्य है। चक्कर वगैरहा की समस्या एवं कमजोरी का क्या करें ? | **Patient** | : Well, I shall try again. It's very difficult to give up this habit. What about my dizziness and feeling weakness ? |
| डॉक्टर | : मैं तुम्हें यह दवा लिख रहा हूँ जिससे तुम्हें नींद आ जायेगी। बिना ठीक खानपान एवं बिना व्यायाम किए तुम ठीक नहीं हो सकते हो। धूम्रपान छोड़ना भी आवश्यक है। समझे आप। | **Doctor** | : I am prescribing you this medicine so that you will get sleep. Without proper diet and exercises, you will not be fit. Giving up smoking is must, understand. |
| मरीज | : हां डॉक्टर साहब। मैं आपकी बात की कद्र करता हूँ। निश्चित ही धूम्रपान त्याग दूंगा। बहुत बहुत धन्यवाद। | **Patient** | : Yes, doctor. I appreciate your sayings. I shall positively give up smoking. Thank you very very much. |

## Conversation Between A Boy and A Girl

| | Hindi Sentences | | English Sentences |
|---|---|---|---|
| राजेश | : हाय, मैं राजेश हूँ। मैं आपसे कुछ विशेष बात करने आया हूँ। | **Rajesh** | : Hi, I am Rajesh. I am here to have some special talks with you. |
| शालू | : ओह राजेश जी, आइये आपका स्वागत है। | **Shalu** | : Oh, Rajesh ji, Welcome! |
| राजेश | : क्या हम किसी रेस्तरां में चलकर कॉफी पी सकते हैं ? | **Rajesh** | : Could we have coffee in a restaurant ? |
| शालू | : जैसा आप चाहें, मुझे कोई समस्या नहीं है। | **Shalu** | : As you wish. I have no problem. |
| राजेश | : शालू जी, आपने क्या पढ़ाई की है, मेरा मतलब है आपकी शैक्षिक योग्यता क्या है ? | **Rajesh** | : Shalu ji, what study have you done ? I mean what's your educational qualification ? |
| शालू | : मैंने अर्थशास्त्र विषय से एम० ए० किया है। | **Shalu** | : I have passed M.A. with Economics subject. |
| राजेश | : एम० ए० में आपने कितने प्रतिशत अंक प्राप्त किए ? | **Rajesh** | : What's your percentage in M.A ? |
| शालू | : 76 प्रतिशत मात्र। | **Shalu** | : Just 76% |
| राजेश | : क्या आपने कॉलेज की पढ़ाई के साथ अन्य कोई कोर्स भी किया है ? | **Rajesh** | : Have you taken any other course also alongwith your college studies. |
| शालू | : हाँ, मैंने सिलाई, कढ़ाई सीखी है। मैंने 6 माह का कम्प्यूटर कोर्स भी किया है। | **Shalu** | : Yes, I have learnt stitching and embroidery. I have also completed 6 months computer course. |
| राजेश | : बहुत अच्छा। वैसे शालू आपके शौक क्या हैं ? | **Rajesh** | : That's very good. By the way Shalu, could you tell me about your hobbies ? |
| शालू | : खाना बनाना एवं खाली समय में पेंटिंग करना | **Shalu** | : I like cooking and painting in spare |

| | | | |
|---|---|---|---|
| | मुझे अच्छा लगता है। | | time. |
| राजेश | : क्या कोई गाना वगैरहा नहीं आता ? | **Rajesh** | : Don't you know singing etc.? |
| शालू | : नहीं, मुझे गाना पसंद नहीं है। हाँ लेकिन मुझे गजल का शौक है। | **Shalu** | : No I don't like singing. But well, I am fond of gazals. |
| राजेश | : ठीक, है आपका, शादी के बारे में क्या विचार है ? आपको कैसा जीवन साथी चाहिए ? | **Rajesh** | : Well! What are your views about marriage ? What type of life partner you wish to have ? |
| शालू | : मैं एक सरल, स्वस्थ एवं दिखने में अच्छा एवं उच्च चरित्र के व्यक्ति को जीवन साथी के रूप में पसंद करूंगी। जीवन साथी प्यार करने वाला ध्यान रखने वाला भी होना चाहिए। | **Shalu** | : A person who is simple, healthy, good looking and of high moral character is my choice as my life partener. The life partner should be loving , caring also. |
| राजेश | : शादी के बाद, आप नौकरी करना चाहेंगी ? | **Rajesh** | : Do you like to do service after marriage ? |
| शालू | : मेरी ऐसी कोई इच्छा नहीं है। यदि जरूरत महसूस हो एवं पति चाहे तो नौकरी की जा सकती है। | **Shalu** | : I have no such desire. If the need arises or if the husband wishes, then service can be done. |
| राजेश | : आपको संयुक्त परिवार पसंद है या एकल परिवार ? आपका परिवार कैसा है ? | **Rajesh** | : You like joint family or unitary family ? How is your own family ? |
| शालू | : मुझे संयुक्त परिवार अधिक पसंद है। हमारा परिवार भी संयुक्त परिवार है। | **Shalu** | : I like joint family very much. Our family is also joint one. |
| राजेश | : ओ. के. आप मुझसे कुछ पूछना चाहें तो पूछ सकती हैं। | **Rajesh** | : O.K. You can also ask me whatever you want. |
| शालू | : मैं आपके बारे में इतना जानती हूँ कि आप पंजाब नैशनल बैंक के अधिकारी हैं। क्या यह सही है ? | **Shalu** | : I know that you are an officer in Punjab National Bank. Is it correct? |
| राजेश | : हाँ, यह सही है। मेरी नौकरी 5 साल की हो गई है। | **Rajesh** | : Yes it is correct. I have completed five years of service. |
| शालू | : आपको कैसा जीवन साथी चाहिए ? बस मैं यही जानना चाहती हूँ। | **Shalu** | : What's your choice of life partner ? I also want to know. |
| राजेश | : बहुत कुछ आपके जैसा सुन्दर, सरल एवं समझदार। | **Rajesh** | : A lot , like you, simple, beautiful and wise. |
| शालू | : (शमति हुए) फिर आप अपने पिताजी से बात करें। मैं भी मेरी मम्मा से बात करूँगी। | **Shalu** | : (Shyly) Then talk to your father, I shall also talk to my mother. |
| राजेश | : ईश्वर हमें आर्शीवाद दें। (हँसते हुए) | **Rajesh** | : May God bless us (Laughing) ! |

## Opening An Account In A Bank

| | **Hindi Sentences** | | **English Sentences** |
|---|---|---|---|
| ग्राहक | : श्रीमान, मैं आपके बैंक में खाता खोलना चाहता हूँ। | **Customer** | : Sir, I want to open an account in your bank. |

| | | | |
|---|---|---|---|
| बैंक कर्मचारी | : कौन सा खाता खोलना चाहते हैं ? बचत खाता या चालू खाता। | **Bank Employee** | : Well, which account, do you want to open ? Saving or Current ? |
| ग्राहक | : बचत खाता। | **Customer** | : Saving Account. |
| बैंक कर्मचारी | : ठीक है, कृपया काऊन्ट नं. 2 पर सम्पर्क करें। | **Bank Employee** | : All right, Please go to counter No. 2. |

*काऊन्टर नं. 2 पर।* — *At Counter No. 2.*

| | | | |
|---|---|---|---|
| ग्राहक | : श्रीमान, मैं एक बचत खाता खोलना चाहता हूँ। | **Customer** | : Sir, I want to open a Saving Account |
| बैंक कर्मचारी | : आप इस फार्म को भर दीजिए एवं इस जगह किसी खातेदार से अपने परिचय हेतु हस्ताक्षर करायें। आपकी एक फोटो यहाँ लगेगी तथा आपके राशन कार्ड की कॉपी या ड्राइविंग लाइसेंस की कॉपी भी आपको लगानी है। | **Bank Employee** | : Please fill up this form. Get it signed here by an account. holder for your introduction. A photo is to be affixed here and a copy of your Ration Card or Driving licence is also to be submitted. |
| ग्राहक | : ठीक है। यह देखियेगा, यह मैंने फार्म पूरा भर दिया है राशन कार्ड की कॉपी एवं फोटो यह रही। परिचयदाता के भी हस्ताक्षर करवा दिये हैं। | **Customer** | : That's right. See please, I have filled up the form and this is a copy of my Ration Card and this is my photo and I have also got done the signature of introducer. |
| बैंक कर्मचारी | : नामांकन के कॉलम को भी भरें एवं यहाँ पर भी हस्ताक्षर करें। | **Bank Employee** | : Please fill up the Nomination column also and put your signature here too. |
| ग्राहक | : क्या, मैं नामांकन में अपनी पत्नी का नाम लिख सकता हूँ ? | **Customer** | : Can I fill the name of my wife in nomination column ? |
| बैंक कर्मचारी | : हाँ निश्चय ही। आजकल नामांकन भरना आवश्यक है एवं यह बहुत महत्वपूर्ण भी है। | **Bank Employee** | : Yes, of course. Now-a-days, filling up the nomination has become compulsory and it is very important also. |
| ग्राहक | : वास्तव में नामांकन एक बहुत महत्वपूर्ण सुविधा है। अब मुझे और क्या करना है ? | **Customer** | : Really ! Nomination is an important facility. Now what more is to be done by me? |
| बैंक कर्मचारी | : वहाँ से लाल स्लिप लीजिए एवं इसे भरकर इस फार्म के साथ कैश काऊन्टर पर पैसे जमा करें। | **Bank Employee** | : Please take a red slip from there and fill it up and deposit the amount at the cash counter with this form. |

| | | | |
|---|---|---|---|
| ग्राहक | : बहुत-बहुत धन्यवाद। आपने बहुत सहायता की। | **Customer** | : Thank you very much. You did a lot of help. |
| बैंक कर्मचारी | : यह मेरा कर्त्तव्य है, श्रीमान। | **Bank Employee** | : It's my duty, sir. |
| ग्राहक | : श्रीमान, पास-बुक कब मिलेगी ? | **Customer** | : When will I get the Pass Book ? |
| बैंक कर्मचारी | : अभी थोड़ी देर में आपको काऊन्टर नं. 1 से पास-बुक मिल जायेगी और यदि चैक बुक भी चाहिए तो वहीं से ही मिलेगी। | **Bank Employee** | : Within a short period you will get it at Counter No. 1. And if you need a cheque book also, that too, you will get from there. |
| *काऊन्टर नं. 1 पर।* | | *At Counter No. 1.* | |
| **ग्राहक** | : श्रीमान मैंने अभी एक बचत खुलवाया है। कृपया उसकी पास-बुक एवं चैक बुक दे दीजियेगा। | **Customer** | : Sir, I have just got a saving account opened. Please give me its pass book and cheque book. |
| बैंक कर्मचारी | : आपका नाम संजय शर्मा है। | **Bank Employee** | : You are Mr. Sanjay Sharma. Aren't you ? |
| ग्राहक | : हाँ श्रीमान, मैं ही संजय शर्मा हूँ। | **Customer** | : Yes sir, I am Sanjay Sharma. |
| बैंक कर्मचारी | : चैक बुक के लिये इस रजिस्टर में हस्ताक्षर करें एवं यह रही आपकी पास बुक। | **Bank Employee** | : Please sign here for the cheque book and this is your pass book. |
| ग्राहक | : आपके यहाँ बहुत त्वरित सेवा होती है। स्टॉफ भी बहुत बढ़िया एवं सहयोगी है। बहुत-बहुत धन्यवाद। | **Customer** | : Very prompt service is provided here. Staff is also very good and cooperative. Thank you very much. |
| बैंक कर्मचारी | : श्रीमान यह सब हमारा कर्त्तव्य है। हम हमेशा आपकी सेवा में है। | **Bank Employee** | : It is all our duty, sir. We are always at your service. |

## Getting A Draft From A Bank

| | **Hindi Sentences** | | **English Sentences** |
|---|---|---|---|
| ग्राहक | : सुनिये मुझे एक 500/- रुपये का मेरठ का ड्रॉफ्ट बनवाना है। | **Coustomer** | : Excuse me. I want a draft for Rs. 500/- payable at Meerut. |
| बैंक कर्मचारी | : कृपया काऊन्टर नं. 4 पर जायें। | **Bank Employee** | : Please go to Counter No. 4. |
| *काऊन्टर नं. 4 पर।* | | *At Counter No. 4.* | |
| ग्राहक | : श्रीमान, मुझे एक 500/- रुपये का ड्राफ्ट बनवाना है। | **Customer** | : Sir, I want a draft for Rs. 500. |
| बैंक कर्मचारी | : आप ड्राफ्ट खाते से बनवायेंगे या नकद जमा करायेंगे। | **Bank Employee** | : You will pay money in cash or will get through your account. |
| ग्राहक | : मैं नगद जमा कराऊंगा। | **Customer** | : I will deposit cash. |

बैंक कर्मचारी : कृपया इस फार्म को भर दीजियेगा। इस पर यहाँ हस्ताक्षर करके, कैश काऊन्टर नं. 2 पर पैसा जमा करायें। रुपये 500/– के ड्राफ्ट के लिए 25/– कमीशन लगता है। अतः आपको 525/– जमा कराने हैं।

ग्राहक : मार्गदर्शन हेतु धन्यवाद।

बैंक कर्मचारी : ठीक है।

*कैश काऊन्टर नं. 2 पर।*

ग्राहक : श्रीमान यह ड्रॉफ्ट हेतु पैसे हैं।

कैशियर : कृपया पैसों का विवरण यहाँ लिखें।

ग्राहक : ठीक है।

कैशियर : यह लीजियेगा, रसीद।

ग्राहक : मुझे ड्रॉफ्ट कहां से एवं कब मिलेगा ?

कैशियर : दस मिनट में आपको आपका डॉफ्ट काऊन्टर नं. 4 पर मिल जायेगा। यह रसीद दिखाकर, आप अपना ड्रॉफ्ट प्राप्त कर लें।

ग्राहक : धन्यवाद।

*काऊन्टर 4 पर।*

ग्राहक : कृपया मेरा रु. 500/– का ड्रॉफ्ट दीजियेगा।

बैंक कर्मचारी : अपनी रसीद दिखायें एवं इस जगह हस्ताक्षर करें।

ग्राहक : यह रही रसीद।

बैंक कर्मचारी : यह लीजिये आपका ड्रॉफ्ट।

ग्राहक : बहुत धन्यवाद।

बैंक कर्मचारी : आपका स्वागत है।

**Bank Employee** : Please fill up this form. Sign it here and deposit the amount at cash Counter No. 2. For draft upto Rs. 500/- you are to pay commission Rs. 25/-. So you are to deposit Rs. 525/-.

**Customer** : Thank you for your guidance.

**Bank Employee** : It's alright.

*At Cash Counter No. 2.*

**Customer** : Sir please accept the amount for the draft.

**Cashier** : Please write the details of the money here.

**Customer** : It's O.K.

**Cashier** : Take the receipt, please.

**Customer** : Where from will I get the draft and when ?

**Cashier** : You will get your draft within ten minutes at counter No. 4. Please show this receipt and get the draft.

**Customer** : Thanks.

*At Counter No. 4.*

**Customer** : Please give my draft for Rs. 500/.

**Bank Employee** : Please show me the receipt and put your signature here.

**Customer** : Here is the receipt.

**Bank Employee** : This is your draft, please.

**Customer** : Thank you very much.

**Bank Employee** : You're welcome.

## Withdrawing Money From The Bank

**Hindi Sentences**

ग्राहक : सुनिये, मुझे इस चैक का भुगतान लेना है।

बैंक कर्मचारी : कितनी राशि का चैक है ?

ग्राहक : मात्र 5000/– का है।

**English Sentences**

**Customer** : Excuse me. I want payment of this cheque.

**Bank Employee** : What's the amount of the cheque ?

**Customer** : Just for Rs. 5000/.

| | | | |
|---|---|---|---|
| बैंक कर्मचारी | : ठीक है, इसका भुगतान आपको टेलर काऊन्टर से ही मिल जायेगा। आप इस काऊन्टर नं. 6 पर जाइयेगा। | **Bank Employee** | : All right you can get the payment of this cheque from Teller itself. Please go to that Counter No. 6. |
| ग्राहक | : बहुत धन्यवाद। | **Customer** | : Thanks a lot. |
| *टेलर काऊन्टर पर* | | *At Teller's Counter.* | |
| ग्राहक | : इस चैक का भुगतान कर दीजियेगा। | **Customer** | : Sir, please make payment of this cheque. |
| टेलर | : कृपया चैक के पीछे हस्ताक्षर करें। | **Teller** | : Please put your signature at the back of it. |
| ग्राहक | : निश्चय ही, यह लीजियेगा। | **Customer** | : Sure, take it please. |
| टेलर | : अरे। आपने राशि पर ओवरराइटिंग कर रखी है। अतः यहाँ पर भी पूरे हस्ताक्षर करें। | **Teller** | : Oh! You have made an overwriting on the amount of the cheque, so please put your full signatures here. |
| ग्राहक | : लीजिये श्रीमान। क्या आप मुझे बतायेंगे कि आप चैक के पीछे हस्ताक्षर क्यों करवाते हैं ? | **Customer** | : Here it is. May I ask you, why do you get signature at the back of the cheque ? |
| टेलर | : पीछे हस्ताक्षर एक तरह से पैसे प्राप्त करने की रसीद है। | **Teller** | : It is like a receipt for the amount you receive. |
| ग्राहक | : अच्छा, कृपया मुझे एक हजार रुपये के दस रु. के तथा शेष सौ रुपये के नोट दें। | **Customer** | : Well! Please give me thousand rupees in ten rupee denomination and the rest in hundred rupee denomination. |
| टेलर | : लीजियेगा। 100 रुपये के 40 एवं यह एक पैकट 10 रुपये के नोटों का है। | **Teller** | : O.K. These are forty notes of hundred and one packet of ten. |
| ग्राहक | : सहयोग के लिये धन्यवाद। आपके यहाँ सारा स्टाफ बहुत सहयोगी है। | **Customer** | : Thanks for the cooperation. All the staff of this branch is very cooperative. |
| टेलर | : प्रशंसा हेतु धन्यवाद। | **Teller** | : Thanks for the complements. |

## Conversation At A BirthDay Party

| | **Hindi Sentences** | | **English Sentences** |
|---|---|---|---|
| निशा | : जन्म दिन पर बहुत-बहुतनीला) मुबारकबाद। यह रहा तुम्हारा गिफ्ट। | **Nisha** | : Many many congratulations on your birthday. This is your gift, please. |
| अनु | : बहुत-बहुत धन्यवाद। | **Anu** | : Thank you very much. |

| | | | |
|---|---|---|---|
| अनु | : निशा, मेरे भाई से मिलो। यह राजेश है। एवं राजेश यह मेरी प्रिय सहेली निशा है। यह बहुत अच्छी नर्तकी भी है। | **Anu** | : Nisha, meet my brother. This is Rajesh and Rajesh, this is my dear friend, Nisha. She is a very good dancer also. |
| राजेश | : आपसे मिलकर अच्छा लगा, निशा। | **Rajesh** | : Very please to meet you, Nisha. |
| निशा | : मुझे भी। आप क्या करते हैं ? | **Nisha** | : Me too. What do you do ? |
| राजेश | : मैं एक कम्प्यूटर इंजीनियर हूँ। | **Rajesh** | : I am a computer Engineer. |
| अनु | : निशा यहाँ आओ। | **Anu** | : Nisha, come here please. |
| निशा | : मुझे क्षमा करें, राजेश। | **Nisha** | : Excuse me, Rajesh. |
| निशा | : हाँ अनु। क्या बात है ? | **Nisha** | : O.K. Anu. What's the matter ? |
| अनु | : निशा, मेरे माता-पिता से मिलो। ये मेरे बहुत ही प्यारे माता-पिता है। | **Anu** | : Nisha, meet my parents. These are my very lovely parents. |
| निशा | : हैलो अंकल, हैलो आंटी। अनु आप लोगों को बहुत तारीफ करती है। | **Nisha** | : Hello uncle, Hello aunty. Anu is always speaking very high of you people. |
| अनु की माता | : हेलो निशा, कैसी हो? | **Anu's Mother** | : Hello, Nisha. How are you? |
| निशा | : मैं बिल्कुल ठीक हूँ। | **Nisha** | : I am quite well aunty. |
| अनु के पिता | : निशा, यहाँ घर जैसा समझो। कोई भी जरूरत हो तो बताओ। तुम अनु की पक्की मित्र हो, हमारी बेटी जैसी हो। | **Anu's father** | : Nisha, feel at home here. If you need anything please tell me. You are the fast friend of Anu so as our daughter. |
| निशा | : धन्यवाद अंकल। | **Nisha** | : Thank you, uncle. |
| अनु | : निशा, तुम कुछ ठंडा ले लो। | **Anu** | : Nisha, please take some cold. |
| अनु के पिता | : अनु, सभी मेहमान आ चुके हैं, अब केक काटो। कृपया सब लोग यहाँ आ जाइये। | **Anu's father** | : Anu, all the guest have arrived, please cut the cake now. All are requested to come here please. |

*(अनु केक काटती है है। सभी लोग अनु को हैप्पी बर्थडे बोलते हैं।)*

(*Anu cuts the cake . Every body conveys happy Birthday wishes to Anu.*)

| | | | |
|---|---|---|---|
| अनु | : सभी को बहुत-बहुत धन्यवाद। कृपया केक लीजिये। | **Anu** | : Thank you very much to all of you. Please have cake. |
| निशा | : अनु और क्या कार्यक्रम है ? | **Nisha** | : What's the programme any more? |
| अनु | : अब हम सब डान्स करेंगे एवं फिर खाना खायेंगे। | **Anu** | : Now we will dance and then take dinner. |
| निशा | : ठीक है, डांस करते हैं। (सभी लोग डांस करते हैं।) | **Nisha** | : O.K. let us dance. (*Everybody dances.*) |
| अनु के पिता | : खाना तैयार है। कृपया खाना लीजिये। | **Anu's father** | : The dinner is ready. All are requested to have the dinner please. |
| | | **Nisha** | : Today every thing was very fine |

| | | | |
|---|---|---|---|
| निशा | : आज यहाँ सब बहुत अच्छा था। | | here. |
| राजेश | : निशा, तुम वास्तव में बहुत अच्छा नाचती हो। | **Rajesh** | : Nisha, you really dances beautifully. |
| निशा | : प्रशंसा के लिये धन्यवाद। | **Nisha** | : Thanks for the complements. |
| राजेश | : नहीं, मैं वास्तव में सच बोल रहा हूँ। | **Rajesh** | : No, I am indeed speaking the truth. |
| निशा | : अच्छा ठीक है। धन्यवाद। | **Nisha** | : It's all right. Thank you. |
| निशा | : अच्छा ! अनु विदा। | **Nisha** | : O.K. Anu Bye. |
| अनु | : यहाँ आने के लिये धन्यवाद एवं विदा। | **Anu** | : Thanks for coming here. Good bye. |

## Conversation While Shopping

| | **Hindi Sentences** | | **English Sentences** |
|---|---|---|---|
| माँ | : सोनू तुम कहाँ जा रहे हो ? | **Mother** | : Sonu, Where are you going ? |
| सोनू | : मम्मी मैं बाजार जा रहा हूँ। मुझे कुछ कॉपियाँ खरीदनी हैं। | **Sonu** | : Mom, I am going to market. I am to purchase a few copies. |
| माँ | : ठीक है, थोड़ी देर रुको। मैं भी तुम्हारे साथ चलूंगी। मुझे कुछ घर का सामान खरीदना है। | **Mother** | : O.K. wait a bit. I will also accompany you. I am to purchase some household items. |
| सोनू | : ठीक है मम्मी, जल्दी करो। मम्मी, आप बाजार में ज्यादा देर तो नहीं लगायेंगी। | **Sonu** | : All right Mom. Hurry up please. Won't you take much time in the market ? |
| माँ | : नहीं, बस एक दो जगह ही खरीदारी करनी है। सीधे गणेश स्टोर्स पर चलो। | **Mother** | : No, not at all. I am just to make shopping at a few shops. Just take me to Ganesh Stores. |
| सोनू | : यह रहा गणेश स्टोर्स। | **Sonu** | : O.K. This is the Ganesh Stores. |
| सेल्समैन | : हाँ मैडम, मैं आपके लिये क्या कर सकता हूँ ? | **Salesman** | : Yes Madam, what can I do for you ? |
| माँ | : यह लिस्ट लीजिएगा। यह सारा सामान पैक करवा दें। हम अभी आ रहे हैं। | **Mother** | : This is the list. Please get packed all the items. We are just coming back. |
| सेल्समैन | : ठीक है मैडम, 15 मिनट में सब तैयार हो जायेगा। | **Salesman** | : O.K. Madam, it will be ready within 15 minutes. |
| माँ | : सोनू अब वरुण ज्वैलर्स पर चलो। | **Mother** | : Sonu, move to Varun Jewellers now. |
| सोनू | : ठीक है मम्मी। यह रहा वरुण ज्वैलर्स। | **Sonu** | : O.K. Mom, this is Varun Jewellers. |

| | | | |
|---|---|---|---|
| सेल्सगर्ल | : मैडम, आपका स्वागत है। मैं आपके लिए क्या कर सकती हूँ ? | **Salesgirl** | : Madam, you are welcome. What can I do for you? |
| माँ | : मुझे कुछ चांदी के गिलास दिखाइये। | **Mother** | : Please show me some silver glasses. |
| सेल्सगर्ल | : ये देखिये। साधारण गिलास में 99 प्रतिशत चांदी है जबकि डिजाइन वाले गिलासों में 70 प्रतिशत चांदी है। आपको कौनसा पसंद है ? | **Salesgirl** | : These are the glasses. Simple glass contains 99% silver, while these designed glasses contain only 70% silver. Which do you like madam? |
| माँ | : मुझे साधारण गिलास ही अधिक सुन्दर लगते हैं। सोनू, तुम्हें कौन से गिलास अच्छे लगे ? | **Mother** | : I find the simple glasses more beautiful. Sonu ,which glasses do you like? |
| सोनू | : मुझे भी ये ही अच्छे लगते हैं। | **Sonu** | : I also like these simple glasses. |
| माँ | : इसकी क्या कीमत है ? | **Mother** | : What's its price? |
| सेल्सगर्ल | : 33/– प्रति गिलास। एक गिलास लगभग 30 ग्राम का है। | **Sales girl** | : Rs. 33/- each glass. Each glass weighs 30 grams approximately. |
| माँ | : ठीक है, छः गिलास पैक कर दें। | **M other** | : O.K. pack 6 glasses, please. |
| सेल्सगर्ल | : ओ. के., मैम, यह लीजिये। | **Salesgirl** | : O.K., Ma'am. Take it. |
| माँ | : ये लीजियेगा 198/– रुपये। | **Mother** | : These are rupees 198/-. |
| सेल्सगर्ल | : मैडम यह कलैण्डर हमारे अच्छे ग्राहकों के लिए एक हमारी तरफ से छोटा सा तोहफा। | **Salesgirl** | : Madam this is a calendar, a small gift from our shop to our valued customers. |
| माँ | : धन्यवाद। | **Mother** | : Thank you. |
| सेल्सगर्ल | : कृपया पुनः आइयेगा। | **Salesgirl** | : Please visit again. |

## Conversation In A Library

| | **Hindi Sentences** | | **English Sentences** |
|---|---|---|---|
| छात्र | : शुभ प्रभात, श्रीमान। | **Student** | : Good morning, sir. |
| लाइब्रेरियन | : शुभ प्रभात। | **Librarian** | : Good morning . |
| छात्र | : मैंने कॉलेज में बी.एस.सी प्रथम वर्ष में प्रवेश लिया है, मैं इस लाइब्रेरी से कुछ किताबें लेना चाहता हूँ। | **Student** | : I have taken admission in B.Sc Ist Year in this college. I want to take some books from the library. |
| लाइब्रेरियन | : यहाँ किताबें केवल सदस्यों को ही दी जा सकती हैं। आप सर्वप्रथम यहाँ की सदस्यता ग्रहण करें। | **Librarian** | : Books can be issued to the members only. First of all you become the member of this library. |
| छात्र | : सदस्यता ग्रहण करने हेतु क्या करना होगा ? | **Student** | : What's to be done to get the membership ? |

| | | | |
|---|---|---|---|
| लाइब्रेरियन | : यह फार्म लीजिये एवं इसे भरकर इस पर श्री पी. के. श्रीवास्तव जी प्राध्यापक के हस्ताक्षर करवा कर यहाँ जमा करें। | **Librarian** | : Take this form and fill it up. Get it signed by lecturer Mr. P.K. Srivastava and submit here. |
| छात्र | : धन्यवाद, श्रीमान। | **Student** | : Thank you, sir. |
| छात्रा | : श्रीमान यह फार्म लीजिये। यह पूरा भरा हुआ है एवँ इस पर श्रीवास्तव जी के भी हस्ताक्षर करवा दिये हैं। | **Student** | : Sir, take this form. It is filled up completely and also signed by Mr. Srivastavaji. |
| लाइब्रेरियन | : ठीक है। आपको दो कार्ड जारी किये जायेंगे। ये कार्ड आप यहाँ से थोड़ी देर बाद ले सकते हैं। | **Librarian** | : Alright. You will be issued two cards. You can collect these cards after a short period from here. |
| छात्र | : ठीक है, मैं थोड़ी देर यहाँ लाइब्रेरी में कुछ पत्रिका वगैरहा पढ़ लेता हूँ। | **Student** | : O.K. I should read some magazines etc. for such period in the library itself. |
| लाइब्रेरियन | : ठीक है। | **Librarian** | : That's O.K. |
| छात्र | : क्या मेरे लाइब्रेरी कार्ड बन गये हैं ? | **Student** | : Are my library cards ready ? |
| लाइब्रेरियन | : हाँ, ये लीजिये एवं इस रजिस्टर पर यहाँ हस्ताक्षर करिये। आप लाइब्रेरी के नियमों को अच्छी तरह पढ़ लें। मुख्य बात यह है कि आप एक बार में दो किताबें तक जारी करवा सकते हैं। आपको इनको 7 दिवस में वापस करना होता है। 7 दिनों में वापस नहीं करने पर 5/- प्रतिदिन के हिसाब से प्रति किताब का जुर्माना जमा करना होगा। | **Librarian** | : Yes, take these cards and sign here on this register. First of all read all the library rules carefully. The main points are that you can got issued two books at a time. These books are to be returned within seven days. If not deposited within 7 days, a fine of Rs. 5/- per day per book is to be deposited. |
| छात्र | : लाइब्रेरी का समय क्या है एवं लाइब्रेरी में कब अवकाश रहता है ? | **Student** | : What is the time of library and when is the library off ? |
| लाइब्रेरियन | : लाइब्रेरी प्रतिदिन सुबह 9 बजे से सायं 6 बजे तक खुलती है तथा जब कॉलेज में अवकाश होता है तो लाइब्रेरी की भी छुट्टी रहती है। | **Librarian** | : The library opens from 9 A.M. to 6 P.M. daily and whenever the college is off, the library also remains off. |
| छात्र | : क्या मैं यहाँ पुराने अखबार भी देख सकता हूँ ? | **Student** | : Could I also see the old newspapers here ? |
| लाइब्रेरियन | : हाँ, पुराने अखबार भी आप देख सकते हैं लेकिन वे आपको जारी नहीं किये जा सकते हैं। | **Librarian** | : Yes, you can also see the old newspapers but that can't be issued to you. |
| छात्र | : आपके सहयोग हेतु बहुत-बहुत धन्यवाद। | **Student** | : Thanks you very much for your kind cooperation. |

## Conversation At A Tea Stall

| | Hindi Sentences | | English Sentences |
|---|---|---|---|
| राम | : मैं चाय पीने जा रहा हूँ, आप नहीं चलेंगे क्या ? | **Ram** | : I am going to have a cup of tea. Won't you accompany me? |
| रहीम | : ठीक है, मैं भी चलता हूँ। चाय तो मैं भी पीऊंगा। | **Rahim** | : O.K. I also accompany you. I do have a cup of tea. |
| | *(चाय की स्टॉल पर)* | | *(At tea stall)* |
| राम | : हेलो भैया, दो कप चाय देना। | **Ram** | : Hello, Bhaiya, please give us two cups of tea. |
| चाय वाला | : कृपया बैठिये, अभी थोड़ी देर लगेगी। | **Tea staller** | : Please have seats. It will take a few minutes. |
| राम | : इस स्टॉल की चाय बहुत अच्छी होती है। | **Ram** | : Tea of this stall is really very good. |
| रहीम | : तभी तो यहाँ ग्राहकों को हमेशा इन्तजार करना पड़ता है। | **Rahim** | : So customers are always to wait here. |
| राम | : यहाँ कप वगैरहा ढंग से साफ किये जाते हैं एवं चाय भी स्वादिष्ट एवं खुशबूदर मिलती है। | **Ram** | : Cups etc. are cleaned and washed here properly and tea is also well flavoured and tasty. |
| रहीम | : अरे भैया, अभी कितना समय लगेगा चाय देने में ? | **Rahim** | : Hello Bhaiya, how much time will you take further in supplying the tea ? |
| राम | : भैया जल्दी करो। इतना बैठने का समय नहीं है हमारे पास। | **Ram** | : Bhaiyya, hurry up Please. We don't have much time to sit. |
| चाय वाला | : कृपया, बस दो मिनट। | **Tea staller** | : Please , just too minutes 'sir. |
| राम | : ठीक है जल्दी करें। | **Ram** | : O.K hurry up. |
| चाय वाला | : श्रीमान यह लीजिए आपकी चाय। | **Tea staller** | : Sir, here is your tea. |
| राम | : एक पैकेट ग्लूकोज बिस्किट का भी दे दीजिये। | **Ram** | : Give one packet of glucose biscuit also. |
| चायवाला | : यह लीजिये श्रीमान। | **Tea staller** | : Here it is. |
| रहीम | : राम आज चाय इतनी स्वादिष्ट नहीं है, क्या ? | **Rahim** | : Ram, I do not find the tea so tasty today, isn't it ? |
| राम | : नहीं ऐसा तो नहीं लगता। ठीक है। तुम्हारा खुद का टेस्ट ही ठीक नहीं लगता है। | **Ram** | : No, nothing like that. It's O.K. It appears your own taste is not good. |
| रहीम | : क्या बात करते हो ? मैं चाय वाले से ही बात करता हूँ। | **Rahim** | : What do you talk ? Let me talk to the Bhaiya himself. |
| रहीम | : भैया, आज चाय अच्छी नहीं है, क्या बात है ? | **Rahim** | : Bhaiya, what's the matter, the tea is not tasty today. |
| चाय वाला | : श्रीमान चाय तो अच्छी होनी चाहिये। फिर भी आप कहें तो आपको दूसरी चाय दे दूंगा। | **Tea staller** | : Sir, tea should be quite tasty. If you say, I will serve you another cup. |

| | | | |
|---|---|---|---|
| रहीम | : नहीं कोई बात नहीं। अच्छा कितने पैसे दूँ ? | **Rahim** | : No, doesn't matter. How much should I pay ? |
| चायवाला | : दो चाय-चार रुपये एवं एक पैकेट बिस्कुट पांच रुपये मात्र नौ रुपये, श्रीमान। | **Tea staller** | : Two tea—four rupees and one packet biscuit—five rupees total nine rupees, sir. |
| रहीम | : यह लो दस का नोट। | **Rahim** | : This is ten rupee note. |
| चायवाला | : यह लीजिए एक रुपया। आपके पधारने के लिए धन्यवाद। | **Tea staller** | : Take this one rupee. Thanks for your kind visit. |

## Conversation At The Railway Station

| | **Hindi Sentences** | | **English Sentences** |
|---|---|---|---|
| यात्री | : कुली, कुली। | **Passenger** | : Coolie, Coolie ! |
| कुली | : जी श्रीमान। | **Coolie** | : Yes sir. |
| यात्री | : यह सामान उठाओ। हमें तूफान एक्सप्रेस से जाना है। | **Passenger** | : Take this luggage. I am to go by Toofan Express. |
| कुली | : तूफान तो प्लेटफार्म नं 16 पर आयेगी। आपको इस सामान के 20 रुपये देने होंगे। | **Coolie** | : Toofan Express will arrive at platform No. 16. You are to pay rupees twenty for this luggage. |
| यात्री | : ठीक है, चलो सामान सावधानी से उठाओ। | **Passenger** | : It's O.K. Take the luggage carefully. |
| कुली | : यह रहा प्लेटफार्म नं 16। आपका रिजर्वेशन किस डिब्बे में है ? | **Coolie** | : This is platform No 16. In which coach you got the reservation ? |
| यात्री | : S-3 में 45 नम्बर बर्थ है। | **Passenger** | : It's S-3 and birth number 45. |
| कुली | : S-3 तो वहाँ आयेगा। | **Coolie** | : S-3 Coach will stop there. |
| यात्री | : देखो, शायद तूफान एक्सप्रेस ही आ रही है। | **Passenger** | : See, perhaps Toofan Express is arriving. |
| कुली | : हाँ यह तूफान एक्सप्रेस ही है। आप जल्दी नहीं करें। सामान आपकी सीट पर ढंग से रख दूंगा। | **Coolie** | : Yes it is Toofan Express. Please don't make a hurry. I shall put your luggage well at your birth. |
| यात्री | : ठीक है। | **Passenger** | : That's OK. |
| कुली | : श्रीमान अपना सामान सम्भाल लें। क्या सब ठीक है ? | **Coolie** | : Sir, check your luggage. Is every thing OK ? |
| यात्री | : ठीक है, यह लो अपना पैसा, बीस रुपये। | **Passenger** | : It's all right. Please take your charges, rupees twenty. |
| कुली | : धन्यवाद श्रीमान। | **Coolie** | : Thank you, sir. |

## Conversation While Going To Cinema (Husband And Wife)

| Hindi Sentences | | English Sentences | |
|---|---|---|---|
| निशा | : राज, आज तो आपकी छुट्टी है। क्यों नहीं हम आज फिल्म देखने चलें ? | Nisha | : Raj, today you are on leave. Why don't we enjoy seeing a film today ? |
| राज | : प्रिय, मुझे ऑफिस का कार्य पूरा करना है उसके बाद ही इस बारे में सोच सकता हूँ। | Raj | : Dear, I have to complete my office work, only after that I can think of it. |
| निशा | : राज आपको कितनी बार कहा है, ऑफिस का कार्य घर पर मत लाया करो। छुट्टी का मतलब छुट्टी होता है। जो भी हो चाहें हम फिल्म जायें या नहीं लेकिन मैं आपको घर पर ऑफिस का कार्य नहीं करने दूँगी। | Nisha | : Raj, I have told you several times not to bring official work at home. Holiday means holiday. Whatever may it be, whether we go to film or not but I will not allow you to do any official work here at home. |
| राज | : अरे, नाराज क्यों होती हो ? मैं तो मजाक कर रहा था। अच्छा बताओ कौन सी फिल्म देखनी है ? कौन से शो में चलना है ? | Raj | : Er, why to be angry ? I was just joking. Well, tell me, which film to see and which show you want to go in ? |
| निशा | : आप बहुत खराब हैं ? हम 3 बजे के शो में लव स्टोरी फिल्म देखने चलेंगे। | Nisha | : You are really a nasty guy. We will go in 3 O'clock show to view 'Love Story' film. |
| राज | : क्या आप इस उम्र में लव स्टोरी देखोगी ? | Raj | : What, Love story ! at this age ? |
| निशा | : क्या मतलब है आपका ? क्या मैं इतनी बूढ़ी हूँ ? | Nisha | : What do you mean ? Am I so old ? |
| राज | : नहीं, मेरा मतलब यह नहीं था। लेकिन लव स्टोरी अच्छा ठीक है, जैसी तुम्हारी इच्छा है। हम तो आज वो ही करेंगे जो आप आदेश करोगी। | Raj | : No, I doesn't mean that, but Love Story..... O.K. as you wish. I shall follow what you order today. |
| निशा | : ज्यादा रोमान्टिक होने की आवश्यकता नहीं है। मैं तुम्हें खूब जानती हूँ। | Nisha | : No, need to be much romantic. I know you well. |
| राज | : ओ. के. अब चलें क्या ? | Raj | : O.K. should we move now ? |
| निशा | : चलो ना, मैं तो तैयार हूँ। | Nisha | : Yes move, I am ready. |
| राज | : लो यह आ गया आपका गोलचा टॉकीज। अब आप जल्दी से टिकट खरीदें। टिकट खरीदने में महिलाओं को आसानी रहती है। | Raj | : It is your Golcha Talkies. Now bring the tickets without delay. Ladies can buy the tickets with more ease. |
| निशा | : ठीक है, लाइये पैसे दीजियेगा। | Nisha | : That's right. Please give me money. |

| | | | |
|---|---|---|---|
| राज | : ये लो पर्स। मैं गाड़ी पार्क करने जाता हूँ। | **Raj** | : Take the purse. I am going to park the car. |
| निशा | : कृपया दो टिकट ड्रेस सर्किल की दीजिये। | **Nisha** | : Please give me two tickets of dress circle. |
| बुकिंग क्लर्क | : ये लीजिये। | **Booking clerk** | : Here these are. |
| निशा | : धन्यवाद। | **Nisha** | : Thank you. |

## A Teacher In A Class—Why Can't We Speak English?

| | **Hindi Sentences** | | **English Sentences** |
|---|---|---|---|
| अध्यापक | : सभी को शुभ प्रभात। अंग्रेजी बोलना सीखने वाली कक्षा में आपका स्वागत है। सर्वप्रथम मैं आप लोगों से यह जानना चाहता हूँ ? कि आपके अनुसार हमें अंग्रेजी बोलने में क्या समस्या आती हैं। हम अच्छी तरह अंग्रेजी क्यों नहीं बोल सकते हैं ? | **Teacher** | : Good morning to everybody. You are welcome in English Speaking Learning class. First of all I want to know from you people that as per you, what problems do we face in speaking English ? Why can't we speak English fluently ? |
| राजेश | : शुभ प्रभात, श्रीमान। मेरे विचार से हमें अंग्रेजी बोलने का माहौल नहीं मिलता है इसलिए हमें अंग्रेजी बोलने में हिचकिचाहट आती है। | **Rajesh** | : Good morning, sir. In my opinion, we don't have the English speaking environment so we hesitate in speaking English. |
| महेश | : मैं सोचता हूँ कि हमारा शब्द-कोष बहुत कमजोर है, अतः हम अंग्रेजी नहीं बोल सकते हैं। | **Mahesh** | : I think, our vocabulary is very poor, so we can't speak English. |
| शालिनी | : हमारी अंग्रेजी व्याकरण बहुत कमजोर होने के कारण, हम हमेशा अंग्रेजी बोलने में हमेशा हिचकिचाते रहते हैं। | **Shalini** | : Our English grammar is very poor so we are always afraid of English. |
| राशि | : हम में यह विश्वास नहीं है कि हम सही बोल रहे हैं या गलत बोल रहे हैं। इस कारण हम अंग्रेजी बोलने में हमेशा हिचकिचाते रहते हैं। | **Rashi** | : We are not confident , whatever we are speaking is correct or incorrect. Therefore we always hesitate in speaking English. |
| रहीम | : दूसरा व्यक्ति हमारी गलत अंग्रेजी की मजाक बनायेगा यह सोचकर हम नहीं बोलते हैं। | **Rahim** | : Other persons may make a fool of us for our incorrect English, fearing this we do not speak English. |
| अध्यापक | : बहुत अच्छा, अन्य कोई कारण। | **Teacher** | : Very good any other reasons. |
| अनु | : शर्म के कारण। कोई क्या सोचेगा, यह सोचकर भी हम अंग्रेजी नहीं बोलते हैं। | **Anu** | : Due to shyness. What others will think of us fearing as such we do not speak English. |

मीना : आत्मविश्वास की कमी, उचित माहौल की कमी तथा शब्द-कोष की कमी के कारण, हम अंग्रेजी नहीं बोल सकते हैं।

अध्यापक : वास्तव में, आपसे बात करने पर लगता है कि आप लोग अंग्रेजी बोलना सीखने के प्रति काफी गम्भीर हैं। आप लोगों ने कारण बताये हैं जो हैं—आत्मविश्वास की कमी, शब्द-कोष की कमी एवं समुचित माहौल न होना। ये तीन मुख्य कारण हैं। इस हेतु यह किताब बहुत ही महत्वपूर्ण एवं सहायक है। इस किताब में संरचनात्मक अंग्रेजी को बहुत सरल तरीके से समझाया गया है। जिससे आप स्वयं वाक्य बन सकते हैं तथा बोल भी सकते हैं। शब्द-कोष बढ़ाने हेतु लेखक द्वारा स्वयं आजमाये हुए तरीके बताए गये हैं। इसके अतिरिक्त आपसी वार्तालाप, ग्रुप वार्तालाप सफल साक्षात्कार हेतु कई तरीके भी बताये गये हैं। हमेशा याद रखें: अंग्रेजी रटकर न बोली जा सकती है, न लिखी जा सकती है। अंग्रेजी सुधारने हेतु आपको थोड़ा अभ्यास करना है। सकारात्मक सोचें जीत निश्चित होगी।

**Meena** : Because of lack of self-confidence, lack of proper environment and lack of sound vocabulary, we are unable to speak English.

**Teacher** : Really, after talking you, I feel that you are very serious to learn English speaking. You have assigned the reasons, which are lack of confidence, poor vocabulary and lack of proper environment. These are three main reasons. This book is very important and helpful in this respect. Structural English is well described in this book in a very simple way, so that you can yourself make sentences and can speak also. To improve vocabulary, learn self experimented techniques of the author. In addition to this many ways are suggested to improve conversation, group discussion and facing the interviews successfully. Always remember : **English can't be spoken or written by mugging up.** To improve your English, you are to do a little practice. **Think positive win positively.**

## Conversation In A Hotel At A Tourist Place

| | Hindi Sentences | | English Sentences |
|---|---|---|---|
| यात्री | : नमस्ते, मुझे एक कमरा चाहिए। | **Tourist** | : Good evening I need a room, please. |
| स्वागतकर्त्ता | : नमस्ते श्रीमान, कमरा सिंगल चाहिए या डबल। | **Receptionist** | : Good evening sir, you need single or double room. |
| यात्री | : मुझे सिंगल कमरा ही चाहिए। | **Tourist** | : I need just a single room. |
| स्वागतकर्त्ता | : दो सिंगल कमरे खाली हैं आप देख लीजिए। एक यह है और एक ऊपर प्रथम मंजिल पर है। | **Receptionist** | : We have only two single rooms available. This is one and another is at the first floor. |
| यात्री | : यह ठीक है, इसका किराया कितना है? | **Tourist** | : It's OK, what is its rent ? |
| स्वागतकर्त्ता | : मात्र 550 रुपये 24 घंटे के। | **Receptionist** | : Only Rs. 550 for 24 hours. |
| यात्री | : किराया कुछ अधिक है। कोई डिस्काऊन्ट नहीं है क्या ? | **Tourist** | : Rent is somewhat excess. Is there no discount ? |
| स्वागतकर्त्ता | : आपके लिए 500 रुपये, श्रीमान। | **Receptionist** | : Rs. 500 for you, sir ? |
| यात्री | : ठीक है। | **Tourist** | : It's O.K. |
| स्वागतकर्त्ता | : कृपया रजिस्टर में एन्ट्री कर दीजिये एवं यहाँ हस्ताक्षर कर दीजियेगा। | **Receptionist** | : Please make necessary entries in the register and mark your signature here. |
| यात्री | : कृपया मेरा सामान कमरे में पहुंचा दें तथा कृपया एक जग पानी भिजवा दें। | **Tourist** | : Please arrange to get my luggage in the room and send a jug of water, please. |
| स्वागतकर्त्ता | : ठीक है श्रीमान। आप कृपया कमरे में पधारें। | **Receptionist** | : It's all right. Please go in your room, sir. |
| सहायक | : यह लीजिए आपका सामान एवं पानी का जग अभी लाता हूँ। | **Attendant** | : Here is your luggage and I just bring a jug of water, please. |
| सहायक | : यह आपके लिये पानी का जग एवं गिलास। श्रीमान मैं आपकी और क्या सेवा कर सकता हूँ ? | **Attendant** | : This is water jug and a glass. What more can I do for you, sir ? |
| यात्री | : एक कप चाय एवं एक पैकेट सिगरेट लाइये। | **Tourist** | : Bring one cup of tea and a pack of cigarettes. |
| सहायक | : सिगरेट कौन सी लाऊँ, श्रीमान। | **Attendant** | : Which brand of cigarettes, sir ? |
| यात्री | : विल्स का एक पैकेट। यह लीजिए पैसे। | **Tourist** | : One pack of 'Wills'. Have the money. |
| सहायक | : अभी लाता हूँ। | **Attendant** | : I just bring the same. |
| *थोड़ी देर बाद।* | | *After sometime.* | |
| यात्री | : यहाँ शहर में कौन-कौन सी देखने लायक जगह हैं ? | **Tourist** | : What are the worthseeing places here in the city ? |

| | | | |
|---|---|---|---|
| सहायक | : यहाँ जगन्नाथ जी का मन्दिर, झील व टाईगर हिल देखने लायक हैं। | **Attendant** | : The temple of Jagannath ji, Lake and Tiger Hill are some important worth-seeing places here. |
| यात्री | : यहाँ क्या टैक्सी भी उपलब्ध है ? | **Tourist** | : Is taxi available here ? |
| सहायक | : जी हाँ, यहाँ बाहर से ही टैक्सी स्टैण्ड से आपको टैक्सी मिल जायेगी। अच्छा होगा आप पूरे दिन हेतु टैक्सी ले लें। मात्र 400 रुपये में आपको पूरे दिन के लिए टैक्सी मिल जयेगी। | **Attendant** | : Yes, you can hire a taxi from the taxi stand just out of this hotel. Better you hire taxi for full day. Just in Rs. 400/- you can get taxi for the whole day. |
| यात्री | : यह ठीक रहेगा। धन्यवाद। | **Tourist** | : It'll be better. Thank you. |
| सहायक | : मुझे खुशी है श्रीमान। | **Attendant** | : My pleasure, sir. |

## Conversation At The Bus Stop

| **Hindi Sentences** | | **English Sentences** | |
|---|---|---|---|
| केशव | : ऑटो, ऑटो। | **Keshav** | : Auto, Auto. |
| ऑटो | : हाँ श्रीमान, कहाँ जाओगे ? | **Auto** | : Yes sir, where to go ? |
| केशव | : मुझे बस स्टॉप जाना है, क्या किराया होगा ? | **Kehav** | : I am to go to Bus stop. What's the fare ? |
| आटो | : मात्र आठ रुपये श्रीमान। | **Auto** | : Only Rs. eight , sir. |
| केशव | : ठीक है चलो। | **Keshav** | : O.K. move now. |
| आटो | : यह रहा बस स्टॉप। | **Auto** | : This is the bus stop. |
| केशव | : सुनिये क्या बात बता सकते हैं कि पूछताछ कहाँ है ? | **Keshav** | : Excuse me, could you tell me, where the enquiry is ? |
| अन्य यात्री | : पूछताछ, उधर दायीं तरह है। | **Other Passenger** | : Enquiry ! it is there at the right side. |
| केशव | : धन्यवाद। | **Keshav** | : Thank you. |
| केशव | : मुझे चण्डीगढ़ जाना है कृपया बतायें, चण्डीगढ़ हेतु बस कितने बजे है ? | **Keshav** | : I am go to Chandigarh. Please tell me at what time the bus is available ? |
| इन्क्वायरी | : चण्डीगढ़ के लिये 1 बजे, 1.30 बजे बस है। 1.30 वाली बस सेमी डीलक्स एक्सप्रेस है। | **Enquiry** | : Your can get bus at 1 P.M. and 1.30 P.M. for Chandigarh. The 1.30 P.M. bus is Semi deluxe and Express also. |
| केशव | : यह बस कहाँ से मिलेगी ? | **Keshav** | : Where from I get this bus ? |
| इन्क्वायरी | : बस आपको लेन नम्बर 33 से मिलेगी एवं टिकट भी वहीं मिलेंगे। | **Enquiry** | : You will get the bus at lane No. 33 and the tickets will also be available there. |
| केशव | : धन्यवाद। | **Keshav** | : Thank you. |

*टिकट खिड़की पर*

केशव : मुझे एक चण्डीगढ़ का 1.30 बजे वाली सेमी डिलक्स का टिकट दीजिये।

बुकिंग क्लर्क : कृपया 130 रुपये दें।

केशव : ये लीजिये। कृपया मुझे खिड़की के पास वाली सीट दें।

बुकिंग क्लर्क : यह रहा आपका टिकट। आपको खिड़की के पास वाली सीट दी गई है।

केशव : बहुत-बहुत धन्यवाद।

बुकिंगक क्लर्क : आपका स्वागत है।

*At booking Window.*

**Keshav** : Please give me a ticket for Chandigarh for 1.30 Semi Deluxe bus.

**Booking Clerk** : Please pay Rs. 130/-.

**Keshav** : Here it is. Please allot me a window seat.

**Booking Clerk** : This is your ticket. You are given a window seat.

**Keshav** : Thank you very much.

**Booking Clerk** : You're welcome.

## Conversation At A Chemist Shop

**Hindi Sentences**

दवा विक्रेता : आइये, मैं आपके लिये क्या कर सकता हूँ, श्रीमान ?

ग्राहक : इस पर्ची के अनुसार दवा दीजिये।

दवा विक्रेता : क्या आपको इस पर्ची के अनुसार 7 दिन की दवा चाहिये ?

ग्राहक : नहीं, अभी केवल तीन के लिये ही दें। ये दवा डॉ. माथुर ने लिखी हैं आपके अनुसार डॉ. माथुर की बाजार में कैसी इज्जत है ?

दवा विक्रेता : श्रीमान डॉक्टर माथुर बहुत ही अच्छे एवं मिलसान व्यक्ति हैं। सभी उनको बहुत इज्जत देते हैं। आप चिन्ता न करें। वह बहुत अच्छे फिजिशियन हैं। यह लीजिये आपकी तीन दिनों की दवा।

ग्राहक : कृपया बिल बना दें।

दवा विक्रेता : जी यह रहा बिल। कुल पैंसठ रुपये दें।

ग्राहक : अरे हाँ, मुझे एक पैकेट रुई का तथा एक डिटॉल की छोटी शीशी तथा एक पत्ता डाईजीन का भी दीजियेगा।

**English Sentences**

**Chemist** : Welcome ! What can I do for you sir ?

**Customer** : Please give me medicines as per this prescription slip.

**Chemist** : Do you need seven days medicines as per this slip ?

**Customer** : No. Please give medicine for three days at the moment. You know the medicines are prescribed by Mr. Mathur. According to you what reputation Dr. Mathur enjoys in the market ?

**Chemist** : Sir Dr. Mathur is a thoroughly gentle and cooperative man. Everybody gives him immense respect. Don't worry. He is a very good physician. Here is your medicines for three days.

**Cust** : Please give me the bill.

**Chemist** : Yes, this is the bill . Pay Rs. 65/- only.

**Customer** : Oh yes ! Please give me one packet of cotton and a small bottle of Dettol and also a leaf of Digiene.

| | | | |
|---|---|---|---|
| दवा विक्रेता | : ठीक है। एक पैकेट रुई, डिटॉल छोटी शीशी तथा एक पत्ता डाईजीन यह रहे। इनका हुआ 12 + 10 + 9 कुल 31 + 65 = 96/- रुपये। | **Chemist** | : O.K. This is one packet of cotton, one small bottle of Dettol and one leaf of Digiene. It is 12 + 10 + 9, total 31 + 65 of medicines so total Ninety six rupees only. |
| ग्राहक | : कृपया सभी एक पोलीथीन में रख दें। यह लीजिये रुपये 100 का नोट। | **Customer** | : Please put all in a polythene bag. This is a hundred rupee note. |
| दवा विक्रेता | : ये लीजिये आपके चार रुपये। | **Chemist** | : Have these your four rupees. |
| ग्राहक | : धन्यवाद। | **Customer** | : Thank you. |
| दवा विक्रेता | : आपका स्वागत है। | **Chemist** | : You're welcome. |

## Conversation While Shopping Fruit

| | **Hindi Sentences** | | **English Sentences** |
|---|---|---|---|
| शीला | : क्या आपके पास आम भी हैं ? | **Sheela** | : Have you mangoes too? |
| फल विक्रेता | : जी मैडम कौन से आम चाहिए ? हमारे पास दसेरी, तोता, लंगडा एवं देशी आम है। | **Fruit vendor** | : Yes Madam, which mangoes you need ? We have Dasheri, Parrot, Langada and Desi Mangoes. |
| शीला | : कौनसा सबसे अच्छा है ? | **Sheela** | : Which is the best quality ? |
| फल विक्रेता | : मैं आपसे दसेरी की सिफारिश करूंगा। सबसे स्वादिष्ट है। | **Fruit vendor** | : Madam, I recommend for Dasheri, the most delicious among all. |
| शीला | : क्या कीमत है ? | **Sheela** | : What's the price ? |
| फल विक्रेता | : एक सौ पचास रुपये प्रति दर्जन। | **Fruit vendor** | : Just Rs. 150/- per dozen. |
| शीला | : कीमत बहुत ज्यादा है। लंगडे की क्या है ? | **Sheela** | : The rate is too much. What's about Langada ? |
| फल विक्रेता | : लंगडा मात्र चौरासी रुपये प्रति दर्जन। यह भी बहुत बढ़िया क्वालिटी का है। | **Fruit vendor** | : Langada, it is just Rs. 84/- per dozen. This is also of very good quality. |
| शीला | : ठीक है मुझे एक दर्जन लंगड़ा दीजिए। केला की क्या कीमत है ? | **Sheela** | : O.K. give me one dozen Langada only. What's the price of banana ? |
| फल विक्रेता | : केला मात्र बारह रुपये प्रति दर्जन है। | **Fruit vendor** | : Banana, just rupees twelve per dozen. |
| शीला | : एक दर्जन केला भी दीजिए। कितना पैसा देना है ? | **Sheela** | : Give me, one dozen banana also. How much amount I am to pay ? |
| फल विक्रेता | : आम के चौरासी, केले के बारह कुल छियानवें, मैडम। | **Fruit vendor** | : Eighty four for mangoes and twelve for bananas, total ninety six, madam. |
| शीला | : यह लीजिए सौ रुपये का नोट। | **Sheela** | : Take this hundred rupees note. |
| फल विक्रेता | : ये रहे चार रुपये। | **Fruit vendor** | : Here are rupees four. |

| | | | |
|---|---|---|---|
| शीला | : धन्यवाद। | **Sheela** | : Thank you. |
| फल विक्रेता | : आपका स्वागत है। पुनः पधारें। | **Fruit vendor** | : You're welcome. Please visit |

## Conversation While Buying A Gift

| | **Hindi Senteneces** | | **English Sentences** |
|---|---|---|---|
| टीना | : मम्मी, आप बाजार कब जायेंगी ? | **Tina** | : Mom, when are you going to market today ? |
| माँ | : क्यों आज बाजार में क्या है ? | **Mother** | : Why, what is there in market today ? |
| टीना | : आप तो भूल ही गई, कल आपने मुझे मेरे जन्मदिन की गिफ्ट दिलवाने का वायदा किया था। | **Tina** | : Oh, you forgot, you promised me yesterday to get me a birthday gift. |
| माँ | : अरे हाँ, लेकिन बेटी कल चलें तो ? | **Mother** | : Oh yes, but if we go tomorrow ? |
| टीना | : नहीं मम्मी कल मुझे मेरी मित्र रीना के यहाँ जाना है। आप कृपया आज ही चलिये। | **Tina** | : No, tomorrow I have to go to my friend Rina. Please move today itself. |
| माँ | : ठीक है, मेरी प्यारी बेटी, चल रहे हैं। तुम तैयार हो जाओ। | **Mother** | : All right, my lovely daughter. We are proceeding today itself. You get ready. |
| टीना | : धन्यवाद, मेरी अच्छी मम्मी। बस मैं तैयार होती हूँ। | **Tina** | : Thank you, my lovely Mom. I just get ready. |
| *(थोड़ी देर बाद)* | | *(After sometime.)* | |
| माँ | : टीना, तैयार हो गई, क्या ? | **Mother** | : Tina, are you ready ? |
| टीना | : बस दो मिनट में आ रही हूँ। | **Tina** | : Just coming within two minutes. |
| माँ | : मैं तुम्हारा इन्तजार कर रही हूँ। | **Mother** | : I am waiting for you. |
| टीना | : ये लो मैं तैयार हूँ। | **Tina** | : O.K. I am ready. |
| माँ | : किस दुकान पर चलना है ? | **Mother** | : At which shop we are to go ? |
| टीना | : मम्मी, अशोक गिफ्ट हाऊस ठीक है, वहाँ कई क्वालिटी का सामान भी मिलता है, एवं ज्यादा मौल-तौल नहीं करना पड़ता। | **Tina** | : Mom, I think Ashoka gift House is better. We can get items of various qualities there and there is no much bargaining. |
| माँ | : मुझे भी वह ही ठीक लगता है। | **Mother** | : I also feel that okay. |
| *(अशोका गिफ्ट हाऊस पर)* | | *(At Ashoka gift house)* | |
| सेल्समैन | : मैडम, आइये, क्या चाहिये ? | **Salesman** | : Madam, welcome what do you need ? |
| टीना | : हमें कोई सुन्दर सी पेन्टिंग या सीनरी दिखायें। | **Tina** | : Show us some beautiful paintings or scenery. |
| सेल्समैन | : ये देखियेगा। | **Sales** | : Here these are. |
| माँ | : और कोई बड़े साईज में दिखावें। | **Mother** | : Any other of big size. |
| सेल्समैन | : खेद है, इससे बड़ी साईज की पेन्टिंग आज उपलब्ध नहीं हैं। मैं आपको एक हंसने वाली गुड़िया दिखाऊँ ? बहुत ही सुन्दर लगती है। | **Salesman** | : I am indeed sorry. Paintings bigger than this are out of stock today. Could I show you a laughing doll ? That looks very pretty. |

| | | | |
|---|---|---|---|
| टीना | : हाँ दिखाइये। | **Tina** | : Please show that. |
| सेल्समैन | : यह देखिये। जैसे ही यहाँ हाथ लगायेंगे यह जोर से हँसती है। | **Salesman** | : Here it is. As you touch it here it begins to laugh. |
| माँ | : वास्तव में यह यूनीक है। टीना, तुम्हें कैसी लगी ? | **Mother** | : Really, it is a unique item. Tina what you feel ? |
| टीना | : मुझे बहुत अच्छी लगी। इसकी क्या कीमत है? | **Tina** | : I like it .What's its price. |
| सेल्समैन | : मात्र 250 रुपये। | **Salesman** | : Only Rs. 250/- |
| माँ | : मंहगी है। कोई डिस्काऊन्ट। | **Mother** | : It's costly, any discount. |
| सेल्समैन | : केवल आपके लिये 5 प्रतिशत। | **Salesman** | : 5% discount for you only. |
| माँ | : आप 225 रुपये स्वीकार करने को तैयार हैं तो इसे पैक कर दें। | **Mother** | : If you are ready to accept Rs. 225/- then pack it. |
| सेल्समैन | : ठीक है। कुछ और भी चाहिए, क्या ? | **Salesman** | : O.K. Any other item do you need ? |
| टीना | : नहीं, धन्यवाद। | **Tina** | : No thanks. |
| सेल्समैन | : यह लीजियेगा। पुनः पधारें। | **Salesman** | : It's your doll. Please visit again. |

## Two Friends Discussing About The Importance Of Computer Education In The Present Perspective

| Hindi Sentences | | English Sentences | |
|---|---|---|---|
| रीना | : हाय सीमा, कहाँ से आ रही हो ? | **Rina** | : Hi Seema. Where from are you coming ? |
| सीमा | : मैं कम्प्यूटर सेन्टर से आ रही हूँ। | **Seema** | : I am coming from the computer centre. |
| रीना | : कम्प्यूटर सेन्टर, वहाँ क्या कोई कोर्स कर रही हो ? | **Rina** | : Computer centre! Are you doing any course there ? |
| सीमा | : मैं डॉयक का ओ लेवल कोर्स कर रही हूँ। | **Seema** | : I am doing DOEACC 'O' level course. |
| रीना | : बुरा मत मानना, कम्प्यूटर कोर्स करने का कोई फायदा नहीं है। कोई नौकरी की गारंटी तो है नहीं, फिर एक साल तक पढ़ना भी पड़ता है। | **Rina** | : Please don't mind. There is no use of doing computer course. There is no guarantee of any job. Moreover we are to study for one year. |
| सीमा | : रीना सुनो, यह सही है कि ओ लेवल के बाद ही नौकरी मिल जाये ऐसी कोई गारंटी नहीं है लेकिन आप इसके बाद ए लेवल फिर बी लेवल कोर्स कर सकते हैं फिर कम्प्यूटर क्षेत्र में आपको निश्चित ही अच्छा रोजगार मिल सकता है। | **Seema** | : Rina, listen! It's correct that there is no guarantee of getting any job, after 'O' level. But you can do 'A' level after that and then 'B' level and then you will positively get a good employment. |
| रीना | : इसका मतलब तो आपको 5-6 साल तक कम्प्यूटर कोर्स ही करने पड़ेंगे। | **Rina** | : It means you will have to do computer courses for 5-6 years. |
| सीमा | : अरे नहीं ए लेवल एक वर्ष एवं बी लेवल दो | **Seema** | : Oh no! one year for 'A' level and for |

| | | | |
|---|---|---|---|
| | वर्ष। इस तरह तीन साल कम्प्यूटर करने के बाद आप एम सी ए के बराबर हो जाते हैं। मैंने यद्यपि अभी इतना आगे तक नहीं सोचा है लेकिन मैं समझती हूँ कि वर्तमान युग में कम्प्यूटर शिक्षा बहुत आवश्यक है। | | B level just two years. As such total three years in computers will make you equivalent to MCA. Though I haven't thought so much in advance, yet I understand that in the present world computer education is must. |
| रीना | : मैं तुम्हारी इस बात से तो सहमत हूँ कि हमें कम्प्यूटर की जानकारी होनी चाहिए। आज कल कम्प्यूटर का प्रवेश प्रत्येक क्षेत्र में हो चुका है। | **Rina** | : I too agree with you that one must have knowledge of computers. Now a days computers have entered in all fields. |
| सीमा | : तुम भी कम से कम कम्प्यूटर का 6 माह का बेसिक कोर्स तो कर लो। | **Seema** | : You also do at least 6 months Basic Computer Course. |
| रीना | : यह तो ठीक है, मैं कल तुम्हारे साथ ही कम्प्यूटर सेंटर चलूँगी | **Rina** | : It's right, I shall accompany you to the computer centre tomorrow. |
| सीमा | : बहुत अच्छा। अब मैं चलती हूँ कल मिलेंगे। विदा। | **Seema** | : That's very good. Now I leave. See you tomorrow. Bye. |
| रीना | : विदा। | **Rina** | : Good bye. |

## Conversation About 'Internet'

| | **Hindi Sentences** | | **English Sentences** |
|---|---|---|---|
| महेश | : हाय! रमेश, कहाँ से आ रहे हो ? | **Mahesh** | : Hi Ramesh where from are you coming? |
| रमेश | : यार मैं इन्टरनेट कैफे से आ रहा हूँ। मेरी ई-मेल चेक करनी थी। | **Ramesh** | : Dear, I am coming from Internet cafe. I was to check my e-mails. |
| महेश | : इन्टरनेट वैसे बहुत ही मजेदार चीज है। हम इंटरनेट से सारी दुनिया के बारे में जानकारी प्राप्त कर सकते हैं। ई-मेल द्वारा तुरंत किसी को भी सूचना दे सकते हैं। यह वास्तव में बहुत ही सस्ता एवं त्वरित है। | **Mahesh** | : Internet is otherwise very interesting thing. We can explore the world through Internet. We can send information through e-mails immediately. It's really very cheap and prompt. |
| रमेश | : वास्तव में इंटरनेट से बहुत सुविधा हो गई है। लेकिन आजकल युवा वर्ग इंटरनेट का दुरुपयोग भी करने लगा है। इंटरनेट का उपयोग सेक्स चित्र देखने में किया जा रहा है। | **Ramesh** | : Really Internet has created a lot of facilities. But now-a-days the youth have started misusing it. Internet is being used to view the pornographic scenes. |
| महेश | : हाँ, आजकल इसलिए इंटरनेट कैफे में लड़के-लड़कियों की भीड़ लगी रहती है। लड़के-लड़कियाँ जिस तरह से इंटरनेट कैफे | **Mahesh** | : Yes, now-a-days Internet cafes are therefore crowded by boys and girls. The way these boys and girls waste |

| | | | | |
|---|---|---|---|---|
| | | में समय बर्बाद करते हैं, यह बहुत ही गलत है। वर्तमान में जिस तरह से युवा वर्ग का नैतिक पतन हो रहा है, उसके लिए बहुत कुछ इंटरनेट को भी जिम्मेवार माना जा सकता है। | | their time in Internet cafes is a very wrong thing. Internet can also be held responsible to a great extent for the moral deprivation of the youth in present time. |
| रमेश | : | हर सिक्के के दो फलक होते हैं। हर चीज के लाभ भी हैं तो हानि भी है। बिन्दु है कि हम किस चीज का चुनाव करते हैं ? | **Ramesh** : | Every coin has two facets. There are merits and demerits of everything. The point is what do we choose ? |
| महेश | : | सत्य है, हम यदि सही चुनाव करते हैं ते हमारे लिए कुछ लाभकारी हो सकता है अन्यथा उससे नुकसान हो सकता है। | **Mahesh** : | Truely if we choose right that can be beneficial to us otherwise that may be harmful. |
| रमेश | : | मेरे विचार से सरकार को इंटरनेट कैफे के मालिकों को सख्त हिदायतें देनी चहिये एवं इनकी नियमित जाँच भी होनी चाहिए। इंटरनेट कैफे में बन्द केबिन नहीं होने चाहिए। | **Ramesh** : | In my opinion the government must instruct the owners of Internet cafes strictly and these must be checked regularly. Internet cafes must not have closed cabins. |
| महेश | : | यह अच्छा सुझाव है। अच्छा मुझे लाइब्रेरी जाना है। विदा। | **Mahesh** : | It's a good suggestion. O.K. I am to go to library. Bye. |
| रमेश | : | फिर मिलेंगे। विदा। | **Ramesh** : | See you. Bye. |

## Conversation About Smoking

| | | **Hindi Sentences** | | **English Sentences** |
|---|---|---|---|---|
| राम | : | अरे श्याम कहाँ जा रहे हो ? | **Ram** : | Hello Shyam, where are you going ? |
| श्याम | : | मैं सिगरेट लेने जा रहा हूँ। | **Shyam** : | I am going to fetch cigarettes. |
| रामर | : | यार तुम इतनी सिगरेट मत पिया करो। धुम्रपान स्वास्थ्य के लिए हानिकारक है, यह सभी पैकटों पर भी लिखा रहता है। | **Ram** : | Dear, you must not smoke so many cigarettes. Smoking is injurious to health and it is well mentioned on all packets. |
| श्याम | : | मैं जानता हूँ भाई। मैं कई बार छोड़ने की भी सोच चुका लेकिन यह आदत छूट नहीं सकती है। | **Shyam** : | Brother, I know it. I have thought to give it up many times but this habit can't be given up. |
| राम | : | देखो, धुम्रपान न केवल तुम्हारा बल्कि तुम्हारे मित्र एवं परिवार के सदस्यों का भी स्वास्थ्य खराब करता है। इससे कैंसर भी हो सकता है। इसके पीने वाले को पूरी नींद भी नहीं आती है। यह और भी बहुत-सी समस्याओं की जड़ है। | **Ram** : | Look dear, smoking spoils not only your health but also of your friends and family members. It can cause cancer also. Smokers don't have sound sleep and it is the root of many other problems. |
| श्याम | : | राम जो कुछ तुम कह रहे हो वह मैं सब जानता हूँ लेकिन फिर भी यह आदत छोड़ना बहुत कठिन है। | **Shyam** : | I know Ram, whatever you are telling, but inspite of that it is very difficult to give up this habit. |

| | | | |
|---|---|---|---|
| राम | : अच्छा तुम एक काम करो। तुम एक वायदा करो कि अब से घर पर सिगरेट नहीं पीओगे। यदि तुम्हें धुम्रपान करना है तो तुम घर से बाहर जाओगे। | **Ram** | : Well, you do one thing .You make a promise that now onwards you will not smoke at your home. If you are to smoke you will go out of the home. |
| श्याम | : ठीक है यह मेरा वायदा है। मैं धुम्रपान छोड़ने हेतु अगले सप्ताह से प्राकृतिक चिकित्सा कोर्स में प्रवेश भी ले रहा हूँ। | **Shyam** | : That's O.K. it is my promise. I am also joining Naturopathy course from the next week to give up smoking. |
| राम | : बहुत अच्छा। आप जिस दिन धूम्रपान छोड़ देंगे तो मैं आपको पार्टी दूँगा। | **Ram** | : Very nice. The day you will give up the smoking, I will organise a party for you. |
| श्याम | : ठीक है, तो मैं इस बार निश्चित ही धूम्रपान छोड़ दूँगा यह मेरा वायदा है। | **Shyam** | : O.K. then I will certainly give up smoking this time. It's my promise. |
| राम | : वायदा करते हो निभाना होगा। | **Ram** | : If you promise then keep it. |
| श्याम | : निश्चित ही आज से मैं प्रयास करूँगा। 15 दिनों में मैं यह आदत छोड़ दूँगा। | **Shyam** | : Surely I shall try from today itself. I shall give up this habit within 15 days. |
| राम | : ईश्वर आपको सफलता प्रदान करें। | **Ram** | : May God grant you success! |

## Conversation About Superstitions

| | Hindi Sentences | | English Sentences |
|---|---|---|---|
| मि० शर्मा | : क्या कर रही हो? घूमने नहीं चलना है क्या ? | **Mr. Sharma** | : What're you doing? Don't you go for a walk ? |
| पत्नी | : आ रही हूँ, कृपया थोड़ा इंतजार करें। | **Wife** | : Coming, wait a bit, please. |
| मि० शर्मा | : बहुत देर लगा दी, चलो भई। | **Mr. Sharma** | : You have delayed a lot, move please. |
| पत्नी | : हाँ अब चलें। अरे बिल्ली ने रास्ता काट दिया है। अब हम नहीं जाएँगे यह तो अपशकुन है। | **Wife** | : Well, let's go now . Er, a cat has crossed the path. Now we'll not go. It's a bad omen. |
| मि० शर्मा | : तुम्हारा क्या मतलब है ? बिल्ली ने रास्ता काट दिया तो क्या हो गया ? यह तो अंधविश्वास है। ऐसे बहुत से अंधविश्वास समाज में प्रचलित हैं। | **Mr. Sharma** | : What do you mean ? What happened, if a cat crossed the path. It is merely a superstition. Several such superstitions are well prevailed in the society. |
| पत्नी | : आपको यह अंधविश्वास लगता है। यदि कुछ अनहोनी या बुरा हो गया तो हम क्या करेंगे? | **Wife** | : You may treat it a superstition. If any untoward will take place then what will we do ? |

| | | | |
|---|---|---|---|
| मि० शर्मा | : बुरा या अच्छा होना बिल्ली पर निर्भर नहीं करता ? कई लोग छींकने को भी अपशकुन मानते हैं। कुछ लोग 13 नम्बर से डरते हैं। आपको पता होना चाहिए हमारे यहाँ बिल्ली का रास्ता काटना अपशकुन मानते हैं। कई जगह बिल्ली को शुभ माना जाता है। हमारे यहाँ एक बार छींकने को अशुभ मना जाता है कई अन्य देशों में एक बार छींकने को शुभ तथा दो बार छींकने को अशुभ माना जाता है। हमारे यहाँ उल्लू को मृत्यु एवं दुर्भाग्य का संकेतक मना जाता है। जबकि पार्सिया में उल्लू को भाग्य का पक्षी माना जाता है। क्या आप मेरी बात समझ रही हैं ? | **Mr. Sharma** | : Happening good or evil doesn't depend upon cat. Sneezing is also treated a bad omen by many people. Some fear number 13. You should know that crossing path by a cat is treated a bad omen here, but at many places, cat is treated lucky. A single sneeze is supposed to be a bad omen at ours but in many other countries, single sneezing is lucky while sneezing twice is bad. Owl is considered a signal of death and misfortune at ours while in Persia the owl is looked upon as a bird of luck. Do you understand my point ? |
| पत्नी | : मुझे ज्यादा जानकारी नहीं है लेकिन हम तो शुरू से यही देखते आ रहे हैं। | **Wife** | : I have no much knowledge, but we have been observing the same since long. |
| मि० शर्मा | : वास्तव में अंधविश्वास बहुत लम्बे समय से प्रचलित हैं। जो व्यक्ति ईश्वर में विश्वास करता है वह इस तरह के अंधविश्वासों में विश्वास नहीं करता है। अंधविश्वासों में विश्वास रखने का अर्थ है ईश्वर में आस्था नहीं होना। | **Mr. Sharma** | : Really , superstitions have been in existence in society since time immemorial. The man who believes in God, does not believe in such superstitions. Believing in superstitions means lacking faith in God. |
| पत्नी | : आप सही कह रहे हैं। अब से मैं भी इन पर विश्वास नहीं करूँगी। आइये चलते हैं। | **Wife** | : You are right. Now onwards I shall also not believe in them. Let's move. |
| मि० शर्मा | : बहुत अच्छा, आप निश्चित ही मेरी अच्छी पत्नी हो। | **Mr. Sharma** | : Very good you are really my good wife. |

## Conversation Between Two Friends Regarding Preparation For Competitive Examinations

| **Hindi Sentences** | | **English Sentences** | |
|---|---|---|---|
| राम | : हैलो! रहीम कैसे हो ? मैने तुम्हें काफी समय बाद देखा है। किसमें व्यस्त हो ? | **Ram** | : Hello! Rahim, how are you ? I have seen you after a long period. What are you busy in ? |

रहीम : हैलो राम, मैं अच्छा हूँ। मैंने भी तुम्हें बहुत दिनों से नहीं देखा है। मैं आजकल वस्तुतः राज्य प्रशासनिक सेवा प्रतियोगिता परीक्षा की तैयारी कर रहा हूँ।

**Rahim** : Hello, Ram, I am fine. I haven't seen you too since long. I am actually preparing for State Administrative Services competitive examinations.

राम : ओह! यह कारण है। लेकिन जहाँ तक मुझे पता है राज्य सेवा की परीक्षा सामान्यतया जून या जुलाई माह में होती है। यह तो अक्टूबर है अभी रिक्तियाँ भी घोषित नहीं हुई हैं।

**Ram** : Oh, that's the reason. But so far my knowledge goes the State Service examinations are generally held in the month of June or July. This is October, the vacancies are also not declared so far.

रहीम : तुम सही हो राम, लेकिन तुम्हें पता होना चाहिए कि रिक्तियाँ घोषित होने के बाद परीक्षा की तैयारी करने हेतु मात्र दो-तीन माह ही मिलते हैं। यह कोई एकेडमिक परीक्षा नहीं है। यहाँ एक को दूसरे से अच्छे नम्बर लाने हैं। मैंने पिछले वर्ष भी फार्म भरा था लेकिन समय कम मिलने के कारण मैं अच्छी तैयारी नहीं कर सकता इसलिए मैंने परीक्षा नहीं दी।

**Rahim** : You are right Ram, but you must know that after declaration of vacancy one gets only two to three months to prepare for the examination.This is not an academic examination. Here one is to secure marks better than others. Last year too I filled up the form but I couldn't prepare well due to lack of time so I didn't take the examination.

राम : तुम इस बार काफी गम्भीर लग रहे हो। मैं तुम्हारे विचारों से निश्चित ही सहमत हूँ। यदि कोई प्रशासनिक सेवा हेतु तैयारी करना चाहता है तो उसे गम्भीर तथा कार्य के प्रति लगनशील होना चाहिए। तुम कौन-से ऐच्छिक विषय चुनने जा रहे हो ?

**Ram** : You look very serious this time. I certainly endorse your views. If one likes to prepare for Administrative Services one should be serious and dedicated to the task. Which optional papers are you going to opt ?

रहीम : मैंने इतिहास एवं अर्थशास्त्र चुना है। जैसा तुम जानते हो मैंने अर्थशास्त्र से एम० ए० किया है एवं इतिहास के पेपर के लिए अतिरिक्त तैयारी करनी पड़ेगी।

**Rahim** : I have chosen History and Economics. As you know I have passed my M.A. with Economics and I have to prepare history additionally.

राम : सामान्य ज्ञान, अंग्रेजी एवं हिन्दी के बारे में क्या ?

**Ram** : What about General Knowledge, English and Hindi ?

रहीम : सामान्य ज्ञान एक बहुत लम्बा विषय है। मैं इसको नियमित रूप से तैयार कर रहा हूँ। जहाँ तक हिन्दी एवं अंग्रेजी की बात है मुझे कोई समस्या नहीं है।

**Rahim** : General knowledge is a very lengthy subject. I am regularly preparing for it. So far Hindi and English are concerned, I don't have any problem.

राम : क्या तुम मुझे मार्गदर्शन दोगे कि मुझे कौन-से ऐच्छिक विषय लेने चाहिए ? मैं भी प्रशासनिक सेवा हेतु तैयारी शुरू कर सकता हूँ।

**Ram** : Could you guide me which optional subjects should I opt ? I may also start preparing for the Administrative Services.

रहीम : मैं सोचता हूँ तुम्हें सांख्यिकी एवं इतिहास लेना चाहिए। तुम सांख्यिकी में एम ए हो तथा दूसरा इतिहास तुम्हें तैयार करना है। इतिहास को ऐच्छिक के रूप में लेने से सामान्य ज्ञान की तैयारी करना है। इतिहास को ऐच्छिक के रूप में लेने से सामान्य ज्ञान की तैयारी में भी सहायता मिलती है।

**Rahim** : I think you should opt Statistics and History. As you are M.A. with Statistics and another History you are to prepare. Opting History as optional help us in preparing General Knowledge also.

राम : तुम्हारी सलाह एवं मार्गदर्शन हेतु रहीम, धन्यवाद। मैं तुम्हें मेरे पेपर पर अन्तिम निर्णय लेने बाद मिलूँगा। विदा।

**Ram** : Thank you Rahim, for your kind advice and guidance. I shall meet you after finalizing my papers. Bye.

रहीम : विदा।

**Rahim** : Good bye!

## Conversation While Buying A Ticket At Railway Station

| Hindi Sentences | | English Sentences | |
|---|---|---|---|
| यात्री | : मुझे दिल्ली का एक टिकट दीजिएगा। | **Passenger** | : Please give me a ticket for Delhi. |
| बुकिंग क्लर्क | : देहली का टिकट यहाँ नहीं मिलता है। यहाँ केवल प्लेटफॉर्म टिकट ही मिलते हैं। देहली के टिकट हेतु खिड़की नं 3 पर जायें। | **Booking Clerk** | : Tickets for Delhi are not issued here. Only Platform tickets are available here. Go to window No. 3 for Delhi tickets. |
| यात्री | : धन्यवाद। | **Passenger** | : Thanks. |
| *(खिड़की नं 3 पर)* | | *(At Window No.3)* | |
| यात्री | : कृपया दिल्ली का टिकट दीजिएगा। | **Passenger** | : Please give me a ticket for Delhi. |
| बुकिंग क्लर्क | : कृपया तिरेपन रुपये दीजिएगा। तीन रुपये खुले दीजिएगा। | **Booking Clerk** | : Please pay rupees fifty three only. Please give me change for Rupees three. |
| यात्री | : तीन रुपये खुले तो नहीं हैं। आपको खुले रखने चाहिये। | **Passenger** | : I don't have change for rupees three. You must have sufficient change. |
| बुकिंग क्लर्क | : मेरे पास अब खुले नहीं हैं। आप या तो इंतजार करें या आप खुले ले आयें। | **Booking Clerk** | : I have no more change now. Either you wait or you give me change. |
| यात्री | : कैसी समस्या है ? | **Passenger** | : What a problem ! |
| दूसरा यात्री | : क्या समस्या है ? आपको कहाँ जाना है ? | **Passenger-2** | : What's the problem ? Where are you to go ? |
| पहला यात्री | : मेरे पास तीन रुपये खुले नहीं है ये कहते हैं कि खुले लेकर आयें। मुझे दिल्ली जाना है। क्या करूँ ? | **Passenger-1** | : I haven't change for rupees three. He says to bring the change. I am to go to Delhi. What to do ? |

| | | | |
|---|---|---|---|
| दूसरा यात्री | : परेशान न हो मुझे भी दिल्ली जाना है। हम दो मित्र हैं। मैं आपकी टिकट भी ले लेता हूँ। आप मुझे ट्रेन में पैसे दे देना। | **Passenger-2** | : Don't worry. I am also to go to Delhi. We are two friends . I will purchase your ticket also. You pay me in the train. |
| पहला यात्री | : बहुत अच्छा धन्यवाद। | **Passenger-1** | : So nice of you, thank you. |
| दूसरा यात्री | : श्रीमान, कृपया तीन टिकट दिल्ली के दीजिएगा। | **Passenger-2** | : Please give me three tickets for Delhi. |
| बुकिंग क्लर्क | : कृपया एक सौ उनसठ रुपये दें। | **Booking Clerk** | : Pay me rupees one hundred fifty nine only. |
| दूसरा यात्री | : यह लीजिए एक सौ साठ रुपये। | **Passenger-2** | : Here these are rupees one hundred sixty. |
| बुकिंग क्लर्क | : ठीक है ये लीजिए तीन टिकट एवं एक रुपया। | **Booking Clerk** | : All right, take these three tickets and one rupee. |
| दूसरा यात्री | : धन्यवाद श्रीमान। आइये चलें। | **Passenger-2** | : Thank you sir. Let us move now. |
| पहला यात्री | : ठीक है। | **Passenger-1** | : O.K. |

## Conversation While Hiring a Taxi

| | **Hindi Sentences** | | **English Sentences** |
|---|---|---|---|
| यात्री | : टैक्सी, टैक्सी। | **Passenger** | : Taxi, Taxi! |
| टैक्सी | : जी श्रीमान, कहाँ जाना है ? | **Taxi** | : Yes sir , where to go ? |
| यात्री | : मुझे यहाँ से यूनिवर्सिटी जाना है। कितना किराया लगेगा ? | **Passenger** | : I am to go to University. What'd be the fare ? |
| टैक्सी | : आपको मीटर से पैसा देना है। यह लगभग 30-35 रुपये बनेगा। | **Taxi** | : You are to pay by meter. It'd be around rupees thirty, thirty five only. |
| यात्री | : क्या यह ज्यादा नहीं है ? एक कोई छोटा रास्ता भी तो है। | **Passenger** | : Isn't it too much ? There is one short route also. |
| टैक्सी | : जी हाँ, एक छोटा रास्ता तो है, लेकिन वहाँ कई बार जाम मिलता है इसलिए मैं वहाँ से नहीं जाता हूँ। | **Taxi** | : Yes, there is a short route but that is often jammed so I do not go by that route. |
| यात्री | : अच्छा यह बात है। लेकिन जाम या तो सुबह लगता है या शाम को। इस समय दोपहर को तो कोई जाम नहीं लगता है। | **Passenger** | : Oh, this is the matter, but jam takes place either in the morning or in the evening. In this noon time there will be no jam. |
| टैक्सी | : श्रीमान मैं उधर से नहीं जाऊँगा। आप चाहे तो दूसरी टैक्सी ले लें। | **Taxi** | : Sir, I shall not go by that route. If you like you may hire another taxi. |

| | | | |
|---|---|---|---|
| यात्री | : ठीक है, आप जा सकते हैं, पर यह एक गलत बात है। | **Passenger** | : O.K. You can go, but it's very wrong. |
| यात्री | : टैक्सी, टैक्सी। | **Passenger** | : Taxi, taxi! |
| टैक्सी 2 | : कहिये, आपको कहाँ जाना है ? | **Taxi-2** | : Sir, tell me, where are you to go ? |
| यात्री | : यूनिवर्सिटी जाना है। | **Passenger** | : University. |
| टैक्सी 2 | : ठीक है, 20 रुपये दीजिएगा। | **Taxi-2** | : Right, pay me rupees twenty only. |
| यात्री | : क्या आप मीटर से चार्ज नहीं लेते हैं ? | **Passenger** | : Don't you charge by meter ? |
| टैक्सी 2 | : श्रीमान यह मीटर दो दिन से खराब है। ठीक कराना है। लेकिन मैंने आपसे बहुत ही उचित पैसे माँगे है। आप जानकारी कर सकते हैं। | **Taxi-2** | : Sir, the meter has been out of order for two days. It is to be repaired. But I have demanded very reasonable fare from you. You can make enquiries. |
| यात्री | : अच्छा ठीक है, चलिये। | **Passenger** | : It's all right, move now. |
| टैक्सी 2 | : यह रही यूनिवर्सिटी। आप किस द्वार पर जायेंगे ? | **Taxi-2** | : This is the University. Which gate you want to go at ? |
| यात्री | : मुख्य द्वार पर छोड़ दीजिये। | **Passenger** | : Please drop me at the main gate. |
| टैक्सी 2 | : यह मुख्य द्वार है। | **Taxi-2** | : This is the main gate. |
| यात्री | : यह लीजिये बीस रुपये। | **Passenger** | : Here is your twenty rupees. |
| टैक्सी 2 | : धन्यवाद श्रीमान। | **Taxi-2** | : Thank you, sir. |

## Conversation At A Restaurant

| **Hindi Sentences** | | **English Sentences** | |
|---|---|---|---|
| हरि | : सोनू मैं आज हिलटॉप रेस्तरां में लंच लेने की सोच रहा हूँ। तुम क्या कहते हो ? | **Hari** | : Hello, Sonu, I am just thinking to have lunch today at Hill Top Restaurant . What do you say ? |
| सोनू | : विचार तो बुरा नहीं है या यह वास्तव में मजेदार रहेगा। हिलटॉप रेस्तरां का खाना वास्तव में बहुत अच्छा है। | **Sonu** | : Not a bad idea or it will be indeed very enjoyful. The preparation of Hill Top is really very nice. |
| हरि | : फिर हम चलें। | **Hari** | : Then let us go there. |
| *(हिलटॉप रेस्तरां में)* | | *(At Hill top restaurant)* | |
| सोनू | : इस रेस्तरां की लोकेशन वस्तुत: बहुत मनमोहक एवं छोटी-सी घाटी से यहाँ का रास्ता बहुत लुभावना है। | **Sonu** | : The location of this restraurant is really charming and the way through short valley is also enticing. |
| हरि | : वास्तव में, मैं इसलिए यहाँ अक्सर आता हूँ। | **Hari** | : Really, so I often visit here. |

| | | | |
|---|---|---|---|
| सोनू | : वेटर, वेटर। | **Sonu** | : Waiter, Waiter. |
| वेटर | : जी श्रीमान। मुझे खेद है कि यह टेबल पहले से ही आरक्षित है। कृपया आप दूसरी टेबल पर बैठने का कष्ट करें। | **Waiter** | : Yes sir. I'm sorry to trouble you that this table is already reserved. I wonder if you could possible move to another table. |
| हरि | : ओह, हाँ बिल्कुल। | **Hari** | : Oh, yes by all means. |
| वेटर | : बहुत-बहुत धन्यवाद श्रीमान। यह रहा मेनू ? | **Waiter** | : Thank you very much sir. This is the menu, please. |
| सोनू | : आज विशेष क्या है। | **Sonu** | : What's special today ? |
| वेटर | : श्रीमान, आज ठंडी बादाम खीर विशेष है एवं काजू काजू मटर की स्पेशल सब्जी है। | **Waiter** | : Sir 'Cold Badam Kheer' is the special dish and 'Kaju Matar' is the special vegetable today. |
| हरि | : हाँ सोनू, कृपया ऑर्डर दें। | **Hari** | : Yes Sonu, place the order, please. |
| सोनू | : एक प्लेट काजू मटर, एक प्लेट दाल फ्राई, एक प्लेट मीटी दही, सलाद एवं तवे की चपातियाँ। हरि, मेरे विचार से बहुत है। तुम्हें कुछ और चाहिये तो ऑर्डर दे दो। | **Sonu** | : One plate Kaju Matar, one plate Dal fried, one plate Sweet Curd, Salad and Tawa Chapaties. I think Hari it is sufficient. Anything morc you like, please order. |
| हरि | : नहीं और कुछ नहीं। | **Hari** | : No nothing more. |
| वेटर | : ठीक है श्रीमान। | **Waiter** | : O.K. sir. |
| (लंच के बाद) | | (*After having lunch*) | |
| हरि | : वेटर, बिल लाइये। | **Hari** | : Waiter, bring the bill. |
| वेटर | : यह रहा श्रीमान। | **Waiter** | : Here it is, sir. |
| सोनू | : यह रही बिल की राशि एवं यह दस रुपये तुम्हारी टिप। | **Sonu** | : Here is the bill amount plus rupees ten 'tip' for you. |
| वेटर | : धन्यवाद श्रीमान। कृपया पुनः पधारें। | **Waiter** | : Thank you sir. Please visit again. |

## Conversation Between Police Inspector And A Girl To Whom Someone Tried To Kidnap

| Hindi Sentences | | English Sentence | |
|---|---|---|---|
| पुलिस निरीक्षक | : हैलो टीना, मैं पी के झा निरीक्षक हूँ। तुम्हारे मामले को मैं ही देख रहा हूँ। तुम्हारे लिये यह अपहरण का प्रयास बहुत ही भयानक अनुभव रहा होगा। | **Police Inspector** | : Hello Tina, I am Inspector P.K Jha. I am handling your case. The kidnapping attempt must have been a terrible experience for |

टीना : उफ, वास्तव में एक दुःस्वप्न। ऐसे अपराधियों को सलाखों के पीछे रखा जाना आवश्यक है।

पुलिस निरीक्षक : इसी उद्देश्य से मैं यहाँ हूँ। यदि तुम सहायता करोगी तो हम उन लोगों को पकड़ने में सफल होंगे। मैंने सुना है कि वे दो व्यक्ति थे। क्या यह सही है ?

टीना : हाँ, लेकिन मैंने एक ही व्यक्ति को देखा जिसने मुझे पकड़ने का प्रयास किया दूसरा कार में था।

पुलिस निरीक्षक : यदि तुम सकुशल हो तो हम उस व्यक्ति का विवरण तैयार कर सकते हैं जिसने तुम्हें पकड़ने का प्रयास किया। हम उसके साइज से शुरू होते हैं। वह लगभग कितना लम्बा (ऊँचा) था ? तुम्हारे हिसाब से उसकी उम्र कितनी थी ?

टीना : लगभग आपके जितना, नहीं आपसे थोड़ा छोटा। उसकी उम्र लगभग 40 होगी।

पुलिस निरीक्षक : उसकी शारीरिक बनावट कैसी थी ? मेरा मतलब उसके शरीर की सामान्य आकृति क्या थी ?

टीना : वह पतला नहीं था। उसे नाटा गठिया माना जा सकता है एवं उसका पेट भी मोटा था।

पुलिस निरीक्षक : बहुत बढ़िया। टीना क्या तुम्हें उसके कपड़ों के बारे में कुछ याद है ?

टीना : हाँ मुझे अच्छी तरह से याद है। उसने एक नीले रंग की सफेद धारियों वाली कमीज पहनी तथा काली रंग की पेंट पहन रखी थी।

पुलिस निरीक्षक : उसका चेहरा, टीना ?

टीना : उसका चेहरा गोल था। उसकी आँखें घूरती हुई काली थीं। उसकी भौंहे घनी थीं। उसका चेहरा छोटा एवं सूजा हुआ सा था। उसके बाल काले एवं सीधे थे।

पुलिस निरीक्षक : क्या उसने चश्मा पहना हुआ था ? कोई

you.

**Tina** : Oof, indeed a nightmare ! Such criminals must be put behind bars.

**Police Inspector** : For that purpose, I am here. If you help, we shall be able to catch them. I heard that there were two men. Is that right ?

**Tina** : Yes, but I saw only one man who tried to grab me, the other one was in the car.

**Police Inspector** : If you are O.K. then we may draw a description of the person who tried to grab you. Let's start with his size. How tall was he approximately ? What was his age as per you ?

**Tina** : About as tall as you, no a little bit shorter than you. His age should be around forty.

**Police Inspector** : What sort of build was he ? I mean what was the general shape of his body ?

**Tina** : He wasn't thin. He might be considered stocky and also had a fat stomach.

**Police Inspector** : That's very good. Tina do you remember anything about his clothes ?

**Tina** : Yes, I remember well. He was wearing a blue coloured white striped shirt and a black coloured trousers.

**Police Inspector** : His face, Tina ?

**Tina** : His face was round. He had dark staring eyes. His eye brows were bushy. His face was short and bumpy. His hair was black and straight.

विशेष बात उसकी नाक के बारे में या कोई निशान वगैरा उसके चेहरे पर। क्या तुम्हें उसके होठों एवं दाँतों के बारे में कुछ याद है ?

टीना : हाँ, उसने प्लास्टिक फ्रेम का चश्मा पहना हुआ था एवं वह बार-बार उसकी नाक पर से फिसल रहा है। उसकी नाक तीखी थी। उसके दाँतों के सम्बन्ध में मुझे याद है कि उसका ऊपर का एक दाँत दायीं तरफ, हाँ दायीं तरफ का ही गायब था। अरे हाँ एक अन्य बात मुझे याद है कि उसके ऊपर के होठों पर एक निशान था जहाँ से दाँत गायब था।

पुलिस निरीक्षक : क्या वह सफाचट था ? मेरा मतलब उसके दाढ़ी या मूँछें थीं।

टीना : ओह, उसके दाढ़ी नहीं थी लेकिन मूँछे थीं ?

पुलिस निरीक्षक : बहुत बढ़िया। क्या तुम्हें अन्य कोई ऐसी चीज याद है जो हमें उनको पकड़ने में सहायता दे सकती है ?

टीना : नहीं, मैं सोचती हूँ ऐसा कुछ नहीं हाँ एक और बात, जिस व्यक्ति ने मुझे पकड़ने का प्रयास किया था, उसके दायें हाथ पर सर्प का टैटू का निशान था। यह टैटू बहुत सुन्दर एवं कई रंगों का था। बस मैं इतना ही याद कर सकती हूँ, श्रीमान।

पुलिस निरीक्षक : तुम्हारा बहुत-बहुत धन्यवाद, टीना। तुम बहुत सहायक रही हो। इतना अच्छा एवं विस्तृत विवरण के साथ मुझे उन्हें बहुत शीघ्र पकड़ने का विश्वास है।

**Police Inspector** : Did he wear spectacles ? Anything specific about his nose or scar etc on the face. Do you remember anything about his teeth and lips ?

**Tina** : Yes, he was wearing a plastic frame glasses and it kept slipping down his nose. He had a sharp pointed nose. Regarding teeth, I remember that he had one of his upper teeth on his right, yes.... on the right side missing. Oh yes, one more thing I do remember that he had a scar on his upper lip, where the tooth was missing.

**Police Inspector** : Was he clean shaved ? I mean whether he had a beard or moustache ?

**Tina** : Oh. I see , he didn't have a beard, but he did have moustache.

**Police Inspector** : Very nice. Can you remember any other thing that may help us to catch them ?

**Tina** : No, I don't think so... Oh, one more thing, the man who tried to grab me, had a mark of tatoo of a snake on his right arm. It was a beautiful and multicoloured tatoo. That's all, I can remember, sir.

**Police Inspector** : Thank you very much, Tina. You have been very helpful with such a good and detailed description, I am sure to catch them very early.

## Conversation Between Father And Daughter About Democracy

| Hindi Sentences | | English Sentences | |
|---|---|---|---|
| लीना | : पापा-पापा, आप मुझे प्रजातन्त्र के बारे में कुछ बताओ। मुझे स्कूल में भाषण देना है। सबसे पहले यह बताओ कि प्रजातन्त्र क्या है ? | **Leena** | : Papa, Papa, Tell me something about Democracy. I am to deliver a speech. First of all tell me, what is democracy ? |
| पापा | : बेटी लीना, यह एक बहुत बड़ा प्रश्न है ? मुझे इस बारे में सोचने दो। प्रजातन्त्र हाँ, प्रजातन्त्र का अर्थ है, जनता का राज्य। | **Papa** | : Dear daughter Leena, it is a big question. Let me think over it. Democracy, yes democracy means People's rule. |
| लीना | : इसका मतलब प्रजातन्त्र का अर्थ हुआ जनतंत्र। | **Leena** | : It means Democracy means Jantantra. |
| पापा | : हाँ, यही है। | **Papa** | : Yes it is so. |
| लीना | : पापा, आप एवं मैं दोनों जन हैं लेकिन हम तो राज नहीं करते है। वास्तव में प्रजातन्त्र का अर्थ क्या है ? | **Leena** | : Papa you and I are people, but we don't rule ? What's actually the meaning of democracy ? |
| पापा | : हँसते हुए, यदि सभी जन राज्य करेंगे तो अन्य कार्य कौन करेगा। प्रजातन्त्र का यहाँ अर्थ है कि सामान्य जनता द्वारा चुने हुए प्रतिनिधियों द्वारा राज्य करना। इसे हम प्रतिनिधित्व प्रजातन्त्र भी कह सकते हैं। | **Papa** | : Laughing .... If everyone rules then who will do all other works. Democracy here means, rule by the representatives of the people. We may call it Representative Democracy. |
| लीना | : पापा लेकिन प्रतिनिधियों का चुनाव कैसे होता है ? | **Leena** | : How do we elect the representatives ? |
| पापा | : भारत का हर नागरिक जिसकी उम्र 18 वर्ष है वह प्रतिनिधियों को चुनने हेतु वोट दे सकता है। हम प्रतिनिधियों का चुनाव अपने वोट द्वारा करते हैं। | **Papa** | : Every citizen of India who is 18 years of age, can cast his vote to elect the representatives. We elect the representatives through our votes. |
| लीना | : मैं भी इस वर्ष 18 की हो जाऊँगी, फिर मैं भी वोट दे सकूँगी। | **Leena** | : I shall be of 18 years of age this year then I shall also be able to cast my vote. |
| पापा | : हाँ प्रिय, तुम भी अगले चुनाव में अपना वोट दे सकोगी। | **Papa** | : Yes dear, you would be able to cast your vote in the next elections. |
| लीना | : पापा, हमें किसे वोट देना चाहिए ? | **Leena** | : Papa, whom should we vote ? |

| | | | |
|---|---|---|---|
| पापा | : ऐसे व्यक्ति को वोट देना चाहिए जो ईमानदार हो, मेहनती हो एवं जिसमें जनता की सेवा करने की इच्छा एवं भावना हो। हमें जाति या धर्म के आधार पर वोट नहीं देना चाहिए। | **Papa** | : We must vote to such a candidate, who is honest and hard working who has desire and feelings to serve the people. We must not cast our votes on the basis of caste or religion. |
| लीना | : पापा क्या आपको अब्राहिम लिंकन द्वारा दी गई, प्रजातन्त्र की परिभाषा का पता है ? | **Leena** | : Papa, do you know the definition of democracy given by Abraham Lincoln ? |
| पापा | : हाँ निश्चित ही। लिंकन द्वारा दी गई परिभाषा का ही हमारे देश में अनुसरण किया जाता है। जनता की जनता द्वारा जनता की सरकार है यही है लिंकन की प्रजातन्त्र की परिभाषा है। | **Papa** | : Yes of course. Lincoln's definition is being followed in our country also. "Government of the people by the people and for the people." This is the definition of democracy by Lincoln. |
| लीना | : अब मैं समझ गई हूँ कि प्रजातन्त्र क्या है ? धन्यवाद पापा। | **Leena** | : Now I understand what is democracy ? Thank you Papa. |
| पापा | : मेरे बच्चे यह मेरे लिये खुशी की बात है। | **Papa** | : My child, It's my pleasure. |

## Conversation Of Husband, Wife With Servant

| | **Hindi Sentences** | | **English Sentences** |
|---|---|---|---|
| बहादुर | : श्रीमान, मेमसाब ने कहा है कि आप जल्दी से तैयार हो जाओ। | **Bahadur** | : Sir, Memsab has asked you to get ready quickly. |
| मि० शर्मा | : मेमसाहब को मुझसे क्या काम है ? | **Mr. Sharma** | : What work does she have with me ? |
| बहादुर | : मुझे पता नहीं, श्रीमान। | **Bahadur** | : I don't know, sir. |
| मि० शर्मा | : अच्छा पहले तुम मेरे लिये एक चाय बनाओ। | **Mr. Sharma** | : O.K. First of all you prepare a tea for me. |
| बहादुर | : जी श्रीमान। | **Bahadur** | : Yes sir. |
| मिसेज शर्मा | : बहादुर, बहादुर। कहाँ हो तुम ? | **Mrs. Sharma** | : Bahadur , Bahadur ! Where are you ? |
| बहादुर | : मेमसाब, आ रहा हूँ। | **Bahadur** | : Memsab, coming. |
| मिसेज शर्मा | : तुम इतनी देर से कहाँ थे ? क्या कर रहे थे ? साहब कहाँ हैं ? | **Mrs. Sharma** | : Where have you been for such a long time ? What were you doing ? Where is Sahib ? |
| बहादुर | : मैं साहब के लिए चाय बना रहा था। साहब अपने कमरे में हैं। | **Bahadur** | : I was preparing tea for Sahib. Sahib is in his room. |

| | | | |
|---|---|---|---|
| मि० शर्मा | : बहादुर, यहाँ आना। | **Mr. Sharma** | : Bahadur, Bahadur,....come here. |
| बहादुर | : जी श्रीमान। | **Bahadur** | : Yes sir. |
| मि० शर्मा | : चाय में चीनी डालना भूल गया क्या ? जल्दी से चीनी लाइये। | **Mr. Sharma** | : Have you forgotten to put sugar in the tea. Bring sugar quickly. |
| बहादुर | : मुझे खेद है श्रीमान। अभी लाया चीनी। | **Bahadur** | : I am sorry sir. Just bringing sugar. |
| मिसेज शर्मा | : बहादुर, साहब से कहो कि उन्हें बाजार नहीं चलना है, क्या ? | **Mrs. Sharma** | : Bahadur, ask sahib, isn't he to go to market ? |
| बहादुर | : जी मेमसाहब। | **Bahadur** | : Yes Memsab. |
| बहादुर | : श्रीमान यह लीजिए चीनी। मेमसाहब ने पूछा है कि आपको बाजार नहीं जाना है, क्या ? | **Bahadur** | : Sir , here is the sugar. Memsab has asked whether you aren't to go to market. |
| मि० शर्मा | : मेमसाहब से कहो हम करीब एक घंटे के बाद जायेंगे। | **Mr. Sharma** | : Tell Memsab that we will go after about an hour. |
| बहादुर | : ठीक है श्रीमान, मैं अभी उन्हें कह देता हूँ। | **Bahadur** | : O.K. sir, I just tell her. |
| बहादुर | : मेमसाहब, साहब ने कहा है कि वे एक घंटे बाद बाजार जायेंगे। मेमसाब मैं बर्तन साफ करने जा रहा हूँ। | **Bahadur** | : Memsab, Sahib has told that he will go to market after an hour. Memsab I am going to clean the utensils . |
| मिसेज शर्मा | : बहादुर, पहले तुम ये दो साड़ियाँ प्रेस कर दो। | **Mrs. Sharma** | : First you iron these two sarees. |
| मि० शर्मा | : बहादुर, आज का अखबार लाना। | **Mr. Sharma** | : Bahadur, bring the newspaper of today. |
| बहादुर | : जी साहब। | **Bahadur** | : Yes sir. |
| बहादुर | : श्रीमान यह लीजिए अखबार। | **Bahadur** | : Sir, this is the newspaper. |
| मि० शर्मा | : बहादुर तुम फटाफट मेरे जूते पॉलिश कर दो। | **Mr. Sharma** | : Bahadur, polish my shoes quickly. |
| बहादुर | : जी साहब | **Bahadur** | : Yes sir. |
| मिसेज शर्मा | : बहादुर, मेरी साड़ियाँ प्रेस हो गईं, क्या ? | **Mrs. Sharma** | : Bahadur have you ironed my sarees ? |
| बहादुर | : नहीं मेमसाब, अभी नहीं हुई हैं। अभी कर देता हूँ। | **Bahadur** | : No, memsab not yet. I just do it. |
| मिसेज शर्मा | : तो तुम अभी तक क्या कर रहे थे ? | **Mrs. Sharma** | : Then what have you been doing so far ? |
| बहादुर | : अभी साहब के जूते पॉलिश किये हैं ? | **Bahadur** | : I have polished shoes of sahib. |
| मिसेज शर्मा | : क्या तुमने चाय पी या नहीं ? | **Mrs. Sharma** | : Have you taken tea or not ? |
| | | **Bahadur** | : No, Memsab. I could not spare |

बहादुर : नहीं मेमसाब, मुझे चाय का समय नहीं मिला।
मिसेज शर्मा : यह तो ठीक बात नहीं है। अच्छा तुम पहले चाय बनाओ, तुम भी ली लेना, मैं भी पीऊँगी।
बहादुर : ठीक है मेमसाब।
बहादुर : मेमसाब, आपकी चाय।
मिसेज शर्मा : तुम चाय अच्छी बनाते हो, धन्यवाद बहादुर।
बहादुर : इसमें मेरी खुशी है।

time for tea.
**Mrs. Sharma** : It's not a good thing. First you prepare tea, you take, I shall also take.
**Bahadur** : It's O.K Memsab.
**Bahadur** : Memsab, your tea.
**Mrs. Sharma** : Thank you. Bahadur, you prepare nice tea.
**Bahadur** : It's my pleasure.

## Conversation At The Post Office

**Hindi Sentences**

निशा : क्षमा करे मुझे यह पार्सल भेजना है।
लिपिक : कृपया उस काउन्टर पर जायें। वहाँ से ही सब पार्सल भेजे जाते हैं।
निशा : धन्यवाद।
लिपिक : आपका स्वागत है।
*(दूसरे लिपिक से)*
निशा : मुझे यह पार्सल भेजना है। कितने की टिकट लगानी है ?
लिपिक : आप इसे साधारण डाक से भेजना चाहते हैं या रजिस्टर्ड डाक से।
निशा : रजिस्टर्ड डाक से।
लिपिक : इसका वजन 50 ग्राम है अतः इस पर पच्चीस रुपये के टिकट लगाने होंगे।
निशा : ठीक है, मुझे पच्चीस रुपये के टिकट दीजिएगा।
लिपिक : ये लीजिएगा। कृपया इन्हें पार्सल पर एक तरफ चिपका दें।
निशा : कृपया इसकी रसीद बना दें।
लिपिक : हाँ यह लीजिएगा।
निशा : यह दिल्ली कब तक पहुँच जायेगा ?
लिपिक : यह तीसरे दिन वहाँ पहुँच जायेगा।

**English Sentences**

**Nisha** : Excuse me, I am to send this parcel.
**Cleark** : Please go to that counter. All parcels are sent from there.
**Nisha** : Thank you.
**Clerk** : You are welcome.
*(To another Clerk)*
**Nisha** : I am to send this parcel. How much amount of stamps are to be affixed ?
**Clerk** : You want to send it by ordinary post or by registered post.
**Nisha** : By registered post.
**Clerk** : Its weight is 50 grams, so you are to affix stamps worth Rs. 25/-.
**Nisha** : O.K. please give me stamps for Rs 25/.
**Clerk** : Here these are. Please affix them at one side of the parcel.
**Nisha** : Please give me receipt of the parcel.
**Clerk** : Well, take it please.
**Nisha** : When will it reach to Delhi ?
**Clerk** : It will reach there on third day.

| | | | |
|---|---|---|---|
| निशा | : यह तो अच्छा है, काफी जल्दी पहुँच जायेगा। | Nisha | : That's good. It reaches so quickly. |
| लिपिक | : हम इसे आज ही रवाना कर देंगे। | Clerk | : We will send it today itself. |
| निशा | : आपका बहुत धन्यवाद। | Nisha | : Thank you very much. |
| लिपिक | : मैडम, यह मेरा कर्त्तव्य है। | Clerk | : Ma'm , it's my duty. |

## Conversation Between Mother And The Class Teacher ( Mrs. Khanna)

| Hindi Sentences | | English Sentences | |
|---|---|---|---|
| माँ | : नमस्ते, मिसेज खन्ना। मैं शिल्पा की माँ रजनी शर्मा हूँ। आप मुझसे शिल्पा के सम्बन्ध में कुछ कहना चाहती हैं। | Mother | : Good morning Mrs. Khanna. I am Rajani Sharma, mother of Shilpa. You want to tell me something about Shilpa. |
| मिसेज खन्ना | : मिसेज शर्मा, आइए, बैठिएगा। शिल्पा एक होशियार लड़की है। वह सभी विषयों में अच्छे नम्बर लाती है। लेकिन अंग्रेजी में वह काफी कमजोर है। उसके अंग्रेजी में लगातार बहुत कम नम्बर आ रहे हैं। | Mrs. Khanna | : Mrs Sharma, please come in. Have a seat please. Shilpa is an intelligent girl. She secures good marks in all the subjects, but she is very weak in English. She has been securing very poor marks in English regularly. |
| माँ | : जी हाँ, मैंने उसकी प्रोग्रेस रिपोर्ट देखी है। मैंने उससे इस सम्बन्ध में बात भी की है। वास्तव में इस स्कूल में प्रवेश लेने से पूर्व वह हिन्दी माध यम स्कूल में पढ़ी है। मैं स्वयं भी इस बारे में चिन्तित हूँ। आप कोई अच्छी टीचर बतायें जो उसे ट्यूशन पढ़ा सके। | Mother | : Yes, I have seen her progress report. I have discussed this matter with her too. Actually, before taking admission in this school, she has studied in a Hindi Medium School. I am also worried in this matter. Please tell me about any good teacher who can give her tuitions. |
| मिसेज खन्ना | : ठीक है, मैं कल आपके पास एक अंग्रेजी की अध्यापिका को भेजूंगी। उसका नाम मिसेज संगीता झालानी है। आप उनसे बात कर लें। वह आपकी सहायता कर सकेंगी। | Mrs. Khanna | : Well. I will send you an English teacher tomorrow. Her name is Mrs. Sangeeta Jhalani . You talk to her. She can be help you out. |
| माँ | : बहुत धन्यवाद आपका। आपने मेरी समस्या का समाधान कर दिया। शिल्पा के सम्बन्ध में अन्य कोई समस्या। | Mother | : Thanks a lot. You have solved my problem. Any other problem about Shilpa. |
| मिसेज खन्ना | : नहीं, कुछ नहीं। वह अन्यथा बहुत | | |

| | | | |
|---|---|---|---|
| | अच्छी, अच्छा व्यवहार करने वाली छात्रा है। | **Mrs Khanna** | : No, nothing. She is otherwise a good and well behaving girl. |
| माँ | : कृपया भविष्य में भी शिल्पा के सम्बन्ध में कुछ भी समस्या हो तो मुझे अवश्य ही सूचित करें। आपका पुनः धन्यवाद। | **Mother** | : Please inform me definitely, if there is any problem about Shilpa in future also. Thank you again. |
| मिसेज खन्ना | : जी, अवश्य आपका स्वागत है। | **Mrs. Khanna** | : Sure, sure. You are welcome. |

## Conversation With Principal For Admission Of A Child

| | **Hindi Sentences** | | **English Sentences** |
|---|---|---|---|
| पिता | : नमस्ते श्रीमान। | **Father** | : Good morning, sir. |
| प्रिंसीपल | : नमस्ते, कृपया बैठिये | **Principal** | : Good morning, please be seated. |
| पिता | : मैं प्रवीण शर्मा हूँ। यह मेरी पत्नी कविता शर्मा है और यह मेरा बेटा सोनू है। मैं इसका प्रवेश आपके स्कूल में करवाना चाहता हूँ। | **Father** | : I am Praveen Sharma.This is my wife Kavita Sharma and this is my son, Sonu. I want to get him admitted in your school. |
| प्रिंसीपल | : आपके बच्चे की उम्र क्या है ? | **Principal** | : What's the age of your child ? |
| पिता | : अभी वह पाँच वर्ष का हुआ है। | **Father** | : He has just completed five years. |
| प्रिंसीपल | : ठीक है। आप क्या करते हैं, मि शर्मा ? | **Principal** | : Well ! What do you do, Mr. Sharma ? |
| पिता | : मैं प्रकाश इंडस्ट्रीज में कार्मिक प्रबन्धक हूँ। | **Father** | : I am Personnel Manager in Prakash Industries. |
| प्रिंसीपल | : मिसेज शर्मा आप क्या करती हैं ? | **Principal** | : Mrs. Sharma, what do you do? |
| माँ | : मैं गृहिणी हूँ। | **Mother** | : I am a housewife. |
| प्रिंसीपल | : आपकी शैक्षिक योग्यता क्या है, मिसेज शर्मा ? | **Principal** | : What's your qualification, Mrs. Sharma ? |
| माँ | : मैं एम ए हूँ। | **Mother** | : I am an M.A. |
| प्रिंसीपल | : जैसा आप लोगों को पता होगा कि हमारा स्कूल अंग्रेजी माध्यम का स्कूल है। यहाँ पर माता-पिता को भी बच्चे की पढ़ाई पर ध्यान देना होता है। क्या आप लोग बच्चे की पढ़ाई का ध्यान रख सकेंगे ? | **Principal** | : As you people know, ours is an English Medium School. Here parents are also to take care of the child's studies. Could you take care of the studies of your child ? |

| | | | |
|---|---|---|---|
| माँ | : आप निश्चिन्त रहें। मैं इसकी पढ़ाई का पूरा ध्यान रखूँगी। मैंने बच्चों को ट्यूशन भी पढ़ाया है। अत: मुझे कोई परेशानी नहीं होगी। | **Mother** | : Rest assured I will take full care of his studies. I have also given tuitions to some children so I shall not have any problem. |
| प्रिंसीपल | : यदि ऐसा है तो यह आपके बच्चे के लिए अच्छा रहेगा। | **Principal** | : If it is so, it will be better for your child. |
| प्रिंसीपल | : हाँ, मास्टर सोनू, आपकी जन्मतिथि क्या है ? | **Principal** | : Yes, Master Sonu, what's your date of birth ? |
| सोनू | : श्रीमान मेरी जन्मतिथि 07/10/2000 है। | **Sonu** | : Sir, my date of birth is seventh October Two thousand. |
| प्रिंसीपल | : आपके पिता क्या करते हैं ? | **Principal** | : What's your father ? |
| सोनू | : मेरे पिता प्रकाश इंडस्ट्रीज में कार्मिक प्रबन्धक हैं। | **Sonu** | : My father is a Personnel Manager in Prakash Industries. |
| प्रिंसीपल | : आपकी माता का नाम बताइये। | **Principal** | : Tell me the name of your mother. |
| सोनू | : श्रीमति कविता शर्मा। | **Sonu** | : Smt. Kavita Sharma. |
| प्रिंसीपल | : क्या आप बता सकते हैं इन्द्रधनुष में कितने रंग होते हैं ? | **Principal** | : Could you tell me how many colours are there in a rainbow ? |
| सोनू | : जी, इन्द्रधनुष में 7 रंग होते हैं। | **Sonu** | : Sir, there are seven colours in a Rainbow. |
| प्रिंसीपल | : क्या आप टी वी देखते हैं ? | **Principal** | : Do you watch TV ? |
| सोनू | : जी हाँ मैं कार्टून सीरियल देखता हूँ। | **Sonu** | : Yes sir, I watch Cartoon serials. |
| प्रिंसीपल | : अच्छा सोनू, क्या आप मुझे टेलीविजन की स्पेलिंग बता सकते हैं ? | **Principal** | : Can you tell me the spelling of Television. |
| सोनू | : जी यह है टी ई एल ई वी आई एस आई ओ एन। | **Sonu** | : Yes, it is T, E, L, E, V, I, S, I, O, N. |
| प्रिंसीपल | : बहुत अच्छा, हाँ मि शर्मा आप यह फार्म लीजिए एवं इसे भरकर काउंटर पर जमा करवा दें। आपका बच्चा होशियार है। हमें इसे प्रवेश देने पर खुशी है। | **Principal** | : Very good. Yes Mr. Sharma, please take this form, fill it up and deposit it at the counter. Your child is intelligent. We are happy to allow him admission. |
| माता-पिता | : धन्यवद श्रीमान। | **Parents** | : Thank you, sir. |
| प्रिंसीपल | : आपक स्वागत है। | **Principal** | : You are welcome. |

## Conversation Between A Marketing Executive (Rajesh ) And The General Manager ( Mr. Srivastava)

| | **Hindi Sentences** | | **English Sentences** |
|---|---|---|---|
| राजेश | : श्रीमान, शुभ प्रभात। | **Rajesh** | : Good morning, sir. |

| | | | | | |
|---|---|---|---|---|---|
| मि० श्रीवास्तव | : | शुभ प्रभात मि राजेश। कैसे हैं ? कल की क्या रिपोर्ट है ? | **Mr. Srivastava** | : | Good morning, Mr. Rajesh. How are you ? What's the report of yesterday ? |
| राजेश | : | मैं ठीक हूँ श्रीमान। कल जैसा आपने बताया था, मैंने तीन कम्पनियों में सम्पर्क किया। मै रिलवेन ने 10 हजार बैग्स का ऑर्डर दिया गयाा। गाबा एण्ड संस ने सैम्पल चैक किये तथा 1-2 दिन में जवाब देने का आश्वासन दिया है। मि गाबा का अन्यथा बहुत सकारात्मक रेसपोंस था। मै राज हाऊस को अपनी कीमतें कुछ ज्यादा लगीं। वहाँ मि गुप्ता ने अगले सप्ताह तक उत्तर देने को कहा है। मुझे मि गुप्ता चतुर व्यक्ति लगे। | **Rajesh** | : | I am fine sir. Yesterday as you advised (told) me I contacted three companies.M/S Rilevan has given an order for ten thousand bags Mr. Gaba & Sons has assured to reply within one or two days after checking the samples. The response of Mr. Gaba was otherwise very positive. M/S Raj house finds our prices some what high. There Mr. Gupta has asked to reply upto next week. I found Mr. Gupta a clever man. |
| मि० श्रीवास्तव | : | बहुत अच्छा आप इन दोनों कम्पनियों से लगातार सम्पर्क में रहे। आपने मैसर्स अडवाणी ब्रदर्स के प्रकाश आडवाणी से बात की है क्या ? | **Mr. Srivastava** | : | Very good. You keep in constant touch with these two companies Have you talked with Mr. Prakash Advani of M/S Advani Brothers ? |
| राजेश | : | मि प्रकाश अडवाणी से मैंने कल कई बार सम्पर्क करने का प्रयास किया था। मैंने उनके ऑफिस में मैसेज भी छोड़ दिया था। उनका कोई जवाब वापस प्राप्त नहीं हुआ। मैं आज पुन: प्रयास करूँगा। | **Rajesh** | : | I tried to contact Mr. Prakash Advani several times yesterday. I also left a message in his office for him. I didn't get any reply from him. I will try again today. |
| मि० श्रीवास्तव | : | हमारे नये प्रोडक्ट की क्या रिपोर्ट है ? | **Mr. Srivastava** | : | What's the report of our new product ? |
| मि० राजेश | : | श्रीमान हमारा नया प्रोक्डट मार्केट में बिकना चाहिए। मैंने इसके बारे में कई लोगों से बात की है। उन्हें हमारा नया प्रोडक्ट सस्ता एवं बेहतर लगा। | **Me Rajesh** | : | Sir, our new product should catch the market. I have talked with several persons about it. They found our new product cheap and better. |
| मि० श्रीवास्तव | : | आज आप मि प्रकाश अडवाणी से सम्पर्क करें एवं मैसर्स रमण | **Mr Srivastava** | : | Today you contact Mr. Prakash Advani and also contact Mr. |

| | | | |
|---|---|---|---|
| | टैक्सटाइल्स में मि रमण से भी सम्पर्क करें। मि रमण मेरा सहपाठी रह चुका है। हमें उनका निश्चित ही सहयोग मिलेगा। | | Raman of M/s Raman Textiles. Mr. Raman has been my classfellow. We shall certainly get his cooperation. |
| मि० राजेश | : ठीक है श्रीमान। मैं उनसे सम्पर्क करके आपको सूचित करूँगा। अब मैं चलूँ श्रीमान। शुभ दिन, श्रीमान। | Mr Rajesh | : Right sir. I will aprise you after contacting them. May I leave now, sir ? Good day, sir. |
| मि० श्रीवास्तव | : शुभ दिन आपको भी। | Mr Srivastava | : Good day to you also. |

## Conversation Between An Officer And The Stenotypist ( Miss Renu)

| Hindi Sentences | | English Sentences | |
|---|---|---|---|
| मिस रेणु | : शुभ प्रभात, श्रीमान। | Miss Renu | : Good morning, sir. |
| अधिकारी | : शुभ प्रभात, मिस रेणु। आप बिक्री कर की फाइल लेकर आयें। | Officer | : Good morning. Please bring the Sales Tax file. |
| मिस रेणु | : जी श्रीमान, अभी लाती हूँ। यह लीजिए बिक्रीकर की फाइल। | Miss Renu | : Yes sir, I just bring it. This is the sales tax file. |
| अधिकारी | : आप एक पत्र बिक्रीकर उप आयुक्त को हमारे पिछले दिनांक 3/1, 12/2, 30/3 के सन्दर्भ देते हुए लिखें। इसकी एक प्रति आयुक्त को भी भिजवा दें। | Officer | : Write a letter to Deputy Commissioner Sales tax, referring therein our earlier letters dated 3/1,12/2,and 30/3. Send a copy of this letter to the Commissioner also. |
| मिस रेणु | : जी श्रीमान ठीक है। मैं पत्र अभी तैयार करती हूँ। | Miss Renu | : Right sir, I just prepare the letter. |
| अधिकारी | : आप मै० क्लॉक एण्ड क्लॉक की फाइल मेरे पास भिजवा दें। | Officer | : Please send the file of M/s Clock & Clock to me. |
| मिस रेणु | : ठीक है श्रीमान अभी भिजवा देती हूँ। श्रीमान मिस्टर एस के शर्मा, प्रकाश इंडस्ट्रीज के पार्टनर आपसे मिलना चाहते हैं। | Miss Renu | : Yes sir, I just send it to you. |
| | | Miss Renu | : Sir, Mr. S.K. Sharma, partner of Prakash Industries wants to see you. |
| अधिकारी | : ठीक है, उन्हें भेज दीजिएगा। | Officer | : Well, send him in. |
| मिस रेणु | : श्रीमान ये बिक्री कर के सम्बन्ध में लिखे पत्र तैयार हैं। | Miss Reny | : Sir, These are the letters regarding Sales Tax. |
| अधिकारी | : मैसर्स क्लॉक एण्ड क्लॉक के सम्बन्ध में जनरल मैनेजर को कम्पनी की वर्तमान स्थिति से अवगत कराते हुए पत्र लिखें। | Officer | : Write a letter to the General Manager in respect to M/s Clock & Clock informing therein the present position of the company. |

| | | | |
|---|---|---|---|
| मिस रेणु | : जी श्रीमान, मैं अभी पत्र तैयार करती हूँ। | **Miss Renu** | : Yes sir, I just prepare the letter. |
| अधिकारी | : मै प्रकाश इंडस्ट्रीज की फाइल भी मेरे पास भिजवा दें। | **Officer** | : Please also send me the file of M/s Prakash Industries. |
| मिस रेणु | : जी श्रीमान। | **Miss Renu** | : Yes, sir. |

## Conversation With a Property Dealer

| Hindi Sentences | | English Sentences | |
|---|---|---|---|
| ग्राहक | : गुड इवनिंग (नमस्ते)। | **Customer** | : Good evening, sir. |
| प्रोपर्टी डीलर | : गुड इवनिंग (नमस्ते) आइये। मैं आपके लिए क्या कर सकता हूँ ? | **Property Dealer** | : Good evening. Please come in. What can I do for you ? |
| ग्राहक | : मुझे जनकपुरी में एक फ्लैट किराये पर चाहिए। | **Customer** | : I need a flat in Janakpuri colony on rent. |
| प्रोपर्टी डीलर | : आपको कैसा फ्लैट चाहिए ? | **Property Dealer** | : What type of flat do you need ? |
| ग्राहक | : मुझे एक बैडरूम का ड्राईंग, डाइनिंग किचेन का फ्लैट चाहिए। फ्लैट ग्राऊंड फ्लौर या प्रथम मंजिल पर होना चाहिए। | **Customer** | : I need one Bed room flat with Drawing, Dinning and Kitchen. The flat should be at ground floor or at first floor. |
| प्रोपर्टी डीलर | : आप कब तक मकान देखना चाहते हैं ? | **Property Dealer** | : When do you like to see the house ? |
| ग्राहक | : मुझे 2-3 दिन में ही फाइनल करना है। उसके बाद मैं अपने परिवार को लेने जाऊँगा। | **Customer** | : I am to finalise it in two three days. After that I will go to bring my family . |
| प्रोपर्टी डीलर | : आपका शुभ नाम, श्रीमान। | **Property Dealer** | : Your good name, sir. |
| ग्राहक | : मेरा नाम गौरी शंकर अग्रवाल है। | **Customer** | : My name is Gauri Shankar Aggarwal. |
| प्रोपर्टी डीलर | : आप किस कार्यालय में काम करते हैं ? | **Property Dealer** | : In which office do you work sir? |
| ग्राहक | : मैं पंजाब नेशनल बैंक में अधिकारी हूँ। | **Customer** | : I am an officer in Punjab National Bank. |
| प्रोपर्टी डीलर | : मि अग्रवाल आप इस फार्म पर अपना नाम एवं टेलीफोन नम्बर लिख दें। | **Property Dealer** | : Mr. Aggarwal, please write down your name, address and telephone number on this form. |
| ग्राहक | : ठीक है। अच्छा आपका कमीशन क्या है ? | **Customer** | : Well, what's your commission ? |

| | | | |
|---|---|---|---|
| प्रोपर्टी डीलर : | हम आधा माह का किराया कमीशन के रूप में लेते हैं। | **Property Dealer** : | We charge half month rent as our commission. |
| ग्राहक : | आप मुझे कमीशन की सही रसीद देंगे या नहीं ? | **Customer** : | Will you give me proper receipt for the commission or not ? |
| प्रोपर्टी डीलर : | हाँ, हम सही रसीद देते हैं। | **Property Dealer** : | Yes, we give proper receipt. |
| ग्राहक : | तब ठीक है। आप कब तक मुझे मकान दिखा देंगे ? | **Customer** : | Then O.K. When will you show the flat ? |
| प्रोपर्टी डीलर : | शायद कल ही आपका मकान फाइनल हो जायेगा। | **Property Dealer** : | Perhaps your flat will be finalised tomorrow. |
| ग्राहक : | बहुत अच्छा। धन्यवाद | **Customer** : | That's very good. Thank you. |
| प्रोपर्टी डीलर : | आपका स्वागत है। | **Property Dealer** : | You're welcome. |

❑❑❑

# Judge Yourself (Practice Tests)

*इस भाग में विभिन्न Topics पर English में बोलने हेतु Material उपलब्ध है। इन Topics पर English एवं Hindi में कुछ वाक्य दिये गये हैं। ये वाक्य अपको यह बताते हैं कि जब कभी इस तरह के किसी Topic पर बोलना हो तो किस तरह छोटे-छोटे वाक्य स्वयं बनाकर बोले जा सकते हैं। यह बहुत महत्वपूर्ण भाग है जिसकी सहायता से आप न केवल अभ्यास कर सकते हैं बल्कि स्वयं की योग्यता की जाँच भी कर सकते हैं।*

## The Value of Time

Time is very precious. We should not waste time. Time once lost is lost forever. If you waste your time, time will waste you.

Money spent can be earned again. It is not so with time. Time once spent is spent and gone. It can never be got back. Almost everything in the world can be purchased, but time lost cannot be purchased.

As each second ticks away, that second moves from the present to the past. If you have not properly used that single second when it was in the present, it is a second wasted and it is already lost and became the past. No amount of crying or trying can bring you back the past.

If you want success in life, make proper use of time. Mind the present and make full use of it.

## समय का मूल्य

समय बहुत कीमती है। हमें समय को बर्बाद नहीं करना चाहिए। एक बार समय खो जाता है वह सदैव के लिए खो जाता है। यदि तुम समय को बर्बाद करोगे तो समय तुम्हें बर्बाद कर देगा।

धन जो खर्च कर दिया है, पुनः प्राप्त किया जा सकता है किन्तु समय के साथ ऐसा नहीं है। समय एक बार जो व्यतीत हो गया वह व्यतीत हो गया और समाप्त हो गया। विश्व में प्रायः प्रत्येक वस्तु खरीदी जा सकती है, किन्तु समय जो खो गया, उसे नहीं खरीदा जा सकता।

जब एक सैकिण्ड व्यतीत हो जाता है, वह सैकिण्ड वर्तमान से भूतकाल में चला जाता है। यदि तुमने उस सैकिण्ड का जो वर्तमान में था, का उचित उपयोग नहीं किया है तो वह सैकिण्ड बर्बाद हो जाता है, वह नष्ट हो जाता है और भूतकाल बन जाता है। कितने भी प्रयास अथवा व्याकुलता, उस भूतकाल को वापिस नहीं लाया जा सकता।

यदि तुम जीवन में सफलता प्राप्त करना चाहते हो तो समय का उचित उपयोग करो। वर्तमान का ध्यान रखो और इसका पूरा उपयोग करो।

## Value of Games and Sports

There is a saying, **"A healthy mind lives in a healthy body."** Good health and happiness go together. Games and sports keep a man healthy and happy. They make us smart and active. Playing games is a good and useful pastime. They give freshness to mind and energy to work.

Education teaches us how to live and behave properly in the society. Games and sports teach us how to become a useful member of the society. Games and sports are a necessary part of education.

Games and sports develop many good habits in us. We have to follow the rules of the game. They develop the spirit of obedience and discipline. We begin to like fair-play in our life also. It develops two moral qualities—honesty and justice.

A sportsman treats victory and defeats alike. If a sportsman is defeated in a game, he accepts the defeat without complaining. It develops in him the habit of accepting defeats happily in life. He does not become nervous at small things. But he tries to achieve success with great care and energy. It is called **'sportsman spirit.'**

Whenever he is the leader of the team. This develops the art of leadership in his life. As a captain of the team, he must win the hearts of the members of the team. So this develops the spirit of love and politeness. Games give us the best education in the art of living.

## खेल का महत्व

एक कहावत है–"स्वस्थ शरीर में स्वस्थ मस्तिष्क रहता है।" अच्छा स्वास्थ्य एवं प्रसन्नता साथ-साथ चलती हैं। खेल मनुष्य को स्वस्थ एवं प्रसन्न रखते हैं। वे हमें सावधान व सक्रिय बनाते हैं। खेल खेलना एक अच्छा एवं लाभदायक समय गुजारने वाला साधन है। वे हमारे दिमाग को ताजगी और कार्य के लिए शक्ति प्रदान करते हैं।

शिक्षा हमें समाज में रहना एवं उचित व्यवहार करना सिखाती है। खेल समाज में लाभदायक व्यक्ति कैसे बनें सिखाता है। खेल शिक्षा का आवश्यक अंग है।

खेल हममें अनेक अच्छी बातों का विकास करते हैं। हमें खेल के नियमों का पालन करना पड़ता है। ये आज्ञा एवं अनुशासन की भावना विकसित करती हैं। हम जीवन में भी उचित कार्यों को पसन्द करने लगते हैं। ये दो नैतिक गुणों ईमानदारी एवं न्याय का विकास करते हैं।

खिलाड़ी विजय एवं पराजय को समान रूप से लेता है। यदि कोई खिलाड़ी खेल में पराजित हो जाता है, वह पराजय को बिना शिकायत के स्वीकार कर लेता है। इससे उनमें जीवन में पराजय (असफलता) को खुशी के साथ स्वीकार करने की आदत का विकास हो जाता है। वह छोटी-छोटी बातों से हतोत्साहित नहीं होता किन्तु वह सफलता प्राप्त के लिए अधिक सावधानी एवं शक्ति से प्रयास करता है। इसको खेल भावना कहते हैं।

जब कभी वह अपनी टीम का लीडर होता है इससे उसके जीवन में लीडरशिप का गुण विकसित होता है। टीम के कप्तान के रूप में उसे अपनी टीम के सदस्यों का दिल जीतना पड़ता है। अतः इससे उसमें प्रेम तथा विनम्रता की भावना विकसित होती है। खेल हमें जीने की कला की सर्वश्रेष्ठ शिक्षा देते हैं।

## When I Won A Lottery

I am from a middle-class family. My life was going on easily. One day I was coming back from school. A lottery ticket-seller came to me. He requested me to purchase a ticket. He told me the possibility of winning the first prize. He drew a very promising picture before me. I purchased a ticket in the name of God.

On due date the lottery draw was opened. Next day I saw the newspaper and compared the number of my lottery ticket with the draw result of ticket. I was surprised to see that I had won the first prize of Rs. fifty lakhs. At first I did not believe it. I was mad with joy. When luck favours, it knows no limits. I cried with happiness. My parents, brother and sisters came to me. They also checked the ticket number. They were extremely happy. My relatives and friends came to congratulate me. My father brought sweets from the market. We gave sweets to everyone who came to our house. Everyone was telling us that we were very lucky. I have no words to express my joy and feelings. That day really brought happiness to all of us.

## जब मैंने लॉटरी जीती

मैं मध्यम वर्ग के परिवार से हूँ। मेरा जीवन आराम से चल रहा था। एक दिन जब मैं विद्यालय से वापस आ रहा थ। एक लॉटरी-टिकट विक्रेता मेरे पास आया। उसने मुझसे एक टिकट खरीदने का निवेदन किया। उसने प्रथम पुरस्कार

जीतने की सम्भावनाएँ बतलाईं। उसने मेरे समक्ष एक बहुत आशाजनक चित्र खींचा। मैंने ईश्वर के नाम से एक टिकट खरीद लिया।

निश्चित तिथि पर लाटरी ड्रा का परिणाम खोला गया। अगले दिन मैंने समाचार-पत्र देखा और मैंने अपने लॉटरी टिकट का नम्बर लॉटरी परिणाम से मिलाया। मुझे यह देखकर आश्चर्य हुआ कि मैंने पचास लाख रुपये का प्रथम ईनाम जीता है। पहले मुझे विश्वास नहीं हुआ। मैं खुशी से पागल हो गया। जब भाग्य अनुकूल होता है तो कोई सीमा नहीं होती। मैं प्रसन्नता से चिल्लाया। मेरे माता-पिता, भाई एवं बहनें मेरे पास आए। उन्होंने भी टिकट का नम्बर जाँचा। वे अत्यन्त प्रसन्न हुए। मेरे सम्बन्धी तथा मित्र मुझे बधाई देने आये। मेरे पिताजी बाजार से मिठाई लाये। जो भी हमारे यहाँ आया, हमने उसे मिठाई खिलायी। प्रत्येक हमसे कह रहा था कि हम अत्यन्त भाग्यवान हैं। मेरे पास प्रसन्नता और भावनाओं को व्यक्त करने के लिए शब्द नहीं थे। वह दिन वास्तव में हम सबको खुशियाँ लाया।

## An Ideal Student

Ashok is my best friend. He reads in my class. He respects his parents. He is not proudy. He is simple. He is an ideal student.

In the classroom he is the most well-behaved boy, and on the playground he is the best sportsman. At home he is the most respectful boy and outside he is a very polite boy.

He regularly comes to school. He has thirst for knowledge. He has much interest in his studies. He always stands first in his class. He is hardworking . He is fond of reading newspapers and magazines. He does not waste his time. His character is very high. He is true to his word. He is obedient to his teachers. All the teachers love him. He is very polite and gentle. He does not hate anyone. He never speaks ill of others. He helps the poor and weak students. He tries to learn good things from every person. He is a good player of football. He is a good speaker. He takes part in the debates. He has won many prizes. His nature is very good. He is dutiful. He is never sad. He is very smart. He is good at heart. He has no bad habits. He is honest and sincere. To him work is worship.

He is my best friend. I am proud of him.

## एक आदर्श विद्यार्थी

अशोक मेरा मित्र है। वह मेरी कक्षा में पढ़ता है। वह अपने माता-पिता का आदर करता है। वह घमण्डी नहीं है। वह सरल है। वह एक आदर्श विद्यार्थी है।

कक्षा में वह श्रेष्ठ व्यवहार करने वाला विद्यार्थी है और खेल के मैदान में वह सर्वश्रेष्ठ खिलाड़ी है। घर पर वह अति सम्मान देने वाला लड़का है और बाहर (के लोगों के लिए) वह अति विनम्र है।

वह स्कूल में नियमित आता है। वह बहुत ज्ञान प्राप्त करना चाहता है। उसे अपने अध्ययन में बहुत रुचि है। वह सदैव अपनी कक्षा में प्रथम आता है। वह कठोर कार्य करने वाला है। वह समाचार-पत्र व पत्रिकाएँ पढ़ने का शौकीन है। वह अपना समय बर्बाद नहीं करता है। उसका चरित्र बहुत ऊँचा है। वह अपने वायदे का पक्का है। वह अपने गुरुजनों का आज्ञाकारी है। समस्त गुरुजन उसे प्यार करते हैं। वह बहुत विनम्र और भद्र है। वह किसी से घृणा नहीं करता। वह किसी की बुराई नहीं करता है। वह निर्धन एवं कमजोर विद्यार्थियों की सहायता करता है। वह प्रत्येक व्यक्ति से अच्छी चीजें सीखने की कोशिश करता है। वह फुटबॉल का अच्छा खिलाड़ी है। वह एक अच्छा वक्ता है। वह वाद-विवाद प्रतियोगिताओं में भाग लेता है। उसने कई ईनाम जीते हैं। उसका स्वभाव खुशनुमा है। वह कर्त्तव्यनिष्ठ है। वह कभी उदास नहीं होता वह बहुत ही चुस्त है। वह दिल का अच्छा है। उसमें बुरी आदतें नहीं हैं। वह ईमानदार व वफादार है। उसके लिए कर्म (कार्य) ही पूजा है।

वह मेरा सर्वश्रेष्ठ मित्र है। मुझे उस पर गर्व है।

## Good Manners

Good manners are not born with us. They are learnt. Good manners help to make a man popular. They are the ornaments of a gentleman. They make a person a useful member of the society. They are a ladder to success. They are more important than the laws of the government. If a man has good manners, he is liked by all. People praise and respect him.

Good manners cost nothing, but their effects are very valuable. Good manners give colour and grace to life. We should have good manners at home, at school and everywhere. We should respect our parents, neighbours, teachers and elders. We should have affection (love) for those who are younger to us. We should respect the feelings of others. We should look to the comforts of each member of our family.

Politeness is very necessary for good manners. We should not discuss unnecessarily with others. We should not lose our temper. We should not hurt the feelings of others. We must remember that our rights are limited by the rights of others. Good manners bring you honour.

## शिष्टाचार

शिष्टाचार हमारे जन्म के साथ उत्पन्न नहीं होता। यह सीखा जाता है। शिष्टाचार एक व्यक्ति को लोकप्रिय बनाने में सहायता करता है। एक सज्जन व्यक्ति के लिए यह आभूषण है। इसकी सभी प्रशंसा करते हैं। मनुष्य को यह समाज का एक लाभप्रद सदस्य बना देता है। शिष्टाचार सफलता की सीढ़ी है। सरकार के कानूनों की तुलना में शिष्टाचार अधिक महत्वपूर्ण है। यदि किसी व्यक्ति में शिष्टाचार है तो उसे सब पसन्द करते हैं। लोग उसकी प्रशंसा और आदर करते हैं।

शिष्टाचार में खर्चा कुछ नहीं होता है, किन्तु उसके प्रभाव बहुमूल्य हैं। शिष्टाचार हमारे जीवन को रंग एवं शान देता है। हमें घर, स्कूल एवं सभी स्थानों पर शिष्टाचार रखना चाहिए। हमको हमारे माता-पिता, पड़ोसी, अध्यापक एवं बड़ों का आदर करना चाहिए। जो हमसे छोटे हैं उनके लिए हमें स्नेह रखाना चाहिए। हमें अन्य व्यक्तियों की भावना का सम्मान करना चाहिए। हमें परिवार के प्रत्येक सदस्य के आराम का ध्यान रखना चाहिए।

शिष्टाचार के लिए विनम्रता अति आवश्यक है। हमें अन्य व्यक्तियों के साथ अनावश्यक बहस नहीं करनी चाहिए। हमें क्रोधित नहीं होना चाहिए। हमें दूसरों की भावनाओं को ठेस नहीं पहुँचानी चाहिए। हमें स्मरण रखना चाहिए कि दूसरों के अधिकार, हमारे अधिकारों को सीमित कर देते हैं। शिष्टाचार से आपको सम्मान प्राप्त होगा।

## My Ambition in Life

Life without an ambition is like a ship without rudder. Man is the maker of his life. Those who aim at nothing get nothing. In fact, without aim, a man wanders about in dark. Life without aim is no life at all. Aim gives direction to the life. Ambitions differ from man to man. Some people aim at wealth, some at power and some at eminence.

The service to man is the service to God. I want to serve human beings. My ambition is to become an ideal teacher. Teachers are the builders of nation . It is a peaceful job. A teacher is always young among the students. A teacher feels pleasure in teaching. A mother simply gives birth to a child , a teacher makes him capable. He wishes that his students should bring a good name to him and to his country. A true teacher does not run after money. A true teacher has a respectable position in the society. People respect a true teacher.

Students are the true wealth of a teacher. A teacher follows the principle of simple living and high thinking. A teacher has morals and teaches morals to his students. So my ambition is to become a true teacher.

## मेरे जीवन का लक्ष्य

बिना अभिलाषा के जीवन बिना पतवार के जहाज की भाँति होता है। मनुष्य अपने जीवन का निर्माता है। वे व्यक्ति

जिनका लक्ष्य कुछ नहीं होता है, वे जीवन में कुछ भी प्राप्त नहीं करते। लक्ष्य के बिना जीवन, जीवन नहीं है। लक्ष्य जीवन को दिशा देता है। अभिलाषाएँ विभिन्न व्यक्तियों की भिन्न-भिन्न होती हैं। कुछ व्यक्तियों का लक्ष्य धन है, कुछ का शक्ति और कुछ का यश है।

मनुष्य सेवा करना ईश्वर की सेवा करना है। मैं भी मानव की सेवा करना चाहता हूँ। मेरी अभिलाषा एक आदर्श अध्यापक बनना है। अध्यापक राष्ट्र के निर्माता होते हैं। यह शान्तिमय कार्य है। एक अध्यापक, विद्यार्थियों से सदा युवा रहता है। एक माता बच्चे को जन्म देती है, एक अध्यापक उसे योग्य बनाता है। वह चाहता है कि विद्यार्थी उसका और देश का नाम रोशन करे। एक अध्यापक पढ़ाने में आनन्द अनुभव करता है। एक सच्चा अध्यापक पैसे के पीछे नहीं भागता है। एक सच्चे अध्यापक का समाज में सम्मान का स्थान होता है। लोग एक सच्चे अध्यापक का सम्मान करते हैं।

एक अध्यापक की वास्तविक सम्पत्ति, उसके विद्यार्थी हैं। एक अध्यापक सादा जीवन और उच्च विचार के सिद्धान्त का पालन करता है। एक अध्यापक में नैतिकता होती है और विद्यार्थियों को नैतिकता सिखाता है। इसलिए मेरी अभिलाषा एक सच्चा अध्यापक बनने की है।

## A Morning Walk

Walking is the best exercise. It is a natural tonic. It is good for the old and the young alike. It keeps the body healthy and strong. There is a saying **"A healthy mind lives in a healthy body."** It keeps our mind fresh and makes us active. Early rising is a good habit.

Nature is full of peace and beauty. Through morning walk we come into close contact with nature. We enjoy the beauty of nature. The air is cool and pleasant. We see that birds are singing, flowers are laughing and leaves are dancing. We feel pleasure. There are green trees and green fields. They look very beautiful. The air is fresh and full of natural fragrance. Peace is everywhere. It gives us pleasure and peace. We forget our worries. Noble ideas come to our mind. We are not in a hurry and walk slowly. We feel that God is really a big artist. We get free fresh air (oxygen). It makes our lungs and heart strong and keeps illness away.

After sometime, the sky begins to become red in the east. It shows that the sun is about to rise. Slowly the sun peeps out at the horizon. It looks like a big red ball. The scene of rising sun has its own charm. In short, we can say that morning walk is a boon.

## प्रातःकालीन भ्रमण

घूमना सर्वश्रेष्ठ व्यायाम है। यह एक प्राकृतिक शक्तिवर्द्धक औषधि है। यह वृद्धों तथा युवाओं सभी के लिए समान रूप से श्रेष्ठ है। यह शरीर को स्वस्थ एवं मजबूत रखता है। एक कहावत है–"स्वस्थ शरीर में स्वस्थ मस्तिष्क होता है।" यह हमारे मस्तिष्क को स्वस्थ रखता है और हमें चुस्त रखता है। जल्दी उठना अच्छी आदत है।

प्रकृति पूर्ण शांत एवं सुन्दर होती है। प्रातःकालीन भ्रमण से हम प्रकृति के निकट सम्पर्क में आ जाते हैं। हम प्रकृति की सुन्दरता का आनन्द लेते हैं। वायु शीतल एवं खुशनुमा है। हम देखते हैं कि पक्षी गा रहे हैं, पुष्प हंस रहे हैं और पत्तियाँ नृत्य कर रही हैं। हम आनन्द अनुभव करते हैं। वहाँ हरे वृक्ष और हरे मैदान हैं। वे अति सुन्दर दिखाई पड़ते हैं। वायु ताजी है और प्राकृतिक सुगंध से भरपूर है। सब ओर शान्ति है इससे हमें आनन्द और शान्ति की अनुभूति होती है। हम चिन्ताओं को भूल जाते हैं। हमारे मस्तिष्क में अच्छे विचार आते हैं। हम जल्दी में नहीं हैं और मंद गति से घूमते हैं। हम अनुभव करते हैं कि ईश्वर एक महान कलाकार है। हम मुफ्त में ताजा वायु (ऑक्सीजन) प्राप्त करते हैं। इससे हमारे फेफड़े तथा हृदय मजबूत बनते हैं और बीमारी दूर रहती है।

थोड़े समय पश्चात् पूर्व दिशा में आकाश लाल होने लगता है। यह प्रकट करता है कि सूर्य उदय होने वाला है। शनै-शनै सूर्य क्षितिज से झाँकने लगता है। यह बड़ी लाल गेंद के समान दिखाई देता है। उगते हुए सूर्य का अपना ही आकर्षण होता है। संक्षेप में, हम कह सकते हैं कि प्रातःकालीन भ्रमण एक वरदान है।

## The Republic Day Celebrations

26th January is an important day in the history of India. On this day India became a Republic. It is our national festival.

On this day we reached the school at 7.15 a.m. There were many students and teachers. The teacheres were sitting on the chairs. Our national flag was tied at the top of a post. The Principal came. He hoisted the national flag. The tri-colour national flag was waving in the air. It was looking very nice. We felt proud. All clapped. The Principal, the teachers and the students sang the national anthem together. Everyone took his seat.

Some students sang patriotic songs and made speeches. A few teachers also made short speeches. At the end the Principal made a long speech. He told us about our duties. The students clapped again and again. Sweets were distributed. We were very happy.

## गणतंत्र दिवस समारोह

भारत के इतिहास में 26 जनवरी महत्वपूर्ण दिवस है। इस दिन भारत एक गणतंत्र बना। यह हमारा राष्ट्रीय त्यौहार है।

इस दिन हम विद्यालय प्रात: 7.15 बजे पहुँचे। वहाँ अनेक अध्यापक एवं विद्यार्थी थे। अध्यापक कुर्सियों पर बैठे हुए थे। हमारा राष्ट्रीय ध्वज एक खम्भे के ऊपर बँधा हुआ था। प्रधानाचार्य आये। उन्होंने राष्ट्रीय ध्वज फहराया। तिरंगा ध्वज हवा में लहरा रहा था। यह अति सुन्दर दिखाई पड़ रहा था। हमें गर्व की अनुभूति हुई। सभी ने तालियाँ बजाईं। प्रधानाचार्य अध्यापकों एवं विद्यार्थियों सभी ने एक साथ राष्ट्रीय गान गाया। सब बैठ गये।

कुछ विद्यार्थियों ने देशभक्तिपूर्ण गाने गाये और भाषण दिये। कुछ अध्यापकों ने भी संक्षिप्त भाषण दिये। अन्त में प्रधानाचार्य ने एक लम्बा भाषण दिया। उन्होंने हमें हमारे कर्त्तव्यों के विषय में बताया। विद्यार्थियों ने बार-बार तालियाँ बजाईं। मिठाइयाँ बाँटी गईं। हम प्रसन्न थे।

## Television

I think most houses in India have a television-set now-a-days, be it black and white or coloured. It seems to be an ideal entertainer for us today.

No one can exactly say whether television is a boon or curse. There are various programmes on different channels. Some of them are very good, quite educative and entertaining. It is for you to choose the programmes you like and learn from them. It can prove to be a curse if you watch bad programmes and keep watching TV and forget everything else. This idiot box can be injurious to our eyes and mental health.

As the old saying goes—a little of everything is good. So, a little of TV, a little of play, and a little extra studies—will surely help us in shaping into better human being.

## टेलीविजन

मैं समझता हूँ कि भारत में आजकल अधिकांश घरों में टेलीविजन है चाहे वह श्याम-श्वेत या रंगीन। वह हमारे लिए एक आदर्श मनोरंजनकर्त्ता प्रतीत होता है। कोई भी सही ढंग से यह नहीं कह सकता कि टेलीविजन अभिशाप है या वरदान। विभिन्न चैनलों पर बहुत से कार्यक्रम हैं। उनमें से कुछ तो बहुत अच्छे हैं, बहुत शिक्षाप्रद एवं मनोरंजक। अपनी पसंद के कार्यक्रमों का चयन व उनसे कुछ सीखना तुम्हारे ऊपर निर्भर है। बुरे कार्यक्रम देखना और इसके सिवाय सब कुछ भूलकर टेलीविजन देखते रहना अभिशाप सिद्ध हो सकता है। यह बुद्धू बक्सा हमारी आँखों और मानसिक स्वास्थ्य के लिए हानिकारक हो सकता है। जैसी कि पुरानी कहावत है प्रत्येक चीज थोड़ी मात्रा में अच्छी लगती है। अत: थोड़ा-सा टी वी , थोड़ा-सा खेल तथा थोड़ा-सा अतिरिक्त अध्ययन निश्चय से ही हमें एक अच्छे मानव के रूप में ढालने में सहायक होगा।

## Going to A Doctor

I detest the idea of being sick. However, sickness does not wait for one's likes and dislikes. One day, I got up feeling quite uneasy. I thought it was the outcome of lack of sleep. When it persisted, my parents and I knew some sickness was in the offing. My father took me to Dr. Joshi , a well known physician of the town. There was a great rush at his clinic. The doctor was examining the patients one by one. We had to wait for over forty five minutes. The doctor asked me to open my mouth and showed him the tongue saying 'ah'. An assistant of the doctor took my temperature. The doctor told my father that I had a bad cold. He asked me to stay in bed for a week. I was asked to eat light food. The doctor prescribed me some capsules, some tablets and a cough syrup. The behaviour of the doctor impressed my father and me a lot.

## डॉक्टर के पास जाना

मुझे बीमार होने के विचार मात्र से ही अरुचि (घृणा) है। हालाँकि बीमारी किसी की पसंद या नापसंद का इंतजार नहीं करती। एक दिन जब मैं उठा तो काफी असहज महसूस कर रहा था। मैंने सोचा यह शायद नींद की कमी का नतीजा है। जब यह जारी रहा तो मेरे माता-पिता व मैंने यह जाना कि कोई बीमारी आने वाली है। मेरे पिता मुझे शहर के सुविख्यात चिकित्सक डॉ  जोशी के यहाँ ले गए। उनके क्लिनिक पर बहुत भीड़ थी। डॉ  रोगियों का बारी-बारी से निरीक्षण कर रहे थे। हमें 45 मिनट से ज्यादा प्रतीक्षा करनी पड़ी। डॉक्टर ने मुझे मेरा मुँह खोलने के लिए कहा और आ कहते हुए अपनी जीभ दिखाने को कहा। डॉक्टर ने मेरे पिताजी को बताया कि मुझे जुकाम हो गया है। उन्होंने मुझे कैप्सूल, कुछ गोलियाँ और खाँसी का एक सीरप लिखा। डॉ  के व्यवहार ने मेरे पिताजी को तथा मुझे बहुत प्रभावित किया।

## A Visit to a Hill Station

Simla is a popular hill station. It is situated at a height of about 2000 metres above sea level. We enjoyed the scenery very much. The snow clad mountains attracted everybody. A climb to the top of Jakhu was very refreshing. There is an old temple there.

The Mall is its shopping centre. We wandered about among the hills and gardens. We spent about four days there.

## पहाड़ी सैरगाह की सैर

शिमला एक लोकप्रिय पहाड़ी सैरगाह है। वह समुद्रतल से लगभी 2000 मीटर की ऊँचाई पर स्थित है। हमने दृश्य का बहुत आनन्द लिया। बर्फ से ढके हुए पहाड़ों ने प्रत्येक को आकर्षित किया। जाखू की चोटी की चढ़ाई बहुत ताजगी देने वाली थी। वहाँ एक पुराना मंदिर है।

माल यहाँ का खरीददारी का केन्द्र है। हम पहाड़ियों और बगीचे में घूमे। हमने वहाँ लगभग चार दिन बिताए।

## A Birthday Party

We celebrate the birthday of my younger sister every year. This year my father asked me to make arrangements for the party.

First of all I decorated the hall. I arranged chairs and tables. I spread table-cloths and put flowerpots on the tables. My mother prepared delicious dishes. I brought a birthday cake, biscuits, fruits and sweets from the market and arranged on trays.

The party started at 7 p.m. My sister cut the cake and blew out the candles. All the guests blessed her. She got many presents. My father thanked the guests. Everyone enjoyed the party.

## एक जन्मदिन पार्टी

हम प्रतिवर्ष मेरी छोटी बहन का जन्मदिन मनाते हैं। इस वर्ष मेरे पिताजी ने मुझे पार्टी की व्यवस्था करने को कहा।

सर्वप्रथम मैंने हॉल को सजाया। मैंने मेज अैर कुर्सी लगाई। मैंने मेजों पर मेजपोश बिछाये और फूलदान रखे। मेरी माताजी ने व्यंजन बनाए। मैं बाजार से जन्मदिन केक, बिस्कुट, फल और मिठाइयाँ लाया और उनको व्यवस्थित किया। प्याले, तश्तरियाँ और पानी की बोतलें ट्रे पर व्यवस्थित किए।

शाम को सात बजे पार्टी आरम्भ हुई। मेरी बहन ने केक काटा और मोमबत्तियाँ बुझाईं। समस्त मेहमानों ने उसे आशीर्वाद दिया। उसे बहुत से उपहार मिले। मेरे पिताजी ने मेहमानों को धन्यवाद दिया। सबने पार्टी का आनन्द लिया।

## A Road Accident

On 21st December I was going to my school. The road between Ashoka Circle and Bhagat Singh Circle was very busy. Everybody seemed in a hurry. A young man on a motorcycle came . He was driving the bike at a great speed. A girl was going on a bicycle. The motorcyclist tried to control its speed but it was too late. There was a severe collision. He knocked down the girl. The girl started screaming with pain. Some people ran to help the girl. The motorcyclist and I took her to the general hospital. I took the girl to 'Emergency'. The doctor on duty quickly examined the girl and gave her some tablets. I telephoned the parents of the girl. They immediately arrived and thanked me. The motorcyclist was very ashamed for the accident.

There has been a great rise in traffic recently. The number of road accidents is fast increasing. Rash driving and lack of effective traffic control are mainly responsible for it.

## एक सड़क दुर्घटना

21 दिसम्बर को मैं विद्यालय जा रहा था। अशोका चौराहा तथा भगतसिंह के चौराहे बीच सड़क पर बहुत भीड़ थी। एक युवक मोटरसाइकिल पर तेजी से आया। वह बहुत तेज गति से गाड़ी चला रहा था। एक लड़की साइकिल पर आ रही थी। मोटर साइकिल सवार ने गति पर नियंत्रण करने की कोशिश की परन्तु देर हो चुकी थी। तेज टक्कर हुई। उसने लड़की को गिरा दिया। लड़की ने दर्द से चिल्लाना शुरू किया। कुछ लोग लड़की की मदद के लिए दौड़े। मोटर साइकिल सवार और मैं उसको सामान्य अस्पताल में ले गए। मैं लड़की को इमरजैंसी में ले गया। चिकित्सक ने जल्दी से लड़की का परीक्षण किया और उसको कुछ गोलियाँ दीं। मैंने लड़की के माता-पिता को फोन किया। वे तुरन्त पहुँचे और मुझे धन्यवाद दिया। मोटर साइकिल सवार दुर्घटना के लिए बहुत लज्जित था।

यातायात में हाल में ही बहुत वृद्धि हुई है। सड़क दुर्घटनाओं की संख्या तेजी से बढ़ रही है। उतावलेपन से गाड़ी चलाना तथा प्रभावी यातायात नियंत्रण की कमी इसके लिए मुख्य रूप से जिम्मेदार हैं।

## An Indian Farmer

The Indian farmer is the symbol of real India. The highest percentage of people is engaged in agriculture. But an Indian farmer is economically poor, though he works very hard. Most of the farmers live in small and ill-ventilated houses. Most of them are not educated . Most farmers cannot buy tractor or use other useful machines because of small land holdings. His harvest determines his fate. He depends greatly upon rains for irrigation. Sometimes he suffers crops failure due to lack of rains or untimely rains. If the harvest is plentiful, he is happy. But if crops fail, his fate is miserable. Government is trying its best to improve the economic condition of farmers. He is getting help from various financial institutions to get modern agricultural implements and tractors. This will help him to improve his standard of living. *A farmer is the backbone of Indian economy.*

## भारतीय किसान

भारतीय किसान वास्तविक भारत का प्रतिरूप है। लोगों का सर्वाधिक प्रतिशत खेती में संलग्न है। यद्यपि भारतीय किसान कठिन परिश्रम करता है फिर भी आर्थिक दृष्टि से दीन है। अधिकांश किसान छोटे तथा दूषित हवादार मकानों में रहते हैं। उनमें से अधिकांश शिक्षित नहीं हैं। अधिकांश किसान थोड़ी खेती-बाड़ी के उपकरण ट्रैक्टर नहीं खरीद सकते या अन्य उपयोगी मशीनें

का प्रयोग नहीं कर सकते। उसकी फसल उसका भाग्य निर्धारित करती है। वह सिंचाई के लिए वर्षा पर निर्भर रहता है। कभी-कभी वह वर्षा की कमी या असामयिक वर्षा के कारण फसल का नुकसान सहन करता है। यदि फसल बहुतायात में होती है तो वह प्रसन्न होता है। लेकिन यदि फसल नष्ट होती है ते उसकी किस्मत खराब होती है। सरकार कृषकों की आर्थिक दशा को सुधारने के भरसक प्रयास कर रही है। वह अनेक वित्तीय संस्थाओं से, आधुनिक कृषि सम्बन्धी उपकरण तथा ट्रैक्टर खरीदने के लिए मदद ले रहा है। यह उसका जीवन स्तर सुधारने में मदद करेगा। *कृषक भारतीय अर्थव्यवस्था की रीढ़ है।*

## A Rainy Day

It was a cloudy day. Before I set off to office my mother insisted on taking an umbrella. So I took an umbrella along with my briefcase. Hardly had I started when it started drizzling. Within minutes the drizzle turned to heavy showers. The road was completely wet with water running into the drains near the road. I took shelter in the verandah of a shop near the bus stop. As I looked around, I saw boys and girls splashing water on one another. Little children were dancing and jumping with joy. One small boy was trying to float a little paper boat. Some people were fully drenched but did not care and went on walking. Buses, cars, rickshaws and scooters flashed past splashing water. After about half an hour, the rain stopped and I set off to office.

## एक बरसात का दिन

वह एक बादलयुक्त दिन था। मेरे ऑफिस रवाना होने से पहले मेरी माँ ने एक छाता ले जाने का आग्रह किया। अत: अपने ब्रीफकेस के साथ मैंने एक छाता ले लिया। मैं मुश्किल से रवाना ही हुआ था कि जब रिमझिम होनी शुरू हो गई। कुछ ही मिनटों में रिमझिम मूसलाधार बौछारों में बदल गई। सड़क बिल्कुल गीली थी, पानी सड़क के साथ बने नालों में बह रहा था। मैंने बस अड्डे के निकट की एक दुकान के बरामदे में शरण ली। जब मैंने अपने इर्द-गिर्द देखा तो मैंने लड़के और लड़कियों को एक-दूसरे के ऊपर पानी की छपा-छप करते हुए देखा। छोटे बच्चे खुशी से नाच और कूद रहे थे। एक छोटा बालक कागज की एक छोटी नाव तैराने की कोशिश कर रहा था। कुछ व्यक्ति पूरी तरह से भीग चुके थे किन्तु बिना परवाह करते हुए वे चलते रहे। बसें, कारें, रिक्शा तथा स्कूटर पानी उछालते हुए गुजर गए। लगभग आधे घंटे बाद बरसात रुक गई और मैं ऑफिस चल दिया।

## My Hobby

Every person has some hobby. Hobbies differ from man to man. My hobby is gardening. It gives me pleasure and satisfaction. It also helps me to keep fit as physical labour is involved in it. Mostly I am free in the mornings. So I devote an hour everyday for the sake of my hobby. I have grown a beautiful lawn in front of my house. This lawn is surrounded by flowering plants. I have a good variety of 'English roses' besides the seasonal flowers that I grow. I have collected a good number of fine species of cacti and crotons. In the evenings I sit in the lawn, see the blooming flowers and feel as if I am living in a garden of happiness. My parents like my hobby. I pursue in it and my neighbours praise me.

## मेरी अभिरुचि

प्रत्येक व्यक्ति की कोई अभिरुचि होती है। व्यक्तिश: अभिरुचियाँ भिन्न होती हैं। मेरी अभिरुचि बागवानी है। यह मुझे आनन्द और सन्तुष्टि प्रदान करती है। यह मुझे तन्दुरूस्त रहने में मदद करती है क्योंकि इसमें शारीरिक श्रम भी शामिल है। अधिकतर मैं सुबह फुर्सत में होता हूँ। अत: अपनी अभिरुचि के लिए मैं प्रतिदिन एक घंटा देता हूँ। मैंने अपने घर के सामने लॉन (घास का मैदान) बना रखा है। यह लॉन फूल वाले पौधों से घिरा हुआ है। मौसमी फूलों को जो मैं उगाता हूँ, के अतिरिक्त मेरे पास अंग्रेजी गुलाब की अच्छी किस्में हैं। मैंने नागफनी तथा क्रोटन की अच्छी किस्में बड़ी संख्या में इकट्ठी की हैं। शाम को मैं घास के मैदान में बैठता हूँ और अनुभव करता हूँ मानो मैं आनन्दोद्यान में रह रहा हूँ। मेरे माता-पिता मेरी अभिरुचि को पसन्द करते हैं। मैं इसमें लगा रहता हूँ और मेरे पड़ौसी मेरी प्रशंसा करते हैं।

## Terrorism In India

Terrorism is the burning problem of the today. Terrorism has become an international problem. India, America, Afghanistan, Israel, Sri Lanka and other countries are facing terrorism.

On 11 September, 2001, the terrorists blasted the U.S. World Trade Centre and other buildings in America. Many persons were killed. On 13 December, 2001, the terrorists attacked at the Indian Parliament. There are regular and daily attacks of terrorists in Kashmir. Many persons are killed by the terrorists.

There are many causes of terrorism. They are political, 'economic, religious (fanatism) and social. Poverty, frustration and unemployment attract the young to terrorism.

There is a network of Pakistan I.S.I. (Inter-Service Intelligence) in our country. The I.S.I. gives money and weapons to the terrorists. India has been fighting terrorism for the last thirty years. But is has proved ineffective (useless). We talk long but do not take effective and essential strong steps. It seems that the problem of terrorism will not be solved in near future.

## भारत में आतंकवाद

आतंकवाद आज की ज्वलंत समस्या है। आतंकवाद एक अन्तर्राष्ट्रीय समस्या हो गई है। भारत, अमेरिका, अफगानिस्तान, इजराइल, श्रीलंका और अन्य देश आतंकवाद का सामना कर रहे हैं।

11 सितम्बर, 2001 को आतंकवादियों ने अमेरिका में यू०एस० वर्ल्ड ट्रेड सेंटर तथा अन्य भवनों को विस्फोट से उड़ा दिया। अनेक व्यक्ति मारे गये। 13 दिसम्बर, 2001 को आतंकवादियों ने भारतीय संसद पर आक्रमण किया। काश्मीर में आतंकवादियों द्वारा नियमित व दैनिक आक्रमण किये जाते हैं। आतंकवादियों द्वारा अनेक व्यक्ति मारे जाते हैं।

आतंकवाद के अनेक कारण हैं। वे (कारण) राजनीतिक, आर्थिक, धार्मिक और सामाजिक हैं। निर्धनता, कुंठा, बेरोजगारी युवाओं को आतंकवाद की ओर आकर्षित करती हैं।

हमारे देश में पाकिस्तान के आई एस आई का जाल बिछा हुआ है। आतंकवादियों को आई एस आई धन और हथियार देता है। भारत पिछले तीस वर्षों से आतंकवाद से लड़ रहा है। किन्तु यह प्रभावहीन सिद्ध हुआ है। हम लम्बी-चौड़ी बातें करते हैं किन्तु किन्तु प्रभावशाली और आवश्यक मजबूत कदम नहीं उठाते हैं। ऐसा प्रतीत होता है कि आतंकवाद की समस्या निकट भविष्य में हल नहीं होगी।

## A Village Fair

I live in a village. Last Monday I went to see the fair of Baba Ramdeoji. I went there with my friends. Hundreds of men, women and children were there. They were in fine clothes. The ground looked like a sea of people. People were going and coming here and there in groups. Some women were singing songs. There were many beggars also. They were begging. There were some scouts and policemen to help the people.

There were many stalls. They were selling toys, bangles, rings, ear-rings, combs, clothes, balloons and many other things. There was rush on every stall. Stall-keepers were doing good business. There were some stalls selling sweets, namkins and tea. We were also enjoying the fair. We saw a small boy weeping. He had lost his parents. We took him to the police-station. His parents were waiting there. They were very sad. When they saw the boy with us, they were very happy. They thanked us.

We went into the temple. There was a long queue of people. We also stood in the queue. After some time we had 'darshan' of Baba. We took one more round of the fair. We were tired. We went to a tea stall. We took a some 'chat' and tea. There were some merry-go-rounds. They were attracting many people. We went there. We also enjoyed them.

It was evening. I purchased some toys and balloons for my younger brother. We came back to our houses. I was very happy. I cannot forget this fair in my life.

## एक ग्रामीण मेला

मैं एक गाँव में रहता हूँ। पिछले सोमवार को मैं बाबा रामदेवजी का मेला देखने गया। मैं वहाँ अपने मित्रों के साथ गया। वहाँ सैंकड़ों मनुष्य, स्त्रियाँ एवं बच्चे थे। वे सुन्दर वस्त्रों में थे। मैदान लोगों के समुद्र की तरह दिखाई दे रहा था (अर्थात् वहाँ बहुत भीड़ थी।) लोग समूहों में इधर-उधर आ-जा रहे थे। कुछ स्त्रियाँ गाने गा रही थीं। वहाँ अनेक भिखारी भी थे। वे भीख माँग रहे थे। लोगों की सहायता करने के लिए कुछ स्काउट्स तथा पुलिसमैन भी थे।

वहाँ अनेक स्टाल थे। वे खिलौने, चूड़ियाँ, अंगूठिया, कानों के बूँदे, कंघे, कपड़े, गुब्बारे एवं अन्य अनेक वस्तुएँ बेच रहे थे। प्रत्येक स्टाल पर भीड़ थी। स्टाल वाले अच्छा व्यवसाय कर रहे थे। कुछ स्टाल मिठाइयाँ, नमकीन एवं चाय भी बेच रहे थे। हम मेले का आनन्द ले रहे थे। हमने एक छोटे लड़के को रोते हुए देखा। वह अपने माता-पिता को खो चुका था। हम उसे पुलिस स्टेशन ले गये। उसके माता-पिता वहाँ उसकी प्रतीक्षा कर रहे थे। वे बहुत उदास थे। जब उन्होंने लड़के को हमारे साथ देखा तो वे बहुत प्रसन्न हुए। उन्होंने हमें धन्यवाद दिया।

हम मन्दिर में गये। वहाँ लोगों की लम्बी कतार थी। हम भी कतार में खड़े हो गये। थोड़े समय पश्चात् हमने बाबा के दर्शन किए। फिर हम मन्दिर के बाहर आ गये। हमने मेले का एक चक्कर और लगाया। हम थक गये थे। हम एक चाय की स्टाल पर गये। हमने वहाँ कुछ चाट खाई और चाय पी। वहाँ कुछ घूमने वाले झूले भी थे। वे बहुत लोगों को आकर्षित कर रहे थे। हम वहाँ गये। हमने भी उनका आनन्द लिया।

शाम हो गई थी। मैंने अपने छोटे भाई के लिए कुछ खिलौने व गुब्बारे खरीदे। हम अपने घरों को वापिस आ गये। मैं बहुत प्रसन्न था। मैं अपने जीवन में इस मेले को कभी नहीं भूल सकता।

## Importance of Computers

Computer is a wonderful machine. It calculates at a very high speed with accuracy. A man may commit a mistake in calculations, but a computer cannot. It works like the brain of an intelligent man. It has not to think or wait. You push the button and the answer is there.

It is never tired. It never forgets. It does not do mistakes in calculations. Computers are used in many fields. Computers have educational value also. They help very much in teaching subjects like Physics, Chemistry, Mathematics etc. In examinations, it examines the answer-books, awards (gives) marks, makes correct total of marks, prepares marks-sheets and result-sheets and keeps records.

Computers are used in banks, railways, post offices, telephone exchanges, big companies, hotels etc.

Its advantages are speed and accuracy. Science has given us many wonders. Computer is one of them. It may do everything for man except breathing.

## कम्प्यूटर का महत्व

कम्पयूटर एक आश्चर्यजनक मशीन है। यह अत्यंत शीघ्र गति से पूर्णत: सही गणना करता है। मनुष्य गणना में गलती कर सकता है, किन्तु एक कम्पयूटर गलती नहीं कर सकता। यह एक बुद्धिमान व्यक्ति के मस्तिष्क की भाँति कार्य करता है। इसको सोचना नहीं पड़ता है, प्रतीक्षा नहीं करनी पड़ती है। आप बटन दबाइये और उत्तर प्रस्तुत है।

यह कभी नहीं थकता है। यह कभी नहीं भूलता है। यह गणना में त्रुटि नहीं करता है। कम्पयूटरों का उपयोग विभिन्न क्षेत्रों में होता है। कम्पयूटर का शैक्षिक महत्व भी है। ये भौतिकशास्त्र, रसायनशास्त्र, गणित आदि विषयों के शिक्षण में बहुत सहायता करते हैं। परीक्षाओं में यह उत्तर-पुस्तिकाओं को जाँचता है, नम्बर देता है, नम्बरों का सही योग करता है, अंक तालिकाएँ व परिणाम सूची बनाता है और रिकार्ड रखता है।

कम्पयूटरों का बैंकों, रेलवे, डाकघर, टेलीफोन विभाग बड़ी कम्पनियों और होटलों आदि में प्रयोग होता है।

गति और सही गणना इसके लाभ हैं। विज्ञान ने हमें अनेक आश्चर्यजनक वस्तुएँ दी हैं। उनमें से एक कम्पयूटर भी है। यह सांस लेने के अतिरिक्त मनुष्य के लिए सब कुछ कर सकता है।

## Pollution

Man's too much interference with nature causes pollution. Pollution means impure state of natural environment. There are three kinds of pollution—air pollution, noise pollution and water pollution.

Air pollution is caused by smoke. Chimneys of mills and factories and vehicles throw out smoke. Smoke mixes up with air and the result is air-pollution. We inhale (breathe) polluted air. The result is that we get lung-diseases, headache and other diseases.

Waste material and rubbish are thrown into the rivers. Sometimes dead bodies of men and animals are thrown into rivers. The water is polluted. Harmful germs are there. We drink polluted water and get many diseases.

Noise of machinery and vechicles like—cars, buses and trucks is mixed with environment. It is called noise pollution. It is also dangerous. It affects on our ears and mind. Man may become deaf or hard of hearing.

The problem of pollution is a serious problem. We should check it. We should honour nature. There should be planned industrialisation. We should not throw rubbish on the streets. We should plant more and more plants. We should not cut green trees.

## प्रदूषण

प्रकृति में मनुष्य के अत्यधिक हस्तक्षेप से प्रदूषण उत्पन्न होता है। प्रदूषण से आशय वातावरण की प्राकृतिक दशा को अशुद्ध करना है। प्रदूषण तीन प्रकार का होता है– वायु प्रदूषण, ध्वनि प्रदूषण और जल प्रदूषण।

वायु प्रदूषण धुएँ के द्वारा होता है। मिलों, कारखानों एवं वाहनों द्वारा छोड़े गऐ धुएँ से वायु प्रदूषण होता है। धुआँ, वायु में मिश्रित हो जाता है और परिणाम वायु प्रदूषण है। हम दूषित वायु में सांस लेते हैं। इसके परिणामस्वरूप ही फेफड़ों की बीमारियाँ, सिर दर्द और अन्य बीमारियाँ हो जाती हैं।

अपशिष्ट पदार्थ एवं कूड़ा-कचरा नदियों में फेंक दिया जाता है। कभी-कभी मनुष्यों के शव एवं मृत पशुओं को नदियों में फेंक दिया जाता है। इससे जल प्रदूषित हो जाता है। हानिप्रद कीटाणु उत्पन्न हो जाते हैं। हम प्रदूषित जल पीते हैं और अनेक बीमारियाँ हो जाती हैं।

मशीनों और वाहनों जैसे–मोटरकार, बस व ट्रकों का शोर वातावरण में मिल जाता है। इसे ध्वनि प्रदूषण कहते हैं। यह भी खतरनाक है। यह हमारे कानों व दिमाग पर प्रभाव डालता है। मनुष्य बहरा हो सकता है अथवा कम सुनने वाला हो सकता है।

प्रदूषण की समस्या एक गम्भीर समस्या है। हमें इसे रोकना चाहिए। हमें प्रकृति का सम्मान करना चाहिए। योजनाबद्ध औद्योगीकरण होना चाहिए। हमें रास्तों में कचरा नहीं फेंकना चाहिए। हमें अधिक से अधिक वृक्ष उगाने चाहिए। हरे वृक्षों को नहीं काटना चाहिए।

## Importance of Trees

Trees are called 'GREEN GOLD'. It means trees are as valuable as gold. We get wood from trees. Wood is used in making furniture, houses and other useful things. Trees give fruits, spices and many useful medicines. They give fodder to animals. Trees breathe out oxygen. We breathe in oxygen and so are alive. Every country is suffering from air-pollution. Trees help in reducing air-pollution. Many industries depend on trees.

Trees attract clouds, and clouds bring rain. They check soil-erosion. Wild animals and birds live in forests. They are useful in many ways.

Trees are our helpful and useful friends. In reality trees are the valuable gifts of nature to man. We should honour and preserve trees.

## वृक्षों का महत्व

वृक्ष को हरा स्वर्ण माना जाता है। इसका अर्थ यह है कि वृक्ष उतने ही मूल्यवान हैं जितना कि स्वर्ण। हम वृक्षों से लकड़ी प्राप्त करते हैं। लकड़ी का उपयोग फर्नीचर, मकान तथा अन्य उपयोगी वस्तुओं के निर्माण में होता है। वृक्ष हमें फल, मसाले तथा अनेक उपयोगी औषधियाँ प्रदान करते हैं। वे पशुओं के लिए चारा देते हैं। वृक्ष ऑक्सीजन छोड़ते हैं। हम ऑक्सीजन को श्वांस द्वारा अन्दर लेते हैं और जीवित रहते हैं। प्रत्येक देश वायु प्रदूषण से पीड़ित है। वायु प्रदूषण को कम करने में वृक्ष सहायक होते हैं। अनेक उद्योग वृक्षों पर निर्भर हैं।

वृक्ष बादलों को आकर्षित करते हैं और बादल वर्षा लाते हैं। वे मिट्टी के कटाव को रोकते हैं। जंगली पशु एवं पक्षी वनों में रहते हैं। वे अनेक प्रकार से उपयोगी हैं।

वन हमारे सहायक एवं उपयोगी मित्र हैं। वास्तव में, वृक्ष मनुष्य के लिए प्रकृति की ओर से बहुमूल्य उपहार हैं। हमें वृक्षों का सम्मान करना चाहिए एवं सुरक्षित रखना चाहिए।

## The Great Missile Man of India

Our President A.P.J. Abdul Kalam is the Great Missile Man of India. He was born in a middle-class Tamil family at Rameshwaram. Since his childhood, he had been dreaming to fly in the sky like birds. He always remembered the words of his teacher—***'With self- confidence you can change your destiny'.***

He has been a unique defence scientist. He led several space and nuclear programmes of the country. India's first missile 'AGNI' was launched by him in 1989. It was very successful. On this occasion he said, "It is the burning pride of this nation." He further said, "It is the fire in the heart of an Indian." Other missiles 'Trishul' and 'Prithvi' were also launched under his guidance.

He was awarded the Bharat Ratna— the highest award of India. He is proud of India, and India is proud of him. He is a true son of our motherland— India.

## भारत का महान प्रक्षेपास्त्र पुरुष

हमारे राष्ट्रपति ए पी जे अब्दुल कलाम, भारत के महान प्रक्षेपास्त्र-पुरुष हैं। उनका जन्म रामेश्वरम के एक मध्यमवर्गीय तमिल परिवार में हुआ था। बचपन से ही वह पक्षियों की भाँति आकाश में उड़ने के स्वप्न देखते थे। उन्हें अपने अध्यापक के ये शब्द सदैव याद रहते थे–यदि तुममें आत्मविश्वास है तो तुम अपने भाग्य को बदल सकते हो।

वह एक अद्वितीय रक्षा वैज्ञानिक रहे हैं।

उन्होंने देश के अनेक अन्तरिक्ष तथा परमाणु प्रोग्रामों का मार्गदर्शन किया। भारत के प्रथम मिसाइल–अग्नि का उनके द्वारा सन् 1989 में परीक्षण किया गया। यह बहुत सफल रहा। इस अवसर पर उन्होंने कहा, "यह राष्ट्र का महान गौरव है।" उन्होंने आगे कहा, "यह एक भारतीय के हृदय की अग्नि है।" त्रिशूल तथा पृथ्वी अन्य प्रक्षेपास्त्र उनके मार्गदर्शन में छोड़े गये। उन्हें भारत रत्न, जो भारत की उच्चतम उपाधि है, प्रदान किया गया। उन्हें भारत पर गर्व है और भारत को उन पर गर्व है। वे हमारी मातृभूमि के एक सच्चे पुत्र हैं।

## The Importance of Newspapers

Newspaper is a mirror which reflects the political, economical and the social conditions of the country . Newspapers try to give us the latest news about the country and the world. Newspapers are the windows through which we see the happenings of the world and the country.

They increase our general knowledge. They have educational value. They serve the society in many ways. We should develop habit of reading newspapers.

The government programmes and policies are made public through newspapers. If a particular policy is good people appreciate it and if it is harmful, a cry against it can be raised in newspapers. They are an eye-opener for the government. In this way newspapers are very important for democracy. A good newspaper is a watchdog of democracy.

## समाचार-पत्रों का महत्व

समाचार-पत्र एक दर्पण है जो देश की राजनैतिक, आर्थिक और सामाजिक स्थितियों को प्रतिबिम्बित करता है। समाचार-पत्र हमारे देश एवं संसार के नवीनतम समाचार देने का प्रयास करते हैं। समाचार-पत्र खिड़कियाँ हैं, जिनमें से हम संसार एवं अपने देश की घटनाओं को देखते हैं।

वे हमारे सामान्य ज्ञान में वृद्धि करते हैं। उनका शैक्षणिक महत्व भी होता है। वे समाज की अनेक प्रकर से सेवा करते हैं। हमें समाचार-पत्र पढ़ने की आदत डालनी चाहिए।

सरकार अपनी योजनाओं एवं नीतियों को समाचार-पत्र के माध्यम से जनता को अवगत कराती है। यदि कोई नीति अच्छी है तो लोग इसकी प्रशंसा करते हैं और यदि यह हानिप्रद होती है तो इसके विरुद्ध समाचार-पत्रों में आवाज उठाई जा सकती है। ये सरकार के लिए आँख खोलने वाले होते हैं। इस प्रकार जनतंत्र के लिए समाचार-पत्र बहुत महत्वपूर्ण है। एक अच्छा समाचार-पत्र जनतंत्र पर निगरानी रखने वाला (रक्षक) है।

## Water Harvesting

India has a long tradition of water harvesting. Harvesting rainwater is very very important. Underground chamber, tanks, Kunds, Baoris and wells are traditional methods of storing water. But in the last few decades most of these practices have been given up.

## जल संग्रहण

जल संग्रहण भारत की पुरानी परम्परा है। वर्षा के पानी को संरक्षित करना अत्यन्त महत्वपूर्ण है। भूमिगत बड़े कमरे, तालाब, कुंड, बावड़ियाँ और कुएँ, पानी संग्रहण के परम्परागत तरीके हैं। किन्तु पिछली कुछ दशाब्दियों से इनमें से अधिकांश साधनों को छोड़ दिया गया है।

## A Scene of a Polling Station

Elections are very important in a democratic country. Elections are the backbone of democracy. We cannot imagine democracy without elections. India is the biggest democratic country in the world. Elections are generally held after five years.

Once I went to the polling-station because I was also a voter. There were tents of political parties at a distance from the polling-station. They were giving slips to the voters. Many persons were standing here and there in groups. They were gossiping about the elections. Some parties had arranged tongas, and taxies to bring the voters. They were bringing the voters.

At the polling-station, there were two long queues of the voters. A policeman was standing at the gate. Voters were going into the polling-station one by one. There was one presiding officer and four polling officers. The first polling officer called out the name of the voter, the second checked it, the third gave him a ballot-paper and the fourth put a mark on the finger of the voter. The voter went to the polling-booth in the corner. He put the rubber-seal on the ballot-paper. He folded it and dropped into the ballot-box and went out. Polling was stopped at exact 5 P.M. There was peace again.

## चुनाव का दृश्य

एक गणतंत्र देश में चुनाव अत्यन्त महत्वपूर्ण है। चुनाव गणतंत्र की रीढ़ की हड्डी (अथात् आधार) है। हम चुनावों के बिना गणतंत्र की कल्पना नहीं कर सकते। विश्व में भारत सबसे बड़ा गणराज्य है। चुनाव प्रायः पाँच वर्षों के बाद होते हैं।

एक बार मैं मतदान केंद्र गया क्योंकि मैं भी एक मतदाता था। मतदान केन्द्र के कुछ दूरी पर राजनीतिक दलों के टैंट थे। वे मतदाताओं को पर्चियाँ दे रहे थे। अनेक व्यक्ति इधर-उधर समूहों में खड़े थे। वे चुनावों के विषय में बातें कर रहे थे। कुछ दलों ने मतदाताओं को लाने के लिए ताँगे, टैक्सी लगा रखी थीं। वे मतदाताओं को ला रहे थे।

मतदान केन्द्र पर मतदाताओं की दो लम्बी कतारें थीं। एक सिपाही दरवाजे पर खड़ा था। मतदाता एक-एक करके मतदान केन्द्र में जा रहे थे। वहाँ एक पीठासीन अधिकारी और चार पोलिंग अफसर थे। पहला अफसर मतदाता का नाम पुकारता था, दूसरा उसकी जाँच करता था, तीसरा उसे मतदान-पत्र देता था और चौथा उसकी उंगली पर चिन्ह लगाता था। मतदाता कोने में मतदान-कक्ष में जाता था, मतदान-पत्र पर मोहर लगाता था, उसे मोड़कर मतदान-पेटिका में डाल देता था और बाहर चला जाता था। ठीक पाँच बजे मतदान रोक दिया गया। वहाँ पुनः शान्ति हो गई।

## An Indian Wedding

Marriage is a social necessity. It is said that marriages are settled in heaven and celebrated on the earth. Indian weddings are colourful.

Last month I attended the marriage ceremony of my friend. The house was decorated with colourful lights and paper-flags. In the evening his friends and relatives gathered at his house. All were in fine dresses. Ladies were singing songs. My friend put on a special dress. He sat on a decorated mare. There was a band-party with the 'barat'. We went to the bride's house. On the way, his friends danced at many places.

The house of the bride was also decorated. The relatives of the bride welcomed us. There was a tent and there were chairs. We took our seats. The bridegroom went at the gate. The bride came in a fine dress. She was looking very beautiful. They garlanded each other.

They gave us tasty dinner. We enjoyed it. The groom also took food. Then he was taken into the house. There was a 'Pandit'. The bridegroom and the bride sat side by side. The 'Pandit' chanted out some promises. The bride and bridegroom repeated them. The pair took seven rounds of the holy fire. The ceremony took about two hours. Now they were husband and wife.

Next morning the 'barat' came back to the bridegroom's house with the bride. They were welcomed there.

## एक भारतीय विवाह

विवाह एक सामाजिक आवश्यकता है। यह कहा जाता है कि विवाह स्वर्ग में निश्चित किये जाते हैं (अर्थात् ईश्वर निश्चित करता है) और पृथ्वी पर किए जाते हैं। भारतीय विवाह रंगीन होते हैं।

गत माह मैंने अपने मित्र के विवाह समारोह में भाग लिया। मकान को रंगीन रोशनी और कागज की झंडियों से सजाया गया। शाम को उसके मित्र व उसके सम्बन्धी उसके घर एकत्र हुए। स्त्रियाँ गाने गा रही थीं। मेरे मित्र ने विशेष पोशाक पहनी। वह एक सजी हुई घोड़ी पर बैठा। बारात के साथ बैंड था। हम दुल्हन के घर गये। रास्ते में स्थान-स्थान पर उसके मित्र नाचे।

दुल्हन का मकान सजा हुआ था। दुल्हन के सम्बन्धियों ने हमारा स्वागत किया। वहाँ एक टैंट था, वहाँ कुर्सियाँ थीं। हम कुर्सियों पर बैठे। दूल्हा दरवाजे पर गया। दूल्हन सुन्दर वस्त्रों में आई। वह बहुत सुन्दर दिखाई पड़ रही थी। उन्होंने एक-दूसरे को माला पहनाई।

हमें स्वादिष्ट भोजन दिया गया। हमने आनन्द लिया। दूल्हे ने भी भोजन किया। तब उसे मकान के अन्दर ले जाया गया। वहाँ पण्डित था। दूल्हा व दुल्हन पास-पास बैठ गये। पण्डित ने कुछ वचन बोले। दूल्हे व दुल्हन ने उन्हें दोहराया। उस जोड़े ने पवित्र अग्नि के सात फेरे लगाये। इसमें लगभग दो घंटे लगे। अब वे पति-पत्नी थे।

अगली सुबह बारात दूल्हे के घर दुल्हन के साथ वापिस आई। वहाँ उनका स्वागत किया गया।

## The Festival of Deepawali

India is the land of fairs and festivals. There are many festivals of the Hindus. But I like the Diwali festival most. Diwali means "Rows of Lamps." It occurs in the Hindi month of Kartik.

Diwali is a 'Festival of Lights.' It is one of the biggest festivals of the Hindus. It is said that Shri Ram together with Sita and Laxman returned to Ayodhaya after the exilement of fourteen years. It shows the victory of 'good' over 'evil'. It is the victory of 'light' over 'darkness'. It is a festival of joy and happiness. Loving mothers, affectionate brothers and sisters and beloved wives—all look very happy. The young, the old and the children—everyone is very happy.

People clean their houses and shops. Houses and shops are decorated on this day. There is a heavy rush in the market. Sweet-shops and utensil-shops are specially decorated. People make purchases. They purchase sweets, toys, earthen-lamps on this day, fireworks and crackers and many other things. Ladies prepare special food and sweets. Businessmen open new accounts.

In the evening, they light earthen-lamps, candles and electric bulbs. They put them in rows on their roofs and at other places. There is light everywhere. Men, women and children—all wear fine dresses. Children play with fireworks and explode crackers. They enjoy them very much. At night all the members of the family worship Lakshmi—the goddess of wealth. They pray for health and wealth. The members of the family take food together. They go to market to see lights. Some shops and houses are so beautifully decorated that they look like newly-wedded brides. The happy people move in crowds. Special T.V. programmes are telecast. Some people gamble on this day. It's very bad custom. It should be stopped.

## दीपावली

भारत मेलों एवं त्यौहारों का देश है। हिन्दुओं के अनेक त्यौहार हैं। किन्तु मैं दीपावली को सबसे अधिक पसन्द करता हूँ। दीपावली का अर्थ है–दीपों की पंक्ति। यह त्यौहार हिन्दी माह कार्तिक में आता है।

दीपावली प्रकाश का त्यौहार है। यह हिन्दुओं का सबसे बड़े त्यौहारों में से एक है। यह कहा जाता है कि श्रीराम वनवास के चौदह वर्ष बाद इस दिन सीता तथा लक्ष्मण के साथ अयोध्या लौटकर आये थे। यह बुराई पर अच्छाई की विजय है। यह प्रकाश की अन्धकार पर विजय है। यह खुशी और प्रसन्नता का त्यौहार है। प्यारी माताएँ स्नेहमय भाई एवं बहनें और प्रिय पत्नियाँ सभी बहुत प्रसन्न दिखाई पड़ते हैं। सभी युवा व्यक्ति, सभी वृद्ध एवं सभी बच्चे प्रत्येक प्रसन्न होता है।

लोग अपने घरों व दुकानों को साफ करते हैं। इस दिन मकान और दुकानें सजाई जाती हैं। बाजार में बहुत भीड़ होती है। मिठाई की दुकानें व बर्तनों की दुकानें विशेष रूप से सजाई जाती हैं। लोग खरीददारी करते हैं। वे मिठाइयाँ, खिलौने, मिट्टी के दीये, अतिशबाजी, पटाखे एवं अन्य अनेक वस्तुएँ खरीदते हैं। स्त्रियाँ विशेष भोजन एवं मिठाइयाँ तैयार करती हैं। इसी दिन से व्यापारी नये खाते खोलते हैं।

शाम को वे मिट्टी के दीये, मोमबत्तियाँ एवं बिजली के बल्ब जलाते हैं। वे उन्हें अपनी छतों पर पंक्तियों में रखते हैं। प्रत्येक ओर प्रकाश होता है। मनुष्य, स्त्रियाँ और बच्चे सभी अच्छे वस्त्र पहनते हैं। बच्चे आतिशबाजी व पटाखे चलाते हैं। इसमें उन्हें बहुत आनन्द आता है। रात्रि को सभी लक्ष्मी–जो धन की देवी है–का पूजन करते हैं। वे स्वास्थ्य एवं धन के लिए प्रार्थना करते हैं। परिवार के सदस्य साथ-साथ भोजन करते हैं। वे रोशनी देखने बाजार जाते हैं। कुछ दुकानें व मकान इतने सुन्दर सजे होते हैं कि वे नव-विवाहित वधू के समान दिखते हैं। खुश लोग भीड़ में चलते हैं। टी वी पर विशेष प्रोग्राम दिखाये जाते हैं। कुछ लोग इस दिन जुआ खेलते हैं। यह बहुत बुरा रिवाज है। इसे रोकना चाहिए।

## An Educational Tour

Educational tours are very important in our life. We learn many practical things. They are like books through which we learn what the world is. Many schools organise educational tours.

Our school also organised an educational tour during the Deepawali holidays. About thirty students of my class were ready to go. I also wrote to my father. I requested him to give me permission and send me Rs. 1500/. Two teachers of our school were to go with the students. We were to go to Jaipur, Ajmer, Mt. Abu and Agra.

We reached the station before time. The train arrived. We became very active. We put our luggage on the berths. After it we put the luggage under the berths and sat comfortably. The train started. At 9 P.M. we reached Jaipur. We went to a 'dharamshala' (inn) and got comfortable rooms. In the morning we got ready and went to see important places. We saw Hawa Mahal, Ram Niwas Garden, old palaces and other buildings. We stayed at Jaipur for three days.

We went to Ajmer by bus. We saw important places. We saw Dargah and Pushkar. We stayed there for two days. We went to Mount Abu.There we saw the beauty of Nature. There are many beautiful temples. Then we went to Agra. We stayed there for three days. We saw the beautiful Taj Mahal, the Agra fort and other historical (important) buildings. We came back to our town.

Educational tours are very important. We learn that we should be very careful during the journey. We learn the art of travelling. We meet many types of people. Some people try to cheat us. We should be careful from them.

## शैक्षणिक भ्रमण

हमारे जीवन में शैक्षणिक भ्रमण बहुत महत्वपूर्ण है। हम अनेक व्यावहारिक चीजें सीखते हैं। वे पुस्तकों की भाँति हैं। जिनसे हम सीखते हैं कि संसार क्या है? अनेक स्कूल शैक्षणिक-भ्रमण का आयोजन करते हैं।

दीपावली की छुट्टियों में हमारे स्कूल ने भी शैक्षणिक भ्रमण की व्यवस्था की। मेरी कक्षा के लगभग तीस विद्यार्थी जाने के लिए तैयार थे। मैंने भी अपने पिताजी को पत्र लिखा। मुझे अनुमति देने तथा मुझे 1500/ रुपये भेजने के लिए प्रार्थना की। हमारे स्कूल के दो अध्यापक भी हमारे साथ जाने थे। हमें जयपुर, अजमेर, माउन्ट आबू और आगरा जाना था।

हम समय से पहले स्टेशन पहुँच गये। गाड़ी आई। हम बहुत सक्रिय हो गये। हमने सीटों पर अपना सामान रखा। बाद में हमने सामान सीटों के नीचे रख दिया और आराम से बैठ गये। ट्रेन रवाना हुई। रात्रि 9 बजे हम जयपुर पहुँचे। हम एक धर्मशाला में गये और आरामदायक कमरे मिल गय। सुबह हम तैयार हुए और प्रमुख स्थान देखने के लिए गये। हमने हवामहल, रामनिवास बाग, पुराने महल तथा अन्य भवन देखे। हम जयपुर तीन दिन ठहरे।

हम अजमेर बस द्वारा गये। हमने महत्वपूर्ण स्थान देखे। हमने दरगाह और पुष्कर देखे। हम वहाँ दो दिन रुके। हम माउंट आबू गये। हमने प्रकृति का सौन्दर्य देखा। वहाँ अनेक सुन्दर मन्दिर हैं।

फिर हम आगरा गये। हम वहाँ तीन दिन ठहरे। सुन्दर ताजमजल, आगरे का किला और अन्य ऐतिहासिक भवन देखे। हम अपने कस्बे में लौट आये।

शैक्षणिक भ्रमण बहुत महत्वपूर्ण होते हैं। हम सीखते हैं कि यात्रा में हमें बहुत सावधान रहना चाहिए। हम यात्रा करने की कला सीखते हैं। हम अनेक प्रकार के लोगों से मिलते हैं। कुछ लोग हमें ठगने की कोशिश करते हैं। हमें उनसे सावधान रहना चाहिए।

## A Cricket Match

Cricket is a popular game now-a-days. I am fond of playing cricket. I am a member of the school eleven. I am also fond of watching a cricket match. Last Sunday I saw a fine cricket-match, played between the School Team and the College Team. A large number of people came to see (watch) the match. Both the teams were strong.

The Captains of both the teams entered the field. There was a toss. The Captain of the School Team won the toss. So the College Team took the field and the School Team went in first to bat. The two batsmen who went in the first, were very good players. We had high hopes from them. But the bowling was strong. So they could not score even a single run for the first ten minutes. In the next fifteen minutes, they scored only ten runs. Then one player was caught out. The next two batsmen were also out from the wicket keeper very quickly. All of us thought that the whole School Team would soon be out. The score stood at fifty. The Captain made a stand and he was able to pull up the score to a century. The whole eleven was out for 160 runs.

We felt that the School Team would lose. We knew that the College Team has some really good batsmen. But they had to fight a hard battle totally against our expectations. The School Team had a bowler who was very tricky.

The College Team did a weak beginning. Their first wicket fell in about ten minutes. Their score stood five. They looked nervous. But their Captain was a good batsman. He had took up the score to 80. He was caught out. After him, wickets fell one after another. But when the ninth and the tenth batsman came to bat, there was some hope. They hit again and again till the score reached a hundred. At last, one fine catch sent one of the fast scorers off the field. But the last batsman was a very tough player. His two sixes and three fours made the match agile. Only three runs were needed to win the match. But he was caught. It was really a sad thing for the College Team to lose the match by three runs only.

Games and sports are very important in the life of everyone.

## क्रिकेट का एक मैच

आजकल क्रिकेट एक लोकप्रिय खेल है। मैं क्रिकेट खेलने का शौकीन हूँ। मैं स्कूल के ग्यारह खिलाड़ियों की टीम का सदस्य हूँ। मैं क्रिकेट मैच को देखने का शौकीन भी हूँ। गत रविवार को मैंने स्कूल टीम एवं कॉलेज टीम के मध्य क्रिकेट का एक अच्छा मैच देखा। इस मैच को देखने बड़ी संख्या में लोग आये थे। दोनों टीमें मजबूत थीं।

दोनों टीमों के कप्तान मैदान में आये। टॉस किया गया। स्कूल टीम के कप्तान ने टॉस जीता। इसलिए कॉलेज टीम तो फील्डिंग के लिए आई और स्कूल की टीम के बल्लेबाजी के लिए आई। दोनों बल्लेबाज जो सर्वश्रेष्ठ खिलाड़ी थे, खेलने आये थे। हमको उनसे बहुत आशाएँ थीं, किन्तु गेंदबाजी बहुत मजबूत थी। अतः वे प्रथम दस मिनटों में एक भी रन नहीं बना सके। अगले पन्द्रह मिनटों में केवल दस रन बना सके। तब एक कैच आउट हो गया। अगले विकेट कीपर के द्वारा दो बल्लेबाज भी शीघ्रता से आउट हो गये। हम सब सोचने लगे कि स्कूल टीम शीघ्र ही आउट हो जायेगी। उस समय स्कोर 50 था। अब कप्तान जम गया और उसने स्कोर को 100 तक खींच लिया। तमाम ग्यारह खिलड़ी 150 रन बनाकर आउट हो गये।

हमने महसूस किया कि स्कूल टीम हार जाएगी। हम जानते थे कि कॉलेज टीम में वास्तव में कुछ अच्छे बल्लेबाज हैं। लेकिन जैसी कि हम आशा कर रहे थे, उसके विपरीत उन्हें बहुत कठिन मुकाबला करना पड़ा। स्कूल टीम में एक गेंदबाज बहुत ही चालबाज था।,

कॉलेज टीम ने कमजोर शुरुआत की। उनका पहला विकेट लगभग दस मिनट में गिर गया। उनका स्कोर पाँच था। वे हतोत्साहित दिखाई पड़ते थे किन्तु उनका कप्तान एक अच्छा बल्लेबाज था। उसने स्कोर 80 कर दिया। वह कैच आउट हो गया। उसके पश्चात् विकेट एक के बाद एक गिरते गये। किन्तु नवाँ और दसवाँ बल्लेबाज आया तो कुछ आशा बँधी। उन्होंने बार-बार हिट मरे और स्कोर सौ हो गया। एक बल्लेबजा कैच आउट हो गया। किन्तु अन्तिम बल्लेबाज बड़ा कठिन खिलाड़ी थी। उसके दो छक्कों और तीन चौकों ने मैच में जान डाल दी। मैच जीतने के लिए केवल तीन रनों की आवश्यकता थी। लेकिन उसकी गेंद पकड़ ली गई। कॉलेज टीम के लिए यह अत्यन्त दुःख की बात थी कि वह तीन रनों से मैच हार गई।

खेल प्रत्येक के जीवन में बहुत महत्वपूर्ण है।

## Annual Sports Day

On 25 January, Annual Sports Day was celebrated in our college. The Collector was the Chief Guest.

Competitions in all sport activities were organised. They were held in a healthy spirit. There were high-jumps, long-jumps, disc-throws, different races, musical-chair, hurdle-races and some other activities. The students and the guests were clappinig again and again. Some activities were very interesting. The highest record of every sports activity was also kept. For every activity of sports, prizes were kept for the first, the second and the third winner.

After these activities, the Collector delivered a short speech.Then he gave away the prizes to the winners. There was clapping again and again. Now the function was over. All were very happy. This year the Annual Sports Day was very successful.

# वार्षिक खेल-कूद दिवस

25 जनवरी को हमारे कॉलेज में वार्षिक खेल-कूद दिवस मनाया गया। कलेक्टर मुख्य अतिथि थे।

खेल-कूद की प्राय: सभी क्रियाओं में प्रतियोगिताएँ आयोजित की गईं। वे सभी स्वस्थ भावनाओं से की गईं। ऊँची कूद, लम्बी कूद, डिस्क फेंक, विभिन्न दौड़ें, म्यूजिकल चेयर, बाधा दौड़ और कुछ अन्य क्रियाएँ की गईं। विद्यार्थी तथा अतिथि बार-बार तालियाँ बजा रहे थे। कुछ क्रियाएँ अत्यंत मनोरंजक थीं। प्रत्येक क्रिया का उच्चतम रिकार्ड लिखा गया। प्रत्येक क्रिया के लिए प्रथम, द्वितीय तथा तृतीय इनाम रखा गया।

इन क्रियाओं के पश्चात् कलेक्टर ने संक्षिप्त भाषण दिया। फिर उन्होंने विजेताओं को इनाम बाँटे। बार-बार तालियाँ बजाई जा रही थीं। अब समारोह समाप्त हो गया। सब बहुत प्रसन्न थे। इस वर्ष वार्षिक खेलकूद दिवस बहुत सफल रहा।

# Common Vocabulary

## English Numerals

नीचे अंग्रेजी की अंक संख्या हिन्दी उच्चारण सहित दी जा रही है। जिसे आपको याद करना चाहिए।

| | *English Numerals* | *Pronunciation in Hindi* | | *Hindi Numerals* |
|---|---|---|---|---|
| 1 | One | वन | १ | एक |
| 2 | Two | टू | | दो |
| 3 | Three | थ्री | ३ | तीन |
| 4 | Four | फोर | ४ | चार |
| 5 | Five | फाइव | ५ | पाँच |
| 6 | Six | सिक्स | ६ | छः |
| 7 | Seven | सेवन | | सात |
| 8 | Eight | ऐट | | आठ |
| 9 | Nine | नाइन | ९ | नौ |
| 10 | Ten | टेन | १० | दस |
| 11 | Eleven | इलेवन | ११ | ग्यारह |
| 12 | Twelve | ट्वेल्व | १ | बारह |
| 13 | Thirteen | थर्टीन | १३ | तेरह |
| 14 | Fourteen | फोर्टीन | १४ | चौदह |
| 15 | Fifteen | फिफ्टीन | १५ | पन्द्रह |
| 16 | Sixteen | सिक्सटीन | १६ | सौलह |
| 17 | Seventeen | सेवनटीन | १ | सत्रह |
| 18 | Eighteen | एटीन | १ | अट्ठारह |
| 19 | Nineteen | नाइनटीन | १९ | उन्नीस |
| 20 | Twenty | ट्वेन्टी | ० | बीस |
| 21 | Twenty one | ट्वेन्टी वन | १ | इक्कीस |
| 22 | Twenty two | ट्वेन्टी टू | | बाईस |
| 23 | Twenty three | ट्वेन्टी थ्री | ३ | तेईस |
| 24 | Twenty four | ट्वेन्टी फोर | ४ | चौबीस |
| 25 | Twenty five | ट्वेन्टी फाइव | ५ | पच्चीस |
| 26 | Twenty six | ट्वेन्टी सिक्स | ६ | छब्बीस |
| 27 | Twenty seven | ट्वेन्टी सेवन | | सत्ताईस |

| | *English Numerals* | *Pronunciation in Hindi* | | *Hindi Numerals* |
|---|---|---|---|---|
| 28 | Twenty eight | ट्वेन्टी एट | | अट्ठाईस |
| 29 | Twenty nine | ट्वेन्टी नाइन | ९ | उनतीस |
| 30 | Thirty | थर्टी | ३० | तीस |
| 31 | Thirty one | थर्टी वन | ३१ | इकत्तीस |
| 32 | Thirty two | थर्टी टू | ३ | बत्तीस |
| 33 | Thirty three | थर्टी थ्री | ३३ | तैंतीस |
| 34 | Thirty four | थर्टी फोर | ३४ | चौंतीस |
| 35 | Thirty five | थर्टी फाइव | ३५ | पैंतीस |
| 36 | Thirty six | थर्टी सिक्स | ३६ | छत्तीस |
| 37 | Thirty seven | थर्टी सेवन | ३ | सैंतीस |
| 38 | Thirty eight | थर्टी एट | ३ | अड़तीस |
| 39 | Thirty nine | थर्टी नाइन | ३९ | उनतालीस |
| 40 | Forty | फॉर्टी | ४० | चालीस |
| 41 | Forty one | फॉर्टी वन | ४१ | इकतालीस |
| 42 | Forty two | फॉर्टी टू | ४ | बयालीस |
| 43 | Forty three | फॉटी थ्री | ४३ | तैंतालीस |
| 44 | Forty four | फॉर्टी फोर | ४४ | चवालीस |
| 45 | Forty five | फॉर्टी फाइव | ४५ | पैंतालीस |
| 46 | Forty six | फॉटी सिक्स | ४६ | छियालीस |
| 47 | Forty seven | फॉर्टी सेवन | ४ | सैंतालीस |
| 48 | Forty eight | फॉर्टी एट | ४ | अड़तालीस |
| 49 | Forty nine | फॉर्टी नाइन | ४९ | उनचास |
| 50 | Fifty | फिफ्टी | ५० | पचास |
| 51 | Fifty one | फिफ्टी वन | ५१ | इक्यावन |
| 52 | Fifty two | फिफ्टी टू | ५ | बावन |
| 53 | Fifty three | फिफ्टी थ्री | ५३ | तिरेपन |
| 54 | Fifty four | फिफ्टी फोर | ५ | चौवन |
| 55 | Fifty five | फिफ्टी फाइव | ५५ | पचपन |
| 56 | Fifty six | फिफ्टी सिक्स | ५६ | छप्पन |
| 57 | Fifty seven | फिफ्टी सेवन | ५ | सत्तावन |
| 58 | Fifty eight | फिफ्टी एट | ५ | अट्ठावन |
| 59 | Fifty nine | फिफ्टी नाइन | ५९ | उनसठ |
| 60 | Sixty | सिक्सटी | ६० | साठ |
| 61 | Sixty one | सिक्सटी वन | ६१ | इकसठ |
| 62 | Sixty two | सिक्सटी टू | ६ | बासठ |
| 63 | Sixty three | सिक्सटी थ्री | ६३ | तिरेसठ |
| 64 | Sixty four | सिक्सटी फोर | ६४ | चौंसठ |
| 65 | Sixty five | सिक्सटी फाइव | ६५ | पैंसठ |
| 66 | Sixty six | सिक्सटी सिक्स | ६६ | छियासठ |

| | *English Numerals* | *Pronunciation in Hindi* | | *Hindi Numerals* |
|---|---|---|---|---|
| 67 | Sixty seven | सिक्सटी सेवन | ६ | सड़सठ |
| 68 | Sixty eight | सिक्सटी एट | ६ | अड़सठ |
| 69 | Sixty nine | सिक्सटी नाइन | ६९ | उनहत्तर |
| 70 | Seventy | सेवनटी | ० | सत्तर |
| 71 | Seventy one | सेवनटी वन | १ | इकहत्तर |
| 72 | Seventy two | सेवनटी टू | | बहात्तर |
| 73 | Seventy three | सेवनटी थ्री | ३ | तिहत्तर |
| 74 | Seventy four | सेवनटी फोर | ४ | चौहत्तर |
| 75 | Seventy five | सेवनटी फाइव | ५ | पचहत्तर |
| 76 | Seventy six | सेवनटी सिक्स | ६ | छिहत्तर |
| 77 | Seventy seven | सेवनटी सेवन | | सतहत्तर |
| 78 | Seventy eight | सेवनटी एट | | अठहत्तर |
| 79 | Seventy nine | सेवनटी नाइन | ९ | उन्यासी |
| 80 | Eighty | एटी | ० | अस्सी |
| 81 | Eighty one | एटी वन | १ | इक्यासी |
| 82 | Eighty two | एटी टू | | बयासी |
| 83 | Eighty three | एटी थ्री | ३ | तिरासी |
| 84 | Eighty four | एटी फोर | ४ | चौरसी |
| 85 | Eighty five | एटी फाइव | ५ | पिचासी |
| 86 | Eighty six | एटी सिक्स | ६ | छियासी |
| 87 | Eighty seven | एटी सेवन | | सत्तासी |
| 88 | Eighty eight | एटी एट | | अट्ठासी |
| 89 | Eighty nine | एटी नाइन | १ | नवासी |
| 90 | Ninety | नाइनटी | ९० | नब्बे |
| 91 | Ninety one | नाइनटी वन | ९१ | इक्यानवे |
| 92 | Ninety two | नाइनटी टू | ९ | बानवे |
| 93 | Ninety three | नाइनटी थ्री | ९३ | तिरानवे |
| 94 | Ninety four | नाइनटी फोर | ९४ | चौरानवे |
| 95 | Ninety five | नाइनटी फाइव | ९५ | पिचावने |
| 96 | Ninety six | नाइनटी सिक्स | ९६ | छियानवे |
| 97 | Ninety seven | नाइनटी सेवन | ९ | सत्तानवे |
| 98 | Ninety eight | नाइनटी एट | ९ | अट्ठानवे |
| 99 | Ninety nine | नाइनटी नाइन | ९९ | निन्यानवे |
| 100 | One hundred | वन हण्ड्रेड | १०० | एक सौ |
| 1,000 | One thousand | वन थाउजेण्ड | १,००० | एक हजार |
| 10,000 | Ten thousand | टेन थाउजेण्ड | १०,००० | दस हजार |
| 1,00,000 | One lakh | वन लैक | १,००,००० | एक लाख |
| 10,00,000 | One million | वन मिलियन | १,०००,००० | दस लाख |

## English Alphabets & Ordinals

अंग्रेजी अक्षरों की आवाजों को अच्छी तरह से समझने के लिये नीचे लिखे हुए शब्दों को ध्यानपूर्वक पढ़ो :

A (ए), B (बी), C (सी), D (डी), E (इ), F (एफ),
G (जी), H (एच), I (आई), J (जे), K (के), L (एल),
M (एम), N (एन), O (ओ), P (पी), Q (क्यू), R (आर),
S (एस), T (टी), U (यू), V (वी), W (डब्ल्यू), X (एक्स),
Y (वाई), Z (जैड)

| *English Ordinals* | *Pronunciation in Hindi* | | *Hindi Grading* |
|---|---|---|---|
| First | फर्स्ट | १ | (पहला) |
| Second | सेकंड | | (दूसरा) |
| Third | थर्ड | ३ | (तीसरा) |
| Fourth | फोर्थ | ४ | (चौथा) |
| Fifth | फिफ्थ | ५ | (पाँचवाँ) |
| Sixth | सिक्स्थ | ६ | (छठा) |
| Seventh | सेवन्थ | | (सातवाँ) |
| Eighth | एट्थ | | (आठवाँ) |
| Ninth | नाइन्थ | ९ | (नौवाँ) |
| Tenth | टेंथ | १० | (दसवाँ) |

## Name of Parts of the Body

| S.No | Words | Pronunciation | Hindi Meaning | S.No | Words | Pronunciation | Hindi Meaning |
|---|---|---|---|---|---|---|---|
| (1) | Abdomen | आब्डोमेन | पेट | (2) | Ankle | एंकल | टखना |
| (3) | Anus | ऐनस | गुदा | (4) | Arm | आर्म | भुजा, बाँह |
| (5) | Arm pit | आर्म-पिट | काँख | (6) | Artery | आर्टरी | धमनी |
| (7) | Back | बैक | पीठ | (8) | Backbone | बैक-बोन | रीढ़ की हड्डी |
| (9) | Beard | बियर्ड | दाढ़ी | (10) | Beak | बीक | चोंच |
| (11) | Belly | बैली | उदर | (12) | Bile | बाइल | पित्त |
| (13) | Bladder | ब्लैडर | मूत्राशय | (14) | Blood | ब्लड | खून |
| (15) | Bone | बोन | हड्डी | (16) | Brain | ब्रेन | मस्तिष्क |
| (17) | Breast | ब्रेस्ट | छाती (स्त्री) | (18) | Buttock | बुटाक | नितम्ब |
| (19) | Breath | ब्रेथ | साँस | (20) | Calf | कॉफ | पिंडली |
| (21) | Cartilage | कार्टिलेज | उपास्थि | (22) | Cheeks | चीक्स | गाल |
| (23) | Claw | कलॉ | पंजा | (24) | Chest | चैस्ट | छाती (पुरुष) |
| (25) | Chin | चिन | ठोड़ी | (26) | Collar-bone | कॉलर-बोन | हंसली की हड्डी |
| (27) | Ear | ईयर | कान | (28) | Ear-drum | ईयर-ड्रम | कर्ण पटल |
| (29) | Elbow | एल्बो | कोहनी | (30) | Embyro | एम्ब्रिओ | भ्रूण |
| (31) | Eye | आई | आँख | (32) | Eye-ball | आई-बॉल | आँख की पुतली |
| (33) | Eye-brow | आई-ब्रो | भौंह | (34) | Eye-lid | आई-लिड | पलक |
| (35) | Eye-lash | आई-लैश | बरौनी | (36) | Face | फेस | चेहरा |
| (37) | Feather | फीदर | पर | (38) | Finger | फिंगर | अँगुली |

| S.No | Words | Pronunciation | Hindi Meaning | S.No | Words | Pronunciation | Hindi Meaning |
|---|---|---|---|---|---|---|---|
| (39) | Fist | फिस्ट | मुट्ठी | (40) | Fin | फिन | मछली का पर |
| (41) | Foot | फुट | पैर, पाँव | (42) | Forehead | फोर-हैड | माथा, ललाट |
| (43) | Fang | फेंग | सर्प का विषाक्त दंत | (44) | Flesh | फ्लैश | मांस |
| (45) | Gum | गम | मसूढ़ा | (46) | Groin | ग्राइन | पेट और जाँघ के बीच का अंग |
| (47) | Hair | हेयर | बाल | (48) | Hand | हैण्ड | हाथ |
| (49) | Head | हैड | सिर | (50) | Hood | हूड | फन |
| (51) | Heart | हार्ट | दिल, हृदय | (52) | Hoof | हूफ | खुर |
| (53) | Heel | हील | एड़ी | (54) | Horn | हॉर्न | सींग |
| (55) | Index-finger | इंडेक्स-फिंगर | तर्जनी | (56) | Intestine | इन्टेस्टाइन | अँतड़ी |
| (57) | Jaw | जॉ | जबड़ा | (58) | Joint | ज्वाइंट | जोड़ |
| (59) | Kidney | किडनी | गुर्दा | (60) | Knee | नी | घुटना |
| (61) | Lap | लैप | गोद | (62) | Leg | लैग | टाँग |
| (63) | Loin | लॉयन | कमर | (64) | Lip | लिप | होंठ, अधर |
| (65) | Little finger | लिटिल फिंगर | छोटी अँगुली | (66) | Liver | लिवर | जिगर |
| (67) | Lung | लंग | फेफड़ा | (68) | Marrow | मैरो | मज्जा |
| (69) | Middle finger | मिडल-फिंगर | मध्यमा | (70) | Mole | मोल | मस्सा |
| (71) | Molar teeth | मोलर टीथ | दाढ़ | (72) | Moustache | मुशटॉश | मूँछ |
| (73) | Mouth | माऊथ | मुँह | (74) | Muscle | मसल | मांसपेशी |
| (75) | Nail | नेल | नाखून | (76) | Navel | नेवल | नाभि |
| (77) | Neck | नेक | गर्दन | (78) | Nerve | नर्व | रग |
| (79) | Nipple | निप्पल | चुचुक | (80) | Nose | नोज | नाक |
| (81) | Nostril | नॉस्ट्रिल | नासिका छिद्र | (82) | Orbit | ऑरबिट | आँख का गड्ढा |
| (83) | Palate | पैलेट | तालू | (84) | Palm | पॉप | हथेली |
| (85) | Plume | प्लूम | पँख | (86) | Penis | पेनिस | शिशन |
| (87) | Phalange | फ्लैंज | अँगुली का पोर | (88) | Pores | पोर्स | रोमकूप |
| (89) | Phlegm | फ्लेम | कफ | (90) | Pulse | पल्स | नाड़ी |
| (91) | Pupil | प्युपिल | आँख की पुतली | (92) | Pus | पस | पीप |
| (93) | Rib | रिब | पसली | (94) | Ring finger | रिंग फिंगर | अनामिका |
| (95) | Rump | रम्प | चूतड़ | (96) | Saliva | सैलीवा | तार |
| (97) | Wrist | रिस्ट | कलाई | (98) | Shoulder | शोल्डर | कंधा |
| (99) | Skin | स्किन | त्वचा | (100) | Skull | स्कल | खोपड़ी |
| (101) | Snout | स्नाउट | थूंथनी | (102) | Sole | सोल | पैर का तलवा |
| (103) | Soul | सोल | आत्मा | (104) | Spleen | स्पलीन | तिल्ली |
| (105) | Sting | स्टिंग | डंक | (106) | Stomach | स्टॉमक | पेट |
| (107) | Spit | स्पिट | थूक | (108) | Slough | स्लाउ | सर्प की केंचुली |
| (109) | Stool | स्टूल | मल | (110) | Sweat | स्वैट | पसीना |
| (111) | Teat | टीट | स्तन | (112) | Temple | टैम्पल | कनपटी |
| (113) | Tail | टेल | पूँछ | (114) | Thigh | थाई | जाँघ |
| (115) | Throat | थ्रोट | गला, कंठ | (116) | Thumb | थम्ब | अँगूठा |
| (117) | Toe | टो | पाँव का पँजा | (118) | Tongue | टंग | जीभ |
| (119) | Tooth | टुथ | दाँत | (120) | Trachea | ट्रकि | श्वास नली |
| (121) | Trunk | ट्रंक | धड़ | (122) | Tears | टीयर्स | आँसू |

| S.No | Words | Pronunciation | Hindi Meaning | S.No | Words | Pronunciation | Hindi Meaning |
|---|---|---|---|---|---|---|---|
| (123) | Tonsil | टान्सिल | गले की घाटी | (124) | Testicles | टेस्टिकल्स | अंडकोश |
| (125) | Udders | अडर | पशु के स्तन | (126) | Womb | वूम्ब | गर्भाशय |
| (127) | Uterus | यूटिरस | गर्भाशय | (128) | Waist | वेस्ट | कमर |
| (129) | Uvala | यूव्युला | काग | (130) | Urine | यूरीन | मूत्र |
| (131) | Vagina | वेजिना | योनि | (132) | Vein | वेन | नस |

## Name of Relations

| S.No | Words | Pronunciation | Hindi Meaning | S.No | Words | Pronunciation | Hindi Meaning |
|---|---|---|---|---|---|---|---|
| (1) | Adopted daughter | एडॉप्टिड डॉटर | दत्तक पुत्री | (2) | Adopted son | एडॉप्डिट सन | दत्तक पुत्र |
| (3) | Ancestors | ऐनसेस्टर्स | पूर्वज | (4) | Aunt | ऑन्ट | मौसी, चाची |
| (5) | Bride | ब्राइड | दुल्हन | (6) | Bridegroom | ब्राइड-ग्रू | दूल्हा |
| (7) | Brother | ब्रदर | सगा भाई | (8) | Brethren | ब्रदरान | भाई-बन्धु |
| (9) | Brother-in-law | ब्रदर-इन-लॉ | देवर, जेठ | (10) | Concubine | कॉन्क्युबिन | रखैल |
| (11) | Class-fellow | क्लास-फैलो | सहपाठी | (12) | Co-wife | को-वाइफ | उप-पत्नी |
| (13) | Student | स्टूडेंट | विद्यार्थी | (14) | Client | क्लाइंट | मोवक्किल |
| (15) | Customer | कस्टमर | ग्राहक | (16) | Daughter | डॉटर | पुत्री |
| (17) | Daughter-in-law | डॉटर-इन-लॉ | पुत्र-वधू | (18) | Disciple | डिसाइपल | शिष्य |
| (19) | Father | फादर | पिता | (20) | Fellow | फेलो | संगी, साथी |
| (21) | Father-in-law | फादर-इन-लॉ | ससुर | (22) | Foe | फो | शत्रु |
| (23) | Friend | फ्रेंड | मित्र | (24) | Granddaughter | ग्रांड-डॉटर | पोती |
| (25) | Grandfather | ग्रांड-फादर | दादा | (26) | Grandmother | ग्रांड-मदर | दादी |
| (27) | Grandson | ग्रांड-सन | पोता | (28) | Guest | गेस्ट | अतिथि |
| (29) | Heir | हेअर | वारिस | (30) | Husband | हस्बैंड | पति |
| (31) | Lover | लवर | प्रेमी | (32) | Maternal aunt | मैटर्नल आंट | मामी |
| (33) | Maternal uncle | मैटर्नल अंकल | मामा | (34) | Teacher | टीचर | अध्यापक |
| (35) | Uncle | अंकल | चाचा, मौसा | (36) | Maternal sister | मैटर्नल सिस्टर | मौसी |
| (37) | Mamma | मम्मा | अम्मा | (38) | Mother | मदर | माँ |
| (39) | Mother-in-law | मदर-इन-लॉ | सास | (40) | Master | मास्टर | स्वामी |
| (41) | Maid-servant | मेड-सर्वेन्ट | नौकरानी | (42) | Nephew | नेफ्यू | भाँजा, भतीजा |
| (43) | Neighbour | नेबर | पड़ोसी | (44) | Niece | नीस | भाँजी, भतीजी |
| (45) | Parents | पैरेन्ट्स | माता-पिता | (46) | Posterity | पॉसटेरिटी | वंशज |
| (47) | Paramour | पैरामर | यार | (48) | Relative | रिलेटिव | नाती-सम्बन्धी |
| (49) | Stepbrother | स्टेप-ब्रादर | सौतेला भाई | (50) | Stepdaughter | स्टेपडॉटर | सौतेली बहन |
| (51) | Stepfather | स्टेप-फादर | सौतेला पिता | (52) | Stepmother | स्टेपमदर | सौतेली माँ |
| (53) | Stepson | स्टेप-सन | सौतेला पुत्र | (54) | Servant | सर्वेन्ट | नौकर |
| (55) | Sister | सिस्टर | बहन | (56) | Sister-in-law | सिस्टर-इन-लॉ | भाभी, ननद |
| (57) | Son | सन | बेटा | (58) | Son-in-law | सन-इन-लॉ | दामाद, जमाता |
| (59) | Wife | वाइफ | पत्नी | (60) | Cousin | कजिन | चचेरा भाई/बहन |
| (61) | Maternal grandmother | मैटर्नल ग्रांडमदर | नानी | (62) | Maternal grandfather | मैटर्नल ग्रांडफादर | नाना |

## Name of Ornaments and Jewels

| S.No | Words | Pronunciation | Hindi Meaning | S.No | Words | Pronunciation | Hindi Meaning |
|---|---|---|---|---|---|---|---|
| (1) | Anklet | ऐंकलैट | पाजेब | (2) | Armlet | आर्मलेट | बाजूबन्द |
| (3) | Bangle | बैंगल | कड़ा | (4) | Belt | बैल्ट | पेटी |

| S.No | Words | Pronunciation | Hindi Meaning | S.No | Words | Pronunciation | Hindi Meaning |
|---|---|---|---|---|---|---|---|
| (5) | Bracelet | ब्रेसलेट | कंगन | (6) | Brooch | ब्रूच | साड़ी का कांटा |
| (7) | Cat's eye | कैट्स आई | लहसुनिया | (8) | Chain | चेन | जंजीर |
| (9) | Clip | क्लिप | चिमटी | (10) | Coral | कोरल | मूँगा |
| (11) | Diamond | डायमण्ड | हीरा | (12) | Ear stud | इयर स्टड | कान का तल्ला |
| (13) | Emerald | एमरल्ड | पन्ना | (14) | Ear-ring | इयर रिंग | कान की बाली |
| (15) | Garland | गालैण्ड | हार, माला | (16) | Girdle | गर्डल | कमरबन्द |
| (17) | Gem | जेम | रत्न | (18) | Hair Pain | हेयर पिन | बालों की चिमटी |
| (19) | Head Locket | हैड लॉकेट | टीका | (20) | Locket | लॉकेट | लटकन |
| (21) | Medal | मेड्ल | तमगा | (22) | Mother of Pearl | मदर ऑफ पर्ल | मोती की सीप |
| (23) | Necklace | नैकलेस | हार | (24) | Nose-pin | नोज पिन | लौंग |
| (25) | Nose ring | नोज रिंग | नथ, नथुनी | (26) | Opal | ओपल | दूधिया पत्थर |
| (27) | Pearl | पर्ल | मोती | (28) | Quartz | क्वाट्ज | बिल्लौर |
| (29) | Ring | रिंग | छल्ला, अँगूठी | (30) | Ruby | रूबी | माणिक |
| (31) | Sapphire | सफायर | नीलम | (32) | Tiara | टियारा | ताज, मुकुट |
| (33) | Tops | टोप्स | टोप्स | (34) | Topaz | टोपाज | पुखराज |
| (35) | Turquoise | टरक्वाइज | फिरोजा | (36) | Wreath | रीथ | माला |
| (37) | Wristlet | रिस्टलेट | कंगन | (38) | Wrist-watch | रिस्ट-वाच | कलाई घड़ी |

## Name of Animals

| S.No | Words | Pronunciation | Hindi Meaning | S.No | Words | Pronunciation | Hindi Meaning |
|---|---|---|---|---|---|---|---|
| (1) | Ant-eater | ऐन्ट-ईटर | चींटीखोर | (2) | Antelope | ऐन्टीलोप | मृग |
| (3) | Ape | एप | लंगूर, बन्दर | (4) | Ass | ऐस | गधा, गर्दभ |
| (5) | Bear | बीअर | भालू, रीछ | (6) | Bitch | बिच | कुतिया |
| (7) | Boar | बोर | जंगली सुअर | (8) | Buffalo | बफैलो | भैंस |
| (9) | Bull | बुल | सांड, बैल | (10) | Beast | बीस्ट | जंगली पशु |
| (11) | Calf | काल्फ | बछड़ा | (12) | Camel | कैमल | ऊँट |
| (13) | Cat | कैट | बिल्ली | (14) | Charmois | शैमॉय | पहाड़ी हिरण |
| (15) | Colt | कोल्ट | बछेरा | (16) | Cow | काऊ | गाय |
| (17) | Chimpanzee | चिम्पांजी | वनमानुष | (18) | Deer | डियर | हिरण |
| (19) | Dog | डॉग | कुत्ता | (20) | Donkey | डंकी | गधा |
| (21) | Elephant | एलीफेंट | हाथी | (22) | Ewe | यू | मेंढी |
| (23) | Faun | फॉन | हिरण का बच्चा | (24) | Fox | फॉक्स | लोमड़ी |
| (25) | Giraffe | जिराफ | जिराफ | (26) | Goat | गोट | बकरी |
| (27) | Hare | हेअर | खरगोश | (28) | Hind | हाइंड | हिरणी |
| (29) | Hippopotamus | हिपोपोटमस | दरियाई घोड़ा | (30) | Horse | हार्स | घोड़ा |
| (31) | Hound | हाउंड | शिकारी कुत्ता | (32) | Hyena | ह्येना | लक्कड़बग्घा |
| (33) | Hog | हॉग | सुअर | (34) | Jackal | जैकाल | सियार |
| (35) | Kangaroo | कंगारू | कंगारू | (36) | Kid | किड | बकरी का बच्चा |
| (37) | Kitten | किट्टन | बिल्ली का बच्चा | (38) | Lamb | लैम्ब | भेड़ का बच्चा |
| (39) | Leopard | लिओपार्ड | तेंदुआ | (40) | Lion | लॉयन | शेर |
| (41) | Mare | मेयर | घोड़ी | (42) | Mole | मोल | छछुन्दर |
| (43) | Mongoose | मानगूज | नेवला | (44) | Monkey | मंकी | बंदर |
| (45) | Mouse | माऊस | चूहा | (46) | Mule | म्यूल | खच्चर |
| (47) | Musk-rat | मस्क रैट | छछून्दर | (48) | Musk-deer | मस्क-डियर | कस्तूरी |

| S.No | Words | Pronunciation | Hindi Meaning | S.No | Words | Pronunciation | Hindi Meaning |
|---|---|---|---|---|---|---|---|
| (49) | Ox | ऑक्स | बैल | (50) | Panther | पेंथर | चीता |
| (51) | Pig | पिग | सुअर | (52) | Pony | पोनी | टट्टू |
| (53) | Porcupine | पार्क्यूपाइन | साही | (54) | Puppy | पप्पी | पिल्ला |
| (55) | Rabbit | रैबिट | खरगोश | (56) | Ram | रैम | मेंढा |
| (57) | Rat | रैट | चूहा | (58) | Reindeer | रेंडीयर | हिरण |
| (59) | Rhinoceros | राईनसरल | गैंडा | (60) | She-calf | शी–काल्फ | बछड़ी |
| (61) | Sheep | शीप | भेड़ | (62) | She-goat | शी–गोट | बकरी |
| (63) | Sire | सायर | प्रजनक सांड | (64) | Spaniel | स्पेनियल | झबरा कुत्ता |
| (65) | Squirrel | स्क्वीरल | गिलहरी | (66) | Steer | स्टीयर | बधिया पशु |
| (67) | Stag | स्टैग | बारहसिंगा | (68) | Sow | साउ | सुअरी |
| (69) | Swine | स्वाइन | शूकरी | (70) | Tiger | टाइगर | बाघ, चीता |
| (71) | Wolf | वुल्फ | भेड़िया | (72) | Yak | यॉक | पर्वतीय बैल |
| (73) | Zebra | जेबरा | जेब्रा | (74) | Zebu | जीबू | सांड |

## Name of Birds

| S.No | Words | Pronunciation | Hindi Meaning | S.No | Words | Pronunciation | Hindi Meaning |
|---|---|---|---|---|---|---|---|
| (1) | Adjutant | एड्जुटन्ट | सारस | (2) | Bat | बैट | चमगादड़ |
| (3) | Bittern | बिटर्न | तितलौया | (4) | Chicken | चिकन | चूजा |
| (5) | Cock | कॉक | मुर्गा | (6) | Crane | क्रेन | सारस |
| (7) | Crow | क्रो | कौआ | (8) | Cuckoo | कुक्कू | पिक, कोयल |
| (9) | Cygnet | सिगनेट | हंस शावक | (10) | Cocato | कॉकाटो | काकातुआ |
| (11) | Dove | डॉव | पेंडुकी | (12) | Duck | डक | बत्तख (मादा) |
| (13) | Duckling | डकलिंग | बत्तख का बच्चा | (14) | Drake | ड्रेक | बत्तख (नर) |
| (15) | Eagle | ईगल | चील | (16) | Egg | ऐग | अंडा |
| (17) | Falcon | फाल्कन | बाज | (18) | Fowl | फाऊल | मुर्गा |
| (19) | Goose | गूज | बत्तख | (20) | Howk | हॉक | बाज |
| (21) | Hen | हैन | मुर्गी | (22) | Heron | हैरन | बगुला |
| (23) | Jay | जे | नीलकण्ठ | (24) | Kite | काइट | चील |
| (25) | Lark | लार्क | लवा | (26) | Magpie | मैग्पी | नीलकण्ठ |
| (27) | Macaw | मैका | मकावी तोता | (28) | Nightingale | नाइटिंगेल | बुलबुल |
| (29) | Ostrich | ओस्ट्रिच | शतुर्मुर्ग | (30) | Owl | आऊल | उल्लू |
| (31) | Parrot | पैरट | तोता | (32) | Partridge | पार्टरिज | चकोर, तीतर |
| (33) | Peacock | पीकॉक | मोर | (34) | Peahen | पीहैन | मोरनी |
| (35) | Pigeon | पीजिअन | कबूतर | (36) | Pheasant | फीजेन्ट | तीतर |
| (37) | Quail | क्वेल | बटेर | (38) | Rook | रूक | डोम, कौआ |
| (39) | Raven | रेवन | पहाड़ी कौआ | (40) | Sparrow | स्पैरो | गौरेया |
| (41) | Stork | स्टार्क | सारस | (42) | Swallow | स्वालो | अबाबील चिड़िया |
| (43) | Swan | स्वैन | हंस | (44) | Vulture | वुल्चर | गिद्ध |
| (45) | Weaver-bird | वीवर–बर्ड | बया | (46) | Wood Pecker | वुडपैक्कर | कठफोड़ा |

## Names of Some Reptiles, Water-living Creatures, Worms and Insects

| S.No | Words | Pronunciation | Hindi Meaning | S.No | Words | Pronunciation | Hindi Meaning |
|---|---|---|---|---|---|---|---|
| (1) | Adder | एड्डर | गेहुँआ साँप | (2) | Alligator | एलीगेटर | घड़ियाल |
| (3) | Ant | ऐंट | चींटी | (4) | Beetle | बीटल | गुबरैला |
| (5) | Bee | बी | मधुमक्खी मादा | (6) | Boa | बोआ | अजगर |

| S.No | Words | Pronunciation | Hindi Meaning | S.No | Words | Pronunciation | Hindi Meaning |
|---|---|---|---|---|---|---|---|
| (7) | Body-licer | बोड़ी-लाइसर | चीलर | (8) | Bug | बग | खटमल |
| (9) | Wasp | वास्प | ततैया भिड़ | (10) | Butterfly | बटरफ्लाई | तितली |
| (11) | Centipede | सेन्टीपेड | गोजर | (12) | Chameleon | शैमीलियन | गिरगिट |
| (13) | Cobra | कोबरा | काला साँप | (14) | Cocoon | कोकून | रेशम का कीट |
| (15) | Cod-fish | कॉड-फिश | कॉड मछली | (16) | Conch | कोंच | शंख |
| (17) | Cowire | कौरी | कोड़ी | (18) | Crab | क्रैब | केकड़ा |
| (19) | Cricket | क्रिकेट | झींगुर | (20) | Crocodile | क्रोकोडाल | मगरमच्छ |
| (21) | Drone | ड्रोन | मधुमक्खी (नर) | (22) | Earthworm | अर्थवर्म | केंचुआ |
| (23) | Eel | ईल | सर्प मछली | (24) | Fire-fly | फायर-फ्लाई | जुगनू |
| (25) | Fish | फिश | मछली | (26) | Flea | फ्ली | पिस्सू |
| (27) | Fly | फ्लाई | मक्खी | (28) | Frog | फ्रॉग | मेंढक |
| (29) | Gad-fly | गैडफ्लाई | डाँस | (30) | Grass-hopper | ग्रास-हॉपर | टिड्डा |
| (31) | Hippopotamus | हिप्पोपोटामस | दरियाई घोड़ा | (32) | Hood | हुड | फन |
| (33) | Hornet | हॉर्नेट | भिड़, बर्र | (34) | Leech | लीच | जोंक |
| (35) | Lizard | लिजर्ड | छिपकली | (36) | Lobster | लॉबस्टर | झींगा |
| (37) | Locust | लोकस्ट | टिड्डी | (38) | Louse | लाउस | जूं |
| (39) | Mosquito | मॉसकिटो | मच्छर | (40) | Nit | निट | लीख |
| (41) | Oyster | आयस्टर | सीप | (42) | Poison | पाइजन | विष |
| (43) | Rat Flea | रेटफ्ली | पिस्सू, मूषक | (44) | Scorpion | स्कारपिअन | बिच्छू |
| (45) | Serpent | सर्पेण्ट | सर्प | (46) | Shark | शार्क | शार्क मछली |
| (47) | Silk-worm | सिल्क-वर्म | रेशम का कीड़ा | (48) | Snail | स्नेल | घोंघा |
| (49) | Snake | स्नेक | साँप | (50) | Spider | स्पाइडर | मकड़ी |
| (51) | Tadpole | टेडपोल | मेंढक का बच्चा | (52) | Termite | टरमाइट | दीमक |
| (53) | Toad | टॉड | मेंढक | (54) | Tortoise | टार्टाइज | कछुआ |
| (55) | Turtle | टर्टल | कछुआ | (56) | Walrus | वालरस | दरियाई घोड़ा |

## Domestic Articles

| S.No | Words | Pronunciation | Hindi Meaning | S.No | Words | Pronunciation | Hindi Meaning |
|---|---|---|---|---|---|---|---|
| (1) | Almirah | अलमिरा | अलमारी | (2) | Anvil | एनविल | निहाई |
| (3) | Ash | ऐश | राख | (4) | Ash-Tray | ऐश-ट्रे | राख का पात्र |
| (5) | Attachee Case | अटैचीकेस | अटैची | (6) | Auger | आगर | पेंचदार वरमा |
| (7) | Axe | ऐक्स | कुल्हाड़ी | (8) | Balance | बैलेंस | तराजू |
| (9) | Basket | बॉसकेट | टोकरी | (10) | Bed | बैड | बिस्तर |
| (11) | Bed-stead | बैड-स्टैंड | पलंग | (12) | Bed-sheet | बैड-शीट | चादर |
| (13) | Bench | बैंच | बैंच | (14) | Blanket | ब्लैंकिट | कम्बल |
| (15) | Bobbin | बाबिन | अन्टा | (16) | Bolster | बोलस्टर | गोल तकिया |
| (17) | Bottle | बॉटल | बोतल | (18) | Box | बॉक्स | सन्दूक |
| (19) | Bowl | बाउल | कटोरा | (20) | Broom | ब्रूम | झाड़ू |
| (21) | Brush | ब्रुश | ब्रुश | (22) | Bucket | बकेट | बाल्टी |
| (23) | Bulb | बल्ब | बल्ब | (24) | Button | बटन | बटन |
| (25) | Candle | कैन्डिल | मोमबत्ती | (26) | Candle-stand | कैन्डिल स्टैण्ड | शमादान |
| (27) | Cabinet | कैबिनेट | अलमारी | (28) | Carpet | कारपेट | गलीचा |
| (29) | Canister | कानिस्टर | कनस्तर | (30) | Cauldron | काल्ड्रन | कढ़ाई |
| (31) | Censor | सैनसर | धूपदानी | (32) | Chair | चेयर | कुर्सी |

| S.No | Words | Pronunciation | Hindi Meaning | S.No | Words | Pronunciation | Hindi Meaning |
|---|---|---|---|---|---|---|---|
| (33) | Chest | चैस्ट | पेटी | (34) | Chimmey | चिमनी | चिमनी |
| (35) | Cotton | कॉटन | रूई | (36) | Chandelier | शैन्डीलियर | झाड़ फानूस |
| (37) | Chisel | चीजल | छैनी | (38) | Churn | चर्न | मथानी |
| (39) | Comb | कॉम्ब | कंघी | (40) | Cooking gas | कुकिंग गैस | भोजन पकाने की गैस |
| (41) | Cup | कप | प्याला | (42) | Curtain | कर्टेन | पर्दा |
| (43) | Cushion | कुशन | गद्दा | (44) | Chinese-ware | चाइनीज-वेयर | चीनी-मिट्टी के बर्तन |
| (45) | Couch | काउच | सेज | (46) | Clock | क्लॉक | घड़ी |
| (47) | Cream | क्रीम | क्रीम | (48) | Cot | कॉट | चारपाई |
| (49) | Cinders | सिन्डर्स | अंगारे | (50) | Cup-board | कप-बोर्ड | अलमारी |
| (51) | Desk | डेस्क | डेस्क | (52) | Dish | डिश | रकाबी |
| (53) | Door-meat | डोर-मैट | पायदान | (54) | Drawers | ड्राअर्स | दराज |
| (55) | Drill | ड्रिल | बरमा | (56) | Electricity | इलैक्ट्रिसिटी | बिजली |
| (57) | Fan | फैन | पंखा | (58) | File | फाइल | रेती |
| (59) | Fire | फायर | आग | (60) | Fire place | फायर प्लेस | अँगीठी |
| (61) | Flower-vase | फ्लावर वेस | फूलदान | (62) | Fork | फोर्क | काँटा |
| (63) | Frying pan | फ्राईंग पॉन | कढ़ाही | (64) | Fuel | फ्यूल | ईंधन |
| (65) | Funnel | फनल | कीप | (66) | Flagon | फ्लेगॉन | सुराही |
| (67) | Fire Pan | फायर पॉन | अँगीठी | (68) | Grate | ग्रेट | चूल्हा |
| (69) | Gramophone | ग्रामोफोन | ग्रामोफोन | (70) | Hammer | हैमर | हथौड़ा |
| (71) | Hand-pump | हैण्ड-पम्प | बर्मा | (72) | Hearth | हार्थ | चूल्हा |
| (73) | Hatchet | हैचेट | फावड़ा | (74) | Iron | आयरन | इस्तरी |
| (75) | Ice-box | आसइ-बॉक्स | बर्फ पेटी | (76) | Iron plate | आयर-प्लेट | तवा |
| (77) | Iron-chest | आयरन-चेस्ट | लोहे की सन्दूक | (78) | Iron-safe | आयरन-सेफ | लोहे की अलमारी |
| (79) | Jar | जार | मर्तबान | (80) | Jug | जग | जग |
| (81) | Kerosene | कैरोसिन | मिट्टी का तेल | (82) | Kettle | केटल | केतली |
| (83) | Key | की | चाबी | (84) | Knife | नाईफ | चाकू |
| (85) | Kiln | किल्न | भट्टी | (86) | Lancet | लांसेट | छुरिका |
| (87) | Lump | लैंप | दीया | (88) | Lid | लिड | ढक्कन |
| (89) | Lock | लॉक | ताला | (90) | Lantern | लैन्टर्न | लालटेन |
| (91) | Loom | लूम | करघा | (92) | Ladle | लैडल | कड़छी |
| (93) | Looking glass | लुकिंग ग्लास | दर्पण | (94) | Mackintosh | माटिकन्टोश | मोमजामा |
| (95) | Mat | मैट | चटाई | (96) | Match-box | मैच बॉक्स | माचिस |
| (97) | Mallet | मैलट | हथौड़ा | (98) | Mattress | मैट्रैस | गद्दा |
| (99) | Mirror | मिरर | दर्पण | (100) | Mortar | मोरटर | ओखली |
| (101) | Needle | नीडल | सूई | (102) | Oil | ऑयल | तेल |
| (105) | Oven | ओवन | तन्दूर | (106) | Palanquin | प्लैनक्विन | पालकी |
| (107) | Pastry-board | पेस्ट्री-बोर्ड | चकला | (108) | Pastry-roller | पेस्ट्री रोलर | बेलन |
| (109) | Paper | पेपर | कागज | (110) | Picture | पिक्चर | तस्वीर |
| (111) | Pan | पान | कढ़ाई | (112) | Pen | पैन | कलम |
| (113) | Pestle | पैसल | मूसली | (114) | Phial | फियल | शीशी |
| (115) | Pillow | पिलो | तकिया | (116) | Pillow-case | पिलो केस | गिलाफ |
| (117) | Pincers | पिंसर्स | सिंडासी | (118) | Pitcher | पिच्चर | घड़ा |
| (119) | Pot | पॉट | मटका | (120) | Probe | प्रोब | सलाई |

| S.No | Words | Pronunciation | Hindi Meaning | S.No | Words | Pronunciation | Hindi Meaning |
|---|---|---|---|---|---|---|---|
| (121) | Plate | प्लेट | थाली | (122) | Plough | प्लाउ | हल |
| (123) | Plane | प्लेन | रंदा | (124) | Pad-lock | पैड-लॉक | बड़ा ताला |
| (125) | Powder | पाऊडर | बुकनी | (126) | Quilt | क्विल्ट | रजाई |
| (127) | Rope | रोप | रस्सी | (128) | Radio | रेडियो | रेडियो |
| (129) | Razor | रेजर | उस्तरा | (130) | Sack | सैक | बोरी |
| (131) | Safe | सेफ | तिजोरी | (132) | Saucer | सॉसर | छोटी तश्तरी |
| (133) | Sieve | सिव | चलनी | (134) | Soap | सोप | साबुन |
| (135) | Soap-case | सोप-केसल | साबुनदानी | (136) | Spoon | स्पून | चम्मच |
| (137) | Spittoon | स्पिटन | पीकदान | (138) | Stick | स्टिक | छड़ी |
| (139) | Stove | स्टोव | दम चूल्हा | (140) | Swing | स्विंग | झूला |
| (141) | Screw-driver | स्क्रू-ड्राईवर | पेचकस | (142) | Sickle | सिकल | दरांती |
| (143) | Shovel | शावेल | खुरपी | (144) | Spade | स्पेड | फावड़ा |
| (145) | Saw | सॉ | आरी | (146) | Spear | स्पीयर | भाला |
| (147) | Sword | स्वोर्ड | तलवार | (148) | Stool | स्टूल | तिपाई |
| (149) | Sofa | सोफा | सोफा | (150) | Shelf | शैल्फ | खुली अलमारी |
| (151) | String | स्ट्रिंग | रस्सी | (152) | Switch | स्विच | खटका |
| (153) | Scissors | सिजर्स | कैंची | (154) | Sewing Machine | स्यूइंग मशीन | सिलाई मशीन |
| (155) | Table | टेबल | मेज | (156) | Tap | टैप | नल |
| (157) | Tumbler | टम्बलर | गिलास | (158) | Thimble | थिम्बल | अंगुस्ताना |
| (159) | Tongs | टोंग्ज | चिमटा | (160) | Tooth brush | टुथ ब्रश | ब्रुश |
| (161) | Tooth powder | टुथ पाउडर | मंजन | (162) | Tray | ट्रे | थाली |
| (163) | Twine | ट्वाइन | रस्सी | (164) | Table Fan | टेबल फैन | मेज पंखा |
| (165) | Table Lamp | टेबल लैम्प | मेज का लैम्प | (166) | Telephone | टेलीफोन | दूरभाष |
| (167) | Umbrella | अम्ब्रेला | छाता | (168) | Wick | विक | बत्ती |
| (169) | Wire | वायर | तार | | | | |

## Homes and Abodes

| | | | | |
|---|---|---|---|---|
| (1) | Babies | शिशु | live in a nursery. | नर्सरी |
| (2) | Bees | मधु-मक्खियाँ | live in a beehive. | शहद का छत्ता |
| (3) | Birds | पक्षी | live in nests. | घोंसले |
| (4) | Convicts | अपराधी | live in prison. | कारावास |
| (5) | Cows | गायें | live in shed. | गोशाला |
| (6) | Dogs | कुत्ते | live in kennels. | घुर |
| (7) | Foxes | लोमड़ी | live in forests. | वन |
| (8) | Kings | राजा | live in palaces. | महल |
| (9) | Horses | घोड़े | live in stables. | अस्तबल |
| (10) | Lions | शेर | live in dens. | मांद |
| (11) | Lunatics | पागल | live in asylums. | पागलखाना |
| (12) | Men | आदमी | live in house. | घर |
| (13) | Mice | चूहे | live in holes. | बिल |
| (14) | Monks | भिक्षु | live in a monastery. | मठ |
| (15) | Nuns | भिक्षुणी | live in a convent. | विहार |

| S.No | Words | Pronunciation | Hindi Meaning | S.No | Words | Pronunciation | Hindi Meaning |
|---|---|---|---|---|---|---|---|
| (16) | Invalids | दुर्बल व्यक्ति | | | live in a sanatorium. | | स्वास्थालय |
| (17) | Pigs | सुअर | | | live in a sty. | | सूअर बाड़ा |
| (18) | Officers | अफसर | | | live in quarters. | | क्वार्टर |
| (19) | Priests | पुजारी | | | live in a parsonage. | | पादरीघर |
| (20) | Peasants | किसान | | | live in cottages. | | झोपड़ी |
| (21) | Prisoners | कैदी | | | live in cell. | | कोठरी |
| (22) | Sheep | भेड़ | | | live in a pen or fold. | | बाड़ा |
| (23) | Soldiers | सैनिक | | | live in barracks. | | सैनिक क्वार्टर |
| (24) | Spiders | मकड़ियाँ | | | live in webs. | | जाला |
| (25) | Owls | उल्लू | | | live in trees. | | वृक्ष |
| (26) | Tigers | चीते | | | live in lairs. | | मांद |

## Name of Musical Instruments

| S.No | Words | Pronunciation | Hindi Meaning | S.No | Words | Pronunciation | Hindi Meaning |
|---|---|---|---|---|---|---|---|
| (1) | Bell | बेल | घंटी | (2) | Bugle | बिगुल | शहनाई |
| (3) | Bag pipe | बैग पाइप | मशकबाजा | (4) | Banjo | बैंजो | बैंजो |
| (5) | Bassoon | बसून | अलगोजा | (6) | Clarion | क्लैरियन | बांसुरी, तुरही |
| (7) | Clarionet | क्लैरियानेट | क्लैरिनेट | (8) | Cymbal | सिम्बल | झाँझ |
| (9) | Conch | कौंच | शंख | (10) | Drum | ड्रम | ढोलक, नगाड़ा |
| (11) | Drumnet | ड्रमेट | डुगडुगी | (12) | Flute | फ्लूट | बांसुरी |
| (13) | Guitar | गिटार | सितार | (14) | Gong | गांग | घंटा |
| (15) | Gourd Flute | गोर्ड फ्लूट | बीना | (16) | Harmonium | हारमोनियम | हारमोनियम |
| (17) | Harp | हार्प | वीणा | (18) | Horn | हार्न | सींग |
| (19) | Haut boy | हॉटबॉय | शहनाई | (20) | Jew's Harp Lute | ज्यूज हार्प-ल्यूट | मरचंग |
| (21) | Kettle-drum | केटल-ड्रम | नगाड़ा | (22) | Mandolin | मैनडोलिन | एक वाद्य यंत्र |
| (23) | Mouth Organ | माऊथ ऑर्गन | बीन-बाजा | (24) | Piano | पियानो | पियानो |
| (25) | Sarod | सरोद | सरोद | (26) | Sitar | सितार | सितार |
| (27) | Tab | टैब | छोटा ढोल | (28) | Tomtom | टमटम | ढोलक |
| (29) | Tambourine | टैम्बूरीन | झाँझ लगा हुआ उफ | (30) | Trombone | ट्रम्बोन | तुरही |
| (31) | Violin | वायलिन | वायलिन | (32) | Whistle | व्हिसल | सीटी |

## Name of Minerals

| S.No | Words | Pronunciation | Hindi Meaning | S.No | Words | Pronunciation | Hindi Meaning |
|---|---|---|---|---|---|---|---|
| (1) | Antimony | एन्टीमॉनी | सुरमा | (2) | Arsenic | अर्सेनिक | संखिया |
| (3) | Alum | ऐलम | फिटकरी | (4) | Bitumen | बिटूमन | शिलाजीत |
| (5) | Bronze | ब्रोन्ज | कांसा | (6) | Brass | ब्रास | पीटल |
| (7) | Bell-metal | बेल-मेटल | कांसा | (8) | Bluevitrio | ब्लूबिट्रियो | तूतिया |
| (9) | Chalk | चाक | खड़िया | (10) | Cinnabar | सिन्नेबार | सिन्दूर |
| (11) | Charcoal | चारकोल | लकड़ी का कोयला | (12) | Coal | कोल | कोयला |
| (13) | Copper | कॉपर | तांबा | (14) | Cornelian | कोर्नेलियन | अकीक |
| (15) | Copper sulphate | कॉपर सल्फेट | तूतिया | (16) | Diamond | डायमण्ड | हीरा |
| (17) | Emerald | एमरल्ड | पन्ना | (18) | Flint | फ्लिंट | चकमक पत्थर |
| (19) | Fuller's earth | फुलर्स अर्थ | मुल्तानी मिट्टी | (20) | Grey Copper | ग्रे कॉपर | भूरा तांबा |
| (21) | GreyTin | ग्रे टिन | धूसर रांगा | (22) | Gold | गोल्ड | सोना |
| (23) | Greenvitriol | ग्रीनविट्यल | कसीह | (24) | Iron | आयरन | लोहा |

| S.No | Words | Pronunciation | Hindi Meaning | S.No | Words | Pronunciation | Hindi Meaning |
|---|---|---|---|---|---|---|---|
| (25) | Iron Ore | आयरन ओर | खनिज लोहा | (26) | Kerosene | कैरोसिन | मिट्टी का तेल |
| (27) | Lead | लेड | सीसा | (28) | Marble | मार्बल | संगमरमर |
| (29) | Mercury | मर्करी | पारा | (30) | Metal | मेटल | धातु |
| (31) | Mica | माइका | अभ्रक | (32) | Mine | माइन | खान |
| (33) | Natron | नैट्रॉन | सज्जीखार | (34) | Orpiment | आर्पिमैण्ट | हरताल |
| (35) | Ochre | ओकर | एक प्रकार की मिट्टी | (36) | Plastic Clay | प्लास्टिक क्ले | सुघट्य मिट्टी |
| (37) | Red ochre | रेड ओकर | गेरू | (38) | Ruby | रूबी | लाल |
| (39) | Rock oil | रॉक ऑयल | शैल तेल | (40) | Saltpetre | साल्टपीटर | शोरा |
| (41) | Shale | शेल स्लेटी | पत्थर | (42) | Silver | सिल्वर | चांदी |
| (43) | Soapstone | सोप स्टोन | सेलखड़ी | (44) | Steatite | स्टीराइट | सेलखड़ी |
| (45) | Steel | स्टील | फौलाद | (46) | Sulphur | सल्फर | गन्धक |
| (47) | Tin | टिन | रांगा | (48) | Touchstone | टचस्टोन | कसौटी |
| (49) | Vermilion | वर्मिलियन | सिन्दूर | (50) | White lead | स्वाइट लेड | सफेदा |
| (51) | Yellow ochre | येलो ओकर | राजरज | (52) | Zinc | जिंक | जस्ता |

## Name of Professions and Occupations

| S.No | Words | Pronunciation | Hindi Meaning | S.No | Words | Pronunciation | Hindi Meaning |
|---|---|---|---|---|---|---|---|
| (1) | Actor | एक्टर | नाटक का पात्र | (2) | Accountant | एकाउटैन्ट | मुनीम |
| (3) | Advocate | एडवोकेट | वकील | (4) | Agent | एजेंट | प्रतिनिधि |
| (5) | Agriculturist | एग्रीकलचरिस्ट | कृषक | (6) | Architect | आर्किटेक्ट | नक्शानवीश |
| (7) | Artist | आर्टिस्ट | कलाकार | (8) | Artisan | आर्टीसन | कारीगर |
| (9) | Astrologer | एस्ट्रोलोजर | ज्योतिष | (10) | Astronomer | अस्ट्रानॉमर | खगोलशास्त्री |
| (11) | Auditor | ऑडिटर | हिसाब निरीक्षक | (12) | Auctioneer | आक्शनीयर | नीलामी करने वाला |
| (13) | Author | ऑथर | लेखक, ग्रन्थकार | (14) | Baker | बेकर | नानबाई |
| (15) | Banker | बैंकर | साहूकार | (16) | Bankrupt | बैंकप्ट | दिवालिया |
| (17) | Beggar | बैगर | भिखारी | (18) | Blacksmith | ब्लैकस्मिथ | लुहार |
| (19) | Book-binder | बुक-बाइण्डर | जिल्दसाज | (20) | Book-seller | बुक-सेलर | पुस्तक विक्रेता |
| (21) | Boatman | बोटमेन | नाविक | (22) | Brasier | बेजियर | ठठेरा |
| (23) | Bursar | बर्सर | कोषाधिकारी | (24) | Butler | बटलर | भण्डारी |
| (25) | Butcher | बूचर | कसाई | (26) | Barrister | बैरिस्टर | बैरिस्टर |
| (27) | Betel-seller | बीटेल सेलर | पनवाड़ी | (28) | Broker | ब्रोकर | दलाल |
| (29) | Carder | कार्डर | धुनिया | (30) | Carpenter | कारपेन्टर | बढ़ई |
| (31) | Carrier | कैरियर | माला ढोने वाला | (32) | Cashier | कैशियर | रोकड़िया |
| (33) | Chauffeur | शौफर | कार चालक | (34) | Cultivator | कल्टिवेटर | कृषक |
| (35) | Chemist | कैमिस्ट | दवाई विक्रेता | (36) | Clerk | क्लर्क | मुंशी, लिपिक |
| (37) | Cobbler | कॉबलर | मोची | (38) | Coachman | कोचमेन | कोचवान |
| (39) | Cleaner | क्लीनर | साफ करने वाला | (40) | Contractor | कन्ट्रेक्टर | ठेकेदार |
| (41) | Constable | कांस्टेबल | सिपाही | (42) | Conductor | कंडक्टर | संवाहक |
| (43) | Confectioner | कनफैक्शनर | हलवाई | (44) | Cook | कुक | रसोइया |
| (45) | Compounder | कम्पाउंडर | औषधि बनाने वाला | (46) | Coolie | कुली | कुली |
| (47) | Compositor | कम्पोजीटर | प्रैस में अक्षर लगाने वाला | (48) | Cloth-merchant | क्लॉथ-मर्चेन्ट | बजाज |
| (49) | Carter | कार्टर | गाड़ीवान | (50) | Clergyman | क्लर्जीमेन | पुरोहित |
| (51) | Dancer | डांसर | नर्तकी | (52) | Darner | डार्नर | रफूगर |
| (53) | Dentist | डैंटिस्ट | दंत चिकित्सक | (54) | Doctor | डॉक्टर | डॉक्टर |

| S.No | Words | Pronunciation | Hindi Meaning | S.No | Words | Pronunciation | Hindi Meaning |
|---|---|---|---|---|---|---|---|
| (55) | Draper | ड्रैपर | बजाज | (56) | Draughtsman | ड्रॉफ्ट्समैन | नक्शानवीस |
| (57) | Dramatist | ड्रामाटिस्ट | नाटककार | (58) | Druggist | ड्रगिस्ट | औषधि-विक्रेता |
| (59) | Dyer | डायर | रंगसाज | (60) | Driver | ड्राइवर | यान चालक |
| (61) | Drummer | ड्रमर | ढोलची | (62) | Editor | एडिटर | सम्पादक |
| (63) | Enameller | इनेमलर | मीनाकार | (64) | Engineer | इंजीनियर | अभियन्ता |
| (65) | Examiner | एग्जामिनर | परीक्षक | (66) | Farmer | फार्मर | किसान |
| (67) | Fisherman | फिशरमैन | मछेरा | (68) | Florist | फ्लोरिस्ट | फूल बेचने वाला |
| (69) | Gardener | गार्डनर | माली | (70) | Gatekeeper | गेटकीपर | दरबान |
| (71) | Glazier | ग्लेजिअर | शीशा जड़ने वाला | (72) | Goldsmith | गोल्डस्मिथ | सुनार |
| (73) | Grocer | ग्रोसर | पंसारी | (74) | Groom | ग्रूम | सईस |
| (75) | Green-grocer | ग्रीन-ग्रोसर | कुंजड़ा | (76) | Gleaner | ग्लीनर | सिल्ला |
| (77) | Hawker | हॉकर | फेरी वाला | (78) | Inkman | इंकमेन | रोशनाई वाला |
| (79) | Inspector | इंस्पेक्टर | निरीक्षक | (80) | Jeweller | ज्वैलर | जौहरी |
| (81) | Juggler | जगलर | मदारी | (82) | Landlord | लैण्डलॉर्ड | जागीरदार |
| (83) | Lawyer | लायर | वकील | (84) | Maid-servant | मेड-सर्वेन्ट | नौकरानी |
| (85) | Magician | मैजिशियन | जादूगर | (86) | Manager | मैनेजर | प्रबन्धक |
| (87) | Mason | मेसन | राज, राजगीर | (88) | Merchant | मर्चेन्ट | सौदागर |
| (89) | Messenger | मैंसजर | दूत | (90) | Mechanic | मेकेनिक | मिस्त्री |
| (91) | Midwife | मिडवाई | दाई | (92) | Milkman | मिल्कमैन | ग्वाला |
| (93) | Milkmaid | मिल्कमेड | ग्वालन | (94) | Musician | म्यूजिशियन | संगीतकार |
| (95) | Miner | माईनर | खान खोदने वाला | (96) | News-agent | न्यूज-एजेंट | समाचार विक्रेता |
| (97) | News-monger | न्यूज-मॉगर | खबर फैलाने वाला | (98) | Novelist | नोवलिस्ट | उपन्यासकार |
| (99) | Nurse | नर्स | दाई, आया | (100) | Oilman | ऑयलमैन | तेली |
| (101) | Operator | ऑप्रेटर | मशीन चालक | (102) | Painter | पेंटर | रंगसाज |
| (103) | Palmist | पामिस्ट | हाथ देखने वाला | (104) | Peon | पीअन | चपरासी |
| (105) | Perfumer | पर्फ्यूमर | गन्धी | (106) | Photographer | फोटोग्राफर | फोटोग्राफर |
| (107) | Physician | फिजिशन | वैध, चिकित्सक | (108) | Pilgrim | पिल्ग्रिम | तीर्थ-यात्री |
| (109) | Poet | पोयट | कवि | (110) | Potter | पॉटर | कुम्हार |
| (111) | Postman | पोस्टमैन | डाकिया | (112) | Printer | प्रिन्टर | मुद्रक |
| (113) | Priest | प्रीस्ट | पुजारी, पुरोहित | (114) | Politician | पोलीटिशायन | राजनीतिज्ञ |
| (115) | Porter | पोर्टर | कुली, दरबान | (116) | Proprietor | प्रोप्राइटर | मालिक |
| (117) | Pedlar | पैडलर | फेरी वाला | (118) | Pilot | पाइलट | वायुयान-चालक |
| (119) | Pleader | प्लीडर | वकील | (120) | Publisher | पब्लिशर | प्रकाशक |
| (121) | Principal | प्रिन्सिपल | प्रधानाचार्य | (122) | Parcher | पार्च | भड़भूजा |
| (123) | Procurer | प्रोक्योरर | प्रापक, दलाल | (124) | Proctor | प्रोक्टर | अनुशासनाधिकारी |
| (125) | Professor | प्रोफैसर | प्राध्यापक | (126) | Procurator | प्रोक्युरेटर | कोषाधिकारी |
| (127) | Quack | क्वेक | नीमहकीम | (128) | Quaestor | केस्टॉर | दंडनायक |
| (129) | Quizzer | क्विजन | परीक्षाकर्त्ता | (130) | Retailer | रिटेलर | खुदरा व्यापारी |
| (131) | Repairer | रिपेयर | मरम्मत करने वाला | (132) | Sailor | सेलर | नाविक |
| (133) | Sanitary Inspector | सैनीटरी-इंस्पैक्टर | सफाई दारोगा | (134) | Sculptor | स्कल्पटर | पत्थर काटने वाला |
| (135) | Seedsman | सीड्समैने | बीज-विक्रेता | (136) | Shepherd | शैफर्ड | गडरिया |
| (137) | Shoemaker | शूमेकर | मोची | (138) | Shopkeeper | शॉपकीपर | दुकानदार |
| (139) | Stamp-vendor | स्टाम्प-वेन्डर | टिकट विक्रेता | (140) | Surgeon | सर्जन | शल्य-चिकित्सक |

| S.No | Words | Pronunciation | Hindi Meaning | S.No | Words | Pronunciation | Hindi Meaning |
|---|---|---|---|---|---|---|---|
| (141) | Sweeper | स्वीपर | भंगी | (142) | Stationer | स्टेशनर | कागज, कलम विक्रेता |
| (143) | Sorcerer | सोर्सेरर | तान्त्रिक | (144) | Tailor | टेलर | दर्जी |
| (145) | Tanner | टेनर | चमड़ा रंगने वाला | (146) | Teacher | टीचर | अध्यापक |
| (147) | Treasurer | ट्रेजरर | कोषाध्यक्ष | (148) | Turner | टर्नर | खरादिया |
| (149) | Tutor | टयूटर | ट्यूशन पढ़ाने वाला | (150) | Trader | ट्रेडर | व्यापारी |
| (151) | Tinman | टिनमैन | कलई करने वाला | (152) | T.T.E. | टी. टी. ई. | टिकट निरीक्षक |
| (153) | Usurer | यूजरर | सूदखोर | (154) | Washerman | वाशरमैन | धोबी |
| (155) | Watchman | वॉचमैन | चौकीदार | (156) | Water carrier | वाटर कैरियर | महरा |
| (157) | Weaver | वीवर | जुलाहा | (158) | Writer | राईटर | लेखक |
| (159) | Watchmaker | वॉचमेकर | घड़ीसाज | | | | |

## Name of Important Tools

| S.No | Words | Pronunciation | Hindi Meaning | S.No | Words | Pronunciation | Hindi Meaning |
|---|---|---|---|---|---|---|---|
| (1) | Anchor | एन्कर | लंगर | (2) | Anvil | एन्विल | निहाई |
| (3) | Auger | आगर | बरमा | (4) | Awl | ऑल | टंकुआ |
| (5) | Axe | ऐक्स | गेंती, कुल्हाड़ी | (6) | Bagging-hook | बैगिंग हुत | दरांती |
| (7) | Balance | बैलेंस | तराजू | (8) | Bar share | बॉर-शेअर | कस्सी, फाली |
| (9) | Bead-plane | बीड-प्लेन | गोल रन्दा | (10) | Bellows | बिलौज | धौंकनी |
| (11) | Blow-pipe | ब्लो-पाईप | फूंकनी | (12) | Clamp | कलैम्प | कांटा |
| (13) | Cleat | क्लीट | पत्री | (14) | Chisel | चिजेल | छैनी |
| (15) | Colter | कोल्टर | हल की फाल | (16) | Compass | कम्पास | कुतुबनामा |
| (17) | Cone | कोन | शंकु | (18) | Dagger | डैगर | छुरा, खंजर |
| (19) | Dibble | डिब्बल | रंदा | (20) | Divider | डिवाईडर | परकार |
| (21) | Drill | ड्रिल | बरमी | (22) | Fast | फास्ट | मोची का फरमा |
| (23) | File | फाइल | रेती | (24) | Fishing rod | फिशिंग राड | पकड़ने की डोरी |
| (25) | Gauge | गेज | नापने का यंत्र | (26) | Hammer | हैमर | हथौड़ा |
| (27) | Hand saw | हैंड सा | आरी | (28) | Hand vice | हैंड वाइस | हाथ बांक |
| (29) | Jack plane | जैक प्लेन | बड़ा रंदा | (30) | Last | लॉस्ट | जूता बनाने का फर्मा |
| (31) | Lancet | लांसेट | नश्तरी की छुरी | (32) | Lever | लीवर | उत्तोलक |
| (33) | Loom | लूम | करघा | (34) | Lathe | लेथ | खराद |
| (35) | Mallet | मैलिट | मुगरी | (36) | Needle point | नीडल प्वाइंट | विरंजी |
| (37) | Oar | ओर | डांडा, चप्पू | (38) | Oil-mill | आयल मिल | कोल्हू |
| (39) | Plough | प्लाऊ | हल | (40) | Plough share | प्लाऊ शेयर | हल की फार |
| (41) | Plumb line | प्लम्ब लाइन | साहुल | (42) | Pruning shear | प्रेनिंग शीअर | दस्ती कैंची |
| (43) | Rasp | रास्प | मोटी रेती | (44) | Razor | रेजर | उस्तरा |
| (45) | Rebate Plane | रिबेट प्लेन | पताम रंदा | (46) | Rudder | रड्डर | पतवार |
| (47) | Saw | सॉ | आरी | (48) | Screw | स्क्रू | पेंच, डिबरी |
| (49) | Screw-driver | स्क्रू-ड्राइवर | पेचकस | (50) | Scissors | सीजर्स | कैंची |
| (51) | Sickle | सिक्कल | दरांती | (52) | Spade | स्पेड | कुदाल, फावड़ा |
| (53) | Spanner | स्पैनर | डिबरी कसने की चाबी | (54) | Stone chisel | स्टोन चिजल | छैनी |
| (55) | Smoothing plane | स्मूथिंग प्लेन | बारीक रंदा | (56) | Still | स्टिल | भभका |
| (57) | Stock and dies | स्टॉक एंड डायस | वादिया | (58) | Tooling plane | टूलिंग प्लेन | धारी रंदा |
| (59) | Trying plane | ट्राइंग प्लेन | छोटा रंदा | (60) | Try square | ट्राइ स्कवेअर | गुनिया |
| (61) | Trowel | ट्रावल | करनी | (62) | Trying angle | ट्राइंग एंगल | गुनिया |

## Terminology of War-Fare

| S.No | Words | Pronunciation | Hindi Meaning | S.No | Words | Pronunciation | Hindi Meaning |
|---|---|---|---|---|---|---|---|
| (1) | Aggression | अग्रैशन | आक्रमण | (2) | Anti-aircraft gun | ऐंटी एअरक्राफ्ट गन | वायुयान तोप |
| (3) | Army | आर्मी | सेना | (4) | Arms | आर्म्स | हथियार |
| (5) | Armaments | आर्मामैन्ट्स | युद्ध के शस्त्र | (6) | Ammunition | एम्युनिशन | गोला-बारूद |
| (7) | Armour | आर्मर | कवच | (8) | Atom bomb | एटम बम | अणुबम |
| (9) | Atomic Warfare | एटॉमिक वारफेअर | परमाणु युद्ध | (10) | Attack | अटैक | आक्रमण |
| (11) | Auxiliary force | आग्जिलियरी फोर्स | सहायक सेना | (12) | Battle | बैटल | युद्ध |
| (13) | Battle-field | बैटल-फील्ड | युद्धक्षेत्र | (14) | Belligerent Nation | बैरिजैरेट नेश्न | लड़ने वाला राष्ट्र |
| (15) | Battle-ship | बैटल शिप | युद्धपोत | (16) | Blockade | ब्लाकेड | नाकाबन्दी |
| (17) | Bombardment | बम्बार्डमेंट | बमबारी | (18) | Bloodshed | बल्डशैड | बमबारी |
| (19) | Bomb | बाम्ब | बम | (20) | Brute force | ब्रुटफोर्स | पाशविक शक्ति |
| (21) | Bullet | बुलेट | गोली | (22) | Bunker | बंकर | मोर्चा |
| (23) | Campaign | काम्पेन | युद्ध-प्रवृत्ति | (24) | Cannon | कैनन | तोप |
| (25) | Cannon ball | कैनन बाल | तोप के गोले | (26) | Cartridge | कारट्रेज | कारतूस |
| (27) | Cavalry | कैवलरी | घुड़सवारी सेना | (28) | Cease fire | सीज फायर | युद्ध विराम |
| (29) | Civil war | सिविल वॉर | गृह युद्ध | (30) | Combatants | कम्बैटैंट्स | योद्धा |
| (31) | Commander-in-chief | कमाँडर-इन-चीफ | सेनापत्ति | (32) | Conscription | कान्सक्रिप्शन | अनिवार्य भर्ती |
| (33) | Defence | डिफैंस | सुरक्षा | (34) | Defence Ministry | डिफैंस मिनिस्ट्री | रक्षा मंत्रालय |
| (35) | Dcfcncc Scrvicc | डिफैंस सर्विस | फौजी नौकरी | (36) | Dcmobilization | डिमोबिलाइजेशन | सेनाभंग |
| (37) | Destroyer | डेस्ट्रायर | विध्वसंक | (38) | Enemy | एनिमी | शत्रु |
| (39) | Expedition | एक्सपेडीशन | अभियान | (40) | Explosive bomb | एक्सप्लोसिव बॉम्ब | विस्फोटक बम |
| (41) | Field Marshal | फील्ड मार्शल | सेना अधिकारी | (42) | Fighter plane | फाईटर प्लेन | लड़ाकू जहाज |
| (43) | Fortification | फोर्टीफिकेशन | किलाबंदी | (44) | Gas-mask | गैस-मास्क | गैस नकाब |
| (45) | Guerilla | गुरिल्ला | गुरेला | (46) | Gun Powder | गन पाउडर | बारूद |
| (47) | Land-force | लैंड-फोर्स | स्थल सेना | (48) | Machine-gun | मशीनगन | मशीनगन |
| (49) | Magazine-gun | मैगनीज गन | कारतूस वाली बन्दूक | (50) | Magazine | मैगजीन | बारूद खाना |
| (51) | Morale | मोरेल | मनोबल | (52) | Muting | म्यूटिनी | बगावत, विद्रोह |
| (53) | Navy | नेवी | जल सेना | (54) | Operation | ऑप्रेशन | सेना की गति |
| (55) | Prisoners of war | प्रिजनर्स ऑफ वॉर | युद्ध बन्दी | (56) | Provisions | प्रोविजन्स | रसद, सामग्री |
| (57) | Recruitment | रिक्रूटमैंट | सेना-प्रवेश | (58) | Siege | सीज | घेरा |
| (59) | Strategy | स्ट्रेटजी | यद्ध कौशल | (60) | Sub-marine | सबमेराइन | पनडुब्बी |
| (61) | Treaty | ट्रीटी | सन्धि | (62) | Trench | ट्रेंच | खाई |
| (63) | Troops | ट्रुप्स | सेना की टुकड़ी | (64) | Torpedo-boat | टोरपीडो बोट | गोला वाली नौका |
| (65) | War | वार | युद्ध | (66) | War Minister | वॉर मिनिस्टरी | युद्ध मंत्री |

## Name of Flowers

| S.No | Words | Pronunciation | Hindi Meaning | S.No | Words | Pronunciation | Hindi Meaning |
|---|---|---|---|---|---|---|---|
| (1) | Bud | बड | कली, कोपल | (2) | Balsam | बालसम | गुलमेंहदी |
| (3) | Chrysenthemum | क्रिसेंथेमस | गुल दाउदी | (4) | Colera-flower | कोवरा-फ्लावर | नाभिका |
| (5) | Creeper | क्रीपर | लता, बेल | (6) | Daisy | डेजी | गुलबहार |
| (7) | Erythrinia | एरीथ्राइनिया | पारिजात | (8) | Fir | फिर | सनीवर |
| (9) | Hiptage | हिप्टेज | माध्वी पुष्प | (10) | Jasmine | जैसमाइन | चमेली |
| (11) | Knop | नोप | कली | (12) | Lily | लिली | कुमुदिनी |

| S.No | Words | Pronunciation | Hindi Meaning | S.No | Words | Pronunciation | Hindi Meaning |
|---|---|---|---|---|---|---|---|
| (13) | Lotus | लोटस् | कमल | (14) | Magnolia | मेग्रोलिया | चम्पा |
| (15) | Marigold | मेरीगोल्ड | गेंदा | (16) | Mushroom | मशरूम | कुकुरमुत्ता |
| (17) | Motia | मोतिया | मोतिया | (18) | Murraya | मरैया | कामिनी |
| (19) | Narcissus | नार्सिसस | नरगिस | (20) | Oleander | ओलीन्डर | करबीर, कनेर |
| (21) | Pandanus | पैन्डेंस | केतकी | (22) | Poppy | पोपी | पोस्त का फूल |
| (23) | Prickly pear | प्रिकली पियर | नागफनी | (24) | Rose | रोज | गुलाब |
| (25) | Stramonium | स्ट्रामोनियम | धतूरा | (26) | Sun flower | सन-फ्लावर | सूरजमुखी |
| (27) | Touch-me-not | टच-मी-नॉट | छुई-मुई | | | | |

## Vegetables

| S.No | Words | Pronunciation | Hindi Meaning | S.No | Words | Pronunciation | Hindi Meaning |
|---|---|---|---|---|---|---|---|
| (1) | Amaranthus | एमरान्थस | चौलाई | (2) | Arum | ऐरम | अरबी |
| (3) | Bean | बीन | सेम | (4) | Bitter gourd | बिटर गई | करेला |
| (5) | Brinjal | ब्रिंजल | बैंगन | (6) | Cabbage | कैबेज | बन्द गोभी |
| (7) | Carrot | कैरट | गाजर | (8) | Cauliflower | कॉलीफ्लावर | फूलगोभी |
| (9) | Charantis | चारनटिस | करेला | (10) | Chilli | चिल्ली | लाल मिर्च |
| (11) | Citron | सिट्रान | गलगल | (12) | Clocasia | क्लोकासिया | कचालू |
| (13) | Cariander | कोरिअंडर | धनिया | (14) | Cow-pea | काऊ-पी | लोबिया |
| (15) | Cucumber | क्युकुम्बर | ककड़ी | (16) | Fenugreek | फेनग्रीक | मैथी |
| (17) | Garlic | गार्लिक | लहसुन | (18) | Ginger | जिंजर | अदरक |
| (19) | Gourd | गर्ड | घीया, कद्दू | (20) | Greens | ग्रीन्स | साग |
| (21) | Jack-fruit | जैकफ्रूट | कटहल | (22) | Lady finger | लेडी फिंगर | भिंडी |
| (23) | Lettuce | लेट्यूस | सलाद | (24) | Lime | लाइम | खट्टा |
| (25) | Luffa | लुफ्फा | घीया, तोरी | (26) | Mint | मिंट | पौदीना |
| (27) | Mushroom | मशरूम | कुकुरमुत्ता | (28) | Onion | ओनियन | प्याज |
| (29) | Pea | पी | मटर | (30) | Potato | पौटेटो | आलू |
| (31) | Pumpkin | पम्पकिन | लोकी | (32) | Radish | रेडिश | मूली |
| (33) | Red Pumpkin | रैड पम्पकिन | सीताफल, पेठा | (34) | Snake Gourd | स्नेक गर्ड | चिचड़ा |
| (35) | Spinach | स्पाइनक | पालक | (36) | Sweet Potato | स्वीट पौटेटो | शकरकन्दी |
| (37) | Tamarind | टैमारिड | इमली | (38) | Tomato | टोमैटो | टमाटर |
| (39) | Turnip | टर्निप | शलजम | (40) | Yam | याम | कचालू |

## Dry Fruits and Fruits

| S.No | Words | Pronunciation | Hindi Meaning | S.No | Words | Pronunciation | Hindi Meaning |
|---|---|---|---|---|---|---|---|
| (1) | Almond | एलमंड | बादाम | (2) | Apple | एप्पल | सेब |
| (3) | Apricot | एप्रीकोट | खुमानी | (4) | Banana | बनाना | केला |
| (5) | Betel-nut | बीटल नट | सुपारी | (6) | Beet-root | बीट-रूट | चुकन्दर |
| (7) | Berry | बेरी | बेर | (8) | Black-berry | ब्लैक-बेरी | जामुन |
| (9) | Carambola | कैरमबोला | कमरख | (10) | Cashewnut | कैश्युनट | काजू |
| (11) | Cherry | चेरी | चेरी | (12) | Chest-nut | चेस्टनट | अखरोट |
| (13) | Coconut | कोकोनट | नारियल | (14) | Currant | कुरांट | दाख |
| (15) | Citron | सइट्रॉन | चकोतरा | (16) | Custard apple | कस्टर्ड एम्पल | शफीरा |
| (17) | Date | डेट | खजूर | (18) | Fig | फीग | अंजीर |
| (19) | Grape | ग्रेप | अंगूर | (20) | Gravia Asiatica | ग्रेविया एशियाटिका | फालसा |
| (21) | Groundnut | ग्राऊँडनट | मूँगफली | (22) | Guava | गुआवा | अमरूद |

| S.No | Words | Pronunciation | Hindi Meaning | S.No | Words | Pronunciation | Hindi Meaning |
|---|---|---|---|---|---|---|---|
| (23) | Lychee | लीची | लीची | (24) | Lilac | लिल्क | बिकाइन |
| (25) | Lemon | लेमन | नींबू | (26) | Malta | माल्टा | माल्टा |
| (27) | Mango | मैंगो | आम | (28) | Melon | मैलन | खरबूजा |
| (29) | Grapefruit | ग्रेपफ्रूट | मौसमी | (30) | Raspberrias | रास्पबेरीज | रसभरी |
| (31) | Mimusops | मिमुसॉप्स | खिरनी | (32) | Mulberry | मलबेरी | शहतूत |
| (33) | Okra | ओक्रा | एक फल | (34) | Olive | अलाइव | जैतून |
| (35) | Orange | औरेंज | सन्तरा | (36) | Palm | पाम | ताड़ का फल |
| (37) | Peach | पीच | आड़ू | (38) | Pear | पीयर | नाशपाती |
| (39) | Papaya | पपाया | पपीता | (40) | Pineapple | पाइनऐप्पल | अनानास |
| (41) | Pistachio | पिस्टैशिया | पिस्ता | (42) | Plum | प्लम | आलूचा |
| (43) | Pomegranate | पोमीग्रेनेट | अनार | (44) | Pyrus malus | पाइरस मैलस | बब्बूगोशा |
| (45) | Plantain | प्लैन्टेन | केला | (46) | Raisin | रेजीन | किशमिश |
| (47) | Sapodilla | सेपोडिल्ल | चीकू | (48) | Sole | सोल | आलू बुखारा |
| (49) | Sour Cherry | सोर चेरी | खट्टी चेरी | (50) | Sugarcane | सुगरकेन | गन्ना |
| (51) | Watermelon | वाटर मैलन | तरबूज | (52) | Water-nut | वाटर-नट | सिंघाड़ा |

## Trees and Plants

| S.No | Words | Pronunciation | Hindi Meaning | S.No | Words | Pronunciation | Hindi Meaning |
|---|---|---|---|---|---|---|---|
| (1) | Acacia | अकेशिया | बबूल | (2) | Apple Tree | ऐपल ट्री | सेब का पेड़ |
| (3) | Abbizzia Labbek | अब्बिज्आ लेबेक | सिरस | (4) | Bamboo | बम्बू | बांस |
| (5) | Banyan | बैनियान | बरगद | (6) | Betel-nut tree | बीटल नट ट्री | सुपारी की पेड़ |
| (7) | Birch | बर्च | भोजनपत्र | (8) | Teak | टीक | सागवान |
| (9) | Cactus | कैक्ट्स | थूहर | (10) | Cane | ककन | बेंत |
| (11) | Cedar | सीडार | देवदार | (12) | Cypress | साइप्रेस | सरू |
| (13) | Coco | कोको | नारियल का पेड़ | (14) | Creeper | क्रीपर | लता, बेल |
| (15) | Conifer | कॉनिफर | झाऊ वृक्ष | (16) | Date-palm | डेट-पॉम | खजूर का पेड़ |
| (17) | Ebony | इबांनी | आबनूस | (18) | Elecocarpus | एलियोकारपस | रुद्राक्ष |
| (19) | Fig | फिग | अंजीर | (20) | Fir | फर | देवदार, सनोवर |
| (21) | Flax | फ्लेक्स | सन | (22) | Grass | ग्रास | घास |
| (23) | Guava | गुआवा | अमरूद | (24) | Grape Vine | ग्रेप-वाइन | अंगूर की बेल |
| (25) | Indigo | इन्डीगो | नील | (26) | Jack tree | जैक ट्री | कटहल का पेड़ |
| (27) | Jute | जूट | पट्सन | (28) | Mahogany | माहोगेनी | माहोगेनी |
| (29) | Mango tree | मैंगो ट्री | आम का पेड़ | (30) | Oak | ओक | बलतू |
| (31) | Peepal | पीपल | पीपल | (32) | Palm Tree | पॉप ट्री | ताड़ का पेड़ |
| (33) | Paddy | पैडी | धान का पौधा | (34) | Pine | पाइन | चीड़ का पेड़ |
| (35) | Polyalthia | पोलयाल्थ्यिा | अशोक | (36) | Sandal | सन्दल | चन्दन |
| (37) | Sal tree | साल ट्री | साल का पेड़ | (38) | Shrub | शर्ब | झाड़ी |
| (39) | Silk Cotton | सिल्क कोटन | सेमल | (40) | Stamen | स्टेमेन | जीरा |
| (41) | Sugarcane | शुगरकेन | गन्ना | (42) | Shishman | शीशम | शीशम |

## Name of Parts of Trees and Plants

| S.No | Words | Pronunciation | Hindi Meaning | S.No | Words | Pronunciation | Hindi Meaning |
|---|---|---|---|---|---|---|---|
| (1) | Bark | बार्क | छाल | (2) | Branch | ब्रांच | टहनी, शाखा |
| (3) | Bud | बड | कली | (4) | Bulb | बल्ब | कन्द |
| (5) | Bush | बुश | झाड़ी | (6) | Bubil | ब्यूबिल | पत्रकन्द |

| S.No | Words | Pronunciation | Hindi Meaning | S.No | Words | Pronunciation | Hindi Meaning |
|---|---|---|---|---|---|---|---|
| (7) | Coir | काइर | जटा | (8) | Conifer | कॉनिफर | झाऊ |
| (9) | Fibre | फाइबर | रेशा | (10) | Flower | फ्लावर | फूल |
| (11) | Fruit | फ्रूट | फल | (12) | Graft | ग्राफ्ट | कलम |
| (13) | Germ | जर्म | अंकुर | (14) | Gum | गम | गोंद |
| (15) | Juice | जूस | जूस | (16) | Leaf | लीफ | पत्ता |
| (17) | Pistil | पिस्टिल | गर्भ केसर | (18) | Pollen grain | पोलेन ग्रेन | पराग गण |
| (19) | Pollen tube | पोलेन ट्यूब | पराग नलिका | (20) | Pulp | पल्प | गूदा |
| (21) | Root | रूट | जड़ | (22) | Root stalk | रूट स्टॉक | परकन्द |
| (23) | Seed | सीड | बीज | (24) | Skin | स्किन | छिलका |
| (25) | Sprout | स्प्राउट | अंकुर | (26) | Stamen | स्टेमैन | युमंग |
| (27) | Stem | स्टैम | धड़ | (28) | Thorn | थॉर्न | कांटा |
| (29) | Trunk | ट्रंक | तना | (30) | Wood | वुड | लकड़ी |

## Cereals / Grains

| S.No | Words | Pronunciation | Hindi Meaning | S.No | Words | Pronunciation | Hindi Meaning |
|---|---|---|---|---|---|---|---|
| (1) | Barley | बार्ली | जौं | (2) | Beaten Paddy | बीटन पैडी | चिबड़े |
| (3) | Bran | ब्रॉन | चोकर | (4) | Buck Wheat | बक व्हीट | मोथा |
| (5) | Cluster bean | क्लस्टर बीन | ग्वार | (6) | Corn | कॉर्न | अनाज, दाना |
| (7) | Castor seed | कास्टर-सीड | अरण्डी | (8) | Flour | फ्लोर | आटा |
| (9) | Fine flour | फाईन फ्लोर | मैदा | (10) | Field pea | फील्ड पी | गोल मटर |
| (11) | Grain | ग्रेन | अनाज | (12) | Gram | ग्राम | चना |
| (13) | Great millet | ग्रेट मिलट | ज्वार | (14) | Kidney bean | किडनी बीन | मूँग |
| (15) | Lentil | लैन्टिल | मसूर | (16) | Linseed | लिनसीड | अलसी |
| (17) | Maize | मैज | मकई | (18) | Millet | मिलैट | बाजरा, ज्वार |
| (19) | Mustard | मस्टर्ड | सरसों, राई | (20) | Oat | ओट | जई |
| (21) | Paddy | पैडी | धान | (22) | Pea | पी | मटर |
| (23) | Pigeon pea | पिजन पी | अरहर | (24) | Phaseolies mungo | फैसियोलीज मंगो | उड़द |
| (25) | Pearl Millet | पर्ल मिलैट | बाजरा | (26) | Poppy seed | पापी सीड | पोस्त |
| (27) | Pulse | पल्स | दाल | (28) | Rice | राईस | चावल |
| (29) | Sago | सागो | साबूदाना | (30) | Sesamum | सीसेमम | तिल |
| (31) | Semolina | सैमोलीना | सूजी | (32) | Wheat | व्हीट | गेहूँ |

## Name of Some Eatables and Potables

| S.No | Words | Pronunciation | Hindi Meaning | S.No | Words | Pronunciation | Hindi Meaning |
|---|---|---|---|---|---|---|---|
| (1) | Arrow-root | ऐरोरूट | अरारोट | (2) | Bacon | बैकन | सुअर का मांस |
| (3) | Beef | बीफ | गाय का मांस | (4) | Breakfast | ब्रेकफास्ट | क्लेवा, नाश्ता |
| (5) | Biscuit | बिसकिट | बिस्कुट | (6) | Broth | ब्राथ | शोरबा, रसा |
| (7) | Butter | बटर | मक्खन | (8) | Bread | ब्रैड | रोटी |
| (9) | Boiled rice | बॉयल्ड राइस | भात | (10) | Butter milk | बटर मिल्क | छाछ |
| (11) | Brandy | ब्रैण्डी | ब्राण्डी शराब | (12) | Betel | बीटेल | पान |
| (13) | Cake | केक | केक | (14) | Cheese | चीज | पनीर |
| (15) | Clarified butter | क्लैरीफाईड बटर | घी | (16) | Coffee | कॉफी | कहवा |
| (17) | Comfit | काम्फिट | इलायचीदाना | (18) | Cream | क्रिम | मलाई |
| (19) | Cocoa | कोको | कोको | (20) | Cigar | सिगार | चुरट |
| (21) | Cigarette | सिगरेट | सिगरेट | (22) | Curd | कर्ड | दही |

| S.No | Words | Pronunciation | Hindi Meaning | S.No | Words | Pronunciation | Hindi Meaning |
|---|---|---|---|---|---|---|---|
| (23) | Curry | करी | कढ़ी | (24) | Chapati | चपाती | रोटी |
| (25) | Condensed Milk | कन्डैन्स्ड मिल्क | खोया | (26) | Corn-ear | कार्न–ईयर | भुट्टा |
| (27) | Dinner | डिनर | रात का भोजन | (28) | Frumenty | फ्रमण्टी | खीर, दलिया |
| (29) | Feast | फीस्ट | दावत | (30) | Field pea | फील्ड पी | गोल मटर |
| (31) | Flesh | फ्लेश | कच्चा मांस | (32) | Flour | फ्लोर | आटा |
| (33) | Food | फूड | भोजन | (34) | Gruel | ग्रूएल | दलिया |
| (35) | Honey | हनी | शहद | (36) | Ice | आइस | बर्फ |
| (37) | Ice-cream | आइस-क्रीम | कुल्फी | (38) | Jam | जैम | मुरब्बा |
| (39) | Loaf | लोफ | पाव रोटी | (40) | Lemon Juice | लेमन ज्यूस | नींबू का रस |
| (41) | Loaf Sugar | लोफ शुगर | शक्कर | (42) | Meat | मीट | मांस |
| (43) | Mid-day meal | मीड डे मील | दोपहर का भोजन | (44) | Milk | मिल्क | दूध |
| (45) | Minced meat | मिन्स्ड मीट | कीमा | (46) | Mutton | मटन | बकरे का मांस |
| (47) | Meal | मील | भोजन | (48) | Molasses | मोलैसेज | शीरा, राब |
| (49) | Oil | ऑयल | तेल | (50) | Opium | ओपियम | अफीम |
| (51) | Puffed rice | पफ्ड राईस | मुरमुरा | (52) | Pickle | पिकल | अचार |
| (53) | Poppy | पोपी | पोस्त | (54) | Porridge | पोरिज | हलुवा |
| (55) | Pork | पोर्क | सुअर का मांस | (56) | Pudding | पडिंग | हलुवा |
| (57) | Parched rice | पार्च्ड राइस | लावा | (58) | Sago | सागो | साबूदाना |
| (59) | Snacks | स्नैक्स | जलपान | (60) | Sauce | सॉस | चटनी |
| (61) | Soup | सूप | शोरबा | (62) | Sugar candy | शूगर कैंडी | मिश्री |
| (63) | Supper | सपर | रात का अन्तिम भोजन | (64) | Sweet-meat | स्वीट-मीट | लड्डू |
| (65) | Syrup | सिरप | शर्बत | (66) | Surti | सुर्टी | सुर्ती |
| (67) | Smoking | स्मोकिंग | धूम्रपान | (68) | Tea | टी | चाय |
| (69) | Tiffin | टिफिन | जलपान | (70) | Treacle | ट्रीकल | राव, खांड |
| (71) | Whey | व्हे | मट्ठा | (72) | Vinegar | विनेगर | सिरका |
| (73) | Wine | वाइन | मदिरा | | | | |

## Name of Spices and Grocery Items

| S.No | Words | Pronunciation | Hindi Meaning | S.No | Words | Pronunciation | Hindi Meaning |
|---|---|---|---|---|---|---|---|
| (1) | Aconite | ऐकोनाइट | कुचला | (2) | Aloe | अलो | अगरू |
| (3) | Alum | ऐलम | फिटकरी | (4) | Arsenic | आर्सेनिक | संखिया |
| (5) | Aniseed | एनीसीड | सौंफ | (6) | Asafoetida | आसाफीटिडा | हींग |
| (7) | Aflatoon | अफलाटून | गूगल | (8) | Alkali | अलकली | सज्जीखार |
| (9) | Acid | एसिड | अम्ल | (10) | Basil | बेलिस | तुलसी |
| (11) | Barilla | बरिल्ला | सब्जखार | (12) | Belladona | बैलाडोना | धतूरा |
| (13) | Betel-nut | बीटल–नट | सुपारी | (14) | Black-pepper | ब्लैक पेपर | काली मिर्च |
| (15) | Bitumen | बिटूमेन | शिलाजीत | (16) | Borax | बोरेक्स | सुहागा |
| (17) | Bonezin | बोनजीन | लोबान | (18) | Bamboo camphor | बेम्बू–कैम्फर | वंश लोचन |
| (19) | Caraway | कैरावे | अजवायन | (20) | Camphor | केम्फर | कपूर |
| (21) | Cassia | केसिया | तेजपात | (22) | Catechu | कैटेचू | कत्था |
| (23) | Cinnamon | सिन्नामोन | दाल चीनी | (24) | Chirata | चिराता | चिरायता |
| (25) | Clove | क्लोव | लौंग | (26) | Cocaine | कोकेन | कोकीन |
| (27) | Coriander seed | कोरिएंडर सीड | धनिया | (28) | Cardamom | कार्डेमम | इलायची |
| (29) | Cumin seed | क्यूमिन सीड | जीरा | (30) | Carbonate of soda | कार्बोनेट ऑफ सोडा | पापड़ खार |

| S.No | Words | Pronunciation | Hindi Meaning | S.No | Words | Pronunciation | Hindi Meaning |
|---|---|---|---|---|---|---|---|
| (31) | Cubeb | क्यूबेब | कबाब चीनी | (32) | Chilli | चिली | लाल मिर्च |
| (33) | Dry ginger | ड्राई जिंजर | सौंठ | (34) | Gall-nut | गॉल नट | माजूफल |
| (35) | Garlic | गार्लिक | लहसुन | (36) | Ginger | जिंजर | अदरक |
| (37) | Indian madder | इण्डियन मैडर | मजीठ | (38) | Hemp | हेम्प | भांग |
| (39) | Hog plums | हॉ प्लम्स | आँवला | (40) | Linseed | लिनसीड | अलसी |
| (41) | Liquorice | लिक्वेराइस | मुलेठी | (42) | Litharge | लिथार्जे | सफेदा |
| (43) | Long pepper | लांग पैपर | पीपल | (44) | Mace | मेस | जावित्री |
| (45) | Mangosteen | मैंगोस्टीन | अमचूर | (46) | Menthol | मेंथॉल | पौदीने का सत |
| (47) | Musk | मस्क | कस्तूरी | (48) | Mustard | मस्टर्ड | सरसो |
| (49) | Myrobalan | माइरोबालान | हर्र, हरड़ | (50) | Nigella | नाइजेला | कलौंजी |
| (51) | Nux Vomica | नक्स वोमीका | कुचला | (52) | Nutmeg | नटमेग | जायफल |
| (53) | Nitre | नाइटर | सुरिया खार | (54) | Niger | नाइगर | तिली का तेल |
| (55) | Oat | ओट | जई | (56) | Origanum | ओरिगैनम | शिकाकाई |
| (57) | Pellitory | पेलिटोरी | अकरकरा | (58) | Pepper | पैपर | मिर्च |
| (59) | Pepper root | पेपर रूट | पीपल मूल | (60) | Parsley | पारस्ले | अजवायन |
| (61) | Pistil | पिस्टिल | गर्भ केसर | (62) | Poppy seed | पोपी सीड | खसखस |
| (63) | Phyllanthus embbica | फिलेंथस एम्बलीका | आँवला | (64) | Red Pepper | रेड पेपर | लाल मिर्च |
| (65) | Rock salt | रॉक साल्ट | सेंधा नमक | (66) | Red powder | रेड पाउडर | अबीर |
| (67) | Ruddle | रडल | गेरू | (68) | Saffron | सेफ्रन | केसर |
| (69) | Salt | साल्ट | नमक | (70) | Salammoniac | साल-अमोनिआक | नौसादर |
| (71) | Saltpetre | साल्टपीटर | शोरा | (72) | Sandal | सन्दल | चन्दन |
| (73) | Senna | सैना | सनाय | (74) | Soap-nut | सोप नट | रीठा |
| (75) | Sago | सागो | साबूदाना | (76) | Stamen | स्टेमन | जीरा |
| (77) | Tamarind | टैमेरिड | हल्दी | (78) | Turmeric | टरमैरिक | इमली |
| (79) | Vinegar | विनेगर | सिरका | (80) | Vitriol | विट्रीऑल | कसीसा |
| (81) | Yeast | यीस्ट | खमीर | | | | |

## Conditions of the Body and Diseases

| S.No | Words | Pronunciation | Hindi Meaning | S.No | Words | Pronunciation | Hindi Meaning |
|---|---|---|---|---|---|---|---|
| (1) | Abortion | अबॉर्शन | गर्भपात | (2) | Acne | एक्ने | मुहासों का रोग |
| (3) | Acidity | एसिडिटी | अम्ल पित्त | (4) | Anaemia | एनेमिया | खून की कमी |
| (5) | Asthma | अस्थमा | दवा | (6) | Asphyxy | ऑसफिक्सी | दम घुटना |
| (7) | Amnesia | एमीनिसिया | स्मृति विभ्रम | (8) | Antiseptic | एण्टिसेप्टिक | संक्रमण प्रतिरोधी |
| (9) | Anorexia | आनोरिक्सीया | अरुचि | (10) | Bald | बॉल्ड | गंजा |
| (11) | Belching | बेल्चिंग | डकार | (12) | Blind | ब्लाइंड | अंधा |
| (13) | Boil | बॉयल | फोड़ा | (14) | Breath | ब्रेथ | सांस |
| (15) | Bronchitis | ब्रांकाइटिस | कास | (16) | Bubu | ब्यूबो | गिलटी |
| (17) | Blood-flux | ब्लड-फ्लक्स | रक्तातिसार | (18) | Conjunctivitis | कॉनजांक्टिवटिस | नेत्र पीड़ा |
| (19) | Cataract | कैटारक्ट | मोतियाबिन्द | (20) | Carries | कैरीज | दाँत में गड्ढा |
| (21) | Catarrah | कैटर | जुकाम | (22) | Chill | चिल | शीतल |
| (23) | Cold | कोल्ड | ठण्डक | (24) | Cough | कफ | खाँसी |
| (25) | Consumption | कन्सम्प्शन | क्षयरोग | (26) | Colic pain | कालिक पेन | उदरशूल |
| (27) | Constipation | कान्स्टिपेशन | कब्ज | (28) | Cholera | कलरा | हैजा |

| S.No | Words | Pronunciation | Hindi Meaning |
|---|---|---|---|
| (29) | Corns | कार्न्स | बिवाई फटना |
| (30) | Carbuncle | कार्बन्कल | जहरबाद |
| (31) | Canker | कैंकर | कीड़े पड़ना |
| (32) | Coryza | कोरीजा | जुकाम, नजला |
| (33) | Deaf | डीफ | बहरा |
| (34) | Dengue | डेंग्यू | लंगड़ा बुखार |
| (35) | Diabetes | डाइबेटिज | मधुमेह |
| (36) | Diarrhoea | डायरिया | अतिसार |
| (37) | Dropsy | ड्रॉप्सी | जलोदर |
| (38) | Dumb | डंब | गूँगा |
| (39) | Dysentery | डिसेन्टरी | पेचिस, आँव |
| (40) | Dwarf | डवार्फ | बौना |
| (41) | Debility | डेबिलिटल | कमजोर |
| (42) | Diptheria | डिपथीरिया | कंठरोहिणी |
| (43) | Dyspepisa | डिसपेपसिया | अजीर्ण |
| (44) | Eczema | एक्जिलमा | उकवत, छाजन |
| (45) | Epilepsy | ऐपिलेप्सी | मिरगी |
| (46) | Eunuch | यूनक | नपुंसक |
| (47) | Eyesore | आईसोर | आँखों का दुखना |
| (48) | Epistaxes | एपिसटेक्सिस | रक्तपित्त |
| (49) | Emissions | इमिशन्स | स्वप्नदोष |
| (50) | Eschal | एस्चाल | फफोले |
| (51) | Elephantiasis | ऐलिफेण्टियासिस | फीलपाँव |
| (52) | Fever | फीवर | बुखार, ज्वर |
| (53) | Fistula | फिस्टूला | भगन्दर |
| (54) | Fainting | फेंटिंग | बेहोशी |
| (55) | Giddiness | गिडिनेस | चक्कर आना |
| (56) | Gland | ग्लैण्ड | गिलटी |
| (57) | Griping | ग्राइपिंग | पेट की ऐंठन |
| (58) | Goitre | गाइटर | गलगण्ड |
| (59) | Gonorrhoea | गानोरिया | सूजाक |
| (60) | Gout | गाउट | गाँठ पड़ना |
| (61) | Hunch-backed | हंच-बैक्ड | कुबड़ा |
| (62) | Headaache | हेडएक | सिर दर्द |
| (63) | Hiccup | हिक्क्प | हिचकी |
| (64) | Hiccough | हिक्कफ | हिचकी |
| (65) | Hoarseness | होर्सनैस | गला बैठना |
| (66) | Hysteria | हिस्टीरिया | मूर्छा रोग |
| (67) | Hernia | हर्निया | आँत |
| (68) | Hydrocele | हाइड्रोसील | अण्डकोश वृद्धि |
| (69) | Haemorrhage | हेमोरेज | लहू बहना |
| (70) | Hypermetropia | हापरमेट्रोपिया | दृष्टि का रोग |
| (71) | Hurt | हर्ट | चोट |
| (72) | Insomnia | इन्सोमनिया | नींद न आना |
| (73) | Influenza | इन्फ्लूएंजा | मोतीझरा |
| (74) | Indigestion | इन्डाइजेशन | अपच |
| (75) | Itch | इच | खुजली |
| (76) | Insanity | इनसैनिटी | पागलपन |
| (77) | Iritis | आइरीटिस | बिलनी |
| (78) | Jaundice | जांडिस | पीलिया |
| (79) | Lame | लेम | लंगड़ा |
| (80) | Lock-jaw | लॉक-जॉ | दाँत बैठना |
| (81) | Lumbago | लुम्बेगो | कमर दर्द |
| (82) | Leucorrhoea | लकोरिया | श्वेत प्रदर |
| (83) | Leprosy | लेप्रोसी | कुष्ठ रोग |
| (84) | Leucoderma | ल्यूकोडेरमा | श्वेत कुष्ठ |
| (85) | Lunacy | लूनेसी | पागलपन |
| (86) | Madness | मेडनेस | पागपन |
| (87) | Measles | मीजल्स | खसरा |
| (88) | Myopia | मायोपिय | दृष्टि का रोग |
| (89) | Malaria | मलेरिया | मलेरिया ज्वर |
| (90) | Melena | मेलिना | खूनी दस्त |
| (91) | Mole | मोल | मस्सा |
| (92) | Mumps | मम्प्स | कनफेड़ा |
| (93) | Night- blindness | नाइट-ब्लाइंटनैस | रतौंधी |
| (94) | Nausea | नासिया | जी मचलाना |
| (95) | Narcolepsy | नार्कोलेप्सी | निद्रा रोग |
| (96) | Obesity | ओबेसिटी | मोटापन |
| (97) | One-eyed | वन आइड | काना |
| (98) | Ortitis | आरटिट्स | कर्ण रोग |
| (99) | Pain | पेन | दर्द |
| (100) | Palpitation | पाल्पीटेशन | धड़कन |
| (101) | Piles | पाइल्स | बवासीर |
| (102) | Pimple | पिम्पल | फुँसी |
| (103) | Plague | प्लेग | प्लेग, महामारी |
| (104) | Phlegm | फ्लेज्म | बलगम |
| (105) | Paralysis | पारालिसिस | लकवा |
| (106) | Pus | पस | पीप |
| (107) | Pneumonia | न्यूमोनिया | न्यूमोनिया |
| (108) | Phycosus | फाइकोस्स | दुसाध्य उन्माद |
| (109) | Phthisis | पाइथिसिस | राज्यक्ष्मा रोग |
| (110) | Rheumatism | रूमाटिज्म | गठिया |
| (111) | Ring worm | रिंग वर्म | दाद |
| (112) | Saliva | सलिवा | लार |
| (113) | Scabies | स्केबीज | खाज |
| (114) | Short sightedness | शोर्ट-साइटेडनेस | अल्प/मन्द दृष्टि |
| (115) | Sneezing | स्नेजिंग | छींक |
| (116) | Sore | सोर | व्रण |

| S.No | Words | Pronunciation | Hindi Meaning | S.No | Words | Pronunciation | Hindi Meaning |
|---|---|---|---|---|---|---|---|
| (117) | Sun stroke | सन स्ट्रोक | लू लगना | (118) | Small pox | स्मॉल-पॉक्स | शीतला |
| (119) | Spit | स्पिट | थूक | (120) | Sprain | स्प्रेन | मोच |
| (121) | Stool | स्टूल | विष्ठा | (122) | Swelling | स्वेलिंग | सूजन |
| (123) | Sweat | स्वैट | पसीना | (124) | Syphilis | सिफिलिस | आंतराक, गर्मी |
| (125) | Squint-eyed | स्कवंट-आइड | ऐंचा | (126) | Scrofula | स्क्रॉफुला | कंठमाला |
| (127) | Stone | स्टोन | पथरी | (128) | Semen | सिमेन | वीर्य |
| (129) | Stammer | स्टैमर | हकलाना | (130) | Sprue | स्प्रू | संग्रहणी |
| (131) | Spesis | स्पेसिस | विषाक्त खून होना | (132) | Sinus | साइनस | नासूर |
| (133) | Tonsil | टॉन्सिल | गलसुआ | (134) | Tumour | ट्यूमर | गाँठ, गिलटी |
| (135) | Typhoid | टॉयफाइड | मोतीझरा | (136) | Typhus | टॉयफल | काला ज्वर |
| (137) | Tuberculosis | ट्यूबरक्यूलासिस | टी०बी० | (138) | Urine | यूरीन | मूत्र |
| (139) | Ulcer | अलसर | नासूर | (140) | Vomit | वोमिट | उल्टी करना |
| (141) | Vertigo | वर्टिगो | आँख चौंधियाना | (142) | Yawn | यॉन | जंभाई |
| (143) | Worm | वर्म | कृमि | (144) | Wound | वूंड | घाव |

## Name of Building Parts and Some Buildings

| S.No | Words | Pronunciation | Hindi Meaning | S.No | Words | Pronunciation | Hindi Meaning |
|---|---|---|---|---|---|---|---|
| (1) | Arch | आर्च | वृत्तखण्ड | (2) | Attic | अटिक | अटारी |
| (3) | Aviary | एवियरी | चिड़ियाखाना | (4) | Bar | बॉर | छड़ |
| (5) | Barrack | बैरेक | सेनानिवास | (6) | Bathroom | बाथरूम | स्नानगृह |
| (7) | Battlement | बैललमेंट | मुंडेर | (8) | Bedroom | बैडरूम | शनागार |
| (9) | Booking office | बुकिंग-ऑफिस | टिकटघर | (10) | Bracket | ब्रैकिट | करेनिया |
| (11) | Bungalow | बंगलो | बंगला | (12) | Building | बिल्डिंग | इमारत |
| (13) | Balcony | बालकानी | बरामदा | (14) | Brick | ब्रिक | ईंट |
| (15) | Bolt | बोल्ट | चटखनी | (16) | Church | चर्च | गिरजाघर |
| (17) | College | कॉलेज | महाविद्यालय | (18) | Cement | सीमेंट | सीमेंट |
| (19) | Courtyard | कोर्टयार्ड | सहन (आँगन) | (20) | Cell | सेल | तहखाना |
| (21) | Cornice | कॉर्निस | कॉर्निस | (22) | Ceiling | सीलिंग | छत |
| (23) | Cottage | कॉटेज | झोंपड़ी | (24) | Chimney | चिमनी | धुआँकश |
| (25) | Cloister | क्यॉयस्टर | मठ | (26) | Dais | डायस | मचान |
| (27) | Dome | डोम | गुम्बद | (28) | Door | डोर | दरवाजा |
| (29) | Door Frame | डोर फ्रेम | चौखट | (30) | Door still | डोर स्टिल | दहलीज |
| (31) | Drain | ड्रेन | नावदान, नाली | (32) | Factory | फैक्ट्री | कारखाना |
| (33) | Floor | फ्लोर | फर्श | (34) | Fort | फोर्ट | किला |
| (35) | Foundation | फाउण्डेशन | नींव, बुनियाद | (36) | Fountain | फाउण्टेन | फव्वारा |
| (37) | Gate | गेट | दरवाजा | (38) | Grating | ग्रेटिंग | जाली |
| (39) | Girder | गर्डर | गाटर | (40) | Gutter | गटर | परनाला |
| (41) | Granary | ग्रेलीी | खलिहान | (42) | Gymnasium | जिम्नेसियम | जिमशाला |
| (43) | House | हाउस | मकान | (44) | Hamlet | हेमलेट | गाँव |
| (45) | Hermitage | हर्मिटेज | साधु की कुटी | (46) | Hospital | हॉस्पिटल | अस्पताल |
| (47) | Hotel | होटल | होटल | (48) | Hinge | हिंज | कब्जा |
| (49) | Hall | हाल | बड़ा कमरा | (50) | Hook | हुक | हुक |
| (51) | Hearth | हर्थ | अँगीठी | (52) | Inn | इन | सराय |
| (53) | Kitchen | किचन | रसोई | (54) | Latch | लैच | चटखनी |

| S.No | Words | Pronunciation | Hindi Meaning | S.No | Words | Pronunciation | Hindi Meaning |
|---|---|---|---|---|---|---|---|
| (55) | Laboratory | लेबोरेट्री | प्रयोगशाला | (56) | Latrine | लेट्रीन | शौचालय |
| (57) | Lattice | लेटिस | जाली | (58) | Lunatic Asylum | ल्यूनेटिक एसीलम | पागलखाना |
| (59) | Library | लायब्रेरी | पुस्तकालय | (60) | Lime | लाइम | चूना |
| (61) | Ladder | लेडर | सीढ़ी | (62) | Mosque | मॉस्क | मस्जिद |
| (63) | Mud | मड | कीचड़ | (64) | Minaret | मिनारेट | मस्जिद की मीनार |
| (65) | Niche | निचे | आला | (66) | Nail | नेल | कील |

## Young Ones of Animals and Birds

| | | | | | |
|---|---|---|---|---|---|
| (1) | Ass | Foal | (2) | Bear | Cub |
| (3) | Bird | Birdie | (4) | Buffalo | Calf |
| (5) | Bitch | Puppy | (6) | Cat | Kitten |
| (7) | Camel | Colt | (8) | Cow | Calf |
| (9) | Deer | Fawn | (10) | Dog | Puppy |
| (11) | Duck | Duckling | (12) | Ewe | Lamp |
| (13) | Frog | Tadpole | (14) | Fox | Cub |
| (15) | Goat | Kid | (16) | Goose | Gosling |
| (17) | Hare | Leveret | (18) | Hen | Chicken |
| (19) | Horse | Colt | (20) | Lion | Cub |
| (21) | Mare | Colt | (22) | Sheep | Lamb |
| (23) | Stag | Fawn | (24) | Swan | Cygnet |
| (25) | Swine | Pig | (26) | Tiger | Cub |

## Sounds & Cries of Some Birds, Animals and Insects

| S.No. | Names of Birds, Animal and Insects | Cries | S.No. | Names of Birds, Animal and Insects | Cries |
|---|---|---|---|---|---|
| (1) | Dogs, foxes | Bark | (2) | Cows | Bellow |
| (3) | Sheep, goat, calf, lambs | Bleat | (4) | Donkey, ass | Bray |
| (5) | Bees, flies, wasps | Buzz | (6) | Sheeplamb | Baa |
| (7) | Hunting dogs, hounds | Bay | (8) | Waves, guns | Boom |
| (9) | Geese, hen | Cackle | (10) | Crow, rook, raven | Caw |
| (11) | Monkey | Chatter | (12) | Sparrow/bird, grasshopper | Chirp |
| (13) | Hen | Cluck | (14) | Dove, pigeon | Coo |
| (15) | Frog | Croak | (16) | Cocks | Crow |
| (17) | Babies, mole, rook | Cry | (18) | Aircraft, bees | Drone |
| (19) | Of people talking inarticulately | Gabble | (20) | Monkeys, frightened persons | Gibber |
| (21) | Dogs, thunder, bears | Growl | (22) | Pigs, Camel | Grunt |
| (23) | Snake, fire, serpents | Hiss | (24) | Owl, horn, siren | Hoot |
| (25) | Dog, wolf, jackal, wind, tiger | Howl | (26) | Bees, flies, insects | Hum |
| (27) | Cattle, cows | Low | (28) | Cats, a sea bird | Mew |
| (29) | Horse | Neigh | (30) | Duck | Quack |
| (31) | Lion, tigers, traffic | Roar | (32) | Cats, babies, wind, hurricane, engine | Scream |
| (33) | Monkeys, old ladies, wheels, gate | Screech | (34) | Chorus | Sing |
| (35) | Dog, tiger | Snarl | (36) | Human beings | Talk / Laugh/ Cry |
| (37) | Elephant, Brass instruments | Trumpet | (38) | Birds, Sparrows | Twitter |
| (39) | Dogs | Yelp | (40) | Larks, Nightingale, Cuckoo | Warble |
| (41) | Man | Grumble, Laugh, Smile | | | |

## Clothes, Dresses, Wearing Apparels etc.
## (कपड़े, पोशाकें, पहनने के वस्त्र आदि)

| Words | Pronunciation | Hindi Meaning | Words | Pronunciation | Hindi Meaning |
|---|---|---|---|---|---|
| Alpaca | अलपका | ऊँट के रोंये से बना वस्त्र | Jaconet | जैकोनेट | नैनसुख |
| Banian | बनियान | बनियान | Jersey | जैरसी | जर्सी |
| Belt | बैल्ट | बैल्ट | Jumper | जम्पर | जम्पर |
| Bodice | बॉडिस | अंगिया | Knicker | निकर | निक्कर |
| Border | बॉर्डर | किनारा | Lace | लेस | बेल |
| Brasserie | ब्रेजरी | चोली | Laces | लेसज | तस्मे, फीते |
| Broad Cloth | ब्रॉड क्लॉथ | बनात | Lining | लाइनिंग | अस्तर |
| Brocade | ब्रॉकेड | जरीदार कपड़ा किमखाब | Linen | लिनन | मलमल |
| Button | बटन | बटन | Loin cloth | लाइन क्लॉथ | लंगोटी |
| Cap | कैप | टोपी | Long skirt | लांग स्टिक | लहंगा |
| Calico | कैलिको | दरेस | Lappet | लैपेट | चिकन |
| Canvas | कैनवस | किरमिच | Loop | लूप | घुण्डी |
| Cashmere | कैशमीअर | कश्मीरा | Mat | मैट | चटाई, कपड़ा |
| Chester | चेस्टर | बड़ा कोट | Mattress | मैट्रेस | गद्दा, तोशाक |
| Chemise | शैमीज | शमीज | Muffler | मफलर | मफलर |
| Cloth | क्लॉथ | कपड़ा | Muslin | मस्लिन | मलमल |
| Clothes | क्लोदज | सिले कपड़े | Napkin | नैपकिन | अंगोछा |
| Cloak gown | क्लॉक गाउन | लबादा | Neck-tie | नैकटाई | टाई, कंठलंगोट |
| Chintz | शींज | छींट | Overcoat | ओवरकोट | बड़ा कोट |
| Coat | कोट | कोट | Oil cloth | ऑयल क्लॉथ | मोमजामा |
| Collar | कॉलर | कालर | Pantaloon | पैन्टेलून | पतलून |
| Cotton | कॉटन | सूत | Patch | पैच | पैबन्द |
| Crepe | क्रेप | महीन कपड़ा | Petticoat | पेटीकोट | पेटीकोट, घाघरा |
| Cushion | कुशन | गच्छी, गद्दी | Pocket | पॉकेट | जेब |
| Damask | दमशक | जामदानी | Prints | प्रिंट्स | छपे हुए वस्त्र |
| Darn | डार्न | रफू | Pyjama | पायजामा | पायजामा |
| Diaper | डायपर | कामपादी, पोतड़ा | Quilt | क्विल्ट | रजाई |
| Dhoti | धोती | धोती | Rug | रग | मोटा ऊनी कपड़ा |
| Drill | ड्रिल | जीन | Saree | सारी | साड़ी |
| Deep colour | डीप कलर | गहरा रंग | Satin | साटिन | साटन |
| Flannel | फ्लानैल | फलालैन | Scarf | स्कार्फ | दुपट्टा, रुमाल |
| Frock | फ्रॉक | फ्राक | Serge | सर्ज | सरल |
| Gauge | गॉज | जाली | Shawl | शॉल | शाल |
| Garters | गार्टर्स | गेलिस | Sheet | शीट | चादर |
| Gloves | ग्लव्स | दस्ताने | Shirt | शर्ट | कमीज |
| Gown | गाउन | चोगा, लबादा | Shirting | शर्टिंग | कमीज का कपड़ा |
| Handkerchief | हैन्डकरचीफ | रूमाल | Skirt | स्कर्ट | घाघरा |
| Hat | हैट | टोप | Silk | सिल्क | रेशम |
| Half-pant | हाफ पैन्ट | निक्कर | Suiting | सूटिंग | सूट का कपड़ा |
| Hem | हैम | मगजी | Sleeves | स्लीव्ज | आस्तीन, बाँहें |
| Hood | हुड | कनटोप | Socks | सॉक्स | जुराब, मोजे |
| Jacket | जैकेट | जाकेट | Stockings | स्टाकिंग्स | लम्बे मोजे |

| Words | Pronunciation | Hindi Meaning | Words | Pronunciation | Hindi Meaning |
|---|---|---|---|---|---|
| Stays | स्टेज | चोली | Underwear | अन्डरवियर | जाँघिया, कच्छा |
| Stripped Mule | स्ट्राइप्ड म्यूल | डोरिया | Uniform | यूनीफॉर्म | वेशभूषा |
| Tape | टेप | फीता | Veil | वेल | घूँघट, नकाब |
| Thread | थ्रेड | धागा | Velvet | वैलवेट | मखमल |
| Trimming | ट्रिमिंग | झालर | Wool | वूल | ऊन |
| Towel | टॉवल | तौलिया | Waistcoat | वेस्टकोट | वास्कट |
| Tunic | ट्यूनिक | अंगरखा | Yarn | यार्न | सूत |
| Turban | टर्बन | पगड़ी, साफा | | | |
| Trouser | ट्राउजर | पायजामा | | | |
| Tiring room | टायरिंग रूम | शृंगार कक्ष | | | |

## Stationery Items and Office Requirement

| Words | Pronunciation | Hindi Meaning | Words | Pronunciation | Hindi Meaning |
|---|---|---|---|---|---|
| Account | एकाउन्ट | लेखा विवरण | Diary | डायरी | दैनन्दिनी |
| Book | बुक | पुस्तक | Easy chair | ईजी चेयर | आराम कुर्सी |
| Almirah | एलमिरा | अलमारी | Eraser | इरेजर | रबड़ |
| Blank paper | ब्लैंक पेपर | कोरा कागज | Envelope | एन्वेलप | लिफाफा |
| Black ink | ब्लैक इंक | काली स्याही | Exercise book | एक्सरसाइज बुक | कॉपी |
| Blue-black ink | ब्लू-ब्लैक-इंक | नीली-काली स्याही | Fastener | फासनर | बाँधने वाली डोरी या फीता |
| Blue ink | ब्लू इंक | नीली स्याही | File | फाइल | फाइल |
| Bench | बैंच | लम्बी चौकी, बैंच | Fountain pen | फाउन्टेन पैन | कलम |
| Black- board | ब्लैक-बोर्ड | श्यामपट | Foot rule | फुट रूल | पैमाना |
| Bodkin | बोडकिन | सूआ | Geometry box | ज्योमेट्री बॉक्स | रेखागणित यंत्र बॉक्स |
| Brush | ब्रुश | ब्रुश | Glue | ग्लू | सरेस, गोंद |
| Call bell | कॉल बैल | पुकारने की घंटी | Gum | गम | गोंद |
| Carbon paper | कारबन पेपर | प्रतिलिपि बनाने का कागज | Holder | होल्डर | होल्डर |
| Card | कार्ड | गत्ता | Ink | इंक | स्याही |
| Clip | क्लिप | चिमटी | Inkpot | इंकपॉट | दवात |
| Copying pencil | कॉपीइंग पेन्सिल | नकल करने की पैंसिल | Ink-pad | इंक पैड | स्याही का पैड |
| Cork | कॉर्क | काग, डाट | Invitation card | इन्विटेशन कार्ड | निमंत्रण पत्र |
| Compass | कम्पास | परकार, पैमाना | Inland letter | इन्लैण्ड लैटर | अन्तर्देशीय पत्र |
| Crayon | क्रेयन | चॉक पेसिल | Ink-stand | इंक स्टैण्ड | स्याहीदान |
| Counterfoil | काउन्टर फाइल | आधी रसीद | Ledger | लेजर | लेखाबही |
| Carmine ink | कामाइन इंक | सुर्ख स्याही | Letter pad | लैटर पैड | पत्र लेखन पैड |
| Crow quill | क्रो क्विल | बारीक निब | Magazine | मैगजीन | पत्रिका |
| Chalk | चॉक | खड़िया | Map | मैप | नक्शा |
| Chair | चेयर | कुर्सी | Mapping pen | मैपिंग पैन | बारीक पैन |
| Daily paper | डेली पेपर | दैनिक अखबार | Nib | निब | निब |
| Dictionary | डिक्शनरी | शब्दकोष | Newspaper | न्यूजपेपर | समाचार-पत्र |
| Divider | डिवाइडर | परकार | Note-book | नोटबुक | छोटी कॉपी |
| Drawing paper | ड्राइंग पेपर | चित्र बनाने का कागज | Office tray | ऑफिस ट्रे | कागज-पत्र रखने की लकड़ी की ट्रे |
| Drawing pin | ड्राइंग पिन | दबाने की पिन | | | |
| Damper | डैम्पर | चमकाने वाला | Paper | पेपर | कागज |
| Drawing copy | ड्राइंग कॉपी | रेखाचित्र पुस्तिका | Paper-cutter | पेपर कटर | कागज तराश |
| Duster | डस्टर | झाड़न | Paper-weight | पेपर वेट | कागज दाब |

| Words | Pronunciation | Hindi Meaning | Words | Pronunciation | Hindi Meaning |
|---|---|---|---|---|---|
| Pencil | पेन्सिल | पैंसिल | Sealing wax | सीलिंग वैक्स | लाख |
| Packing paper | पैकिंग पेपर | लपेटने का पेपर | Slate | स्लेट | स्लेट |
| Pocket book | पॉकेट बुक | जेबी किताब | Stool | स्टूल | तिपाई, स्टूल |
| Postcard | पोस्टकार्ड | पोस्टकार्ड | Steel pen | स्टीन पैन | लोहे का पैन |
| Postage stamp | पोस्टेज स्टाम्प | डाक टिकट | Scribbling book | स्क्रिब्लिग बुक | फुटकर लेखन पुस्तिका |
| Punch | पंच | छेदनी | Steel pin | स्टील पिन | लोहे की पिन |
| Punching Machine | पंचिंग मशीन | छेद करने का यंत्र | Scale | स्केल | पैमाना |
| Pin | पिन | पिन, सुई | Set-square | सैट स्क्वायर | सैट स्क्वायर |
| Pin cushion | पिन कुशल | पिन लगाने की गद्दी | Stencil machine | स्टेन्सिल मशीन | स्टेन्सि काटने की मशीन |
| Pen-rack | पैन रैक | कलमदान | Stencil paper | स्टेन्सिल पेपर | स्टेन्सिल काटने का कागज |
| Pastel | पेस्टल | चित्र बनाने के रंग | Tape | टेप | फीता |
| Pencil cutter | पैन्सिल कटर | चाकू | Tag | टैग | धागा, डोरी |
| Pen knife | पैन नाइफ | कलम तराश | Tracing cloth | ट्रेसिंग क्लॉथ | मोमी कपड़ा |
| Protactor | प्रोट्रैक्टर | चाँदा | Tracing paper | ट्रेसिंग पेपर | अक्स उतारने का कागज |
| Quill pen | क्विल पैन | पंख की कलम | Typewriter | टाइपराइटर | टंकण मशीन |
| Register | रजिस्टर | खाता, रजिस्टर | Table | टेबल | मेज |
| Receipt book | रिसीप्ट बुक | रसीद बही | Visiting Card | विजिटिंग कार्ड | भेंट कार्ड |
| Red ink | रैड इंक | लाल स्याही | Waste paper basket | वेस्ट पेपर बॉस्केट | रद्दी की टोकरी |
| Ribbon | रिबन | फीता | Wire | वायर | तार |
| Rubber | रबर | रबर | Writing pad | राइटिंग पैड | लेखन पट्टी |
| Rubber stamp | रबर स्टैम्प | रबड़ की मोहर | Writing paper | राइटिंग पेपर | लिखने का कागज |
| Ruler | रूलर | पैमाना | Weekly paper | वीकली पेपर | साप्ताहिक समाचार-पत्र |
| Seal | सील | मोहर | Wrapping paper | रैपिंग पेपर | लपेटने का कागज |

## Human Beings at Different Ages

| Words | Pronunciation | Hindi Meaning | Words | Pronunciation | Hindi Meaning |
|---|---|---|---|---|---|
| Baby | बेबी | नवजात शिशु | Young man | यंग मैन | नवयुवक |
| Child | चाइल्ड | बच्चा | Young woman | यंग वोमेन | नवयुवती |
| Infant | इंफेंट | गोद में खेलने वाला बच्चा | Bachelor | बैचरल | कुंवारा |
| Boy | बॉय | लड़का | Virgin | वरजिन | कुँवारी |
| Girl | गर्ल | लड़की | Bridegroom | ब्राइडग्रूम | दूल्हा |
| Adolescent | एडोलेसेन्ट | किशोर | Bride | ब्राइड | दुल्हन |
| Minor | माइनर | अल्प वयस्क | Spinster | स्पिन्स्टर | चिरकुमारी |
| Young | यंग | युवा | Widow | विडो | विधवा |
| Mature | मैच्योर | वयस्क | Widower | विडोवर | विधुर, रंडवा |
| Adult | अडल्ट | प्रौढ़ | Oldman | ओल्डमैन | वृद्ध पुरुष |
| Man | मैन | मनुष्य | Old woman | ओल्ड वोमेन | वृद्ध महिला |
| Woman | वुमेन | महिला | Orphan | ऑरफन | अनाथ, यतीम |

## Terms used in Sports & Games

| Words | Pronunciation | Hindi Meaning | Words | Pronunciation | Hindi Meaning |
|---|---|---|---|---|---|
| Athletics | एथलैटिक्स | मल्लक्रीडा | Ball | बॉल | गेंद |
| Badminton | बैडमिन्टन | बैडमिन्टन | Bandy | बन्डी | बर्फ पर खेली जाने वाली हॉकी |
| Badminton court | बैडमिन्टन कोर्ट | बैडमिन्टन खेलने का मैदान | Billiards | बिलियर्ड्स | रंगीन गेंदों से खेला जाने वाला खेल |

| Words | Pronunciation | Hindi Meaning |
|---|---|---|
| Billiards Table | बिलियर्ड्स टेबल | बिलियर्ड खेलने की मेज |
| Basket Ball | बास्केट बॉल | बॉस्केट बॉल |
| Bat | बैट | बल्ला |
| Boxing | बॉक्सिंग | मुक्केबाजी |
| Blind man's buff | ब्लाइंड मैन्स बफ | आँख मिचौनी |
| Hide and seek | हाइड एण्ड सीक | लुका-छिपी |
| Basket | बास्केट | टोकरी |
| Broad jump | ब्रॉड जम्प | चौड़ी कूद |
| Boxing ring | बॉक्सिंग रिंग | घूँसेबाजी का रिंग |
| Carrom | कैरम | कैरम का खेल |
| Carrom board | कैरम बोर्ड | कैरम खेलने का बोर्ड |
| Chess | चैस | शतरंज |
| Chess board | चैस बोर्ड | शतरंज की बिसात |
| Chess pieces | चैस पीसज | शतरंज के मोहरे |
| Cricket | क्रिकेट | क्रिकेट |
| Cycle race | साइकिल रेस | साइकिल की दौड़ |
| Dice | डइास | चौपड़ |
| Duck and drake | डक एण्ड ड्रेक | पानी में खेला जाने वाला एक खेल |
| Disc throw | डिस्क थ्रो | गोला फेंक |
| Football | फुटबॉल | फुटबॉल |
| Golf | गॉल्फ | गॉल्फ |
| Golf Course | गॉल्फ कोर्स | गॉल्फ का मैदान |
| Horse Race | हॉर्स रेस | घुड़दौड़ |
| High Jump | हाई जम्प | ऊँच कूद |
| Hunting | हन्टिंग | शिकार |
| Hockey | हॉकी | हॉकी |
| Javelin | जैवलिन | भाला |
| Javelin throw | जैवलिन थ्रो | भाला फेंकना |
| Jumping | जम्पिंग | कूदना |
| Kite-flying | काइट-फ्लाइंग | पतंग उड़ाना |
| Lacrasse | लैकरॉसे | गेंद का खेल |
| Long jump | लांग जम्प | लम्बी कूद |
| Marbles | मार्बल्स | गोली/कंचे का खेल |
| Ping pong | पिंग पांग | एक प्रकार का टेनिस का खेल |
| Polo | पोलो | घोड़े पर सवाल होकर हॉकी की तरह खेला जाने वाला खेल |
| Playing Cards | प्लेइंग कार्ड्स | ताश का खेल |
| Race | रेस | दौड़ |
| Racing Track | रेसिंग ट्रैक | दौड़ का मैदान |
| Snake and ladder | स्नेक एण्ड लैडर | साँप सीढ़ी का खेल |
| Ski-ing | स्कीइंग | बर्फ पर चलने का खेल |
| Swimming | स्विमिंग | तैराकी |
| Top | टॉप | लट्टू |
| Tennis | टेनिस | टेनिस |
| Tennis Racket | टेनिस रैकेट | टेनिस का बल्ला |
| Table Tennis | टेबल टेनिस | टेबल टेनिस |
| Lawn Tennis | लॉन टेनिस | घास के मैदान पर खेली जाने वाली टेनिस |
| Volleyball | वॉलीबाल | वालीबॉल |
| Vaulting | वॉल्टिंग | छलांग मारना |
| Pole Vault | पोल वॉल्ट | बल्लीकूद |
| Weight Lifting | वेट लिफ्टिंग | भार उठाना |
| Wrestling | रैसलिंग | कुश्ती लड़ना |
| Water Polo | वाटर पोलो | पानी में गेंद से खेला जाने वाला खेल |
| Yoyo | योयो | रबड़ में बँधी गेंद को उछालने का खेल |

## Name of Directions

| Words | Pronunciation | Hindi Meaning |
|---|---|---|
| East | ईस्ट | पूर्व |
| West | वेस्ट | पश्चिम |
| North | नॉर्थ | उत्तर |
| South | साउथ | दक्षिण |
| North-East | नॉर्थ ईस्ट | उत्तर-पूर्व |
| North-West | नॉर्थ वेस्ट | उत्तर-पश्चिम |
| South-West | साउथ वेस्ट | दक्षिण-पश्चिम |

## Name of Planets in our Solar System

| Words | Pronunciation | Hindi Meaning |
|---|---|---|
| Earth | अर्थ | पृथ्वी |
| Jupiter | जूपीटर | बृहस्पति |
| Mars | मार्स | मंगल |
| Mercury | मरकरी | बुध |
| Neptune | नैपचून | वरुण |
| Pluto | प्लूटो | यम ग्रह, प्लूटो |
| Saturn | सेटर्न | शनि |
| Uranus | यूरेनस | यूरेनस |
| Venus | वीनस | शुक्र |

## Units Used For Distance And Other Measurements

| Words | Pronunciation | Hindi Meaning | Words | Pronunciation | Hindi Meaning |
|---|---|---|---|---|---|
| Inch | इंच | इंच | Gross | ग्रॉस | गुर्स = 12 दर्जन/144 इकाई |
| Foot | फुट | फुट = 12 इंच | Score | स्कोर | कोड़ी = 2 इकाई |
| Yard | यार्ड | गज ( र्ड = 3 फुट) | Quire | क्वायर | दस्ता = 24 कागज |
| Furlong | फरलाँग | फरलाँग | Rim | रिम | रिम = 4 दर्जन/2 दस्ते/48 कागज |
| Mile | माइल | मील = 8 फरलांग = 176 गज | Bundle | बंडल | बंडल = 2 रिम |
| Knot | नॉट | समुद्री मील = 68 फुट | Bale/ Gattha | बेल/गट्ठा | गट्ठा = रिम/5 बंडल |
| Dozen | डजन | दर्जन = 12 इकाई | | | |

## Roman Numerals

| | | | |
|---|---|---|---|
| 1 I | 12 XII | 50 L | 600 DC |
| 2 II | 13 XIII | 60 LX | 700 DCC |
| 3 III | 14 XIV | 70 LXX | 800 DCCC |
| 4 IV | 15 XV | 80 LXXX | 900 CM |
| 5 V | 16 XVI | 90 XC | 1000 M |
| 6 VI | 17 XVII | 100 C | 1100 MC |
| 7 VII | 18 XVIII | 150 CL | 1200 MCC |
| 8 VIII | 19 XIX | 200 CC | 1300 MCCC |
| 9 IX | 20 XX | 300 CCC | 1400 MCD |
| 10 X | 30 XXX | 400 CD | 1500 MD |
| 11 XI | 40 XL | 500 D | |

## Name of Seasons

| | | | | | |
|---|---|---|---|---|---|
| Summer | समर | ग्रीष्म ऋतु | Autumn | ऑटम | पतझड़ |
| Winter | विन्टर | शरद ऋतु | Rainy Season | रैनी सीजन | वर्षा ऋतु |
| Spring | स्प्रिंग | बसन्त ऋतु | Hemant | हेमंत | शिशिर ऋतु |

## Name of Months (महीने)

| | | | | | |
|---|---|---|---|---|---|
| January | जेनुअरी | जनवरी | July | जुलाई | जुलाई |
| February | फेबरअरी | फरवरी | August | औगस्ट | अगस्त |
| March | मार्च | मार्च | September | सैटेम्बर | सितम्बर |
| April | अप्रिल | अप्रैल | October | औक्टोबर | अक्टूबर |
| May | मे | मई | November | नोवेम्बर | नवम्बर |
| June | जून | जून | December | डैसेम्बर | दिसम्बर |

## Name of Days (दिन)

| | | | | | |
|---|---|---|---|---|---|
| Sunday | सन्डे | रविवार | Thursday | थर्सडे | बृहस्पतिवार |
| Monday | मन्डे | सोमवार | Friday | फ्राइडे | शुक्रवार |
| Tuesday | ट्यूजडे | मंगलवार | Saturday | सैटरडे | शनिवार |
| Wednesday | वैडनेसडे | बुधवार | | | |

## Time Measure (समय का माप)

| | | | | | |
|---|---|---|---|---|---|
| Moment | मोमेन्ट | क्षण, पल | Second | सेकेन्ड | सैकिन्ड |
| Jiffy | जिफी | पल | Minute | मिनट | मिनट = 60 सैकिन्ड |

| Words | Pronunciation | Hindi Meaning | Words | Pronunciation | Hindi Meaning |
|---|---|---|---|---|---|
| Hour | आॅवर | घंटा = 60 मिनट | Year | ईयर | वर्ष |
| Day | डे | दिन | Decade | डिकेड | दशक |
| Night | नाइट | रात | Century | सेंचुअरी | शताब्दी |
| Morning | मॉर्निंग | प्रातः काल | Millennium | मिलेनियम | हजार वर्ष |
| Dawn | डॉन | उषाकाल | Era/ Epoch | इरा/ईपोक | युग |
| Sunrise | सनराइज | सूर्योदय | Date | डेट | तिथि |
| Noon | नून | दोपहर | Today | टुडे | आज |
| Mid-day | मिड-डे | मध्यान्ह | Tonight | टुनाइट | आज की रात |
| Afternoon | आफ्टरनून | दोपहर बाद का समय | Yesterday | यस्टरडे | बीता कल |
| Evening | इवनिंग | सायंकाल | Yester night | यस्टर नाइट | बीती कल की रात |
| Dusk | डस्क | गोधूलि वेला | Day before yesterday | डे बिफोर यस्टरडे | परसों बीता हुआ दिन |
| Sun-set | सन-सेट | सूर्यास्त | | | |
| Twilight | ट्वालाइट | संध्याकाल | Tomorrow | टुमोरो | आने वाला कल |
| Midnight | मिडनाइट | मध्यरात्रि | Day after tomorrow | डे आफ्टर टूमोरो | आने वाला परसों का दिन |
| Week | वीक | सप्ताह | | | |
| Fortnight | फोर्टनाइट | पखवाड़ा | Quarter | क्वार्टर | चौथाई |
| Month | मन्थ | महीना | Half | हाफ | आधा |

## Name of Colours (रंग)

| Words | Pronunciation | Hindi Meaning | Words | Pronunciation | Hindi Meaning |
|---|---|---|---|---|---|
| Azure | एज्योर | आसमानी | Mauve | मॉव | चमकीला गुलाबी |
| Black | ब्लैक | काला | Orange | आॅरेंज | नारंगी |
| Blue | ब्लू | नीला | Pale | पेल | हल्का पीला |
| Brown | ब्राउन | भूरा | Pink | पिंक | हल्का गुलाबी |
| Crimson | क्रिसमन | गहरा लाला | Purple | पर्पल | बैंगनी |
| Dusky | डस्की | राख का सा रंग | Red | रैड | लाल |
| Golden | गोल्डन | सुनहरा | Rosy | रोजी | गुलाबी |
| Grey | ग्रे | सलेटी | Saffron | सैफरन | केसरिया |
| Green | ग्रीन | हरा | Violet | वायोलेट | जामुनी |
| Indigo | इन्डिगो | नीला | Vermillion | वर्मिलियन | सिन्दूरी |
| Lemon | लैमन | हल्का पीला | White | व्हाइट | सफेद |
| Maroon | मैरून | गहरा सुर्ख | Yellow | येलो | पीला |

## Name of Medical Sciences and Medicines

| Words | Pronunciation | Hindi Meaning | Words | Pronunciation | Hindi Meaning |
|---|---|---|---|---|---|
| Allopathy | एलोपैथी | अंग्रेजी औषधि पद्धति | Caustics | कॉस्टिक्स | तल बनाने की दवा |
| Ayurvedic | आयुर्वेदिक | भारतीय आयुर्वेदिक पद्धति | Cinchona | सिनकोना | नीम का पेड़ |
| Homeopathy | होमियोपैथी | होम्यापैथी पद्धति | Cocaine | कोकीन | सुन्न करने की दवा |
| Unani | यूनानी | यूनानी पद्धति | Drug | ड्रग | औषधि, दारू, दवाओं का घोल |
| Arnica | अर्निका | ज्वरनाशक औषधि | Dose | डोज | दवा की मात्रा, खुराक |
| Bandage | लबैन्डेज | पट्टी | Decoction | डिकोक्शन | काढ़ा |
| Bryonia | ब्रायनिया | सर्दी खाँसीनाशक दवा | Distilled water | डिस्टिल्ड वाटर | आसुत जल |
| Boric Acid | बोरिक एसिड | सेंक करने की दवा | Diet | डायट | पथ्य, आहार |
| Chemist | केमिस्ट | दवाएँ बेचने वाला | Emetic | एमेटिक | वमन, उल्टी कराने वाली दवा |
| Castor Oil | केस्टर ऑयल | रैंडी का तेल | Fomentation | फोमेन्टेशन | सेंक, सिकाई |
| Caustic Soda | कॉस्टिक सोडा | साबुन बनाने का सोडा | Fumigation | फ्यूमिगेशन | बफारा/धूनी देना |

| Words | Pronunciation | Hindi Meaning | Words | Pronunciation | Hindi Meaning |
|---|---|---|---|---|---|
| Gargle | गर्गल | कुल्ली/गरारा करने की तरल दवा | Plaster | प्लास्टर | लेप |
| | | | Pottasium | पोटेशियम | लाल दवा |
| Injection | इंजेक्शन | टीका | Permanganate | परमैंगनेट | परमैंगनेट |
| Jalap | जैलप | रेचक (दस्तावर) दवा | Purgative | पर्गेटिव | जुलाब |
| Lancet | लैन्सेट | नश्तर | Phosphorus | फोस्फोर | सज्वनशील पदार्थ |
| Laxative | लैग्जेटिव | जुलाब, विरेचक दवा | Quinine | क्वीनाइन | कुनैन |
| Lotion | लोशन | आँख में डालने की दवा | Spirit | स्प्रिट | चोट पर लगाने वाली दवा |
| Mixture | मिक्सचर | तरल दवाइयों का मिश्रण | Soda Water | सोडा वाटर | खारा पानी |
| Nux-vomica | नक्स-वोमिका | कुचला | Snuff | स्नफ | सूँघनी |
| Opium | ऑपियम | अफीम | Tincture | टिंक्चर | चोट की दवा |
| Operation | ऑपरेशन | चीर-फाड़ करना | Tablet | टेबलेट | गोली |
| Ointment | ऑयन्टमेन्ट | मरहम | Triolein | ट्रायोनल | नशीला पदार्थ |
| Poultice | पॉलिट्स | फोड़े को ढकने के लिये लेप | Vaccination | वैक्सीनेशन | चेचक का टीका |
| Powder | पाउडर | चूर्ण | | | |

## Diminutives

| Words | Diminutives | Words | Diminutives |
|---|---|---|---|
| Ankle | Anklet | Isle | Islet |
| Arm | Armlet | Mother | Mamma |
| Ball | Bullet | Father | Papa |
| Bird | Birdie | Lass | Lassie |
| Baron | Baronet | Lock | Locket |
| Book | Booklet | Maid | Maiden |
| Bull | Bullock | Leaf | Leaflet |
| Brook | Brooklet | Owl | Owlet |
| Car | Chariot | Pack | Packet |
| Cat | Kitten | Pouch | Pocket |
| Cabin | Cabinet | Mole | Molecule |
| Circle | Circlet | Mouth | Muzzle |
| City | Citadel | Part | Particle |
| Cigar | Cigarette | Ring | Ringlet |
| Corn | Kernel | Rose | Rosette |
| Crown | Coronet | Sack | Satchel |
| Cock | Chicken | Shade | Shadow |
| Dear | Darling | Song | Sonnet |
| Dame | Damsel | Poet | Poetaster |
| Duck | Duckling | Table | Tablet |
| Flower | Floweret | Tower | Turret |
| Hill | Hillock | River | Rivulet |
| Hire | Hireling | Stream | Streamlet |
| Home | Hamlet | Top | Tip |

## Abbreviations In Common Use

| | | | |
|---|---|---|---|
| A/c | Account | A.M. | Ante Meridien |
| Adj. | Adjective | Ans. | Answer |

| | | | |
|---|---|---|---|
| Asstt. | Assistant | Fig. | Figure |
| Add. | Address | Fem. | Feminine |
| Advt. | Advertisement | Ft. | Feet |
| Amt. | Amount | Flt. Lt | Flight Lieutenant |
| Ape. | April | F.M. | Field Marshall |
| Aug. | August | F.O. | Foreign Office |
| B.A. | Bachelor of Arts | Fr. | French |
| B.C. | Before Christ | F.R.S. | Fellow of the Royal Society |
| B.Com. | Bachelor of Commerce | Gr. | Grammar |
| B.Sc. | Bachelor of Science | Gen. | General |
| B.Ed. | Bachelor of Education | Govt. | Government |
| B.Pharma | Bachelor of Pharmacy | G.P.O. | General Post Office |
| B.B.C | British Broadcasting Corporation | gm. | Gram |
| | | G.M.T. | Greenwich Mean Time |
| C.A. | Chartered Accountant | gym. | Gymnasium |
| Capt. | Captain | Hon. | Honourable |
| Cdr. | Commander | Hons. | Honours |
| C.C. | Cubic Centimeter | H.O. | Head Office |
| Col. | Colonel | H.Q. | Head Quarters |
| Cm. | Centimeter | hr. | Hour |
| C/o | Care of | i.e. | Id est. (that is) |
| Chap. | Chapter | I.A.F. | Indian Air Force |
| Cent. | Century | I.Q. | Intelligence Quotient |
| C.I.D. | Criminal Investigation Department | Int. | Interest |
| | | Jr. | Junior |
| Co. | Company | Jan. | January |
| Cr. | Creditor | Junc. | Junction |
| Deg. | Degree | Kc. | Kilocycle |
| Dr. | Debtor, Doctor | Km. | Kilometer |
| D/o | Daughter of | Kg. | Kilogram |
| Dt. | Dated | Lab. | Laboratory |
| Dict. | Dictionary | Lat. | Latitude |
| Dec. | December | L.B.W. | Leg Before Wicket |
| Deptt. | Department | L.L.B. | Bachelor of Law |
| D.I.G. | Deputy Inspector General | Min. | Minimum |
| D.C.P. | Deputy Commissioner of Police | Max. | Maximum |
| | | Maj. | Major |
| D. Litt. | Doctor of Literature | Mar. | March |
| D.L.O. | Dead Letter Office | ml. | Milliliter |
| D.O.A. | Dead On Arrival | mm. | Millimeter |
| Doz. | Dozen | Mss. | Manuscript |
| Distt. | District | Min. | Minutes |
| e.g. | Exampli gratia (for example) | Mon. | Monday |
| etc. | Etcetra | Misc. | Miscellaneous |
| Estd. | Established | M.O. | Money Order |
| F. | Fahrenheit | Mr. | Mister |
| F.S.O | Food and Supply Officer | Mrs. | Mistress |
| Feb. | February | M/s | Messrs. |
| Fri. | Friday | N.A. | Not Applicable |

| | | | |
|---|---|---|---|
| N.B. | Nota Bena (Not well) | Sept. | September |
| Neg. | Negative | Sub. | Subject |
| Nov. | November | Sig. | Signature |
| Oct. | October | Sr. | Senior |
| Opp. | Opposite | Sq. | Square |
| Ord. | Ordinary | Sqdn. | Squadron |
| P.C. | Post Card | S.H.O. | Station House Officer |
| P.O. | Post Office | S.O. | Section Officer |
| P.ET. | Physical Education Teacher | Sun. | Sunday |
| P.T.I. | Physical Training Instructor | T.A. | Travelling Allowance |
| P.M. | Post Meridien (After midday) | Tech. | Technical |
| | | T.B. | Tuberculosis |
| P.T.O. | Please Turn Over | Tel. | Telegram |
| P.W.D. | Public Works Department | Thur. | Thursday |
| p.a. | Per annum | Tues. | Tuesday |
| P.R.O. | Public Relations Officer | T.V. | Television |
| Pt. | Part, Pandit | U.D.C. | Upper Division Clerk |
| Pop. | Population | U.N. | United Nations |
| Prof. | Professor | U.S. | United States |
| p.c. | Percent | U.K. | United Kingdom |
| Prop. | Proprietor | Viz. | Videlicet (Namely) |
| Q. | Question | V/S | Versus (Against) |
| Qr. | Quarter | V.I.P. | Very Important Person |
| Recd. | Received | Wed. | Wednesday |
| Re. | Rupee | w.e.f. | With effect from |
| Ref. | Reference | W/o | Wife of |
| Rs. | Rupees | Wt. | Weight |
| Retd. | Retired | W.H.O. | World Health Organisation |
| Sat. | Saturday | X-mas | Christmas |
| Sec. | Second, Secretary | Yr. | Year |
| St. | Street | | |
| S/o | Son of | | |

## Terms used in Railways

Station Master–स्टेशन मास्टर

Asstt. Station Master–सहायक स्टेशन मास्टर

Arrival–गाड़ी के आगम का समय

Advice note–सूचना पत्र

Agent–एजेन्ट, अभिकर्ता

Agreement–सहमति

Air-conditioned–वातानुकूलित

Alarm chain–खतरे की जंजीर

Ambulance–अस्पताल गाड़ी

Amenities–सुख-साधन, सुविधाएँ

Avert–बचा लेना

Back light–पिछली बत्ती

Back shunt–पीछे शन्ट करना

Badge–बिल्ला, बैज

Bale–गाँठ

Basic fare–मूल किराया

Berth–लेटने या सोने की सीट

Bogie–रेल का डिब्बा

Brake–रेलगाड़ी आदि में पहियों को रोकने का यन्त्र

Bolt–चटकनी

Booking luggage–सामान बुक करना

Booking–टिकट बिकना

Booking window–टिकट खिड़की

Booking Office–टिकट घर

Booking Clerk—टिकट बाबू
Brake van—ब्रेक यान
Broad gauge—बड़ी लाइन
Bye-pass—उप-मार्ग
Cabinman—केबिन वाला
Carrier—वाहन, वाहक
Cartage—गाड़ी-भाड़ा ढुलाई
Caution order—सावधानता आदेश
Class—दर्जा, श्रेणी, वर्ग
Classified—वर्गीकृत
Clear signal—निर्बाधता संकेत
Cloak room—अमानती सामान घर
Chain—जंजीर
Charges—भाड़ा, खर्चा, प्रभार
Cheapest route—सबसे सस्ता रास्ता
Coolie—कुली
Complaint Book—शिकायत पुस्तिका
Compartment—रेल डिब्बे का भाग
Combined ticket—संयुक्त टिकट
Commercial Department—वाणिज्य विभाग
Commercial of enquiry—जाँच समिति
Compartment—खाना, कक्ष
Competent authority—समर्थ अधिकारी
Collision—आमने-सामने की टक्कर
Consign—माल भेजना, प्रेषण
Contraband articles—निषिद्ध वस्तुएँ
Control—नियंत्रण
Co-passenger—सहयात्री
Counterfeit—जाली
Coupon book—कूपन की किताब
Concession—रियायत, छूट
Carriage—डिब्बा
Counter—टिकट घर की खिड़की के बाहर दाम गिनने का स्थान
Consignor—माल भेजने वाला
Consignee—माल पाने वाला
Consignment—माल की खेप
Crane—सामान उठाने वाली मशीन
Cross traffic—पारगामी यातायात
Damage—नुकसान, क्षति
Danger signal—खतरा संकेत
Day duty—दिन की नौकरी, दिन की ड्यटी
Demurrage—गाड़ी के पटरी से उतने की घटना
Departure—गाड़ी के छूटने का समय
Dead slow—अत्यन्त धीरे
Delivery—माल ढुलाई, दे देना, परिदान, वितरण
Dining Car—भोजन का कमरा
Driver—गाड़ी चलाने वाला
Derail—गाड़ी का पटरी से उतरना
Depreciation—मूल्य, ह्रास प्रभाव
Deputy Chief Controller—उपमुख्य नियंत्रक
Deputy Station—उपस्टेशन अधीक्षक
Despatch note—प्रेषक नोट
Despatching station—प्रेषक स्टेशन
Destination—गन्तव्य स्थान, मंजिल
Detach—अलग करना, काटना
Detrain—गाड़ी से उतरना, गाड़ी से उतारना
Diesel Engine—डीजल से चलने वाला इंजन
Dispute—झगड़ा, विवाद
Distance—अन्तर, दूरी, फासला
Distant signal—दूर संकेत, दूर सिगनल
Divert—बदलना, पलटना, दूसरे मार्ग
Double line—दोहरी लाइन
Down train—डाउन गाड़ी
Drooping signal—लटकता सिगनल
Dynamo car—डायनमो यान
Electric locomotive—विद्युत इंजन, बिजली का इंजन
Electrician—बिजली वाला
Electric Train—विद्युत गाड़ी
Emergency—आपातकालीन
Empties—खाली डिब्बे
Entrain—गाड़ी में चढ़ना, गाड़ी में चढ़ाना
Enquiry Office—पूछताछ दफ्तर
Excess luggage—अतिरिक्त सामान
Exit gate—निकास द्वार, बाहर जाने का रास्ता
Express Train—तीव्रगामी गाड़ी

Fare–किराया
Fare- table–किराया-सारिणी
Fish Plate–दो पटरी जोड़ने के लिए लोहे का प्लेट
Fireman–इंजन में भट्टी पर काम करने वाला
Footpath–पगडण्डी
Free allowance–वजन की छूट
Free goods–नि:शुल्क माल
Free pass–मुफ्त पास
Freight–भाड़ा
Guard–रेलगाड़ी नियंत्रक
Goods clerk–माल बाबू
Goods shed–माल गोदाम
Goods siding–माल साइडिंग
Goods Train–माल गाड़ी
Gross weight–कुल भार
Guard's van–गार्ड का डिब्बा
Hag Station or Halt–छोटे स्टेशन जहाँ मेल आदि गाड़ियाँ नहीं रुकती
Halting place–विराम स्थान
Hand brake–हाथ ब्रेक
Hand shunting–हाथ शन्टिंग
Hawker–खोमचे वाला, फेरी वाला
Head on collision–सामने की टक्कर
Invalid chair–निबल कुसी
Invalid passenger–निबल यात्री
Lamp room–दीप घर
Leverman–लीवर वाला
Licencee–लाइसेंसदार
Line clear–गमन अधिकार
Loco shed–इंजन घर
Loose consignment–खुला माल
Load Van–सवारी गाड़ी में माल ले जाने वाला डिब्बा
Luggage–सामान
Luggage van–सामान यान
Luggage booking office–सामान बुकिंग कार्यालय
Loading–माल गाड़ी में माल का लदान
Lavatory–शौचालय
Mail Van–डाक का डिब्बा
Maintenance–देखभाल
Mechanical Engineer–यांत्रिक इंजीनियर
Medical examination–चिकित्सा सम्बन्धी परीक्षण
Massage in code–कूटर भाषा में संदेश
Metre gauge–छोटी लाइन
Monthly ticket–मासिक टिकट
Mutilated ticket–कटा-फटा टिकट
Narrow gauge–संकरी लाइन
Night duty–रात की ड्यूटी
Night shift–रात की पारी
Open wagon–चालू माल डिब्बा
Operator–परिचालक
Ordinary fare–साधारण किराया
Outer Signal–बाहरी सिगनल
Over-bridge–ऊपरी पुल
Overtime–अतिरिक्त रेलवे समय
Paid–अदा किया, दत्त
Passenger Train–यात्री गाड़ी
Parcel Office–पार्सल दफ्तर, माल घर
Platform–प्लेटफॉर्म
Platform Ticket–प्लेटफॉर्म टिकट
Parcel Train–पार्सल गाड़ी
Passengers–यात्री
Parcel Clerk–पार्सल लेन-देन वाला बाबू
Penalty–दण्ड
Perishable goods–नश्य माल
Permanent restriction–स्थायी प्रतिबन्ध
Pilferage–उठाईगिरी
Pilgrim tax–तीर्थयात्री कर
Punctuality–समय पालन, समय पाबन्दी
Push trolley–हाथ ठेला, हाथ ठेला
Privilege pass–सुविधा पास
Rail–पटरी
Restaurant–जलपान गृह
Reservation–आरक्षण
Relieving staff–भरमोचक कर्मचारी वर्ग
Repair–मरम्मत
Retiring room–विश्रामालय
Return half–वापसी आधा
Railway Receipt (R/R)–बिल्टी की रसीद

Railway Yard—खाली डिब्बे के खड़ा होने का स्थान
Rest Room—विश्रामगृह
Railway Minister—रेल मंत्री
Railway Mail Service (R.M.S.)—रेलवे डाक सेवा
Railway Protection Force (R.P.F.)—रेलवे सुरक्षा बल
Railway Staff—रेलवे कर्मचारीगण
Return journey—वापसी यात्रा
Safety—सुरक्षा
Season ticket—अवधि टिकट
Seating accommodation—बैठने का स्थान
Second class—दूसरा दर्जा
Schedule of trains—गाड़ी सारिणी
Scheduled timedue—नियम समर्थ
Scavenger—सफाई करने वाला
Seat—बैठने का स्थान
Shuttle—थोड़ी दूर तक चलने वाली रेलगाड़ी
Signal—सिगनल
Signal Cabin—सिगनल नियंत्रक कक्ष
Side collision—बगली टक्कर
Single journey—इकहरी यात्रा
Sleeper—स्लीपर
Sleeper berth—शायिका
Sleeping car—शयन यान
Stoppage—रुकना
Store-keeper—भंडारी
Station Master—स्टेशन मास्टर
Stocker—कोयला झोंकने वाला
Station—स्टेशन
Subdued light—धीमी बत्ती
Subway—सुरंग मार्ग
Tail lamp—पिछली बत्ती
Tariff—शुल्क दर, प्रशुल्क
Terminal charges—चुंगी
Terminus—अन्तिम स्टेशन
Thick fog—घना कुहरा
Third class—तीसरा दर्जा
Ticket Collector—यात्रियों से टिकट लेने वाला
Time Table—समय सारिणी
Trolley—पटरी पर चलने वाली चार पहियों वाली गाड़ी जिसमें पटरी की जाँच करने वाले अफसर बैठते हैं।
Ticket—टिकट, यात्रा-पत्र
Ticket Checker—यात्रियों के टिकटों की जाँच करने वाला
To take delivery—माल छुड़ाना
Transhipped—यानान्तरित
Transportation—परिवहन
Travelling allowance—यात्रा, यात्रा करना
Unclaimed consignment—लावारिस माल
Unremunerative lines—घाटे की लाइन
Under-bridge—नीचे का पुल
Wagon—माल डिब्बा
Waiting room—प्रतीक्षालय
Warning signal—चेतावनी संकेत
Wash basin—चिलमची
Watch and ward—रक्षा प्रहरी
Way-bill—मार्ग पत्रक
Wear and tear—टूट-फूट
Weigh bridge—तुला चौकी
Weight for charge—भार सीमा
Without ticket—बिना टिकट
Workshop—कारखाना

## Terms used in Banks

Account—खाता
Account days—निटारा अवधि
Account in operation—सक्रिय खाता
Account department—लेखा विभाग
Account period—लेखा अवधि
Account Book—खाता रजिस्टर
Accountant—लेखपाल
Account Holder—खातेदार
Advance—अग्रिम
Advice book—सूचना पुस्तक
Agency—एजेंसी
Agent—अभिकर्त्ता
Amount—राशि
Amount deposited—जमा राशि
Annual closing—वार्षिक बंदी
Apex bank—शिखर बैंक

Assets—सम्पत्ति
Balance Sheet—तुलना पत्र
Bank Employee—बैंक कर्मचारी
Branch Office—शाखा कार्यालय
Bearer Cheque—जिस चैक का भुगतान कोई भी व्यक्ति ले सके
Bank Balance—बैंक के खाते में शेष धन
Bank advance—बैंक उधार
Bank bill—बैंक बिल
Bank call—बैंक लेखा माँग
Bank failure—बैंक फेल होना
Bank facilities—बैंक सुविधाएँ
Banking habit—बैंकिंग आदत
Banking hours—बैंकिंग समय
Bill—बिल, हुंडी
Bill of credit—साख पत्र
Bill of loding—लदान पत्र
Bill at sight—दर्शनी हुंडी
Book credit—खाता उधार
Book deposit—खाता जमा
Capital—पूँजी
Cash balance—रोकड़ बाकी
Cash certificate—नकदी पत्र
Cash credit—नकद उधार
Cash receipt—नकदी रसीद
Cashier—खजाँची
Central bank—केन्द्रीय बैंक
Current Account—चालू खाता
Currency chest—नकदी तिजोरी
Cash Book—रोकड़ बही
Cheque—चैक
Chest—तिजोरी
Cheap money—अल्प ब्याज रुपया, सस्ता द्रव्य
Crossed Cheque—जिस चैक का भुगतान नामधारी के खाते में जमा होकर मिले
Close the Account—खाता बन्द करना
Clearing bank—समाशोधन बैंक
Clearing cheque—समाशोध्य चैक
Clearing house—समाशोधन घर
Commercial bank—वाणिज्य बैंक
Co-operative bank—सहकारी बैंक
Collection—वसूली
Consignee—माल पाने वाला
Co-surety—सहप्रतिभूति
Counterfoil—अधपन्ना
Credit—उधार साख
Credit slip—जमा पर्ची
Crossed cheque—रेखांकित चैक
Debt—ऋण
Debtor—देनदार
Deduct—काटना, घटाना
Demand letter—माँग पत्र
Deposit rates—जमा दर
Discount—बट्टा
Dishonour—अनादरण
Dead account—मृत खाता
Draft—रुपया भेजने का पत्रक
Deposit—जमा
Domestic bill—देशीय बिल
Drawee—अदाकर्ता
Endorsee—पृष्ठांकिती
Endorsement—बेचान, पृष्ठांकन
Entry—प्रविष्टि
Exchange at a discount—बट्टे पर विनिमय
Expansion—प्रबन्ध खर्च
Head Office—प्रधान कार्यालय
Half Yearly—अर्धवार्षिक
Interest—ब्याज
Industrial bank—औद्योगिक बैंक
Facsimile signature—प्रतिकृति हस्ताक्षर
Financial—वित्त निभाव
Foreign trade—विदेश व्यापार
Full payment—पूरा भुगतान
Forged Cheque—जाली चैक
Fixed Deposit—सावधिक जमा खाता
Goods—माल, पण्य
Goodwill—सुनाम
Government draft—सरकारी ड्राफ्ट

Guarantee–गारंटी
Indent–मांगपत्र
Indigeneous bank–देशी बैंक
Industry–उद्योग
Insolvency–दिवाला
Insurance–बीमा
Insured–बीमाकृत
Investment banker–निवेश बैंकर
Issuing banker–प्रचालक बैंकर
Lease rental–पट्टा किराया
Lending rate–उधारदान पत्र
Letter of guarantee–गारंटी पत्र
Lien–पुनर्ग्रहणाधिकार
Liquidation–परिसमापन
Loan–कर्ज
Loans ledger–कर्ज खाता
Ledger–खाता
Live account–जीवित खाता
Lockers–जिनमें खाताधारी आपना सामान सुरक्षित रखते हैं
Manager–प्रबन्धक
Manufacturer–विनिर्माण
Market value–बाजार मूल्य
Moratorium–भुगतान स्थगन
Mortgage–बन्धन रहन
Market price–बाजार भाव
Nationalised–राष्ट्रीयकृत
No account–हिसाब नहीं
No advice–सूचना नहीं
No effects–रुपया नहीं
Order cheque–नामजोग चैक
Overdraft–जमा से अधिक रुपया देना।
Over payment–अधिक अदायगी
Open an account–खाता खोलना
Par of exchange–विनिमय सममूल्यता
Payment–रुपया देना
Paying banker–अदाकर्ता बैंकर
Pay-in-slip–रुपया जमा करने की पर्ची
Payee's A/c Only–चैक का रुपया केवल खाते में जमा हो
Pass Book–खाते की पुस्तिका
Payees–प्राप्तकर्ता
Receipt–प्राप्ति रसीद
Representative–प्रतिनिधि
Reserve fund–आरक्षित निधि
Reserve ratio–आरक्षण अनुपात, रिजर्व अनुपात
Returning of cheque–चैक लौटाना
Returns–वापिस माल, वापिस हुंडी आदि
Scheduled bank–अनुसूचित बैंक
Security deposit–जमानत
Surety–जमानती
Specimen Signature–नमूने के हस्ताक्षर
Transactions–लेन-देन
Transfer book–अन्तरण बही
Transfer-cheque–अन्तरण चैक
Traveller's Cheque–यात्री चैक
Unsecured loan–अरक्षित कर्ज
Voucher–वाउचर
Withdrawal–पैसा निकालना
Words and figures differ–शब्द अंक भिन्न हैं

## Terms Used In Post And Telegraph Department

Air Mail–हवाई डाक
Abbreviated–संक्षिप्त
Accountant–लेखापाल
Addressee–पाने वाला
Ad hoc–तदर्थ
Air fees–हवाई शुल्क
Assistant–सहायक
Auto–स्वचल
Armoured cable–कवचित केबिल
Acknowledgement–प्राप्त सूचना पत्र
Bag—थैला
Bond–बन्ध पत्र
Book of post mark–मोहर छाप पुस्तक
Blank Parcel list–कोरी पार्सल सूची
Branch post office–शाखा डाक घर
Bronze wire–कांसे का तार

Brass seal—पीतल की मुद्रा
Cable trench—केबल नाली
Call bell—घन्टी
Combined hand—संकेतज्ञ डाक-कर्मचारी
Combined head office—प्रधान डाक-तार घर
Coin collection box—सिक्का बॉक्स
Cord—डोरी
Code name—कूट संज्ञा
Covering letter—उपरि पत्र
Currency note—मुद्रा नोट
Current work—चालू कार्य
Contact fault—संयोग दोष
Control expenditure—नियन्त्रण व्यय
Controlling operator—नियन्त्रक संचालक
Coupled posts—दोहरे खम्भे
Courtesy—शिष्टाचार विनम्रता
Cash van—रोकड़ गाडी
Check—पड़ताल, जाँच
Chief—मुख्य
Communication system—संचार प्रणाली
Call—बुलाना
Direct Dialling-—सीधे टेलिफोन मिलाना
Dial—टेलिफोन के नंबरों का चक्कर
Dead Letter Office (D.L.O.)—अधूरे पते वाले पत्रों का कार्यालय
Date stamp—तारीख मोहर
Dead article—बेनाम वस्तु
Debit note—नामे नोट
Deed—विलेख, दस्तावेज
Defacement—मोहर लगाना
Defence saving certificate—रक्षा बचत पत्र
Delivery—वितरण
Deposit—जमा

Envelope—लिफाफा
Express Letter—शीघ्रगामी पत्र
Extension—विस्तार
Foreign Mail—विदेशी डाक
General Post Office (G.P.O.)—बड़ा डाक घर
Insured Letter—बीमा हुआ पत्र
Inland Letter—अन्तर्देशीय पत्र
Letter Box—पत्र डालने का बक्सा
Late Fee—विलम्ब शुल्क
Money Order Form (M.O.)—रुपये भेजने का फॉर्म
Night Service—रात्रि सेवा
Ordinary Letter—साधारण पत्र
Postmaster—पोस्टमास्टर, डाकपाल
Postal Order—पॉस्टल ऑर्डर
Post Office—डाकघर
Postman—डाकिया
Reply Card—उत्तर पोस्टकार्ड
Registration—रजिस्ट्री
Registered Letter—रजिस्ट्री किया हुआ पत्र
Revenue Stamps—रसीदी टिकटें
Stamps—टिकटें
Signal—सिगनल
Telegram—तार
Telephone Directory—टेलिफोन के नम्बरों की पुस्तिका
Telegraph Office—तारघर
Telephone Exchange—टेलिफोन केन्द्र
Under Postal Certificate—डाकघर प्रमाणपत्र के आधीन
Unpaid—अदत्त भार
Urgent—तुरन्त
Urgent private call—तुरन्त निजी काल
Value Payable Post (V.P.P.)—भुगतान देय डाक
Wireless—बेतार का तार

## Police Department

Armed Police—हथियार बन्द पुलिस
Assistant Commissioner of Police (A.C.P.)—सहायक पुलिस कमिश्नर
Assistant Sub-Inspector (A.S.I.)—सहायक उप-इंस्पेक्टर
Arrest—पकड़ना, गिरफ्तार करना

Bail–जमानत
Constable–सिपाही
Challan–चालान
Commissioner of Police (C.P.)–पुलिस कमिश्नर
Central Bureau of Investigation (C.B.I.)–केन्द्रीय खुफिया जाँच विभाग
Control Room–नियन्त्रण कक्ष
Cheating–धोखा
Criminal Investigation Department (C.I.D.)–अपराधी जाँच विभाग
Deputy Superintendent of Police (D.S.P)–उप-अधीक्षक पुलिस
Dogs Squad–श्वान दल
Dacoity–डकैती, लूटमार
Flying Squad–उड़नदस्ता
Firing–गोलाबारी
First Information Report (F.I.R.)–प्रथम सूचना रपट
Gang–दल
Havaldar–हवलदार
Inspector General of Police (I.G.)–पुलिस महानिरीक्षक
Investigation–जाँच पडताल
Inspector–इंस्पेक्टर
Kotwal–कोतवाल
Murder–हत्या, कत्ल
Police Station–थाना
Pick-pocket–जेबकतरा, गिरहकट
Remand–पूछताछ के लिए अपराधी को अदालत से पुलिस द्वारा कुछ समय के लिए लेना
Robbery–डाका
Station House Officer (S.H.O)–थाना अधिकारी
Smuggler–तस्कर, स्मगलर
Stabbing–छुरेबाजी
Security Guard–सुरक्षा बल
Superintendent of Police (S.P.)–पुलिस अधीक्षक
Sub-Inspector (S.I.)–उप-निरीक्षक
Smuggling–चोरी से माल ले जाना और लाना
Security–सुरक्षा
Thief–चोर
Traffic Police–यातायात व्यवस्था पुलिस
Tear Gas–अश्रु गैस
Theft–चोरी
Under Police Custody–पुलिस की हिरासत में

## Terms Used In Hospital

Warrant–गिरफ्तारी का आदेश
Ambulance–रोगी वाहन
Blood–खून, रक्त
Blood Test–खून की जाँच
Bottle–शीशी, बोतल
Bleeding–खून बहना, रक्तस्राव
Blood Pressure–रक्तचाप
Blood Bank–रक्त को सुरक्षित रखने और देने का स्थान
Bandage–पट्टी, पट्टी बाँधना
Cotton–रूई
Children Ward–बच्चों का कक्ष
Compounder–दवाई देने वाला, डॉक्टर
Clinic–प्राइवेट औषधालय
Doctor–चिकित्सक, डॉक्टर
Dead Body–शव, लाश
Dispensary–दवाखाना
Dose–दवाई की खुराक
E.C.G.–मशीन द्वारा दिल की परीक्षा
Emergency–आपातकालीन
Fracture–हड्डी का टूटना
Hospital–अस्पताल
Injection–टीका
Ladies Ward–महिला कक्ष
Mixture–मिश्रण
Matron–निरीक्षक
Maternity Home–प्रसूति गृह
Medicines–दवाइयाँ
Nurse–सेविका, नर्स
Opthalmic–आँख सम्बन्धी विभाग
Operation–चीरफाड़, ऑपरेशन
O.P.D. (Out Patient Department)–बाहर के रोगियों का विभाग
Orthopaedic–हड्डियों से सम्बन्धित

Operation Theatre–चीरफाड़ का कमरा
Pills—गोलियाँ
Physician–चिकित्सक
Powder–चूर्ण, पाउडर
Patient–मरीज, रोगी
Plaster–प्लास्टर, मोटी पट्टी
Stool Test–टट्टी की जाँच
Stretcher–रोगी को लिटाकर ले जाने का साधन
Sputum Test– बलगम (थूक) की जाँच
Surgery–चीरफाड़
Thermometer–थर्मामीटर
Urine Test–पेशाब जाँच
Vaccine–चेचक का टीका

## Tems used in Schools and Colleges

Annual Examination–वार्षिक परीक्षा
Admission–प्रवेश, दाखिला
Assistant Director of Education–सहायक शिक्षा निदेशक
Attendance–उपस्थिति
College–महाविद्यालय
Certificate–प्रमाण-पत्र
Competition–प्रतियोगिता
Character Certificate–चरित्र प्रमाण-पत्र
Discipline–अनुशासन
Degree–उच्च शिक्षा प्रमाण-पत्र
Deputy Education Officer (D.E.O.)–उप-शिक्षा अधिकारी
Distinction–विशेष योग्यता
Expulsion–निष्कासन
Education Officer (E.O.)–शिक्षा अधिकारी
Deputy Director of Education (D.D.E.)–उप-शिक्षा निदेशक
Games–खेल
Headmaster–प्रधानाध्यापक
Inspection–निरीक्षण
Identity Card–परिचय पत्र
Library–पुस्तकालय
Lecturer–प्रवक्ता
Middle School–माध्यमिक विद्यालय
Office–कार्यालय
Order Book–आदेश पुस्तिका
Promotion–अनुवृद्धि
Principal–प्रधानाचार्य
Prospectus–विवरण पुस्तिका
Play ground –क्रीडा क्षेत्र
Professor–प्राध्यापक
Primary School–प्राथमिक विद्यालय
Student–विद्यार्थी
School Leaving Certificate (S.L.C.)–स्कूल छोड़ने का प्रमाण पत्र
Sports–खेल
Secondary School–उच्च माध्यमिक विद्यालय
Senior Secondary School–उच्चतर माध्यमिक विद्यालय
Teacher–अध्यापक

## Names Of Various Subjects

Arabic–अरबी भाषा
Algebra–बीजगणित
Anatomy–शरीर रचना विज्ञान
Arithmetic–अंकगणित
Agriculture–कृषि विज्ञान
Botany–वनस्पतिशास्त्र
Bengali–बंगला भाषा
Biology–जीव विज्ञान
Chemistry–रसायन शास्त्र
Civics–नागरिक शास्त्र
Commerce–वाणिज्य
Domestic Science–गृह विज्ञान
English–अंग्रेजी भाषा
Economics–अर्थशास्त्र
Education–शिक्षा शास्त्र
Geography–भूगोल
Geomerty–रेखागणित
Hindi–हिन्दी भाषा

Home Science–गृह विज्ञान
History–इतिहास
Horticulture–उद्यान विद्या
Linguistics–भाषा शास्त्र
Mathematics–गणित
Medical Science–चिकित्सा विज्ञान
Music–संगीत
Psychology–दर्शनशास्त्र
Palmistry–हस्तरेखा शास्त्र
Punjabi–पंजाबी भाषा
Political Science–राजनीतिशास्त्र
Physical Education–शारीरिक शिक्षा
Science–विज्ञान
Sanskrit–संस्कृत भाषा
Urdu–उर्दू भाषा
Zoology–प्राणी शास्त्र

## Some Important Dates

12th January – National Youth Day (India)
15th January – Army Day (India)
26th January – Republic Day (India)
30th January – Martyr's Day (India)
8th March – Women's Day (World)
15th March – Disabled Day (World)
15th March – Consumer Rights Day (World)
7th April – Health Day (World)
22nd April – Earth Day (World)
1st May – May Day (World)
8th May – Red Cross Day (World)
24th May – Common Wealth Day (World)
31st May – No Tobacco Day (World)
5th June – Environment Day (World)
11th July – Population Day (World)
6th August – Hiroshima Day (World)
15th August – Independence Day (India)
5th September – Teacher's Day (India)
8th September – Literacy Day (World)
16th September – Ozone Day (World)
27th September – Tourism Day (World)
2nd October – Gandhi's Birthday (India)
3rd October – Habitat Day (World)
8th October – Air Force Day (World)
14th October – Standard Day (World)
16th October – Food Day (World)
24th October – U.N. Day (World)
31st October – National Integration Day (India)
14th November – Children's Day (World)
1st December – Aids Day (World)
4th December – Navy Day (India)
7th December – Flag Day (India)
10th December – Human Rights Day (World)
25th Decmber – Christmas Day

# Word Power

***"One can neither write correctly, nor speak fluently without knowledge of appropriate words to cloth one's thoughts and imaginations."***

शुद्ध लेखन, एवं शुद्ध बोलचाल हेतु 'Good Vocabulary 'or 'Words Power' एक आवश्यक शर्त है। Grammar के rule के ज्ञान के बाद विभिन्न प्रकार के वाक्य बनाने हेतु अपने विचारों को अंग्रेजी में (लिखित एवं बोलचाल में) व्यक्त करने हेतु उचित शब्दों का ज्ञान होना आवश्यक है। आपने Vocabulary बढ़ाने हेतु स्कूल या कॉलेज के दिनों में या Competitions की तैयारी करने हेतु, कई बार शब्दों एवं उनके Meanings को रटा होगा। कुछ शब्दों के Meanings अभी भी याद होंगे, कुछ भूल गये होंगे। जो Words एवं Meanings आपको याद नहीं होंगे उनमें से अधिकांश का प्रयोग, आप अपने वाक्यों में करने में स्वयं को असक्षम पाते होंगे। यह स्थिति अधिकांश छात्रों की है जब तक आप शब्दों (Words) का प्रयोग अपने वाक्यों में करने में सक्षम नहीं है तब तक आप उस शब्द का सही अर्थ नहीं जान सकते हैं। मात्र किसी Word का हिन्दी अर्थ जानना पर्याप्त नहीं है। Vocabulary को Improve करने हेतु थोड़ी-सी मेहनत एवं थोड़े दिन लगातार प्रयास की आवश्यकता है।

आइए हम आपको कुछ ऐसे तरीकों से परिचित करवाते हैं जो आपकी Vocabulary में न केवल उल्लेखनीय वृद्धि करेंगे बल्कि आप शब्दों का उचित प्रयोग भी करने में सक्षम होंगे।

## Learn three Steps to Improve Your Word Power (A Self-Experimented Technique)

### Step one :

सर्वप्रथम निश्चय करें कि आप प्रतिदिन किसी Newspaper, Magazine, Standard Book अथवा Course Book में से 20-30 या 50 कठिन शब्द लिखेंगे। जब आप Daily Newspaper, Magazine, Course Book या कोई Standard Book का अध्ययन करते हैं तो आपको जो भी शब्द कठिन (Difficult words) लगें, उन्हें एक कॉपी या रजिस्टर में लिखें। किसी अच्छी Dictionary में देखकर इन शब्दों का हिन्दी एवं अंग्रेजी में अर्थ लिख लें। शब्दों के कई-कई अर्थ (Meanings) लिखे रहते हैं, प्रयास करें कि सभी अर्थ या जो भी अर्थ आपको महत्वपूर्ण प्रतीत हो, वे सभी लिख लें। इसके बाद उस शब्द का जिस Sentence में प्रयोग हुआ है, उस पूरे Sentence को भी सामने लिख लें। याद रखें, Sentence अपने मन से बनाकर न लिखें, बल्कि वही Sentence लिखें जो आपने पढ़ा है। Word के Meanings के साथ पूरे Sentence को लिखना आवश्यक है, इसमें आलस्य नहीं करना।

### Step two :

आपने प्रथम दिन जितने भी Words उनके Meanings एवं Sentences लिखे हैं, इन शब्दों को रटना नहीं है। मात्र Revise करना है। इन शब्दों को याद करने में, रटने में समय नष्ट नहीं करना है बल्कि इन शब्दों को इनके Meanings को एवं उन सभी Sentences को जिनमें इन शब्दों का प्रयोग हुआ है, मात्र तीन बार धैर्य सहित, ध्यानपूर्वक Revise करना है।

जैसा Step one में बताया गया है, आपको प्रतिदिन 20-30 या 50 शब्द लिखने हैं। आपको दूसरे, तीसरे हर दिन इस तरह से शब्दों को लिखना है, उनके हिन्दी एवं अंग्रेजी में Meanings लिखने हैं, उन Sentences को लिखना है, जिनमें

इन शब्दों का प्रयोग किया गया है। याद रखें, ये Words आपको किसी Standard Book या अपनी Course Book से ही लिखने हैं। दूसरे दिन शब्द लिखना शुरू करने से पूर्व, पहले दिन लिखे सभी Words, उनके Meanings एवं Sentences को Revise करना है तथा उस दिन लिखे हुए सभी Words सहित, सभी Sentences को भी तीन बार Revise करना है। न केवल शब्दों को बल्कि, उनके हिन्दी, अंग्रेजी Meanings बल्कि सभी Sentences को भी धैर्य सहित, ध्यानपूर्वक Revise करें। याद रखें, इन कठिन शब्दों को रटना नहीं है, केवल Revise करना है।

तीसरे दिन, पूर्व में दो दिन लिखे गये सभी शब्दों को उनके Meanings एवं Sentences सहित निश्चित रूप से तीन बार Revise कर लें। इस तरह तीसरे दिन आप पहले दिन लिखे सभी Words एवं उनके Meanings एवं Sentences को Nine Times Revise कर लेंगे तथा दूसरे दिन लिखे समस्त Words को 6 बार Revise कर लेंगे। इसी तरह आप Fourth, Fifth दिन भी करें। याद रखें, आपके शब्द लिखने एवं Revise करने का कार्य धैर्य सहित, ध्यानपूर्वक एवं पूर्ण ईमानदारी से करना है अर्थात् बिना जल्दी किए शब्द के हिन्दी एवं अंग्रेजी Meanings एवं Sentence लिखने हैं, उनको ध्यानपूर्वक Revise करना है, Sentences का भी Revision अवश्य करना है। पूर्ण ईमानदारी का अर्थ यह है कि Sentence भी लिखने हैं एवं Sentences को Revise भी करना है एवं प्रतिदिन पिछले दिनों में लिखे सभी Words एवं Sentences का Revision पूरा करना है। मात्र 30 दिन तक यदि आप ऐसा करते हैं तो आपकी Word Power (Vocabulary) में उल्लेखनीय वृद्धि होगी। आप Words का उचित एवं शुद्ध प्रयोग करने में निश्चित ही सफल होंगे।

### Step Three: Welcome New Words :

मात्र 30 दिन उक्त Step one एवं Step two का पालन करने पर आप स्वयं में एक आत्मविश्वास का अनुभव करेंगे। आपको अब जहाँ भी कोई नया Difficult Word दिखाई देगा, आप उसका अर्थ तुरन्त जानना चाहेंगे, यही है Step three : Welcome New Words। नये Words से Avoid न करें बल्कि उनका स्वागत करें। उनका सही अर्थ जानें एवं अपनी Vocabulary Powerful करें। Dictionary में किसी भी Word का Meaning देखते समय, आप इधर-उधर अन्य Words पर भी नजर दौड़ायें, अन्य कोई अच्छा शब्द मिले तो उसे तथा उसका Meaning भी Note कर लें। बहुत से Words ऐसे होते हैं जो as a verb तथा as a noun प्रयोग किये जाते हैं। इन शब्दों का अध्ययन ध्यानपूर्वक करके अपने वाक्यों में उनका प्रयोग करना सीखें। धीरे-धीरे आपकी Vocabulary, Word Power बहुत Powerful हो जायेगी। Welcome New Words. Make them your friends.

***"Perseverance and Dedication are the keys to Success".***
***"Excellence is an ever approaching Target."***

## Synonyms

| Words | Meanings | Synonyms |
|---|---|---|
| Anger | क्रोध | Resentment, wrath, rage. |
| Abandon | छोड़ना | Leave, forsake, desert. |
| Abduct | अगुवा करना | Kidnap. |
| Abhor | घृणा करना | Hate, detest, despise, loathe. |
| Abnormal | असामान्य | Unusual, irregular, uneven. |
| Abode | रहने का स्थान | Dwelling, home, house. |
| Abolish | समाप्त करना | Eradicate, remove, destroy. |
| Abound | भरा होना | Flourish, overflow, teem, luxuriate. |
| Abortive | व्यर्थ | Fruitless, futile. |
| Abridge | संक्षिप्त करना | Curtail, shorten. |
| Absolute | स्वतः पूर्ण | Autocratic, dictatorial, lordly, dogmatic. |

| | | |
|---|---|---|
| Absorb | आत्मसात् करना | Consume, exhaust, swallow, scholarly. |
| Abundant | प्रचुर | Copious, plentiful ample. |
| Academician | पुस्तकीय | Bookish, learned, lettered, scholarly. |
| Accede | मान लेना | Consent, agree, acquiesce. |
| Accept | स्वीकार करना | Agree, concur. |
| Accident | दुर्घटना | Mishap, calamity, disaster, misadventure. |
| Accord | सहमति | Agreement, harmony, conformity. |
| Acquaintance | परिचित | Companionship, familiarity, intimacy. |
| Accumulate | संचित करना | Collect, amass, gather, store. |
| Accurate | ठीक, शुद्ध | Correct, exact, precise. |
| Accuse | दोष लगाना | Blame, fault. |
| Act | कार्य | Deed, achievement, execution. |
| Acquire | प्राप्त करना | Obtain, procure. |
| Actual | वास्तविक | Real, genuine. |
| Active | सक्रिय | Agile, alert, energetic, lively. |
| Admire | सराहना करना | Appreciate, esteem, praise, reverence. |
| Addicted | आदी हुआ | Habituated, prone, accustomed. |
| Address | सम्बोधित करना | Accost, greet, appeal to, speak to. |
| Adequate | पर्याप्त | Sufficient, suitable, fit, fitting. |
| Advice | शिक्षा, सलाह | Counsel, direction. |
| Adore | पूजा करना | Worship, revere, venerate. |
| Adversity | विपदा | Calamity, distress, anguish. |
| Adept | कुशल | Expert, apt, skilful, dextrous. |
| Affable | मिलनसार | Sociable, amiable, genial. |
| Affliction | दुःख | Distress, grief, misery, agony. |
| Affront | तिरस्कार | Insult, indignity. |
| Aggravate | उकसाना | Intensify, heighten, provoke. |
| Aid | सहायता | Help, assistance. |
| Aim | उद्देश्य | Goal, purpose, objective, intent. |
| Allay | शान्त करना | Assuage, calm, soothe, pacify. |
| Allow | आज्ञा देना | Permit, authorize, consent. |
| Alien | विदेशी | Foreigner, stranger. |
| Alliance | मित्रता, समझौता | Coalition, confederation, league, union. |
| Amass | एकत्र करना | Accumulate, gather, hoard, store, heap, up. |
| Amazement | आश्चर्य | Astonishment, confusion, surprise. |
| Ameliorate | सुधारना | Improve, better, reform. |
| Amiable | रमणीय | Lovable, agreeable, pleasing, attractive. |
| Ample | पर्याप्त | Enough. |

| | | |
|---|---|---|
| Anguish | पीड़ा | Agony, pain, suffering. |
| Ancient | प्राचीन | Old. |
| Annihilate | मिटाना | Destroy, finish. |
| Announce | घोषणा करना | Proclaim, declare, reveal, notify, advertise. |
| Annual | वार्षिक | Yearly. |
| Answer | उत्तर | Reply. |
| Antagonist | शत्रुतापूर्ण | Adversary, hostile, unfriendly. |
| Anxiety | चिन्ता | Anguish, disquiet, worry, care. |
| Anticipate | पूर्वानुमान लगाना | Forestall, apprehend, expect. |
| Appeal | अपील करना | Entreat, request, invoke. |
| Apology | क्षमा माँगना | Excuse, pardon, regret. |
| Attack | आक्रमण | Aggression, invasion, onslaught, assault. |
| Attain | प्राप्त करना | Win, gain, achieve, succeed. |
| Arrogant | घमण्डी | Haughty, insolent, proud. |
| Assent | सहमति | Consent, agreement. |
| Ascent | चढ़ाई | Rise, lift, elevation, upswing. |
| Audacious | साहसी | Bold, daring, adamant. |
| Augment | बढ़ाना | Enlarge, extend, increase. |
| Austere | उग्र, रूक्ष | Rigorous, severe. |
| Authentic | प्रमाणिक | Genuine, reliable, accredited, accepted. |
| Avenge | बदला लेना | Take revenge, vindicate, retaliate. |
| Averse | परान्मुख | Loth, disinclined. |
| Awkward | भद्दा | Clumsy. |
| Banish | देश निकाला देना | Exile, evict, oust, expatriate. |
| Bane | अभिशाप | Curse, mischief, harm, scourge. |
| Barbarous | जंगली, असभ्य | Wild, uncivilised. |
| Bard | चारण | Singer, minstrel. |
| Base | तुच्छ | Mean, low. |
| Battle | युद्ध | Fight, encounter, conflict. |
| Beautiful | सुन्दर | Lovely, attractive, charming, pretty. |
| Beast | पशु | Wild animal. |
| Beg | भीख माँगना | Beseech, entreat, start. |
| Bear | सहन करना | Endure, suffer, tolerate, sustain. |
| Belief | विश्वास | Faith, trust, confidence, credence. |
| Benefit | लाभ | Profit, advantage, gain, good. |
| Beneficent | दानशील | Generous, liberal, bounteous. |
| Blame | दोष देना | Accuse, censure. |
| Bleak | धुँधला, कमजोर | Dismal, desolate, blank, exposed. |
| Bliss | आनन्द | Felicity, joy, pleasure. |

| | | |
|---|---|---|
| Blunder | भारी गलती | Big mistake, error. |
| Boisterous | ऊधमी | Clamorous, noisy, hilarious. |
| Bold | साहसी | Fearless, dauntless, courageous. |
| Boon | वरदान | Benediction, favour, blessing. |
| Brawl | झगड़ा | Squabble, noisy quarrel. |
| Brave | वीर | Courageous, fearless, valiant, bold. |
| Brevity | सूक्ष्मता | Conciseness. |
| Brutal | बर्बर | Savage, cruel, callous. |
| Build | बनाना | Construct, make. |
| Busy | व्यस्त | Engaged, occupied, engrossed. |
| Breach | दरार | Violence, rift. |
| Boundary | चाहरदीवारी, सीमा | Confines, barrier, limit, border, frontier. |
| Calculation | गणना | Compute, count, enumerate. |
| Calm | शान्त | Serene, Pacific, quiet, placid. |
| Calumny | दुष्प्रचार, बदनामी | Slander, defamation. |
| Candid | निष्कपट | Frank, blunt, outspoken. |
| Capture | गिरफ्तार करना | Arrest, nab, apprehend. |
| Captive | कैदी | Prisoner, convict. |
| Castle | किला | Fort, citadel. |
| Change | बदलना | Alter, shift, convert, exchange. |
| Champion | समर्थक | Supporter, defender, protector, victor. |
| Charming | आकर्षक | Attractive, bewitching, enchanting. |
| Chaste | पवित्र | Pure, clean, virtuous, undefiled. |
| Cheerful | प्रसन्नचित्त | Happy, joyful. |
| Chide | फटकारना | Reproach, admonish, scold, rebuke. |
| Clear | स्वच्छ | Lucid, plain, evident, open. |
| Catch | पकड़ना | Grab, grasp. |
| Clever | चतुर | Skilful, ingenious, dexterous, able. |
| Collision | टक्कर | Clash, conflict, impact, encounter. |
| Comfortable | आरामदेह | Agreeable, cheerful, genial. |
| Compel | मजबूर करना | Coerce, constrain, oblige, force. |
| Complain | शिकायत करना | Grumble, murmur, grunt, growl, croak. |
| Compete | पूर्ण | Entire, whole, one. |
| Compromise | समझौता करना | Conciliation, settlement, agreement. |
| Commend | प्रशंसा करना | Praise, applaud, approve, compliment. |
| Conceal | छिपाना | Hide, veil, shroud, disguise. |
| Concern | चिन्ता | Anxiety, worry, solicitude, import. |
| Condemn | दोष देना | Blame, censure, denounce, reprove. |
| Confess | स्वीकार करना | Accept, concede, grant, disclose, admit. |
| Conflict | संघर्ष | Fight, clash, strife, collision. |

| | | |
|---|---|---|
| Congratulate | बधाई देना | Felicitate. |
| Conquer | जीतना | Vanquish, subdue, rout, crush, beat. |
| Conscious | ज्ञान होना | Aware, assured, certain. |
| Consolation | सांत्वना | Solace, comfort, sympathy, hopefulness. |
| Consider | विचार करना | Think, deem. |
| Contain | रखना | Receive, include, hold, comprise. |
| Continual | लगातार | Continuous, incessant, constant, ceaseless. |
| Contrast | तुलना | Compare, differentiate, oppose. |
| Contribute | योगदान करना | Give, help, assist, subscribe. |
| Convert | बदलना | Change, remove. |
| Convey | देना, भेजना | Transfer, shift, transport. |
| Convict | अपराधी | Criminal, prisoner, captive. |
| Copious | विपुल | Plentiful, ample, abundant, adequate. |
| Corrupt | भ्रष्ट | Dishonest, demoralised, debased, pervert. |
| Costly | मूल्यवान | Precious, valuable. |
| Couple | जोड़ा, युगल | Pair, two. |
| Courage | साहस | Boldness, valour, bravery, audacity. |
| Criminal | अपराधी | Guilty, nefarious, vile, sinful, culpable. |
| Cultivate | उत्पाद करना | Grow, farm, develop, foster |
| Cunning | चालाक, धूर्त | Clever, wicked. |
| Curtail | छोटा करना | Shorten, abate, reduce, diminish |
| Dacoit | डाकू | Robber, bandit. |
| Damage | आहत करना | Injure, harm , hurt, wound. |
| Danger | खतरा | Hazard, peril, risk, insecurity |
| Daring | साहसी | Bold, fearless, courageous. |
| Decay | ह्रास | Rot, spoil, decompose, |
| Defend | रक्षा करना | Guard, protect, save. |
| Defer | टालना | Postpone, suspend , hang , dwindle. |
| Deference | प्रणाम | Reverence, respect. |
| Deficient | कमी होना | Lacking, wanting. |
| Defect | दोष | Fault, weakness. |
| Definite | निश्चित | Exact, certain. |
| Dejected | निराश | Sad, worried. |
| Deformity | विरूपता | Defect, disfigurement, malformation. |
| Deleterious | हानिकारक | Harmful, detrimental. |
| Delicious | स्वादिष्ट | Dainty, luscious, delightful, exquisite. |
| Demolish | गिराना, नष्ट करना | Destroy, raze, ruin, overthrow. |
| Delicate | नाजुक | Tender, brittle, soft. |
| Delight | आनन्द | Pleasure, joy, happiness. |

| | | |
|---|---|---|
| Denounce | दोषी ठहराना | Condemn. |
| Design | उद्देश्य | Aim, intent, purpose, end. |
| Desire | इच्छा | Wish, longing, inclination, aspiration. |
| Despair | निराशा | Hopelessness, dejection. |
| Dead | मृत | Lifeless, comatose, inert. |
| Deceive | धोखा देना | Cheat, mislead, hoodwink, defraud. |
| Decline | इंकार करना | Refuse, decline, turndown, rebuff. |
| Decide | तय करना | Settle, finalise, fix, determine. |
| Decorate | सजाना | Adorn, embellish, beautify, garnish. |
| Direction | दिशा, झुकाना | Inclination,fondness, proclivity. |
| Dispute | झगड़ा | Quarrel, conflict, discord, tension. |
| Distinct | स्पष्ट | Clear diverse. |
| Deride | उपहार करना | Mock, jeer, ridicule. |
| Desecrate | दूषित करना | Pollute, profane. |
| Desolate | वीरान, सुनसान | Deserted, lonely. |
| Despicable | घृणास्पद | Hateful, contemptible, detestable. |
| Destitute | निस्सहाय, अभावग्रस्त | Wanting, insolvent, penniless. |
| Devotion | श्रद्धा | Loyalty, fidelity. |
| Dexterity | निपुणता | Skill, adroitness. |
| Distress | संकट | Calamity, disaster, mishap. |
| Diverse | विभिन्न | Different, varied. |
| Dim | धुंधला | Faint, indistinct. |
| Diligent | परिश्रमी | Industrious, hardworking, persevering. |
| Detain | रोकना | Stop, prevent. |
| Despotic | अत्याचारी | Tyrant, autocrat. |
| Dejected | निराश | Disappointed, frustrated, disenchanted. |
| Disease | रोग | Sickness, ailment. |
| Disclose | प्रकट करना | Divulge, reveal, uncover. |
| Discuss | विवाद करना | Argue, debate. |
| Displease | रुष्ट होना | Offend. |
| Disseminate | फैलाना | Scatter. |
| Disgrace | लज्जित करना | Discredit, dishonour. |
| Divine | दैवी | Godly, heavenly. |
| Dread | भय | Fear, fright, awe, horror. |
| Doctrine | सिद्धान्त | Belief, principle, dogma, teaching. |
| Duplicate | प्रतिकृति | Copy, counterpart, replica, imitation. |
| Eager | उत्सुक | Anxious, animated, earnest. |
| Earnest | गम्भीर | Serious, solemn, fervent, determined. |
| Ecstasy | परम आनन्द | Joy, bliss, rapture, enthusiasm. |
| Effort | प्रयास | Attempt, endeavour, trial, venture. |

| | | |
|---|---|---|
| Elegant | शानदार | Graceful, refined. |
| Emancipate | मुक्त करना | Liberate, deliver. |
| Emerge | प्रकट होना | Issue, appear, arise, come forth. |
| Eligible | योग्य | Suitable, qualified. |
| Employ | नौकरी पर लगाना | Engage, hire, engross. |
| Endeavour | प्रयत्न | Attempt, essay, strive, try, undertake. |
| Enmity | शत्रुता | Hostility, animosity. |
| Enrage | क्रोधित करना | Infuriate, anger. |
| Entertain | मनोरंजन करना | Amuse, cheer, please, gratify, enliven. |
| Enthusiasm | उत्साह | Excitement, frenzy, fervency, fanaticism. |
| Encourage | प्रोत्साहन | Inspire, animate, strengthen, embolden. |
| Endure | सहन करना | Continue, last, abide, sustain. |
| Enormous | बहुत बड़ा | Huge, excessive, tremendous. |
| Entreat | विनती करना | Request, implore, plead, solicit. |
| Entrance | प्रवेश द्वार | Gate, doorway, admittance, gateway. |
| Envious | ईर्ष्यालु | Jealous, suspicious. |
| Eternal | अमर | Endless, deathless, immortal, unending. |
| Event | घटना | Chance, fact, outcome. |
| Evident | स्पष्ट | Apparent, clear, conspicuous, obvious. |
| Example | उदाहरण | Instance, ideal, sample, type, specimen. |
| Exceptional | अपवाद | Unusual, rare. |
| Exquisite | विशिष्ट | Marvellous, grand. |
| Exult | उल्लासित | Rejoice. |
| Extraordinary | असाधारण | Exceptional, uncommon, unusual, |
| Extravagant | फिजूलखर्च | Prodigal, lavish. |
| Fabricate | बनाना | Construct, concoct, forge, build, make-up. |
| Fabulous | पौराणिक | Fictitious, mythical. |
| Fade | फीका पड़ना | Pale, dim, vanish, languish. |
| Faint | मूर्छित होना | Swoon, fade, weaken, dim. |
| Faith | विश्वास | Belief, conviction, trust, doctrine. |
| Faithful | स्वामीभक्त | Devoted, loyal, trusty, trustworthy, true. |
| Fame | प्रसिद्धि | Distinguished, eminent, popular. |
| Fancy | कल्पना | Imagination, supposition, conceit, liking. |
| Fanciful | काल्पनिक | Imaginative, capricious, unreal. |
| Fastidious | दुराराध्य | Squeamish, finical. |
| Fatal | घातक | Deadly, lethal, mortal, fateful. |
| Felicity | आनन्द | Bliss, joy. |
| Flimsy | तथ्यहीन | Trivial, unsubstantial. |
| Feminine | जनाना | Female, womanish, womanly. |

| | | |
|---|---|---|
| Fiction | असत्य कथा | Fabrication, myth, falsehood, invention. |
| Fierce | भयानक | Violent, aggressive, savage, ferocious. |
| Ferocious | भयंकर | Fierce, barbarous, savage. |
| Fictitious | नकली | unreal, false. |
| Fiendish | पैशाचिक | Devilish, diabolical. |
| Fine | बढ़िया | Admirable, elegant, polished, excellent. |
| Fit | ठीक | Adequate, fitting, suitable, apt, decent. |
| Flock | झुण्ड | Drove, litter, pack, swarm. |
| Flaw | त्रुटि | Defect, fault, mistake, imperfection. |
| Follow | पीछे चलना | Imitate, pursue, chase, practice. |
| Forbid | मना करना | Prohibit, inhibit, ban, interdict. |
| Fortification | किला | Stronghold, entrenchment, fortress. |
| tude | साहस | Courage, endurance, heroism, resolution. |
| Frenzy | उन्माद | Fury, rage, excitement, enthusiasm. |
| Fraud | धोखाधड़ी | Deceit, treason, cheat, swindler, trickery. |
| Gaiety | प्रसन्नता | Jollity, hilarity. |
| Garrulous | बातूनी | Loqacious, talkative. |
| Ghastly | वीभत्स | Deathlike, pallid, spectral. |
| Gigantic | विशाल | Colossal, huge. |
| Gift | उपहार | Present, donation, bounty, contribution. |
| Gloom | विषाद | Dejection, shadow, obscurity, darkness. |
| Gorgeous | भड़कीला | Dazzling, splendid. |
| Grandeur | शान | Majesty, splendour, magnificence. |
| Graphic | सुचित्रित | Pictorial, vivid. |
| Gratification | सन्तुष्टि | Satisfaction. |
| Grief | शोक | Sorrow, sadness, regret, distress, |
| Grievous | दुःखदायी | Painful, hurtful. |
| Grotesque | विरूप | Distorted, Bizarre, old. |
| Hamper | रोकना | Impede, retard, obstruct, hinder. |
| Happiness | प्रसन्नता | Delight, gladness, pleasure, bliss, enjoyment, gratification. |
| Hard | कठोर | Difficult, stern, firm, cruel. |
| Hardship | कठिनाई | Difficulty, adversity, calamity, affliction. |
| Harmony | सामंजस्य | Accord, uniformity, conformity, consent. |
| Haven | शरण | Refuge, shelter, protection, sanctuary. |
| Healthy | स्वस्थ | Hale, healthful, wholesome, hearty. |
| Haughty | मगरूर, घमंडी | Arrogant, imperious, swollen, headed. |
| Headstrong | हठीला | Obstinate, stubborn. |
| High | ऊँचा | Lofty, exalted, elevated, eminent. |
| Holy | पवित्र | Pious, saintly, blessed, godly. |

| | | |
|---|---|---|
| Humane | दयालु | Benevolent, kind, compassionate, sympathetic. |
| Humble | विनीत | Modest, meek, submissive, paltry. |
| Humility | विनम्रता | Modesty, humbleness. |
| Heaven | स्वर्ग | Paradise. |
| Ideal | आदर्श | Standard, model, pattern. |
| Idle | सुस्त | Lazy, inert, inactive, sluggish. |
| Industrious | परिश्रमी | Diligent, engaged, busy, sedulous. |
| Incite | उत्तेजित करना | Stir, urge, provoke, instigate. |
| Indifference | उदासीनता | Apathy, unconcern, coldness, neutrality. |
| Infinite | अनन्त | Endless, timeless, limitless, boundless. |
| Illegal | गैर-कानूनी | Unlawful. |
| Inherit | उत्तराधिकार में प्राप्त करना | Inborn, natural, essential. |
| Inner | अंदरुनी | Internal, interior. |
| Imperial | शाही | Kingly, royal. |
| Insanity | पागलपन | Madness, delirium, lunacy, mania. |
| Imagine | कल्पना करना | Conceive, fancy, think. |
| Imminent | होने वाला, आसन्न | Impending. |
| Impostor | ठग | Charlatan, cheat. |
| Inanimate | निर्जीव | Lifeless. |
| Incessant | निरन्तर, लगातार | Continuous, unceasing. |
| Indignant | क्रोधित | Angry, wrathful. |
| Intend | इरादा करना | Propose, mean. |
| Isolation | एकांत | Solitude, loneliness, dreariness. |
| Insane | पागल | Mad. |
| Injure | आहत करना | Harm, wound. |
| Jovial | हंसमुख | Merry, jolly, cheerful. |
| Journey | यात्रा | Travel, tour, trip. |
| Jubilant | प्रफुल्लित | Exultant, joyful. |
| Judicious | विवेक | Prudent, discreet. |
| Junk | कबाड़ | Rubbish, waste, refuse, trash. |
| Just | न्यायोचित | Right, proper. |
| Justice | न्याय | Justness, fairness, integrity, impartiality. |
| Juvenile | तरूण | Youthful. |
| Knave | दुष्ट | Villain. |
| Knowledge | ज्ञान | Information, scholarship, recognition. |
| Laborious | परिश्रमी | Industrious, diligent, assiduous. |
| Lament | विलाप करना | Bewail, mourn. |
| Large | विशाल | Gigantic, massive, huge, spacious, grand. |
| Lack | अभाव | Want, need, shortage, deficient. |

| | | |
|---|---|---|
| Laxity | शिथिलता | Looseness, slackness. |
| Lank | दुबला-पतला | Lean and thin. |
| Lecherous | कामुक | Lustful, lascivious, passionate, libidinous. |
| Legend | पौराणिक कथा | Myth. |
| Lenient | मृदु | Mild, liberal. |
| Lethargy | आलस्य | Sluggishness, laziness. |
| Lethal | घातक | Deadly, fatal. |
| Liberate | मुक्त करना | Free, emancipate. |
| Liberty | स्वतंत्रता | Freedom, independence. |
| Labour | श्रम | Work. |
| Lad | लड़का | Boy. |
| Lass | लड़की | Girl. |
| Leap | छलाँग लगाना | Jump. |
| Light | जलाना | Ignite, inflame, kindle. |
| Likeness | समानता | Resemblance, similarity. |
| Likelihood | सम्भाव्यता | Possibility, probability. |
| Lively | सजीव | Sprightly, vivacious, active. |
| Loathe | घृणा करना | Despise, abhor, detest. |
| Loth | अनिच्छुक | Reluctant, unwilling. |
| Loyal | वफादार | Devoted, faithful. |
| Lucky | भाग्यशाली | Fortunate. |
| Lucrative | लाभप्रद | Profitable, remunerative. |
| Lure | लुभावना | Seduce, tempt. |
| Magnificent | शानदार | Grand, splendid, noble, superb. |
| Malice | द्वेष | Ill-will, spite. |
| Malign | बदनाम करना | Defame, vilify. |
| Manifest | स्पष्ट | Devious, evident. |
| Masculine | मर्दाना | Male, manful, manlike, manly, mannish. |
| Massacre | कत्लेआम | Killing, butchery, slaughter, carnage. |
| Marvel | अचम्भा | Wonder. |
| Massive | विशाल | Huge, large, big. |
| Meagre | कमीना | Abject, low. |
| Melancholy | उदासी | Gloomy, morose. |
| Mercenary | भाड़े का | Venal. |
| Mercy | दया | Pity, compassion. |
| Might | शक्ति | Strength, power. |
| Mind | मस्तिष्क | Brain, reason, intellect, thought. |
| Misery | दुःख | Distress. |
| Mock | उपहास करना | Deride, ridicule. |
| Morbid | विकृत | Ailing, sickly. |

| | | |
|---|---|---|
| Mournful | मातमी | Sorrowful. |
| Mourn | विलाप करना | Lament, grieve, bewail, bemoan. |
| Mutiny | विद्रोह | Rebellion, revolt, uprising, insurgence. |
| Myth | पौराणिक कथा | Fable, legend. |
| Mix | मिलाना | Amalgamate, join, mingle, combine. |
| Modesty | विनम्रता | Coyness, timidity, constraint. |
| Mysterious | रहस्यमय | Baffling, obscure, enigmatic. |
| Native | स्वाभाविक | Innate, natural, original. |
| Naughty | शरारती | Mischievous, wayward, disobedient. |
| Neglect | अवहेलना करना | Ignore, overlook. |
| Negligent | लापरवाह | Heedless, careless. |
| Nefarious | बुरा | Evil, wicked, shameful, unlawful. |
| Niggardly | कृपण | Miserly. |
| Nonplus | व्याकुल होना | Puzzle, confound, perplex. |
| Notable | उल्लेखनीय | Remarkable. |
| Nuptial | वैवाहिक | Bridal, of wedding. |
| Obligatory | अनिवार्य | Compulsory, imperative, necessary |
| Obsolete | अप्रचलित | Antiquated, extinct, discarded, old-fashioned, outworn |
| Obscene | अश्लील | Filthy, indecent, lewd. |
| Obscure | पुरातन | Antiquated, outdated. |
| Obstinate | जिद्दी | Mulish, resolute, heady, obdurate. |
| Obtain | प्राप्त करना | Get, attain, acquire, procure. |
| Obvious | स्पष्ट | Manifest, clear, evident, plain. |
| Offence | अपमान | Insult, affront, attack, wrong. |
| Oppressive | निर्दयी | Cruel, tyrannical, grinding. |
| Outlaw | अपराधी | Criminal, bandit, fugitive, desperado. |
| Onerous | भारी, वजनी | Burdensome, heavy, ponderous, weighty. |
| Opulent | धनी | Rich, wealthy. |
| Ostentation | दिखावा | Display, show, pompousness. |
| Pact | संधि | Treaty, accord, agreement, bargain. |
| Pain | दर्द | Ache, agony, anguish, distress. |
| Palatable | स्वादिष्ट | Delicious. |
| Pathetic | दर्दनाक | Moving, touching. |
| Pardon | क्षमा करना | Forgive, excuse, tolerate, overlook. |
| Paucity | कमी | Dearth, shortage, scarcity. |
| Peak | चोटी | Top, apex, summit, pinnacle. |
| Pensive | विचारशील | Contemplative, thoughtful. |
| Perceive | देखना, समझना | Apprehend, conceive, understand. |
| Perennial | हमेशा रहने वाला | Perpetual, continual. |

| | | |
|---|---|---|
| Permanent | स्थायी | Abiding, constant, invariable. |
| Persuade | फुसलाना | Induce, incite, urge. |
| Petty | तुच्छ | Puny, insignificant, trifling. |
| Pious | शुद्ध, पवित्र | Holy, devout, sacred. |
| Pierce | चुभोना | Bore, wound, puncture, penetrate. |
| Plentiful | प्रचुर | Ample, abundant. |
| Plead | तर्क करना | Argue, advocate, solicit, entreat. |
| Pledge | प्रतिज्ञा करना | Promise, vow, oath, security. |
| Precarious | जोखिमपूर्ण | Hazardous, perilous, risky. |
| Prejudice | पूर्वाग्रह | Bias, partiality, presumption, unfairness. |
| Principal | मुख्य | Capital, predominant, supreme, prime. |
| Promote | आगे बढ़ाना | Advance, encourage, forward, prefer. |
| Portray | चित्रित करना | Delineate, sketch. |
| Pretence | बहाना | Excuse. |
| Proscribe | मना करना | Prohibit. |
| Quarrel | झगड़ा | Dispute, controversy, wrangle. |
| Queer | विचित्र | Odd, strange, unique. |
| Quiet | शान्त | Peaceful, silent, serene, tranquil. |
| Quit | छोड़ना | Leave, abandon, resign, stop. |
| Quell | दमन करना | Crush, subdue, suppress. |
| Quote | उद्धृत करना | Cite, recite, extract. |
| Quest | खोज | Search. |
| Radiant | चमकीला | Bright, dazzling. |
| Rare | दुर्लभ | Unique, curious, peculiar, odd. |
| Rebellion | विद्रोह | Mutiny, revolt. |
| Rebuff | फटकारना | Reprimand, rebuke. |
| Refinement | सुधार | Cultivation, civilization, culture, elegance. |
| Relevant | युक्तिसंगत | Pertinent. |
| Reluctant | अनिच्छुक | Averse, disinclined, unwilling, indisposed. |
| Rely | भरोसा करना | Depend, trust. |
| Remorse | पश्चाताप | Repentance, regret, penitence. |
| Remote | दूरवर्ती | distant, far off. |
| Renounce | बहिष्कार करना | Abandon, discard, disclaim, disown. |
| Renowned | विख्यात | Reputed, popular. |
| Reprove | फटकारना | Admonish, condemn, reproach. |
| Reside | निवास करना | Dwell, live. |
| Restrain | बाधा देना, रोकना | Hinder, circumscribe, suppress, restrict. |
| Reticent | सदाचारी | Just, virtuous. |
| Revelation | प्रकटीकरण | Disclosure, manifestation, apocalypse. |
| Revolution | क्रान्ति | Revolt, discord, insurrection, anarchy. |

| | | |
|---|---|---|
| Righteous | सदाचारी | Just, virtuous. |
| Rigid | कठोर | Unyielding, rigorous, stern, stiff. |
| Royal | शाही | Kingly, magnificent, regal, kinglike. |
| Ruinous | विनाशक | Destructive. |
| Satiate | सन्तुष्ट | Satisfied. |
| Scandal | बदनामी | Infamy, slander. |
| Scholar | विद्यार्थी | Student, pupil, disciple, learner. |
| Sensual | वासनायुक्त | Fleshy, carnal. |
| Serious | गम्भीर | Grave, earnest, solemn. |
| Servile | दासोचित | Slavish. |
| Shapely | सुडौल, सुशील | Elegant, graceful. |
| Shore | समुद्र तट | Beach, coast. |
| Shudder | कांपना | Shade, shiver, tremble. |
| Sin | पाप | Vice, fault, guilt, crime. |
| Sketch | रेखाचित्र | Outline, drawing, plan, skeleton. |
| Skilful | चतुर | Accomplished, dexterous, proficient. |
| Sloth | आलस्य | Indolence, lethargy. |
| Solace | राहत, सकून | Comfort, relief. |
| Solitary | अकेली | Lonely. |
| Sombre | उद्विग्न | Gloomy, serious. |
| Sordid | अधम | Squalid, ugly. |
| Specimen | नमूना | Sample, model. |
| Spurious | नकली | False, fictitious, imaginary, not genuine. |
| Squalor | गन्दगी | Dirt, meanness. |
| Stagnant | गतिहीन, रुका हुआ | Motionless, still and stale. |
| Sterile | बाँझ | Barren, unproductive. |
| Stupidity | मूर्खता | Foolishness, insensibility. |
| Supernatural | प्रतिप्राकृति | Miraculous, preternatural, superhuman. |
| Superficial | अनावश्यक, फालतू | Unwanted, shallow. |
| Sublime | उत्कृष्ट | Elevated, exalted. |
| Surmise | अनुमान | Guess, conjecture, inference. |
| Surplus | आवश्यकता से अधिक | Excess. |
| Tame | पालतू | Domesticated, gentle. |
| Tedious | उबाने वाला | Monotonous, wearisome. |
| Teeming | भरा हुआ | Abounding. |
| Temperate | संयमी | Moderate. |
| Temporal | सांसारिक | Worldly, earthly, mundane, terrestrial. |
| Thankful | कृतज्ञ | Grateful, obliged. |
| Theatrical | नाटकीय | Dramatic, farcical. |

| | | |
|---|---|---|
| Thrifty | मितव्ययी | Economical, provident. |
| Thrive | वृद्धि होना | Flourish, progress. |
| Tired | थका हुआ | Exhausted, weary. |
| Transient | क्षणिक | Fleeting, temporary. |
| Tyranny | तानाशाही | Autocracy, despotism. |
| Ugly | कुरूप | Repulsive. |
| Union | संघ | Coalition, combination, concert. |
| Unique | अद्वितीय | Matchless, peerless, unparalleled. |
| Urbane | शीलवान | Courteous, polite. |
| Vacant | रिक्त | Empty, blank, void, unemployed. |
| Various | विभिन्न | Several, diverse. |
| Venerable | सम्माननीय | Esteemed, honourable, adorable. |
| Veracity | विश्वसनीयता | Truthfulness, frankness, honesty. |
| Vex | चिढ़ाना | Annoy, irritate. |
| Victory | विजय | Conquest, triumph, mastery, achievement. |
| Vigilant | जागरूक | Watchful, wary, cautious. |
| Vindictive | प्रतिरोध | Revengeful. |
| Virtue | गुण | Integrity, honesty, excellence. |
| Vital | मुख्य | Crucial. |
| Voracious | लालची | Greedy. |
| Vulgar | भद्दा | Coarse, rough. |
| Waver | डगमगाना | Falter, oscillate. |
| Waive | कम करना | Lessen, decrease, diminish, fade. |
| Wealth | सम्पत्ति | Abundance, fortune, plenty, luxury. |
| Wicked | पापी | Evil, bad, cruel, hearties. |
| Wisdom | बुद्धिमान | Enlightnment. |
| Wretched | दयनीय | miserable, pitiable. |
| Yearn | चाहना | Pine, long, hanker, grieve. |
| Yield | आत्मसमर्पण | Submit, surrender. |
| Zeal | उत्साह, जोश | Fervour, earnestness, passion. |
| Zenith | चोटी | Summit, top. |
| Zeal | जोश | Enthusiasm, eagerness, earnestness. |
| Zest | जायका | Gusto, relish. |

## Antonyms (विपरीतार्थक शब्द)

| Words | Meanings | Antonyms | Meanings |
|---|---|---|---|
| Abandon | छोड़ना | Retain | बनाए/सम्भाले रखना |
| Abbreviate | छोटा करना | Elongate | लम्बा करना |
| Able | योग्य | Unable | अयोग्य |
| Ability | योग्यता | Inability | अयोग्यता |
| Abnormal | असामान्य | Normal | सामान्य |
| Abolish | समाप्त करना | Establish | स्थापित करना |
| Above | ऊपर | Below | नीचे |
| Absent | अनुपस्थित | Present | उपस्थित |
| Abundance | बहुतायात | Scarcity | न्यूनता |
| Accept | स्वीकार करना | Reject | अस्वीकार करना |
| Accord | सहमति | Discord | असहमति |
| Accurate | यथार्थ | Inaccurate | अयथार्थ |
| Acknowledge | स्वीकार करना | Deny | मुकरना, अस्वीकार करना |
| Acquit | दोषमुक्त करना | Convict | दोषी ठहराना |
| Active | चुस्त | Passive/ Idle | सुस्त |
| Acquirc | पाना | Lose | खोना |
| Add | जोड़ना | Subtract | घटाना |
| Adequate | पर्याप्त | Inadequate | अपर्याप्त |
| Advance | आगे बढ़ना | Retreat | पीछे हटना |
| Advantage | लाभ | Disadvantage | हानि |
| Adversity | आपत्ति | Prosperity | उन्नति, समृद्धि |
| Admire | प्रशंसा करना | Despise | निन्दा करना |
| Agree | सहमत होना | Differ | असहमत होना |
| Alive | जीवित | Dead | मृत |
| Allow | आज्ञा देना | Disallow | आज्ञा न देना |
| Always | सदैव | Never | कभी नहीं |
| All | सब | None | कोई नहीं |
| Analysis | विश्लेषण | Synthesis | संश्लेषण |
| Angel | देवदूत | Devil | शैतान |
| Ancient | प्राचीन | Modern | नवीन |
| Animate | जीवित | Inanimate | अजीवित |
| Antique | पुराना | New | नवीन |
| Appear | प्रकट होना | Disappear | अन्तर्ध्यान होना |
| Appreciate | सराहना करना | Depreciate | अवमूल्यन करना |
| Approve | पुष्टि करना | Disapprove | रद्द करना |
| Armament | शस्त्रीकरण | Disarmament | निशस्त्रीकरण |

| Words | Meanings | Antonyms | Meanings |
|---|---|---|---|
| Arrival | आगमन | Departure | बहिर्गमन, प्रस्थान |
| Arrogance | अड़ियलपन | Humility | विनम्रता |
| Artificial | बनावटी | Natural | प्राकृतिक |
| Ascend | चढ़ना | Descend | उतरना |
| Atheist | नास्तिक | Theist | आस्तिक |
| Attach | संलग्न करना | Detach | पृथक करना |
| Attract | आकर्षित करना | Repel | विकर्षित करना |
| Auspicious | शुभ | Inauspicious | अशुभ |
| Awake | जाग्रत | Asleep | निद्रित |
| Awareness | जानकारी | Ignorance | अज्ञानता |
| Barbarous | बर्बर, जंगली | Civilised | सभ्य |
| Barren | बंजर | Fertile | उपजाऊ |
| Beginning | आदि | End | अन्त |
| Beautiful | सुन्दर | Ugly | कुरूप, असुन्दर |
| Behave | व्यवहार करना | Misbehave | दुर्व्यवहार करना |
| Belief | विश्वास | Doubt | संशय |
| Backward | पिछड़ा हुआ | Forward | उन्नत |
| Beneficial | लाभप्रद | Harmful | हानिप्रद |
| Benefactor | लाभकारक | Malefactor | हानिप्रद |
| Benevolent | परोपकारी | Malevolent | दुष्टकारी |
| Bitter | कड़वा | Sweet | मीठा |
| Big | बड़ा | Small | छोटा |
| Blame | दोष लगाना | Applaud | प्रशंसा करना |
| Blessing | वरदान | Curse | अभिशाप |
| Blunt | मौथरा, खोटा | Sharp | तेज धार वाला |
| Bold | साहसी | Timid | डरपोक |
| Broad | चौड़ा | Narrow | संकुचित |
| Borrow | उधार लेना | Lend | उधार देना |
| Boastful | शेखीबाज | Modest | विनम्र |
| Bottom | तली | Top | चोटी |
| Bravery | वीरता | Cowardice | कायरता |
| Bright | चमकीला | Dim | धुँधला |
| Before | पहले | After | बाद में |
| Cheap | सस्ता | Costly | महँगा |
| Cold | ठण्डा | Hot | गर्म |
| Comfortable | आरामदायक | Uncomfortable | कष्टदायक |
| Common | साधारण | Uncommon | असाधारण |
| Conquest | विजय | Defeat | पराजय |

| Words | Meanings | Antonyms | Meanings |
|---|---|---|---|
| Calm | शान्त | Turbulent | उद्विग्न, तूफान |
| Care | चिन्ता | Neglect | अवहेलना |
| Carnivorous | मांसाहारी | Herbivorous | शाकाहारी |
| Cause | कारण | Effect | प्रभाव |
| Cautious | सावधान | Careless | असावधान, लापरवाह |
| Celestial | दैविक | Earthly | पार्थिव |
| Censure | निन्दा | Applause | सराहना |
| Certain | निश्चित | Uncertain | अनिश्चित |
| Chaste | पवित्र | Unchaste | अपवित्र |
| Cheerful | प्रसन्नचित्त | Cheerless | दुखी |
| Childish | बच्चों जैसा | Matued | परिपक्व, वयस्कों जैसा |
| Circular | वृत्ताकार | Linear | रेखिक |
| Civilised | सभ्य | Savage | असभ्य |
| Coarse | भद्दा | Fine | बढ़िया |
| Coherent | अनुरूप, स्पष्ट | Incoherent | अस्पष्ट |
| Comedy | सुखान्त | Tragedy | दुःखान्त |
| Competent | योग्य | Incompetent | अयोग्य |
| Compare | तुलना करना | Contrast | विरोध प्रकट करना |
| Complete | पूर्ण | Incomplete | अपूर्ण |
| Complex | जटिल | Simple | सरल |
| Component | अवयव | Whole | पूर्ण |
| Compress | दबाना | Expand | बढ़ाना |
| Conceal | छिपाना | Reveal | उजागर करना |
| Confess | स्वीकार करना | Deny | इंकार करना |
| Confident | विश्वासपूर्ण | Diffident | शंकालु, संकोची |
| Connect | जोड़ना | Disconnect | तोड़ना, अलग करना |
| Consent | सहमति | Dissent | असहमति, विमति |
| Conscious | सचेत | Unconscious | अचेत |
| Considerate | लिहाज वाला | Inconsiderate | लिहाज न करने वाला |
| Consistency | अनुकूलता | Inconsistency | प्रतिकूलता |
| Continue | जारी रखना | Discontinue | अधूरा छोड़ना |
| Contract | सिकुड़ना | Expand | फैलना |
| Correct | सही | Incorrect | गलत |
| Create | रचना करना | Destroy | नष्ट करना |
| Credit | उधार | Cash | नकद |
| Crude | अपक्व, कच्चा | Refined | शोधित |
| Cool | ठण्डा | Warm | गर्म |

| Words | Meanings | Antonyms | Meanings |
|---|---|---|---|
| Clean | साफ | Dirty | गंदा |
| Clear | स्पष्ट | Vague | अस्पष्ट |
| Cruel | क्रूर | Kind | दयालु |
| Dark | अंधकारपूर्ण | Bright | चमकीला |
| Danger | खतरा | Safety | सुरक्षा |
| Day | दिन | Night | रात |
| Death | मृत्यु | Life | जीवन |
| Debtor | उधार लेने वाला | Creditor | उधार देने वाला |
| Decent | सलीकेदार | Indecent | अशोभनीय |
| Decision | निर्णय | Indecision | अनिर्णय |
| Decrease | घटना | Increase | बढ़ना |
| Deep | गहरा | Shallow | उथला |
| Defence | सुरक्षा | Offence | आक्रमण |
| Deficient | हीन, कमी वाला | Efficient | कुशल |
| Definite | निश्चित | Indefinite | अनिश्चित |
| Delightful | आनन्ददायक | Boring | नीरस |
| Dense | घना | Sparse | छीदा |
| Dependent | आश्रित | Independent | स्वतंत्र |
| Deposit | जमा करना | Withdraw | निकालना |
| Despair | निराशा | Hope | आशा |
| Destructive | विध्वंसक | Constructive | रचनात्मक |
| Difficult | कठिन | Easy | आसान |
| Diminish | कम होना | Increase | बढ़ना |
| Direct | प्रत्यक्ष | Indirect | अप्रत्यक्ष |
| Discourage | निरुत्साहित करना | Encourage | उत्साहित करना |
| Dethrone | राजगद्दी से उतारना | Enthrone | राजगद्दी पर बैठाना |
| Discord | झगड़ा | Concord | सुलह |
| Disparity | असमानता | Parity | समानता |
| Distant | दूर स्थित | Near | निकट |
| Distinct | स्पष्ट | Indistinct | अस्पष्ट |
| Do | करना | Undo | किये को मिटाना |
| Domestic | पालतू | Wild | जंगली |
| Dream | स्वप्न | Reality | वास्तविकता |
| Dwarf | बौना | Giant | विशालकाय |
| Different | भिन्न | Same | समान |
| Down | नीचे | Up | ऊपर |
| Early | जल्दी | Late | देर से |
| Earn | कमाना | Spend | खर्च करना |

| Words | Meanings | Antonyms | Meanings |
|---|---|---|---|
| Ease | आराम | Difficulty | कठिनाई |
| Economy | मितव्ययिता | Extravagance | फिजूलखर्ची |
| Elevation | उठाना | Depression | ढलान |
| Eligible | योग्य | Ineligible | अयोग्य |
| Emancipate | मुक्त करना | Enslave | दास बनाना |
| Empty | खाली | Full | भरा हुआ |
| Enmity | शत्रुता | Friendship | मित्रता |
| Enjoy | मौज करना | Suffer | तकलीफ सहना |
| Enrich | धनी बनाना | Impoverish | निर्धन बनाना |
| Entrance | प्रवेश द्वार | Exit | निकास द्वार |
| Equality | समानता | Inequality | असमानता |
| Eternal | अनन्त | Transitory | क्षणिक |
| Examiner | परीक्षक | Examinee | परीक्षार्थी |
| Exceptional | अपवादमूलक | Ordinary | सामान्य |
| Exclude | अलग करना | Include | सम्मिलित करना |
| Experience | अनुभव | Inexperience | अनुभवहीनता |
| Explicit | स्पष्ट, व्यक्त | Implicit | अस्पष्ट, अव्यक्त |
| Expose | उजागर करना | Conceal | छिपाना |
| External | बाह्य | Internal | आन्तरिक |
| Extensive | विस्तृत | Intensive | गहन |
| Exterior | बाहरी | Interior | अंदरुनी |
| Extreme | चरम सीमा तक | Moderate | सामान्य |
| Extrinsic | अनावश्यक | Intrinsic | आवश्यक |
| Export | निर्यात | Import | आयात |
| Fabulous | काल्पनिक | Actual/ Real | वास्तविक |
| Fact | तथ्य | Fiction | काल्पनिक |
| Failure | असफलता | Success | सफलता |
| Fair | उचित | Foul | अनुचित |
| Faithful | वफादार | Unfaithful | बेवफा |
| Fall | पतन | Rise | उत्थान |
| False | झूठा | True | सच्चा |
| Familiar | परिचित | Strange | अपरिचित |
| Famous | प्रसिद्ध | Notorious | बदनाम |
| Far | दूर | Near | नजदीक |
| Farewell | अलविदा | Welcome | स्वागत |
| Fat | मोटा | Thin | पतला |
| Favour | पक्ष लेना | Disfavour | पक्ष से गिराना |

| Words | Meanings | Antonyms | Meanings |
|---|---|---|---|
| Fierce | निर्दय | Gentle | विनम्र |
| Fickle | चंचल | Steadfast | स्थिर |
| Fictitious | नकली | Genuine | असली |
| Fidelity | स्वामीभक्त | Infidelity | बेवफाई |
| Folly | मूर्खता | Wisdom | बुद्धिमत्ता |
| Foreign | विदेशी | Native | देशी |
| Fortune | भाग्य | Misfortune | दुर्भाग्य |
| Freedom | स्वतंत्रता | Slavery | दासता |
| Fresh | ताजा | Stale | बासी |
| Friend | मित्र | Foe | शत्रु |
| Futile | व्यर्थ | Utility | उपयोगिता |
| Frown | भृकुटि पर बल | Smile | मुस्कान |
| Fast | तेज | Slow | धीमा |
| Few | कुछ | Many | अनेक |
| Found | पाना | Lose | खोना |
| Gain | लाभ | Loss | हानि |
| Gay | प्रसन्नचित्त | Gloomy | उदास |
| General | सामान्य | Particular | विशेष |
| Generous | उदार | Miserly | कंजूस |
| Generosity | उदारता | Stinginess | कृपणता |
| Genial | विनीत | Impolite | अविनीत |
| Genuine | असली | Spurious | नकली |
| Give | देना | Take | लेना |
| Go | जाना | Come | आना |
| Good | अच्छा | Bad | बुरा |
| Govern | शासन करना | Obey | आज्ञा मानना |
| Grant | मंजूर करना | Refuse | इंकार करना |
| Great | महान | Small | तुच्छ |
| Guilty | अपराधी | Innocent | निर्दोष |
| Guide | पथ-प्रदर्शन करना | Misguide | भटकाना |
| Growth | विकास | Decline | ह्रास |
| Guest | अतिथि | Host | मेजबान |
| Handsome | सुन्दर | Ugly | भद्दा |
| Happy | प्रसन्न | Unhappy | अप्रसन्न |
| Hard | कठोर | Soft | कोमल |
| Haste | जल्दी | Delay | देरी |

| Words | Meanings | Antonyms | Meanings |
|---|---|---|---|
| Haughty | दम्भी | Humble | विनम्र |
| Healthy | स्वस्थ | Unhealthy | अस्वस्थ |
| Heaven | स्वर्ग | Hell | नर्क |
| Heedful | सचेत | Heedless | लापरवाह |
| Height | ऊँचाई | Low | नीचा |
| Holy | पवित्र | Unholy | अपवित्र |
| Hollow | खोखला | Solid | ठोस |
| Honest | ईमानदार | Dishonest | बेईमान |
| Honour | सम्मान | Dishonour | तिरस्कार |
| Hopeful | आशावान | Despondent | निराश |
| Huge | विशाल | Tiny | छोटा |
| Humble | विनम्र | Proudy | घमण्डी |
| Hypocrite | पाखण्डी | Sincere | ईमानदार |
| Idle | सुस्त | Active | चुस्त |
| Illusive | भ्रामक | Real | वास्तविक |
| Immaterial | अभौतिक, तत्वहीन | Material | भौतिक, तत्वशाली |
| Include | शामिल करना | Exclude | निकालना |
| Individual | व्यक्तिगत | Joint | सामूहिक |
| Industrious | उद्यमी | Lazy | सुस्त |
| Inferior | घटिया | Superior | बढ़िया |
| Inhale | सांस अन्दर खींचना | Exhale | सांस बाहर छोड़ना |
| Initial | आरम्भिक | Final | अन्तिम |
| Insolent | ढीठ | Meek | विनीत |
| Intrepid | निर्भय | Timid | भीय, डरपोक |
| Interior | भीतरी | Exterior | बाहरी |
| Irksome | दु:खदायी | Pleasant | सुहावना |
| Imprudent | अविवेकी | Prudent | विवेकी |
| Ignorance | अज्ञानता | Knowledge | ज्ञान |
| Insult | निरादर | Respect | आदर |
| Immortal | अमर | Mortal | मरणशील, नश्वर |
| Import | आयात | Export | निर्यात |
| Join | जोड़ना, संधि करना | Disjoin | अलग करना |
| Joy | प्रसन्नता | Sorrow | दु:ख |
| Junior | कनिष्ठ | Senior | वरिष्ठ |
| Justice | न्याय | Injustice | अन्याय |
| Junior | अवर, छोटा | Senior | प्रवर, बड़ा |
| Keen | तीक्ष्ण | Dull | मौथरा |

| Words | Meanings | Antonyms | Meanings |
|---|---|---|---|
| Kind | दयालु | Cruel | निर्दयी |
| King | राजा | Queen | रानी |
| Lasting | टिकाऊ | Temporary | अस्थायी |
| Latent | गुप्त, सशुप्त | Apparent | प्रकट |
| Lawful | कानूनी | Illegal | गैर-कानूनी |
| Leader | नेता | Follower | अनुयायी |
| Lean | दुबला-पतला | Fleshy | मोटा-ताजा |
| Legible | जो पढ़ा जा सके | Illegitimate | जो पढ़ा न जा सके |
| Legitimate | औरस | Illegitimate | दोगला |
| Last | अन्तिम | First | प्रथम |
| Lie | झूठ | Truth | सच |
| Life | जीवन | Death | मृत्यु |
| Liberty | स्वतंत्रता | Slavery | दासता |
| Like | पसन्द करना | Dislike | नापसन्द करना |
| Likely | सम्भावना | Unlikely | असम्भावना |
| Limited | सीमित | Unlimited | असीमित |
| Liquid | तरल | Solid | ठोस |
| Literate | साक्षर | Illiterate | निरक्षर |
| Little | थोड़ा | Much | ज्यादा |
| Living | जीवित | Dead | मृत |
| Lofty | ऊँचा | Low | नीचा |
| Logical | तर्कसंगत | Illogical | तर्क-असंगत |
| Loose | ढीला | Tight | तंग, कसा हुआ |
| Love | प्यार करना | Hate | घृणा करना |
| Lovely | मनोहारी | Ugly | कुरूप |
| Loyal | वफादार | Disloyal | बेवफा |
| Lower | निचला | Upper | ऊपर का |
| Light | प्रकाश | Darkness | अन्धकार |
| Light | हल्का | Heavy | भारी |
| Mad | पागल | Sane | बुद्धिशाली |
| Major | वयस्क, प्रमुख | Minor | नाबालिग, क्षुद्र |
| Make | बनाना | Mar | बिगाड़ना |
| Meagre | थोड़ा | Profuse | अधिक |
| Malice | द्वेष | Goodwill | सद्भावना |
| Married | विवाहित | Bachelor | अविवाहित |
| Masculine | पुल्लिंग | Feminine | स्त्रीलिंग |
| Material | भौतिक | Spiritual | आध्यात्मिक |

| Words | Meanings | Antonyms | Meanings |
|---|---|---|---|
| Maximum | अधिकतम | Minimum | न्यूनतम |
| Memory | स्मरण शक्ति | Forgetfulness | भुलक्कड़पन |
| Merit | गुण | Demerit | दोष |
| Mild | मृदु | Stern | कर्कश |
| Modest | विनीत | Immodest/ Vain | अविनीत |
| Mount | चढ़ना | Dismount | उतरना |
| Movable | चल | Immovable | अचल |
| Moral | नैतिक | Immoral | अनैतिक |
| Master | स्वामी | Servant | नौकर |
| Natural | कुदरती | Artificial | बनावटी |
| Neat | साथ-सुथरा | Untidy | मैला-कुचैला |
| New | नया | Old | पुराना |
| Negative | नकारात्मक | Positive | सकारात्मक |
| Noble | नेक | Ignoble | दुर्जन |
| Noise | शोर | Silence | शान्ति |
| Obligatory | बाध्यकारी | Voluntary | ऐच्छिक |
| Obedient | आज्ञाकारी | Disobedient | अवज्ञाकारी |
| Obstruct | बाधा डालना | Assist | सहायता करना |
| Optimism | आशावाद | Pessimism | निराशावाद |
| Optional | ऐच्छिक | Compulsory | अनिवार्य |
| Oral | मौखिक | Written | लिखित |
| Organic | चेतनायुक्त | Inorganic | चेतनाहीन |
| Outward | बाहरी | Inward | अन्दरुनी |
| Own | स्वीकार करना | Disown | अस्वीकार करना |
| Open | खोलना | Shut | बन्द करना |
| Opponent | विरोधी | Support | सहायक |
| Part | भाग | Whole | सम्पूर्ण |
| Partial | आंशिक, पक्षपातपूर्ण | Impartial | पक्षपात रहित |
| Pathetic | दयनीय | Joyous | आनन्दपूर्ण |
| Peace | शान्ति | War | युद्ध |
| Penalty | द ण ड | Reward | पुरस्कार |
| Penury | निर्धनता | Affluence | प्रचुरता |
| Perfect | पूर्ण | Imperfect | अपूर्ण |
| Permanent | स्थायी | Temporary | अस्थायी |
| Permission | अनुमति | Prohibition | मनाही |
| Persuade | उकसाना | Dissuade | हतोत्साहित करना |
| Petty | तुच्छ | Significant | महत्वपूर्ण |

| Words | Meanings | Antonyms | Meanings |
|---|---|---|---|
| Please | प्रसन्न करना | Displease | अप्रसन्न करना |
| Pleasure | सुख | Pain | दुख |
| Plenty | प्रचुरता | Scarcity | न्यूनता |
| Polite | विनम्र | Impolite | उद्धत, कर्कश |
| Poor | निर्धन | Rich | धनी |
| Pollute | प्रदूषित करना | Purify | शुद्ध करना |
| Popular | लोकप्रिय | Unpopular | अप्रिय |
| Posterior | बाद वाला | Anterior | पहले वाला |
| Practical | प्रयोगात्मक | Theoretical | मौखिक |
| Precious | कीमती | Cheap | सस्ता |
| Presence | उपस्थिति | Absence | अनुपस्थिति |
| Premium | लाभ | Discount | बट्टा, कटौती |
| Preserve | सुरक्षित रखना | Destroy | नष्ट करना |
| Pride | घमण्ड | Humility | विनम्रता |
| Profound | गहरा | Simple | सादा |
| Prolong | बढ़ाना, लम्बा करना | Shorten | कम या छोटा करना |
| Prosaic | गद्य जैसा | Poetical | कविता जैसा |
| Public | सार्वजनिक | Private | निजी |
| Purchase | खरीदना | Sell | बेचना |
| Patriot | देशभक्त | Traitor | देशद्रोही |
| Question | प्रश्न | Answer | उत्तर |
| Quick | तेज | Slow | धीमा |
| Quiet | शान्त | Noisy | शोर करने वाला |
| Raise | ऊपर उठाना | Lower | नीचे गिराना |
| Rational | युक्तिसंगत | Irrational | युक्तिविहीन |
| Raw | कच्चा | Ripe | पका हुआ |
| Rear | पिछला | Front | सामने का |
| Receive | प्राप्त करना | Give | देना |
| Recollect | याद करना | Forget | भूल जाना |
| Regular | नियमित | Irregular | अनियमित |
| Reject | अस्वीकार करना | Accept | स्वीकार करना |
| Religious | धार्मिक | Irreligious | अधार्मिक |
| Remote | दूर का | Near | नजदीक का |
| Repulsive | घृणित | Attractive | आकर्षक |
| Retreat | पीछे हटना | Advance | आगे बढ़ना |
| Revolution | क्रान्ति | Evolution | विकास |

| Words | Meanings | Antonyms | Meanings |
|---|---|---|---|
| Remember | याद करना | Forget | भूलना |
| Ripe | पक्का | Raw | कच्चा |
| Rough | भद्दा, खुरदरा | Smooth | चिकना |
| Ruthless | निर्दयी | Merciful | रहमदिल |
| Sacred | पवित्र | Profane | कलुषित |
| Sane | बुद्धिमान | Insane | पागल |
| Secret | गुप्त | Open | खुला |
| Sensible | बुद्धियुक्त | Senseless | बुद्धिहीन |
| Satisfaction | सन्तुष्टि | Dissatisfaction | असन्तोष |
| Severe | कठोर | Mild | मृदु |
| Shy | शर्मीला | Impudent | ढीठ |
| Similar | समान | Dissimilar | असमान |
| Stable | स्थिर | Unstable | अस्थिर |
| Straight | सीधा | Crooked/ Curved | टेढ़ा-मेढ़ा, तिर्यक |
| Surplus | फालतू | Deficit | घाटा |
| Superior | बढ़िया | Inferior | घटिया |
| Swift | तेज | Slow | धीमा |
| Synonym | समानार्थक शब्द | Antonym | विपरीतार्थक शब्द |
| Thankful | कृतज्ञ | Thankless | अकृतज्ञ |
| Thrift | मितव्ययी | Extravagant | फिजूलखर्च |
| Thick | मोटा | Thin | पतला |
| Tie | बांधना | Untie | खोलना |
| Tolerant | सहनशील | Intolerant | असहनशील |
| Tragedy | दुखान्त | Comedy | सुखान्त |
| Opaque | अपारदर्शक | Transparent | पारदर्शक |
| Defeat | हार | Victory | जीत |
| Unanimous | एकमत | Divided | विभाजित |
| United | संघ | Diversity | विविधता |
| Universal | सार्वजनिक | Particular | व्यक्तिगत |
| Uphold | समर्थन करना | Oppose | विरोध करना |
| Urban | शहरी | Rural | देहाती, ग्रामीण |
| Useful | उपयोगी | Useless | बेकार |
| Usual | सामान्य | Unusual | असामान्य |
| Valid | वैध | Invalid | अवैध |
| Victor | विजेता | Vanquished | पराजित |
| Virile | पौरुषेय | Sterile | नपुंसक |
| Virtue | गुण | Vice | दोष, बुराई |

| Words | Meanings | Antonyms | Meanings |
|---|---|---|---|
| Visible | दिखने वाला | Invisible | अदृश्य |
| Vulgar | अश्लील | Refined | शोधित |
| Weal | सुख | Woe | दुख |
| Wise | बुद्धिमान | Foolish | मूर्ख |
| Wrong | गलत | Right | सही |
| Yield | समर्पित करना | Resist | विरोध करना |
| Youth | यौवन | Aged | बुढ़ापा |
| Young | नवयुवक | Old | वृद्ध |

## Homonyms or Homophones

**Words similar in sound or pronunciation, but different in meaning are called Homonyms.** English में ऐसे बहुत से शब्द हैं जिनका उच्चारण लगभग एक जैसा होता है लेकिन अर्थ में पर्याप्त अन्तर होता है ऐसे शब्दों को Homonyms or Homophones कहा जाता है। जैसे Access, Excess; Affect, Effect. इन शब्दों का उचित ज्ञान न होने पर, एक की जगह पर दूसरे शब्दों को लिखने से सब कुछ गलत हो जाता है। अत: छात्रों को ऐसे शब्दों का बहुत ध्यानपूर्वक अध्ययन करना आवश्यक है। नीचे इस तरह के काफी शब्दों के बारे में बताया गया है।

1. **Affect (to act upon, to pretend —प्रभाव डालना)** She affects too much innocence. The drought affected a large part of the district.
   **Effect (result—प्रभाव)** Internet produces a bad effect on the young generation.
2. **Adapt ( accomodate—व्यवहार)** One should adapt oneself to the new circumstances.
   **Adept (expert—निपुण)** He is an adept in Folk dance.
   **Adopt (take up—गृहण करना)** One should not adopt unfair means to secure good marks.
3. **Addition (putting more—जोड़ना)** I am to buy two more copies in addition to this one.
   **Edition (printing books)** The first edition of this book has sold like hot cakes.
4. **Accede (agree—स्वीकार करना)** He will not accede to your request.
   **Exceed (to be greater—बढ़ना, बढ़ाना)** Write an essay not exceeding three hundred words.
5. **Access (approach, reach—पहुँच)** Now-a-days, every person has an easy access to the temples irrespective to his caste.
   **Excess (more than enough—अधिकता)** Excess of everything is bad.
6. **Accept (to take—स्वीकार करना)** He cannot accept this gift.
   **Except (leaving out—बजाय)** Except Nisha everyone was present in the party.
7. **Alter (change—बदलना)** You cannot alter my opinion about her.
   **Altar (वेदी place of offering)** S.C. Bose sacrificed everything at the altar of freedom. In India incense is burnt at the altar in temples.
8. **Antic (odd, strange—अपरिचित)** His behaviour on yesterday was antic.
   **Antique (ancient—प्राचीन)** I am fond of collecting antique items.
9. **Assay (attempt—प्रयास, testing the purity of metals—धातुओं की शुद्धता की जाँच)**

1. He assayed hard to secure top position. 2. He assayed the gold ornaments.

**Essay** (a piece of composition—निबन्ध) Write a brief essay on 'Indian Films'.

10. **All ready (all are ready—सभी तैयार)** They were all ready to welcome the groom.
    **Already (earlier—पूर्व में)** I have already informed him.
11. **Allusion (Indirect reference—अप्रत्यक्ष संकेत)** The poem is full of allusions.
    **Illusion (a deceptive show—मृगतृष्णा)** Indian mythology regards the material world as an illusion.
12. **Apposite (proper—योग्य)** His arguments were not apposite to the subject.
    **Opposite (contrary—विपरीत, In front of)** His house is opposite to the college.
13. **Assent (agreement—स्वीकारोक्ति)** He gave his assent to the new proposal.
    **Ascent (going up—ऊपर चढ़ना)** He pushed the button and the elevator began its slow ascent.
14. **Arc (part of circle —चाप)** If a straight line is drawn in a circle it will divide it into two arcs.
    **Ark (covered floating vessel—ढका हुआ जहाज)** He crossed the Black Sea with his family in an ark.
15. **Aloud (high volume—ऊँचा स्वर)** I can't hear you well, please speak aloud.
    **Allowed (permitted—इजाजत दी)** He was allowed to enter .
16. **Angle (An angle of degree—कोण)** This is a ninety degree angle.
    **Angels (a divine Messenger—फरिश्ता)** Angels reside in heaven while men reside on earth.
17. **Advice (noun—सलाह)** I need your expert advice in this matter.
    **Advise (verb—सलाह देना)** Please advise me in this matter.
18. **Amiable (lovable—प्यार योग्य)** She is not only a beautiful but also an amiable girl.
    **Amicable (friendly—मित्रवत्)** Finally they came to an amicable settlement.
19. **Ail (to be ill—बीमार होना)** What ails the Industry is to be sorted out ?
    **Ale (a drink —शराब)** He has gone to the ale-house.
20. **All together (in a body—साथ-साथ)** Let us move there all together.
    **Altogether (completely—पूर्णतया)** It seems altogether impossible to cross the river in the night.
21. **Bale (package—गांठ)** I received thirty bales of cotton last month.
    **Bail (security—जमानत)** The magistrate didn't grant him bail in theft case.
22. **Berth (sleeping place in train—ट्रेन में बर्थ)** I have booked two berths in Shatabdi Express.
    **Birth (coming to life—जन्म)** This is not the birth place of Lord Buddha.
23. **Bare (uncovered—नंगा, बिना ढका)** He came here bare-footed.
    **Bear (to tolerate—सहन करना)** I cannot bear your insulting remarks.
    **(an animal—रीछ)** There are three bears in that circus.
    **Beer (a kind of wine—बीयर)** I prefer to take beer.
24. **Blow (to whistle—बजाना)** A cool wind is blowing. Don't blow the whistle.
    **Below (under neath—नीचे)** Hitting below the belt is not allowed.
25. **Born (To take birth—जन्म)** My wife was born in 1960.
    **Borne (supported—सहन किया)** He is suffering from water borne disease.
26. **Bad (not good—बुरा)** He is a bad man.
    **Bed (sleeping place—बिस्तर)** I go to bed at 11 P.M.

**27. By (assistance—द्वारा)** A snake was killed by Ram with a stick.
**Buy (purchase—खरीदना)** I want to buy a car.
**28. Beet (a vegetable—चुकन्दर)** I prefer mango to beet.
**Beat (to thrash—पीटना)** It is wrong to beat the students with a stick.
**29. Borrow (to take loan—उधार लेना)** I have borrowed some money from Bank.
**Burrow (a hole in earth—छेद)** A mouse lives in this burrow.
**30. Cell (a small cottage—छोटी कोठरी)** There are more than twenty cells in that prison.
**Sell (to dispose off—बेचना)** He sells fruits and vegetables.
**Sale (noun—act of selling—बिक्री)** I have purchased this dress from that shop.
**31. Beach (shore—किनारा)** Many people like to walk along the sea beach.
**Beech (a kind of tree—पेड़)** There are many beech trees near the railway station.
**32. Brake (lever—ब्रेक)** I am going to get the brake wire changed .
**Break (to make a part—तोड़ना)** Can you break this stick with your hands ?
**33. Bow (bend—झुकना)** Let us bow to our motherland India.
**Bough (a branch of tree —टहनी)** Many birds are sitting on the bough of the tree.
**34. Bridal (pertaining to marriage—शादी से संबंधित)** She is looking beautiful in her bridal dress.
**Bridle (reins—लगाम)** It is not easy to bridle a vicious horse.
**35. Baron (a landlord—जमींदार)** There was a time when all powers rested in the hands of rich barons.
**Barren (not fertile—अनुपजाऊ)** In barren land you can't cultivate any thing.
**36. Blue (a colour—नीला)** I like blue colour.
**Blew (whistled—नीला)** The referee blew the whistle again and again.
**37. Check (to verify, to stop—जाँचना)** He checked my passport. He checked me from leaving the function.
**Cheque (Bank document—चैक)** I issued a cheque favouring P.N.B.
**38. Calendar (chart showing Dates etc.—कलैण्डर)** I have only one calendar in my office.
**Calender (to press paper, cloth etc.—प्रेस करना)** Please calender my dress.
**39. Cannon (big gun—तोप)** A cannon of ancient time is placed near the Railway station.
**Canon (rule—सिद्धान्त)** He believes in canons of justice.
**40. Canvas (a kind of rough cloth—तिरपाल)** My shoes are made of canvas.
**Canvass (to solicit votes—वोट मांगना)** Now-a-days, students are busy in canvassing for their friends.
**41. Casual (accidental, occasional—ठ** I was granted only one day casual leave.
**Causal (showing cause—कारण बताने वाला)** There is a causal link between balanced diet and sound mind.
**42. Corpse (dead body—लाश)** The corpse was covered with a white bedsheet.
**Corps (a body of troops—सेना की टुकड़ी)** I want to join National Cadet Corps.
**43. Coma (state of senselessness—बेहोशी)** The patient has been in coma since Monday.
**Comma (mark of punctuation—कोमा)** One should be careful about proper use of comma.
**44. Cession (to yield—छोड़ना)** India should not have made a cession of an inch of its land for the establishment of Pakistan.
**Session (sitting of assembly or court—सत्र)** The winter session of Parliament will be over

tomorrow.

**45. Censer (a pot in which incense is burnt)** Place some incense into the censer.

**Censor (an official examination सेंसर)** The Censor Board has awarded 'U' certificate to this film.

**Censure (criticize adversely—निन्दा)** His conduct was censured by the Parliament.

**46. Chord (a string of musical instrument—तार)** He is playing with the chords of the violin.

**Cord (a thin rope—रस्सी)** I need a fifteen feat cord for packing the luggage .

**47. Cease (Discontinue—छोड़ना)** He resigned and thus ceased to be the chairman of our society.

**Siege (to catch—पकड़ना)** Heroin worth 2 lacs rupees was seized from his office.

**Sieze (surrounded—घेरना)** Akbar's army sieged the castle of Chittorgarh.

**48. Career (profession—व्यवसाय)** For better career opportunities, join computer courses.

**Carrier (one who carries—ले जाने वाला)** Mosquitoes are carriers of virus.

**49. Coarse (rough—खुरदरा)** Do not use a coarse cloth to clean the glasses.

**Course (line of action—कार्य की दिशा)** A disciplined course of action is required to achieve success.

**50. Collision (clashing—टकराना)** In a collision between train and bus, three persons died on the spot.

**Collusion (secret agreement for an evil plan—षड्यंत्र)** He planned to execute a robbery in collusion with the clerk.

**51. Cloth (unstitched cloth—बिना सिले कपड़े)** I want to purchase cloth for a shirt and a trousers.

**Clothe (stitched cloth—सिले हुये कपड़े)** I have given my clothes to washerman for drycleaning.

**52. Capital (centre of administration—राजधानी)** Delhi is the capital of India.

**Capitol (Roman temple of Jupiter, US CongressHouse—एक बिल्डिंग का नाम)**
A meeting of US Congress will be held in capitol tomorrow.

**53. Defy (challenge—चुनौती** One should not defy the orders of one's superiors.

**Deify (worship a God—ईश्वर की तरह पूजना)** Mr. M.K.Gandhi is defied by all Indians.

**54. Complacent (self-satisfied—संतुष्ट)** He seems complacent with his job and earning.

**Complaisant (polite—नम्र)** He is a man of very complaisant nature.

**55. Complement (which completes—पूरक)** Husband and wife are complementary to each other.

**Compliment (regards—अभिनंदन)** Please convey my best compliments to your parents.

**56. Cautious (aware —जागरूक)** I am quite cautious of his activities.

**Conscientious (careful, scrupulous—धार्मिक आस्था)** My mother is very hard working , sincere and conscientious lady.

**57. Council (assembly—सदन)** He was nominated to the Council of State .

**Counsel (advice—सलाह)** He counsels in a right way.

**58. Credible (believable—विश्वास योग्य)** He is not a credible person.

**Creditable (worthy of praise—प्रशंसनीय)** His achievements are indeed creditable.

**59. Cymbal (a musical instrument—मंजीरा)** I like the melodious sound of the Cymbal.

**Symbol (sign—चिन्ह)** What is the symbol of 2004 Olympic Games ?

**60. Current (present—वर्तमान, ताजा)** What is the current news ?

**Currant (dried grapes—किशमिश)** I am fond of currants.

**61. Cite (speak—कहना)** He cited the example of bravery of Maharana Pratap.

**Site (location—स्थान)** In my opinion this site for the departmental store is commercially viable.

**Sight (view—दृश्य)** It was a pitiable sight.

**(Vision—दृष्टि)** Get your eye sight checked at the earliest.

62. **Caste (community—जाति)** He belongs to schedule caste.

**Cast (to give—देना)** Please cast your votes in favour of me.

63. **Cattle (animal—पशु)** Cattle were grazing in the field.

**Kettle (vessel—पतीली)** Put the kettle on the gas .

64. **Corporal (pertaining to body—शारीरिक)** Corporal punishment are banned now-a-days in all schools and colleges.

**Corporeal (bodily—शरीर संबंधित)** God has no corporeal existence.

65. **Desert a waste track of land रेगिस्तान—noun, to forsake; verb त्यागना)** Churu is a desert area in Rajasthan. He has deserted his wife.

**Dessert (fruit served after dinner—भोजन के बाद फल आहार)** The dessert course after dinner was liked by all.

66. **Decry (to cry down—निन्दा करना)** The Iraq policy of US government is decried by Indian Govt.

**Descry (to see dimly—दूर से देखना)** Across the river you can descry a hut near the palm tree.

67. **Dye (a verb—to colour—रंगना)** Dye my shirt in sky blue .

**Die (expire—मरना)** He died from cholera.

68. **Dose (quantity of medicine—दवा की खुराक)** I have already taken four doses of this medicine by now.

**Doze(sleep—ऊँघना)** You were dozing in the class yesterday.

69. **Draught (a quantity of liquid—तरल की मात्रा)** The patient was given a draught of medicine.

**Drought (want of rain—सूखा) Due to scanty rain** whole of the district is in the grip of drought.

70. **Dam (surrounding area to stop flow of water—बांध)** A dam is being built up here to storage the rainy water.

**Damn (condemn—निंदा)** His behaviour is damned by all the members of the society.

71. **Dear (loving—प्रिय)** He is my very dear friend.

**Deer (an Animal—हरिण)** I saw many deer in that forest.

72. **Deduce (draw conclusion—नतीजा निकालना)** You can't deduce such a conclusion of the discussion.

**Deduct (to take something)** Deduct cash discount 3 % and make the payment by tomorrow.

73. **Deference (respect—आदर)** I treat my elders with due deference.

**Difference (dissimilarity—अन्तर)** There was a difference of opinion on this point.

74. **Decent (good—बढ़िया)** Because of his decent behaviour he was promoted to the post of General Manager.

**Descent (coming down—नीचे उतरना)** That hill has a steep descent to the south.

**Dissent (to differ—मतभेद)** He recorded his dissent on this proposal.

75. **Device (noun—plan—योजना)** He used all devices to popularise the game.

**Devise (verb— to plan—योजना बनाना)** You are to devise a plan to increase the turnover.

76. **Duel (a fight between two—दो के बीच युद्ध)** There was a duel between Dara Singh and Kingkong.

**Dual (double—दोहरा)** Dual system of governance is a bad governance.

77. **Disease (illness—रोग)** Malaria is a curable disease.
**Decease (death—मृत्यु)** The sudden decease of his father forced him to abandon his studies.
78. **Eruption (bursting out—फटना)** There was an eruption of volcano near Gujrat border.
**Irruption (invasion—आक्रमण)** The irruption of Mughals destroyed the glory of Rajput empire.
79 . **Emerge (to come out—बाहर आना)** He emerged successfully out of the miserable circumstances.
**Immerge (to plunge into—डूबना)** He is immerged in mythological thoughts.
80. **Eminent (distinguish—विशिष्ट)** Indira Gandhi was an eminent politician.
**Imminent (impending—तुरंत)** Indian army is ready to face any imminent attack of Pakistan.
81. **Eligible (fit to be chosen—योग्य)** He is eligible for the post.
**Illegible (that which cannot be read—अपठनीय)** His writing is illegible.
82. **Facility (ease, opportunity—सुविधा)** Facility of STD is also available in this hotel.
**Felicity (happiness—प्रसन्नता)** True felicity can't be enjoyed by a dishonest man.
83. **Foul (unfair—अनुचित)** One can't achieve true success through foul means.
**Fowl (a bird—पक्षी)** He is fond of fowl's meat.
84. **Find (to get—पाना)** Go there you will find a tree near the river.
**Fined (to charge—जुर्माना)** The court fined him Rs. 20000 for the offence.
85. **Floor (surface—फर्श)** Clean the floor with dettol and water.
**Flour (wheat meal—आटा)** He has a flour mill.
86. **Forth (onward—आगे आना)** He alone came forth to assist that poor lady.
**Fourth (third—fourth** चौथा) April is the fourth month of the year.
87. **Farther (more distant—दूर)** Delhi is farther from Alwar in comparison to Jaipur.
**Further (next—आगे)** Please settle the case without any further delay.
88. **Faint (to swoon—बहोश होना)** She fainted after taking wine yesterday .
**Feint (pretension—दिखावा)** She made a feint of reading the books.
89. **Fain (gladly**—खुशी से) She would fain on seeing me.
**Feign (pretend—दिखावा)** When his boss scolded him, he feigned as a deaf.
90. **Fair (pure, a show—पवित्र, मेला)** I believe in using fair means to achieve the target.
Let us go to the fair.
**Fare (passage money—किराया)** A strike was called by the truckers demanding hike in minimum fare.
91. **Feat (an exploit—साहसिक कार्य)** A racing car is an extraordinary feat of engineering.
**Feet (plural of foot—पाँव)** Do not put your feet on the table.
92. **Forego (go before—पहले जाना)** We have already discussed this point in foregoing lessons.
**Forgo (to let go—त्याग देना)** I cannot forgo my rights .
93. **Gild (thin coating of metal—धातु का पत्तर चढ़ाना)** Gilded ornaments look more beautiful than the original.
**Guild (group of same profession—संघ)** Now-a-days all the workers have organised themselves into guilds.
94. **Gage (security—जमानत)** I do not lend with out sufficient gage.
**Gaze (to look attentively—एकटक देखना)** She stood gazing at herself in the mirror.

**95. Gait (manner of walk—चाल)** That model girl has a graceful and sexy gait

**Gate (large door—दरवाजा)** You should not enter through the main gate.

**96. Goal (aim—उद्देश्य)** To achieve this goal you are to work hard.

**Gaol (jail—जेल)** He has been to gaol earlier also.

**97. Hail (frozen rain—ओले)** It is hailing. It hailed yesterday.

**Hale (healthy—स्वस्थ)** May God keep you hale and healthy.

**98. Horde (a gang—समूह)** A horde of mischievous students attacked the shopkeepers.

**Hoard (to store—एकत्र करना)** Hoarding of sugar beyond the prescribed limit is an offence.

**99. Hair (बाल)** She has black hair.

**Heir (successor—उत्तराधिकारी)** He is an heir apparent to the throne.

**100. Hurt ( injury—चोट)** Your comments can hurt her feelings.

**Hart (a male deer—हरिण)** I have a beautiful pair of harts.

**Heart (an organ in the body—दिल)** He is suffering from heart disease.

**101. Humane (kind—दयालु)** UNO has advised the member countries to meet out humane treatment to Prisoners of war.

**Human (pertaining to mankind—मनुष्य से संबंधित)** You will find almost the same human nature everywhere.

**102. Heel (part of shoe—जूते की एड़ी)** The heels of my shoe are pinching.

**Heal (to cure—अच्छा होना)** This medicine will help you in quick healing.

**103. Hole (a burrow— छेद)** A serpent live in this hole.

**Whole (complete—सम्पूर्ण)** He ate whole of the breakfast.

**104. Idle (indolent—निकम्मा)** An idle man can't make any progress.

**Ideal (visionary—आदर्श)** My teacher Mr. Shrivastava is an ideal for me.

**Idol (an image of a deity—मूर्ति)** A section of the Hindus believes in idol worship.

**105. Ingenious (clever—चतुर)** He is an ingenious engineer.

**Ingenuous (simple—सीधा)** His ingenuous attitude is liked by all .

**106. Incite (to provoke—उत्तेजित करना)** His arrogant behaviour incited me a lot.

**Insight (a clear vision—स्पष्ट देखना)** Do you know the insight story of this murder ?

**107. Indite (to compose —रचना)** Though he indited the letter carefully, yet it was not liked by the chairman.

**Indict ( to accuse —दोषारोपण करना)** He was indicted for theft and murder.

**108. Jealous (envious—ईर्ष्या)** He is not liked by anybody beause of his jealous nature.

**Zealous (enthusiastic—उत्साही)** She is very zealous about her new book.

**109. Naughty (mischievous—शैतान)** She is a naughty girl.

**Knotty (difficult—कठिन)** This was indeed a knotty problem.

**110. Lightening (make lighter—हल्का करना)** We had appealed to the court for lightening the punishment, but of no avail.

**Lightning (electric discharge in clouds—बिजली चमकना)** There was occasional lightning in the sky last night.

**111. Loath (unwilling—इच्छा विरुद्ध)** Nothing loath he did, as he was saying.

**Loathe (to dislike greatly—घृणा करना)** I loathe her dressing pattern and arrogant way of talking.

**108. Latter (antonym of former—बाद में आने वाला)** Between Ram and Shyam, the latter (Shyam) is a diligent student.

**Later (comparative of late—देरी से आने वाला)** He came later than his friend.

**112. Lose (to part with—खोना)** Where did you lose your briefcase ?

**Loose (to slack—ढीला करना)** He was wearing a loose cotton shirt.

**113. Lesson (chapter—पाठ)** Learn your lesson well.

**Lessen (to make less—कम करना)** Even this medicine has not lessen my pain.

**114. Last (antonym to first—अन्तिम)** Bahadur Shah was the last emperor of India .

**Latest (superlative of late—ताजा)** She always prefers latest design clothes.

**115. Meat (flesh—मांस)** I don't like eating meat.

**Meet (to assemble—मिलना)** She came here only to meet me.

**116. Mead (meadow—चरागाह)** I met a beautiful girl in the mead yesterday.

**Meed (reward—प्रतिफल)** Kalidas has got a universal meed of praise.

**117. Metal (iron, brass etc.—धातु)** Silver is a white metal.

**Mettle (spirit, courage—साहस)** Our leaders have no mettle to fight against corruption.

**118. Metre (poetic rhythm—छंद)** Can you tell me, in what metre Shelley's 'Skylark' is written.

**Meter** (a measuring instrument =100 cm.मीटर) One meter is equal to one hundred centimeters.

**119. Minor (underage—छोटा)** Minors are not allowed to open current account in Banks.

**Miner (one who works in mine—खान पर काम करने वाला)** He is a miner, works in a coal mine.

**120. Moat (a ditch surrounding a castle—खाई)** There is a bridge over the moat near main gate.

**Mote (a particle of dust—धूल का कण)** You cannot see small mote by naked eyes.

**121. Monetary (pertaining to money—मुद्रा सम्बन्धित)** Have you any book on monetary theory?

**Monitory (giving advice—सलाह देना)** He acted against the monitory advice of his friends and so failed.

**122. Male (opp. to female—पुरुष)** A male candidate can't be posted against the post reserved for a woman.

**Mail (post—डाक)** Have you received my mail ?

**123. Mite (small thing—अल्प मात्रा)** He contributed his mite for the service of mankind.

**Might (strength—शक्ति)** Your might will be tested in battle against the foreign power.

**Might (past of may—सकना)** He told me that he might come to attend the function.

**124. Marry (to get married—विवाह करना)** I want to marry your sister.

**Merry (joyous—आनन्द करना)** Don't lose heart and be merry.

**125. Main (chief—मुख्य)** Ramesh is the main culprit in the bank robbery case.

**Mane (long hair of an animal's neck—गर्दन के बाल)** His horse had a fine mane.

**126. Marshal (a military officer—मार्शल)** He is a marshal of the court.

**Martial (war like—युद्ध जैसा)** He has martial spirit and courage to fight in odd circumstances.

**127. Maize (corn—मक्का)** I like to eat maize cake.

**Maze (labyrinth )** This castle has many hidden mazes.

**128. Nice (good—अच्छा)** She is a nice and beautiful girl.

**Niece (daughter of brother—भतीजी)** I am to attend the marriage of my niece positively.

**129. Our (plural of 'my'—हमारा) This is our house.**

**Hour (a period of time—घंटा)** I have been waiting for you for half an hour.

**130. Oar (used for rowing a boat—नाव का डांडा)** Life without aim is like a boat without an oar.

**Ore (mineral from which metal can be extracted)** Iron is extracted from its ore by melting.

**131. Ordinance (a rule—अध्यादेश)** The President has promulgated an ordinance for administering the minority community.

**Ordnance (gun—युद्ध सामग्री)** There is an ordnance factory in Jamshedpur Bihar.

**132. Pray (entreat—प्रार्थना)** I pray to God everyday.

**Prey (hunt—शिकार)** Do not prey upon the innocent animals.

**133. Principal (head of school or college—प्राचार्य)** Sh.R.C.Jha is the new Principal of our college.

**Principle (rule—सिद्धान्त)** Do you understand anything about the principles of justice ?

**134. Prophecy (noun—foretold—भविष्यवाणी)** It is his prophecy that America will not attack Iraq.

**Prophesy (verb— to foretell—भविष्यवाणी)** He prophesied that Iraq would attack Kuwait.

**135. Proffer (offer—प्रस्ताव)** Many lucrative proposals were proffered to him for acceptance.

**Prefer (like—पसंद)** I prefer coffee to tea.

**136. Practice (noun—अभ्यास)** Practice makes a man perfect.

**Practise (verb—to practise)** Don't preach but practise.

**137. Plain (easy, simple—साधारण)** One should try to write his thoughts in plain language.

**Plane (to smoothen, level—चमकदार करना)** I use cream to plane my hair.

**138. Peel (to remove the skin—छीलना)** You cannot eat a banana without peeling it.

**Peal (sound of thunder or Bells—घंटियों की ध्वनि)** I am hearing peals of trumpets.

**139. Pare (to trim—टुकड़े करना)** Pare your nails and then polish them.

**Pair (two—जोड़ी)** I have only three pair of shoes.

**140. Peace (tranquillity—** Peace of mind is more precious than the materialistic richness.

**Piece (fragment—टुकड़ा)** The dog found a piece of meat .

**141. Price (value—कीमत)** What is the price of this coat ?

**Prize (reward—ईनाम)** She could not won any prize this time.

**142. Persecute (to harass—परेशान करना)** Pakistani soldiers persecuted the Hindus in a cruel manner.

**Prosecute (to bring before a court—अभियोग चलाना)** He was prosecuted for murdering his wife.

**142. Physic (medicine—दवा)** No physic can cure him of cancer.

**Physique (bodily fitness—शारीरिक बनावट)** He possesses an attractive physique.

**144. Prescribe (to direct—निर्देश देना)** The doctor has prescribed three doses of medicine after four hours daily.

**Proscribe (to banish—देश निकाला देना)** The minister was proscribed by the king.

**145. Patrol (going round—गश्त लगाना)** A chowkidar was patrolling at the main gate.

**Petrol (oil—पेट्रोल)** Petrol is required to run vehicles.

146. **Popular (familiar—लोकप्रिय)** Rajeev Gandhi was a very popular leader.

**Populous (thickly inhabited—आबादी वाला)** Delhi is a highly populous city.

**Pail (bucket—बाल्टी)** I have two pails full of water.

**Pale (yellowish appearance—पीला)** On seeing a lion , his face turned pale

147. **Quite (altogether—पूरी तरह से)** I am quite well now.

**Quiet (silent—शान्त)** Please keep quiet.

148. **Rein (bridle—लगाम)** Keep the rein tight, otherwise you may be thrown out by the horse.

**Reign (rule—शासन करना)** The reign of Akbar is known for communal harmony.

149. **Rite (ceremony—रस्म )** Only a few rites were performed in his wedding.

**Write (compose—लिखना)** I am to write a letter immediately.

**Right (antonym of left—दायाँ)** This is my right leg.

**Right (antonym to wrong—सही)** You have taken a right decision.

**Wright (a worker—बनाने वाला)** He is a wonderful play wright.

150. **Raise (to life—ऊँचा उठाना)** I will raise this issue in Parliament.

**Raze (to destroy—नष्ट करना)** The storm razed many buildings to the ground.

151. **Route ( course—रास्ता)** By which route have you came here ?

**Rout (flight—भगाना)** The Pakistan armies were put to rout.

152. **Rap (a sharp blow—थप्पड़)** He rapped her on the cheek.

**Rape (to ravish—बलात्कार)** He raped a college girl.

**Wrap (to enclose—बन्द करना)** The book was wrapped in a piece of white paper.

153. **Reclaim (to win back—सुधारना)** He was reclaimed from his bad habits by his devoted wife.

**Re-claim (to claim again—पुन: दावा करना)** He is thinking to re-claim the property on some other ground.

154. **Recover (regain—ठीक होना)** He has now recovered a lot from the weakness.

**Re-cover (to cover again—पुन: ढकना)** Re-cover the sweets with some clean cloth.

155. **Road (way—रास्ता)** The road has recently been repaired.

**Rode (past of ride—सवारी की)** He rode on the horse yesterday.

156. **Ring (an ornament for fingers—अंगूठी)** This ring is made of gold.

**Wring (to twist, to squeeze—ऐंठना, निचौड़ना)** Wring the clothes well and put them on the ground.

157. **Rest (respite—आराम)** I want some rest before starting the next assignment.

**Wrest (snatch by force—छीनना)** Ram wrested a bag from Shyam.

158. **Roll (to run over—नामावली लोटपोट होना)** What is your roll number ?
He rolled over the log to the right side of river.

**Role (part—भाग लेना)** I am playing the role of Ravana in this serial.

159. **Sooth (truth—सच)** Sooth to speak, he is not a good boy.

**Soothe (to calm—शांत करना)** You can't soothe his anger with lame excuses.

160. **Spacious (enough space—खुला)** His office is quite spacious and well decorated.

**Specious (attractive—आकर्षक)** With your specious look, you can fool her.

**161. Stationary (fixed —स्थिर)** Earth is not stationary, it moves round the sun.

**Stationery (writing material, स्टेशनरी)** I am going to market to purchase several stationery items for the office.

**160. Straight (opposed to curved—सीधा)** I believe in straight talks.

**Strait (narrow—संकरा)** The lane is too strait to pass through for an elephant.

**162. Sore (painful—दर्दकारक)** I can't sing as my throat is sore.

**Soar (to fly high—ऊँचा उड़ना)** Birds soar in sky.

**Sour (not sweet—खट्टा)** The grapes were sour.

**163. Suit (an action in court—दावा)** Bank has filed a civil suit against you for recovery.

**Suite (a set of room—कमरों का सेट)** I have reserved a suite for you in Alaska Hotel.

**164. Story (a tale—कहानी)** My grandmother told me a story of an oldman.

**Storey (floor of a building—मंजिल)** I have taken a room at first storey.

**165. Serge (a kind of cloth—एक प्रकार का कपड़ा)** This suit is made of serge.

**Surge (move like waves—तरंगों की तरह)** The waves of ocean surge violently in night.

**166. Shear (to clip the wool—ऊन कतरना)** The sheep are being shorn.

**Sheer (downright—एकमात्र)** He achieved success by the sheer force of his hard labour.

**167. Sun (sun—सूर्य)** The sun is a star.

**Son (पुत्र)** He is my son.

**168. Sole (lower surface of shoe—जूते का तला, एकमात्र)** The sole of the right shoe requires repairing. The sole aim of my life is to earn reputation in the society.

**Soul (immaterial part—आत्मा)** You can't see soul . Soul is immortal.

**169. Stair (step—सीढ़ी)** Let us go up stairs.

**Stare (gaze—घूरना)** It is wrong to stare at girls .

**170. Sing (melodious sound—गाना)** She will sing a sweet song.

**Swing (to oscillate—झूलना)** She has gone to enjoy swing ride.

**171. Sale (to exchange for money—बिक्री)** This is not for sale.

**Sail (to travel in water—तैरना)** Ships can sail in deep sea only.

**172. Team (a group of players—टीम)** Our college team has won the trophy.

**Teem (to be full of—बहुतायत)** Rajasthan is a state teeming with natural resources.

**173. Toe (a part of foot—पैर का अंगूठा)** She hurt her left toe in an accident.

**Tow (to draw by a rope—बांधना)** The boat was towed with a tree near the shore.

**174. Tail (part of body—पूँछ)** Cow has a long tail.

**Tale (story—कहानी)** My grandmother told me an interesting tale.

**175. Their (belong to they—उनका)** They have learnt their lessons.

**There (at that place—वहाँ)** I am to go there now.

**176. Throne (royal seat—सिंहासन)** All the brothers are fighting for the throne.

**Thrown (III form of throw—फेंक दिया)** She has thrown her certificates into the river.

**Thorn (impediment—कांटा)** You need a needle to get the thorn out.

177. **Tenor (purpose—तात्पर्य)** The tenor of his speech was important from religious point of view.
**Tenure (right of holding an estate—भूमि नियमन)** The Zamindari Abolition Act has finished the big problem of land tenure system in our country.
178. **Umpire (a referee—अम्पायर)** You must not disobey the umpire.
**Empire (dominion—राज्य)** The king was unable to manage his empire properly.
179. **Vein (a blood vessel—शिरा)** Veins take the blood to all parts of body.
**Vane (weather cock—मुर्गा)** There is a vane at the top of the temple.
180. **Vale (valley—घाटी)** The beautiful vale of Manali is worthseeing.
**Veil (a cover—पर्दा)** Muslim ladies generally put a veil on their faces.
**Wail (to lament—विलाप करना)** Don't wail please, he is safe and sound.
181. **Wave (unevenness—लहर)** The waves of ocean are rising higher and higher.
**Wave (movement—हिलाना)** She waved her hand as the bus started.
**Waive (relinquish—छोड़ना)** I request the officer to waive the punishment.
182. **Waste (useless—व्यर्थ करना)** Don't waste your precious time.
**Waist (part of body—कमर)** The boy had a chain round his waist.
183. **Weather (atmosphere—मौसम)** It is cold weather today.
**Whether (which of two—यदि)** I asked her whether she would come .
184. **Vain (useless—व्यर्थ)** I made several request to our Principal but all in vain .
**Wane (to decrease—कम होना)** I see the moon waning these nights.
185. **Vary (to change—बदलना)** Your actions vary from the promise you made.
**Very (more—बहुत)** She is a very beautiful girl.
**Wary (cautious—सतर्क)** Because of his wary nature, he was saved.
186. **Vacations (holidays—छुट्टियाँ)** We are going to Delhi in summer vacations.
**Vocation (occupation—पेशा)** What vocation do you intend to join after graduation ?
187. **Weigh (to ascertain the weight—तौलना)** I am to purchase one weighing machine.
**Way (passage—रास्ता)** This way leads to hospital.
188. **Weight (weight—वजन)** He gained ten kg. of weight within a month.
**Wait (to attend—इन्तजार)** Don't wait for me, I will go myself.
189. **Week (period of seven days—सप्ताह)** Monday is the first day of a week
**Weak (feeble—कमजोर)** Ram is too weak to walk.
190. **Ware (article—सामान)** He has sold all his cook wares.
**Wear (to put on—पहनना)** I like to wear silk sarees.
**Wear (to diminish—घिसना)** My shirt has worn out .
191. **Wine (drink—शराब)** Drinking wine is harmful for lever.
**Vine (creeper—बेल)** The hut is covered with grape vines.
192. **Yearn (to long—इच्छा करना)** I am anxiously yearning to meet my wife.
**Yarn (thread—धागा)** I have purchased three bundles of yarn.
193. **Yoke (slavery—दास बनाना)** He is under the yoke of his master.
**Yolk (yellow portion of an egg—अंडे की पीली जर्दी)** Some people eat only the yolk of an egg.

## Paronyms

**In English, we find several words which are derived from the same root word.These words differ slightly in form but in many cases the meaning differ a lot. Such words are also called Paronyms.**

Paronyms ऐसे शब्दों को कहते हैं जो एक ही parent word से बनते हैं। ये दिखने में काफी मिलते-जुलते से लगते हैं एवं कई बार इनका अर्थ काफी भिन्न होता है। नीचे ऐसे शब्दों को दिया गया है। छात्रों को ऐसे शब्दों का अध्ययन काफी ध्यानपूर्वक करना चाहिये।

1. **Alternate (by turn)** He comes here on alternate days.
   **Alternative (choice between two things)** There were alternative methods of travel available.
2. **Acceptance (accepting a thing)** I am happy to learn that she has given her consent for the attending the court.
   **Acceptation (interpretation)** There are several acceptations of the word 'Nature'.
3. **Access (approach)** I was not allowed access to a lawyer.
   **Accession (becoming sovereign)** Today is the 50th anniversary of the queen's accession to the throne.
4. **Act (to do)** I shall act as per the wishes of my parents.
   **Action (doing things)** His timely action saved him from the loss.
5. **Admission (being admitted)** He has taken admission in evening college.
   **Admittance (to let in)** He was denied admittance in the hall.
6. **Artist (performer of fine art)** A poet is not less an artist than a sculpture.
   **Artiste (performer in singing, dancing etc.)** The group of five consists of several artists.
7. **Artistic (having aesthetic values)** This painting is indeed very artistic.
   **Artful (cunning, clever)** He wants to achieve success by artful means.
   **Artificial (antonym of natural)** City life is becoming more artificial day by day.
   **Artisan (well versed in hardicrafts)** The artisans of Nepal are very hardworking and efficient.
8. **Appropriation (to take possession of )** He was charged for appropriation of Bank's fund.
   **Appropriateness (suitability)** The work of Harivansh Rai Bachchan is renowned for its appropriateness in style.
9. **Affecting (touching, pathetic)** The movie has many affecting scenes and situations
   **Affectation (false pretense)** Political leaders speak with affectation and artfulness.
10. **Besides (in addition)** Besides paying my debt he also gave me money for the medicines.
    **Beside (by the side)** In Republic Day function none was sitting beside President.
11. **Barbaric (simple, used in good sense)** I like her barbaric simplicity.
    **Barbarian (primitive)** 'Johar' and 'Sati' are the barbarian customs.
    **Barbarous (cruel—used in bad sense)** War is indeed a barbarous act.
12. **Barbarism (uncivilised condition)** In some part of Bihar, absolute arbarism prevailed even now-a-days.
    **Barbarity (cruelty)** Aurangzeb was notorious for his barbarity.
13. **Confident (certain)** I am confident that she will come.
    **Confidant (reliable)** He is a cheat, don't make him your confidant.
14. **Completion (end)** After completion of this work you are to go to Kolkata.
    **Completeness (perfection)** None can claim completeness of knowledge in any field.
15. **Ceremonious (overdone formalities)** His greetings and salutations are too ceremonious.
    **Ceremonial (pertaining to ceremony)** Diwali is a ceremonial occasion for Hindus.
16. **Comprehensive (involves all aspects)** This book gives us comprehensive knowledge of English.
    **Comprehensible (understandable)** His views on this subject are not only clear but comprehensible also.

17. **Considerable (much)** I have spent a considerable time to solve this problem.
**Considerate (thoughtful)** He is being a considerate man, can't refuse to sign this proposal.
18. **Continuous (uninterrupted)** He has been continuously working on computer for the last there hours.
**Continual (occasional breaks)** There has been continual raining since yesterday.
19. **Child-like (in good sense act like a child)** Her child-like face attracts everybody.
**Childish (in bad sense, silly act)** His childish habits annoyed everybody.
20. **Complacent (pleasing look)** Indian farmer are complacent in their look.
**Complaisant (polite)** She is a complaisant and intelligent girl.
21. **Dependent (to rely on)** I am not dependent on anybody for my livelihood.
**Dependant (depend on others)** My younger brother is dependant on me.
22. **Disinterested (without self-interest)** Mother Teresa rendered disinterested service to downtroddens.
**Uninterested (indifferent)** Amitabh is uninterested in politics.
23. **Divers (several)** Divers are trying to reach the top.
**Diverse (dissimilar, different)** Diverse opinions were given by the members on this proposal .
24. **Decided ( past of decide)** He decided to go to Europe the next week.
**Decisive (that which decides something important)** The battle of Plassey was a decisive one.
25. **Destination (the place to reach)** The last destination of this train is Puri.
**Destiny (fate)** One can make his destiny with hard labour.
26. **Envious (feeling envy)**You should not be envious of your friends progress.
**Enviable (a rousing envy)** His enviable posting made many jealous of him.
27. **Effectual (creating desired effects)** He adopted the effectual means and so got the contract.
**Efficacious (sufficient to have desired result)** Quinine now-a-days is not efficacious in malaria.
28. **Egotist (self-conceited)** I cannot discuss anything with an egotist like you.
**Egoist (selfishness, self-interested)** He is an egoist, he believes that self-interest is the base of all actions.
29. **Especially (pertaining to exceptional degree)** Her mother was especially invited on the occasion.
**Special (for the purpose)** I came specially to attend the function.
30. **Exceptional (unusual)** J.L.Nehru was a man of exceptional qualities.
**Exceptionable (objectionable)** His speech was full of exceptionable remarks.
31. **Exposition (description)** Tennin's exposition of Ramayan is incomparable.
**Exposure (open air, cold etc.)** Protect yourself from exposure other wise you may catch cold.
32. **Economic (relating to economy)** The economic condition of our country is not so good.
**Economical (thrifty)** He is very economical in spending the money.
33. **Funeral (ceremony after death)** More than ten thousand persons attended the funeral of his father.
**Funereal (gloomy)** He came to the office with a funereal countenance.
34. **Fatal (deadly)** He received a fatal wound in his chest.
**Fatalist (believes in fate)** I am not a fatalist.
**Fateful (lucky, important)** Fifteen August is a fateful day in Indian History.
35. **Forceful (commanding force)** He enjoys a forceful personality.
**Forcible (under compulsion)** Police made a forcible entry in his house.
36. **Godly (pious)** Mahatma Gandhi led a godly life.
**God-like (like God)** Mahatma Gandhi was a God-like man.
37. **Graceful (handsome, smart)** She has a graceful appearance.
**Gracious (kind)** God is gracious.
38. **Honorary (without any remuneration)** He was nominated 'Honorary' Chairman of the society.
**Honourable (deserve honour, respected)** I request the honourable Principal to come on the dais.

39. **Imaginary (not real)** Equator is an imaginary line.
**Imaginative (pertaining to imagination)** A good writer must have imaginative ideas.
40. **Industrious (laborious)** Nothing is impossible for an industrious and sincere student.
**Industrial (relating to Industry)** Bhiwani is an industrial town.
41. **Intelligent (wise)** He is an intelligent guy.
**Intelligible (understandable)** He delivered an intelligible speech on educational necessities of rural area.
42. **Judicial (pertaining to legal system or Judge)** Government has ordered a judicial enquiry in the matter.
**Judicious ( prudent, wise)** Going for a war is not a judicious decision.
43. **Loudly (high volume)** Please do not speak so loudly in library room.
**Aloud (audible voice)** He spoke aloud so that all could hear him.
44. **Luxuriant (refer more growth)** There is a luxuriant growth of vegetable in our kitchen garden.
**Luxurious (luxury)** He is leading a luxurious life after the death of his father.
45. **Lovable (worthy of love)** He is a lovable person.
**Lovely (charming)** What a lovely girl she is !
46. **Limit (boundary)** Keep yourself within the limits, otherwise you have to face the music.
**Limitation (restrictions)** Being a girl, I have many limitations.
47. **Memorial (statue, building to commemorate)** You can find many memorials at Rajpath New Delhi.
**Memorable (rememberable)** 26th January is a memorable day in Indian History.
48. **Momentary ( for a moment)** His anger is momentary, soon things will be okay.
**Momentous (important)** The battle of Plassey was a momentous event in the history of India.
49. **Negligible (unimportant)** There is a negligible difference between this shirt and the shirt we saw in that shop.
**Negligent (careless)** She is generally negligent about her health.
**Neglectful (careless about a thing)** She is so neglectful that she does not care even for her career.
50. **Officious ( over kind)** His officious attitude towards her creates doubts.
**Official (relating to office)** As a responsible official of a company you must behave properly.
52. **Practical (antonym of theoritical)** He failed in practical examination.
He is a practical business man
**Practicable ( capable of being carried out)** This is not a practicable plan.
53. **Political (relating to politics)** We should not trust the political statements of leaders.
**Politic ( sagacious, prudent)** It is not politic to argue with an intoxicated person.
54. **Pitiable (relating to pity)** His condition is indeed pitiable.
**Pitiful (feeling pity)** Seeing her pitiable condition everyone became pitiful.
55. **Prophecy (noun—forecast)** He made a prophecy that whole of the world would be destroyed in 2202.
**Prophesy ( to forecast)** I can prophesy that within five years India will be a very powerful country.
56. **Respective (particular thing or person)** After prayer, students should join their respective teams.
**Respectful (respected)** One should be respectful to one's teachers, elders.
57. **Righteous (just)** Her anger was righteous as no girl can tolerate such insult.
**Rightful (just claim)** I am the rightful owner of this car.
58. **Regrettable (causing regret)** It is quite regrettable that you are not taking care of your father.
**Regretful ( full of regret)** I am not at all regretful for my actions.
59. **Servility (flattery)** I can't adopt an attitude of servility to get promotion.
**Servitude (slavery)** Try to come out of this state of servitude.

60. **Sociable ( fond of getting social)** She has a sociable nature.
**Social (relates to society)** She is not only social but also very cooperative.
61. **Sensuous (used in good sense for appreciation of beauty)** Keats was a sensuous poet.
**Sensual (used in bad sense means voluptuous)** He was jailed for his sensual advancement towards his college friend.
62. **Sensitive (touchy)** Cow slaughter is a sensitive matter for Hindus.
**Sensational (exciting)** There are many sensational stories of murder in this magazine.
63. **Spirituous (alcoholic)** Gujrat has banned the use of spirituous drinks in restaurants.
**Spiritual (pertaining to soul)** She is a spiritual lady.
64. **Tolerant (refer to a person who respects different opinion also)** Akbar was regarded as a tolerant king.
**Tolerable (bearable)** Because of his tolerable nature, he didn't lodge FIR against you.
65. **Temperament (disposition)** Because of his violent temperament, he gets into trouble.
**Temperance (sobriety)** He should observe temperance in drinking and dancing.
66. **Temporal (antonym to spiritual)** Now-a-days persons are ready to do anything for temporal gains.
**Temporary (a short time)** I offered her a temporary job.
67. **Transitory (shortlived)** The life is not eternal but transitory.
**Transient ( of short duration)** The world is transient.
68. **Union (to be united)** Union is strength.
**Unity (oneness)** There is no unity among different classes of the society.
**Unison ( harmony)** There was a good unison of Tabla and Violin in the cultural programme.
69. **Virtual (in effect)** Sanjay Gandhi was the virtual head of Congress Party.
**Virtuous (of good moral values)** Sita was a virtuous lady.
70. **Wilful (knowingly)** He was charged for wilful negligence.
**Willing (ready)** I am willing to help her.
71. **Womanly ( used in good sense, affectionately)** My wife possesses all womanly qualities.
**Womanish (used in bad sense, means cowardly and weak like woman)** Everyone likes to dominate a man of womanish temperament.
72. **Wait (generally used intransitively )** Please wait for me .
**Await (used intransitively)** A surprise awited them at their home.
73. **Weary (tired)** You look pale and weary.
**Wearisome (tiring)**The journey was wearisome.
74. **Yield (return)**What is the annual yield from the fields ?
**Yielding (Submissive)** He is a man of yielding nature.

## Specific use of Words (Similar Meaning)

1. **Abstain (from a thing)** One should abstain from sex without condom.
**Refrain (from doing)** One should refrain from making unwarranted comments.
2. **Revenge (to return injury for injury)** She revenged herself upon Ramesh, her former lover.
**Avenged ( to punish the evil doers)** He has devoted the past three years to avenging his daughter's death.
3. **Allow (giving permission for otherwise unreasonable thing)** The girls were allowed to talk in the class by the Principal.
**Permit ( 'to give'a positive assent)** I was permitted to appear in the M.A. examination.
4. **Anger (a sudden feeling of unhappiness)**. The people showed great anger at the news.
**Resentment ( more lasting feeling of unhappiness)**. My words could not lessen her resentment.'
5. **Atain (to get by labour).** We attained a high degree of success through quality management.
**Acquire (to have something permanently)**. The students of this section have acquired a thorough knowledge of Naturopathy.

6. **Ancient (opposite to modern)** We can learn a lot by the events of ancient history of India.
**Old (opposed to new and to young)** The old dressing pattern is liked by the people even today. Old people prefer simplicity to show.
7. **Astonishment (extreme surprise with some perplexity or confusion).** I was astonished to see him driving a two wheeler.
**Surprise (arising on the occurrence of something unexpected)** Your failure in the examination has surprised everyone.
8. **Admit (to acknowledge as true)** He didn't admit that he was present in the house.
**Confess (to acknowledge responsibility or guilt)** He confessed that he had stolen the bike.
9. **Anger (sudden feeling)** He showed great anger on his sudden departure from the party.
**Resentment (more lasting feeling)** Your assurances cannot lessen his resentment.
10. **Reply (to a letter)** He always replies in time.
**Answer (to a question)** Answer only five questions.
11. **Ability (intellectual quality)** He is promoted on the basis of his ability to perform in a better way.
**Capacity (capable to hold or achieve)** His capacity to work, regularly is praiseworthy.
11. **Surprise (when something unexpected happen)** He was surprised to see the result.
**Astonishment (extreme surprise)** I was astonished to see my ex-peon maintaining a car.
**Wonder (surprise with admiration)** I wondered at his securing first position at all India level.
12. **Bravery ( in the blood)** The bravery of Rajputs is well known.
**Courage ( in mind)** He has the courage to speak the truth.
**Valour (a quality more than bravery or courage)** The black commandoes are known for their deeds of valour.
**Daring ( rashness)** He is daring but not prudent.
**Boldness (a short lived quality)** He showed his boldness in catching the robber single handed.
13. **Battle (a contest between two opposing armies)** The third battle of Panipat was a last nail in the coffin of the Mughal Empire.
**War (a series of contests continued for a long time)** The World War I and II saw the pinnacle of inhumane face of the weapons made by the men.
14. **Begin (used on all occasions)** The sooner you begin the better it is.
**Commence (used only in official and formal language)** The examinations will commence on the 25th of May.
15. **Beautiful (used for girls)** She is a beautiful girl.
**Handsome ( used for man)** He is a handsome boy.
16. **Custom ( relates to community or society)** Wearing kumkum after marriage is a custom among the Hindus.
**Habit (relates to individual)** Smoking is a bad habit.
17. **Crime (against law of the state)** Theft is a crime.
**Vice ( offence against morals)** Drinking is a vice.
**Sin (against law of religion or society)** Abusing elders is a sin.
18. **Ceiling (inner portion of roof)** I want to purchase one ceiling fan.
**Roof ( upper covering of house)** They are playing at the roof of their house.
19. **Cite (is used for things or persons)** He cited the authority of the Supreme Court Judgement.
**Quote (is used for things only)** He quoted passage after passage from Geeta.
20. **Compulsion (is physical, what is generally against our wishes)** He was compelled by the court to be present on the next date.
**Obligation (is moral; what is imposed on us as a duty)** We are obliged to maintain those who depend on us.

21. **Confer (conferring is an act of authority)** The government confers titles like Bharat Ratna, Padma Bhushan etc. on eminent persons.
    **Bestow ( an act of generosity / charity)** Many presents were bestowed on the refugees.
22. **Character (mental or moral nature)** A man of character overcomes all temptations.
    **Conduct (one's actions)** None can blame you if your conduct is good.
23. **Contentment (inner satisfaction when nothing more is required)** Actual happiness consists in contentment.
    **Satisfaction (fulfillment of one's desire)** She completed the preparations to my entire satisfaction.
24. **Contagious (disease spread by contact)** Small pox is a contagious disease.
    **Infectious (disease spread through air or mosquitoes)** Malaria is an infectious disease.
25. **Cool (pleasant feeling)** A cool wind is blowing.
    **Cold ( unpleasant feeling)** Weather is very cold today.
26. **Defend (against an attack)** Indian army is capable to defend the nation against any attack.
    **Protect ( relates to an approaching injury)** Woollen clothes protect us from cold.
27. **Deny (relates to a past a action)** He denied his involvement in the murder.
    **Refuse (relates to a future action)** He refused to lend me any money.
28. **Doubt (a negative feeling)** I doubt his loyalty. (I think that he is not loyal.)
    **Suspect (a positive feeling)** I suspect his involvement in the crime. (I am thinking that he was not involvement.)
29. **Discover (relates to thing already in existence)** A new star was discovered by him.
    **Invent (a new thing is created)** Who invented telephone ?
30. **Drown (relates to living beings)** Many persons drowned in this river last year.
    **Sink (relates to things)** A ship dashed against this rock and sank last year.
31. **Wish (used in reference to a remote thing)** I wish, I were a king !
    **Desire (used in reference to achievable things)** I desire to have a beautiful house and a name in the society.
32. **Want (relates to a thing, which is absent)** I want to buy a car.
    **Need ( relates to necessary things)** I need a pen to write with.
    **Require (to demand)** You are required to attend the meeting.
33. **Envy (bad feeling)** He is envious of his friend's prosperity.
    **Jealousy ( positive feeling of possessing something)** I am jealous of our ancestral heritage.
34. **Sufficient ( necessary for)** Two persons are sufficient for this job.
    **Enough ( more than necessary)** I have enough money for the education of my children.
35. **Accident (an unexpected happening)** Train accidents have become common now-a-days.
    **Incident (an ordinary occurrence)** Our newspapers are full of daily incidents.
    **Event (an important happening)** The third battle of Panipat was an important event in the history of India.
36. **Notorious ( in bad sense)** He is a notorious cheat.
    **Famous (in good sense)** New York is famous for multi-storeyed buildings.
    **Renowned ( high reputation)** Shakespeare was a renowned dramatist.
37. **Excuse (courteously used for trifle matters)** Please excuse me for troubling you at this time.
    **Forgive (used for comparatively big offences)** Please forgive me for my speaking ill about your friend.
    **Pardon ( generally used for asking repetition of something)** I beg your pardon. (Please repeat, I was unable to understand earlier.)
38. **Freedom (implies absence of restraint )**We enjoy several kinds of freedom .
    **Liberty (implies previous restraint)** The prisoners were set at liberty.

39. **Falsehood (something said or done with wrong intentions)** He was guilty of falsehood when he spoke against the character of the Chairman.
**Lie (speak untrue words)** Never tell a lie.
40. **House (refer to a dwelling unit)** I am going to purchase a new house.
**Home (place to live with family association)** Men make houses, women make homes.
41. **Listen (to hear attentively)** The teacher asked the students to listen.
**Hear (to get through ears)** I am hearing your voice.
42. **Hope (is used when what we anticipate is welcome)** I hope to get selected this time.
**Expect (is used when what we anticipate is certain whether welcome or not)** Every student is expected to carry out the instructions given in the notes.
43. **Hardly (refers to degree)** You can hardly imagine how much I suffered because of her allegation.
**Scarcely (refers to quantity)** Don't ask me, I have scarcely enough for my own use.
44. **Idle (having nothing to do, due to circumstances)** He has been sitting idle due to great slump in the market.
**Lazy (habit of not doing things in active manner)** He is too lazy to reply letters.
45. **Sick (mental feeling)** He is a sick man.
**Ill (out of health)** She is ill now-a-days.
46. **Libel ( written)** His statement in the press releases amounts to libel.
**Slander (spoken)** His public speech was taken note of and an action for slander is being initiated.
47. **Oral ( spoken words)** He was failed in oral examination.
**Verbal (written words)**Teachers were abused verbally and assaulted physically.
48. **Presume ( pre decision of a thing.)** I presume he is responsible for the loss in business.
**Assume (assuming anything true)** I assume he will help you in case of need.
49. **Place (to put)** Place the keys on the chair .
**Keep (to put at some defined place)** Keep the books on the table.
50. **Possible (can be done)** It is not possible to reach there by car .
**Probable (likely to happen)** It is probable that she may agree with our proposal.
51. **Blunder (a gross mistakes)** Disclosing business secrets to the rivals is a blunder on your part.
**Mistake (small act)** It is a mistake to go on leave without taking prior permission.
**Error (doing things against the recognise norms)** Your essay is full of grammatical errors.
52. **Praise ( for actions)** His actions are praiseworthy.
**Admire (for qualities)** Everybody admires him for his benevolent nature.
53. **Prohibit ( has force of law)** The government has prohibited the cow slaughter.
**Forbid (relating to personal life)** Forbidden fruits are more sweet.
54. **Recollect ( remember after some efforts)** Can you recollect what exact words did he use ?
**Remember ( having in memory)** I remember his words well.
55. **Regret (for a thing done or left undone.)** I felt regret for not completing the job in time.
**Sorrow (for big harm or evil)** Her husband's death caused her deep sorrow.
56. **Redress (to correct something wrong)** A victim looks to the court for redress.
**Relief (feeling happiness because something wrong did not happen)** I breathed a sigh of relief.
57. **Rob (to take away by force)** He was robbed of his money and jewellery.
**Steal (to take away secretly)** The thieves stole away all the goods of my house last Sunday.
58. **Talk (speaking with others)** I want to talk to him in this matter.
**Tell (to inform)** He tells me to wear neat dress.
**Speak (to say in ordinary way)** He speaks loudly.
**Say (to assert)** How did you say so ?
59. **Seem (something assumed by our mind)** The moon seems moving very fast.
**Appear (impression of objects on us)** The statue appears to be of ancient time.

60. **See (in an ordinary way)** I can see that house.
**Look (see with some attention)** Look at that house.
**Watch ( to observe closely)** Keep a watch on that house.
61. **Scenery (a view of landscape)** The scenery of Manali is indeed beautiful.
**Scene (a place of any happening, a landscape)** He captured many beautiful scenes in his camera.
62. **Treaty (a written or formal arrangement)** India and the USA has signed a treaty.
**Truce (a temporary suspension of conflict)** On NewYear eve there was a truce between the fighting militant groups.
63. **Trifling (no importance- matter)** She never neglects even a trifling matter.
**Trivial (a small matter, no seriousness)** Do not waste your time on trivial details.
65. **Trade ( small or large scale buying selling; it can be within or out of the country)** India has a long history of trade with USA.
**Commerce (on a large scale, generally with foreign countries)**. They have made their fortune from industry and commerce.
66. **Empty ( having nothing in it)** The briefcase is empty.
**Vacant (having some occupancy)** Only one berth is vacant in this compartment.

## Words Never Used In Good Sense

Certain words and phrases are never used in good sense. To use these words where a good sense is meant will be ridiculous. It would be ridiculous to say ; **'He is a notorious scientist', or 'He concocted a good plan for the welfare of the poor'**. Some of such words in common use are given hereunder . Students should learn these words well and try to understand the difference. Mere Hindi meaning of these words is not suffice to use these words properly.

**Accident** — They met with an accident.
**Accomplice** — Partner in some crime; He was an accomplice in the theft.
**Addicted** — To some bad habit, drinking, gambling etc.
**Adversary** — An opponent; one who can cause harm.
**Airs** — He should not give himself airs. (conceited = airs)
**Apprehensive** — Of some danger, loss or injury.
**Artisan** — Who practises some art of inferior nature ?
**Blunder** — A very serious mistake.
**Catastrophe** — A disastrous happening.
**Coalition** — Of men of divergent or opposite views; It refers a kind of partnership which is not homogeneous.
**Commit** — To do something wrong; as to commit a suicide.
**Concoct** — To make a plan for an evil purpose.
He concocted a false story to deceive her.
**Counterfeit** — To imitate for a unlawful purpose; Counterfeit notes.
**Concubine** — A woman having sexual relations with many persons.
**Cunning** — Doing things cleverly but in a deceiving manner.
**Credulity** — A simpleton readiness to believe easily.
**Dictator** — A despot ruler uses brutal force.
**Despot** — A tyrannical kind of ruler.
**Demagogue** — An unprincipled leader or a ring leader.
**Effeminate** — Womanly ('feminine' and 'womanly are used in good sense.)
**Fabricate** — To invent with a bad motive. He fabricated a false story.
**Fancy** — Imaginations which are not guided by reason.

**Fine figure** — He cuts a fine figure (disgraceful or ridiculous figure). (The phrase 'fine figure' is ironical.)

**Fulsome** — Full or excessive, so as to produce disgust, hatred.

**Glaring** — Conspicuous or something evil, as glaring error.

**Hasty** — Quick to fault; rash, easily excited; patience less.

**Inveterate** — Used for something bad, as 'an inveterate liar,' 'an inveterate enemy'.

**Loiter** — To linger at a time when greater haste is required.

**Lonely** — Depressed or sad from being alone.

**Minion** — An unworthy favourite.

**Notorious** — Evil reputation.

**Perpetrate** — Used only for crimes or offences.

**Plight** — A sad or painful condition. "She is in a sad plight."

**Pocket** — To put into one's pocket fraudulently, as "He pocketed the money fraudulently." Or to submit patiently to an insult, as "He pocketed the insult patiently."

**Prone** — To some vice or weakness, as "He is prone to fever".

**Sheer** — Used as ' sheer nonsense', 'sheer folly'. We never say 'sheer virtue' but perfect or pure virtue.'

**Shrewd** — Clever, but often in a sense implying some dishonesty or cunningness.

**To a degree** — He is insolent or dishonest to a degree. (that is of high degree). This phrase is usually applied to some bad quality.

**Totally** — Always used for something bad; as 'totally incompetent', 'totally blind'.

**Trivial** — Things of little importance. A trivial or common place subject.

**Utter** — An utter fool, an utter failure, Always used for something bad.

## Words Used In A Good Sense

Some words and phrases are used in a good sense only , so students should learn the proper use of these words and nouns. Mere knowledge of Hindi meanings of these words is not suffice to use them in proper manner. Students must learn the proper use of these words.

**Age** — She is of age (= grown up). She is under age (= a minor).

**Breed** — He is a man of (high) breed (=a well-breed man).

**Bosom** — He is my bosom (fast friend) friend.

**Family** — He is a man of (high) family.

**Feeling** — He is a man of ( tender and good) feeling.

**Famous** — He is a famous artist.

**Form** — The boatman pulled together in form (= in good form or style).

**Order** — Everything is in (proper) order.

**Place** — Everything was in place (= in its right place).

**Position** — He is a man of (good) position.

**Principle** — He is a man of ( highly) principles.

**Quality** — He is a person of (good or high) quality.

**Renowned** — Shakespeare was a renowned dramatist.

**Rank** — Man of (high) rank.

**Taste** — His remark was not in taste (= in good taste).

**Temper** — He is out of temper (= ordinary or good temper).(But in 'temper' or in a temper' means in bad temper; as," She said all that in a temper = in a rage").

**Time** — He arrived in time (= at the proper or right time).

## Some Peculiar Expressions

In certain phrases the use of some words is restricted to a certain connection, and we can't use any other word as the substitute for them. See the following phrases :—

- **Bevy of ladies**—We never say "a bevy of gentlemen."
- **Bosom friend**—We never speak of "bosom enemy."
- **Broad daylight**—We do not speak of "broad moonlight", but "bright moonlight."
- **Burning question**—We should not say "burning problem."
- **Drawn battle**—We never say "a drawn fight." But we can say "a drawn match."
- **Fast friend**—We do not speak of "a fast enemy" or "a fast foe."
- **Foregone conclusion**—We never speak of "a foregone result"or "a foregone consequence."
- **Forlorn hope**—We never say "forlorn success" or "forlorn expectations."
- **Golden age**—We do not speak of "the golden time or period."
- **Gratuitous insult**—We do not speak of "gratuitous abuse."
- **Honest penny**—We do not speak of "an honest six pence."
- **Implicit confidence, faith or reliance**—We do not say, "implicit love or hatred."
- **Leading question**—We should not say "a leading inquiry."
- **Livelong day *or* night**—We cannot say "a livelong hour, or week, or year."
- **Maiden speech**—We cannot say "a maiden song"or "a maiden attempt."
- **Market rate *or* market value**—We cannot say "trade rate"or trade value."
- **Moot point**—We cannot say "a moot question."
- **Open question—**We cannot speak of an open point.
- **Open secret**—We cannot say "an open point."
- **Out of doors**—We never say "out of door "or "out of gates."
- **Retrench expenditure**—We do not say "retrench trade of business."
- **Sinews of war**—We cannot say "the muscles of war."
- **Snail's pace**—We cannot say "snail's movement."
- **Spin in yarn *or* of yarns**—We never say "spin a thread."
- **Standing army**—We never say "standing navy or regiment."
- **Standing joke**—We never say "a standing jest."
- **Standing nuisance**—We never say, "a standing trouble." We may say "a constant trouble."
- **Standing water**— We can never say "standing need."
- **Standing rule**— We can never say "standing practice or custom or habit."
- **Standing orders**—Generally we do not say "standing instructions." (In some offices we use 'Standing instruction'.)
- **Stubborn fact**—We can never say "an obstinate fact" or "a stubborn truth."
- **Sworn friends**—We can never say, "a sworn enemy." We may say "an avowed enemy."
- **Stone's throw**—We never say "pebble's throw" or "brick's throw."
- **Tall talk**—We never speak of "lofty talk."
- **Vials of wrath**—We cannot say "vials of anger or fury."
- **Whirligig of time**—We cannot say "whirligig of period."
- **White lie**—We do not say "white falsehood" or "black lie."
- **Willing slave**—We do not speak of "willing servant."
- **Watery grave**—We do not say " a watery tomb" or "watery burial."

## Some Related Pair of Words

As bald as a badger.
As black as a gall.
As black as a coal.
As black as a crow.
As black as ink.
As black as midnight.
As black as pitch.
As blind as a bat.
As blind as a beetle.
As blind as a mole.
As blithe as a bee.
As blithe as a butterfly.
As blithe as a lark.
As bold as a lion.
As brave as a lion.
As bright as the day.
As bright as the light.
As bright as the silver.
As brittle as glass.
As brown as a berry.
As busy as a bee.
As changeable as the moon.
As changeable as a weathercock.
As cheerful as a lark.
As clear as crystal.
As clear as day, noonday.
As cold as ice.
As cold as marble.
As cold as a cucumber.
As cold as a stone.
As cunning as a fox.
As dark as midnight.
As dark as pitch.
As dead as a door-nail.
As dead as a herring.
As deep as a well.
As drunk as a lord.
As drunk as a fiddler.
As dry as a bone.
As dry as dust.
As free as the air.
As fresh as a daisy.
As fresh as a rose.
As gay as a lark.
As faudy as a butterfly.
As gaudy as a peacock.

As hot as fire.
As hungry as a horse.
As innocent as a dove.
As light as a feather.
As loud as thunder.
As mad as as March hare.
As merry as a cricket.
As merry as a lark.
As mute as a fish.
As nimble as a bee.
As obstinate as a mule.
As old as the hills.
As pale as a ghost.
As patient as job.
As playful as a butterfly.
As playful as a squirrel or a kitten.
As plentiful as black berries.
As poor as job.
As proud as a peacock.
As quick as lightning.
As quiet as thought.
As quiet as a lamb.
As rapid as lightning.
As red as blood.
As red as a cherry.
As red as crimson.
As red as rose.
As red as scarlet.
As regular as clockwork.
As rich as Croesus.
As rich as a jew.
As dumb as a statue.
As fair as a rose.
As false as a Scot.
As fast as a hare.
As fat as Big Ben.
As fierce as a tiger.
As firm as a rock.
As flat as a board.
As fleet as a deer.
As soft as butter wax.
As sound as a bell.
As steady as a rock.
As still as death.
As strong as an elephant
As stupid as a statue.

As gentle as a lamb.
As good as gold.
As graceful as a swan.
As grave as a judge.
As greedy as a dog.
As green as grass.
As happy as a king.
As hard as fling, marble.
As hard as a stone.
As harmless as a dove.
As heavy as lead, sand.
As hoarse as a crow, a raven.
As round as a ball or a globe.
As sharp as a needle, a razor.
As silent as the dead.
As silent as the grave.
As silent as the stars.
As silly as a goose
As silly as a sheep.
As slender as a gossamer.
As slender as a thread.
As yellow as saffron.
As yielding as wax.
As strong as a lion.
As stupid as a donkey.
As sure as death.
As sweet as honey, sugar.
As swift as an arrow.
As swift as lightning.
As tall as a poplar.
As tall as a steeple.
As tame as a hare.
As timid as a hare.
As tricky as a monkey.
As ugly as a scarecrow, a toad.
As vain as a peacock.
As warm as wool.
As weak as a baby.
As white as a sheet.
As white as wool.
As white as snow.
As wise as a serpent.
As wise as Solomon
As smooth as a glass.
As smooth as velvet.
To spread like wild fire.

## One Word Substitutions

1. **Abdication** — Voluntary renouncing throne.
2. **Aborigines** — Original inhabitants of a country.
3. **Accessible** — Which can be approached.
4. **Acclimatize** — To accustom oneself in new climate.
5. **Aggressor** — One who attacks first.
6. **Alimony** — Allowance paid to wife on legal separation.
7. **Altruist** — One who loves others.
8. **Amateur** — Who does thing for pleasure and not for money.
9. **Ambassador** — Person representing a state in a foreign country.
10. **Ambidextrous** — One who can use either hand without any problem.
11. **Ambiguous** — That can be interpreted in any way.
12. **Amnesia** — Loss of memory
13. **Amphibia** — Animals live both on land and sea.
14. **Anarchy** — Absence of rule or law and order.
15. **Annual** — Which happens once a year.
16. **Anomaly** — Deviation from common rule.
17. **Anonymous** — Which does not bear the name of writer.
18. **Antiseptic** — Medicine used to save plant and animals from being rotten or decaying.
19. **Antonym** — Words which are opposite in meaning.
20. **Aphasia** — Loss of speech.
21. **Aquarium** — Vessel in which fish and water plants are kept.
22. **Aquatic** — Animals live in water.

23. **Archeology** — Study of Antiquities.
24. **Aristocracy** — Government by the rich/aristocrats.
25. **Ascetic** — One who tortures himself for the good of soul.
26. **Atheist** — One who does not believe in existence of God.
27. **Audible** — Sound which can be heard.
28. **Auditor** — One who audits the accounts.
29. **Aurist** — A specialist with regard to the ear.
30. **Autobiography** — Life history written by self.
31. **Autocracy** — Govt. by one man.
32. **Autograph** — Getting signature of some important person in his handwriting
33. **Bachelorhood** State of being unmarried.
34. **Bankrupt** — One who can't pay the debts.
35. **Bellicose** — One who is fond of fighting.
36. **Belligerents** — Nations engaged in war.
37. **Bibliophile** — One who loves and collects books.
38. **Biennial** — Happening every second year.
39. **Bigamy** — Have two husband or two wives at a time.
40. **Biography** — Life history of a person.
41. **Biped** — Animal having two feet.
42. **Blasphemy** — Speaking disrespectfully about sacred or religious things.
43. **Bookworm** — One who devotes full time in studying course Books.
44. **Botany** — Study of Plants
45. **Brigand** — A bandit or robber, esp. one of a band living by pillage and ransom.
46. **Brittle** — Which can be easily broken.
47. **Bullion** — Gold or Silver before using for manufacturing ornaments.
48. **Bureaucracy** — Government run by officials.
49. **Caducity** — The infirmity of old age, senility.
50. **Calligraphy** — The art of beautiful handwriting; elegant penmanship.
51. **Cannibal** — One who eats human flesh.
52. **Centrifugal** — Anything tending to move away from centre
53. **Centripetal** — Anything tending to move towards centre
54. **Century** — One hundred years.
55. **Colleagues** — Persons working in the same office.
56. **Compatriot** — Belonging to same country.
57. **Congenital** — Belongs to a person by birth.
58. **Contemporaries** Persons living at the same time.
59. **Convalescence** — Period of gradual recovery after illness.
60. **Cosmopolitan** — A citizen of the world.
61. **Credulous** — Who easily believes others.
62. **Cryptography** — Study of secret writing and coded words
63. **Curable** — Which can be cured.
64. **Cytology** — Study of cell .
65. **Dead letter** — An unclaimed letter.
66. **Deaf** — One who cannot hear.
67. **Democracy** — Government of the people, for the people, by the people.
68. **Dermatology** — Study of Skin.
69. **Digestible** — That which can be digested.
70. **Dipsomania** — A strong desire to take liquor

**71. Divisible** — That which can be divided.
**72. Dotage** — Extreme old age when one behaves like a child.
**73. Drawn** — A game in which no party wins.
**74. Dumb** — One who can't speak.
**75. Edible** — A thing fit to eat.
**76. Effeminate** — Womanish in habits.
**77. Eligible** — One who is fit for the post.
**78. Emigrant** — One who goes to live in a foreign country.
**79. Employee** — One who is employed.
**80. Employer** — One who employs.
**81. Endemic** — A disease prevailing in a locality.
**82. Entomology** — Study of insects.
**83. Epic** — A long narrative poem.
**84. Epicure** — One who is fond of sensuous enjoyment.
**85. Epilogue** — A speech given after conclusion of drama.
**86. Epitaph** — Words inscribed on the tomb of the dead.
**87. Etymology** — Science deals with formation of words.
**88. Etymology** — Study of word.
**89. Examinee** — One who is appearing in the examination.
**90. Examiner** — One who examines the copies of examinees.
**91. Expatriate** — To send out of native country.
**92. Expurgate** — To remove all objectionable matter.
**93. Extempore** — A speech without previous preparations.
**94. Extradite** — To send back the criminal to the country of his origin.
**95. Fanatic (Bigot)** — Unreasonably enthusiastic about religion.
**96. Fastidious** — Having very selective taste, Hard to please.
**97. Fatalist** — One who believes in fate.
**98. Feminist** — One devoted to the welfare of women.
**99. Foster child** — Child brought by persons, who are not his parents.
**100. Franchise** — Constitutional right to cast vote.
**101. Fratricide** — Murder of brother.
**102. Garage** — A shed for motor car.
**103. Geology** — Study of Earth.
**104. Germicide** — Which destroys germs.
**105. Glutton** — Fond of eating too much.
**106. Gratis** — Without any payment, free.
**107. Gregarious** — Animals live in flocks.
**108. Harangue** — A noisy and loud speech before a large gathering.
**109. Hearse** — Vehicle to carry dead bodies.
**110. Herbivorous** — Animals live on Herbs.
**111. Heterogeneous** — Things of different nature.
**112. Histology** — Study of Tissue.
**113. Homicide** — Murder of a human being .
**114. Homogeneous** — Things of same nature.
**115. Honeymoon** — The first night of newly married couple.
**116. Honorary** — A post without any remuneration.
**117. Hydra** — A serpent with many heads.
**118. Hydrophobia** — A fear from water.

119. **Hygienist** — Who cares fully of his health.
120. **Hypothesis** — A tentative assumption, made to drive a logical conclusion
121. **Iconoclast** — Breaker of art and literature.
122. **Idiosyncrasy** — Peculiar temper of an individual.
123. **Idolatry** — Worshiping of idols.
124. **Ignorant** — Person having no knowledge of any happening.
125. **Illegal** — Unlawful.
126. **Illegible** — Which cannot be read.
127. **Illiterate** — One who can neither read nor write.
128. **Imitable** — Which can be imitated.
129. **Immigrant** — A person from another country comes to our country to settle.
130. **Immovable** — Which can't be moved, fixed.
131. **Imposter** — One who assumes name or title of someone else for deceiving others.
132. **Impregnable** — A fort which can't be entered into.
133. **Incorrigible** — Which cannot be corrected.
134. **Incredible** — Which can't be believed.
135. **Inevitable** — That cannot be avoided.
136. **Infallible** — One who cannot make a mistake.
137. **Infanticide** — Murder of an infant.
138. **Infections** — A disease spread by contact.
139. **Inimitable** — cannot be imitated.
140. **Insomnia** — Loss of sleep.
141. **Interpolate** — Inserting new matter in a book.
142. **Intervenes** — Anything pushed inside veins
143. **Invisible** — That which cannot be seen.
144. **Invulnerable** — Which cannot be wounded.
145. **Irreparable** — That can't be repaired.
146. **Irrevocable** — A decision that can't be revoked.
147. **Itinerant** — One who travels from place to place.
148. **Kindergarten** — A school for small children.
149. **Kleptomania** — An abnormal desire to steal.
150. **Linguist** — One who knows many languages.
151. **Loquacious** — A continuous talker.
152. **Lunar** — Eclipse of moon.
153. **Maiden speech** — Speech made for the first time.
154. **Mammals** — Animals which give milk.
155. **Manuscript** — Book written by hand.
156. **Masochism** — The condition or state of deriving (esp. sexual) gratification from one's own pain or humiliation.
157. **Materialistic** — One for whom money is the most important thing.
158. **Matins** — Morning prayer in church.
159. **Matricide** — Murder of own mother.
160. **Matrimony** — State of being married.
161. **Maxim** — An established principle.
162. **Meadow** — A low level tract of uncultivated grassland.
163. **Meditation** — The action or practice of profound spiritual or religious reflection or mental contemplation .
164. **Melodrama** — A sensational dramatic piece with crude appeals to the emotions and usually a happy ending.

165. **Mercenary** — One who fights for the sake of money.
166. **Mesomorph** — A person whose build is powerful, compact, and muscular.
167. **Meteorology** — Study of climate or weather.
168. **Meticulous** — Very particular even about small details.
169. **Migratory** — That moves from one place to another.
170. **Misogamist** — One who hates the custom of marriage.
171. **Misogynist** — Hater of women.
172. **Misologist** — One who hates learning .
173. **Mobocracy** — Rule by mob.
174. **Monogamy** — Marrying one at a time.
175. **Morphology** — Study of animal and plant structure.
176. **Narcotic** — Medicine which induces sleep.
177. **Neologism** — New word coined by an author.
178. **Neology** — Study of formation of new words
179. **Notorious** — A man with bad reputation.
180. **Numismatics** — Study of coins
181. **Obsolete** — No longer in practice.
182. **Oceanography** — Study of ocean
183. **Odontology** — Study of teeth
184. **Oligarchy** — Government by a few.
185. **Omnipotent** — One who is all powerful.
186. **Omniscient** — One who knows everything.
187. **Omnivorous** — Who eats everything.
188. **Opaque** — That which can't bc sccn through.
189. **Ophthalmology** — Study of Eye
190. **Optics** — Study of light
191. **Optimist** — One who sees bright side of things.
192. **Ornithology** — Study of Birds.
193. **Orography** — Study of Mountain.
194. **Orphan** — A child whose parents are dead.
195. **Orthodox** — One who believes in traditional values.
196. **Orthography** — Study of correct spelling of words
197. **Ostracize** — To expel from society.
198. **Pacifist** — One who believes in total abolition of war.
199. **Paleontology** — Study of Fossils
200. **Panacea** — A remedy for all ills.
201. **Pantisocracy** — Government by all.
202. **Pantomime** — A dumb show.
203. **Parasite** — One who depends on others.
204. **Parasol** — A lady's umbrella.
205. **Pathology** — Study of Disease
206. **Patricide** — Murder of one's own father.
207. **Patrimony** — Properties inherited from one's father.
208. **Patriot** — One who loves own country.
209. **Pedagogy** — Study of Art of teaching
210. **Pedantic** — A style in which author displays his knowledge.
211. **Pedestrian** — One who travels on foot.
212. **Pessimist** — One who sees dark side of things.
213. **Philanderer** — One who enjoys by love making.

214. **Philanthropist** — A lover of mankind.
215. **Philately** — Study of Stamp collection.
216. **Philistine** — Who does not care for art or literature.
217. **Philogynist** — Lover of womankind.
218. **Philology** — Study of words and their roots.
219. **Phonetics** — Acoustics study of sound.
220. **Phrenology** — Study of Skull with regard to human character
221. **Physiology** — Study of Structure of human body.
222. **Pioneer** — One who leads others.
223. **Plagiarism** — Literary theft, using ideas and words of another person presenting them as own.
224. **Platitudes** — Common place remarks.
225. **Plutocracy** — Government by rich.
226. **Polyandry** — Marrying more than one husband at a time.
227. **Polygamy** — Marrying more than one wife at a time.
228. **Post mortem** — An examination of body after death.
229. **Primogeniture** — Right of succession belonging to the first born.
230. **Pseudonym** — An imaginary name of author assumed to disguise himself.
231. **Pugnacity** — Tendency to quarrel.
232. **Purist** — One who is particular about the purity of one's language.
233. **Quadruped** — Animal having four foot.
234. **Rebel** — One who takes up arms against Government.
235. **Redtapism** — Too much official formalities.
236. **Regicide** — Murder of a king.
237. **Reticule** — A lady's purse.
238. **Retrospective** — Which takes effect from some earlier date.
239. **Sacrilege** — Violating sanctity of some religious place.
240. **Sadist** — A person who derives (esp. sexual) pleasure from inflicting pain, suffering, humiliation.
241. **Shrew** — A woman with peevish nature.
242. **Simultaneous** — Happening at the same time.
243. **Smuggle** — Importing goods illegally without paying custom duties.
244. **Solar** — Eclipse of Sun.
245. **Soliloquy** — Speaking himself when alone.
246. **Somnambulism** — Walking in sleep.
247. **Somniloquism** — Talking in sleep.
248. **Spokesman** — One who speaks on behalf of other.
249. **Stoic** — One who is indifferent to pleasure and pain.
250. **Suicide** — Killing of self.
251. **Synchronize** — Occurring two or more events at a time.
252. **Teetotaller** — One who does not take alcoholic drinks.
253. **Telltale** — One who enjoys talking about others private affairs.
254. **Thearchy** — Government by the God.
255. **Theist** — One who believes in the existence of God.
256. **Theomania** — A belief that one is God.
257. **Transmigration** — Passing of soul from one body to another after death.
258. **Transparent** — That which can be seen through.
259. **Truant** — A student left school or class without permission.
260. **Truism** — An often repeated truth.

261. **Twins** — Two child born together.
262. **Usurer** — One who lends money at higher rate of interest.
263. **Utopia** — A state of highest perfection.
264. **Uxoricide** — Murder of wife.
265. **Valetudinarian** — One who always thinks that he is ill.
266. **Venial** — An excusable fault.
267. **Verbatim** — Repetition of word by word.
268. **Verbose** — Style full of words.
269. **Vesper** — Evening prayer in a church.
270. **Veteran** — A well and long experienced person in a particular occupation.
271. **Wardrobe** — An almirah where clothes are kept.
272. **Widow** — A woman whose husband has died.
273. **Widower** — A man whose wife has died.
274. **Zoology** — Study of animals.

## A Few Proverbs

1. A bad man is better than a bad name.–बद अच्छा बदनाम बुरा।
2. A bad workman quarrels with his tools. –नाच न जाने आँगन टेढ़ा।
3. A bird in hand is worth two in the bush.–नौ नगद न तेरह उधार।
4. A burnt child dreads the fire.–दूध का जला छाँछ या मट्ठा फूँककर पीता है।
5. A drop in the ocean. –ऊँट के मुँह में जीरा।
6. A figure among cyphers.–अन्धन में कनवाँ राजा।
7. A fog cannot be dispelled by a fan.–ओस चाटे प्यास नहीं बुझती।
8. A honey tongue, a heart of gall. –मुख में राम बगल में छुरी।
9. A little knowledge is a dangerous thing.–नीम हकीम खतरे जान।
10. All's well that ends well. –अन्त भले तो सब भला।
11. An empty vessel sounds much.–थोथा चना बाजै घना।
12. A nine day's wonder. –चार दिन की चाँदनी फिर अँधेरी रात।
13. A rotten apple injures its companions.–एक सड़ी मछली सारे तालाब को गन्दा कर देती है।
14. As the king so are the subjects.–जैसा राजा वैसी प्रजा।
15. As you sow, so you reap.–जैसी करनी वैसी भरनी।
16. A avarice is the root of all evils.–लालच बुरी बला है।
17. A wolf in lamb's clothing.–मुख में राम बगल में छुरी, इन्सान की शक्ल में शैतान।
18. Barking dogs seldom bite.–जो गरजते हैं वो बरसते नहीं।
19. Beggars and borrowers could not be choosers.–दान की बछिया के दाँत नहीं देखे जाते ।
20. Beneath the rose lies the serpent.–विष-रस भरा कनक घट जैसे।
21. Better wear your shoes than your bed clothes.–बैठे से बेगार भली।
22. Between two stools we come to the ground.–दुविधा में दोनों गये, माया मिली न राम।
23. Birds of a feather flock together–चोर का साथी गिरह गट, चोर-चोर मौसेरे भाई।
24. Black will take no other hue.–सूरदास की काली कमरिया चढ़े न दूजो रंग।
25. Cattle do not die from crow's cursing.–बिल्ली के श्राप से छीका नहीं टूटता।
26. Coming events cast their shadows before.–होनहार बिरवान के होत चिकने पात।

27. Contentment is happiness.–संतोष परमं सुखम्।
28. Crows are never the whiter for washing.–नीम न मीठी होय सींचो गुड़ घी से।
29. Crying in wilderness.–भैंस के आगे बीन बजाना।
30. Cut your coat according to your cloth.–तेतो पाँव पसारिये जेती लाँबी सौर।
31. Deep rivers move with silent majesty, shallow brooks are noisy.–अधजल गगरी छलकत जाय, भरी गगरिया चुप्पे जाय।
32. Diamonds cut diamonds.–लोहे से लोहा कटता है।
33. Do evil and look for like.–कर बुरा तो हो बुरा।
34. Do good and cast it into the river. –नेकी कर दरिया में डाल।
35. Drowning man catches at straw.–डूबते को तिनके का सहारा।
36. Errors like straws upon the surface flow, One who is in search of truth must dive below—जिन खोजा तिन पाइयाँ गहरे पानी पैठ मैं बपूरी ढूँढन गई रही किनारे पैठ।
37. Even death cannot be had for the asking.–माँगे मुँह मौत भी नहीं मिलती।
38. Every potter praises his pot.–अपना पूत सब ही को प्यारा, अपने दही को सभी मीठा कहते हैं।
39. Everything looks yellow to a jaundiced eye.–सावन के अन्धे को हरा ही हरा दीख पड़ता है।
40. Evil gotten, evil spent.–जैसा आया वैसा गया।
41. Example is better than precept.–उपदेश करने से स्वयं करना भला।
42. Fool to others, to himself a sage.–अपने मुँह मियाँ मिट्ठू।
43. Forced labour is better than idleness.–बेकार से बेगार भली।
44. Fortune favours the brave.–पुरुष सिंह जे उद्यमी लक्ष्मी ताकी चेरी।
45. Gather thistles and expect pickles.–बोवे पेड़ बबूल का आम कहाँ से खाय।
46. God's will be done.–ईश्वरेच्छा बलीयसी।
47. Good health is above wealth.–तन्दुरूस्ती हजार नियामत, शरीमाद्य खलु धर्मसाधनम्।
48. Good marksman may miss.–घोड़े का सवार भी गिरता है, बड़े-बडे भी चूक जाते हैं।
49. Good mind, good find.–आप भला तो जग भला।
50. Great cry little wool.–ऊँची दुकान फीका पकवान।
51. Guilty conscience is always suspicious.–पापी का मन सदा शंकित रहता है, चोर की दाढ़ी में तिनका।
52. Half a loaf is better than no bread.–कुछ नहीं से थोड़ा भला, नाही मामा से काना मामा अच्छा।
53. Hard nut to crack.–लोहे का चना चबाना।
54. He breaks his wife's head and then buys a plaster for it.–चूहा मारकर गोबर सुँघाना।
55. He jests at scars who never felt a wound.–जाके पैर न फटी बेवाई, सो क्या जाने पीर पराई।
56. He, that is warm, thinks all are so.–आप सुखी तो जग सुखी।
57. He who would catch fish must not mind getting wet.–नाचने उठे तो घूंघट कैसा?
58. He who would sow well, must reap well.–अच्छा करो अच्छा पाओ, कर भला तो हो भला।
59. High winds blow on high hills.–बड़ों की बड़ी बात।
60. His wits are gone a wool gathering.–उसकी अक्ल चरने गई है।
61. If you want a thing well done, do it yourself.–बिना अपने मरे स्वर्ग नहीं दिखाई पड़ता।
62. Ill got, ill spent.–पाप का धन प्रायश्चित में जाता है, सूम का धन शैतान खाता है।
63. Ill gotten goods seldom prosper.–चोरी का धन मोरी में जाता है।
64. Innocent have nothing to fear.–साँच को आँच नहीं।

65. It is hard to live in Rome and to fight with the Pope.–जल में रहकर मगर से बैर करना उचित नहीं।
66. It is no use crying over spilt milk.–बीती ताहि बिसार दे, आगे की सुधि लेय।
67. It is too late to lock the stable-door when the steed is stolen—आग लगने पर कुँआ खोदना उचित नहीं, अब पछिताये क्या होत है जब चिड़िया चुग गयी खेत।
68. It is work that makes a workman.–काम को काम सिखलाता है।
69. It takes two to make a quarrel.–एक हाथ से ताली नहीं बजती।
70. Killing two birds with one stone.–एक पंथ दो काज, एक तीर से दो शिकार।
71. Let bygones be bygones.–बीती से बीती, बीती ताहि बिसार दे, आगे की सुधि लेय।
72. Let the past dead bury its dead.–बीतो को गाड़ो या भूल जाओ।
73. Like cures like.–विषस्य विषमोषधम।
74. Like draws like.–चोर चोर मोसेरे भाई।
75. Like father, like son.–जस बाप, तस बेटा।
76. Living from hand to mouth.–रोज कुँआ खोदना रोज पानी पीना।
77. Make hay while the sun shines.–बहती गंगा में हाथ धोना।
78. Man proposes, God disposes.–मेरे मन कुछ और है, कर्त्ता के कुछ और।
79. Many a little makes a mickle.–बूँद-बूँद करके घड़ा भरता है।
80. Many a slip between the cup and the lip.–कानी के ब्याह को सौ जाखिम।
81. Many men, many minds.–जितने नर उतनी बुद्धि, नाना मुनि नाना मति।
82. Measure for measure.–हत्या के बदले फाँसी, जैसे को तैसा।
83. Might is right.–जिसकी लाठी उसकी भैंस।
84. Misfortunes never come singly.–मुफलिसी में आटा गीला, मुसीबत अकेले नहीं आती।
85. Money begets money.–धन से धन कमाया जाता है।
86. Much cry and little wool.–ऊँची दुकान फीका पकवान।
87. No one knows the weight of another's burden.–जाके पाँव न फटी बिवाई, सो क्या जाने पीर पराई।
88. No pains, no gains.–बिना सेवा मेवा मिलता नहीं, बिना कष्ट किये कृष्ण नहीं मिलते।
89. One flower makes no garland.–एक फूल से माला नहीं बनती।
90. One nail drives out another.–काँटे से काँटा निकलता है।
91. One today is better than two tomorrow.–नौ नगद न तेरह उधार।
92. Out of the frying-pan into the fire.–भाड़ से निकला मंढ में पड़ा, आम से टपका, बबूल में अटका।
93. Pennywise pound foolish.–मोहर लुटा जाय कोयले पर छाप।
94. Poverty breeds strife.–दरिद्रता कलह की जड़ है, गरीबी झगड़े की जड़ है।
95. Pure gold does not fear the flame.–साँच को आँच नहीं।
96. Quit not certainty for hope.–आधी छोड़ सारी को धावै, आधी रहै न सारी पावै।
97. Respect yourself and you will be respected.–अपनी मर्यादा अपने हाथ।
98. Riches have wings.–लक्ष्मी चंचलता होती है।
99. Rome was not built in a day.–हथेली पर दही नहीं जमता।
100. Self praise is no recommendation.–अपने मुहं मिया मिट्ठू बनने से काम नहीं चलता।
101. Something is better than nothing.–नहीं से कुछ भला, नाहीं मामा से काना मामा अच्छा।
102. Steal a goose and give giblets in alms.–निहाई की चोरी और सुई का दान।

103. Strike the iron while it is hot.—असर को कभी न गँवाओ समय का उचित उपयोग करो।
104. The innocent have nothing to fear.—साँच को आँच नहीं।
105. The wearer best knows where the shoe pinches.—जिसका दुख वही जानता है, ताके तन न फटी बिवाई, सो वह क्या जाने पीर पराई।
106. Tit for tat.—जैसे को तैसा, शठे शाठ्यम।
107. To cast pearls before swine.—बन्दर क्या जाने अदरक का स्वाद ?
108. To count one's chickens before they are hatched.—घर घोड़ा नकास मोल।
109. To kill two birds with one stone.—एक पंथ दो काज।
110. To lock the stable-door when the steed is stolen.—का वर्षा जब कृषि सुखानी, समय चुकी पुनि का पछतानी।
111. To make a mountain of a mole hill.—राई का पर्वत बनाना, तिल से ताड़ बनाना।
112. Too make castles in the air.—हवा में पुल बाँधना, हवाई किले बनाना।
113. Too many cooks spoil the broth.—बहुत से जोगी मठ उजाड़ा।
114. Too much courtesy, too much craft.—मधुर बानी, दगाबाज की निशानी।
115. To rob peter to pay Paul.—गाय मारकर जूता दान।
116. Union is strength.—एकता ही बल है।

## Idioms and Phrases

दैनिक व्यवहार में प्रयुक्त होने वाले कुछ महत्त्वपूर्ण idioms एवं phrases का उनके वाक्य में प्रयोग करते हुये, सरल English में meaning समझाते हुये, नीचे दिया जा रहा है। छात्रों को इन idioms एवं phrases को ध्यानपूर्वक याद करना चाहिये। इनका प्रयोग, आपकी लेखन शैली का प्रभावी बनाता है। छात्रों को इन Idiomatic expressions का प्रयोग करने का अभ्यास करना चाहिए। छात्रों द्वारा विभिन्न Competitive Examinations में लिखे जाने वाले Expansions, Essays etc. में इनका प्रयोग करने पर आपका लेख अधिक सशक्त, सुन्दर एवं प्रभावशाली बनेगा।

**A gentleman at large (an unreliable person)** He is a gentleman at large, you must not trust him.

**A wolf in sheep's clothing (a dangerous person pretending harmless)** Charles Shobhraj is a wolf in sheep's clothing for general public.

**ABC (very common knowledge)** He doesn't know ABC of Physics.

**Above board (fair and honest)** He is a straight forward man. His financial dealings are above board.

**Again and again (repeatedly)** One who tries again and again gets success positively.

**All and sundry (without making any distinction)** He invited all and sundry in the marriage party of his younger brother.

**All in all (whole-sole, most important)** The Forest Minister is all in all of our department.

**Alpha and omega (first and last letter of Greek alphabet, means beginning and end)** The alpha and omega of British policy was to keep the Indians divided.

**An eye wash (a pretence)** He does nothing without self interest, all his excuses are but an eye wash.

**An iron hand (by force)** Indira Gandhi put down the opposition with an iron hand.

**At sixes and seven (persons who are having different opinions)** Economists are at sixes and seven on the policy of rationing.

**Back and call (at the service)** Don't worry I am at your back and call.

**Bag and baggage (with all goods)** He returned his village bag and baggage.

**Between Cylla and Charybdis (choice between two unpleasant alternatives)** Don't make haste, take care so that in avoiding Cylla you don't fall in Charybdis.

**Between the cup and the lips (on the point of achievement)** Until I got the appointment letter in hand, I was not sure of the posting as there were many slips between the cup and the lips.

**Black and white (in writing)** It is always better to get every thing in black and white.

**Blow hot and cold (having no stand, shows favour at one time and unfavour at another)** He can't be relied upon as he blows hot and cold in this matter.

**Body and soul (entirely)** She devoted body and soul to win the medal.

**By fits and starts (irregularly)** Work done by fits and starts never completes in time.

**By hook or by crook (by any means)** I want to get this licence by hook or by crook.

**By leaps and bound (speedily)** The population is increasing by leaps and bounds.

**Call a spade a spade (straight talks)** He believes in calling a spade a spade.

**Cats and dogs (heavy rain)** It has been raining cats and dogs for the last three hours.

**Cock and bull story (untrue story)** All his excuses seems a cock and bull story.

**Confusion worse confounded (be in further worse position)** Such demonstrations and communal speeches in present situation make confusion worse confounded.

**Cut and dried (readymade form)** There is no cut and dried method of English speaking.

**Ever and anon (now and then)** She goes to temple ever and anon.

**Fair and square (honest)** He is fair and square in his dealings.

**Fair field and no favour (equal opportunity to all)** All the staff want fair field and no favour in the matter of transfer.

**Far and wide (everywhere)** Many tourists come to see the Taj from far and wide.

**Fire and brimstone (fearful penalties)** The USA has threatened Iraq with fire and brimstone if she refuses to follow the resolutions of UNO.

**Fire and fury (extreme enthusiasm)** The speech of the leader was full of fire and fury.

**First and foremost (highest priority)** To be sincere and devoted is the first and foremost requirement of a good employee.

**Fishy (doubtful)** There seems to be something fishy going on.

**Free and easy (natural and simple)** The Principal found his arguments free and easy.

**Gall and wormwood (source of irritation)** Her remarks about his father were gall and wormwood to him.

**Gird up the loin (to be ready)** We should gird up the loin to fight the poverty and menace of dowry.

**Goods and chattels (belongings of home)** On transfer he brought all goods and chattels by road.

**Hand and gloves (very intimate friends)** Ram and Rahim are hand and gloves to each other.

**Hard and fast (certain)** There are no hard and fast rules to sanction the loan in the banks.

**Haughty and naughty (arrogant and naughty)** The haughty and mighty attitude of the President is not liked by any memeber of the society.

**Heart and soul (with full devotion)** He threw himself heart and soul to pass the examination.

**Herculean task (a tedious job)** Getting selected in IAS is a Herculean task for everybody.

**Hit below the belt (contrary to principles of fairness)** By making his private secretes public he hit him below the belt.

**Hither and thither (here and there)** He is in the habit of putting his goods hither and thither.

**Hole and corner policy (a secret policy for an evil purpose)** The officer adopted hole and corner policy to get his P.A. transferred.

**Hue and cry (great noise)** A lot of hue and cry was raised in Parliament against this bill ?

**Move heaven and earth (to make all efforts)** I shall move heaven and earth to bring him to justice.

**Ins and outs (full detail)** Before starting any new business you must know all ins and outs of it.

**Intents and purposes (practically)** My wife is the incharge of the house for all intents and purposes.

**Kith and kin (blood relatives)** All kith and kin were invited in the marriage of his son.

**Latin and Greek (unable to understand)** His speech in English was Latin and Greek to the rural folk.

**Law and equity (legal and moral justice)** Law and equity demands that the reservation should be based on economic parameters.

**Leave no stone unturned (make all possible efforts)** I shall leave no stone unturned to get the promotion.

**Length and breadth (all over)** Anti English agitation spread through the length and breadth of the country.

**Life and soul (main support)** Soniya Gandhi is the life and soul of Congress.

**Like a fish out of water (in every difficult and unsuitable situation)** Ram was given an unremunerative post. He is feeling like a fish out of water.

**Loaves and fish (material interests)** Now-a-days, Government servants are concerned with the loaves and fish of the office than to solve the problems of common public.

**Lock and key (in safe place)** He keeps jewellery under lock and key.

**Might and main (with all enthusiasm)** If you study with might and main you will positively secure the success.

**Milk and water (weak)** The foreign policy of India is nothing more than a milk and water policy.

**Neck and crop (completely)** The Pak army ruined the border village neck and crop.

**Need of the hour (necessity of time)** Providing full security for the residents of border area is the need of hour.

**Nook and corner (everywhere)** I searched her in every nook and corner.

**Not born yesterday (worldly wise)** You can't befool me as I was not born yesterday.

**Now and then (occasionally)** I visit church now and then.

**Null and void (of no use, without force of application)** The law passed by legislature was declared null and void by the Supreme court.

**Odds and ends (remaining goods)** Except odds and ends, all the items have since been arranged in order.

**Often and often (frequently)** She visits her parents often and often.

**Once and again (repeatedly)** I have told you once and again that I have no money to purchase the car at the moment.

**Open and above board (very clear, transparent)** He believes in open and above board discussion on every point before arriving at a conclusion.

**Out of gear (in disorder)** The strike of employees always put the government machinery out of gear.

**Over and above (besides)** I paid him rupees ten thousand over and above what he demanded.

**Over head and ears (excessively)** He is over head and ears in debt.

**Part and parcel (being an important part of)** Each employee should feel himself part and parcel of the business enterprises.

**Pell mell (putting one upon the other, in confusion)** He was in such a hurry that he put all the articles pell mell and closed the room

**Pick and choose (to choose selectively as per wish)** The management adopted pick and choose policy in the promotions from clerical to assistant cadre.

**Pins and needles (small items)** It is unwise to use swords and scissors where pins and needles can do.

**Pros and cons (merits and demerits)** Before signing this agreement you must understand all pros and cons well.

**Rain or shine (favourable or unfavourable circumstances)** Rain or shine, I will speak oppose the proposal.

**Rank and file (everyone without discrimination)** For the actual prosperity of the nation, the economic conditions of rank and file should be improved.

**Rank and ruin (complete destructions)** The present drought has put the farmers at the verge of rank and ruin.

**Rhyme or reason (rational cause)** He resigned from the service without any rhyme or reason.

**Right and left (in all ways)** The robbers looted the village right and left and fled away.

**Root and branch (complete)** Poverty among the public is the root and branch of all the crimes.

**Safe and sound (quite well)** She reached their safe and sound.

**Speck and span (neat and smart)** Mr. J.L. Nehru was always speck and span in his dressing style.

**Stuff and nonsense (worthless)** The judge found all his arguments stuff and nonsense.

**Sum and substance (the actual theme)** The sum and substance of the paragraph must be reflected in a good precis.

**The die is cast (decided finally)** The die is cast there is not point of discussing over it now.

**The last nail in the coffin (The last action which resulted in the complete end of something)** The reservation policy of V.P. Singh was the last nail in the coffin of Janta Party.

**Thick and thin (in all circumstances)** I shall support you through thick and thin.

**Through fire and water (in all sort of difficulties)** He can go through fire and water to achieve his goal.

**Time and tide (course of time)** Time and tide waits for none.

**To and fro (going and coming, backward and forward)** What are the to and fro taxi charges for Alwar to Delhi?

**To check by jowl (very near to each other)** As the space was short, so he kept all the articles check by jowl.

**To play ducks and drakes (to waste money)** He is playing ducks and drakes with parental money.

**Toil and moil (hard labour)** It requires too much of toil and moil to secure first position.

**Tom Dick and Harry (everyone)** Every Tom Dick and Harry knows that Sachin is the greatest cricketer .

**Tooth and nail (with all force)** Students of general caste opposed the reservation policy tooth and nail but of no avail.

**Ups and downs (prosperity and adversity)** There are ups and downs in every business.

**Warp and woof (essential parts of a thing)** Blood and bones are warp and woof of human body.

**Watch and ward (careful guard)** At least three guards are required to have perfect watch and ward of the building.

**Weal and woe (prosperity and adversity)** I will abide by you in all weal and woe.

**Whips and spur (with greatest hurry)** He completed the project whips and spur.

**Why and wherefore (the basic roll season)** Please tell me the why and wherefore of your decision to take voluntary retirement .

**Willy Nilly (wish or not wish)** Willy nilly you are to obey the orders of your father.

# भारतीय गणतंत्र के संविधान में प्रयुक्त हिन्दी के पारिभाषिक शब्दों और पदों के अंग्रेजी समानार्थक शब्द व पद

## अ

|  |  |
|---|---|
| Incompetent. | अक्षम |
| Incompetency | अक्षमता |
| Advance | अग्रिम धन |
| Violation | अतिक्रमण |
| Additional Judge | अतिरिक्त न्यायाधीश |
| Excess profit | अतिरिक्त लाभ |
| Tribunal | अधिकरण |
| Right | अधिकार |
| Record of rights | अधिकार, अभिलेख |
| Quo warranto | अधिकार, पृच्छन्न |
| Requisition | अधिग्रहण |
| Act | अधिनियम |
| Enactment | अधिनियमन |
| Warrant | अधिपत्र |
| Surcharge | अधिभार |
| Preference | अधिमान |
| Advocate | अधिवक्ता |
| Domicile | अधिवास |
| Domiciled | अधिवासी |
| Presiding Officer | अधिष्ठाता |
| Notification | अधिसूचना |
| Superintendent | अधीक्षक |
| Superintendence | अधीक्षण |
| Subject, Subordinate | अधीन |
| Subordinate Officer | अधीन, अधिकारी |
| Subordinate Court | अधीन न्यायालय |
| Speaker | अध्यक्ष |
| Ordinance | अध्यादेश |
| Preside | अध्यासीन होना |
| Exclusive Jurisdiction | अनन्य क्षेत्राधिकार |
| Disqualification | अनर्हता |
| Disqualify | अनर्हकरण |
| Irregularity | अनियमितता |
| Adaptation | अनुकूलन |
| Article | अनुच्छेद |
| Licence | अनुज्ञप्ति |
| Permit | अनुज्ञा |
| Grant | अनुदान |
| Instruction | अनुदेश |
| Undischarged | अनुन्मुक्त |
| Proportional representation | अनुपाती प्रतिनिधित्व |
| Supplementary | अनुपूरक |
| Supplementary Grant | अनुपूरक अनुदान |
| Assent | अनुमति |
| Approve | अनुमोदन करना |
| Approval | अनुमोदन |
| Discipline | अनुशासन |
| Disciplinary | अनुशासन सम्बन्धी |
| Adherence | अनुशक्ति |
| Exercise | अनुष्ठान |
| Ratification | अनुसमर्थन |
| Ratify | अनुसमर्थन करना |
| Investigation | अनुसंधान |
| Reminder | अनुस्मारक |
| Scheduled area | अनुसूचित क्षेत्र |
| Scheduled Tribe | अनुसूचित-जनजाति |
| Scheduled Caste | अनुसूचित |
| Schedule | अनुसूची करना |
| Involve | अन्तर्ग्रसन |
| Involved | अन्तर्ग्रसत |
| Inland waterway | अन्तर्देशीय जलपथ |
| International | अन्तर्राष्ट्रीय |
| Conscience | अन्त:करण |
| Alienate | अन्यदेशीय |
| Alienate | अन्य-संक्रामण करना |
| Alienation | अन्य संक्रामण |
| Libel | अपमान लेख |
| Slander | अपमान वचन |
| Adulteration | अपमिश्रण |
| Additional Judge | अपर न्यायाधीश |
| Crime | अपराध |
| Offence | अपराध |
| Criminal | अपराधी |
| Exclude | अपवर्जन करना |
| Exclusion | अपवर्जन |
| Ineligibility | अपात्रता |
| Appeal | अपील |
| Court of Appeal | अपील न्यायालय |
| Inoperative | अप्रवृत |
| Allegation | अभिकथन |
| Agency | अभिकरण |
| Agent | अभिकर्ता |
| Intention | अभिप्राय |
| Demand | अभियाचना |

| | |
|---|---|
| Accused | अभियुक्त |
| Custody | अभियुक्ति |
| Prosecution | अभियुक्ति |
| Accusation | अभियोग |
| Prosecution | अभियोजन |
| Actionable wrong | अभियोज्य दोष |
| Custody | अभिरक्षा |
| Record | अभिलेख |
| Court of record | अभिलेख न्यायालय |
| Convicted | अभिशस्त |
| Conviction | अभिशस्ति |
| Convention | अभिसमय |
| Candidate | अभ्यर्थी |
| Invalid | अमान्य |
| Undue influence | अयुक्त प्रभाव |
| Acquisition | अर्जन |
| Petition | अर्जी |
| Construe | अर्थ करना |
| Fine | अर्थ-दण्ड |
| Qualification | अर्हता |
| Minority | अल्पसंख्यक वर्ग |
| Derogation | अल्पीकरण |
| Adjournment | अवधिदान |
| Contempt | अवमान |
| Minor | अवयस्क |
| Joint-family | अविभक्त-कुटुम्ब |
| Motion of no confidence | अविश्वास प्रस्ताव |
| Illegal | अवैध |
| Illegal practice | अवैधाचरण |
| Incapacity | असमर्थता |
| Invalidity pension | असमर्थता निवृति वेतन |
| Civil | असैनिक |
| Civil power | असैनिक शक्ति |
| Detrimental | अहितकारी |
| Endorsement | अंकन |
| Endorsed | अंकित |
| Unit | अंग |
| Share | अंश |
| Contribution | अंशदान |

### आ

| | |
|---|---|
| Credit | आकलन |
| Contingency fund | आकस्मिकता निधि |
| Custom | आचार |
| Freedom | आजादी |
| Calling | आजीविका |
| Calling tax | आजीविका कर |
| Decree | आज्ञाप्ति |
| Order | आदेश |
| Process | आदेशिका |
| Consequential, contingent | आनुषंगिक |
| Criminal | आपराधिक |
| Emergency | आपात |
| Obligation | आभारी |
| Income Tax | आय-कर |
| Import duty | आयात-शुल्क |
| Commissioner | आयुक्त |
| Commission | आयोग |
| Police | आयोग |
| Police Force | आरक्षक-बल |
| Alligation | आरोप |
| Impose | आरोपण करना |
| Levy | आरोपण |
| Economic | आर्थिक |
| Pecuniary jurisdiction | आर्थिक क्षेत्राधिकार |
| Recurring | आवर्त्तक |
| Vagrancy | आवारागर्दी |
| Summons | आह्वान |
| Summoned | आहूत |
| Estimate | आंकना |

### इ

| | |
|---|---|
| Will | इच्छा पत्र |
| Intestate | इच्छा पत्रहीन |

### उ

| | |
|---|---|
| Levy | उगाहना |
| Supreme Court | उच्चतम न्यायालय |
| High Court | उच्च न्यायालय |
| Succession | उत्तराधिकार |
| Succession duty | उत्तराधिकारी-शुल्क |
| Successor | उत्तराधिकारी |
| Liability | उत्तरदायित्व |
| Production | उत्पादन |
| Excise duty | उत्पादन शुल्क |
| Emigration | उत्प्रवास |
| Certiorari | उत्प्रेषण लेख |
| Levy | उद्ग्रहण |
| Proclamation | उद्घोषणा |
| Descent | उद्भव |
| Enterprise | उद्यम |
| Industry | उद्योग |

Loan उधार
Borrowing उधार ग्रहण
Lunatic उन्मत्त
Lunacy उन्माद
Immunity उन्मुक्ति
Cess उपकर
Initiation उपक्रमण
Remedy उपचार
Occupation उपजीविका
Gratuity उपदान
Advice, Instruction उपदेश
Bye-election उपनिर्वाचन
Colonization उपनिवेश
Provision उपबन्ध
Consumption उपभोग
Deputy President उपराष्ट्रपति
Emolument उपलब्धि
Sub-division उपविभाग
Sitting उपवेशन
Bye-law उपविधि उपविधि
Deputy Chairman उपसभापति
Appear उपस्थित होना
Deputy Commissioner उपायुक्त
Employment उपायोजन
Accrued उपार्जित
Candidate उम्मीदवार
Contravention उल्लंघन

ऋ

Debt ऋण
Indebtedness ऋणग्रस्तता
Debenture ऋणपत्र

ए

Unit एकक
Sole Corporation एकल निगम
Single transferable vote एकल संक्रमणीय मत
Patent एकस्व

क

Cantonment कटक
Account कणकु
Misbehaviour कदाचार
Possession कब्जा
Company कम्पनी
Tax कर
Agreement करार
Duty कर्त्तव्य
Purporting to be done कर्तुमभिप्रेत
Staff कर्मचारी वृन्द
Legal कानून सम्बन्धी
Factory कारखाना
Business कारोबार
Prison कारागार
Prisoner काराबन्दी
Imprisonment कारावास
Trade Union कार्मिक-संघ
Business कार्य
Acting कार्यकारी
Executive power कार्यपालिका
Adjournment कालदान
Custody काबल
Cattle pound काँजी हौस
Fare किराया
Farmer, Cultivator किसान
Attachment कुर्की
Copyright कृति-स्वाम्य
Function कृत्य
Central Intelligence Bureau केन्द्रीय गुप्त वार्ता-विभाग
Imprisonment कैद
Prisoner कैदी

ख

Mineral खनिज
Mining settlement खनि-वसति
Mineral resources खनिज-सम्पत
Cost खर्चे
Clause खंड

ग

Gazette गजट
Calculation गणना
Grant on Account गणनानुदान
Quorum गणपूर्ति
Research गवेषणा
Ballot गढ-पत्र
Village Council ग्राम-परिषद
Admissible ग्राह्य

घ

Declaration घोषणा

## च

| | |
|---|---|
| Act | चट्टम |
| Discussion | चर्चा |
| Currency | चल-अर्थ |
| Currency | चालवणी |
| Unsoundness of mind | चित्त-विकृति |
| Mark | चिन्ह |
| Agreement | चुकती |
| Elected | चुने हुए |
| Octroi | चुंगी |
| Cheque | चैक |

## छ

| | |
|---|---|
| Cantonment | छावनी |

## ज

| | |
|---|---|
| Post | जगह |
| Census | जनगणना |
| Tribe | जनजाति |
| Tribe-Area | जनजाति क्षेत्र |
| Tribal Council | जनजाति परिषद |
| Piracy | जलदस्युता |
| Territorial waters | जलप्रांगण |
| Bail | जामिन |
| Inquire | जाँच करना |
| District | जिला |
| District Board | जिला परिषद |
| District Fund | जिला निधि |
| District Court | जिला न्यायालय |
| District Council | जिला परिषद |
| District Board | जिला मंडली |
| Livelihood | जीविका |
| Gambling | जुआ |
| Fined | जुर्माना किया |
| Prison | जेल |
| Tidal water | ज्वार जल |

## झ

| | |
|---|---|
| Memo | ज्ञाप |
| Memorandum | ज्ञापन |

## ट

| | |
|---|---|
| Coinage | टंकण |
| Attachment | टाँच |
| Tramway | ट्राम |
| Tram car | ट्रामगाड़ी |

## ड

| | |
|---|---|
| Decree | डिक्री |

## त

| | |
|---|---|
| For the time being | तत्समय |
| Corresponding | तत्स्थानी |
| Ad hoc | तदर्थ |
| Passed | तीर्ण |
| Assessment | तीर्व |
| Third reading | तृतीय पठन |
| Triennial | त्रैवार्षिक |

## थ

| | |
|---|---|
| Police Station | थाना |

## द

| | |
|---|---|
| Adoption | दत्तक ग्रहण |
| Adoption | दत्तक स्वीकरण |
| Handicraft | दस्तकारी |
| Document | दस्तावेज |
| Punish | दंड देना |
| Criminal Court | दंड न्यायालय |
| Criminal Law | दंड विधि |
| Criminal | दंड सम्बन्धी |
| Sentence | दंडादेश |
| Magistrate's Court | दंडाधिकारी न्यायालय |
| Entry | दाखिला |
| Charities | दातव्य |
| Inheritance | दिवाला |
| Civil | दीवानी |
| Civil Court | दिवानी अदालत |
| Visas | दृष्टांक |
| Fee | देय |
| Naturalization | देशीयकरण |
| Bicameral | दोघरा |
| Convicted | दोष प्रमाणित |
| Conviction | दोष-सिद्धि |
| Charge | दोषारोपण |
| Gambling | द्यूत |
| Bicameral | द्विग्रही |
| Second reading | द्वितीय पठन |
| Money | धन |
| Money-bill | धन विधेयक |
| Faith | धर्म |
| Endowment | धर्मस्व |
| Occupation | धंधा |

न

| | |
|---|---|
| Design | नक्ष |
| Municipal area | नगर क्षेत्र |
| Municipal Tramway | नगर ट्रामवे |
| Municipal Corporation | नगर निगम |
| Municipality | नगर पालिका |
| Municipal Tramway | नगर रथ्यायान |
| Municipal Committee | नगर समिति |
| Citizenship | नागरिकता |
| Nomination | नाम-निदर्शन |
| Admiralty | नावाधिकरण |
| Body | निकाय |
| Sinking Fund | निक्षेप-निधि |
| Corporation | निगम |
| Corporation Tax | निगम कर |
| Incorporation | निगमन |
| Body, Corporate | निगम, निकाय |
| Direction | निर्देश |
| Fund | निधि |
| Registered | निबद्ध |
| Registration | निबन्धन |
| Term | नियत |
| Controller & Auditor General | नियंत्रक तथा महालेखा परीक्षक |
| Control | नियंत्रण |
| Rule | नियम |
| Appointment | नियुक्ति |
| Employer's liability | नियोजक उत्तरवादिता |
| Employer's Liability | नियोजक दातव्य |
| Repeal | निरसन |
| Abrogate | निराकरण करना |
| Custody | निरोध |
| Quarantine | निरोधा |
| Judgement | निर्णय |
| Casting vote | निर्णायक मत |
| Reference | निर्देश |
| Fixture | निर्धारण |
| Restriction | निर्बन्धन |
| Manufacture | निर्माण |
| Export | निर्यात |
| Export tax | निर्यात कर |
| Export duty | निर्यात शुल्क |
| Disability | निर्योग्यता |
| Interpretation | निर्वचन |
| Intestate | निर्वसीयत |
| Discharge | निर्वहन |
| Electorate | निर्वाचक गण |
| Electoral rolls | निर्वाचक नामावली |
| Elect | निर्वाचित होना |
| Election | निर्वाचन |
| Election Tribunal | निर्वाचन क्षेत्र |
| Election Commissioner | निर्वाचन आयुक्त |
| Constituency | निर्वाचन क्षेत्र |
| Elected | निर्वाचित |
| Transportation | निर्वासन |
| Living wage | निर्वाह मजूरी |
| Suspension | निलम्बन |
| Preventive detention | निवारक निरोध |
| Retire | निवृत होना |
| Retirement | निवृत्ति |
| Pension | निषेध |
| Forbidden | निषिद्ध |
| Allegiance | निष्ठा |
| Register | नौदना |
| Employment tax | नौकरी कर |
| Admiralty | नौकाधिकरण |
| Navigation | नौ परिवहन |
| Naval | नौसेना सम्बन्धी |
| Entrust | न्यस्त करना |
| Judiciary | न्यायापालिका |
| Tribunal | न्यायाधिकारण |
| Justice | न्याय |
| Judge | न्यायाधीश |
| Court | न्यायालय |
| Contempt of court | न्यायालय अवमानना |
| Judicial process | न्याय कार्यरीति |
| Judicial Proceedings | न्यायिक कार्यवाही |
| Judicial stamp | न्यायिक मुद्रांक |
| Judicial power | न्यायिक शक्ति |
| Trust | न्यास |
| Abridgement | न्यूनन |

प

| | |
|---|---|
| Party | पक्ष |
| Bet | पण लगाना |
| Betting | पण क्रिया |
| Merchandise Mark | पण्य चिन्ह |
| Credit | पत |
| Port quarantine | पत्तन निरोधा |
| Toll | पथ कर |
| Rule of the road | पथ नियम |
| Post | पद |

| | | | |
|---|---|---|---|
| Office | पद | Introduce | पुरः स्थापना करना |
| Dismiss | पदच्युत करना | Introduction | पुरः स्थापना |
| Resignation | पदत्याग | Charity | पूर्त |
| Incumbent of an office | पदधारी | Charitable & religious endowments | पूर्त धार्मिक धर्मस्व |
| Officer | पदाधिकारी | Charitable institution | पूर्त संस्था |
| Ex-officio | पदेन | Previous sanction | पूर्व मंजूरी |
| Alienation | परकीयकरण | Previous consent | पूर्व सम्मति |
| Mandamus | परमादेश | Capital | पूँजी |
| Provided | परन्तु | Endorsement | पृष्ठांकन |
| Permit | परमिट | Endorsed | पृष्ठांकित |
| Consultation | परामर्श | Advance | पेशगी |
| Abandonment | परित्यजन | Profession | पेशा |
| Abandonment | परित्याग | Maintenance | पोषण |
| Safeguard | परित्राण | Maintain | पोषण करना |
| Implementation | परिपालन | Citizenship | नागरिकता |
| Enquiry | परिप्रश्न | Express | प्रकट करना |
| Perquisite | परिलब्धि | Publication | प्रकाशन |
| Transport | परिवहन | Procedure | प्रक्रिया |
| Cost | परिव्यय | Promulgation | प्रख्यापन |
| Council | परिषद | Arrest | प्रग्रहण |
| Order in Council | परिषद् आदेश | Current | प्रचलित |
| Delimitation | परिसीमन | Propagate | प्रचार करना |
| Limitation | परिसीमा | Compensation | प्रतिकर |
| Remission | परिहार | Affect adversely | प्रतिकूल असर या प्रभाव डालना |
| Bill of Indemnity | परिहार विधेयक | Contravention | प्रतिकूलता |
| Indirect election | परोक्ष निर्वाचन | Adverse effect | प्रतिकूल प्रभाव |
| Inspection | पर्यवेक्षण | Copy | प्रतिकृति |
| Deliberation | पर्यालोचन | Copyright | प्रतिलिप्यधिकार |
| Cattle Pounds | पशु अवरोध | Report | प्रतिवेदन |
| Award | पंचाज्ञा | Capitation tax | प्रतिव्यक्ति कर |
| Register | पंजीबन्धन | Prohibited | प्रतिषिद्ध |
| Registration | पंजीबद्ध | Prohibition | प्रतिषेध |
| Registration | पंजीयन | Countervailing duties | प्रति शुल्क |
| Eligibility | पात्रता | Writ of prohibition | प्रतिषेध लेख |
| Eligible | पात्रता के योग्य | Revoke | प्रतिसंहरण |
| Passport | पार पात्र | Direct election | प्रत्यक्ष निर्वाचन |
| Pass | पारण | Credit | प्रत्यय |
| Passed | पारित | Letter of Credit | प्रत्यय पत्र |
| Reward | पारितोषिक | Votes of Credit | प्रत्ययनुदान |
| Remuneration | पारिश्रमिक | Extradiction | प्रत्यर्पण |
| Receipt (Paper) | पावती | Guarantee | प्रत्याभूति |
| Preside | पीठासीन होना | First reading | प्रथम पठन |
| Presiding Officer | पीठासीन पदाधिकारी | Lower House | प्रथम सदन |
| Revision | पुर्नरीक्षण | Prime Minister | प्रधानमंत्री |
| Court of Appeal | पुर्नविचार न्यायालय | Form | प्रपत्र |
| Review | पुनरावलोकन | Influence | प्रभाव |

| | |
|---|---|
| Sovereign | प्रभु |
| Sovereignty | प्रभुता |
| Certificate | प्रमाण-पत्र |
| Authentication | प्रमाणीकरण |
| Entertainment | प्रमोद कर |
| Application | प्रयुक्ति |
| Application | प्रयोग |
| Exercise | प्रयोग |
| Reprieve | प्रविलम्बन करना |
| Select Committee | प्रवर समिति |
| Entry | प्रविष्टि |
| Entrance | प्रवेश |
| Accession | प्रवेशन |
| Migration | प्रवजन |
| Tranquillity | प्रशान्ति |
| Administration | प्रशासन |
| Administer | प्रशासन करना |
| Efficiency of administration | प्रशासन कार्यक्षमता |
| Efficiency of administration | प्रशासन कार्यपटुता |
| Administrative | प्रशासनीय |
| Administrative functions | प्रशासनीय कृत्य |
| Administered | प्रशासित |
| Training | प्रशिक्षण |
| Context | प्रसंग |
| Broadcasting | प्रसारण |
| Maternity relief | प्रसूति-सहाय |
| Maternity relief | प्रसूति-सहायता |
| Motion | प्रस्ताव |
| Preamble | प्रस्तावना |
| Proposal | प्रस्थापना |
| Estimate | प्राक्कलन |
| Regional Commissioner | प्रादेशिक आयुक्त |
| Territorial Jurisdiction | प्रादेशिक क्षेत्राधिकार |
| Regional Fund | प्रादेशिक निधि |
| Territorial Constituency | प्रादेशिक परिषद |
| Territorial Charges | प्रादेशिक भार |
| Authority | प्राधिकार |
| Authorised | प्राधिकृत |
| Province | प्रान्त |
| Accrual | प्राप |
| Accrue | प्राप्त होना |
| Receipt | प्राप्ति |
| Promissory note | प्रतिज्ञा पत्र |
| Incidental | प्रासंगिक |
| Accrual | प्रोद्भवन |
| Accrued | प्रोद्भूत |

**फ**

| | |
|---|---|
| Complaint | फरियाद |
| Forms | फार्म |
| Fees | फीस |
| Federal Court | फेडरल-न्यायालय |

**ब**

| | |
|---|---|
| Allocation | बँटवारा |
| Maintain | बनाये रखना |
| Arrest | बन्दी करना |
| Habeous Corpus | बन्दी प्रत्यक्षीकरण |
| Mortgage | बन्धक |
| Forces | बल |
| Custom duty | बहि शुल्क |
| Majority | बहुमत |
| Allotment | बाँट |
| Bill | बिल |
| Insurance | बीमा |
| Policy of insurance | बीमा-पत्र |
| Unemployment | बेकारी |
| Sitting | बैठक |
| Bank | बैंक |
| Board | बोर्ड |

**भ**

| | |
|---|---|
| Allowance | भत्ता |
| Provident Fund | भविष्य निधि |
| Recruitment | भर्ती |
| Partnership | भागिता |
| Rent | भाटक |
| Fare | भाड़ा |
| Charge | भार |
| Encumbered estate | भारग्रस्त संपदा |
| Government of India | भारत सरकार |
| Charge | भारित करना |
| Land Records | भू अभिलेख |
| Land tenure | भू घृति |
| Land Revenue | भू राजस्व |
| Corrupted | भ्रष्ट |
| Wage | मजदूरी |
| District | मण्डल |
| District Court | मण्डल न्यायालय |
| Magistrate | मण्डलाधीश |
| Commissioner | मण्डलायुक्त |
| Board | मण्डली |

Vote मत
Voting मतदान
Voter मतदाता
Suffrage मताधिकार
Dullness मतिमान्द्य
Arbitral Tribunal मध्यस्थ न्यायाधिकरण
Arbitrator मध्यस्थ
Arbitration मध्यस्थ निर्णय
Mental weakness मनोदौर्बल्य
Nomination मनोनयन
Mental deficiency मनोवैकल्य
Advice मन्त्रणा
Advise मन्त्रणा देना
Advisory Council मन्त्रणा परिषद
Council of Ministers मन्त्रि परिषद
Minister मंत्री
Death duty मरण शुल्क
Banking महाजनी
Advocate General महाधिवक्ता
Impeachment महाभियोग
Sanction मंजूरी
Honorarium मानदेय
Traffic in human beings मानवी-पण्य
Defamation मानहानि
Validity मान्यता
Guidance मार्गदर्शन
Demand माँग
Fishery मीन क्षेत्र
Exempted मुक्त
Headman मुखिया
Chief मुख्य
Chief Commissioner मुख्य आयुक्त
Chief Election Commissioner मुख्य निर्वाचन आयुक्त
Chief Justice मुख्य न्यायाधिपति
Chief Minister मुख्यमंत्री
Seal मुद्रा
Stamp duty मुद्रांक शुल्क
Capital मूलधन
Capital value मूलधन मूल्य
As the case may be यथास्थिति
Engineering यन्त्रशास्त्र
Petition याचिका
Traffic यातायात
Joining time योग काल
Reservation रक्षण
Tram Car रथ्यायान

Annul रद्द करना
Receipt रसीद
Escheat राजगामी
Diplomacy राजनय
Revenue राजस्व
Revenue Court राजस्व न्यायालय
Government of State राज्य की सरकार
Territory राज्य क्षेत्र
Extra territorial Operation राज्य क्षेत्रातीत प्रवर्तन
State Fund राज्य निधि
Council of states राज्य परिषद
Governor राज्यपाल
State list राज्य सूची
Opinion राय
Amount राशि
Nation राष्ट्र
Public debt राष्ट्र ऋण
President राष्ट्रपति
During the pleasure of the president राष्ट्रपति प्रासाद पर्यन्त
National High राष्ट्रीय राजपथ
Laws of Nations राष्ट्रों की विधि
Vacancy रिक्तता
Vacancy रिक्त स्थान, रिक्ति
Property रिक्थ
Bar रुकावट
Custom, Tradition रुढ़ि
Form रूप
Modification रूप भेद
Design रूपांकन
Railway रेल

## ल

Rent लगान
Impose लगाना
Commutation लघुकरण
Pending लम्बमान
Pending लम्बित
Licence लाइसेन्स
Cost लागत
To be applicable लागू होना
Profit लाभ
Dividend लाभांश
Instrument लिखित
Notice in writing लिखित सूचना
Writ लेख
Account लेखा

| | |
|---|---|
| Audit | लेखा परीक्षा |
| Votes on accounts | लेखा अनुदान |
| Document | लेख्य |
| Dealings | लेखादान |
| People | लोग |
| Public Notification | लोक अधिसूचना |
| House of the People | लोकसभा |
| Community | लोक समाज |
| Public Services | लोक सेवाएँ |
| Public Service Commission | लोक सेवा आयोग |
| Public health | लोक स्वास्थ्य |

**व**

| | |
|---|---|
| Plead | वकालत करना |
| Pleader | वकील |
| Promissory note | वचन पत्र |
| Engagement | वचन बन्ध |
| Merchant marine | वणित पोत |
| Major | वयस्क |
| Adult suffrage | वयस्क मताधिकार |
| Will | वसीयत |
| Freight | वस्तु भाड़ा |
| Bill of conveying | वहन पत्र |
| Allotment | बंटन |
| Freedom of speech | वाक स्वातन्त्र्य |
| Commerce | वाणिज्य |
| Consul | वाणिज्य दूत |
| Commercial | वाणिज्य सम्बन्धी |
| Cause | वाद |
| Issue | वाद पद |
| Controversy | वाद प्रतिवाद |
| Cause of action | वाद मूल |
| Debate | वाद विवाद |
| Subject matter | वाद विषय |
| Future market | वायदा बाजार |
| Airway | वायु पथ |
| Annual | वार्षिक |
| Annual financial statement | वार्षिक वित्त विवरण |
| Annuities | वार्षिकी |
| Debit | विकलन |
| Unsound mind | विकृति चित्त |
| Sale tax | विक्रय कर |
| Dissolution | विघटन |
| Consideration | विचार |
| Motion for consideration | विचारार्थ प्रस्ताव |
| Distribution | वितरण |

| | |
|---|---|
| Finance | वित्त |
| Finance bill | वित्त विधेयक |
| Finance Commission | वित्त आयोग |
| Financial | वित्तीय |
| Financial obligation | वित्तीय भार |
| Financial statement | वित्तीय विवरण |
| Foreign affairs | विदेशीय कार्य |
| Foreign exchange | विदेशीय विनिमय |
| Legislation | विधान |
| Legislative Council | विधान परिषद |
| Legislature | विधान मण्डल |
| Legislative Assembly | विधान सभा |
| Legislative power | विधायिनी शक्ति |
| Question of law | विधि प्रश्न |
| Legal tender | विधि मान्य |
| Equal protection of law | विधियों का समान संरक्षण |
| Legal | विधि सम्बन्धी |
| Bill | विधेयक |
| Bill of exchange | विनिमय पत्र |
| Regulation | विनियम |
| Regulate | विनियमन करना |
| Appropriation | विनियोग |
| Appropriation bill | विनियोग विधेयक |
| Decision | विनिश्चय |
| Distribution | विभाजन |
| Dissent | विमति |
| Discrimination | विभेद |
| Air navigation | विमान परिवहन |
| Air traffic | विमान यातायात |
| Air Force | विमान बल |
| Redemption | विमोचन |
| Redemption charges | विमोचन भार |
| Deprive | वियुक्त करना |
| Respite | विराम |
| Repugnant | विरुद्ध |
| Repugnance | विरोध |
| Repugnancy | विरोध |
| Deed | विलेख |
| Returns | विवरण |
| Dispute | विवाद |
| Divorce | विवाह विच्छेद |
| Privilege | विशेषाधिकार |
| Motion of Confidence | विश्वास प्रस्ताव |
| Want of Confidence | विश्वास का अभाव |
| Subject | विषय |
| Dispersion | विसर्जन |

| | | | |
|---|---|---|---|
| Irrelevant | विसंगत | Governing body | शासी निकाय |
| Extent | विस्तार | Penalty | शास्ति |
| Explosive | विस्फोट | Instruction | शिक्षा |
| Visa | वीसा | Education | शिक्षा |
| Profession | वृत्ति | Technical Training | शिल्पी प्रशिक्षण |
| Profession tax | वृत्ति कर | Camp | शिविर |
| Increment | वृद्धि | Infant | शिशु |
| Pay | वेतन | Disciplinary | शिस्त |
| Salary | वेतन | Duty | शुल्क |
| Employment | रोजगार | Custom, Frontiers | शुल्क सीमान्त |
| Tidal waters | वेला जल | Void | शून्य |
| External Affairs | वैदेशिक कार्य | Sheriff | शरीफ |
| Voter | मतदाता | Research | शोध शोधना |
| Deprive | वंचित करना | Faith | श्रद्धा |
| Person | व्यक्ति | Labour | श्रम |
| Lapse | व्यपयत होना | Labour Union | श्रमिक संघ |
| Expenditure | व्यय | Stock Exchange | श्रेष्ठि चत्वर |
| Vocation | व्यवसाय | | |
| Order | व्यवस्था | | **स** |
| Behaviour, Conduct | व्यवहार | Competent | सक्षम |
| Dealing | व्यवहार | Session | सत्र |
| Civil Court | व्यवहारालय | Sessions Court | सत्र न्यायालय |
| Civil Court | व्यवहार न्यायालय | Prorogue | सत्रावसान |
| Civil Procedure | व्यवहार प्रक्रिया | During good behaviour | सदाचरण पर्यन्त |
| Civil Procedure Code | व्यवहार प्रक्रिया संहिता | Morality | सदाचार |
| Civil suit | व्यवहार वाद | Association | संस्था |
| Civil wrong | व्यहवार विषयक अपकृत्य | Treaty | सन्धि |
| Civil wrongs | व्यवहार विषयक दोष | Assembly | सभा |
| Civil power | व्यवहार शक्ति | Equality | समता |
| Trade | व्यापार | Dedication | समर्पण |
| Trade tax | व्यापार कर | Concurrent list | समवर्ती सूची |
| Trade mark | व्यापार चिन्ह | Company | समवाय |
| Trade Union | व्यापार संघ | Co-operative Society | समवाय संस्था |
| Savings | व्यावृत्ति | Assemble | समवेत होना |
| | | Intercourse | समागम |
| **श** | | Winding up | समापन |
| Power | शक्ति | Community | समुदाय |
| Condition | शर्त | Maritime shipping | समुद्र नौवहन |
| Ballot | शलाका | Estate | सम्पदा |
| Ballot system | शलाका पद्धति | Estate duty | सम्पदा शुल्क |
| Peace | शान्ति | Sovereign Democratic Republic | सम्पूर्ण प्रभुत्व सम्पन्न, लोकतंत्रात्मक गण |
| Perpetual Succession | शाश्वत उत्तराधिकार | | |
| Ruler | शासक | Conference | सम्मेलन |
| Governance | शासन | Government | सरकार |
| Government | शासन | Public demand | सरकारी अभियाचना |
| Govern | शासन करना | Amnesty | सर्वक्षमा |

| | |
|---|---|
| Supreme Command | सर्वोच्च समादेश |
| Advice | सलाह |
| Armed forces | सशस्त्र बल |
| Co-operative Society | सहकारी संस्था |
| Concurrence | सहमति |
| Auxiliary | सहायक |
| Subsidiary Grant | सहायक अनुदान |
| Hazardous | संकटमय |
| Resolution | संकल्प |
| Transition | संक्रमण |
| Computation | संगणना |
| Union | संघ |
| Union List | संघ सूची |
| Communication | संचार |
| Communicate | संचार करना |
| Means of Communication | संचार साधन |
| Consolidated Fund | सूचित निधि |
| Addressed | संयोधित |
| Assurances of transfer of property | संपत्ति हस्तांतरण |
| Contact | संपर्क |
| Consent | सम्पत्ति |
| Probability | संभावना |
| Guardian | संरक्षक |
| Appended | संलग्न |
| Contract | संविदा |
| Constitution | संविधान |
| Constituent Assembly | संविधान सभा |
| Amendment | संशोधन |
| Parliament | संसद |
| Institution | संस्था |
| Establishment | संस्थापन |
| Code | संहिता |
| Evidence | साक्ष्य |
| General Election | साधारण निर्वाचन |
| Social Insurance | सामाजिक बीमा |
| Social Custom | सामाजिक रुढ़ि |
| Social service | सामाजिक सेवा |
| Common stamp | सामान्य मुद्रा |
| Common seal | सामान्य मुहर |
| Public Notification | सार्वजनिक अधिसूचना |
| Public demand | सार्वजनिक अभियाचना |
| Common good public welfare | सार्वजनिक कल्याण |
| Public Order | सार्वजनिक व्यवस्था |
| Money Lender | साहूकार |
| Money Lending | साहूकारी |
| Contagious | सांसर्गिक |
| Infectious | सांक्रमिक |
| Convicted | सिद्ध दोष |
| Terminal Tax | सीमा कर |
| Frontiers | सीमान्त |
| Frontier duty | सीमा शुल्क |
| Demarcation | सीमांकन |
| Improvement Trust | सुधार प्रन्यास |
| Reformatory | सुधारालय |
| Relevant | सुसंगत |
| Relevancy | सुसंगति |
| Gazette Notice | सूचना पत्र |
| Interest | सूद |
| Formula | सूत्र |
| Formulated | सूत्रित |
| Court Martial | सेना न्यायालय |
| Service | सेवा |
| Condition of service | सेवा की शर्त |
| Employment | सेवा नियोजन |
| Service Charge | सेवा भार |
| Military | सैनिक |
| Demobilization | सैन्य वियोजन |
| Assign | सौंपना |
| Entrust | सौंपना |
| Transfer | स्थानान्तरण |
| Local area | स्थानीय क्षेत्र |
| Local Board | स्थानीय गण |
| Local Body | स्थानीय निकाय |
| Local Authority | स्थानीय प्राधिकारी |
| Local Board | स्थानीय मण्डल |
| Local Government | स्थानीय शासन |
| Local Self Government | स्थानीय स्वशासन |
| Establishment | स्थापना |
| Establish | स्थापित करना |
| Standing Order | स्थायी आदेश |
| Standing Committee | स्थायी समिति |
| Clarification | स्पष्टीकरण |
| Explanation | स्पष्टीकरण |
| Memorial | स्मारक |
| Possession | स्ववश |
| Discretion | स्वविवेक |
| Freedom | स्वातंत्र्य |
| Liberty | स्वाधीनता |
| Ownership | स्वामित्व |
| Royalty | स्वामिलभ्य |
| Royalty | स्वामित्व |
| Owner | स्वामी |

Bona vacancia — स्वामिहीनत्व
Own — स्वामी होना
Autonomy — स्वायत्तता
Personal law — स्वीय विधि

## ह

Title — हक
Entitled — हक होना
Remove — हटाना
Handicraft — हस्त शिल्प
Conveyance — हस्तांतरण पत्र
Transfer — हस्तांतरण
Instructions — हिदायतें

## क्ष

Injury — क्षति
Bill of Indemnity — क्षतिपूर्ति बिल
Competent — क्षमताशाली
Pardon — क्षमा
Area — क्षेत्र
Jurisdiction — क्षेत्राधिकार

नीचे लिखे शब्द भारतीय गणतंत्र के संविधान में प्रयुक्त हुये हैं। इन शब्दों के हिन्दी में समानार्थक शब्द व पद दिये जा रहे हैं।

## A

Abandonment — परित्यजन, परित्याग
Abridgement — न्यून
Abrogation — निराकरण
Access — प्रवेश, पहुंच
Account — लेखा गणना
Accrual — प्रापण, प्रोद्भवन
Accured — प्राप्त, प्रोद्भुत, उपार्जित
Accusation — अभियोग
Accused — अभियुक्त
Acquistion — अर्जन
Act — अधिनियम
Acting — कार्यकार
Actionable — अभियोज्य दोष
Adaptation — अनुकूलन सम्बोधित
Addressed — सम्बोधित
Adherence — अनुषक्ति
Adhoc — तदर्थ
Adjournment — स्थगन, अवधिदान, कालदान
Administer — प्रशासन करना
Administered — प्रशासित
Administration — प्रशासन
Administrative — प्रशासनीय
Administrative function — प्रशासनीय कृत्य
Administrator General — महाप्रशासक
Admiralty — नौकाधिकरण, नावाधिकरण
Admissible — ग्राह्य
Adoption — दत्तक ग्रहण, दत्तक स्वीकरण
Adulteration — अपमिश्रण
Adult suffrage — वयस्क मताधिकार
Advance — अग्रिम, धन पेशगी
Advice — मंत्रणा, उपदेश, सलाह
Advise — मंत्रणा देना
Advisory council — मंत्रणा परिषद
Advocate — अधिवक्ता
Advocate General — महाधिवक्ता
Affect prejudicially — प्रतिकूल प्रभाव डालना
Affirmation — प्रतिज्ञान
Agency — अभिकरण
Agent — अभिकर्त्ता
Agreement — करार
Air Force — बिमान बल, बायुसेना
Air navigation — विमान परिवहन
Air traffic — विमान यातायात
Air ways — वायु पथ
Alien — अन्य विदेशी
Alienate — अन्य संक्रमण करना
Alienation — अन्य संक्रमण, परकीयकरण
Allegation — अभिकथन, आरोप
Allegiance — निष्ठा
Allocation — बँटवारा
Allot — बाँट लगाना
Allotment — बाँट
Amensty — सर्वक्षमा
Amount — राशि
Annual — वार्षिक
Annual Financial Statement — वार्षिक वित्त वितरण
Annuity — वार्षिक
Annulment — रद्दीकरण
Appeal — अपील, पुनर्विचार, प्रार्थना
Appear — उपस्थित होना
Appended — संलग्न
Application — प्रयुक्ति, आवेदन पत्र
Appointment — नियुक्ति
Appropriation — विनियोग

| | |
|---|---|
| Appropriation Bill | विनियोग विधेयक |
| Approval | अनुमोदन |
| Approve | अनुमोदन करना |
| Arbitral Tribunal | मध्यस्थ न्यायाधिकरण |
| Arbitration | मध्यस्थ निर्णय |
| Arbitrator | मध्यस्थ |
| Area | क्षेत्र |
| Armed Forces | सशस्त्र सेना |
| Arrest | बंदी करना, बंदीकरण |
| Article | अनुच्छेद |
| Assemble | जमा होना, समवेत होना |
| Assembly | सभा |
| Assent | अनुमति |
| Assessment | कर निर्धारण |
| Assignment | समर्पण |
| Association | संस्था, संघ |
| Assurance of Property | संपत्ति हस्तान्तरण |
| As the case may be | यथास्थिति, यथा प्रसंग |
| Attachment | कुर्की, टांच |
| Attorney General | महान्यायवादी |
| Audit | लेख परीक्षा, गणना परीक्षा |
| Auditor General | महालेखा, परीक्षक |
| Authentication | प्रमाणीकरण |
| Authority | प्राधिकारी |
| Authorize | प्राधिकृत करना |
| Autonomous | स्वायत्त |
| Autonomy | स्वायत्तता, स्वायत्त शासन |
| Auxiliary | सहायक |
| Award | पंचाज्ञा |

## B

| | |
|---|---|
| Bail | प्रतिभूति, जमानत |
| Ballot | शलाका, शलाका पद्धति गूढ़पत्र |
| Bank | बैंक, अधिकोष |
| Banking | महाजनी, अधिकोषण |
| Bankruptcy | दिवाला |
| Bar | रुकावट |
| Benefit | हित |
| Betting | पण लगाना, पण क्रिया |
| Bicameral | दोघरा, द्विगृही |
| Bill | विधेयक, बिल |
| Bill of exchange | विनिमय पत्र |
| Bill of indemnity | परिहान विधेयक |
| Bill of lading | वहन पत्र |
| Board | मंडली बोर्ड, परिषद् |
| Body | निकाय |
| Body, Corporate | निगम निकाय |
| Body, governing | शासी निकाय |
| Bona Vacancia | स्वामिहीनत्व |
| Borrowing | उधार ग्रहण |
| Boundary | सीमा |
| Broadcasting | प्रसारण |
| Business | कारोबार |
| Bye-election | उपनिर्वाचन |
| Bye law | उपविधि |

## C

| | |
|---|---|
| Calling | आजीविका |
| Camp | शिविर |
| Candidate | अभ्यर्थी, उम्मीदवार |
| Cantonment | कटक, छावनी |
| Capacity | सामर्थ्य |
| Capital | मूलधन, पूंजी |
| Capital Value | मूलधन मूल्य |
| Capitation tax | प्रतिव्यक्ति कर |
| Carriage | परिवहन |
| Casting vote | निर्णायक मत |
| Cattle pound | पशु अवरोध |
| Cause | वाद |
| Cause of Action | वाद मूल |
| Central Intelligence Bureau | केन्द्रीय गुप्त वार्ता विभाग |
| Certificate | प्रमाण-पत्र |
| Certiorari | उत्प्रेरण लेख |
| Cess | उपकर |
| Chairman | सभापति, अध्यक्ष |
| Charge | दोषारोपण, अभियुक्त |
| Charge | भार, भारित करना |
| Charitable and religious endowments | दातव्य तथा धार्मिक धर्मस्व |
| Charitable institution | दातव्य संस्था |
| Charity | पूर्त दातव्य |
| Cheque | चैक, धनादेश |
| Chief | मुख्य, प्रधान |
| Chief Commissioner | मुख्य आयुक्त |
| Chief Election Commissioner | मुख्य निर्वाचन आयुक्त |
| Chief Judge | मुख्य न्यायाधीश |
| Chief Justice | मुख्य न्यायाधिपति |
| Chief Minister | मुख्यमंत्री |
| Citizenship | नागरिकता, पोरत्व |
| Civil | व्यवहारिक, असैनिक |
| Civil Court | व्यवहार न्यायालय, व्यवहारालय |
| | दीवानी या व्यवहार असैनिक शक्ति |

| | |
|---|---|
| Civil power | व्यवहार शक्ति, असैनिक |
| Civil wrong | व्यवहवार विषयक, अपकृत्य |
| Claim | दावा |
| Clarification | स्पष्टीकरण |
| Clause | धारा |
| Code | संहिता |
| Coinage | टंकण |
| Colonization | उपनिवेशन |
| Commerce | वाणिज्य |
| Commercial | वाणिज्य संबंधी |
| Commission | आयोग |
| Commissioner | आयुक्त |
| Committee | समिति |
| Committee, selection | प्रवर समिति |
| Committee, standing | स्थायी समिति |
| Common good | सार्वजनिक कल्याण |
| Common Seal | सामान्य मुद्रा, सामान्य मुहर |
| Communicate | संचार करना |
| Communication, Means of | संचार साधन |
| Community | लोकसमाज, समुदाय |
| Commutation | घुमकरण |
| Company | समवाय, कंपनी |
| Compensation | प्रतिकर क्षतिपूर्ति |
| Competent | सक्षम |
| Complaint | फरियाद |
| Comptroller and Auditor General | नियंत्रक तथा महालेखा परीक्षक |
| Computation | संगणना |
| Concurrence | सहमति |
| Concurrent list | समवर्ती सूची |
| Condition | शर्त |
| Conditions of service | सेवा की शर्तें |
| Conference, want of | विश्वास का अभाव |
| Conscience | अंतकरण |
| Consent | सम्मति |
| Consent, Previous | पूर्व सम्मति |
| Consequential | आनुषंगिक |
| Consideration | विचार |
| Consolidated fund | संचित निधि |
| Constituency | निर्वाचन क्षेत्र |
| Constituency, territorial | प्रादेशिक निर्वाचन क्षेत्र |
| Constituent Assembly | संविधान सभा |
| Constitution | संविधान |
| Construe | अर्थ करना |
| Consul | वाणिज्य दूत |
| Consultation | परामर्श |
| Consumption | उपभोग |
| Contact | संपर्क |
| Contagious | सांसर्गिक |
| Contempt | अवमान |
| Contempt of Court | न्यायालय का अवमान |
| Contex | संदर्भ, प्रसंग |
| Contingency Fund | आकस्मिकता निधि |
| Contract | संविदा |
| Contravention | प्रतिकूलता उलंघन |
| Contribution | अर्थदान |
| Control | नियंत्रण |
| Controversy | प्रतिवाद |
| Convention | अभिसमय, प्रथा, रुढ़ि, परंपरा |
| Convenyance | संपत्ति हस्तांतरण |
| Convicted | सिद्धदोष, अभिशस्त, दोष प्रमाणि |
| Conviction | दोष सिद्धि, अभिशस्त |
| Cooperative Society | सहकारी संस्था या संपत्ति |
| Copy | प्रतिलिपि, प्रतिकृति |
| Copyright | प्रकाशनाधिकार, कृति स्वाम्य |
| Corporation | निगम |
| Corporation, sole | एकल निगम |
| Corporation tax | निगम कर |
| Corresponding | तत्स्थानी |
| Corrupt | भ्रष्ट |
| Cost | परिव्यय खर्च, खर्च लागत |
| Council | परिषद् |
| Council of states | राज्य परिषद् |
| Council, tribal | जनजाति परिषद् |
| Countervailing duty | प्रतिशुल्क |
| Court | न्यायालय |
| Court,Civil | व्यवहार न्यायालय |
| Court, Criminal | दण्ड न्यायालय |
| Court, District | जिला न्यायालय |
| Court Federal | संघ न्यायालय |
| Court, High | उच्च न्यायालय |
| Court, Magistrate | दंडाधिकारी न्यायालय |
| Court martial | सेना न्यायालय |
| Court of Appeal | पुनर्विचार न्यायालय |
| Court of wards | प्रतिपालक अधिकरण |
| Court of Revenue | राजस्व न्यायालय |
| Court Session | सत्र न्यायालय |
| Court, Subordinate | अधीन न्यायालय |
| Court, Supreme | उच्चतम न्यायालय |
| Credit | प्रत्यय साख, पत्त, आकलन |
| Crime | अपराध |
| Criminal | अपराधी, आपराधिक, दण्ड संबंधी |

Criminal law दण्ड विधि
Currency चल अर्थ, मुद्रा प्रचलन
Custody अभिरक्षा, निरोध, कावल
Custom रुढ़ि, आचार
Custom duty बर्हि: शुल्क, सीमा शुल्क
Custom, Frontier शुल्क, सीमान्त

## D

Dealings व्यवहार लेन-देन
Debate वाद-विवाद
Debenture ऋण-पत्र
Debit विकलन
Debt ऋण
Decision विनिश्चय
Decree घोषणा
Dedication आज्ञप्ति, डिक्री
Deed विलेख
Defamation मानहानि
Defence प्रतिरक्षा
Deliberation पर्यालोचन, विचार विमर्श
Delimitation परिसीमन
Demand मांग अभियाचना
Demarcation सीमांकन
Demobilisation सैन्य वियोजन
Deprive वंचित करना
Deputy Chairman उपसभापति
Deputy Commissioner उपायुक्त, मण्डलायुक्त
Deputy President उपराष्ट्पति
Deputy Speaker उपाध्यक्ष
Derogation अप्रतिष्ठा, अपमान
Descent उद्‌भव
Design रूपांकण तक्ष
Detrimental अहितकारी
Diplomacy राजनय, कूटनीति
Direction निर्देश
Disability निर्योग्यता
Discharge निर्वहन
Disciplinary अनुशासन संबंधी
Discipline अनुशासन
Discovery आविष्कार
Discretion स्वविवेक
Discrimination विभेद
Discussion चर्चा, बहस
Dismiss पदच्युत करना
Disperse विसर्जन करना
Dispute विवाद
Disqualification नर्हता
Disqualify अनर्ह या अयोग्य ठहराना
Dissent विमति
Dissolution विघटन
Distribution वितरण, विभाजन
District जिला
District Board जिला परिषद्
District Council जिला सभा
District Fund जिला निधि
Dividend लाभांश
Divorce विवाह विच्छेद
Document लेख्य, दस्तावेज
Domicile अधिवास
Domiciled अधिवासी
Dullness मतिमान्य
During good behaviour सदाचार पर्यन्त
During the pleasure of President राष्ट्रपति प्रासाद पर्यन्त
Duty शुल्क कर्त्तव्य
Duty Custom सीमा शुल्क
Duty, Death मरण शुल्क, मृत्युकर
Duty, Estate सम्पत्ति शुल्क
Duty, Excise उत्पादन शुल्क
Duty, Export निर्यात शुल्क
Duty, Import आयात शुल्क
Duty, Stamp मुद्रांक शुल्क
Duty, Sucession उत्तराधिकार शुल्क

## E

Economic आर्थिक
Education शिक्षा
Efficiency of Administration प्रशासन कार्यक्षमता
Elect निर्वाचित करना
Elected निर्वाचित, चुने हुए
Election निर्वाचन
Election Commissioner निर्वाचन आयुक्त
Election, Direct प्रत्यक्ष निर्वाचन
Election, General साधारण निर्वाचन
Election Indirect परोक्ष निर्वाचन
Election Tribunal निर्वाचन अधिकरण
Electrol roll निर्वाचन नामावली
Electorate निर्वाचक गण, निर्वाचन क्षेत्र
Eligibility पात्रता, योग्यता
Eligible योग्य
Emergency आपात
Emergent आपाती
Emigration उत्प्रवास

| | |
|---|---|
| Emoluments | उपलब्धियां |
| Employer's liability | नियोजक दातव्य, नियोजक उत्तरवादिता। |
| Enactment | अधिनियम |
| Encumbered Estate | भारग्रस्त सम्पदा |
| Endorse | पृष्ठांकन करना, समर्थन करना |
| Endorsed | पृष्ठांकित अंकित |
| Endowment | धर्मस्व |
| Engagement | वचन बन्ध |
| Engineering | यंत्र शास्त्र |
| Enterprise | उद्यम |
| Entitled | अधिकारी, हकदार |
| Entrust | न्यस्त करना, सौंपना |
| Entry | प्रविष्टि, दाखिला |
| Equality | समता |
| Equal Protection of laws | विधियों का समान संरक्षण |
| Escheat | राजगामी धन |
| Establishment | स्थापना, संस्थापन, कर्मचारी वर्ग |
| Estate | संपदा |
| Estimate | आकप्राक्कलन, आगणन, अनुमान |
| Evidence | साक्ष्य |
| Excess profit | अतिरिक्त लाभ |
| Exclude | अपवर्जन करना |
| Exclusion | अपवर्जन |
| Exclusive jurisdiction | अनन्य क्षेत्राधिकार |
| Executive | कार्यपालिका |
| Executive power | कार्य-पालिका शक्ति या अधिकार |
| Exempt | मुक्त |
| Exercise | प्रयोग, अनुष्ठान |
| Exofficio | पदेन |
| Expenditure | व्यय |
| Explanation | व्याख्या, स्पष्टीकरण |
| Explosives | विस्फोटक |
| Export | निर्यात |
| Extend | विस्तार करना, फैलाना |
| External Affairs | वैदेशिक कार्य |
| Extradition | प्रत्यर्पण |
| Extra territorial operation | राज्य क्षेत्रातीत प्रवर्तन। |

## F

| | |
|---|---|
| Factory | कारखाना |
| Faith | धर्म भावना, श्रद्धा |
| Fare | भाड़ा, किराया, खाद्य भोजन |
| Federal Court | संघ न्यायालय |
| Fee | देय शुल्क |
| Finance | वित्त |
| Finance bill | वित्त विधेयक |
| Finance Commission | वित्तायोग |
| Financial | वित्तीय |
| Financial obligation | वित्तीय भार |
| Finance statement | वित्तीय वितरण |
| Fine | अर्थ दण्ड |
| Fishery | मीन क्षेत्र मीन पण्य |
| Forbid | निषेध करना |
| Forbidden | निषिद्ध |
| Forces | बल सेना |
| Foreign affairs | विदेशीय कार्य |
| Foreign exchanges | वैदेशिक विनिमय |
| Form | रूप, प्रपत्र, फार्म |
| Formula | सूत्र |
| Formulated | सूत्रीय |
| For the time being | तत्समय, उपस्थित समय के लिए |
| Freedom | स्वतंत्रता, स्वातंत्र्य, आजादी |
| Freight | वस्तु भाड़ा |
| Frontiers | सीमान्त |
| Function | कृत्य |
| Function, Administrative | प्रशासकीय कृत्य |
| Fund | निधि |
| Fund, sinking | निक्षेप निधि |
| Future market | वायदा बाजार |

## G

| | |
|---|---|
| Gambling | द्यूत, जुआ |
| Gazette | सूचना पत्र, राजपत्र |
| General Election | साधारण निर्वाचन |
| Govern | शासन करना |
| Governance | शासन |
| Government | सरकार, शासन |
| Government of State | राज्य की सरकार |
| Government of India | भारत सरकार |
| Governor | राज्यपाल |
| Grant | अनुदान |
| Grant in aid | सहायक अनुदान |
| Gratuity | उपदान |
| Guarantee | प्रत्याभूति |
| Guardian | संरक्षक |
| Guidance | मार्गदर्शन |

## H

| | |
|---|---|
| Habeas Corpus | बंदी प्रत्यक्षीकरण |
| Handicrafts | हस्तशिल्प दस्तकारी |

Hazardous संकटमय
Headman मुखिया
High Court उच्च न्यायालय
Honorarium मानदेय
House सदन
House of People लोकसभा

I

Illegal अवैध
Illegal Practice अवैधाचरण
Immuned उन्मुक्त
Immunity उन्मुक्ति
Impeachment महाभियोग
Implementing परिपालन
Impose दोषारोषण या कर लगाना
Imprisonment कारावास, कैद
Improvement Trust सुधार प्रन्यास
Incapacity असमर्थता
Incidental प्रासंगिक
Incompetency अक्षमता
Imcompetent अक्षम
Incorporation निगमन
Incumbent of an office पदधारी
Indebtedness ऋणग्रस्तता
Industry उद्योग
Ineligible अपात्र
Infants शिशु
Infectious सांक्रामिक
Influence प्रभाव
Influence undue अयुक्त प्रभाव
Ineritence दाय उत्तराधिकार
Initiate उपक्रमण करना, दीक्षा देना
Injury क्षति
Inland waterways अन्तर्देशीय जलपथ
Inoperative अप्रवृत्त
Inquiry परिपत्र जांच
Insolvency दिवाला
Inspection पर्यवेक्षण निरीक्षण
Institution संस्था
Instruction शिक्षा अनुदेश/हिदायत
Instrument लिखित, संविदा, विलेख दलील, उपकरण, साधन
Insurance बीमा
Intercourse समागम
Interest ब्याज
International अन्तर्राष्ट्रीय
Interpretation निर्वचन, व्याख्या
Intestacy इच्छापत्र, हीनत्व, निर्वासीयतता
Intestate इच्छा पत्र हीन, निर्वसीयत
Introduce पुरस्थापन करना
Introduction पुरस्थापना
Invalid अमान्य, असमर्थ
Invalidity pensions असमर्थता निवृत्ति वेतन
Investigation अनुसंधान
Involve अन्तर्ग्रस्त करना
Involved अन्तर्ग्रस्त
Irregularity अनियमितता
Issue वाद पद

J

Joining time योग काल
Joint family अविभक्त या संयुक्त कुटुम्ब या परिवार
Judge न्यायाधीश
Judge, Additional अपर न्यायाधीश
Judge, Extra अतिरिक्त न्यायाधीश
Judgement निर्णय
Judicial power न्यायिक शक्ति या अधिकार
Judicial proceeding न्यायकि कार्यवाही न्यायिक कार्यरीति
Judicial stamp न्यायिक मुद्रांक
Judiciary न्यायपालिका
Jurisdiction क्षेत्राधिकार
Justic Chief मुख्य न्यायाधीश

L

Labour श्रम
Labour Union श्रमिक संघ
Land Records भू अभिलेख
Land Revenue भू राजस्व
Land tenures भू धृति
Law विधि
Law of Nations राष्ट्रों की विधि
Legal विधि संबंधी
Legislation विधान
Legislative power विधायिनी शक्ति
Legislative Assembly विधान सभा
Legislative Council विधान परिषद्
Legislature विधान मण्डल
Letters of Credit प्रत्यय पत्र
Levy आरोपण, उदग्रहण, उगाहना
Liability दायित्व
Libel अपमान लेख

| | |
|---|---|
| Liberty | स्वाधीनता |
| Licence | अनुज्ञप्ति, लाइसेंस |
| Lieutenant Governor | उपराज्यपाल |
| Limitation | परिसीमा |
| List | सूची |
| List Concurrent | समवर्ती सूची |
| List, State | राज्य सूची |
| List Union | संघ सूची |
| Livelihood | जीविका |
| Loans | उधार ऋण |
| Local area | स्थानीय क्षेत्र |
| Local authorities | स्थानीय प्राधिकारी |
| Local board | स्थानीय मण्डली |
| Local body | स्थानीय निकाय |
| Local Government | स्थानीय शासन |
| Local self-Government | स्थानीय स्वशासन |
| Lockup | बंदीखाना |
| Lower House | प्रथम सदन |
| Lunacy | उन्माद |
| Lunatic | उन्मत |

## M

| | |
|---|---|
| Maintain | पोषण करना, बनाये रखना |
| Maintenance | पोषण |
| Major | वयस्क |
| Majority | बहुमत |
| Mandamus | परमादेश |
| Manufacture | निर्माण |
| Maritime shipping | समुद्र नौवहन |
| Maternity relief | प्रसूति सहायता प्रसूति साहाम्य |
| Member | सदस्य |
| Memo | ज्ञाप, स्मृतिपत्र |
| Memorandum | ज्ञापन |
| Memorial | स्मारक |
| Mental deficiency | मनोवैकल्य |
| Mental weakness | मनोदौर्बल्य |
| Merchandise Marks | पण्य चिन्ह |
| Merchandise marine | वणिक पोता |
| Migration | प्रव्रजन |
| Mind, Unsound | विकृत चित्त |
| Mineral | खनिज |
| Mineral resources | खनिज सम्पत्ति |
| Mining settlement | खनिज वसति |
| Minor | अवयस्क, अल्पवयस्क, नाबालिग |
| Minority | अल्पसंख्यक वर्ग |
| Misbehaviour | कदाचार |
| Modification | रूपभेद सुधार |
| Money bill | धन विधेयक |
| Morality | सदाचार |
| Motion of Confidence | विश्वास प्रस्ताव |
| Motion of No Confidence | अविश्वास प्रस्ताव |
| Municipal area | नगर क्षेत्र |
| Municipal Committee | नगर समिति |
| Municipal Corporation | नगर निगम |
| Municipal Tramways | नगर रथ्यायान, नगर ट्राम वे |

## N

| | |
|---|---|
| Nation Highways | राष्ट्रीय राजपथ |
| Naturalization | देशीयकरण |
| Naval | नौसेना संबंधी |
| Navigation | नौ परिवहन |
| Newspaper | समाचार-पत्र |
| Nomination | नाम निर्देशन, मनोनयन |
| Notice in writing | लिखित सूचना |
| Notification | अधिसूचना |

## O

| | |
|---|---|
| Obligation | आभार |
| Occupation | उपजीविका, धंधा |
| Officer | पदाधिकारी |
| Official residence | पदावास |
| Opinion | अभिप्राय राय |
| Order in council | परिषद आदेश |
| Order standing | स्थायी आदेश |
| Ordinance | अध्यादेश |
| Organization | संगठन |
| Owner | स्वामी |

## P

| | |
|---|---|
| Parliament | संसद |
| Partnership | भागिता |
| Pass | पारण आदेश या परिचय पत्र |
| Passed | पारित |
| Passport | पारपत्र |
| Patent | एकस्व |
| Pecuniary Jurisdiction | आर्थिक क्षेत्राधिकार |
| Penalty | शास्ति दण्ड |
| Pending | लम्बित लम्बमान |
| Pension | निवृत्ति वेतन |
| Permission | अनुज्ञा |
| Perpetual succession | शाश्वत उत्तराधिकारी |
| Perquisite | परिलब्धि |

Personal law स्वीय विधि
Piracy जल दस्युता
Plead वकालत करना
Police आरक्षक
Police Force आरक्षक दल
Policy of insurance बीमा पत्र
Port quarantine पत्तन निरोधा
Possession अधिकार, कब्जा
Preamble प्रस्तावना
Perference अधिमान
Prejudice प्रतिकूल प्रभाव, पक्षपात की भावना
Preside पीठासीन होना, सभापतित्व करना
President राष्ट्रपति
Presiding Officer अधिष्ठाता
Preventive detention निवारक
Prisoner काराबंदी
Privileges विशेषाधिकार
Process आदेशिका विधि
Proclamation उद्घोषणा
Proclamation of Emergency आपात की उदघोषणा
Prohibited प्रतिषिद्ध, निषिद्ध
Prohibition प्रतिषेध, निषेध
Proportional representation अनुपाती प्रतिनिधित्व
Proposal प्रस्थापना
Prorogue सत्रावसान
Provided परन्तु, बशर्ते कि
Proxy प्रतिपात्री
Publication प्रकाशन
Public debt राष्ट्र ऋण
Public demand सार्वजनिक अभियाचना
Public health लोक स्वास्थ्य
Public notification सार्वजनिक अधिसूचना लोक अधिसूचना
Public Order सार्वजनिक व्यवस्था
Public Service Commission लोक सेवा आयोग
Public service लोक सेवा

## Q

Qualification अर्हता
Quarantine निरोधा
Question of Law विधि प्रश्न
Quorum गणपूर्ति
Quo warranto अधिकारपृच्छा

## R

Ratification अनुसमर्थन
Reading, First प्रथम पठन
Receipt paper पावती रसीद
Recommend सिफारिश या संस्तुति करना
Recommendation स्तुति या सिफारिश
Record, Court of अभिलेख न्यायालय
Record of right अधिकाराभिलेख
Recruitment भर्ती
Recurring आवर्तक
Redemption charges विमोचन भार
Reference निदेश
Reformatory सुधारालय
Refundable to लौटाई जाने योग्य
Regional Commissioner प्रादेशिक आयुक्त
Regional Council प्रादेशिक परिषद्
Regional Fund प्रादेशिक निधि
Registered पंजीबद्ध, निबद्ध
Registration पंजीयन पंजी बन्धन, निबंधन
Regulation विनियम
Relevancy सुसंगति
Relevant सुसंगत
Remission परिहार
Remuneration पारिश्रमिक
Repeal निरसन
Representation प्रतिनिधित्व
Representative प्रतिनिधि
Reprieve प्रविलम्बन करना
Repugnancy विरोध
Repugnant विरुद्ध
Requisition अधिग्रहण
Reserved forest रक्षित वन
Respite विराम
Restriction निर्बंधन
Retire निवृत्त होना
Retirement निवृत्ति
Review पुनरावलोकन
Revoke प्रतिसंहार करना
Reward पारितोषिक
Rule of the road पथ नियम
Ruler शासक

## S

Sefeguard रक्षा, संरक्षण
Sale विक्रय
Sanction, previous पूर्व स्वीकृति
Savings बचतावृत्ति
Security प्रतिभूति जमानत
Sentence दंडादेश

| | |
|---|---|
| Service charges | सेवा भार |
| Session | सत्र |
| Single transferable vote | एकल संक्रमणीय मत |
| Sinking fund | निक्षेप निधि |
| Slander | अपमान वचन |
| Social custom | सामाजिक रुढ़ि |
| Social insurance | सामाजिक बीमा |
| Social service | सामाजिक सेवा |
| Sovereign | प्रभु |
| Sovereign Democratic Republic | सम्पूर्ण प्रभुत्व संपन्न लोकतंत्रात्मक गणतंत्र |
| Speaker | अध्यक्ष |
| Speech, Freedom of | वाकस्वातंत्र्य |
| Staff | कर्मचारी वृन्द |
| Stamp duties | मुद्रांक शुल्क |
| Standing orders | स्थायी आदेश |
| State Funds | राज्य निधि |
| Stock exchange | श्रेष्ठि चत्वर |
| Subject matter | वाद विषय |
| Subordinate officer | अधीन अधिकारी |
| Succession | उत्तराधिकार |
| Successor | उत्तराधिकारी |
| Sue | वाद लाना |
| Suffrage | मताधिकार |
| Suit, Civil | व्यवहार वाद |
| Summon | आवाहन |
| Superintendence | अधीक्षक |
| Supplementary Grant | अनुपूरक अनुदान |
| Supreme command | सर्वोच्च समादेश |
| Suspend | निलम्बित करना |

## T

| | |
|---|---|
| Tax Calling | आजीविका कर |
| Tax Capitation | प्रतिव्यक्ति कर |
| Tax Corporation | निगम कर |
| Tax Employment | नौकरी कर |
| Tax Entertainment | प्रमोद कर |
| Tax Export | निर्यात कर |
| Tax Profession | वृत्ति कर |
| Tax Income | आय कर |
| Tax Sales | विक्रय कर |
| Tax Terminal | सीमा कर |
| Tax Trades | व्यापार कर |
| Technical Training | शिल्पी प्रशिक्षण |
| Tenant | कृषक किसान असानी |
| Tender, legal | विधि मान्य |
| Tenure | पदावधि |
| Term | निबंध अवधि |
| Territorial charges | प्रादेशिक भार |
| Terriorial Jurisdiction | प्रादेशिक क्षेत्राधिकार |
| Territorial Waters | जल प्रागंण |
| Territory | राज्य क्षेत्र |
| Tidal water | वेला जल, ज्वार जल |
| Tolls | पथ कर |
| Trade marks | व्यापार चिन्ह |
| Trade Union | कर्मिक या व्यापार संघ |
| Traffic Human | मानव पणन |
| Training | प्रशिक्षण |
| Tramcar | रथ्यायान |
| Transfer | स्थानान्तरण हस्तान्तरण |
| Transition | संक्रमण |
| Transport | परिवहन |
| Transportation | निर्वासन |
| Treasure troves | निखात निधि |
| Treaty | संधि |
| Tribal Area | जनजाति क्षेत्र |
| Tribe | जनजाति |
| Tribunal | न्यायाधिकरण |
| Triennial | त्रैवार्षिक , तिसाला |
| Trust | न्यास |

## U

| | |
|---|---|
| Undischarged | अनुन्मुक्त |
| Unemployment | बेकारी |
| Union | संघ |
| Unity | एकता |
| Unsoundness of mind | चित्त विकृत |

## V

| | |
|---|---|
| Vacancy | रिक्ति, रिक्तता |
| Vagrancy | आहिडन, आवारागर्दी |
| Validity | मान्यता |
| Vice-President | उपराष्ट्रपति |
| Village Council | ग्राम परिषद् |
| Violation | अतिक्रमण |
| Visas | द्रष्टांक बीसा |
| Vocation | व्यवसाय |
| Vote, Casting | निर्णायक मत |
| Voter | मतदाता |
| Votes on account | लेखानुदान, गुण नानुदान |
| Votes of credit | प्रत्यायानुदान |

**W**

Wage — मजदूरी
Wage, Living — निर्वाह मजदूरी
Warrant — अधिपत्र
Will — इच्छा पत्र, बिल, वसीयत
Winding up — समापन
Writ — लेख, लिखित आदेश।

# FOREIGN WORDS

We are giving below a number of foreign words used in newspapers, standard books and magazines. Students are advised to learn these words. These words are many times seen in competitive examinations also.

## A

Ab aeterno (L.), from eternity. — अनादि काल से।
Ab ante (L.), from before. — पूर्व काल से।
Ab antiquo (L.) from olden time. — प्राचीन काल से।
Ab initio (L.), from the beginning. — आरम्भ से।
Ab intra (L.), from within. — भीतर से।
Ab irato (L.), in a fit of passion. — उद्वेग से, क्रोध से।
Abonnement (Fr.). subscription. — शुल्क, चन्दा।
Ab origine (L.), from the beginning. — आरम्भ से, आदि से।
Ad arbitrium (L.) at pleasure. — इच्छानुसार।
Ad extra (L.), outward. — बाहरी ओर।
Ad finem (L.), to the end. — अन्त तक।
Ad infinitum (L.) upto infinity. — अनन्त तक, अन्तिम सीमा तक।
Ad interim (L.), for the meantime. — बीच के समय के लिए, अन्तरिम।
A' discretion (Fr.), without restriction. — बिना किसी रुकावट, अबाध।
Ad modum (L.), after the method of. — रीति से, रीति के अनुसार।
Ad valorem (L.), according to value. — मूल्य के अनुसार।
Ad verbum (L.), word for word. — शाब्दिक रूप में, अविकल।
Advivum (L.), to the life. — जीवनपर्यन्त या तक।
Aequanimiter (L.) calmly. — शान्तिपूर्वक।
A' fond (Fr.), thoroughly — पूर्ण रूप से।
A' gauche (Fr.), to the left. — बाईं ओर।
Age quod agis (L.), do with all your power what you do. — जो कुछ करो अपनी पूरी शक्ति लगाकर करो।
Alinude (L.), from another place. — दूसरे स्थान से।
Allons ! (Fr.), come along, let us go ! — आओ हम लोग चलें।
Alter ego (L.), one's second self, intimate friend. — द्वितीय आत्मा, परम मित्र।
Alter ipse amicus (L.), a friend is another self... — मित्र दूसरी आत्मा है।
A' maximis ad minima (L.), from the greatest to the smallest. — सबसे बड़े से सबसे छोटे तक।

Amicus curiae (L.), a friend of the law-court. अदालत का मित्र।
Amicus humani generis (L.), a friend of humanity. मनुष्य जाति का मित्र।
Anglice (L.), in English, अंग्रेजी में।
Anima mundi (L.), the soul of the world संसार की आत्मा।
Animo et Jide (L.), by courage and faith. साहस और विश्वास से।
Annus mirabilis (L.), year of wonders. अद्भुत घटनाओं का वर्ष।
Ante bellum (L.), before the war. युद्ध के पहले।
Ante mer idiem (L.), before noon. मध्यान्ह (दोपहर) से पहले।
Antiquarium (L.), collection of antiquities. प्राचीन पदार्थों का संग्रह।
A posteriori (L.), from the effect to the cause. परिणाम से कारण तक।
A' propos (Fr.), to the point. आशय तक।
Arbitrium (L.), power of decision. निर्णय का अधिकार।
Arcana imperii (L.), state secrets. राज्य के गुप्त भेद।

## B

Bella, horrida bella (L.), wars, horrible wars. युद्ध, भयंकर युद्ध।
Bellum lethale (L.), deadly war. भयंकर युद्ध, भीषण संग्राम।
Biennium (L.), period of two years. दो वर्ष का काल या समय।
Bona fides (L.), good faith. सच्चा हृदय या विश्वास।
Bona mobilia (L.), movable goods. चल सम्पत्ति।

## C

Cadeau (Fr.), a present , a gift. उपहार, ईनाम।
Caeca est invidia (L.), envy is blind. ईर्ष्या अन्धी होती है।
Casus belli (L.), whatever involves a war. युद्ध का (आदि) कारण।
Caveat actor (L.), let the doer beware. करने वाला सचेत या होशियार रहो।
Centum (L.), a hundred, शत, सौ।
Cito (L.), quickly. शीघ्रता से।
Compos mentis (L.), of sound mind, sane. स्थिर चित्त वाला।
Consilio et animis (L.), by wisdom and courage. बुद्धि तथा साहस द्वारा।
Con spirito (It.), with spirit. उत्साह से।
Contra bonos mores (L.), against good manners or morals. सदाचार या नैतिकता के विरुद्ध।
Coram populo (L.), in the presence of the public. जनता की उपस्थिति में।
Coup de hasard (Fr.), a lucky chance. सौभाग्य।
Crimen falsi (L.), crime of perjury. विश्वासघात।
Culpa levis (L.), a slight fault. छोटा सा अपराध।
Currente calamo (L.), with a running pen. घसीट लिखावट में।

## D

Data et accepta (L.), expenses and receipts. आय-व्यय।
De bon augure (Fr.), of good omen. अच्छे शकुन का।
De die in diem (L.), from day to day. दिन-दिन, प्रतिदिन।
De facto (L.), really, in fact, actual. वस्तुतः सचमुच, यथार्थ में।
Dei gratia (L.), by the grace of God. ईश्वर की दया से।
De integro (L.), afresh, anew. नया, ताजा।
De jure (L.), by right, in law. अधिकार से, कानूनन।
Deo favente (L.), with God's favour. ईश्वर की कृपा से।
Deo gratias (L.), thanks to God. ईश्वर को धन्यवाद।
Deus avertat ! (L.), God forbid ! ईश्वर न करे।
Deus det (L.), God grant ! ईश्वर करे।
Dictum de dicto (L.), hearsay, report. जनश्रुति अफवाह।
Domine, dirige nos ! (L.), God, direct us ! ईश्वर हमें मार्ग दिखलावे।
Dum spiro, spero (L.), while I breathe, I hope. जब तक मैं जीवित हूँ मुझे आशा है, जब तक साँस तब तक आशा।

## E

Editio princeps (L.), original edition ( of a book). किसी पुस्तक की मूल प्रतिलिपि।
Eo nomine (L.), by that name. इस नाम का।
Erenata (L.), according to the exigencies of the case. मामले की आवश्यकता के अनुसार।
Et hoc genus omne, et id grnus ome (L.), and everything of this or that sort. और इस या उस प्रकार का प्रत्येक पदार्थ।
Et, tu, Brute (L.), and you too Brutus. और ब्रूटस तुम भी।
Ex curia (L.), out of court. अदालत से बाहर।
Ex delicto (L.), owing to crime अपराध के कारण।
Ex dono (L.), as a gift. उपहार के रूप में।
Ex officio (L.), by virtue of his office. पदाधिकारेण।
Ex parte (L.), on one side only. एक ओर से, एकतरफा।
Expressis verbis (L.), in express terms. स्पष्ट शब्दों में।
Ex tacito (L.), silently. चुपचाप।
Ex utraque parte (L.), on either side. दोनों ओर।
Ex voto (L.), according to one's prayer. प्रार्थना के अनुसार।

## F

Faber est quisque fortunae suae (L.), everyone fashions his own fortune. हर मनुष्य अपना भाग्य स्वयं बनाता है।
Facta non verba (L.), deeds not words. काम होना चाहिए, केवल शब्द नहीं।
Factum est (L.), it is done. कार्य हो गया।

| | |
|---|---|
| Fadaise (Fr.), a silly talk. | मूर्खता की बात। |
| Fait accompli (Fr.), a thing already done. | पहले से किया हुआ काम। |
| Fata obstant (L.), the Fate opposes it. | भाग्य इसके विरुद्ध है। |
| Fecit (L.), made or executed. | बनाया हुआ। |
| Fiat justitia, ruat clelum (L.), let justice be done, though the heavens should fall. | न्याय करो चाहे आकाश ही क्यों न गिर पड़े। |
| Fide et amore (L.), by faith and love. | श्रद्धा और प्रेम से। |
| Fidus et audax (L.), faithful and bold. | विश्वासी तथा साहसी। |
| Fillius nullius (L.), a bastard. | दोगला। |

## G

| | |
|---|---|
| Gaillard (Fr.), lively. | आनन्दपूर्ण, प्रसन्न। |
| Garcon (Fr.), a boy, bachelor. | लड़का, छोकरा, कुँआरा। |
| Gloria in excelsis (L.), Glory to God is the highest. | सबसे बड़ी महिमा ईश्वर की है। |

## H

| | |
|---|---|
| Hoc age (L.), attend to what you do. | जो करो उस पर ध्यान दो। |
| Hoc anno (L.), in this year. | इस वर्ष। |
| Hoc loco (L.), in this place. | इस स्थान में। |
| Hoc tempore (L.), at this time. | इस समय। |
| Hominis est errare (L.), to err is human. | दोष मनुष्य से होता है। |

## I

| | |
|---|---|
| Impromptu (L.), without study. | बिना अध्ययन का। |
| In abstracto (L.), in the abstract. | भाव रूप में। |
| In camera (L.), in the private room. | कमरे के भीतर, गुप्त स्थान में। |
| In curia (L.), in court. | न्यायालय में। |
| In equilibris (L.), in equilibrium. | बराबरी में, संतुलन में। |
| In esse (L.), in fact. | स्थिति में, वस्तुतः। |
| In extenso (L.), at full length. | पूरी तरह से। |
| Infra dignitatem (L.), below one's dignity. | मर्यादा के विरुद्ध। |
| In pace (L.), in peace. | शांति में। |
| In statu quo (L.), in the former state. | पहले की अवस्था में। |
| Inter alia (L.), among other things. | दूसरी वस्तुओं के बीच में। |
| In terrorem (L.), as a warning. | चेतावनी के रूप में। |
| Inter se (L.), amongst themselves. | परस्पर, आपस में। |
| In toto (L.), in the whole, entirely. | पूर्ण रूप से, निपट। |
| Ipso facto (L.), really. | सत्यता में, वास्तविक रूप में। |

## J

Jure divino (L.), by divine law. दैवी नियम से।
Jure humano(L.), by human law. मनुष्य के बनाये नियम पर।

## L

Labor ipsev oluptas(L.), labour itself is pleasure. परिश्रम ही आनन्द है।
Lapsus calami (L.), a slip of the pen. लेखनी की भूल।
Lapsus linguae (L.), a slip of the tongue. बोलने की चूक या भूल।
Lapsus memoriae (L.), a slip of the memory. स्मरण शक्ति की भूल।
Lese majeste (Fr.), high treason. राजद्रोह।
Lingua Franca (It.) a mixed language spoken by the Europeans. मिश्रित भाषा जिसको यूरोप के लोग बोलते हैं।
Locus standi (L.), place for standing, right of interfering. खड़ा होने का स्थान, हस्तक्षेप करने का अधिकार।
Lucri causa (L.), for the sake of gain. लाभ के लिये।
Lusus naturae (L.), a freak of nature. प्रकृति की विषमता।

## M

Magnum bonuni (L.), a great good. बड़ा उपकार या लाभ।
Magnum opus (L.), a great work. बड़ा कार्य।
Mala fide (L.), faithlessly, treacherously. विश्वासघात से।
Memento mori (L.), remember that thou shalt die. याद रख कि तू मरेगा।
Mirabile dictu (L.), wonderful to tell. कहने में विलक्षण।
Mirabile visu (L.), wonderful to see. देखने में विलक्षण।

## N

Nolens volens (L.), willing or not willing, whether he will or not. उसकी इच्छा हो अथवा न हो।
Noli me tangere (L.), do not touch me. मुझे स्पर्श मत करो।
Nota bene (L.), abbr. N. B. take notice, mark well. भली-भाँति ध्यान दो।
Nulli secundus (L.), unparalleled, second to none. अद्वितीय।
Nunc est bibendum (L.), now is the time for drinking. अब (मदिरा) पीने का समय है।

## O

Omnia bona bonis (L.), all things are good to the good. भले के लिये सब भला होता है।
Onus probandi (L.), the burden of proof. सिद्ध करने का आधार।

## P

Pari passu (L.), with equal pace, together. बराबरी की गति से, एक साथ।
Particeps criminis (L.), an accomplice. अपराध करने में सहायक।

Per annum (L.), per year. प्रति वर्ष।
Per centum (L.), by the hundred. प्रति सैकड़ा।
Per diem (L.), per day, daily. प्रतिदिन।
Per se (L.), by itself. स्वयं।
Populus vult decipi (L.), the people wish to be fooled. लोग मूर्ख बनना चाहते हैं।
Post mortem (L.), after death. मृत्यु के उपरान्त।
Post obitum (L.), after death. मृत्यु के बाद।
Prima facie (L.), on the first view. पहली दृष्टि में।
Primo (L.), in the first place. पहिले पहल।
Pro rata (L.), in proportion. अनुपात में, यथोचित।
Pro tempore (L.), for the time being temporarily. इस वर्तमान समय के लिय, अस्थायी रूप में।

## Q

Quid pro quo (L.), something given or taken as equivalent to another. दूसरी वस्तु के समान दी या ली गई कोई वस्तु।
Qui tacet consentit (L.), he who keeps silence consents. चुप रहने से स्वीकृति का अनुमान होता है, मौनं सम्मति लक्षणम्।

## R

Res gestae (L.), exploits. साहस के कार्य।
Resume (Fr.), a summary or abstract. संक्षेप, सारांश, तत्व।

## S

Sine die (L.), without a definite day, of a meeting adjourned for an indefinite period. बिना निश्चित दिन के, अनिश्चित काल के लिये स्थगित।
Sine odium (L.), without hatred. बिना घृणा के।
Sine qua non (L.), without which not, an indispensable condition. जिसके बिना न (हो सके), आवश्यक या अनिवार्य स्थिति।
Sponte sua (L.), of one's own accord. अपनी इच्छा से, अपने आप।
Status quo (L.), the state or condition in which a thing is existing. जिस स्थिति या अवस्था में कोई वस्तु हो, वर्तमान स्थिति।
Sub judice (L.), under consideration. विचाराधीन।
Suus cuique mos (L.), everyone has peculiar habits. प्रत्येक मनुष्य का अलग-अलग स्वभाव होता है।

## T

Terra incognita (L.), an unknown country. अज्ञात देश।
Tu quoque Brute ! (L.), and thou too Brutus ! और ब्रूटस् तू भी!

## U

| | |
|---|---|
| Ultima thule (L.), the utmost limit. | अन्तिम सीमा। |
| Ultra vires (L.), beyond one's powers. | किसी की शक्ति सामर्थ्य के बाहर। |

## V

| | |
|---|---|
| Vale (L.), farewell. | विदाई। |
| Veni, vidi, vici (L.), I came, I saw, I conquered. | मैं आया, मैंने देखा, मैंने जीता। |
| Versus (L.), (abbr.V.), against. | विरुद्ध। |
| Vice (L.), in place of. | बदले में, वास्ते। |
| Vice versa (L.), the order being reversed, the terms being exchanged. | क्रम बदल दिया गया, शब्द का क्रम उल्टा हुआ। |
| Vis-a-vis (Fr.), opposite, facing. | आमने-सामने। |
| Volente Deo (L.), God willing. | यदि ईश्वर की इच्छा हो। |
| Vox populi,vox Dei (L.), the voice of the people is the voice of God. | पंचों का कथन ईश्वर का वाक्य है। |

## X

| | |
|---|---|
| Xystum (L.), a shaded walk in a garden. | बगीचे का वृक्षों से आच्छादित मार्ग। |

## Z

| | |
|---|---|
| Zonam perdidit (L.), he has lost his wealth, he is in need of money | उसका धन चला गया, उसे धन की आवश्यकता है। |

# Covering Letters and Resumes

## Importance of Covering Letter

Covering letter आपके Resume के साथ भेजा जाने वाला एक महत्त्वपूर्ण document है जो Resume को पढ़ने से पूर्व आपके व्यक्तित्व का प्रथम परिचय Employer के साथ कराता है। Covering letter एक application की तरह लिखा जाता है जिसमें specific रूप से यह बताया जाता है कि आप किस Post / Vacancy हेतु आवेदन कर रहे हैं एवं इसके बारे में आपको जानकारी कहाँ से प्राप्त हुई। एक अच्छा लिखा हुआ Covering letter आपके Resume को सशक्त बनाता है, जो आपके साक्षात्कार (Interview) के Call प्राप्त होने में सहायक होता है।

**Covering Letter—Some Tips :**

**(1) Covering Letter Should be Clear, Simple and Brief :** Covering letter में Simple शब्दों का प्रयोग किया जाना चाहिए। जहाँ तक सम्भव हो Passive voice का प्रयोग करें। वाक्यों का अर्थ स्पष्ट रूप से, पढ़ने वाले के समझ में आना चाहिये। Covering letter, Brief होना चाहिए। किसी भी Employer के पास लम्बे-चौड़े Covering letter को पढ़ने का, न तो समय होता है, न ही वह कहानी को पढ़ना चाहता है।

**(2) It Should Possibly be Addressed in the Name of Employer :** Covering letter जहाँ तक सम्भव हो व्यक्ति के नाम से Addressed होना चाहिए। यदि Employer कोई Lady है एवं हमें यह पता नहीं है कि वह Miss है या Mrs. तो हमें Dear Ms.... से सम्बोधन करना चाहिए। यदि Employer का नाम पता नहीं है तो Dear Sir लिखा जा सकता है।

## Learn How To Preapare An Effective Covering Letter?

**(1) Heading :** अपना पता, फोन नं , फैक्स नम्बर एवं e-mail address etc पेज के top (Left , Right, or Centre) पर लिखें। एक बार Spellings एवं Phone Number तथा e-mail Address etc. अवश्य अच्छी तरह से Check कर लें। दाहिने तरफ दिनांक ........ को लिखें। Date निम्न प्रकार से लिखी जा सकती है जैसे :

15th October, 2005
October 15, 2005

**(2) Name and Address of the Employer :** Date के बाद एक line छोड़कर, बांये तरफ Employer का नाम एवं पूरा पता लिखें। यदि Employer का नाम ज्ञात नहीं है तो Advertisement में (जिससे Vacancy का आपको पता लगा है) जिस पद के व्यक्ति ने Vacancy निकाली है उसका नाम पद लिखा जाना चाहिए। जैसे :—

The General Maneger.
The Manager (HRD)
The Assistant General Manager (Marketing)

यदि नाम ज्ञात हो तो निम्न प्रकार से लिखा जाना उचित रहता है :

| **Mr. S.K. Jha** | or | **Sh. S.K. Jha** |
|---|---|---|
| General Manager | | General Manager |

**Mr. P.K. Srivastava** or **Sh. P.K. Srivastava**
Manager ( HRD) Manager ( HRD)

(3) **Subject :** Employer के Address के बाद एक लाइन छोड़कर, थोड़ा दायीं तरफ हटकर Subject लिखा जाता है। Subject के बाद Colon (:) लगायें एवं निम्न प्रकार से लिखें:

Subject : Application for the post of .........

Subject लिखने से employer को यह समझ आ जाता है कि यह किस हेतु प्राप्त हुआ है।

(4) **Salutation :** यदि Employer का नाम ज्ञात है तो Salutation निम्न प्रकार से लिखा जाना चाहिए :
Dear Mr. Jha, or Dear Sh. Jha, Dear Mr. Srivastava, or Dear Sh. Srivastava,

यदि Employer का नाम ज्ञात नहीं है तो Dear Sir or Dear Madam लिखा जा सकता है। Dear Sir के बाद Comma ( , ) अवश्य लगायें।

(5) **First Paragraph :** प्रथम Paragraph में यह स्पष्ट किया जाना चाहिए कि आपको इस Vacancy का पता कहाँ से किस माध्यम से लगा है यदि अखबार से पता लगा है तो अखबार का नाम एवं उसकी दिनांक का उल्लेख करें एवं जिस Post के लिए आवेदन कर रहे हैं उसके बारे में लिखें। जैसे :—

(a) In response to your advertisement published in the Hindustan Times dated 5th June, I am applying for the post of .... ... in your esteemed organisation.

(b) I came to know from some reliable source that a vacancy of .... exists in your esteemed company.

(c) Please find enclosed my resume in response to your advertisement in The Indian Express dated 5th June 05, for the post of Manager ( Sales).

इस तरह से first paragraph की शुरूआत की जानी चाहिए।

(6) **Second Paragraph :** इस Paragraph में अपने achievements, qualifications या skills के बारे में लिखा जा सकता है जो कि Employer की Requirement के अनुसार हो। इस Paragraph में Forceful words / Effective words का प्रयोग किया जाना चाहिए। यदि आपके achievements अधिक हैं तो उन्हें Bulleted करके लिखें।

(7) **Closing Paragraph :** Closing paragraph में Employer से Personal Interview हेतु requesting words का प्रयोग करना चाहिए।

(8) अन्त में Thanks लिखें या In anticipation of hearing positive response from you soon. लिखें।

(9) **Subscription and Signature :** यदि हमने Employer के नाम से Address किया है तो **Yours sincerely,** लिखें।

यदि Employer के नाम से Address नहीं किया है तो **Yours faithfully** लिखना उचित रहेगा।

Yours sincerely या Yours faithfully के बाद Comma ( , ) अवश्य लगायें। उसके नीचे Signature करें एवं Signature के नीचे Brackets में अपना नाम लिखें जैसे :—

Yours sincerely,
Signature
(P.K. Jaiman)

**Note**

***Covering Letter also plays an important role in getting you Interview call letter. It should be prepared meticulously and with due diligence.***

## Sample Covering Letters

**(1)**

121, M.T. Lane,
Kolkata—700023
Phone- 033-24566091
25th June ....

The General Manager ( Production)
KVS Technologies
Pillai Marg,
Kolkatta (W.B)

**Sub :** *Application for the post of Manager (Marketing).*

Dear Sir,

Please find enclosed my resume in response to your advertisement published in The Indian Express dated 20th June for the post of Manager (Marketing).

Your current need for Manager (Marketing) is an excellent match for my experience and abilities. Relevant to your needs, I offer :

* Proven abilities in marketing with practical experience of five years.
* Masters Degree in marketing and specialisation in advertising compaigning. All the more details are available in my resume. I am confident that you will find my qualifications, experience and achievements valuable for your esteemed organisation.

I look forward to your positive response.

Thank you for your consideration.

Yours faithfully
Signature
(S. Raizada)

**(2)**

3/819, New Colony,
Near Ganesh Temple,
New Delhi—11002,
Phone : 011-24596783
May 7, 2005

Mr. R.K. Gehlot
Personnel Manager
Quick Informatics
Qutab Road,
New Delhi—110022

**Sub :** *Application for the post of System Administrator.*

Dear Sh. Gehlot,

In response to your advertisement pulished in The Times of India dated 5th May, for the post of System Administrator, I am enclosing my Bio-data for your kind perusal.

As you see from my Bio-data, I am presently working for GE Technologies, as Computer Engineer. In my present position, I have been performing all the works relating to Computers maintenance and managing the peripheral of 80 computers satisfactorily for the last four years. My experience and qualifications have perfect match with your requirements.

I am sure you will find my practical experience and proven abilities, valuable for your esteemed company.

I would welcome hearing from you.

Thank you.

Yours sincerely
Signature
(Maneesh Gupta)

(3)

2/161 Vasundhara Block,
Near SMS Hospital,
Jaipur (Raj.)—302015
Phone : 0141- 2760795
10th May, 2005

Ms Sunela Mathur
Manager (HRD)
Prag Corporation
M.I. Road
Jaipur (Raj.)

**Sub :** *Application for the post of Program Coordinator.*

Dear Ms Mathur,

Please find enclosed my resume, for the post of Program Coordinator, advertised in the Indian Express dated 5th May.

I am a final year student of B.E. ( Computer Science) at IET College University of Rajasthan, Jaipur.

I will be completing my studies in November this year. My qualification and experience provide me excellent grounding for this position.

My reasons for applying for this position are two fold. Firstly, my qualifications and past experience (details given in my resume) have given me the necessary knowledge, skills and expertise needed to undertake the position of Program Coordinator. Secondly, I am well familiar with the working and responsibilities of a Programme Coordinator.

I am sure you will find my experience and qualification a perfect match to the requirements of your esteemed organisation.

In anticipation of a positive response.

Thank you.

Yours sincerely,
Signature
(R. Dayal)

(4)

2-1/3 Kolaba Road,
Mehandi Nagar,
Mumbai—400023
Phone- 022-23768917
4th May, 2005

The General Manager
Jakelane Corporation
40/ 41, 3rd Floor,
Manav Chamber,
Nariman Point
Mumbai—400021

**Sub :** *Application for the post of 'Trainee Programmer'.*

Dear sir,

I am enclosing my bio-data, in response to your advertisement published in The Indian Express dated 30th April, for the post of 'Trainee Programmer'.

I am well qualified for the post. I have also completed two projects as a part of my computer course structuring. I hope you will find me a suitable candidate for the post.

I like to assure you, better services with my whole hearted dedication and devotion to the duties.

Hope to get a positive response from you.

Thank you.

Yours faithfully,
Signature
(R.S. Sharma)

**(5)**

14, Mohan Nagar,
Sodala,
Jaipur—302015
Phone : 0141-2760795
12th May, 2005

The Personnel Manager
K.K. INFOTECH
South West Block
Near Ram Temple
Jaipur (Raj.)

**Reg :** *Application for the post of Office Assistant.*

Dear sir,

Please find enclosed here with my bio-data in response to your advertisement pulished in Dainik Bhaskar dated 10th May for the post of 'Office Assistant'.

I am a commerce graduate and have good expertise in tally 4.5, 5.4 and 6.3 versions. I am also well versed in M.S Office and Internet. I also have experience of One year in maintaining accounts .

I think my qualifications and experience is a perfect match to your requirements.

I assure you better services with my devotion to the duties entrusted to me.

Hope to hear a positive response from you soon.

Thank you

Yours faithfully
Signature
(D.K. Saini)

# Resume/Bio-Data/Curriculum-Vital

Resume / Bio-Data / Curriculum-Vital एक Candidate द्वारा नौकरी हेतु भेजा गया एक प्रपत्र है जो उसके बारे में Employer को बहुत महत्वपूर्ण जानकारी संक्षेप में देता है।

**Resume** *is an important document. It is the first introduction of a candidate to the employer, explains briefly complete background of the candidate, before meeting personally. Many corporate / organisations make a screening and shortlist the candidates on the basis of the informations provided by the candidate in his resume. Therefore resume plays very important role in the selection process. Resume / Bio-data , if not prepared and presented elegantly, intelligently, so as to create a positive impact / impression on the employer, it may become a hurdle in your selection, whatever deserving qualities, merits you may possess. So utmost care should be taken while preparing your resume.*

## Purposes of a Resume

(a) Resume एक प्रकार का Candidate का Advertisement होता है जैसे अधिकांश Advertisements का संदेश निम्न होता है :
If you buy this product, you will be benefitted directly by the specific qualities of this product.
इसी तरह Resume एक Employer को Introductorily यह convince करता है कि :
If you employ me, you will be benefitted because of my specifie qualities/ experience/ merits etc.
Resume को एक तरह से Interview call प्राप्त करने का एक Tool भी माना जाता है।

(b) Resume द्वारा Candidate, employer को अपना Contact Address, e-mail address एवं Contact Number भी देता है जिससे employer, candidate को आवश्यक सूचना दे सके।

(c) Resume द्वारा Candidate, Employer को अपनी Qualifications, Experience, Achievements, Skills के बारे में संक्षेप में बताता है।

(d) Candidates जो Art, Marketing Advertisement या Writing field से सम्बद्ध है, उनका Resume, उनके Skill को प्रारम्भिक रूप से व्यक्त करने का एक अच्छा माध्यम भी हो सकता है।

(e) Resume इस तरह से बना हुआ होना चाहिए कि वह यदि Emloyer, Resumes की Screening करता है तो हमारा Resume उसमें Select हो।

***Your resume is a one or two page document introducing yourself as a professional and helps the prospective employer to decide if you have the skill and experience , he specifically needs. Preparing a resume is not simply an act of recording some facts about you, to send off to the employer. Your resume is a targeted and carefully selected summary of your skills, experience and achievements relevant to a particular position or area of work. The presentment of information in the resume is extremely important because employer ordinarily spends one or two minutes scanning your resume for the most relevant information. If relevant facts are hidden or not easy to locate, you may miss your chance of getting a call for interview.***

## How To Prepare An Elegant Resume?

**Note the following points :**

**(1) The resume should be visually attractive:** वर्तमान Competitive युग में एक नौकरी हेतु हजारों Resume प्राप्त होते हैं। Employer प्राप्त Resumes में से कुछ Candidates को ही छांटकर Interview के लिये Call करता है। यदि आपके द्वारा भेजा गया Resume अन्य से हटकर दिखने में आकर्षक, आवश्यक जानकारियों को सही तरीके से समाहित किया

हुआ है तो Employer उस Resume को सावधानीपूर्वक पढ़ता है। अत: आपके Interview call प्राप्त होने के Chances बढ़ जाते हैं।

**(2) Uniformity and Consistency in the Use of Ilatics, Bullets, Stars, Bold Letters and Underlinings :** यदि आपके द्वारा Prepared Resume में fomatting marks के प्रयोग करने में Uniformity नहीं है तो यह Resume देखने में Attractive, eye pleasing नहीं लगेगा। यदि आपने एक Degree को Italics किया है तो सभी Degrees, Italics ही होनी चाहिए। यदि आप Left column को Bold करते हैं तो उस Column में लिखे सभी Points Bold ही करें।

**(3) No error :** Resume में Type error, gross grammatical error एवं Punctuation errors नहीं होनी चाहिएँ। Experience या Qualification में Date/ Month/ Year की error भी नहीं होनी चाहिए। Spelling mistakes आपके Resume का बहुत बड़ा Negative point हो सकता है। अत: अच्छी तरह से Spellings अवश्य Check करें।

**(4) All the Basic, Essential, Expected Facts and Figures be Included :** Resume में निम्न का समावेश अवश्य होना चाहिए :

(1) Name
(2) Present Address
(3) Permanent Address
(4) Phone No.
(5) E-mail Address
(6) Experience in reverse chronological order.
(7) Qualification in reverse chronological order.
(8) Your experience in reverse chronological order.
(9) Any other information that you feel important for the employer to know about you that is relevant for the job applied for.

आपके द्वारा प्राप्त Qualification, Experience, Job held इत्यादि Resume में लिखते समय, Reverse chronoligical order में ही लिखें अर्थात् सबसे पहले, आपके द्वारा acquired, highest qualification फिर उससे पूर्व प्राप्त qualification etc. लिखें। Experience भी Reverse chronogical order में लिखें। यदि आप वर्तमान में कोई Job कर रहे हैं तो सबसे पहले उसका उल्लेख करें, उसके बाद, इससे पूर्व यदि कोई Job किया है तो लिखें।

**(5) Resume should be targeted :** आप जिस Job हेतु apply कर रहे हैं, उसकी Requirements क्या हैं ? आप यह समझने/सोचने/जानने का प्रयास करें कि Employer को किस तरह के Candidate की आवश्यकता है। अपने Resume में Employer की आवश्यकता के अनुरूप बिन्दुओं को Highlight करें। Objective को इसी अनुरूप बनायें।

**(6) Highlight Your Strengths, Specific Skills and De Emphasise Your Weaknesses, If Any :** आपके Strong points आपकी Specific skills को Highlight करें। Resume में अपनी Strength को Properly organise करें। जिन बातों को आप Highlight करना चाहते हैं, उन्हें Bold Italics या Bulleted कर सकते हैं।

**(7) Objective Statement** : Resume में Name एवं Address के बाद Objective लिखा जाता है। जिसे Objective या Professional Objective या Career goals का नाम दिया जाता है। इस section में Briefly आप जिस Job position हेतु apply कर रहे हैं Objective Statement उसके समरूप/अनुरूप होना आवश्यक है। यह Objective Statement, vague, generalised न होकर specific एवं आपकी qualification/ career goal एवं Job/ Position applied के अनुरूप होना चाहिए। Objective statement में प्रयुक्त words, forceful तथा effective होने चाहिए। जैसे :

(a) The position as a System Administrator shall allow me to employ my skills in Computer Science and Information Technology.
(b) An opportunity to serve as a Manager (loans) will facilitate me to use my past experience for the benefit of this growth oriented bank.
(c) Serving as Manager (Accounts) shall give me ample opportunities to use my vast experience in accounts field for carrying out the job with best results.

## Sample Resume (General)–1

**(This part has been made bold . All the headings have also been made bold)**

**Name** : Sunil Sharma
**Date of Birth** : 22nd September, 1975
**Address** : 1310, Kovinam Block
Ansari Road,
New Delhi—100011
**Tel. No.** : 011-26126799
**e- mail Address** : sunil_sharma@yahoo.com

(The best way to indicate the telephone number is as given below. Do not give fancy terms like "Hello" etc. It really puts off an employer.)

**Academic Qualifications** : Here the details are given in a tabular form. Such tobles are not compulsory, but they do help in achieving clarity and readability.

| Degree/ Course | University/ Board | Year of Passing | Percentage |
|---|---|---|---|
| B. Com . | University of Delhi | 1995 | 78% |
| HSC | CBSE | 1992 | 80% |
| SSC | CBSE | 1990 | 76% |

**Technical Qualifications** : Doeacc 'A' level .
Secured 'S' grade in seven out of ten papers in 'A' level.
Pursuing Doeac 'B' level equivalent to MCA
**Work Experience** : Successfully completed a banking project involving computerisation of current accounts of customers. Worked as summer trainee conducting markct surveys for a leading market research company — Marketing And Advertising Innovations.
**Interests** : Reading nonfiction. Trekking.

Signature

## Sample Resume (General)–2

**Name** : R.K. Sharma
**Father's Name** : Mr. P.K. Sharma.
**Address** : 4/47, Shah Nagar, Near Nai Mandi
New Delhi — 110007
**Telephone No** : 011-22094521 (R)
**E-mail** : rksharma_147@yahoo.com.
**Date of Birth** : 25th April 1984
**Educational Qualifications** :

| Degree | University /Board | % Marks | Year |
|---|---|---|---|
| M.A. (Economics) | University of Delhi | 75 % | 2003 |
| B.A. (Maths) | University of Delhi | 78 % | 2001 |
| HSC | CBSE Ajmer | 85% | 1998 |

| | | |
|---|---|---|
| **Experience** | : | One year at Sandeep Associates as Cashier-cum-Accountant (Experience certificate enclosed). |
| **Hobbies** | : | Playing cricket , Reading Newspapers, Watching T.V. serials. |
| **Extra** | : | English Typing speed on computers 60 wpm.<br>Hindi Typing speed on computers 40 wpm.<br>Well versed in Tally 5.4 and 6.3 versions<br>Have good knowledge of MS Word, MS Excel . |

Sd/
(R.K. Sharma)

## Sample Resume (General)–3

| | | |
|---|---|---|
| **Name** | : | Jawahar Sharma |
| **Date of Birth** | : | 26th September, 1976 |
| **Address** | : | 314, Raghav Villa; Phool Bagh; Alwar (Rajasthan)—301001 |
| **Contact No.** | : | 0144-2345714 |
| **e-mail Address** | : | j_sharma1976@rediffmail.com |
| **Educational Qualifications** | : | |
| **M.Com.** | : | Merited Distinction with 77% from University of Rajasthan in the academic year 1994-95, specialised in Financial Accounting. |
| **B. Com.** | : | 83% with distinction in Commerce and Accounts, from Universsity of Rajasthan Jaipur in the academic year 1993-94 |
| **HSC** | : | Merited Distinction with 81% from CBSE in the academic year 1991-92 |
| **SSC** | : | Secured 76% from CBSE in the year 1989-90. |
| **Technical Qualifications** | : | Successfully completed the Advance Diploma in Software Engineering Course from Zee Computer Education.<br>Main Modules covered so far are :<br>MS- Office, Programming in FoxPro, LAN, Systems Analysis and Design, Internet and Web Page Designing. |
| **Project Undertaking** | : | Successfully completed a project involving computerisation of Library System using FoxPro 2.6 and Systems Analysis and Design. |
| **Extra-Curricular** | : | NCC cadet in college from 1992 to 1995 |
| **Activities** | : | Participated in inter-college debate and singing competitions. |
| **Interests** | : | Reading, Music, Cricket playing. |

Signature

## Sample Resume (General)–4

| | | |
|---|---|---|
| **Name** | : | Prakash Chandra Gupta |
| **Father's Name** | : | Sh. Ram Prasad Gupta |
| **Date of Birth** | : | 30-04-1975 |
| **Address** | : | 329-North Block , Near Jain Temple, Jaipur (Raj)—302012 |
| **Telephone No.** | : | 0141-24345714 |

**e-mail address** : prakash_gupta@yahoo.com

**Educational Qualifications** : B.Sc. (Maths) Ist Div.
M.A. (Economics) IInd Div.
LL.B. (Professional) Ist Div.
Post Graduate Diploma in Labour Laws and Personnel Management

**Experience** : Six Years in a Nationalised Bank (PNB) as Manger (Loans and Advances) Three times won Best Officer Award.

**Extra** : Having Zeal to face challenges and make the things happen as per the required parameters. Believe in Self and the Almighty. Well versed in working on computers.

**(P. C. Gupta)**
**Signature**

## Sample Resume (Professional)–5

Anu Matthew
Harvard University
Box D-31237
Cambridge, MA 02139
617-555-0384
amatthews@harvarduni.edu

**Objective** : To contribute my education and health management skills in a position with a fast growing and dynamic firm.

**Date of Birth** : 15th October, 1962

**Education** : **Bachelor of Science** Harvard University, Cambridge, Massachusetts, May 2003

**Relevant Courses** :
- Human Anatomy & Physiology I
- Human Anatomy & Physiology II
- Health Policy
- Organizational Analysis and Health Care
- Health Care Management
- Human Resource Management

**Health Management Skills** :
- Functioned as Public Health Representative for the Cambridge. Area Public Health Administration.
- Coordinated, Harvard University Public Health Awareness Week, 1996, 1997.

**Communications Skills** :
- Volunteered for an awareness campaign, distributing literature door to door, fielding questions.
- Handled all back-office management functions, including employee relations.
- Supervised order processing and routine upkeep of the business.

**Management Skills** :
- Coordinated efforts between customer needs and group personnel.
- Designed all market research analysis and projects for our clients.
- Delegated duties to other team members.

**Leadership Skills** :
- Lead the Youth Leadership Boston, a group dedicated to developing leadership skills.

- Elected Vice President of ANTI DRUG AWARENESS CLUB, a group dedicated to create awareness among the youth against drug addiction.

**Systems Abilities** :
- Microsoft Office
- HTML/Web Publishing
- Corel Draw
- Page Maker

Sd/
(A. Matthew)

## Sample Resume (Professional)–6

### K. Janei Green

358 University Bld., Apt. 3, Cyrsuse, NY 13747
Phone : (315) 555-3214 — Cell: (315) 555-3834
Email Address: kjanei@Cyrsuse.edu

**Profile**
- Motivated team player with expertise in deploying funds, research and organizational skills toward analyzing, upgrading, and streamlining complex marketing processes for improvement opportunities.
- Enthusiastic self-motivated, can boost productivity with economy thus ensure profitability.
- Goal-driven, with strong organizational skills.

**Educational Qualifications** Bachelor of Business Administration
Cyrsuse University, Syracuse, NY
Graduation Date: May 2003
Major: Marketing
Minor: Information Technology

**Experience** **Computer Lab. Manager**
Cyrsuse *University, Division of Information Technology, August 2000—present*
- Manage team of seven assistants in 35-desktop lab.
- Develop solutions for all aspects of lab usage.
- Ensure safety and security in the lab.

**Marketing Specialist**
*Manlius Temporary Services, Manlius, NY, May 2002—present*
- Function as versatile team player with ability to quickly assess, comprehend, and manage new business scenarios, customer groups, and product types.
- Play lead role in the development, rollout and management of numerous marketing campaigns for a variety of employers, including :
  - **Carrier Corporation**: Marketing Assistant in brand development department
  - **University Hospital Home Care Services** : Marketing Assistant in public relations department.

**Awards**
- Cyrsuse University Business School Foundation Merit **Honors** Award in Marketing
- Outstanding Marketing Senior Award
- Who's Who Among American College Students

Sd/
(K. Janei Green )

# Group Discussion

## What's A Group Discussion?

Group Discussion or G.D. (Short form) वर्तमान परिप्रेक्ष्य में Candidates के चयन का एक महत्वपूर्ण Tool बन गया है। G.D. द्वारा Candidate की Personality के विभिन्न पहलुओं का आँकलन किया जाता है। आर्थिक जगत में एक व्यक्ति अकेला कुछ नहीं कर सकता, हर व्यावसायिक गतिविधि, समूह (group) में संचालित होती है। समूह में सभी को साथ लेकर चलना एवं एक Company के Objects को पूर्ण संतोषप्रद रूप से Achieve करना एक महत्ती आवश्यकता है। Candidate की Leadership qualities, Team Spirit एवं Interaction with fellow members in a positive way, कुछ ऐसी Qualities हैं जिनकी जाँच एवं आँकलन Group Discussion द्वारा किया जाता है। Group Discussion में सामान्यता 8 या 10 Candidates होते हैं। उन्हें एक Topic दिया जाता है एवं उन्हें उस Topic पर 25 से 30 Minutes में अपने विचार रखने होते हैं। Group में हर Candidate को एक विशिष्ट नम्बर (Distinct Number) दिया जाता है। Participants को अपना नाम बताने की आवश्यकता नहीं होती है वे एक-दूसरे को Number (No. 3 or No. 4 ) से सम्बोधित करते हैं। Group Discussion सामान्यतया English में होता है। सामान्यतया सभी Participants, round में Table पर इस प्रकार बैठते हैं, जिससे वे एक-दूसरे को देख सकें। Examiner Participants को एक Topic देता है एवं वहाँ से दूर चले जाता है। सामान्यतया स्थिति यह होती है कि Participants को Examiner दिखाई नहीं देता है। Examiner द्वारा यह भी तय नहीं किया जाता है कि कौन G.D. शुरू करेगा। (*Who will lead ? or Who will start the discussion ?*). Participants को 25 से 30 मिनट में दिये गये Topic पर Discussion करना होता है। Topic सामान्य रूप से Currently, Debatable, General Knowledge से सम्बन्धित ही होता है।

***A candidate with good knowledge of the topic has more chances of success. Good knowledge and Good communication skill with positive attitude are the key stones to get success in a Group Discussion.***

## How To Crack The Group Discussion Successfully ?

सामान्यतया Candidates द्वारा यह समझा जाता है कि Group Discussion का उद्देश्य उस Topic पर उसकी Knowledge की जाँच करना है। वास्तव में Group Discussion का उद्देश्य Candidates dh Personality की Positive एवं Negative aspects का आंकलन करना होता है लेकिन Topic की knowledge होना निश्चित ही बहुत महत्वपूर्ण है।

## Knowledge And Communication Skill Plays Very Important Role in Group Discussion

Communication Skill means 'Power of Expression'. In a group discussion, candidates are to talk effectively so that they are able to convince others. For convincing, one has to speak forcefully, logically and at the same time create an impact by his knowledge on the subject. A candidate who is successful in holding the attention of the audience creates a positive impact. It is necessary that you should be precise and clear. An evaluator does not look for the wordage used by you. Your knowledge on a given subject, your clarity of thought and your way of presentation, are the things that are evaluated. Irrelevant talks, your insincere approach, lead you nowhere. You should speak as much as necessary, neither more nor less and to the point. Group Discussions are not debating stages.

*Group Discussion* में सफलता प्राप्त करने हेतु निम्न बिन्दुओं पर ध्यान दें :

**(A) Team Spirit** : इस आर्थिक युग में व्यक्ति Team में कार्य करता है। Team को साथ लेकर चलना एक Executive/ Manager हेतु सबसे बड़ी आवश्यकता है। आजकल Group Discussion में सबसे ज्यादा महत्व Candidate की Team Spirit qualities को दिया जाता है।

***A candidate who lacks team spirit can't be a successful manager.***

**(B) Logical Reasoning :** दिये गये Topic के सम्बन्ध में अपने विचार Logical way में प्रस्तुत करना Group Discussion में सफलता हेतु बहुत महत्वपूर्ण है। Topic के सम्बन्ध में अपने विचारों को सही क्रम में दूसरों को Convince करते हुए प्रस्तुत करना आपकी तार्किक योग्यता/क्षमता को व्यक्त करता है।

**(C) Leadership Quality :** Candidates showing following traits have leadership qualities :

(1) He motivates other members to express their views.
(2) He coordinates and facilitates the other members to reach to a logical conclusion.
(3) He directs the group members to keep to the point if they move away from the given topic.
(4) He contributes to the discussion with his knowledgeable ideas and opinions and steer the conversation towards the concluding goal.

वास्तव में Leadership quality का अर्थ स्वयं को प्रधान बनाना या प्रमुखता देना नहीं है बल्कि सबको साथ लेकर चलना एवं Topic को समुचित रूप से Conclusion तक पहुँचाना है।

**(D) Flexible approach :** आपकी approach, Group Discussion में इस तरह की होनी चाहिए कि आप अन्य members द्वारा प्रस्तुत विचारों का सम्मान करें। आप अपने विचारों को किसी पर थोपने का प्रयास न करें। आप स्वयं के तर्क Topic के पक्ष या विपक्ष में final रूप से प्रस्तुत न करें बल्कि Discussion को शुरू होने दें एवं सभी के तर्कों को Conclude करते हुए अपने विचार समुचित तर्कों सहित रखें। आपको न तो emotional होना है न ही अपना final stand शुरू में व्यक्त करना चाहिए।

**(E) Initiative :** सामान्यतया यह देखा जाता है कि Candidates, Group Discussion को इसलिये initiate करने की शीघ्रता करते हैं, जिससे उन्हें Group Discussion, initiate करने के कुछ निर्धारित अंक (points) मिल जायें। ध्यान रखें, आप Group Discussion को उसी स्थिति में initiate करें जबकि आप दिये गये Topic से well versed हैं, आपको उसकी पूरी knowledge है। यदि आप Group Discussion को initiate तो करते हैं लेकिन बीच में अटक जाते हैं अन्य Members द्वारा प्रस्तुत तर्कों को coordinate नहीं कर पाते हैं या आप स्वयं निरर्थक तर्क देकर स्वयं को प्रभावशाली सिद्ध करना चाहते हैं तो आपको लाभ की जगह हानि उठानी पड़ सकती है। याद रखें यदि आप अपना first impression lose कर देते हैं तो आपको दूसरा chance, इसे ठीक करने हेतु प्राप्त नहीं हो सकेगा। अत: Group Discussion को initiate तब ही करें जब आपको Topic के सन्दर्भ में पूर्ण जानकारी हो।

**(F) Motivational approach :** Group Discussion में सभी द्वारा Participate किया जाना चाहिए। कई बार ऐसी स्थिति आती है कि Group Discussion में कई members को चाहते हुए भी अपने विचार रखने का अवसर रखने का नहीं मिल रहा होता है। ऐसी स्थिति में candidate को ऐसे members को अपने विचार रखने हेतु motivate करना चाहिए। यह Motivational approach, (सबको साथ लेकर चलने की योग्यता एवं क्षमता सबके प्रति उदार दृष्टिकोण) candidate की personality का महत्वपूर्ण Positive Aspect है।

**यहाँ यह भी ध्यान रखें कि यदि कोई** member **अपना विचार नहीं रखना चाहता है तो उससे बार-बार पूछकर हतोत्साहित नहीं करना चाहिए।**

**(G) Listening :** अन्य Members की बात ध्यानपूर्वक सम्मान सहित सुनना एवं अपने विचारों को Assertive way में रखना ये दोनों ही महत्वपूर्ण हैं। Candidate को इन दोनों में Balanced approach के साथ Group Discussion को आगे बढ़ाना चाहिए।

**(H) Mind your language : Very Important :** आप द्वारा Group Discussion में प्रयुक्त भाषा संयमित, शिष्ट एवं सशक्त होनी चाहिए। Group Discussion में निम्न प्रकार के वाक्यों का प्रयोग आपको Negative अंक दिला सकते हैं :

(a) No! you are wrong.
(b) How can you say so ?
(c) Don't be silly it is not true.
(d) You should not argue without having proper knowledge.

(f) Shit, this is not part of the topic......
(g) Yaar/Princy what are you talking ? or Why are you wasting our time ?

इनकी जगह निम्न वाक्यों का प्रयोग आपकी Maturity, Courteousness एवं Leadership qualities को व्यक्त करता है :

(a) You may be correct but in my opinion....
(b) As far as I know, it is not true .....
(c) You have every right to correct me but I have read this in .....
(d) I don't say that whatever you said in wrong, but I like to assert that ....
(e) You may also be right, but I feel .....

**(I) Don't let criticism bother you :** Group Discussion में कई बार group members मुख्य बिन्दु से हटकर आपको criticize करने लगते हैं। ऐसी स्थिति में आप न तो Temper lose करें, न उनसे उलझें बल्कि Positive way में ऐसे members को साथ लेकर बड़े धैर्य से अपने तर्क को देते हुए शान्त करने का प्रयास करें। कभी भी चेहरे पर तनाव या शब्दों में कड़वाहट प्रकट न होने पाये। Positive दृष्टिकोण रखते हुए Group Discussion को concluding stage तक पहुँचाने का प्रयास करें।

## Do's And Don't At Group Discussion

**The Don'ts :**

(1) Don't be nervous, shy or emotional.
(2) Don't try to bluff as the panel will easily figure out that.
(3) Don't allow the criticism bother you.
(4) Don't be frivolous, keep yourself to the point.
(5) Don't criticize other members.
(6) Don't use foul language or slang, like yaar, princy, shit etc.
(7) Don't lose your temper or calmness.
(8) Don't ridicule or make fun of any of the members.
(9) Don't impose on others yourself or your arguments.
(10) Don't interrupt a participant, unless he finishes his speaking.

**The Do's :**

(1) Stick to the point and address the group as a whole.
(2) Be logical while reasoning.
(3) Be assertive while putting your views.
(4) Listen to others attentively.
(5) Motivate others to speak.
(6) Keep calm and polite.
(7) Be positive and provide full contribution to the entire discussion.
(8) Use body language to the maximum.
(9) Speak in clear terms.

## Holding Key Position in a G.D.

There are certain tricks and formulae that help you retain key position for longer duration and that provide you more chances to put your views and directing the group to reach the desired goal. You should use these tricks or formulae with caution and at an appropriate time, otherwise you may presumed to be an oversmart guy :

(A) Whenever you start putting your views, give data, examples, anecdotes or you may quote some relevant proverbs to start with. The beginning should be interesting, thrilling and not boring, but relevant to the point. Your presentation should be neither short nor long, but reasonable and relevant to the topic.

(B) Use body language, use hand motions. When you start putting your views, use hands to count the points on your fingers which would give an impression that you have many more points in your head and so the other members won't cut you in between.

(C) If you notice that some members are busy in cross talking and someone, say No. 3 is sitting, looking depressed or nervous. This is the right opportunity to encash. Let's give a chance to No. 3, who hasn't expressed his valuable views so for. (Number 3 is the most nervous participant, who has been trying to get a chance to speak without success.) Use all your persuasive power, have mobilising approach, make sympathetic eye contact with him and encourage him to participate in the discussion. This shows a very positive personality trait of yours, that is, mobilising the fellow members and have considerate approach towards others.

(D) Aren't we distracting from the topic ? We have limited time at our disposal friends . Using such sentences acts as a death blow to the members, who are first busy in cross talking or speaking irrationally or putting forth irrelevant points. They may get silent and then it's again your turn to move in.

(E) If you are capable to speak on without pausing for long enough, the other group members will listen. Don't worry if anybody try to interrupt you, keep on putting forth your views, but don't show any tension, botheration on your face. Don't lose temper or be aggressive. Your approach must be Positive, Cooperating, Mobilising, Coordinating and Assertive also. You can use following expressions to start with :

(1) Well, my friends, may I request you to favour me with your kind attention.........
(2) Friends, may I request your kind attention for a minute, please........
(3) Friends, may I have your kind attention for a few minutes, please........
(4) Friends, may I request you all avoid cross talking and whispering, for a few minutes and lend me your ears.

## Group Discussion : B- Schools

Group Discussions are being used by 'B' schools as important tool for selection as they provide an insight into the personality of candidates in a very short time. Group Discussions are extensively used to find out, some important qualities of the candidates, that can't be evaluated in interview. Through Group Discussions, the examiners judge the initiative taken by the candidates, his confidence, his knowledge of the topic, his way of reasoning, and his way of presenting the facts and the most important is his way of dealing within the group.

Preparing for G.D. involves your knowledge about the current events and other topics of general interest. One must prepare in detail about such topics. One should keep in touch with the world through newspapers, TV, Magazines to enhance your awareness and knowledge about the topics of general interest.

Apart from acquiring thorough knowledge, the next most important point is to equip oneself with a lot of good manners and etiquette. Find the weakness of your personality and equip yourself with positive aspects of personality traits as mentioned in early headings. Once you are able to identify your weaknesses, you must get rid of them. Practise G.D. at home, with your friends at college or with your parents. Observe your behaviour meticulously and finally get rid of weaknesses noticed in your behaviour and manners.

# Some Examples Of Group Discussions To Guide You So That You Can Understand The Things Well

## Can India Get Rid of Corruption?

**Total members of the group** : Eight (All bearing numbers on their chest)

*As soon as the examiner withdraws from the scene,after apprising the modalities of the group discussion and announcing the topic '**Can India get rid of corruption?**', the participants feel somewhat relaxed. A few of the participants indulge in cross talking and whispering. Two candidates remain silent. One of them looking towards the direction the examiner went and made some strange comments and laughed himself. The noise becomes louder as the whispering and cross talks grows more prompt. At this stage No. 3 comes forward to shoulder responsibility, raises his voice a little so that he could be heard by all and addresses the group as a whole.*

**No. 3 :** Friends, may I request your kind attention for a few minutes, please? As you all know, we are here to participate in the group discussion and time allowed is also limited, so instead of indulging in talks and whispers, it is in the interest of we all that the process of group discussion be started. If you all agree, and allow me to submit the proposition for getting conducted the G.D. in an interesting and justified manner, I can put forth my submission.

*(In the group No.3 comes forward to shoulder the responsibility. He displays initiative, urge , and involvement. He is keen to achieve the target, taking the group along. He reflects team spirit and cooperative attitude and is able to get along harmoniously with all in the group. )*

**No. 2** : Yes, No. 3, I think we should start the process of group discussion without any further delay.

**No. 5** : Hey, please hold on, first of all we should decide , as to who will set the ball rolling. Don't make much hurry. We are having enough time and the topic is also boring one. Since long we have been hearing about corruption, but none to take care of it.

*(Unnecesary poking his nose , an unconstructive and lethargic approach).*

**No. 6** : Hold on No. 5 , you have yourself asked to determine the sequence, as who will set the ball rolling and without waiting, you have started giving your opinion about the topic.

**No. 5** : Mind No. 6, I haven't started giving my opinion. I have just told that the topic is boring one and even if I have started the discussion, what the wrong I have done. I have the right to speak and who you are, any way to object as such? If you like you may also speak but you can't stop me like this.

**No. 7** : Mr. 5 and Mr. 6, you must not quarrel as such . I am going to start the discussion now. Hear me please and don't disturb me, because I don't like the people who object unnecessarily and have no manners.

*(Self-centred approach, no team spirit).*

**No. 8** : No. 7, who authorised you, to speak first ? It is not you to decide the things.You know the examiner told us to conduct the discussion in a friendly and cordial manner.

**No. 1** : Surely, the examiner asked us to conduct the discussion in friendly and cordial manner. A lot of time has been consumed so far in irrelevant talks. Isn't it better to start the discussion. It we start it clockwise, I shall have to speak first, but if we start anticlockwise, let me ask No. 8 to proceed.

*(The candidate firstly shows his concern to achieve the desired objective).*

**No. 3** : Yes, friends, you will also agree with me that without wasting time any more, we should proceed to discuss the topic thread bare. Unless we decide the order in advance, there would be unnecessary confusion. If you all agree, we should go clockwise and ask No. 1, to set the ball rolling.

*(A logical and rational approach).*

**No. 4** : Yes, that's what I also wanted to say but I couldn't put forth my view due to unwarranted quarrelling and irrelevant discussions going on here.

*(Imitation but positive approach).*

**No. 1** : No. I have no objection I may start the discussion forthwith. Friends, corruption is a dishonest act, we all know, but most of the politicians are dishonest. Our country is a democratic country, which is governed by the politicians. When politicians are corrupt, then how can we think of getting rid of corruption? In my opinion, India can't get rid of corruption till the democratic system is substituted by a dictatorial one.That's all . Thank you.

*(No. 1 shows some leadership talent but have no original ideas and could not impress upon the group as a whole. Some specific training is necessary to groom the candidate as per the required parameters).*

**No. 2** : In my opinion, India should switch over to dictatorship and the dictator should be a man from Military and he must be authorised to shoot or get hanged all the corrupt persons, whether a political leader, a bureaucrat or a lay man unless we switch over to the dictatorship, India can't get rid of corruption.

*(One sided pessimistic approach).*

**No. 3** : Well, friends corruption hardly requires any explanation or definition to understand it fully Corruption is such a behaviour which deviates from the normal or law permitted course of action for the sole aim of fulfilling one's own pockets. Corruption exists in all walk of life today whether politics, administration or judiciary. The wide spread of corruption in India's public life is a matter of grave concern for every Indian citizen. Taking and giving bribe to get the work done has become a well accepted order of the day. Most of the people as my friend No.1 also blame politicians as sole cause for the existence of corruption in our country ....

**No. 4** : Mr. No. 3. What's wrong with No.1 ? He is right to say that politicians are dishonest and India is governed by the politicians and I also like to add that bureaucrats are nothing but the yes men of the political leaders and they are also well involved in the corruption. I fully endorse the views of No. 1.

*(Unnecessary putting hurdles).*

**No. 5** : I too agree with the arguments of No. 1 and No. 4 and I also like to say whether you agree or not but it's fact that none but a strong dictator can remedied the problem of corruption as suggested by No. 2 also. Every politician speaks against corruption but every politician is minting money by all unlawful means. In my opinion too, India can't get rid of this evil unless the democratic set up is substituted by the dictatorship.

*(Without waiting No. 3 to conclude, proceeds with own arguments. Unconcerned with others. Not a desired approach).*

**No. 3** : My dear friends, I do not differ with No.1, I haven't mentioned that No.1 is wrong. I haven't completed my arguments but O.K. If you people like to speak prior to me, I don't mind. Yes, No. 6, now you may take your turn. I shall take my turn after No. 8.

*(Not baffled with the hurdles instead encashed the opportunity to speak later so can sum up other arguments for own benefits. A clever and wise fellow).*

**No. 6** : No, I don't want to say any more I just wish to submit that No. 4 and 5 should not have spoken without No. 3 completes his arguments. It's wrong on the part of both of them without waiting for their turn, they spoken out. In my opinion, the sole cause of corruption in India is Elections. The politicians invest a lot of money in elections and if they win they get back the money by unlawful means and thus the corruption starts.

*(Positive and concerns with the rules once made, but lack of initiative and could not mobilise the group in desired directions, poor knowledge).*

**No. 7** : I agree with No. 6 that the basic cause of corruption in our country is the 'elections'. Either there should be no elections for ten years or once a man got elected, he should not be allowed to be elected again so the question of spending money in elections to come to the power again is finished for ever. That's all.

*(No pragmatic approach).*

**No. 8** : Ha..... Ha.....! What do you talk No. 7 ? There should be no elections for ten years or once a person is elected then he should not be allowed to be elected again. I think No. 7 has no knowledge of the constitutional provisions and even of the Fundamental rights granted to all the citizens.

*(Making a fun of others will cut yourself to a level. One must not resort to such tactics.)*

**No. 7** : No. 8, What the hell you think of yourself ? I can tell you every thing about the Constitution about the Fundamental Rights and the Directive Principles. You may not be knowing the difference between Fundamental Rights and the Directive Principles ? Can you tell me? A mannerless fellow, laughing unnecessary as if he is an apostle of knowledge.

*(A candidate who loses his calmness or tries to reply in the same coin, could never be a successful manager).*

**No. 8** : Mind your language No. 7. I know better than you about the Constitution. If you want to know anything about the constitution, I can give you tuitions, but for that you are to be my pupil.

**No. 3** : Well, No. 7 and No. 8, you will agree that we are here to conduct the Group Discussion in a friendly and cordial manner. I beg to submit that we should not speak anything personal. We should not reflect any ill feelings towards one another. Each of us has complete freedom to express his views and ideas and has right to differ with one another. I request all of you to understand the limitation of time and let us get the Group Discussion concluded in a proper manner. I think you all will agree with my humble submission. Yes, No. 8, please conclude your arguments.

*(A good way to deal in such situations without being emotional or getting involved in such arguments reflects your leadership qualities).*

**No. 8** : Thank you, No. 3, for giving me chance to speak again. In my opinion, with the application of law of the land, the provisions of IPC, CrPC, we can very well get rid of corruption. Nothing is impossible. We must not blame the politicians but it is the delayed justice, that's responsible for the present day corruption in our country. If the judiciary is taken to task, the corruption can be eradicated. That's all I want to say. Thanks everybody.

*(Unable to keep calm and maintain dignity, get involved with others for nothing material).*

**No. 3** : Yes, friends, No. 8 has also rightly pointed out Delayed Justice is one of the cause of corruption in our country. The topic of the day is, **'Can India get rid of corruption'?** In this matter my firm opinion is, yes! India can get rid of this cancerous evil. In our democratic set up the real power lies in the hands of common man, the voters. In our country, a peculiar thing is that corruption pours from upwards to downwards. If the rulers are honest everything can be set right, whether the bureaucrats or the system or the election process. Whatever loopholes are in any system can be checked if the rulers that means our political leaders have such determination and zeal to set the system right. The need of the hour is whenever we are to cast our votes, we must use them in favour of the leaders of high integrity and who are devoted and dedicated for the welfare of the nation. One more point, I like to mention that the common man must be awaken to fight the gigantic monster of corruption. The general public must raise voice against the corrupted personnel whether he is a politician or a bureaucrat. Nothing is impossible. If you see the word impossible, we find the hidden. POSSIBLE .... In these words I like to conclude that India can get rid of the corruption if the common mass is awakened and use his right of vote in favour of the leaders of high integrity. Thank you all for hearing me patiently and for the cooperation extended for getting the G.D concluded in a nice manner. Thank you again.

*(The candidate reflects positive attitude to solve the problem. He has original ideas and approaches the problem in a logical and rational manner with sincerity to give fair chance to all to speak. He does not try to impose himself or his views on others despotically but knows how to achieve the goal inspite of hurdles taking everyone with him. He can lead the team to achieve the desired goal and can be a successful manager.)*

## Euthanasia For The Incurables Is A Blessing

*There are only eight members in the group. Each one is identified by his chest numbers as usual. All the members are of the some age group and have similar qualifications. The examiner explains the rules and announces the topic "Euthanasia for the 'Incurables' is a blessing". As the examiner withdraws from the scene the candidates feel somewhat relaxed and a few of them resort to whispering aside, some of them remain silent and seem recollecting their thoughts while some indulge in cross talks. The noise grows louder, as some loud arguments between the two of the candidates take place and others participated in settling the matter. We find No. 5 raising his voice so that he could be heard and addresses the group as a whole ?*

**No. 5** : Please .... please, my friends! May I request your kind attention for a few minutes ?

*(Tried to take initiative).*

**No. 2** : I suppose No. 5, you want all of us to keep silence so that you could speak first.

*(Tried to cut others to a level for self gain, not a desired approach).*

**No. 5** : No, not at all my dear friend No. 2. I am not going to speak first on the topic unless all agree for that. I just wish to make a proposition for the consideration of you all, so that the G.D. for which we all are gathered here, could be started as per the order or sequence, you all agree.

*(Without taking anything personal , he clarifies his position and moves ahead).*

**No. 3** : My dear, No. 5, can you clarify the meaning of Euthanasia, if it means killing to a patient than how could it be a blessing. Killing can't be treated a blessing.

**No. 5** : Yes, No. 3, Euthansia means mercy killing. It means mercy killing those patients who are incurable and have been suffering for a long period, but couldn't be cured and there is no chance of getting cured. Killing such incurable patients is a blessing or not, is the topic of Group Discussion. Am I right ?

*(Helping attitude , a good approach).*

**No. 1** : Yes, you are right, but it is very difficult to decide whether a patient is curable or incurable. It's altogether possible that the doctors of our country may find the patient incurable, but he could be cured in USA. There is some hidden catche in this topic. Instead it should be called suicide.

*(Suspicious and poor show of knowledge).*

**No. 7** : Yes it seems very strange to me also. How could killing a person be deemed as blessing ?

**No. 8** : What's strange in the topic ? If No. 7 you are unable to understand it, better you withdraw. I don't find anything hidden in this topic, it is a very current topic. Recently a patient asked permission from the Supreme Court for mercy killing, but he wasn't granted the permission and after two days he died.

*(Arrogant way of dealing with the things).*

**No. 5** : Well, friends, as you all know that we have just 30 minutes to complete our Group Discussion. We have already lost 7 minutes, now we have only 23 minutes at our disposal .

*(Concerned to achieve the target).*

**No. 6** : Yes, it's better that the Group Discussion be started without losing any time further . Let's hear No 5, please.

**No 5** : Thanks No. 6. I was telling that we should have two rounds and each should get two minutes maximum in first round and in the second round one minute to each of us. Let's start with No. 1, if he is ready to speak.

*(The candidate shows eagerness to get the task completed smoothly. He is not got disturbed by the sudden objections and clarifies his position well, do not lose calmness and try to get everyone along. The candidate displays qualities of leadership and coordination.)*

**No. 1** : No, I shall not speak first. I shall speak in the last. No. 2, should speak now.

**No. 2** : Thanks No. 1, The topic of the Group Discussion is that "Euthanasia for the incurables is a blessing". It means that whosoever is incurable, he has no right to live in this world. Whether a person is incurable or curable, it is a difficult proposition to decide. Many times it happens that the doctors declares about a patient incurable, but some miracle happens and the patient is cured. It also happened many times, that doctors are treating a patient for some another disease and the patient is not responding, but by a matter of chance a small dose of a simple medicine cures him. Moreover 'Life' and 'Death' are not in the purview of the human being. If we can't give anyone life, we have no right to take life of anybody. So in my opinion, Euthanasia can't be treated as a blessing. That's all.

*(The candidate shows patience and some originality of thoughts. He takes the responsibility assigned in good spirit. He can be groomed with training to suit the need of the company).*

**No. 3** : I don't believe in miracles as mentioned by No. 2 in his speech, but I agree with No. 2, that Euthanasia can't be treated as a blessing. How can we treat killing anybody a blessing.That's all.

*(Criticising others without any logic is not a good way to deal with the exercise).*

**No. 4** : I agree with No. 2. In my views Euthanasia or Mercy killing is an unlawful act and an unlawful act can't be a blessing.That's all. Thank you.

*(Lack of any ideas).*

**No. 5** : Well friends, a lot of light is already thrown over the topic by No. 2. I like to mention further that the call for Euthanasia surfaces in our society again and again, as it is doing now under the guise of death with dignity or assisted suicide. The incurables are crying out for help and love. Death can't be the answer to their sufferings. Medical facilities, love and affection must be given to the incurables. Sufferings and pain is manageable well now-a-days. Withdrawing or withholding treatments, to let the incurables die, is an unethical and immoral act. We must understand the difference between allowing nature to take its course and actively assisting death. Both life and death are not under the purview of human kind. No human has got the right to take innocent human life. No matter how we try to justify it. God has not given us this authority. If Euthanasia be treated a blessing for 'Incurables', then, where will it end ? Will the handicapped, or mentally retarded be the next ? Then one day we shall also justify the suicide. The concept of Euthanasia is in direct conflict with religion and ethical traditions. If the Euthansia be allowed and treated a blessing it will put all the moral, ethical and religion values to a tragic end. So in my opinion, Euthanasia is not a blessing either for the incurables or for any other kind of patients.That's all. Thank you for hearing me patiently.

*(Already shown some important traits of his personality like leadership and coordination and keenness to achieve the desired goal . He knows how to present his views and have originality of thoughts and ideas. He has balanced approach towards the problem. A deserving candidate.)*

**No. 6** : I have nothing new to say except that Euthanasia is unethical and an immoral act, so it can't be regarded a blessing.

**No. 7** : I agree with No. 2 and No. 5, they both have spoken a lot about the topic. I have no more words to speak about the topic. The time is also very limited so I finish my speech as such.

**No. 8** : I know, No. 7 can't say anything, but just copy No. 2 and No. 5.

**No. 7** : Why are you quoting me, No. 8, you mind your business ? You are such a lizard, who always try to find faults with others.

**No. 8** : How did you call me lizard ? I may also call you a pig, No. 7.

**No. 7** : Shame on you and on your manners ?

**No. 5** : My dear friends, you know well, the time is too short to complete the next round. Only three minutes are left No. 8, please complete your arguments. Please be kind enough to get this Group Discussion, complete smoothly. We must not take anything personal.

*(He tries his best to achieve the desired goal. Have respect and concern for the others , and knows how to tackle the problems in between. )*

**No. 8** : Okay. No. 5, I like to say that Euthanasia is an unethical, immoral and unlawful act. I don't believe in any religion, so I am not quoting the word religion. Man must not be allowed to assist death. So in my opinion Euthanasia can't be a blessing.

*(Overall assessment comes to nil and negative.)*

**No. 1** : I like to thank you all for giving me a chance to sum up the Group Discussion. No. 2, No. 5, and others also have spoken a lot about the demerits of Euthansia. I agree with all of them and have no more new arguments to speak on this topic. I endorse the views of No. 5. That's all. Thank you again.

*(Lack of confidence, lack of knowledge , suspicious).*

## The United Nations Has Become Redundant.

*As soon as the examiner retires to the background after apprising the participants the rules of the group discussion and declaring the topic of the group discussion, there prevailed an strange silence for sometime and soon the candidates become busy in cross talking and murmuring. Some speak to their neighbours and others indulge in cross talking with those sitting at distant chairs. The noise becomes louder leading to utter confusion. At this stage No. 7, who was so far sitting silently as if collecting his thoughts, raises his voice over the din so that he could be heard well by all the participants.*

**No. 7** : Friends, kindly pardon me for the interruption and please listen to me attentively for a few minutes, as I am going to make an important submission that you all will find interesting and beneficial for all of us and to carry out the group discussion smoothly, for which all of us are gathered here.

*( Candidates who were busy in cross talking and murmuring, taken by surprise and listened to No. 7. There was silence again and No. 7 got the opportunity to speak further).*

**No. 7** : Thank you very much for responding to my appeal. As you all know, that the examiner has allotted us only 30 minutes to complete the group discussion and we have already consumed five precious minutes so far. So unless we begin the discussion immediately, we may run short of time and won't be able to complete the task within the prescribed time. The topic is a current one, and everyone will like to say quite a bit on the topic. All of us should get equal opportunity to present the ideas or express his valuable views on the subject. Hence it's important that we must begin the exercise straight away without wasting any more time.

*(We find No. 7 taking the initiative and directing the group to the goal in a convincing manner . He also grasps the opportunity to speak and command the group with least friction and in a submissive way.)*

**No. 6** : No. 7 is right to point out the necessity of starting the G.D., but don't worry, we have plenty of time. The time limit prescribed 30 minutes is never adhered to. If we couldn't be able to complete the G.D. within 30 minutes, we will be allotted more time and none will stop us in between. Don't make such haste and don't be worried at all.

*(Support the initiative taken by No. 7 but unwarrantedly believe in delaying the things for no substantial reason.)*

**No. 3 :** Hey, No. 6, don't try to misguide us.You are talking as if you are a relative of the management and know every titbit details of the G.D.This is not a society or an election meeting where no time limit is fixed.We are here to attend Group Discussion and whatever time limit is prescribed can't be changed.

*(Use of offensive presentation shows lacking qualities of taking others along.)*

**No. 6** : What do you talk No. 3? You are an incredulous fellow. You see what happens today. If we were allotted more time, what would you like to lose? Moreover I know more tit bits than you atleast. You are like a babe, have no knowledge of this world.

**No. 3** : No. 6, You must mind your language. How dare you call me, incredulous or babe ? Are you a 'He' man? How could you be allowed to participate in group discussion for such a high level course ?

*(Easily offended and does not get across with others).*

**No. 6** : No. 3, are you the judge, or the employer? You are nothing more than a child. You not only look like a babe but your mental abilities also are not more than a child.

**No. 4** : No. 3 and No. 6, keep shut ! What the hell are you doing ? You are wasting our time in irrelevant fighting. I shall not allow you to disturb the whole Group Discussion. You can settle your personal scores after this G.D. or if you are more enthusiastic, you may withdraw immediately.

*(Using offensive and despotic language is a minus point of your personality.)*

**No. 6** : Who are you, No. 4, to tell me to shut up and withdraw from the G.D? I haven't indulged in any fighting, it was No. 3, who started the things.

**No. 7** : Friends, friends, please. We have to complete this G.D. within 30 minutes, we have already lost 6 minutes by now. I request you all to start the discussion, without further waste of time. I suggest that we should start clockwise and let No. 1 speak first. In the first round each one of us can speak maximum for two minutes and in the second round one minutes will be the time for every candidate. Isn't it O.K. ?

*(The initiative of No. 7 to solve the problems amicably and carrying out the task in desired direction shows his keenness to achieve the target inspite of common hurdles that come in the way.)*

**No. 4** : Yes it's O.K. That's what I meant to tell. These people have wasted a lot of our time.

**No. 8** : Yes, let us start the discussion, please.

**No. 7** : Yes, No. 1, please, open up the discussion.

**No. 1** : In my opinion, United Nations can't be treated as a redundant entity. India is trying to get a seat among the permanent members of the Security Council and we are talking that United Nations has become redundant. If it is a useless or redundant organisation, then what for India should strive hard to occupy a seat in the Security Council. In my opinion, United Nations is a prestigious organisation and has not become redundant. That's all. Thank you very much for hearing me peacefully.

*(Have no resourcefulness and originality of ideas).*

**No. 2** : I don't agree with No.1, up to the extent that since India is trying to become the permanent member of Security Council so United Nations is not a redundant entity. The history can reveal several facts, that India takes many illogical steps like talking with militants in Kashmir, requesting USA, not to supply warfare to Pakistan, knowing well that such actions are not going to bear any fruits. But the logic behind my agreeing with No. 1, is that since inception of United Nations, it has done a commendable task in maintaining and preserving peace in the world and so United Nations has not become redundant. Thanks.

*(Shows nature of finding faults a negative trait of personality).*

**No. 3** : Instead of talking to the point No 2 has involved himself in telling us the inappropriate actions of the government. I request you all not to indulge in irrelevant details and keep yourself to the point.

*(Shows nature of finding faults a negative trait of personality).*

**No. 2** : Mr. No. 3, you are not to comment upon my views. I have got all the right to speak, whatever I wish. Better you limit yourself within you, dear babe. You are really a babe as called by No. 6.

**No. 3** : No. 2, you have taken your time, now shut up and mind your language, otherwise I shall call you an ass.

**No. 2** : How dare you call me an ass. I will also call you a rascal bloody stupid, babe.

*(Quarrelsome and easily offended).*

**No. 7** : Please.... please, No. 2 and No 3, don't use filthy language please. We are being judged by the examiner. Nothing is personal here. I request to everyone not to comment upon the views expressed by other fellows. Take your time and be positive, so that the group discussion could be completed smoothly and within the prescribed time limit. I think No. 3, now you should start with your views, please.

*(Never lose the grip over the group, taking together everyone. Shows concerns for achieving the target and with coordination of all members . Reflects leadership qualities and team spirit).*

**No. 3** : Thank you No. 7. I actually want to tell you that United Nations begins its functioning in the year 1945 with 50 members in the beginning, with the sole objective to save the succeeding generations from the scourge of war. After that many wars have taken place. Indo-Pakistan war, Indo-China war, the Kargil conflict, the Iran-Iraq war, the USA-Vietnam war and the latest USA-Iraq war, but nothing could be done by UN, and so United Nations failed in its sole objective, and so in my opinion United Nations has become a redundant entity. Thank you.

*(Have some originality of thoughts but already lost some marks for finding faults with others).*

**No. 4** : I agree with No. 3, that United Nation was established for the sole aim of saving the mankind from the dangers of the War. After world War I and II it was thought to have an organisation which could control the nations to refrain them from indulging in wars, which killed thousands of innocent human beings. After 1945, when the United Nations came into being several wars have taken place and United Nations could do nothing to avert the war. Actually United Nations have no force of its own. Rarely it uses forces of member nations, but that's not to fight against a nation but as a peace keeping force. In such circumstances the role played by United Nations is limited to exert moral pressure, that doesn't work and so in my opinion United Nations has become redundant.

*(Have some original ideas but lost some marks for using offensive language. Unable to cope with the hurdle in a smooth manner).*

**No. 5** : I entirely disagree with No. 3 and No. 4. United Nations has played a crucial role in putting moral pressures over the waring nations and it has averted several wars . United Nations provides a platform through the meetings of the General Assembly and Security Council to raise voices against the waring nations. The opinions expressed by the member nations has a great moral effect on the waring countries. I don't remember exactly, as it is a question relating to history as to which wars could have been averted because of the United Nations, but it is a fact that United Nations has played very crucial role in averting war in the world. So in my opinion United Nation has not become redundant.

*(So far keeping silence . Have some original ideas but lacks in taking initiative. Some training could groom the candidate to achieve goal).*

**No. 6** : Whatever I wanted to speak is already spoken by No. 3 and No. 4 so I have nothing new to say. I totally agree with them, and in my opinion United Nation has become redundant.

**No. 7** : Thank you friends, for all the cooperation extended in carrying out this exercise smoothly. The United Natons was formed basically to save the succeeding generations from the scourge of war that we have witnessed twice in the shape of World War I and II that brought untold sorrow to the mankind . It has rightly pointed out by other candidates that after formation of United Nations several wars have taken place. The recent brutal unabashed agression on Iraq by the USA and the U.K has thrown to winds the basic principles on which the United Naitions was formed. With the division of USSR, now there is only one super power that is USA in the world. Might is Right . Who can challenge and stop the wrong actions of USA ? During Iraq war, USA and UK used various resolutions of United Nations to cripple the Iraq's military power and broken down its economic and social structures with the covert aim to change the regime of Saddan Hussain. The USA and the UK the so called champions of human rights utterly discarded the very base of the United Nations by attacking Iraq . Even the reports of United Nation's inspector that Iraqi officials were fully cooperating in their inspection work and not a single chemical or other war missiles or WMD (Weapons of Mass Destructions) were found by them, the USA was not satisfied. Both the countries proclaimed and propagated brazenly to use the weapons never used before, in the guise of liberating the Iraqi people. Many thousands of innocent civilians were killed and irreparable loss was caused to the Iraq's economic and social infrastructure. United Nations could do nothing. None could do anything to avert this war. Every nation kept silence, just to see the outcome of the one sided war. Not a single voice was heard to call an urgent emergency meeting of General Assembly to condemn the assault. This aggression on Iraq revealed the naked truth before the world, that neither United Nations nor any other organisation like NAM (Non-Aligned Movement) can save you from the whimsical aggression of the mighty powers. Unless the country is itself powerful to face the challenge it is not safe. As such so far relevancy of United Nations in order to avert or prevent the war, is concerned, it has become indeed redundant. But in other matters, like in health services, prevention of Aids, eradication of Polio, the Measles etc, the United Nation has played very commendable role. To sum up my views I may conclude that United Nations has become redundant so for its role to prevent the war is concerned but in other field it has been playing very rewarding role and serving the mankind in real sense. Thank you friends, for hearing me so peacefully and patiently. Thanks again.

*(Have knowledge of the topic, possess leadership qualities and balanced approach and getting the task completed in a submissive way. Deserve to hold better position. )*

**No. 8** : In my opinion as pointed out by No. 7 also United Nation has played very crucial role in many fields like medical and health services and in social and economic field also. United Nation has failed in its role of averting the war that's because it hasn't any force or power of its own. It is a voluntary organisation which draws its power from the positive role of members. In my opinion, some structural changes are necessary in its constitution, so that it could play an effective role in averting the war. In my opinion treating it redundant means we are forgetting its commendable role in other fields, thats not a correct proposition. That's all. Thank you.

*(Not involved in trivial thing , shows patience and have original thoughts. May be groomed as per the requirement of the task with some training , though lacks initiative .)*

## "Reservation In The Private Sector Is Necessory In Indian Context"

*The group consists of eight candidates. Each candidate was given chest numbers from 1 to 8. The examiner announces the rules of the group discussion and retires behind the curtains. It is to be noted that candidate can't see the examiner, but examiner can watch the activities of the candidates well. The time given to complete the group discussion is 30 minutes. The group has been apprised by the examiner that this exercise is not a debate but a friendly exchange of views. Every candidate is free to express his views in whatever order or manner he wants. As soon as the examiner withdrew from the scene, after announcing the topic of the group discussion,* ***"Reservation in Private Sector is necessary in Indian context"*** *the pin drop silence that prevailed so far was broken. The candidates feel somewhat relaxed and resort to conversation with one another. Some of them were speaking to their neighbours sitting left or right to them, while some indulged in cross talks. One or two were keeping silence as if trying to recollect their thoughts. One candidate was looking towards the curtain, whereto the examiner retired. No. 2 and No. 4 whispered something to No. 3, who requested them to have patience and to maintain silence. No. 3 took a look over to the group and raised his voice, so that he could be heard by all. He spoke to the group as a whole with confidence, assertiveness and with winning smile.*

**No. 3** : Friends, I think you all are aware to what the examiner has recently told us. The time given to us is only 30 minutes. We are to conclude this Group Discussion within the prescribed time. I am afraid, we have already lost a few minutes in talking and asking and recollecting our thoughts. It is very important that we begin the exercise without further delay. I have a proposition in this matter. We can begin this exercise with No. 1 and proceed clockwise, thus completing the round first with No. 8. During the first round I would propose that each one should speak maximum for two minutes and for the second round, one more minute will be available for each of us to conclude the discussion. I am sure you all will agree to my submission. Yes, come on No. 1, please set the ball rolling.

*(Boldly shoulder the responsibilty, takes initiative and shows enterprising aptitude with leadership qualities).*

**No. 1** : Please excuse me, No. 3, I have never spoken first in my life. I am a little hesitated. I request you either start from No. 8 anti-clockwise or if clockwise, I will speak after No. 8. Now No. 2 can take his turn if you go clockwise.

**No. 6** : Well No. 3, there is nothing wrong in what No. 1, says. If he is hesitated, then we can ask No. 2, to set the ball rolling.

*(Shows cooperative attitude).*

**No. 5** : No, no but its not okay. If we all have agreed to go clockwise then No. 1 should speak first. If we allow such deviation everyone may say to speak in the last. None is a leader here, who has command over speaking. I can't accept such excuses. Let No. 1 be spoken first, otherwise he should not be given chance to speak later on.

*(Obstinate and unnecessary making fuss for nothing).*

**No. 6** : If you don't agree, I can't help you. Do what you can ? I am firm in my views that if No. 1 has some hesitation in speaking first, we must not force him to speak and what the harm in allowing him to speak later on. What do you say No. 3 ?

**No. 3** : May I interrupt you No. 5 and No. 6 ? I understand what you both want to say, but aren't we deviating from the topic and losing our time in something altogether different? Let's concentrate on the topic and get going with the discussion.

*(Tries to solve the tangle by telling about the need of hour).*

**No. 8** : But we must resolve the issue first. No. 1 doesn't want to speak first and No. 5 and 6 do not agree on it. What's to do now ?

**No. 3** : If you allow me to make another proposal, we can either start anti-clockwise or we may call for volunteers. We may start with a volunteer who would like to open the discussion. Yes, No. 8, are you ready to speak first ?

*(Shows keenness to achieve the goal and cleverly encashes the opportunity to speak whenever he gets a chance).*

**No. 8** : Why should I ? I think we should call for volunteers or leaving aside No. 1, we can ask No. 2 to speak.

*(Lack of confidence and resourcefulness).*

**No. 3** : O.K yes No. 2, if you don't have any problem you open the discussion, please.

**No. 2** : Thank you No. 3, I have no problem in speaking first. I have been a great debater during my college days. I have participated in many debate competitions and won prizes. The topic of the discussion is 'Reservation in private sector is necessary in Indian context.' I am totally against any kind of reservation whether in public or private sector. Reservation of any kind is against the fundamentals of humanity. Men are born equal, they born in rich or poor family, in forward or backward caste , as per their deeds in early births. So if someone is suffering because he is Schedule Caste or Schedule Tribe, it means he has commmitted sins in his early birth, so he has to suffer in this life. This is what Geeta says, so in my opinion Reservation of any kind, Reservation in private or public sector is unwarranted unjustified. That's all. Thank you.

*(Unnecessary boasting about self is unwarranted.)*

**No. 6** : What a great saint you are No. 2 ? If you say that sufferings and pleasures in this life are the result of our past deeds. It means you are a fatalist. When every thing is already predestined, then why are we here to compete ?

*(Criticising others will reflect minus traits of your personality).*

**No. 2** : No. 6, you have no authority to comment on what I have spoken. Are you a judge ? Mind your own business. I think you are from a reserved category or if not a pro- reservation thinker.

*(Unnecessary losing your temper will cost your chance of selection.One must face the criticism calmly and one must never lose patience bacause of such triviliaties.)*

**No. 4** : Yes, it really seems that No. 6 is from of reserved category, and so he is offended.

*(Such comments shows a very negative way dealing with the things. A gross blunder.)*

**No. 6** : What do you mean to say ? Even if I am from a reserved category, you have no right to speak like that. You're a Manuwadi. Only a Manuwadi could speak like that.

*(Such comments shows a very negative way of dealing with the things. A gross blunder.)*

**No. 3** : My dear friends, please don't be personal. We must avoid commenting on others speech and also not indulge in accusing one another, as time is too short to complete the task, if you all permit me. I shall like to take my turn.

*(Positive traits of not getting involved with others and shows keenness and zeal to achieve the target in all circumstances).*

**No. 6** : I agree with you No. 3. But these Manuwadis have always advanced such silly argument against the downtroddens.

**No. 3** : Please No. 6, have patience and let me finish my arguments.Yes friends, as you all must be aware that provision for the reservation was made in our constitution for schedule castes and schedule tribes in order to facilitate their upliftment. The provisions were primarily made for ten years, and every time the reservation was extended for the next ten years and even after more that 57 years of Independence, there seems no chance of ending this reservation Now a demand is being raised by some politicians to extend reservation in private sector too. Any discerning observer could easily know the intention of these politicians that they want another rule to widen the scope of their vote banks. None would object against any move by the government to improve the lot of millions who are deprived, poor or backward. It's the duty of the state to provide appropriate facilities in the area of education, employment and other fields with a view to bring the people of certain castes and communities on equal footing. So far reservation in Private sector is concerned, it must be kept in mind that a private company is not a government department, that can survive even if its productivity is zero or running in loss. In this period of globalisation we can't compromise with merit. A company can survive in todays world, if it has a dependable, efficient and dedicated devotional work force to carry out different tasks. Nothing but highly technical skill, better administrative capabilities and capacities, undaunted devotion are the prime requirements for becoming successful in this competitive world. The policy of reservation has created different layers in the reserved categories also. Families once benefitted of reservation are seen generally getting benefits of reservation and the poor sufferers or backwards of that community remain poor inspite of all the provisions of reservation are available to them also. The reservation has divided the poor against the poor . It should also be kept in mind that there are poor in all communities, whether Brahmin, Kshatriya ar Vasya. A negative tendency is being percolated among the people demanding to be classified backward. Reservation in private sector means we are surrendering meritocracy for mediocrity in the name of securing vote banks. In my opinion government must review the entire issue of reservation. Mr. S.K. Munjal, President of Confederation of Indian Industry (CII ) sought a dialogue with the government to find a solution to the issue. He asserted that government should upgrade vocational education and skills of the weaker sections to make them employable. If we see the things in crude and real terms it is a fact that the problems of SC/ ST or backward classes can't be solved through reservation. A patch work approach would not work in the present environment of globalisation. The demand of reservation in private sector will ruin the present growth reflected by Indian Corporate and will be a blow to the nation's progress and development. So to conclude Reservation in Private Sector is an inappropriate proposition. Thank you friends for hearing me so peacefully and patiently.

*(Have original ideas and knows how to present the views logically and effectively. Displays knowledge of the topics and have balanced approach.)*

**No. 4** : Yes friends, No. 3, has given valid arguments against the reservation in Private sector. I totally agree with him and oppose reservation in Private sector in any manner.

**No. 5** : In my opinion, reservation is necessary for the upliftment of downtroddens. It must not be based upon caste or creed. It must be based upon economic and financial status of an individual. Reservation based upon caste has resulted into class conflicts and political leaders have used these caste to aggrandize their own benefits. I am in favour of Reservation even in private sector, but it must be based on economic and financial status of the individuals.

*(Have some original ideas but already lost the game with his obstinate approach).*

**No. 6** : In my opinion, Reservation was provided to the scheduled caste and scheduled tribes in our constitution, keeping in view their backwardness and poverty and the exploitation they had suffered by the upper classes since long. The SC/ ST were treated as untouchables by the upper class earlier. The Reservation gave them protection and chances to come on the equal footings. Even after more than 57 years of independence, in many places the atrocities on these backward caste has not be mitigated fully. Even today the sufferings or neglecting the lower and backward caste people are being justified quoting the Geeta or Ramayan, that the birth in lower caste is the result of misdeed committed in their early births. Such theories are being predicted by the Manuwadis. So far Reservation in private sector is concern I beg to say what's wrong with it. The private sector is also part of our society since they are earning through our society so they must support the downtrodden by giving them jobs on priority basis. They make a lot of investment on advertisement and other things but when asked to provide job to the backward class people, they start giving so many illogical arguments. I favour and earnestly demand that Reservation in private sector is necessary in Indian context.

*(Have original ideas but approach is offensive. Imbalanced and one sided approach. Lacking leadership qualities and team spirit. I am only right, can't take others along , so can't be a successful manager.)*

**No. 7** : I don't agree with No. 6. In my opinion, giving benefits to anybody on the basis of caste or creed is entirely against the fundamentals of humanity. Reservation means mediocrity in the functioning of government machinery. We can find hundreds of PSU, running in losses. Private sector can't digest such mediocrity in the present competitive world, so Reservation in Private sector is unwarranted and I vehemently oppose the proposition. Thanks.

*(So far keeping silence, self-centred , no initiative shown, unconcerned about what is going on in the surrounding. Lacks leadership qualities. Lot of training and improvement are needed for grooming as per need of the corporate. )*

**No. 8** : I am against the Reservation in Private sector. The Reservation in Public sector itself has created on antagonistic feeling between the forward and backward communities. In my opinion, reservation can't be based on the caste. Even if necessary it may be provided on the basis of economic status. That's all friends. Thank you.

*(No. original thoughts and unnecessary delays and gets entangled ).*

**No. 1** : All the friends have spoken a lot about the reservation. I endorse the views of No. 3, who dealt with the subject in detail. In my opinion No. 3 has given all the valid arguments. There is no need of any kind of reservation in Private Sector. That's all Thank you.

*(Just an imitation. Lacking necessary qualities of a leader. Have no thoughts of own).*

## Should The Capital Punishment Be Abolished?

*The group consists of eight candidates. Each candidate was given chest numbers from 1 to 8. The examiner announces the topic of group discussion and tells about the modalities and then retires in the background. Soon after the examiner exits from the scene, the prevailing pin drop silence turns into cross talks, murmuring, whispering and the noise becomes gradually louder. At this stage No. 5 raises his voice sufficiently loud to be heard by all in the group and speaks to the group as a whole.*

**No. 5** : Hey guy, this is a very current topic and I have strong points to tell you about it. As you are aware that time given to us is only 30 minutes, so without wasting any time further in irrelevant discussions, I like to put my views forthwith.

*(No. 5 tries to gain the marks meant for initiating the exercise, but he didn't show any concern for others. Instead of taking others into confidence he shows selfishness self-centered approach).*

**No. 7** : Please wait No. 5, you can't take the lead by speaking first. I am also here to speak first and I also have many strong and valid points on this topic, and am sure that my points are better than yours, so I shall speak first. Yes friends ....

*(Instead of taking the charge of discussion either after No. 5 or setting some order for getting the exercise go on smoothly , he objects No. 5 thus shows a quarrelsome and patienceless attitude and jealousy towards the fellow candidates).*

**No. 5** : No, I have raised my voice first so I will speak first who are you No. 7 to stop me from speaking first ? I can bet that my points are more relevant and valid than yours atleast on this subject. I have prepared it last night itself.

*(Unable to tackle the situation properly and gave up easily).*

**No. 7** : I can bet a big sum on the condition but you are to deposit the amount beforehand, otherwise where will I find you to recover the bet amount ? And who will judge O.K the group will decide, whose points are more strong,valid and relevant .O.K. guys, are you ready to become the judges ?

**No. 3** : No. 7 and No. 5, first settle your scores and let me speak first so that the process of group discussion is not delayed any more. You fool have no sense of wisdom. You are here to participate in group discussion but instead making this exercise a success, you have indulged in betting and gambling.

*(Encashes the opportunity to speak but the use of foul and offending language marred his personality to nil).*

**No. 7** : Mr. No. 3, first of all, I warn you to mind your language and beg sorry for the words (fools) you have used for me, I don't care what you call No. 5. Either you beg sorry or you are to face the muscles.

*(Losing the task of carrying out the discussion, gets involved in trivials).*

**No. 3** : You are more than a fool No. 7.You want to threaten me. I don't care. Do, what you can do? I also have the muscles to teach you a good lesson.

*(Quarrelsome attitude.)*

**No. 5** : No. 3, What do you think of you ? Are you a superman ? Are you a wrestler? Do you know I have been a boxer during my college days ? One punch is enough to make you beg sorry not once but thrice. Say sorry or face the punch. No. 5, rolls over the sleeves of his shirt.

*(Displays traits of a wrestler not fit for managerial responsibilities ).*

**No. 6** : Friends, friends please... Be kind enough to listen to me just for a few minutes. I am requesting especially to No. 3, 5 and 7. Friends nothing is personal here We must not use such words that may hurt the feelings of other members. As you all are wise gentlemen, you are surely aware to the limitation of time to complete this exercise. We have already lost six valuable minutes. I wish to submit a proposition, for carrying on this exercise in a proper and smoothen way. First of all it must be known to everyone that speaking first is not going to gain any significance or benefits. I can only say that I shall volunteer to speak in the last. Let's now start the discussion clockwise starting with No. 1, and ending with No. 8 and then I shall speak in the last . Every candidate should speak maximum for two minutes. If we had time after first round that can be utilised by us in concluding the group discussion. I think you all will agree with my proposition.

*(Encashes the opportunity to speak and tackles the explosive situation well , directs the group to the desired goal. Possesses leadership quality. )*

**No. 4** : Yes. I support this proposition.

**No. 1** : Yes. I do agree.

**No. 7** : O.K. I also agree with this proposal.

**No. 6** : Yes No. 1, now you please set the ball rolling.

**No. 1** : Presently when Death Penalty or Capital Punishment is still a valid punishment in our law books and being awarded to hardened criminals. The crime rate is increasing day by day. Think, if it is altogether abolished, it will be an encouragement to these criminals. Do we prefer everyone turns into a murderer, killer ? In fact more crimes should be taken into the purview of capital punishment. Rape should also be one of such crime for which dealth penalty must be awarded . Rape is a more heinous crime than a murder you know. A murderer kills a man forever, but a rape victim has to bear the stigma for whole of his life. In fact, the very purpose of punishment is that it must have a deterrent effect on others. Punishment must be horrible, deterrent and alarmingly frightful, so that it creates a fear into the minds of all would be killers. So I oppose the proposition that Capital Punishment should be abolished.Thanks.

*(Lends support to No. 6, presents his ideas with some originality, takes responsibilities without hitch, though lacks some initiative.Can be groomed with some proper training. )*

**No. 2** : Yes friends, I fully agree with No. 1, that capital punishment must be continued. Instead I would like to emphasise that capital punishment by hanging a person is not enough to deter the would be killers. I think such criminals should be publicly tortured by stoning or chopping his body parts one by one so that he doesn't die a peaceful death but dies slowly and painfully so that he could realise during the course of his punishment, the result of such crime and other may get a good lesson. Punishment like chopping of the hands for theft, cutting of ears and nose for eve teasing, making the rapist a enuch by a swift cut of his organ and such other punishments must be awarded for crimes, as were effective in the past and still in vogue in many countries, give a lesson by witnessing such a suffering. So talking of abolition of capital punishment is a great blunder in my humble opinion .That's all. Thank you.

*(Could speak fluently and impress upon the group , but have brutal way of dealing with the problem. Such approach can never be desired from the managers in present civilised world.)*

**No. 3** : Yes friends, I like to thank you for giving me a chance to speak, but I wanted to speak first. Whatever agruments I had, were already dealt with by No. 1 and No. 2. I also agree a with No. 1 and No. 2 that capital punishment must not be abolished. It is necessary to check the criminals. We can't allow the criminals to enjoy the life after some years of jail. It's against the natural justice and the rights of the victim and his relatives. If proper justice will not be imparted to such criminals we can see the making of many Phoolan Devis in our society An 'eye for eye'is the demand of natural justice, so in my opinion too the capital punishment should not be abolished. Thanks again.

*(A self-centred person , no new ideas and couldn't deal with the situations well . Makes enemies unnecessary by using foul and offensive language.)*

**No. 4** : Dear friends, after listening to my predecessors I became rather confused as what for the topic was given for group disucssion. I don't find anyone to support this proposition. Any way, I like to inform you all that some developed countries like USA, U.K. had earlier abolished the death penalty but soon the crime rate went up. Now they are thinking to reintroduce the death penalty. When these developed countries with high literacy rate,with good mechanism of law enforcement and efficient judiciary and well equipped police force couldn't relish the abolition of death penalty, then it is nothing but a folly to discuss here for abolition of capital punishment. I think we must all unanimously speak that talking of abolition of death penalty in India is just a wastage of time. Thank you.

*(Just an immitator, no rational or logical approach).*

**No. 5** : I wanted to speak first, but some hurdle creating shuttle cocks are here, who prevented me from setting the ball roll. It's interesting to note that he could also not get chance to speak. Any way now I.....

*(Quarrelling way of dealing with the fellows.)*

**No. 7** : No. 5, don't think that I don't understand, what you are saying ? You are a selfish creature. You never considered that everyone has got equal right. You are the biggest hurdle in this group discussion. Better you leave off. I don't want to hear your silly arguments.

**No. 5** : Yes fellow, you see, I didn't quote the name of any body, did I ? 'Guilty conscious is always suspicious' is the right proverb. Any way, I start now otherwise I may be interrupted again.

**No. 7** : You yourself is guilty so that you are fearing like that. 'An empty vessel sounds much' exactly fits here.

*(Quarrelling way of dealing with the fellows, could not keep patience.)*

**No. 6** : My dear friends No. 5 and No. 7, you will agree that we are here as friends and we should not have any ill feelings towards one another . There should be no ego clash and all of us should try to carry on this exercise smoothly and successfully. One may disagree with another but it doesn't mean that one should show disrespect to another or should make a point of contention. I am sure you both wise fellows will agree with me. No. 5, please go ahead with your arguments.

*(Wisely encashed the opportunity to speak . Shows excellent sign of leadership aptitude.)*

**No 5** : Thank you, No. 6, friends, I don't agree with my friends who advocated 'Eye for eye' chopping of hands for theft, torturing publicly the criminals. Such punishemnts do not have any validity in present modern world. None is born as a criminal. It is the prevailing circumstances, the society which made him to resort to such crimes. We must not go with the medieval principles of punishment and so death penalty is required to be abolished, as done in many Western and European countries. Thank you.

**No. 6** : Yes, No. 7, now your turn please. I shall be speaking in the last, if you all permit me.

**No. 7** : Good ! No. 6, you are a man of words. O.K, let me start. In my opinion or as per the opinion of all earlier speakers except one that capital punishment must not be abolished. I indeed find to discuss this point a sheer wastage of our time. In my opinion not only a murderer or a rapist, but also other criminals like adulterers, makers of illicit liquor, persons involved in communal violence, looting, wanton hoarding, and black marketing of life saving drugs, suppliers of drugs etc., all must be awarded capital punishment and must be shot dead so that the crime ridden society gets free from such criminals and we can live in safe and peaceful environment. Unless the law deals with such criminals in an appropriate manner there could be mass violence and mobs may take law in their hands. Recently a hardened criminal but politically sound and influential one was lynched by a group of women in Nagpur court premises. Case of Phoolan Devi who became a dacoit and was killed out of vendetta is another flagrant example when the law doesn't do its work. I can quote many more cases to support my point but to be precise, I just like to sum up that capital punishment must remain valid in our statute book. Thank you for giving me a patience hearing.

*(Already lost the ground with his quarrelsome attitude).*

**No. 8** : I have become very confused. I found both the arguments in favour of and against the proposition have valid reasons. But I shall go with the majority that means the capital punishment should continue to be in our law books. I am not in favour of harsh punishment like chopping of body parts or an eye for eye etc. but in my sincere thoughts capital punishment is necessary.

*(A confused guy with no logic of own ).*

**No. 6** : Well friends. I do agree that there is some valid logics in the arguments advanced by most of the members. Most of you favoured the retention of Capital Punishment. I beg to submit that before we reach at a final conclusion we should also see the psychology of a criminal and also note that a man is not a criminal by birth. Hasn't the society wherein he was brought up and nourished is responsible for his turning into a hardcore criminal. Who wants to be a criminal ? Either one if suffers from the injustice of another or if his necessities are not fulfilled or if he finds gross injustice of any kind meted out to him or his family members and no remedy is in sight he resorts to commit such crimes. In real terms the criminals are mentally sick fellows, they need to be cured from their ailments. Death penalty means totally wiping out of their existence. Now you see the paradox that it is the society which made him criminal and it is the society which kills him through legal system. Ours is a welfare state which owes sacred duty to provide proper food, clothing, shelter and employment to its citizens and protect them from any injustice inflicted on them by powerful and influential persons that means so called thekedars of society. If the state fails in its duty, the criminals are born. It may also be taken into account that once a person is hanged to death through capital punishment, he can't be made alive by any means. Sometimes an innocent person might be put to death. Our judicial system is not transparent. It depends upon the witnesses only and that may be false or fake. I also do not find validity in the deterrent effect of capital punishment. Had it been so, there would not have been any murder or other such crime in our country ? We have to reconsider over the role of state and the society in providing justice and means of livelihood and other basic amenities to its citizens. I also agree that abolition of Capital Punishment from the statute books will also not going to help any more. So to conclude the capital punishment should be awarded very rarely as an exception and not as a rule. Thank you friends. Thank you again for making this group discussion a grand success.

*(Most suitable candidate with rational , logical and balanced approach. Impress upon the group with his originality of ideas and could garner the support of everyone. Shows concern at every incidence of things going untowardly.)*

## "To Sustain India's Scientific And Technological Development, Brain Drain Must Be Banned"

*The examiner briefly explains the modalities of group discussion to whole of the group and announces the topic for the group discussion "To Sustain India's Scientific And Technological Development, Brain Drain must be banned". The time allowed for the group discussion was 30 minutes, none was chosen a leader by the examiner to carry on the discussion. After a short brief as soon as the examiner exits, the candidates feel a little bit relaxed and soon engage in cross talks and whispering with neighbours . Soon the noise turns into a confused chaos of murmurs, whispers and cross talks. At this stage No. 2 intervenes in haste.*

**No. 2** : Hello guys. I want to tell you something. You know we have only 30 minutes to complete this exercise. We must start our group discussion without wasting our time. We should start with No. 1 after that I will have chance to speak and then No. 3 and so on ending with No. 8.

*(Tries to take advantage of speaking first, but unable to take others go along. Tries to impose his wishes on others).*

**No. 1** : No, no. I don't want to speak first. I found the topic somewhat confusing and fishy. Better we call the examiner and ask him, who knows he may take it otherwise.

**No. 6** : No, why should the examiner take it otherwise. In fact he has asked several times whether anybody had any doubts. He seems a thorough gentleman, you should have cleared your doubts.

**No. 1** : Please don't speak so loudly, friend. If you can clarify the topic, please tell so that everybody is benefitted by your sincere clarifications.

**No. 6** : Okay, let me try to tell you the meaning of the topic, word by word. Sustain, means continue India name of our country, scientific, relating to science and....

**No. 1** : Don't cut jokes. If you also don't know or unable to explain in a proper manner it is better to give chance to some other member. Who can explain the topic well ?

**No. 6** : If you don't like to hear it is you to lose, not me.

**No. 1** : I understand, that you too are well confused. Can any other member explain the topic for the benefit of all ?

**No. 7** : Of course, don't worry. It's very simple. I can explain you everything in detail but I don't render free consultation. I charge my consultation fees.

*( At this stage No. 8 raises his voice elegantly, so that everyone could hear him.)*

**No. 8** : Friends, may I have your kind attention for a couple of minutes, please.

**No. 1** : Yes, we are ready to hear you, No. 8.

**No. 2** : Yes, please go on.

**No. 8** : Thank you, No. 2 and No. 1. Now friends, as you all are aware that we were asked to complete this exercise within 30 minutes. If I am not wrong, we have already spent approximately 8 precious minutes in our talks and consultations. Therefore unless we start immediately, we wouldn't be able to complete it. I beg to suggest that we start with a volunteer who is ready to explain the implications of the subject and then offers his views. After that we can proceed in clockwise or anticlockwise direction as per the decision of you friends. Let each of us take not more than two minutes in the first round and after that a quick second round if we have sufficient time to sum up. Any volunteer please. No 3, 4, 5. Let's go clockwise. O.K.

*(Uses the opportunity to speak and could garner support of fellow members and capable to lead the group smoothly.)*

**No. 1** : I want to speak last, please.

**No. 6** : Okay. I am going to open the discussion. The topic of the day is 'To sustain India's scientific and technological development, the Brain Drain must be banned'. It means that all the intelligent brains from India which are going to foreign countries like USA, U.K, Australia and so on should be stopped if we like to keep India's scientific and technological progress in a regular and steady way. Amen't I correct ? Now the topic should be clear to everyone when the brains are going to foreign countries how can we expect the our country to progress. The growth and progress of a nation is certainly bound to suffer if the brain drain is not banned. That's all thank you.

*(Shows non-cooperative attitude towards others , instead of helping No. 1, he tried to make fun of him. Selfish and irrational approach, presentation also not so good to impress upon the group. )*

**No. 8** : Yes, No. 2 now you should put forth your valuable views as No.1, has preferred to speak in the last.

**No. 2** : Friends though No. 6 has tried to clarify the topic but I know many of us couldn't grasp the meaning of the topic crystal clear. In very simple terms. I like to explain the meaning of the phrase Brain Drain. As you are aware many of Indian doctors, engineers, It, scientists, CAs and other specialist, migrate to foreign countries after acquiring their professional degrees, either to seek jobs there or to acquire higher qualifications or doing research work there, as in our country facility of higher and advance research are not available and also we are unable to provide them job commensurate to their qualifications. After migrating to foreign countries most of them prefer to stay abroad. Thus their knowledge and intelligensia is used for the development of the migrated country instead for India. Indians are well recognised for their hard work and intelligensia. If we ban the migration of these brilliant brain that means if we ban the brain drain their brain could be very helpful in putting this country among the line of developed countries and India will progress with high strides so in any opinion Brain Drain must be banned that's O.K. Thank you.

*(Though he lost first impression , yet he gained good marks by his presentation , with fluency and some originality).*

**No. 3** : Gentlemen. I could now understand well the meaning of the phrase Brain Drain thank you No. 2 for explaining the phrase lucidly. I further agree with No. 2, and support his views altogether that Brain Drain must be banned to sustain the scientific and technological development of our country. Thanks.

*(Otherwise honest but lack of knowledge and unable to present any originality of thoughts.)*

**No. 4** : Friends, it will be a unwise proposition to ban the Brain Drain completely. One who is going abroad for research work or for acquiring higher qualification should be allowed to go with a pre-condition that he will return to India after completing his research work or acquiring the necessary higher qualifications. There should be controlled Brain Drain. That's all. Thank you,

*(Tried to give a new approach , but that is not supported with logical and practical thoughts.)*

**No. 5** : Friends, I support the views expressed by No. 4. He has taken a balanced approach. One more step may be taken by the government that whosoever comes back to our country as per the agreement signed before going abroad, must be given either a job or an unemployed stipend till he gets a job. Controlled brain Drain is a good and balanced way to deal with this problem.

*(Without any originality and just an immitation).*

**No. 7** : Friends, I do not support the views expressed by No. 4 and No. 5, that controlled Brain Drain is a better proposition. You know once a person goes to abroad he being brilliant provided a lucrative job by that foreign country. Now he does not want to come to India. What can be done by anybody? We have no way to get him back whatever agreement he has signed before going becomes meaningless. It is a practical gamut that initially most of the students go to abroad with intentions of coming back to India but once they are there they become used to the new environment . After some time they get remunerative jobs and now they don't return to India. As such the controlled Brain Drain becomes ineffective so I favour the total ban on the Brain Drain to sustain the growth potentials of our own nation. That's all, I wanted to tell you.

*(Negative and selfish thinking. When No. 1 asks him to help him out, instead of give him helping hand, he avoids him by asking consultation fees .)*

**No. 8** : Yes, No. 1, would you like to speak now or you prefer to speak after me ?

**No. 1** : I have already told that I would speak last. So No. 8, please go ahead.

**No. 8** : Thank you, No. 1, yes friends , a lot of reasons are assigned by many of you to ban the Brain Drain and a new phrase Controlled Brain Drain is also dealt with. I first like to deal with the reasons of Brain Drain. As you know our qualified professional go to foreign countries not only with sole objective to get good job there but also to acquire higher qualification or for doing advanced research work. Earning good money is not the only reason for the Brain Drain, the migration of these well qualified professionals, researchers, scientists, technocrats take place because we do not have appropriate facilities here or the policy for admission to higher education is also hampered with reservations, quota systems. Here in our country a meritorious candidate doesn't secure admission and other mediocre get admission because of reservation and quotas to various caste, communities or states. Moreover the recruitment policy is also entangled with so many quotas and red tapisim. Moreover facilities for advanced research is no doubt better in developed countries than available in India. Noble laureate Dr. C.V. Raman, Dr. Hargovind Khorana, went to foreign countries because either they could not secure jobs commensurate to their qualification or didn't get facilities to sustain their advance research .What Astronaut Kalpana Chawla could achieve in USA, never imagined to achieve in India whatever intelligent brain she might have possessed? But now the situations are being changed. Brain Drain is being substituted by Brain Circulation. Now the talented professionals, software engineers, technocrats who have studied and worked abroad are increasingly returning to India. The Brain circulation is likely to expand in near future. Sushil Bhikhchandani, a California based head of operations of Naukari.com, says that the migration of Indians back to India is a recent phenomenon. Some factors have made India very attractive like availability of good employees, improved telecommunication system and tremendous competitive pressure to cut costs. Karthik Sundaram, M.D of California based 'Silicon India' organised a series of Back to India Fairs last year, says 'Many Indians living in America dreams returning to India but they don't know how to go about making it happen.' Indian entrepreneurs living in foreign countries maintain close ties with India and the close ties are contributing to the growth of global business network and stimulating economic changes in cities like Bangalore, Hyderabad, Mumbai, Pune etc. Moreover the standard of education in India is very high especially in the field of Information Technology and is also very cheap comparing same education abroad. The basic point is if we have capacity to absorb these brilliant brains, if we could offer them good jobs and attractive perks, and if we have facilities of advanced research none would like to go abroad. Now things are moving in positive direction . I am sure a time will come soon when foreigners will come to India to get better jobs and better education to avail the facilities of advanced research in India. So banning Brain Drain is not the solution , the solution lies in solving the problems or removing the causes of Brain Drain . Thanks. Thank you very much for listening to me so patiently and peacefully.

*(A true leader with balanced approach . He helps out everybody and takes the group discussion to final conclusion inspite of some hurdles in between, very smoothly and resourcefully. Have good knowledge and very positive personality traits .)*

**No. 1** : Thank you No. 8, you have enlighten us well about the Brain Drain. I also endorse the views of No 8, and want to tell that there is no need to ban the brain drain but to create facilities in India itself so that nobody prefers to go abroad. Thanks a lot.

*(Not fit to be chosen.)*

# Interview

## How To Face The Interview?

Interview **(साक्षात्कार) आजकल लगभग हर प्रकार की नौकरी हेतु आवश्यक हो गया है। बहुत-सी नौकरियों में एवं कई महत्वपूर्ण** courses **में** admission **हेतु छात्रों को सर्वप्रथम प्रारम्भिक लिखित परीक्षा** (Preliminary Written Test) **को उत्तीर्ण करना होता है, फिर** Group Discussion **एवं अन्त में** Interview **देना होता है।** Administrative Services **एवं अन्य** Government **एवं** Semi-Governmental or Private Corporate **में लिखित परीक्षा के बाद** Interview **होता है। कई जगह पर सीधे ही साक्षात्कार** (Interview) **द्वारा प्रार्थियों का चयन नौकरी हेतु किया जाता है। साक्षात्कार** (Interview) **आज नौकरी हेतु चयन का महत्वपूर्ण** Tool **बन चुका है।**

**Object of Interview** :

साक्षात्कार का उद्देश्य न केवल प्रार्थी की उस नौकरी हेतु आवश्यक योग्यता की जाँच करना है बल्कि उसके व्यक्तित्व के Positive एवं Negative aspects का आँकलन भी करना है जो सामान्यतया या विशेष रूप से उस पद पर सफलता हेतु आवश्यक है। लिखित परीक्षा में उत्तीर्ण होने का अर्थ नौकरी की गारंटी या पद पर सुनिश्चित सफलता की गारंटी नहीं है। ऐसे बहुत से व्यक्ति हैं जो स्वयं को सौंपे गये कार्य को तो बखूबी कर सकते हैं लेकिन अन्य व्यक्तियों से कार्य कराना उनके बस में नहीं होता है। ऐसे व्यक्ति Clerical job हेतु या ऐसे कार्य हेतु तो fit होते हैं जहाँ उन्हें अकेले ही कार्य करना होता है लेकिन Managerial post या Executive post हेतु सबको साथ लेकर चलना एवं कार्य को सही दिशा की और अग्रसर करते हुए सबको संतुष्ट रखकर, सार्थक परिणाम प्राप्त करना बहुत महत्वपूर्ण है।

इसी प्रकार कई व्यक्ति Marketing में निपुण होते हैं जबकि कई Administration में सफल रहते हैं। अत: Interview का उद्देश्य नौकरी एवं पद के अनुसार प्रार्थी के व्यक्तित्व का आँकलन करना होता है। प्रार्थी की Personality के विभिन्न आयामों (Traits) की जानकारी हेतु साक्षात्कार में न केवल प्रार्थी की Educational Qualification से सम्बन्धित प्रश्न पूछे जाते हैं बल्कि उसकी Personality के जाँचने हेतु, विशेष प्रकार की परिस्थितियों में वह क्या निर्णय लेना उचित समझता है ? ऐसे प्रश्न भी पूछे जाते हैं।

इस Competitive युग में साक्षात्कार में किस तरह से अच्छे अंक प्राप्त किये जायें या Interview को किस तरह सफलतापूर्वक face किया जाये, यह जानना बहुत आवश्यक है।

***The Objects of an interview are to judge and know the*** :

(1) Suitability of a candidate for the job he has applied for.
(2) Mental calibre of a candidate.
(3) Mental alertness ( The knowledge about the current events)
(4) Social cohesion and Leadership qualities
(5) Plus and minus points of his personality.

***Important Aspects of an Interview*** : Interview के तीन महत्वपूर्ण aspects प्रार्थी के चयन में निर्णायक होते हैं :

(1) Knowledge of the candidate
(2) His way of presentation or his power of expression
(3) His positive attitude

If a candidate doesn't have adequate knowledge of his subject, he will not be able to present his views properly. If the power of expressing his views is poor, he will not be able to explain his views effectively and in a proper manner, in spite of his good knowledge of the topic. The attitude of a candidate also plays very important role in the interview. A man with positive attitude always presents his views with confidence and in a convincing manner. A man with positive attitude have leadership qualities and could get the work done with least friction.

***What to prepare for the Interview? and***
***How to prepare for the Interview?***

ये दोनों महत्वपूर्ण प्रश्नों के उत्तर प्रत्येक प्रार्थी को जानना आवश्यक है। हर प्रार्थी Interview से पूर्व उक्त प्रश्नों का उत्तर जानने को बेताब रहता है।

***Following points will help you in finding the solutions to the above questions :***
***Your C.V. Resume/ Bio-data*** :

सर्वप्रथम आपके द्वारा भेजे गये Resume/CV/ Bio-data से सम्बन्धित प्रश्नों के उत्तर तैयार करें।

*Bio-data or Resume is the brief description about you, your educational / technical qualifications, your experience, your hobbies and your achievements if any . Most of the candidates do not know how to prepare their bio-data . It must be understood well that bio-data is your first impression, if it has not prepared in a proper manner you may lose some valuable points and your first impression will be that of an inattentive or lethargic guy. Utmost care should be taken while preparing your bio-data, because several questions in your interview are based on the bio-data sent by you.*

Bio-data **से सम्बन्धित निम्न प्रकार के प्रश्न सामान्य रूप से** Interview **में पूछे जाते हैं:**

**(1) Educational / Technical Qualifications :** आपके द्वारा किसी विशेष Institute से कोई academic or technical qualification प्राप्त की है तो उस Institute के सम्बन्ध में प्रश्न पूछे जा सकते हैं। आपने कोई विशेष प्रकार का Diploma या अन्य कोई Qualifications अर्जित की है तो यह Diploma या Qualification को अर्जित करने का क्या उद्देश्य था ? इस तरह के प्रश्न पूछे जा सकते हैं। आपके द्वारा प्राप्त Marks किसी वर्ष कम रहे तो यह भी एक प्रश्न बनता है।

*Any type of questions can be raised in respect to the qualification you have acquired and you must know the proper reply of such questions.*

**(2) Past Experience or if you are presently employed :** आपने यदि किसी अन्य company में पूर्व में काम किया है तो उससे सम्बन्धित प्रश्न पूछे जा सकते हैं। जैसे :

(i) **आपका वहाँ** job profile **क्या था ?** What was your job profile there ?
(ii) **आपने वहाँ से** job **क्यों छोड़ा ?** Why did you leave that job there ?

**यदि आप वर्तमान में कहीं पर कार्यरत हैं, कहीं** already job **में हैं तो उस** job **से सम्बन्धित** employer **से सम्बन्धित निम्न प्रकार के प्रश्न पूछे जा सकते हैं :**

(i) **आपका वर्तमान** job profile **क्या है ?** What's your present job profile ?
(ii) **आप वहाँ से** job **क्यों छोड़ना चाहते हैं ?** Why do you wish to leave the job from there ?
(iii) **आप यह** company **क्यों** join **करना चाहते हैं ?**
Why do you want to join this company ?
(iv) **आप स्वयं को इस** job **हेतु उपयुक्त कैसे समझते हैं ?**
How do you find yourself suitable for this job ?
(v) **क्या आपकी** Posting **के सम्बन्ध में कोई** choice **है ?**
Have you any specific choice regarding your place of posting ?
(vi) **इस** job **में बहुत मेहनत करनी होगी कि क्या आप तैयार हैं ?**
You shall have to work very hard in this job, are you ready ?

**ध्यान रखें**

*इस तरह के प्रश्न का ध्येय प्रार्थी के सम्बन्ध में यह जानना होता है कि कहीं वह यह Job भी शीघ्र ही तो नहीं छोड़ जायेगा। Company प्रार्थियों के चयन में, उन्हें Company के अनुकूल बनाने में काफी व्यय करती है, अतः Company यह सुनिश्चित करना चाहती है कि जिन प्रार्थियों का चयन किया जाये, वे पूरी मेहनत एवं लगन से कार्य करना चाहते हों एवं शीघ्र ही नौकरी छोड़ने का विचार नहीं रखते हों।*

## Important Points to Note

(i) Past employer या Present Employer के सम्बन्ध में कभी भी Negative reply न दें। कभी भी उनकी बुराई न करें। आप उनके बारे में अच्छे विचार व्यक्त करें, यह आपकी Positive thinking को व्यक्त करता है।

(ii) जिस Organisation, Company में आप Interview देने जा रहे हैं उसकी Maximum details collect करें। उस Company के Chairman, Managing Director एवं अन्य Executives के बारे में जानने का पूरा प्रयास करें।

- Company **का कार्य क्या है ?**
- **क्या** Export-Import **किया जाता है ?**
- **आपको यह** Company **क्यों अच्छी लगती है ?**
- **आपको यह** Company join **करने से,** Salary **एवं** Perks **में वृद्धि के अतिरिक्त अन्य क्या लाभ मिल सकता है ?**
- **आपके** Future career **हेतु इस** Company **को** join **करना क्यों अच्छा रहेगा ?**
- Promotional avenues **क्या हैं ?**
- **अच्छे कार्य हेतु क्या कोई** Reward System **भी है ?**

इन सब बातों की जानकारी, आपको न केवल स्वयं की Suitability उस Job के लिए बताने में सहायक होगी बल्कि इस प्रश्न **Why do you like to join this company?** का जवाब देने में सहायक होगी।

**(3) Hobbies/ Interests :** आपने अपने Bio-data में अपनी Hobbies के बारे में जो लिखा है उससे सम्बन्धित प्रश्न भी पूछे जाते हैं। यदि आपने Hobbies में Novels पढ़ना, लिखा है तो आपको कुछ अच्छे Novels एवं उनके Authors के बारे में जानकारी होनी चाहिए। यदि आपने Football / Billiards खेलना लिखा है तो आपको Football / Billiards की National/ International Events / Personalities के बारे में, कुछ Specific records के बारे में जानकारी होनी चाहिए।

**(4) Achievements and Potential :** आपने यदि अपने Bio-data में अपने Achievements के बारे में कोई जानकारी दी है तो, उसके सम्बन्ध में आपसे पूछा जा सकता है।

- Achievements, हेतु आपने क्या Strategy adopt की ?
- आपकी Strategy में सबसे महत्वपूर्ण बिन्दु क्या था ?
- क्या Weakness आपकी Strategy की रही ?

इस तरह के प्रश्न पूछे जाते हैं।

**Your Personal Attributes or Skills :** ये प्रश्न आपके व्यक्तित्व के Plus points एवं Minus points की जानकारी हेतु पूछे जाते हैं। इन प्रश्नों का उत्तर बहुत होशियारी एवं समझदारी से दिया जाना चाहिए।

- **Tell me about your strength ?**
- **Tell me about your weaknesses ?**
- **Why do you consider yourself more suitable than others for the job ?**
- **What motivates you ?**
- **The job requires a large amount of stress/ negotiation / travel / team work. How will you cope with all this ?**

- **How do you respond to stress? Can you tell me any such incidence ?**
- **How can you get the best out of your colleagues ?**
- **How do you organise your priorities ?**
- **What results do you expect to give tothis company and how ?**

**Occupational Knowledge :** आपने जिस Job के लिए apply किया है, उसके बारे में आप क्या जानते हैं? इस सन्दर्भ में प्रश्न पूछने का आशय, आपकी Job के बारे में awareness, आपकी seriousness towards the job की जानकारी करना है। इसके लिए आपको job की उस sector में कार्यरत अन्य Companies की जानकारी होनी चाहिए।

- **What are the pros and cons of this career ?**
- **Why have you decided to apply for this job ?**
- **Who do you consider our major competitor ?**
- **What are the major problems facing this sector / company ?**
- **What do you know about our company ?**
- **Do you consider yourself a success in this job ?**

**Hypothetical Questions :** कई बार Interview में Candidate के समक्ष काल्पनिक situation रखी जाती है एवं उससे, उस Situation में लिए जा सकने वाले निर्णयों के बारे में पूछा जाता है। प्रार्थी द्वारा लिए जाने वाले निर्णय उनकी Administrative capabilities, उसकी Mental Alertness एवं उसकी Stress में उचित निर्णय लेने की क्षमता एवं उसकी Personality के विभिन्न Traits को व्यक्त करते हैं। इस तरह के प्रश्न निम्न प्रकार के हो सकते हैं:

- **You are the incharge (Manager) of a big departmental store. A customer complains that a member of your staff has been rude to him and is demanding action against him. The staff member denies the charge. How would you resolve the situation ?**
- **You are the manager of a division of a telecommunication company. A customer complains that he has already paid the bill, but he has been receiving the calls for paying the dues. The mistake is not rectified, in spite of his written application in the matter. How would you react ?**
- **You are to complete an important project report by tomorrow morning. Your boss suddenly asks you to visit a client, but he was not available. What would you do ?**

इस तरह के प्रश्नों का जवाब बहुत Positive way में एवं Balanced देना होता है। Customer को दिया गया जवाब बहुत Polite एवं to the point होना चाहिए। यदि staff ने कोई गलती की है तो उसके लिए आप Sorry feel कर सकते हैं, एवं Customer को आगे से ऐसी गलती न हो, इसके लिये Positive assurance दिया जाना चाहिए। यदि Staff की गलती नहीं है तो भी Customer से किसी भी प्रकार की Misunderstanding के लिए Regret किया जा सकता है। आपके व्यवहार एवं शब्दों से Customer को satisfaction हो, ऐसा लगना चाहिए।

**Miscellaneous:** Interview में निम्न प्रकार के प्रश्न भी पूछे जा सकते हैं:

**(i) What sort of training would you like for this job?**
**(ii) What would you do if you don't get this job ?**
**(iii) Where do you see yourself is five years time ?**
**(iv) Do you have any question from us ?**

**Your questions for the Interviewers :** सर्वप्रथम आप यह समझ लें कि Interview यदि किसी government job हेतु नहीं है तो यह Two way process है। Government job में सारी Terms and conditions, Process of Training etc. का पता होता है। लेकिन किसी Private corporate में आप एक Executive/ Managerial post हेतु Interview देने जा रहे हैं तो आपको Interviewers से पूछने हेतु कुछ महत्वपूर्ण प्रश्न, पूर्व में ही तैयार कर लेने चाहिए। इन प्रश्नों को एक Card या Note Book में पहले ही लिख लेना चाहिए। इस तरह के प्रश्न पूछने का अर्थ, आपका Job में Company में Keen interest व्यक्त करता है। आप इन प्रश्नों से ऐसी जानकारी भी प्राप्त कर सकते हैं जो आपके इस job को join करने या न करने का निर्णय लेने में सहायक हो सकती है। जैसे :

- **What would you expect me to achieve in the first year ?**
- **Is there any performance related reward system in you concern ?**
- **How would the work be organised on day to day basis ?**
- **Is there any scope in my role to take initiatives with new ideas ?**
- **Are there opportunities to work abroad ?**
- **What makes this company so successful ?**

**निम्न प्रकार के प्रश्नों को** Avoid **करना चाहिए :**

**(i) How much will I be paid ?**
**(ii) Shall I start with higher salary or perks than the undergraduates?**
**(iii) How much sick or other leaves will I be entitled for ?**
**(iv) ऐसे प्रश्न दोबारा नहीं पूछने चाहिए जो Interview में discuss हो चुके हैं।**

## Preparation

**Before the Interview :**

*(i) Get the thorough knowledge of the Company / Organisation.*

*(ii) Go through your Bio-data, think of possible questions that you might be asked.*

*(iii) Do practice of answering the questions loudly. You can take help of your good friends. Some candidates find practising in front of a mirror useful , it is also a good way. You can tape your voice using a tape recorder and hear it out, find the errors and omissions.*

*(iv) What you actually want from the interviewer to understand about you and your qualities ? Think over it and try to find out the way to present them, whatever questions he asks.*

*(v) Check out your travel arrangements. Avoid being late at any cost under any circumstances. Try to reach at least 15 minutes before your scheduled time.*

*(vi) What to wear ?*

आपके द्वारा पहने गये कपड़े Simple, clean, well pressed होने चाहिए। Tie का प्रयोग भी किया जा सकता है। कपड़े comfortable एवं Managerial outlook के अनुसार होने चाहिएँ। Jeans या Tight कपड़े (Student like) नहीं पहनना ही उचित रहता है।

*(vii) What to take with you ?*

**अपने साथ, अपने** Bio-data **की** Copy **अपने** Original Documents, Experience Certificate, any other certificate of your achievements **ले जाना न भूलें। इन्हें बहुत** Order **से एक** file **में लगा लें।** Important Documents **शुरू में लगायें एवं** File **इस तरह की हो कि आपको** Documents **निकालने में, दिखाने में आसानी हो, ताकि समय** waste **न हो।**

**The day of Interview :**

1. **Be polite and courteous to every one.**
2. **Look organised, cheerful and confident.**
3. **Have firm and relaxed posture. Keep your head up and shoulders back.**
4. **Make sure to have a firm handshake.**
5. **Keep smile on your face. Don't give impression that you are under stress or tensed.**
6. **Don't cut jokes with other candidates.**
7. **Don't shout or laugh loudly.**

**The Interview :**

(1) Interview room में प्रवेश करते हेतु Permission मांगें। May I come in, sir ?

(2) सर्वप्रथम Interview Board को wish करें :
Good morning / afternoon to all of you, sirs.

(3) बिना chair offer करें, बैठने का प्रयास न करें। Chair offer करने के बाद ही बैठें एवं Thank you, sir. अवश्य कहें।

(4) Chair पर Tensed होकर न बैठें। सीधे बैठें। कंधे झुके हुए नहीं हो। सिर ऊँचा रखें। हाथ टेबल पर न रखें। हाथ अपने पैरों पर रख सकते हैं। अपने आपको Relaxed रखें। बैठने का ढंग का बहुत महत्व है। चेहरे पर smile रखें। Don't make noise while occupying the chair. Don't drag or pull the chair roughly.

(5) **Eye Contact**—प्रश्न का उत्तर देते समय, प्रश्नकर्ता से आंख मिलाकर उत्तर दें। एक दो बार इधर-उधर भी देखा जा सकता है। उत्तर देते समय भी smiling face रखें।

**(6) Don't be negative or apologetic about yourself**—कई बार Interview में आपके द्वारा Past में लिये गये ऐसे निर्णयों के बारे में पूछा जा सकता है जो गलत रहे। ऐसे प्रश्नों का उत्तर sorry कहकर न दें बल्कि यह बतायें कि किन Circumstances में इस तरह का निर्णय लिया गया था एवं इससे आपने क्या ज्ञान प्राप्त किया, क्या सीखा, जो भविष्य में आपके द्वारा लिये जाने वाले निर्णयों में लाभदायक रहेगा।

**(7) Don't be frustrated**—यदि आपने किसी प्रश्न का उत्तर गलत तरह से दिया है तो परेशान न हो। अगले प्रश्न का उत्तर सही प्रकार से दें। किसी प्रश्न का उत्तर सही प्रकार से न दिये जाने का अर्थ आपका Rejection नहीं है।

**(8) Don't try to bluff the Interview Board**—इस बात का बहुत अच्छी तरह ध्यान रखें कि Interviewer को misguide या bluff करने का प्रयास न करें। Interview board के members बहुत अनुभवी व्यक्ति होते हैं, वह आपके इस प्रयास को तुरन्त भांप सकते हैं। उन्हें प्रश्न को Repeat करने के लिये कहा जा सकता है जिससे आपको सोचने का समय मिल सकता है। Repeat कराने हेतु हम निम्न Sentence प्रयुक्त कर सकते हैं :

**(i) I beg your pardon, sir.**
**(ii) Could you please repeat the question ?**
**(iii) I am sorry sir, I couldn't precisely follow the question. Please be kind enough to repeat it.**

इसके बाद भी आपको प्रश्न का उत्तर नहीं सूझता है तो आप निम्न में से कोई भी तरीका काम में ले सकते हैं।

**(i) I am sorry. I couldn't prepare this segment.**
**(ii) Sorry sir. I don't know much about it, I only know that...**
**(iii) I have some experience of this but I realize that this is an area I need to develop further.**
**(iv) If you could give me some time to think about the question. I would try to answer it precisely.**

किसी प्रश्न का उत्तर न दे सकना एक सामान्य बात है। प्रत्येक व्यक्ति को प्रत्येक चीज की जानकारी होना सम्भव नहीं है। अत: यदि आपसे साक्षात्कार में 2-3 प्रश्न ऐसे पूछे गये हैं जिनका आप उत्तर नहीं दे सके तो आप परेशान न हों यह आपके Selection में बाधा नहीं है। मुख्य बात है आपने उत्तर किस तरह से दिये है।

**Don't give one word answer :** प्रश्न का उत्तर एक शब्द में नहीं देना चाहिए। यदि Interviewer ने पूछा कि What's your father ? तो इसका उत्तर मात्र Doctor बोलकर नहीं देना है आपको कहना चाहिए—He is a surgeon presently posted at SKS Hospital, Delhi. or He is a doctor.

**Listen carefully :** यदि Interviewer आपको कोई बात कहता है, Company के बारे में कुछ बताता है या कोई सलाह देते हैं तो ध्यानपूर्वक सुनें। अपना Interest show करें। सुनते समय, नाक, कान में अंगुली न डालें। इधर-उधर न देखें। सुनते समय गर्दन हिलाकर, यह व्यक्त करें कि आप बहुत ध्यान से सुन रहे हैं।

**Do not let the following negative factors cost you the job :**

1. **Late for interview**
2. **Improperly filling up the application form (Bio-data).**
3. **Poor personal dressing.**
4. **Criticizing past employer.**
5. **Overemphasis on money and other perks.**
6. **Over aggressive or over bearing behaviour.**

7. **Lack of confidence.**
8. **Persistent attitude of 'What can you do for me ?'**

**Evaluation of the Interview** : सामान्यतया Employer द्वारा Interview के सन्दर्भ में निम्न बिन्दुओं का ध्यान रखकर निर्णय लिया जाता है:

1. **Your dress, handshake, eye contact.**
2. **Awareness about the company, its profile/ work.**
3. **Your way of answering.**
4. **Your suitability in respect to your qualifications etc.**
5. **Your personality traits; leadership, team spirit, capacity of coping with stress etc.**
6. **Your motivational approach.**
7. **Your attitude towards work and whether you are fit to work as per company's parameters.**
8. **Your specific talents.**
9. **And not the least your responsive listening.**

## Model Interview-1

*Rakesh Kumar is a young man of height approximately 5' 6", with fair complexion, slim body. He is a Commerce graduate. He has glittering black eyes. He presents liveliness, enthusiasn and confidence in his personality. He has a smiling face and speaks in a cheerful, sincere voice. He is dressed in white stripped shirt and light green trousers, and well polished black shoes. He presents his papers to the receptionists and joins the company of other candidates waiting in an adjoining room. He soon joins the discussion with other candidates without any hesitation and after shaking hands warmly and giving his brief introduction.When he is summoned for the interview, other candidates wish him good luck he thanks them with a smile on her face and walks towards the interview room. He opens the door gently and asks permission to come in, closes the door slowly and walks towards the board of interview with firm and steady steps with a smile on his lips.*

**Rakesh** : Good morning to all of you, sirs.

**Chairman** : Good morning Mr. Rakesh, please be seated.

**Rakesh** : Thank you. sir.
*(He takes his seat comfortably without any noise of dragging or pushing the chair. He sits comfortably, straight, face up and hands on the legs, presents a well confident posture.)*

**Member 1** : Mr. Rakesh, be comfortable and tell me something about your State Rajasthan where from you have completed your graduation ?

**Rakesh** : Thank you, sir, I am quite comfortable. I have completed my graduation from Jaipur, the capital of Rajasthan. The State of Rajasthan, earlier known as Rajputana, means abode of Rajputs, a clan, known for its sacrifices and bravery. Our State comprises a large number of native States whose rulers have patronised the art and culture during medieval and ancient period. Rajasthan is a State of tourists attraction. Ajmer is famous for Dargah of Khwaja Moinuddin Chisti, Pushkar near Ajmer is famous for its lake and ancient temple of Brahama, the Lord creator. Jaipur, known as pink city encompasses Jai palace, City palace, Jantar Mantar many beautiful buildings and Raj Mandir cinema, one of the best Cinema halls of India is also there. Jaisalmer is famous for its Havelis. Chittorgarh for its fort and Vijaya Stambh, Kirti Stambh. Udaipur, city of lakes, Alwar famous for Sariska Wildlife Sanctuary, Bharatpur for Ghana Birds Sanctuary, all these are places of Tourists attraction. I also like to mention about Mount Abu, a hill station otherwise, but also famous for Dilwara Temple which contains many one piece marble statues of Jain religion. It is a beautiful temple worthseeing.

**Chairman** : Can you tell me about Reserve Bank of India and its role?

**Rakesh** : Yes sir. Reserve Bank of India is the Central Bank of our country. It was established in 1935 and it was nationalised in 1949. The main role of the RBI is the issuance of currency. Except one rupee notes and coins which are issued by Ministry of Finance, all other notes are issued by the RBI. The RBI exercises supervisory powers over the commercial banks. The RBI formulates the monetary policy and regulates the flow of credit through commercial banks to various segments of the economy keeping in view the economic situation, the inflation and other relevant factors. It also controls the foreign exchange transactions in the country, thereby maintaining the external value of Indian currency that is 'Rupee' in relation to other foreign currencies . All schedule banks are required to keep a certain percentage of their time and demand liabilities with RBI, that's called Statutory Liquidity Ratio. It is also called banker's to the Banks.

**Member 2** : What do you understand by the term "Brain Drain" ?

**Rakesh** : "Brain Drain" means migration of professionals from their native country to other countries either in search of job or acquiring higher qualification and permanently settling there.

**Member 2** : Do you consider, "Brain Drain" good or bad for any country?

**Rakesh** : In my opinion, Brain Drain is not good for any country. For the accelerated development of a country brain drain must be checked. The brilliant professionals leaving a country is a great loss to it. If a country is able to get these professionals back after acquiring higher qualifications, these brilliant brains can put the country at a faster developmental pace. So in my opinion, the causes of brain drain must be taken care of, so that the loss in real terms suffered by a country due to the phenomena of brain drain can be mitigated.

**Member 3** : Can you tell me what is BIMSTEC ?

**Rakesh** : The name BIMSTEC, an acronym consists of the first letters of the name of countries involved *i.e.* Bangladesh, India, Myanmar, Srilanka and Thailand. E C stands for Economic Cooperation. It's an association of these five countries for mutual benefit and particularly to get mutual benefits in economic field. In Feb. 2004, an agreement was signed at Phuket (Thailand) among these five nations to strengthen the trade ties and binding all into a kind of alliance for the mutual benefit of these nations.

**Chairman** : What is the difference between a current and saving account with a Bank ?

**Rakesh** : Current account is generally meant for business purpose. No interest is paid to the customer for its deposit in current account, and some charges are also levied by the bank for number of transactions carried out during the year. While Saving account is meant for other than commercial purpose. Banks pay interest at half yearly intervals on the deposits maintained in this account.

**Member 4** : Where has the International Court of Justice its seat ?

**Rakesh** : It's at Hague in Netherlands.

**Chairman** : Thank you, Rakesh. Your interview is over. Would you like to ask any question from us ?

**Rakesh** : No sir, thank you, thank you all again.

*(Rakesh leaves his seat without any noise of dragging or pushing the chair and wishes the board, "Good Day to all of you, sirs" and leaves the room moving slowly.)*

## Model Interview -2

*Miss Usha Sharma is a postgraduate in Economics. She is of medium height and fair complexioned girl. She has completed her M.A from University of Agra, U.P. She presents herself in a lively, cheerful and pleasant manners. She has dressed in light blue coloured Salwar Kurta with a matching Dupatta. Her black coloured medium high heel sandals make her appear a little tall. After presenting her documents at the reception and filling up necessary papers, she mixes comfortably with other candidates sitting in the waiting room. When she is called for the interview, she proceeds towards the interview room quite comfortably and with confident steps. After obtaining formal permission to enter the room , she walks towards the board members with firm steps and smiling face.*

**Chairman** : Miss Usha , take your seat and be comfortable.

**Usha** : Thank you very much sir.

*(She occupies the chair meant for the candidates, without making any noise of*

*pulling and dragging the chair.)*

**Chairman** : Miss Usha, you have completed you r M.A from Agra University. Tell us about some important historical places / monuments of Agra. Can you tell us who founded this historical city ?

**Usha** : Yes sir. Agra was founded by Sikandar Lodhi, way back in 16th century. It has a great historical significance in the Indian Mughal History. It was once the capital of Mughal Empire for some duration. Agra is mainly famous for world fame monument, The Taj Mahal, a white marble marvellous building, built up by the Mughal King Shahjahan in memory of his beloved begum Mumtaj. There are several other historical monuments situated in Agra, that are the Moti Masjid, The Jahangiri Mahal, the Jama Masjid, the Dayal Bagh still under construction, to the North of Agra is Sikandara where lies the tomb of Akbar.

**Member** : What do you understand by the term 'Globalisation' ?

**Usha** : Globalisation means all the world is a one unified entity, there is no bar of country or regional boundaries. Free flow of trade and information. With the rapid growth in communication, travel and transport sectors, the process of globalisation has also taken a momentum.

**Member 2** : Miss Usha, can you tell us about VAT ?

**Usha** : Sir, VAT stands for Value Added Tax. It is a general tax on commodities to replace sales tax, surcharge and other entry taxes levied by the States and Union Territories. Through application of VAT, government has tried to make the tax evasion a minimum or at zero level. It will also increase the revenue of the government, as the tax net widens tremendously and evasion of tax reduces to zero. It will also facilitate a uniformity in taxation on various commodities among the States. According to government , the prices of the goods will also be come down, as there will be only one tax, and other taxes will be finished with the period of time. Presently only 20 States have agreed to implement the VAT while 8 States didn't so far agreed to implement this new tax structure in the States. Traders have opposed the VAT on the grounds that it would increase their tax burden as Central Sales Tax is to continue till April 2006. The main argument against the VAT is that the book keeping will become very complicated specially for small and medium traders. Moreover as some of the States have not agreed to adopt VAT system so there would be more complicacies.

**Member 3** : Who is the Secretary General of United Nations ?

**Usha** : Mr. Kofi Annan is the Secretary General of United Nations.

**Chairman** : Can you tell me who told these words, "A country or a community in which women are not honoured cannot be considered as civilised " ?

**Usha** : Sir, I think these are the words of our father of nation, M.K Gandhi.

**Chairman** : Are you sure ?

**Usha** : *(First hesitating then thinks a while)* Sir, I am sure, these are the words of M.K. Gandhi.

**Chairman** : Yes you are absolutely right.

**Usha** : Thank you sir, actually, I was a little bit confused.

**Member 4** : Well, Miss Usha. Please tell us who was the first Home Minister of free India ?

**Usha** : Sir Sardar Vallabhbhai Patel, also known as Iron Man, was the first Home Minister of free India.

**Chairman** : That's good . Well Miss Usha do you like to ask any question from us ?

**Usha** : Sir, if possible, could you tell me how much time it will take in declaring the final results of this interview ?

**Chairman** : I think you will get the result within one month. Good luck.

**Usha** : Thank you all sirs and have a good day.

*Usha leaves the room comfortably, walking slowly with firm steps.*

## Model Interview-3

*Prakash Jha is a candidate of wheatish complexion, average height and medium built. He is dressed in light blue plain shirt and dark blue trousers, with a matching blue stripped tie. His long hair is well combed. He has taken care of polishing his shoes well. He wields confidence, and displays firmness, eagerness in his steps. He is neither serious, nor smiling but presents an attractive personality. He reaches the interview venue, 20 minutes before the scheduled time and submits his documents to the receptionist at the counter. After completing necessary formalities he goes to the waiting hall, where three other candidates are already sitting, discussing on some topic. He introduces himself to them, shakes hand with each of them and joins the discussion comfortably. When he is summoned for the interview, other candidates wish him good luck he thanks them with a smile on his face and walks towards the interview room. He opens the door gently, asks permission to come in, closes the door slowly and walks towards the board of interview, with firm and steady steps and with a smile on his lips.*

**Prakash** : Good afternoon to all of you, sirs!

**Chairman** : Good afternoon, Mr. Jha, please take your seat and feel comfortable.

**Prakash** : Thank you, sir.

*(He takes his seat without making any noise of dragging and pulling of the chair. He sits straight, keeps his handed folded on his legs, shows no sign of tension and stress).*

**Chairman** : Mr. Jha, you have completed your M.A in Sociology from the University of Patna, Bihar. Your home State , Bihar is now-a-days under President rule. Do you find any chance of getting an elected body to rule the State ?

**Prakash** : The recent assembly election didn't give verdict in favour of any political party. The equation is so paradoxical, that no party is in a position to gather a majority. RJD President Lalu Yadav and Ram Bilas Paswan of Lok Jan Shakti are at logger heads. Paswan doesn't like to support the BJP in forming the government and the Janta Dal headed by Nitish Kumar is also short of majority without support of Paswan and BJP. Each party is involved in party politics, none is bothered about the welfare of the State. In such circumstances the number game has become too typical to muster the majority with any political party. So in my opinion the re-election seems only alternative to get the elected body to rule the State.

**Member 1** : What are the basic reasons of backwardness of your home State ? Could you enlighten us briefly ?

**Prakash** : Sir, Bihar is an agrarian State. As usual the agriculture in India is based on the whims of monsoon. The regular incurrence of flood and drought has always caused havoc in the State. The majority of the people are illiterate, unawakened, divided and involved profusely in caste communal politics. Even after more than 57 years of independence, Bihar State suffers from the violence between castes and police excesses as a routine phenomenon. Not only this the wide spread corruption and regular cases of abduction, kidnapping, threatening has put the law and order situation in the State, at an abysmally low level. My home State Bihar is indeed in a very pathetic, pitiable condition and the condition can be changed only when the political leaders instead of getting involved in dirty politics, think for the welfare of State with full dedication and devotion.

**Member 2** : Yes, Mr. Prakash, what do you understand by Social Transformation?

**Prakash** : Social Transformation refers to the changes in their life style, the way of thinking, their values and attitudes towards life. It also covers transformation from a conservative society to a modern society, from a caste oriented society to a casteless society, from an agrarian rural based culture to industrial urban culture. We could see that the concept of joint family is altogether substituted by unitary family wherein both husband and wife are working to earn more and more money even at the cost of proper upbringing of their own children. The concept of arranged or in caste marriage is also being changed gradually to love or inter-caste marriage. Divorce, widow marriage, equal rights to women are very commonly accepted norms now-a-days. In my views, changes are inevitable in any society and these social changes are also part of natural desire of human for change.

**Member 3** : Mr. Prakash, as SDM what would be your priorities for development ?

**Prakash** : As an SDM, I would first like to concentrate on the rural sector. The agriculture is the backbone of our economy. I would like to analyse the problems facing by the rural sector like non-availability of finances, illiteracy, shortage of water and road linkage from urban to rural area, and unemployment among the youth. I understand that there are many developmental schemes available to help the rural people, but because of the poor implementation of these schemes and the corruption in the implementation, the benefits do not reach to the needy one. I shall concentrate on proper implementation of these schemes. I shall also like to motivate and mobilise the unemployed youths to start their own ventures, that not only generate income for them but also help in the rural economy.The problem of availability of necessary finance to the farmers will also be my priority so that they are not exploited by the private money lenders.

**Chairman** : Mr. Prakash, do you know about Dr. Amartya Sen ?

**Prakash** : Sir. Dr. Amartya Sen received Nobel Prize for Economics in 1998 for his elegant contribution to Welfare Economics. Dr. Sen is a man who rose to such grandeur heights by sheer force of his zeal, dedication and sincerity. He was not born with a silver spoon in his mouth.

**Chairman** : Do you favour the abolition of Capital Punishment from our Statute books ?

**Prakash** : In my opinion Capital Punishment is a necessary deterrent against heinous crimes like rape, cold blood murder and the treason etc. I understand some of the Western and European countries has abolished the Death Penalty. I also heard arguments in favour of abolition of Capital Punishment but after analysing all I am of the opinion that Capital Punishment should be used sparingly in rare circumstances but it should not be abolished altogether from our statute books.

**Chairman** : Mr. Prakash, if you do not get selected this time what would you be doing ?

**Prakash** : Failures are the pillars of success. I am not a person who could be daunted by any kind of failure. I will analyse my weaknesses and find my shortcomings and prepare again with double vigour and zeal to top the list of successful candidates next time.

**Chairman** : O.K. Mr. Prakash. Do you like to ask any question from us ?

**Prakash** : Only one question, in respect to your last question, sir. If you don't mind whether your last question is the foretelling of my result, sir ?

**Chairman** : Not at all, Mr. Prakash. Don't take it like that some question are asked to know the reactions of the candidates. Good luck to you.

**Prakash** : Thank you very much, sir.

*(Mr. Prakash leaves his seat calmly and leaves the room with slow and steady steps, without showing any hurry or discomfort).*

## Model Interview-4

*Miss Shalini Mathur is a fair complexioned, beautiful candidate of medium height. She is wearing spectacles. She presents herself in a cheerful and friendly manners. Her lively glittering eyes behind the glasses, display warmth and sincerity. A smile on her lips and sweet voice give an edge to her personality. She arrives at the Interview venue 15 minutes before the scheduled time and after completion of necessary formalities, submitting necessary documents at the counter, she goes to the waiting room, where three more candidates, all females are sitting. She greets them cheerfully and takes a seat nearby them. Soon a conversation starts. She participates in the conversation comfortably. When she is called for the interview, some candidates wish her good luck, she thanks them and proceeds towards the interview room. She opens the door and seeks formal permission to enter.*

**Shalini** : Good morning to you all, sirs.

**Chairman** : Good morning, Miss Mathur. Please take your seat and be comfortable.

**Shalini** : Thank you, sir.

*(She comfortably occupies the chair. She keeps herself straight and hands on her legs comfortably).*

**Chairman** : Miss Shalini, I see from your bio-data that you hail from Amritsar, can you tell us about some special feature of your native place ?

**Shalini** : Yes sir. Amritsar is a holy city wherein situated the world fame Golden Temple, which houses the Akal Takht, the spiritual seat of the Sikh religion. It represents the great example of Hindu Muslim unity. History says that land for the construction of this Golden Temple was donated by the great king Akbar. Amritsar enjoys a legendary position in the history of India's struggle for Independence, the Jaliyanwala Bagh, wherein thousands of innocent civilians were shot dead by the British, is also situated in this holy city.

**Member 1** : Miss Shalini, you have done graduation with Economics, History and Political Science as your optional subjects. What do you understand by the phrase, 'Economic Development with Social Justice' ?

**Shalini** : Economic development means development of the economy that can be measured with several parameters like Gross National Product, Gross National Income, per capita Income, Annual growth rate, National Income etc. Social Justice means distribution of benefits of growth to all segments of the society. Economic development and Social Justice are very much inter-connected in Indian context wherein there is a large gap between the rich and the poor. The phrase means that the benefits of economic developments should be distributed equally among all the sectors of the economy that every sector should feel the pulse of growth. Economic development without social justice may lead to violent revolutions, blood shed and insurgency. Economic development without social justice means, the rich are becoming richer and the poor becoming poorer. It can't be a long term proposition, sooner or later the havenots will revolt against the prosperous class. In India ,we opted the system of democratic socialisation and the public sector was assigned the role of achieving faster economic growth, but it is pitiable that the public sector was failed miserably and again we have been forced to adopt the policy of privatisation. But with the privatisation being taken strides, we must not lose sight of importance of social justice for long term peace and prosperity in the nation.

**Member 2** : What according to you, are the causes for the existence of the evil of Dowry and how can it be eradicated from the society ?

**Shalini** : Dowry was originally given by her parents at the time of her marriage to safeguards the woman and the provision was made in the form of 'Streedhan', consisting of money, property gifts, clothes solely to support the woman. The custom that was earlier a safety measure, now taken shape of an evil, where demands are raised as a price of groom. In addition to the custom prevalent in the society since long, there are other causes also for this dignified beggary. Dowry has also become a status symbol. In our society a groom of a rich family gets more dowry, a groom with high ranking job is certainly to get more dowry. If a girl is unable to bring dowry as per the demand of the grooms family, she becomes the targets of verbal and physical violence since the day she enters her in-laws house. Many cases of burning the bride for dowry are noticed in recent years, inspite of laws to stop this social evil. The evil of dowry can be minimised with the social awakening of the common men. Street dramas and corner plays can play important role in apprising the general mass about the loss to the society and about the penalty for asking and giving dowry. Women and the girls itself can do a lot to tackle this long prevalent evil. If all the girls decide not to marry a groom asking for dowry or the women of all the families protest against giving and taking dowry the evil can be wiped out altogether, but it's not so an easy proposition. Everybody wants to get dowry in his son's marriage whether he is rich or poor. But with awakening of girls things are changing.Take the case of Nisha Sharma, a U.P girl and another girl from Chennai, they sent back their grooms as they were demanding dowry in the marriage. In my opinion to tackle the problem of dowry a social awakening and stringent law enforcement is necessary.

**Member 3** : O.K. Shalini, could you tell us what are the functions of a Commercial bank ?

**Shalini** : Sir, the main functions of a commercial bank are accepting deposits from the public and lending money to the public. Other ancillary services carried out by the commercial banks are transferring of fund, lockers and safe custody vaults etc. Now most of the Commercial banks have also started carrying out the job of Insurance.

**Member 4** : What made the British conquer India? Tell us briefly.

**Shalini** : British came to India as traders, they never imagined or thought to become the rulers. Many causes can be assigned as to how the traders become the rulers, but in brief I can say that the favourable circumstances , the infight among the various rulers, and a vacuum of a leader king who could fight with the British and get them out are some of the reasons, which led the British conquer India.

**Chairman** : Miss Shalini, can you abbreviate NABARD ?

**Shalini** : NABARD, stands for National Bank for Agriculture and Rural Development.

**Chairman** : Well Miss Shalini, your interview completes now. Do you like to ask any question ?

**Shalini** : No, sir, I have no question. Thanks you very much, sir.

*(Shalini leaves her seat in an easy manner and leaves the room without showing any sign of discomfort.)*

## Model Interview-5

*Mr. R.B. Sharma is an average featured, triangular face, fair complexioned young man of medium height. His eyes reflects warmth, cordiality and sincerity. He is dressed in white shirt, dark brown trousers, and well polished brown leather shoes that enhance his looks further. He is also wearing a matching tie of brown colour with white round spots. He arrives about half an hour before the scheduled time. He submits necessary documents to the receptionist and completes other formalities. He then joins the other candidates sitting in the waiting hall. He greets them cordially and shakes hand with each of them, gives his brief introduction. He is comfortable in the company of strangers and soon joins chit chats going on there. As his name is called for the interview, other candidates wish him good luck. He thanks them and proceeds to interview room with firm steps. He opens the door and seeks formal permission to enter. After obtaining permission, he moves towards the interview board.*

**Mr. Sharma** : Good morning to all of you, sirs.

**Chairman** : Good morning, Mr. Sharma. Please be seated and be comfortable.

**Mr. Sharma** : Thank you very much sir.

*(He occupies the chair and sits straight, with face up and hands resting on the legs and legs crossed. While occupying the chair, no noise of pulling or dragging the chair was heard.)*

**Chairman** : Mr. Sharma. You are a law graduate, can you explain us the phrase 'Delayed justice no justice' ?

**Mr Sharma** : The phrase 'Delayed justice no justice' means that if the process of imparting the justice to the victim is delayed beyond reasonable limits, the imparted justice doesn't serve the actual purpose of justice. Take a case of claim of compensation in accidental case, if that is decided after ten or fifteen years then the compensation even if paid double the reasonable amount, can't compensate the sufferings of the kith and kin, or the family of victim, whose only earning member died in the accident. It is known to everybody that many lack under trials are languishing in our jails, waiting for their trial. In many cases they have already suffered their terms in jail more than what could be the maximum punishment for their crime as per the statute books. Because of the delay in imparting justice they are being denied the justice and in such cases we can very well modify the phrase from 'Delayed justice no justice' to delayed justice is injustice.

**Member 1** : How can this situation be improved as per your views, Mr. Sharma ?

**Mr. Sharma** : Sir, though government has established number of Fast Track Courts, Family Courts,

Consumer Courts, Tribunals, Lok Adalats to tackle this problem, yet a lot more work is necessary to be carried out in this direction. First of all, I will like to say that the procedure of giving new dates on one or other pretext be taken care of . Secondly, a lot of time is wasted in first two. Thirdly, hearings when the advocates of the defendant denies the charge altogether which is later on proves. Actually both the parties must be asked to submit the affidavit of their statements alongwith the documents to substantiate the charges and in not more than six more hearings the case be decided. The provisions of appeal should also be taken care of. In every case appeal shouldn't be allowed to file. Proper infrastructures be provided to courts like facilities of computers, stenotypists, photocopying etc. which will make the clerical work speedier. Too many holidays in courts is one more cause of delayed justice. On one hand millions of cases are pending in the courts and on the other hand the courts are enjoying summer, winter and other kinds of holidays. I could never understand the logic behind provision of so many holidays specially in courts while all other departments are working. The vacancies of the judges be fulfilled immediately, the promotions of the judges should be linked with disposal of cases properly. I think if these measures are taken, the disposal will be faster and the delay in justice will be minimised to a great extent.

**Member 2** : Mr. Sharma, can you tell me why the fundamental rights were made enforceable through court and Directive Principles were kept out of the purview of courts ?

**Mr. Sharma** : Sir, Fundamental rights are the basic rights which every citizen are entitled to enjoy to maintain his self respect and dignity. These are such basic freedoms which are necessary to enjoy life peacefully and amicably with high dignity and respect. These rights were made enforceable through the courts of law to prevent the executives, legislature from becoming despotic or authoritative. Our Country is a democratic setup which has a checkmate on the legislature in the shape of Fundamental Rights. The very purpose of guaranteeing the Fundamental Rights was to keep them beyond the reach of legislatures and bureaucrats. On the other hand, the Directive Principles lay down a code of conduct for the government in discharge of their duties and responsibilities. They are the direction to the legislatures and bureaucrats of the nation to follow while the rules and policies are framed for the purpose of governance. The Directive Principles are not made enforceable by the courts, yet these are not mere platitudes but are to be put into application to realise the goal of a welfare state. The reason behind keeping these out of the purview of the courts can be seen if otherwise would have happened every policy, every rule framed by the legislature could be challenged in the court and neither the court nor the legislature would be doing anything but arguing in the courts. So in my views these are kept out of the purview of the courts.

**Member 3** : O.K. Mr. Sharma, can you tell us what major problems are being faced by our country these days ?

**Mr. Sharma** : In my opinion, our country is facing problems of corruption, criminalisation of politics, terrorism, unemployment, population explosion, illiteracy and poverty.

**Member 4** : Do you know anything about Kalpana Chawla ?

**Mr. Sharma** : Astronaut Kalpana Chawla was born in Karnal, India. She was selected by NASA in 1994. She died while the space shuttle Columbia was abruptly bursted just 16 minutes before its landing on 1st Feb. 2003. She would always remain an inspiring legend for the youth.

**Chairman** : What does SARS stand for ?

**Mr. Sharma** : SARS stands for Severe Acute Respiratory Syndrome.

**Chairman** : Well Mr. Sharma. Your interview is over. Do you like to ask any question from us ?

**Mr. Sharma** : No, sir, I have no specific question, please. Thank you very much and good day to all of you, sirs. *(Mr. Sharma leaves the room, slowly but with firm steps.)*

❖❖❖